【文化经济学书系】

文化经济学手册

（原书第三版）

WENHUA JINGJIXUE SHOUCE

[英]露丝·陶斯　[荷]特里尔塞·纳弗雷特 ◎ 主编

周正兵 ◎ 译

首都经济贸易大学出版社
Capital University of Economics and Business Press
·北 京·

图书在版编目（CIP）数据

文化经济学手册 /（英）露丝·陶斯（Ruth Towse），（荷）特里尔塞·纳弗雷特（Trilce Navarrete）主编；周正兵译. -- 北京：首都经济贸易大学出版社，2022.3

ISBN 978-7-5638-3196-8

Ⅰ.①文… Ⅱ.①露… ②特… ③周… Ⅲ.①文化经济学-手册 Ⅳ.①G05-62

中国版本图书馆 CIP 数据核字（2021）第 243168 号

Handbook of Cultural Economics，Third Edition

根据 Edward Elgar Publishing Ltd. 2020 年版翻译

著作权合同登记号

图字 01-2019-0381

文化经济学手册（原书第三版）

露丝·陶斯　特里尔塞·纳弗雷特　主编

周正兵　译

责任编辑　王玉荣　彭伽佳

封面设计　老树画画　砚祥志远·激光照排 TEL：010-65976003

出版发行　首都经济贸易大学出版社

地　　址　北京市朝阳区红庙（邮编 100026）

电　　话　（010）65976483　65065761　65071505（传真）

网　　址　http://www.sjmcb.com

E-mail　publish@cueb.edu.cn

经　　销　全国新华书店

照　　排　北京砚祥志远激光照排技术有限公司

印　　刷　唐山玺诚印务有限公司

成品尺寸　170 毫米×240 毫米　1/16

字　　数　823 千字

印　　张　44.5

版　　次　2022 年 3 月第 1 版　2022 年 3 月第 1 次印刷

书　　号　ISBN 978-7-5638-3196-8

定　　价　248.00 元

译丛总序

自威廉·鲍莫尔于1966年开创本学科之后，文化经济学就开始了其独立发展的历程。在文化经济学的诸多应用研究领域，众多学者取得了丰硕的成果，并构筑了学科的基本问题框架。特别是2006年，文化经济学界通过集体的努力，撰写了《艺术和文化经济学手册》，并纳入爱思唯尔（Elsevier）的经济学手册序列，标志着文化经济学学科基本成型，并得到社会的认可。而在此之前由著名文化经济学家露丝·陶斯编撰的《文化经济学手册》，则通过对学术史的梳理，集中呈现了文化经济学几乎所有具有分量的著作，从而为文化经济学学科圈定了研究范围。所有这些都标志着文化经济学不仅有了“建筑物”，也有了“城墙”，学科独立的基本要件都已经具备。

21世纪以来，学界同仁纷纷引介文化经济学领域的经典，不少有分量的“建筑物”已经移植至中国，为国内学术界所熟悉，并为我国文化产业学术体系建设奠定了良好的基础。但是，毋庸置疑，这些译本缺乏学术史支撑，导致选本方面有着明显的缺憾，难以反映西方文化经济学的历史脉络与宏观概貌。一方面，遗漏了其中若干重量级的代表作，如学科创始人威廉·鲍莫尔的《表演艺术：经济学的困境》、著名文化经济学家艾伦·皮考克的自传体学术专著《打赏艺术：文化、音乐与金钱》，因此使得文化经济学的版图不够完整；另一方面，也缺乏对学科发展前沿的捕捉，如简·斯诺鲍尔的《文化价值评价：文化经济学的方法与例证》和阿尤·克莱默的《做正确的事：以价值为基础的经济学》，从而难以让中国读者了解西方学术的前沿发展。这套译丛就是在已有译著的基础上，拾遗补阙，试图与已有译著共同拼接出文化经济学学术史的完整版图，以此作为我国文化产业学术大厦建设的重要基础。当然，这也意味着这套丛书暂时无法毕其功于一役，我们将继续努力，也欢迎更多学术同行的加入。

编者谨识

中文版序言

文化经济学涵盖了广泛的主题，《文化经济学手册》各章以短小的篇幅深入浅出地讲述了这些主题。每章都提供了关于该主题的最新研究结论，并提供了进一步阅读的建议和其他相关章节的交叉参考。本书向读者介绍了诸多主题，并论证了经济学在解释艺术和创意产业经济方面的作用。本书结合了易读性和专业性，因此，任何具有经济学基础知识的读者都可以阅读这本书，经济学、商业经济学、创意产业、媒体和艺术管理专业的学生和教师，甚至是政策制定者都可以通过这本书有所获益。

本书第三版展示了数字化对文化部门、现场表演艺术以及包括艺术市场、博物馆、电影、电子游戏等文化产业的生产和消费的巨大影响。数字化影响了文化参与、需求、商业模式和新的供给模式。虽然基础商品不一定改变，但获得这些商品的渠道、成本和定价都改变了。

事实上，现场表演和居家消费之间的区别已经开始变得模糊。游戏吸引了现场观众，而直播的音乐会和戏剧表演则可以在线观看。由于新型冠状病毒肺炎正在大流行，导致限制社交距离，并引发进一步的变化，其中有些变化可能会持续下去。观众可能更喜欢在线直播，而不是现场直播，这对创作者和表演者而言将产生影响，其收入来源可能会发生变化。版权收入将增长，而现场或门票收入和工资性收入将下降。本书有若干章节指出该如何研究这些变化，特别是出于文化政策的目的，此类研究是必要的。

这些变化与经济的类似变化并存，这导致了经济理论的重新适应。例如，平台经济学适用于边际成本几乎为零的商品，尽管生产原型的固定成本可能很高。数据化在商业模式中变得重要。运用这些基础理论拓展了文化经济学的视野，强调了文化经济学与主流经济学的融合。

本书涵盖了从艺术到游戏的整个创意产业。文化经济学课程可能不会涵盖所有的主题，但教师和学生可以自由选择和组合。章节之间的交叉引用旨在帮助读者进行自主探索，而进一步的阅读建议则会有助于此。我们希望你觉得这本书有趣且有益。

目 录

CONTENTS

0 导论

露丝·陶斯（Ruth Towse）
特里尔塞·纳弗雷特（Trilce Navarrete）

在过去60余年的时间里，文化经济学已经确立了自己的研究领域，它与艺术组织、创意产业和文化政策相关，而且越来越多地与促进发展的经济政策相关。文化经济学始于20世纪60年代，最初只是开展博物馆和现场表演艺术的经济分析，后来分析范围不断扩展，涵盖了文化或创意产业及其在创意经济中的作用。如今，通过使用知识和信息以及互联网传播，数字革命主导着文化经济学；这个学科的形成是由于人们需要培养创造力，以及了解创意性产品和服务的生产和消费。虽然有些经济学家认为数字经济并不需要新的经济学，但是平台经济学的新概念已经被广泛采用，并得到了推广。长期以来，文化经济学一直努力解决“普通”经济学似乎并不完全适用的问题（例如，理解艺术家和其他创作者的经济动机），相应地推动了创意产业的发展和对相关公共政策问题的研究。文化经济学如今为广泛的领域——从艺术到数字电视等创意产品——提供专业市场分析知识，这些都涵盖在本书第二版的主题中。本书第三版则更进一步，有相当部分章节是关于经济理论及其在数字经济中的应用的。

然而，文化经济学中也有“永恒”的主题。对表演艺术、博物馆和建筑遗产的生产和消费经济特征的研究，如需求、弹性、定价、成本、市场结构、财务和管制等，继续吸引着文化经济学家。其中，有些艺术形式——即使是最传统的，如歌剧和博物馆——已经能够接受新技术，这些新技术与其说是在制作方面（尽管也有应用），不如说是在提升其接触更广泛观众的能力方面应用更广。此外，关于文化产业（广播、电影、出版和录音、电子游戏等）以及创意产业对区域经济发展的影响（例如通过节庆和文化旅游）等问题，学者也展开了越来越多的经济研究。除了“古老”艺术的公共资助之外，在与文化遗产和媒体相关的创意经济中，通过版权法和为艺术家权利立法，政府监管继续发挥着重要作用。本书涵盖了上述所有主题。

0.1 文化和文化服务的经济特性

所有创意产品和服务的共同之处在于，它们都包含了创意或艺术元素。文化产品可能是资产或耐用消费品，如博物馆里的画作、DVD，它们在其生命周期中提供持续的服务；也可能是其他产品和服务，如表演艺术，仅在特定时间段存在。文化商品既有有形的物品，如艺术品或书籍；也有无形的服务，如音乐表演或参观博物馆。在提供给消费者的文化产品中，有些是最终产品和服务；有些则是中间产品和服务，需要投入其他文化产品或非文化性输出，如录音产品可能卖给消费者，或在广播中播放，作为广播电台的投入，或在购物中心、体育馆播放，或分成单曲并下载或传输至 iPlayer 或手机。

除文化因素外，创意产品与所有其他产品和服务的共同之处在于，其生产利用了土地、劳动力、资本以及其他投入，特别是人类的聪明才智（企业家精神和人力资本）。这些资源有其他用途，因此有机会成本和价格。即使它们是免费供应的，其生产成本也必须有人负担。参观者可以免费进入博物馆，但参观费用由资助机构——国家或其他赞助者支付。当文化产品由政府提供或资助时，它们是用所有纳税人征收的税款支付成本的，而不是那些参观文化设施的纳税人，因此，非参与者的收入就重新分配给那些参与者（通常情况下，他们更加富有）。电视、广播节目和音乐等服务，越来越多地向听众免费提供，由于这些服务由广告提供资金，因此最终是由购买广告商品和服务的消费者付费。这是双边或多边的市场，其中私人营利性公司为创意性服务提供资金。这与赞助不同，赞助是指公司为了宣传其品牌而资助特定的艺术组织或项目。

文化产品和文化服务的另一个特点是，第一个生产单元需要大量的固定成本投入，而第二个生产单元的边际成本相对较低。然而，固定成本与边际成本的比率是不同的：在表演艺术中，准备和排练的固定成本很高，但是每一场现场表演也需要表演者和后台支持人员在场，从而使边际成本相对较高。相比之下，如果将演出录制下来，其复本可以极低的成本分发。就数字化生产的材料而言，其固定成本较低，分销成本几乎为零。通过所谓“直播影院”——现场表演从建筑空间的表演实时向大大小小的电影院直播，消费者已经可以即时地在屏幕前欣赏包括歌剧和芭蕾舞在内的舞台表演艺术。

0.2 经济理论和文化经济学

文化经济学运用经济学理论和实证检验，来解释创意经济的诸多方面。经济学家可以使用微观经济学、宏观经济学、福利经济学、公共选择经济学以及其他合适的理论，来分析其试图解释的主题。有时，这可能看起来令人困惑，但实际上并非矛盾，理论也不是不可兼容的——它们只是处理不同层面的事情。

微观经济学，顾名思义，是关于特定商品和服务的消费和生产的个体决策，涉及供给、需求和定价。例如，微观经济学可以用来理解看戏的人对价格变化的反应。微观经济学也涉及产业经济学（研究行业中的公司结构）以及平台经济学，研究在线中介机构的经济战略和定价决策，这些可视为消费者与用户（它们均受益于两者之间互动所产生的网络效应）之间经济互动关系的应对。

相比之下，宏观经济学从整体经济层面分析广义的总量，其着眼于就业、经济增长和发展，例如新文化设施对城市的影响，或创意产业对国家或地区收入的贡献。“创意产业”这一概念被广泛应用于整个艺术和文化领域（包括现场音乐、戏剧、歌剧及舞蹈等表演艺术，文化博物馆及建筑遗产，以及包括录音、电影、软件和视频游戏、出版和广播在内的文化和媒体行业），以及时尚和广告等行业——不过文化经济学对此缺少足够的关注。各国政府和超国家组织（如欧盟）经常衡量整个创意产业“部门”的规模和增长。在过去十年左右的时间里，尽管劳动力市场数据仍然存在问题，但创意经济生产和消费统计数据的质量和应用都有了很大的提高。

福利经济学以整个社会的经济福利为主题，它提供了一个分析框架，用于评估技术发展、法律和社会态度等方面的变化对福利的影响。它为提高社会效率奠定理论标准，并为成本效益分析方法奠定基础，后者已被政府广泛用于新项目评估。福利经济学虽然关注总体福利，但其分析方法却建立在微观经济学基础之上。文化经济学大量运用福利经济学，来评估政府对文化机构的融资和监管政策，包括版权法。迄今为止，政治经济学理论的应用相对较少，它将经济分析应用于政治决策，并要考虑决策者和管理者的自身利益。

另一个广泛应用的经济学领域是公共财政。公共财政研究国家、区域和地方各级政府的税收和支出。它分析了税收和补贴的效率和公平效应：前者涉及对消费者和纳税人的激励，后者涉及收入再分配等问题。公共财政与政府政策密切相关；然而，虽然经济学家经常参与决策的实证研究，例如估计方案或项目的成本和收益，却在政策形成的规范分析方面力不从心。经济学家分析文化政策制定所做的重要贡献是，认识到文化政策制定往往是为了实现多个相互冲突的目标（例如，提高艺术和遗产的质量与增加参与机会），这些目标需要不同的政策措施和激励结构。人们已经开发了绩效指标，并将其用于财务数据不能评价实现目标效率（不论是宏观的还是微观的）的情形。例如，博物馆是一家多产品公司，不仅提供研究和保护服务，也为游客提供教育和娱乐服务。一揽子资助无法区分政府政策的优先次序。例如，如果我们希望一家公共资助的博物馆以吸引新观众参与为目标，那么，这种资助方式不一定能提供适当的激励，以实现预期的政策效果。由于几乎所有对艺术和遗产的资助都是通过供应方提供的，因此艺术机构的公共开支需要有针对性，并监测政策目标方面的实现程度。公共财政的重点几乎完全集中在公共组织和私人组织提供的货物和服务上。

本书将解释所有这些要点。

0.3 理论应用

鲍莫尔和鲍温（Baumol and Bowen，1966）关于表演艺术的著名经济学分析就是一个例子，他们展示了不同的理论和经济研究如何结合起来使用。最初，作者收集了关于美、英两国剧院、歌剧、芭蕾舞、管弦乐队的就业、价格、收入和观众等大量微观经济数据，并观察了一段时间的趋势。他们使用宏观经济框架比较两部门——制造业（动态部门）和表演艺术（停滞部门）的经济增长，来解释为什么表演艺术较之制造业部门的成本和价格的增长速度更快，从而提出如今被称为鲍莫尔“成本病”的理论。他们运用微观经济学分析消费者对价格上涨的反应，并预测了财务赤字可能给艺术机构带来的后果。从福利经济学引发出所谓“市场失灵”的观点，他们认为，如果将表演艺术丢给市场，外部性和无法估价的溢出效应就会丧失，这为政府通过直接补贴或税收优惠进行干预提供了合法性。

从方法论的角度来看，“成本病”理论是实证和规范两种方法的混合：数据收集和分析是“实证的”研究，如采用标准宏观经济工具衡量劳动生产率和成本通胀的指标是客观的；而福利经济学是“规范的”，因为它寻求实现社会福利优化的模式。

0.4 实证与规范经济学

实证与规范之间的区别在经济学中非常重要，因为它是将经济思想的科学贡献合法化，并将其与有争议的观点和信念区分开来的方式。但这种区分并非总能站得住脚，过于依赖这种区分方式，甚至会带来危险；不过对经济学家来说，努力做到客观并尊重个人选择至关重要。因此，回到鲍莫尔“成本病”的例子：确定价格、成本（即在考虑通胀因素后的增长）和观众人数的“实际”增长并非没有争议，尽管预测未来收入会存在统计错误，但我们不能由此辩称，政府无须规范性理由就可以资助艺术。只有以保持一定水平的艺术供给为政策目标，政府资助才是合法的。为此需要证明，如果没有其他渠道的资金支持，门票销售收入不太可能弥补同等规模与质量表演艺术所需的成本，那么，这种规模的产出可能无法实现。鲍莫尔和鲍温的这种区别非常清晰。

如果是这样，你可能会问为什么有些经济学家不接受“成本病”理论。原因如下：首先，鲍莫尔假设艺术是一个停滞不前的部门，无法从技术进步中受益，而制造业却能从中受益，因此其生产成本会降低；其次，鲍莫尔认为表演艺术组织，如戏剧公司和管弦乐队，不能改变其艺术生产活动；最后，表演艺术的工资增长率，将与整个经济工资增长率相同（劳动力市场是“一体化的”）。正是这些假设被批评为不切实际和不正确，不是成本上升的逻辑。此外，不仅是文化部门容易患上这种“疾病”，它也表现在诸多公共服务部门。后来，鲍莫尔承认，数字发行将使艺术组织能以几乎为零的边际成本接触到更多的观众，同时也坚持认为，产品生产的固定成本将仍然受到与前数字经济时期相同的约束。

0.5 公共财政

文化经济学家早期关注的话题，是艺术和遗产的公共财政合法性问题——要么是直接资助，要么是鼓励私人捐赠的补贴或税收措施。所采取的干预形式因国家而异，但有可能形成普遍的趋势。在欧洲大陆，许多国家拥有相当于国家所有和管理的艺术和文化遗产组织，中央、地区或地方政府拥有建筑设施和艺术物品，雇用人员，并负责管理组织。多年来，随着管理的“私有化”，这种情况有所改变，但大部分资金仍属于公共部门，由税收提供；门票销售收入可返还至相关政府负责的部门。例如，广播在大多数国家曾经也被国家垄断。有些国家文化部门所有领域的所有权和管理结构都发生了变化，但直接资助仍是惯例，至少对博物馆和传统表演艺术来说是这样。这种模式的一个例外是建筑遗产，其中许多重要项目为私人所有，因此监管（通常与补贴相结合）被用来实现政策目标。

相比之下，美国和其他国家（其中之一是日本）的模式是，通过门票销售收入和其他企业的捐赠来提供私人融资，而政府则通过税收制度（如使用税收豁免）鼓励私人捐款给私人化的机构（通常是非营利性的艺术和文化遗产组织）。英国、澳大利亚、新西兰和爱尔兰等国家采取的是中间模式，即所谓“一臂之距”公共财政原则，其中私人非营利组织（通常是慈善机构）在特定时间段从财政获得一定金额的资金，同时预期其销售和捐款收入也有所增长，其中税收制度的帮助作用明显。在实践中，这些模式在一定程度上有重叠，但对国家和公共财政责任的不同态度，仍然构成了文化政策辩论和实践的框架。

相比之下，文化产业是私人的、营利性企业，很少接受公共财政资助（公共广播服务除外），尽管它们受到国家对垄断（反垄断）滥用的监管，但更重要的是受版权和其他知识产权法监管。

0.6　公共物品

艺术公共财政的主要经济原理是，它们具有公共产品特性，文化经济学对此已经争论了很长时间。纯粹的公共产品具有非竞争性和非排他性，这意味着一个人对产品的消费，不会减少其他人对该产品的消费，同样，所有人都可以消费该产品。例如，广播是具有很强公共性质的服务。这些特征就意味着：无论是一个企业家寻求盈利，还是非营利组织寻求用销售收入覆盖其成本，都无法完全捕捉这些收入，因为消费者可能会“搭便车”于他人的支出——一旦有足够的钱来获取产品或服务，每个人均争相“兑现”（cash-in），获取商品或服务。其结果是，只有通过某种形式的集体资金（例如税收）才能提供这类商品，而通过价格机制分配资源不会产生社会所希望的此类商品和服务产出。许多数字化形式的商品和服务实际上都是公共产品，这催生了新的商业模式和大量盗版。

文化商品和服务的公共产品特征各不相同：参观剧院或博物馆，对参观者而言有私人利益（效用），他们愿意为之付费，而那些不付费的人就可以被排除在外；然而，游览美丽城市所带来的效益，是无法通过门票来收费的。即使是排他性的商品和服务，也可能有一些外部（或“溢出”）利益；付费观众和游客的消费有利于公共福利，因为它加强了国家或地方的认同感，增进了对其他民族和文化的了解，所以就有了非竞争性元素。剧院、博物馆的存在也可能产生社会效益，或有估值的研究已经表明，那些不参与艺术和文化遗产的人们也有对此的支付意愿，以确保为他人或自己的未来消费保留选择。因此，市场无法通过价格来考虑其全部价值，这就需要某种形式的公共资金。艺术和遗产公共资助的外部收益的论点是，消费者需求并不能反映这些商品的全部价值，因为它们是“体验性”商品；消费者的品味还没有完全形成，尚未拥有文化商品的全面信息。此外，文化价值是难以捉摸的，并未充分体现为价格。

信息问题意味着必须依靠专家的判断来确保质量，这就导致了所谓的“供给诱导性”（supplier-induced）需求。这很容易导致专家意见占支配地位，而且往往会得到国家财政的支持，而消费者和纳税人无法确定自己的偏好。另一个类似的概念是“优效品”，经济学家用它来指代通常由专家认定的、对社会有内在价值的商品，这为集体供给替代消费者主权赋予了合理性。值得注意的是，上述政府干预的理由，并不局限于艺术领域，还涉及健康、环境和教育。然而，这种逻辑并没有延伸到文化产业中私营企业所生产的创意性产品和服务（公共广播服务除外）。

0.7 创意产业与数字革命

发达国家服务业的增长和制造业的衰退，使人们对创意经济或知识经济进而对创意产业产生了浓厚的兴趣，开始重视它作为创意经济增长的主要动力的作用。这种“范式变化”的影响，反映在第三版的内容中，表现为新的和修订的章节都展示了数字革命的重大影响。

数字技术革命对创意性产品和服务的生产、消费、分发和营销、成本和定价以及内容均产生了深远影响。数字化使生产者能将许多文化产品转化为无形的服务，并通过互联网交付销售其他产品，将以前被归类为商品的物品转变为服务，如电子书、报纸和图片等。采用电子形式时，这些物品可以进行个性化设计、重复使用和传播，这对于有形商品而言是不可能的。这种转变意味着定价政策发生了重大的变化：如今购买产品，并不是买一个你愿意保留多长时间都可以的产品，或可以以固定的价钱转让给别人的产品；而是购买了一种电子式服务——你支付许可费用，以便在特定时间段有权访问特定选项的服务。

数字化还意味着这些服务变得类似于公共产品，因为用户之间无须付费就可以轻松共享数字文件，这在制作数字内容（如唱片、游戏、电影等）的创意产业中引发剧变。尽管版权法的存在是为了防止这种“搭便车”行为，但数字化开始让人们质疑它能否让创作者和创意产业利用这些市场渠道充分获取收入。版权法提供了技术保护措施，数字版权管理被用来防止未经授权的传播，但复制的规模让其全面执行变得不可逾越。版权法必须在数字世界中找到生产者与用户需求之间的平衡，这是创意经济成功的基础。

0.8 创意产业实证研究

经济学针对上述所有主题所能做出的主要贡献，就是提供实证证据。其范围包括收集基本数据（例如创意产业的增加值）和测试激励理论。过去，由于缺乏数据，特别是文化部门的官方统计数据，给高质量实证研究造成了极大的阻碍；但如今情形已经改变，这部分是因为强调了创意产业在创意经济中的作用，当然也有文化经济学家过去的努力。与其他经济学分支一样，良好的统计分析和理论发展，对文化经济学的成功至关重要。

0.9 关于本版本

这个导论已经表明，文化经济学有一个知识体系，为所有创意产业的生产和消费提供通用方法。这本书的第三版显示了这个主题自 2011 年以来所取得的进展。与以前的版本一样，各章标题均简短易读，以方便使用，各章相互参照，以指导读者了解相关主题，并提供延伸阅读的建议，所有这些大多数情形下均由作者提供。和以前一样，本书假设读者对经济理论有基本的知识。导论结尾所列书籍解释了文化经济学所使用的理论。

本章参考：

Caves, Richard (2000). *Creative Industries. Contracts Between Art and Commerce.* Cambridge, Mass. and London: Harvard University Press.

Throsby, David (2010). *The Economics of Cultural Policy.* Cambridge: Cambridge University Press.

Towse, Ruth (2019). *A Textbook of Cultural Economics*, 2nd edition. Cambridge: Cambridge University Press.

延伸阅读：

凯夫斯（Richard Caves，2000）基于艺术家或原创者与公司之间的契约，对创意产业的结构进行了详细的分析，这为整个文化部门提供了丰富的资料。索斯比（David Throsby，2010）展示了经济学与艺术和文化产业的文化政策所有方面的相关性，是最著名的文化经济学家之一。陶斯（Towse）的《文化经济学教程》（2019）提供了整个文化经济学领域的介绍，解释了理解该领域必要的经济理论，并根据创意产业的数字革命进行了理论更新。

1 福利经济学在艺术领域的应用

威廉·鲍莫尔（William J. Baumol）

世上有几种令人感到非常精致而优美的才能，若能取得，定能博得某种赞赏；但若用这才能来谋利，世人就会根据意见或偏见认为是公开出卖灵魂。因此，为谋利而运用此种才能的人，所得金钱不但须补偿他学习这种技能所花的时间、精力和费用，且须补偿他以此谋生而招致的声名上的损失。俳优、歌剧唱角、歌剧舞蹈家等，之所以有非常大的报酬，乃是缘于这两个原则：第一，才能罕有而美好；第二，由于运用这才能而蒙受的声名上的损失。我们一方面鄙视其人格，另一方面却又对其才能给予非常优厚的报酬，这乍看起来，似乎很不合理。其实，正因为我们鄙视他们的人格，所以要厚酬他们的才能。假若世人对于这些职业的意见或偏见一旦改变，那他们的金钱报酬很快就会减少。因为更多的人要从事这些职业，而竞争势必使他们劳动的价格很快降低。这类才能虽不是一般才能，但绝不像世人所想象的那么稀罕。具有这种才能而不屑用以图利谋生的人，实不在少数（亚当·斯密，《国富论》，商务印书馆，1981 年版，第 98-99 页）。

1.1 艺术公共资助的原理与福利分析

福利经济学家似乎并不太关注艺术。两者之间的关联源于另一个方向：艺术试图通过福利理论分析寻求合法性，这却不是为了艺术自身，而是为了其所依赖的公共资金。问题是，艺术由于某些原因很难在市场上存活。当然，也有明显的例外，如有些商业剧院和画家就能做到财富与名声兼得。然而，历史上的许多艺术活动都依赖于皇室王子，后来则是商业巨擘的自愿赞助，当民主政府接管了世界上较为富裕的经济体后，政府则通常取代传统的资助者提供资助。但这引起了一个令人困扰的问题：为什么一个以促进公民福利为目标的现代社会的政府，竟然对生产绘画以及歌剧表演等服务进行资金支持，而其他经济活动中的商品与服务则任由其在市场中自生自灭？

这个问题的答案对于有些人——包括为数不多的经济学家，似乎是显而易见的。艺术是文明最令人向往的产品之一——事实上，它们也是最有价值的经济产品。但是，人们不禁要问，如果它们这么有价值，为什么价值与需求之间不能实现均衡呢？答案就在于，它们有限的观众反映了消费者受教育的不足，以及由此带来的审美能力的缺失，这往往被那些怀疑趣味能够自主决定的人所攻击。那些支持艺术公共资助的人不得不面临这样的难题，即大量数据表明艺术消费者的收入、财富和教育程度远高于全社会平均水平。这意味着，将课税之所得用于支持艺术，将会被谴责为类似“罗宾汉”行为的倒行逆施，也就是劫贫济富。

对艺术感兴趣的经济学家已经开始利用福利经济学工具为公共资助构造一个更加坚实的理论基础。他们已经提出了许多论断来证明这种方法的正确性，这其中有：机会均等、外部收益、作为公共产品的文化、新生的文化机构以及文化声誉与对未来的投资。另外，经济学家已经借助优效品理论分析认为，艺术由于自身内在价值的优越性，就应该获得公共资助。①

1.1.1　机会均等

人们很少质疑艺术消费群体的收入要高于社会成员的平均收入。然而，问题的另一面是，那些并不富裕的人们常常没有机会体验艺术并领略艺术之美。现场表演、博物馆运营及其他文化活动的高成本造成了高昂的入场费，这使得问题变得更加严重。所以，如果机会均等也是社会福利的构成的话，这显然可以算作艺术公共资助的一个正当理由。

1.1.2　外部收益

当然，福利经济学的一个常规主张是，当一个活动产生了外部收益，对其予以补贴就能提高福利。然而，艺术活动的外部性不是完全明晰的。有这样一种可能性：一项艺术事业可能启发他人，因此，能促进他人做出更进一步的创造性努

---

①　相关讨论的两个极好的摘要，请参见 Blaug（1992）and Towse（1997，vol. Ⅱ，parts Ⅴ－Ⅶ）。有关其他具有重要问题的讨论，请参见 Frey and Pommerehne（1989），Throsby（1994）。相关怀疑论观点，参见 Grampp，in Towse（1997）：669－673。

力。也有人说，那些对艺术感兴趣的人通常是这个社会上的优秀成员，其本身就会增加对别人的有益影响。然而，这种说法是不太容易证明或阐释清楚的。

1.1.3 作为公共产品的文化

没有人怀疑文化活动的公共产品属性。一个上座率仅有一半的剧院和参观者稀少的博物馆与不拥挤的桥梁有着非常高的相似性①——因为额外使用者的实际成本是零，如果任何不为零的价格阻碍人使用这些设施，结果只会导致社会净损失。这个问题在大众传媒方面的表现尤为明显，比如说广播，事实上其听众人数没有实际的限制，这是因为听众在享受服务时，不会耗尽这种服务对他人的供应。然而，如果没有补贴的话，在这里实现零价格也是不可能的。

1.1.4 新生的文化机构

新的艺术形式和艺术组织的财务困难是众所周知的，那些没被社会认可的、穷困潦倒的艺术家已经成为老生常谈的现象。支持的观点认为，新生机构应当获得社会资助，而且这种资助从长远看会使社会受益。这种观点虽由来已久，但也引发经济学家的纷纷质疑。

1.1.5 文化声誉与对未来的投资

人们常常认为，即使一个社会因为艺术能够通过市场实现自给自足而不重视艺术，艺术也可能会因为其他原因而应该得到资助。比如说，它可能是想拒绝庸俗的社会名声，或者觉得未来的文化活动能够为当代艺术活动的保护提供合法性证明。这种态度与传说中那个无条件支持歌剧的那不勒斯国王颇为相似，即便他从来没有被邀请观看过歌剧。

1.1.6 优效品

经济学家，甚至那些自身非常支持艺术的人（如 Peacock，1969，1997），都普遍认为，尽管这些论证有一定的合理性，但是它们自身并不能构成对艺术给予大规模资助的绝对依据。反对的基本理由是，尽管文化活动毫无疑问地提供了这些好处，但是其他的人类活动也能如此，就目前的情形来看，艺术值得被挑选出来接受特别支持的原因尚不清晰。当然，我们可以说，许多活动都接受公共资

① 杜普伊（Dupuit）曾列举此例。

助，其中有些除了直接补贴给消费者之外，并没有什么显而易见的好处。这些活动中即使有也只有极少数能为其所获得的公共扶持提供令人信服的合法性理由。最后，有一些提倡给予艺术慷慨资助的经济学家（或其他人）又转而求助于马斯格雷夫教授的优效品论证策略（比如 Scitovsky，1976），他们提出艺术因其值得而应当获得公共资助。质言之，艺术值得公共资助是因为它们本质上是好的。如果问为什么，或者如何检验这个提议，隐含的答案就是它是不证自明的。不论这种结论能否被人心服口服地接受，它都会被认为是一个诚实的回答。

至此，我们大概回顾了有关艺术福利经济学论证的核心问题。我们必须承认，相比几十年前，即便是最高水准的分析者所展开旷日持久的研究，也没有取得多少实质性进展。如今，这个讨论又转向了福利理论更能有所作为的第二个关键问题：诸如版权这样的工具，在文化产品生产者的补偿机制中扮演什么样的角色。这几乎不是一个新问题，但是，诚如事实所示，当前的经济发展让这个问题变得更加突出，相关分析也为我们深入理解这个问题贡献良多。①

1.2　文化产出

1.2.1　基本问题

许多艺术形式都具有公共产品的属性：它们是不会被损耗的，这意味着一个文化产品消费者数量的增加，不会减少其他人对这个产品的消费，并且实现排他性是困难的，因此个人可以在未经生产者许可的情况下消费该产品。然而，非竞争性和非排他性这两个特性又引发了两个问题：提供者付出的努力如何得到回报(我们想要的不仅是公平，也是为了激励他们持续地提供)？如果通过市场机制来予以补偿，那么产品又该如何定价？

对于艺术来说这并不是什么新问题。如前所述，一个上座率仅有一半的剧院就面临这些问题，但是近来的技术发展极大地凸显了这些问题的重要性。大众传媒的可获得性，特别是互联网的发展，能够在不减损对他人供应的情况下扩大观众的规模。此外，这种新的传输模式也让产品提供者向使用者征收自认为合适的补偿变得更加困难。

---

① 陶斯（Towse，2001）提供了有关该主题的许多有价值的信息和见解。

诚如杜普伊（Dupuit，1844）和萨缪尔森（Samuelson，1954）所言，这里一个关键的困境是向消费者收费的可实现性。如果价格机制是补偿提供者的方法，很显然对于社会来说零价格不可能是最佳的，因为艺术活动并非零成本，特别是对那些以营利为目的的活动，零价格将不会使社会供给最大化。实际上，以这种价格，商业化的产品提供者的供给意愿将会归零。另一方面，这种合意产品的零产出很显然也不是最优的情形。

但是，任何不为零的价格也不可能是最佳的。因为，出于实用的目的，如果额外消费者可以以零边际成本消费产品，那么非零价格对任何一个消费者的排除行为，都意味着社会损失——即在社会成本可能为零的条件下，阻止其他消费者受益。

这只是这个窘境的开头。假定这个窘境是一个无法解决的理论性难题，而被我们暂时忽视的话，那么非零价格就是通则。什么样的次优价格将实现社会福利最大化？教材上的结论似乎并不够，因为与边际成本一致的价格，通常是不能够弥补提供者的。这个问题可以追溯到艺术活动中普遍存在沉没成本的特征。常见的理论告诉我们，沉没成本是不重要的，因为它们的数量不会影响到最优价格。作为古老历史中的遗存，现在或将来的价格决策并不能对其价值施加任何影响，因为它们之间没有任何关联。但是在艺术领域，沉没成本不仅仅是历史数据。

问题就在于，沉没支出最典型的特征就是要不断重复。比如，一个新排练好的戏剧产品的成本实际上就是沉没成本，如果一家演艺公司将在无限期的未来一直呈现这个剧目，那么这个沉没成本就不是问题。因为，无论未来的表演是会很慷慨地回报投资者还是无法回收成本，都将无关紧要。但很明显的是，这不是演艺公司运作的方式。通常情况下，演艺公司每隔一小段时间都会推出新产品，沉没支出就会呈现出跨时间的周期性与支出额度相对较大的形式，并不是支出一次便可以一劳永逸。未来的沉没成本仍然是可变的，而不只是维持现在已经沉没的部分不变。为了吸引投资者继续提供必要的资源，过去投资的补偿情形必须能够预示未来收回沉没投资的可能性。不仅对于舞台产品来说是这样，而且对于歌手和舞者所必需的训练来说也是这样。训练有素的表演者的工作生涯是十分有限的，因此，在他们的职业生涯尚未结束之前，其训练中必然产生的沉没成本一定会不断地重复产生。

这些困难与“新经济”几近相似，其中创新已经成为大多数企业竞争的首要武器。众所周知，从创造性活动中得到的专有知识具有明显的公共产品属性，竞争促使公司不断重复投入，创新过程由此不断产生沉没成本。不仅表演艺术和创新过程中出现的问题是相同的，而且适用于其中一个的定价规则也同样适用于另外一个。

1.2.2　政府买断知识产权和公共产品问题

与创新经济的类比立即提供了一个解决问题的途径，这为寻求政府资助提供了进一步的理由。在创新中，专利构成了与艺术领域的著作权最为直接的类比。它们都涉及公共产品问题；它们通过加强创作者排斥未经授权使用者的能力，从而使知识产权的创作者可以通过专利或著作权使用来收费，以获得回报。但是零价格又陷入了杜普伊—萨缪尔森的困境：为什么要排斥其他人使用那些零成本的产品并从中受益呢？

有不少文献①提供了一种解决这个难题的方法，这就是买断专利。这要求政府直接买断专利所有权，创作者得到恰当回报的同时，放弃对使用其作品收费的任何权利。克雷默为此提供了一个生动的例子：1839 年，法国政府将专利制度的要素与政府对研究的直接资助结合起来，买断了达盖尔型（Daguerreotype）摄影法的专利，并将该技术置于公共领域。在专利被买下后，达盖尔型摄影法在世界范围内得到广泛应用，并经历了无数次的技术改进。

很显然，这成为解决这个问题的方法的一个重要部分，因为它为创造性活动提供了必要的激励，且没有妨碍其他人对该产品的零成本使用。这样的方法有可能应用于艺术中，但我们也必须认识到它无法从根本上解决这个问题。首先，正如拉姆齐（Ramsey）分析所示（见后文），政府的资助以及提供给受助者的资源一定是来自某个地方。相应的，这肯定会涉及税收问题，这自然会不可避免地干扰决策并产生福利成本。其次，有关如何确定最佳买断价格的理论问题依然存在，特别是考虑到专利和著作权对于作者来说意味着可能的垄断，他们是想要通过价格寻求垄断利益的。最后，还有一个现实问题——政府尽管常乐意提供部分资助，但并不打算提供足够的资助，以便在公众免费使用的情况下，该项活动也能正常运转。而且，随着艺术实际成本的不断上升，这个问题将会不断加剧。

1.2.3　偿付能力通常要求价格歧视

即使文化产品是在政府大幅资助情形下生产出来的，通常也是以非零的价格

① 如克雷默（Kremer，1988）就曾引用其他著作并有着出色的讨论。

提供的。此外，供给过程通常表现出明显的价格歧视特征——学生和老人享受折扣，预订与团体价格降低，还有与学校、教堂和商会的特殊优惠协议，以及其他各种类似的折扣协议。这种做法，部分是为了公平合理起见——阻止因囊中羞涩而被排除在外，部分是为了帮助解决企业的财务需求（比如，预订价格）。实际上，经济学家告诉我们，这种方法可能远比从业者认识到的更为有效。如前所述，边际成本定价与不断产生大量沉没成本的企业的生存是矛盾的。在这种情况下，即使是零进入门槛的绝对自由竞争，也不会把价格压低到非补偿性的边际成本水平。这是因为，只有当这个领域的价格提供一个使进入者能支付所有预期的沉没成本的前景时，进入才可能发生。所以，任何高于边际成本却不足以支付沉没成本的价格，会导致无人进入的情况。只有当价格中至少有一部分在边际成本之上，并足以偿还沉没成本时，才有人进入并降低价格。但是，如前所述，至少从杜普伊发表于19世纪中期的文章开始①，价格歧视帮助那些有着固定成本的企业收回它们的支出。实际上，有时候如果没有价格歧视就不能收回成本。这里将进一步论证，如果不借助歧视性价格要想达到盈亏平衡是不切实际的——尽管并非在每一种情形下都是如此。此外，本文分析将表明，完全无进入障碍形式的有效竞争，至少对于商业文化活动来说，在避免资不抵债的情况下，不仅不会阻止价格歧视的采用，相反这种竞争压力往往会使价格歧视变成有效竞争之必需。

1.2.4 社会效益最优的歧视性价格

接下来的所有叙述均基于我们观察到的现象：零准入门槛将会使现有企业的利润接近竞争性水平。在这样的市场中，进入和潜在进入的威胁确保现有企业无论选择怎样的价格，都不会获得超额收益。基于此，我们就得出如下的结论：

（1）在那些现有企业短期可采用的价格中，它们将产生有竞争力的回报率。

（2）如果这个最大值是唯一的，任何被现有企业采用的价格，都将产生低于竞争性水平的回报率，也就是说，这在财务上是不可行的。

（3）因为价格差异不受所有购买行为均需同价的约束，那么在运用歧视性价格条件下，能够获得的利润一般会更高，更确切地说，不会比同一价格销售所带来的利润低。因而，公司为了盈亏平衡而索取的唯一的、利润最大化的价格，必然是歧视性价格，而这些采用歧视性价格的公司就只能是歧视价格接受者。

① 也可见于豪斯曼和麦基·马森（Hausman and Mackie-Mason，1988）和瓦里安（Varian，2000）等人最近富有启发性的讨论。

因此，作为社会最优定价指南的竞争模型，不仅具有经济上的可行性，而且具有静态的最优性，这就要求文化产品的价格具有歧视性。这里还有一种更直接的方式可以看出这一点。众所周知，拉姆齐（Ramsey）理论认为，如果价格是按边际成本确定的，那么，在成本回收出现亏空的情况下，就应该确定次优价格（Ramsey，1927；Baumol and Bradford，1970）。此外，拉姆齐公式明确要求歧视性定价，价格和边际成本之间的差异由需求弹性决定。事实上，考虑到偿付能力的限制，现行价格正是过去被称为“收取流量所能承受的费用”的价格。然而，零利润限制就意味着这种价格没有行使垄断权力。这是本节讨论的重要内容。

1.2.5 版权商业再利用的许可

拉姆齐理论构成了文化产品定价福利经济学分析的基础。然而，在大众传媒的世界里，这并不是故事的结尾。一旦版权成为获得补偿的工具，一个新问题就出现了。其他参与文化活动的人，为了自己获益，则想得到作为版权载体的材料，以便重复使用这些材料。比如，电影和一些录制的电视节目就被其他人而非版权所有者转播，音乐的录音则在广播中不断重复播放。有些情况下，使用者就是版权拥有者的直接竞争者。问题在于是否存在一个经济上有效的价格，来获取作为版权载体的材料？下文会展示这样一个有效的价格。

显然，对于社会最优方案而言，这种进入价格的水平要么太高，要么太低。颇有禁止色彩的高昂许可费用，就如同直接拒绝其他任何人使用的障碍，如果费用不足——在许可是强制性时，这种情形极易发生——则对创造性活动的投资构成很大的抑制。极低的价格会导致产品被低效率企业使用，代价是更有资格使用的企业却无法使用。价格规制理论提供了一种确定有效的版权许可价格的定价准则。这个准则被命名为“有效成分定价”（ECPR）或“对等原则”。对等定价规则的效率属性是这样的，即当收取平价许可费时，版权的租户能够有效地向消费者收取比版权所有者更低的价格，但前提是前者向消费者传播版权产品的过程要更有效率。

我们不难理解对等定价公式（如下所述）符合这种要求的逻辑。为此，我们不妨将承载版权的材料，看作是消费者对最终产品的投入。然后，获得版权材料使用权的购买者（租用者）就参与到将材料传递给消费者的过程。因此，如果承租人向消费者提供（传递）单位产品的剩余投入成本比版权所有人的低 X 镑，那么后者显然没有因为许可费用障碍而陷入低效竞争，并且承租人可以比版权人便宜 X 镑的价格来提供最终产品。显而易见，这就是所谓的“公平竞争理论”。

如果我们给有效的许可价格一个清晰的公式，那么所有这些都可以被有条理地描述。我们使用以下符号：

$P_{f,i}$——版权拥有者给定的每单位产成品的价格；

$\min P_{f,c}$——竞争者最终产品的最低可行价格；

P_i——版权使用许可的价格，单位最终产品；

$IC_{r,i}$——版权拥有者的剩余最终产品投入的边际成本，单位最终产品；

$IC_{r,c}$——竞争者在另一组数据中所对应的数字；

IC_i——版权所有者自己使用或他人使用的边际成本。

正如现在所展示的，ECPR 要求许可价格符合下列规则：

$$P_i = P_{f,i} - IC_{r,i} \tag{1-1}$$

即

许可价格=版权所有者的最终产品价格-版权所有者的边际成本

这个等式告诉我们，ECPR 在版权拥有者对其最终产品的要价（$P_{f,i}$）与对竞争者使用版权的要价（P_i）之间建立了紧密的联系。假定生产成本不变，如果其中一个价格提高，效率原则就会要求另一个价格做相等额度的提高。

接下来，我们的任务就是证明“公平竞争理论”。公式 1-1 指出，针对版权载体之材料使用所确定的对等价格，对于实现公平竞争是充分且必要的。这意味着两家公司——版权拥有者与最终产品竞争者——的最终产品的完全替代者之间的价格的最大差异，正好等于边际成本之差，而不是许可费。

证明：公平竞争的定义是

$$\min P_{f,c} - P_{f,i} = IC_{r,c} - IC_{r,i} \tag{1-2}$$

也就是说，竞争者所能支付的最低补偿价格与版权拥有者的价格之间的差额，刚好是前者的边际成本与后者的边际成本之间的差额（正或负）。对于竞争者来说，财务上可行的最低价格如下式：

$$\min P_{f,c} = P_i + IC_{r,c}$$

这就是说，这个价格等于版权许可费加上边际成本（当然，包括资本的正常收益）。

比较这两个公式，我们可以立刻看出当且仅当 $P_{f,i} - IC_{r,i} = P_i$ 时，才能满足公平竞争。这正是对等公式 1-1。因此，对等原则对公平竞争来说，是充分且必要的。

我们由此证明，版权特许的对等定价，对于其竞争者提供最终产品的经济效率是必要的。如果违反了规则，剩余投入的效率较低的提供者就可以赢得竞争，而不是把任务交给效率更高的竞争对手。也就是说，允许效率较低的提供者以低价的方式打败它的竞争者。[①] 这个论证可以扩展到三家公司甚至更多公司的情形。

1.3 其他问题和结束语

迄今为止，似乎还没有系统的著作能够被视为文化艺术的福利经济学的完整理论。本文的研究表明，这些领域不但涉及福利经济学问题，而且需要这方面的理论来分析文化艺术问题。

实际上，我已经注意到了一些不错的分析方法，但是，这里的讨论只能算作一种演示。有许多与文化相关的话题需要做福利经济分析。比如，文化遗产及其价值评估问题，这是一个很重要并且引人入胜的话题，它需要从福利经济理论着手进行研究。另外，艺术产品的交流自然会引发诸如网络外部性和传播工具兼容性的问题。

总而言之，在这个领域还有许多研究有待深入进行。然而，应用经济学其他领域已有的分析工具给我们描绘了这项工作的美好前景，这也意味着，这项工作有了良好的基础。

参见：

表演艺术；艺术定价；公共支持；福利经济学。

---

① 这里我们应该承认，在规模经济意味着边际成本定价不可行的情况下，理论上要求对许可证以及最终产品采用拉姆齐价格，而拉姆齐价格可能违反有效成分定价原则（ECPR）。但是，应该指出的是，在监管领域（如电信和电力行业）对有效成分定价原则的频繁抱怨是，它会产生令人不安的输入价格瓶颈。然而，经拉姆齐调整后有效成分定价可望更高。具体来说，只要将任何租金留给基本设施所有者（例如专利或版权）的竞争对手，竞争对手对基本设施的需求都是没有弹性的。因此，拉姆齐规则（Ramsey Rule）要求提高设施使用权的价格，直到所有此类租金都应归设施所有者为止，而有效成分定价原则则将竞争者的有效租金留给他们。

本章参考：

Baumol, William J. (2005). Intellectual Property: How the Right to Keep It to Yourself Promotes Dissemination. *Review of Economic Research on Copyright Issues*, 2 (2): 17-23.

Baumol, William J. and William G. Bowen (1966). *Performing Arts: the Economic Dilemma*. New York: Twentieth Century Fund.

Baumol, William J. and David Bradford (1970). Optimal Departures From Marginal Cost Pricing. *American Economic Review*, 60: 265-283.

Blaug, Mark (ed.) (1992). *The Economics of the Arts*. Aldershot, UK: Gregg Revivals.

Dupuit, Jules (1844). Del la de l' Utilité des travaux publics. Annales des ponts et Chaussées: Memoires et Documents, 2nd ser., 8 (2): 332-375. Reprinted in Marie de Bernardi (ed.), (1933). De l' utilité de la Mesure, Torino. trans. R. H. Barback, International Economic Papers (1952, No. 2, 83-110).

Frey, Bruno S. and Werner W. Pommerehne (1989). *Muses and Markets: Explorations in the Economics of the Arts*. Oxford: Basil Blackwell.

Grampp, William D. (1986). Should the Arts Support Themselves?. *Economic Affairs*, 41-43. Also in Towse (1997, 669-673).

Hausman, J. A. and J. K. Mackie-Mason (1988). Price Discrimination and Patent Policy. *RAND Journal of Economics*, 19: 253-265.

Kremer, Michael (1998). Patent Buyouts: A Mechanism for Encouraging Innovation. *Quarterly Journal of Economics*, November, 1137-1167.

Musgrave, Richard (1959). *The Theory of Public Finance*. New York: Mc Graw-Hill.

Peacock, Alan T. (1969). Welfare Economics and Public Subsidies to the Arts. *Manchester School of Economic and Social Studies*, 4, 323-335. Reprinted in Towse, Ruth (1997). *Cultural Economics, the Arts, the Heritage and the Media Industries*. Cheltenham, UK and Lyme, US: Edward Elgar, 501-513.

Ramsey, Frank (1927). A Contribution to the Theory of Taxation. *Economic Journal*, 37: 47-61.

Scitovsky, Tibor (1976). What' s Wrong With the Arts is What' s Wrong with

Society. in Blaug, *The Economics of the Arts*, 58–69.

Smith, Adam (1776). *An Inquiry Into the Nature and Causes of The Wealth of Nations*. London.

Throsby, David (1994). Production and Consumption of the Arts: a View of Cultural Economics. *Journal of Economic Literature*, XXXII (1): 1–20, also in Towse (1997, I, 51–85).

Towse, Ruth (2001). *Creativity, Incentive and Reward.* Cheltenham. UK and Northampton, MA, US: Edward Elgar.

Varian, Hal (2000). Differential Pricing and Efficiency. *First Monday*, 1–16.

延伸阅读：

对于艺术所引发经济问题的一般性概述，没有比露丝·陶斯（Ruth Towse, 1997）更好的来源了。尽管是一本出版年代较早的书，布劳格（Blaug, 1992）的作品却非常有效地阐述了这个主题。在公共资金问题上，人们的意见包括了热心支持政府融资的观点（Scitovsky, 1976）和处于另一个极端的观点（Grampp, 1986），以及采取谨慎的中间立场（Peacock, 1976; Frey and Pommerehne, 1989）。关于公共财政问题和“公共物品”问题的经典论述，可参见 Musgrave（1959）。有关使用版权所包括的材料许可的最优定价的更多信息，请参见 Baumol（2005）。

2 艺术品拍卖

奥利·阿什菲尔德（Orley Ashenfelter）
凯瑟琳·格雷迪（Kathryn Graddy）

艺术作品可以通过多种方式售卖，包括商人与其客户的直接交易、公开拍卖、互联网拍卖，甚至偶尔会有秘密投标的形式。然而，一种最普遍的艺术品估价的标准程序是英式拍卖，采用这种方式，价格会在公开拍卖中逐渐抬升。

2.1 英式拍卖如何运作

很多人认为他们已经足够理解英式拍卖的规则，因为英式拍卖司空见惯。[①] 在过去的200多年时间里，苏富比、佳士得、菲利普斯和其他英式拍卖行发明并逐渐改良了这些规则，如今英式拍卖在其他国家也很普遍。众所周知，在英式拍卖中，通常会以一个很低的价格开始竞价，然后竞价随着竞拍人出价而逐渐升高。当竞拍结束，待售商品被称“拍板成交”或“落槌成交”，被拍板成交或落槌成交的拍卖品的价格叫做“落槌价”。

不怎么好理解的是，已经被拍下的物品不一定能够售出。理由是这样的，卖家通常会设置一个保留价，当最高竞价低于保留价时，卖家有权不出售此拍卖品。拍卖行称呼这些没有卖掉的商品为“买进品”（这个术语可能会让人误解，因为拍卖行很少会买未售出的商品），而买进品可能会被放在下一场拍卖会或者其他的地方拍卖，也有可能会离开市场。在印象派绘画的拍卖中，大概1/3的画作没有在正常交易期间内卖出。在葡萄酒的拍卖中，其“买进率”通常维持在

① 所谓的英式拍卖实际上是罗马式的，“auction”这个词来自拉丁语的“auctio”，意思是“上升”。

5%~10%。其他拍卖品，如欧洲绘画、银器、家具、珠宝的买进率通常（但不总是）在5%~10%起伏。表2-1展示了1995—1996年伦敦佳士得拍卖行不同种类物品的出售率（等于1减去买进率），以及售出商品数量的平均价值。正如从表格中看到的那样，在拍卖中展示出的96%的武器和盔甲、89%的葡萄酒和71%的印象派画作的现代艺术作品均被售出。虽然价格随着时间的推移而上涨，但不同时期的销售率出人意料的稳定。有研究（Ashen Felter and Graddy，2013）显示，从1980年到2007年的27年间，印象派艺术的平均销售率为69.8%。

拍卖商在是否设置保留价格以及保留价格设置高低方面向来讳莫如深，在不暴露保留价格的同时使拍卖得以开展，的确是拍卖师的一门艺术。举个例子，拍卖商可能不得不接受并宣称那个虚构的出价是“离谱的”（off the wall or from the chandelier），才开始“真正”的投标竞价。“离谱的竞标价”（bids from off the wall）代表卖家的立场被合法地放置在那里。同时，卖家还被禁止与拍卖中竞标的拍卖者联系，这是拍卖者对预期客户所提供的一种保护，以保证他们不会人为地哄抬竞标价格。

你如果全程经历一场拍卖，就会发现每样拍卖品都已经落槌成交，看起来好像全部售出[①]，但实际上，只有竞拍结束后，拍卖方才会最终知晓拍卖品是否真的被售出，以及它被售出的价格是多少。简言之，拍卖方不会早早地亮出底价，并且会尽其所能让竞拍者很难推断出底价。

尽管上面我们描述了拍卖中普遍接受的做法，但仍有很多人持不同意见。就如同著名经济学家保罗·米格罗姆（Paul Milgrom）所说，“拍卖者以一个最低的、能接受的价格（保留价）起拍，然后不断从客户那里索取更高的价格，直到无人加价为止。然后这个交易品就算‘落槌’（卖出）给最高出价者”。如前所述，真正的拍卖者不会用这种方式透露保留价，并且很多“落槌”物品并没有真正出售。在另一个例子中，格林汉姆和马歇尔（Graham and Marshall，1987）声称：“当竞标停止，如果拍卖者认为值得为更高的标价‘再冒一次险’（good for another bump），那么他们就会制造一个错误或迷惑人的更高出价。”然而，人为制造一个在保留价之上的虚拟价格，这肯定是不道德的，并且可能是违法的。因为拍卖者的规则为那些竞标者或代理人所熟知，那么对一家拍卖行来说，长时

---

① 这条规则也有例外。在纽约市，法律要求拍卖人在竞价结束后，应该宣布物品是否被卖出。当一件物品未售出时，拍卖人宣布该物品已“流标”。在20世纪80年代初的一次拍卖中，主要针对未售出的画作，它们的所有者对佳士得提起了诉讼，这条规则就是在这次公开的披露后得以确立的。纽约的拍卖商在这条规则公布之前并不会揭露这些信息，他们通常也不会在其他地方公布这些信息，除非法律规定。

间系统地去制造一个保留价之上的虚构价格是非常困难的。实际上，美国司法部最近就在对苏富比和佳士得拍卖行价格操纵的起诉中，宣判苏富比拍卖行的董事长有罪，这证明了想要掩盖串通行为是多么困难。任何一家拍卖行都珍惜声誉，并且长期的盈利来源于其牢固的声誉，所以它们都有动力避免这种行为。[①]

秘密的保留价和极高的“买进率”对于拍卖的理论研究更有意义。比如，在莱利和萨缪尔森（Riley and Samuelson，1981）的理想拍卖模型中，设置保留价是为了从估值最高的竞标者那里获取一个更高的价格。[②] 其原理就是，在英式拍卖中，拍卖者得到的仅仅是所有竞标者中的次高估价，通过设置保留价，拍卖者有机会获取两个最高竞价者之间估值差额的部分价格，但这要冒着流拍的风险。

然而，这种理想的拍卖模型对于理解众多拍卖如何设置保留价恐怕没什么帮助。首先，对每个竞拍者来说，他们都按商品本身的真正估值进行竞标，因此最优的保留价是相同的，是否保持秘密就无所谓了，所以，这种模型并没有解释为什么要秘密设置保留价。其次，在最优拍卖模型中，保留价与竞标者数量无关，这就意味着，随着竞拍者数量的增加，其出售的可能性也增加。然而事实上，如上文所述，尽管有很多竞标者，有些种类商品的买进率依旧非常高。再者，不同种类商品的买进率差异十分显著，而这种差异显然与竞拍者的数量没有关系。如此看来，要想通过现有最优拍卖文献的主要理论来解释真正的买进率恐怕不太可能。

一种关于保留价需保密的可能解释是，它可以充当“阻扰圈”（thwart ring）。[③] 投标人的利益与投标率总是随机变动的；当投标率很低时，卖方可能更倾向于买进货物，稍晚再次拍卖，而不是冒着串通投标的风险来压低价格。拍卖者也有可能采用其他措施来发挥阻扰圈的作用。比如说，拍卖者不会去披露买方身份，如果有的话，这会激励阻扰圈的成员以个人身份投标，从而与阻扰圈的利益针锋相对。

另一种关于卖方保留价的解释是关键决定因素，这可以在莫特森（Mortensen，

---

① 值得注意的是，拍卖商在决定是否遵循标准的符合道德的拍卖惯例时，面临着真正的取舍。如果拍卖师因遵循这些做法而获得声誉，那么他就会得到买家将公布的拍卖品估价，这将导致买家的价格更高（拍卖商的佣金也更高）。许多卖家试图给人一种印象，即他们遵循标准的拍卖惯例，即使他们不这样做，显然这是因为他们认为这样做会让不知情的买家提升物品价格。这种操作中最有趣的例子是家庭购物俱乐部在深夜有线电视上的播放。这种欺骗行为似乎在任何一种对声誉很重视的经济活动中都很流行。

② 在这种情况下，选择“保留价”这个词是很无奈的。在现实中，几乎每一个卖家都有一个最低价格，低于这个价格时他们不会同意出售这件物品。最优拍卖理论表明，出于战略原因，卖方应设定一个严格高于其卖出目标最低价格的底价。

③ 韦氏词典把“圈”定义为“一种自私的、通常是腐败的、目的是控制市场的人的独特组合”。

1970）的调查模型中找到。在这个模型中，拍卖者可能希望不止一次拍卖该商品，甚至有可能包括私下出售。在特定的拍卖中被观察到的最高价，可能被看作一个“录用函”（job offer），只有在它超过保留价时才能被接受。在这些模型中，有一个与“自然失业率”相似的概念，这就是“自然买进率”，它颇为形象地描述了拍卖市场的特征。

表 2-1　不同种类拍品的平均销售率

种类	平均销售价格（英镑）		在样本中排名	销售率（售出的百分比）		销售价值的百分比	
	1996 年	1995 年		平均值（%）	标准差	平均值（%）	标准差
印象派画作	122 820	135 430	8	71	（0.11）	80	（0.10）
早期绘画大师作品	50 670	29 210	4	77	（0.09）	89	（0.08）
当代作品	36 820	36 840	7	79	（0.04）	87	（0.06）
英国摄影	29 710	23 560	7	78	（0.14）	83	（0.17）
早期摄影大师作品	29 180	6 560	11	73	（0.15）	82	（0.15）
大陆摄影	21 810	10 450	7	72	（0.11）	79	（0.10）
钟表	14 340	5 130	4	88	（0.03）	89	（0.07）
珠宝	12 190	6 750	8	86	（0.05）	89	（0.04）
家具	11 670	8 220	25	85	（0.09）	92	（0.06）
银器	11 080	5 910	10	87	（0.11）	92	（0.07）
雕塑	11 070	6 340	5	78	（0.21）	81	（0.20）
现代英国照片	10 340	7 190	9	70	（0.05）	81	（0.05）
维多利亚时代图片	9 460	8 400	6	66	（0.13）	75	（0.11）
英国油画及水彩画	9 160	3 400	14	72	（0.14）	87	（0.10）
毯子和地毯	9 160	3 700	8	80	（0.17）	85	（0.14）
地形图	8 640	8 010	2	68	（0.13）	81	（0.00）
穆斯林艺术品	6 670	6 950	5	68	（0.22）	82	（0.12）
汽车	5 750	7 610	6	71	（0.16）	65	（0.22）
中国艺术作品	5 640	6 400	8	70	（0.19）	79	（0.16）
书和手稿	5 220	4 270	15	81	（0.12）	86	（0.09）
俄国艺术作品	4 490	5 480	4	64	（0.14）	69	（0.15）

续表

种类	平均销售价格（英镑）		在样本中排名	销售率（售出的百分比）		销售价值的百分比	
	1996 年	1995 年		平均值（%）	标准差	平均值（%）	标准差
日本艺术品	4 410	2 840	5	72	(0.04)	76	(0.05)
乐器	3 960	4 110	5	77	(0.05)	76	(0.16)
手表	3 870	2 190	6	71	(0.09)	81	(0.11)
版画（早期的，现代的，当代的）	3 850	4 230	8	81	(0.12)	92	(0.09)
微型画	3 350	3 260	2	82	(0.05)	92	(0.07)
文物	3 260	3 640	3	57	(0.08)	66	(0.13)
陶瓷和玻璃	2 700	2 600	14	76	(0.12)	85	(0.10)
部落艺术	2 650	2 090	3	67	(0.08)	75	(0.19)
摄影器材	2 580	1 660	3	61	(0.27)	79	(0.08)
现代枪支	2 510	3 620	5	93	(0.06)	94	(0.04)
花园雕塑	2 120	1 540	4	91	(0.10)	91	(0.11)
武器和盔甲	1 890	2 400	4	96	(0.03)	99	(0.01)
架子	1 800	2 260	4	81	(0.15)	85	(0.14)
邮票	830	650	22	78	(0.13)	82	(0.12)
葡萄酒	690	580	37	89	(0.09)	91	(0.08)

2.2 拍卖行之间的竞争

有人说佳士得拍卖行（现属于法国）的拍卖师是想做商人的绅士，而苏富比拍卖行（现属于美国）的拍卖师是想做绅士的商人，毫无疑问这是对这两家拍卖行运营特征的形象描述。然而，拍卖师之间的竞争远非拍卖方式的竞争。拍卖是一种颇为有趣的行业，这个行业中建立名誉的花费，往往成为新兴竞争者最重要的进入壁垒。令人惊讶的是，关于拍卖的文献很少关注拍卖师。

原则上，拍卖商是代表卖方的，但是拍卖行事实上同时从买方和卖方那里收取费用。买方的溢价是由买方支付给拍卖商的成交价的部分，这种溢价通常为销售价格的 10%~25%，常常只占溢价较低的比例。这种按照买方溢价浮动比例计算的方法，算是近期的一项创新。或许是因为主要拍卖行之间的竞争导致了这种比例的变化，因此这更有可能代表一件商品的真实销售成本。然而，几乎可以肯定的是，近年来更多拍卖行的收入来源于买方。表 2-2 列出了 2019 年 2 月佳士得和苏富比的买方（佣金）。这些金额通常没有讨价还价的余地。

表 2-2 佳士得拍卖行（C）和苏富比拍卖行（S）指定地点的买家佣金

2019 年 2 月 1 日（佳士得） 2019 年 2 月 25 日（苏富比）	落槌价	买家佣金
英国	≤ 22. 5 万英镑	25%
	22. 5 万~300 万英镑	20%
	>300 万英镑	13. 5%（C） 13. 9%（S）
［伦敦葡萄酒］	所有金额	22. 5%（C） 21%（S）
法国	≤20 万欧元 *	25%
	20 万~250 万欧元 *	20%
	≥250 万欧元	13. 5%（C） 13. 9%（S）
纽约	≤ 30 万美元 * *	25%
	30 万~400 万美元 * *	20%
	≥400 美元	13. 5%（C） 13. 9%（S）
［纽约葡萄酒］	所有金额	25%（C） 24%（S）
香港	≤ 250 万港元 * * *	25%
	250 万~3 000 万港元 * * *	20%
	≥3 100 万港元（C）	13. 5%（C）
	≥3 100 万港元（S）	13. 9%（S）

注：＊苏富比拍卖行的起拍价是 25 万欧元，而不是 20 万欧元。

＊＊苏富比拍卖行的起拍价是 40 万美元，而不是 30 万美元。

＊＊＊苏富比拍卖行的起拍价是 350 万港元，而不是 250 万港元。

有趣的是，苏富比拍卖行为了在竞争激烈的互联网市场确立主导地位，在2017年末试行了网络销售，未收取买家佣金，但不到6个月后又重新推出了网络销售佣金制度。卖方佣金是卖家按销售价格的一定比例支付给拍卖行的金额。它随着商品的类型和重要性不同而变化，从葡萄酒的15%到某些类型画作的5%或更少。此外，拍卖行根据年销售总额来确定佣金的浮动比例。

因此，如果按25%的买方佣金和5%的卖方佣金，一幅画在拍卖会上以100美元的价格出售，那么买方将支付125美元给拍卖人，卖方将从拍卖商那里获得95美元，这样拍卖行共计有30美元的收入。

如果一件物品未售出，拍卖人将既不收取买方佣金，也不收取卖方佣金。为了确保卖家承担拍卖的部分费用，拍卖行通常向那些未售出物品的卖家收取一定的费用。这个费用通常是卖方设定的保留价的一部分，这很明显促使卖家制定较低的保留价。此外，有些拍卖行不允许卖家再次出售一件容易被辨认的物品，除非在很长一段时间之后。人们有时声称，当一个做了广告的商品未售出时，它的未来价值就会受到影响。人们认为这样的物品已经被“毁”了。事实上，贝格斯和格雷迪（Beggs and Graddy，2008）发现，销售失败的画作较之其他画作，会有30%左右的损失。

实际上，拍卖失败是否会导致商品的价格降低仍有待讨论。尽管画作在拍卖失败后可能会以更低的价格出售，但我们并不完全清楚的是，这是否是由拍卖失败所致。卖方保留价的变化——或许由于先前的失败所致——可能影响最终观察到的此后的价格，要么更高，要么更低。在这种情况下，观察价格的变化不是直接由失败引起的，而是样本选择的结果。当艺术家受欢迎程度下降，或者出于其他特殊的原因，价格下降的趋势也会出现。

正如莱利和萨缪尔森（Riley and Samuelson，1981）所论证的那样，当竞购者对所提供的物品有独立的私人估价时，拍卖失败不会影响其未来的销售，无论销售是以拍卖还是私下交易的方式。但如果像米格罗姆和韦伯（Milgrom and Weber，1982）的模型所示，投标者的估值是相互关联的，一件商品销售失败的信息则会对下一次拍卖的估值产生影响。如果一件物品可以被“毁掉”，那么有关估值相关性的假设就变得更加合理了。然而，目前尚不清楚这些画作是否真的能被“毁掉”——也就是说，拍卖失败能否导致价格下跌——或者这是否只是一种虚构，以便给卖家造成一种保留价较低的满足感。

如今，大多数拍卖行从买家的溢价中获得收入，这种情形在过去并不多见。最常见的原因是，在与大卖家打交道时，拍卖行越来越难讨价还价，经常被迫降低卖家佣金的规模。而由于对大量小买家来说，有效地讨价还价则要困难得多，因此买家的溢价为拍卖行提供了新的收入来源。这些现象表明，近年来，实际的议价成本已经发生了变化。

由于佳士得和苏富比的操作在很大程度上是对主要艺术品的垄断销售，因此它们有很强的动机来串通设定卖家的佣金。最近，它们共谋行为的证据出现在了纽约苏富比的主席阿尔弗雷德·陶布曼（Alfred Taubman）的刑事审判中，他在2001年被判犯有操纵价格罪（在美国，操纵价格是一种犯罪行为，惩罚可能包括监禁和罚款）。苏富比前总裁在庭审中作证时表示，高管们预计因串通所获的利润高达数千万美元。阿什菲尔德和格雷迪（Orley Ashenfelter and Kathryn Graddy，2005）对这一价格操纵丑闻进行了经济分析。不管有没有串通，这个双垄断寡头在今天和在20多年前一样活跃。据《艺术报》（*The Art*）报道，佳士得和苏富比拍卖行合计售出拍卖的作品，占价格超过100万美元艺术品市场份额的80%以上（Gammon，2018）。

2.3 价格的异常下降

对拍卖的实证研究，导致对拍卖行为理论的质疑和新的理论研究。最突出的例子之一是阿什菲尔德（Orley Ashenfelter，1989）的葡萄酒拍卖中所谓的“异常价格下降”。

这种异常还被发现存在于许多其他的物品上，包括绘画（Beggs and Graddy，1997）、寓所（Ashenfelter and Genesove，1992），还有牛（Englebrecht-Wiggans and Kahn，1992）。虽然人们没有太多的讨论，但在拍卖商看来，这似乎是一种常识，当一场拍卖会上同一批葡萄酒被拍卖时，价格更有可能下跌，而不是和后来的拍品一起价格上升。尽管这并不意味着价格下跌总会发生，但它们远比仅凭运气预测要普遍得多。大多数拍卖行都知道，后来的类似项目的竞拍者，更有可能支付更低的价格，但他们不愿意向不知情的竞拍者透露这些信息。很明显，像经济学家一样，大多数竞买者希望看到相同的商品以相同的价格出售，当没有经验的买家看到这条规则的例外时，他们可能会认为一些不道德的事情正在发生。因此，拍卖是为了掩盖这一规律。例如，拍卖商通常会在提供大量物品之前提供少量的相同物品。因为大多数买家看到在数量折扣方面没有什么异常，单位价格的下降似乎更容易接受。

拍卖商还有另一种手段来限制投标人看到相同拍品时价格下跌的程度。当一系列相同的拍品被提供时，第一批中标者就可以选择立即以同样的价格将所有后续的拍品都拿走。[①] 这条规则有两种效果：一方面，对于一个想要一些（但不是全部）拍品的竞标人来说，它增加了等待较低价格会在之后批次中出现的风险。这样，风险厌恶的买家会被迫按实际价格投标，因为任何利用典型价格下降模式的尝试，都会让他们失去购买到想要拍品的机会。因此，只要有厌恶风险的买家，这条规则就会增加卖家的收入。另一方面，由于购买剩余商品的期权经常被行权，在这种情况下，竞标者将看到所有商品的统一价格。

这些结果表明，风险厌恶和数量限制在真实拍卖市场中扮演着重要角色。实际上，假设投标者是风险厌恶者，可能只是一个方便的分析工具，用于处理有众多竞拍者购买以满足订单数量并严格控制数量的情况。事实上，拍卖人在实践中使用的机制，即给第一个买家一个以相同价格购买后续商品的期权，显然与马斯金和莱利（Maskin and Riley，1984）提出的当有风险规避者时的最优拍卖设计有关。

自从阿什菲尔德（Ashenfelter，1989）首次讨论价格异常以来，关于这一主题已经有30多篇论文发表了，他们都试图解释这一异常，并试图证明在其他拍卖市场的价格异常情况。

2.4　拍卖行和准确信息

关于拍卖的理论文献强调，拍卖商有充分的理由提供关于出售物品的真实信息（Milgrom and Weber，1982）。其他基本的想法是，披露信息往往能消除不确定性，使低出价者更激进，促使拍卖商提高拍卖价格，符合拍卖商的利益。对一些人来说，这似乎有些出乎意料，但拍卖商的表现确实和预期一致。例如，拍卖行通常会付出相当大的努力，来评估拍卖品的价格。预测一个独特项目的价格需要高水平的专业知识，因此研究这些预测有多准是很有趣的。通常的做法是拍卖

---

① 由于买方必须立即行使这一选择，这条规则不会为风险中立的交易者提供选择价值，而这些交易者可以用来解释价格下跌的异常情况。原因在于，由于选择权在购买时到期，它只有在被执行时才有价值。然而，如果它被执行了，就不会有价格下跌。因此，选择权价值的存在与价格下跌是不一致的。

商会在拍卖目录中提供一个较高的估价和一个较低的估价。

阿什菲尔德（1989）的研究结果表明，拍卖行通常是真实可信的；拍卖商提出的高估价和低估价的平均值与实际收到的价格高度相关。此外，阿波德和阿什菲尔德（1988）发现，拍卖商的估价比享乐价格函数方法更能预测价格。

苏富比拍卖行的首席执行官戴安娜·布鲁克斯在苏富比的价格操纵案中披露了价格操纵的细节，这使我们得以更深入地了解专家在拍卖行中的重要作用。布鲁克斯说，她的老板，董事长阿尔弗雷德·陶布曼曾提出，拍卖行应联合为客户提供对艺术品价值的类似估价。布鲁克斯认为，这是不可能的，因为她不能简单地告诉佳士得拍卖行估价的部门专家，在不导致阴谋破坏的前提下去做不诚实的工作。

自阿波德和阿什菲尔德（1988）的研究发表以来，许多文献都在研究预估价是否真的公正。其中一些研究发现，在考虑到出售商品的各种特征的基础上，存在系统性的高估和低估。然而，在大多数文献中，相关偏见并不常见，而且似乎是无意的。梅和摩西（Mei and Moses，2005）是一个例外，他们得出的结论是，为了增加收入，对昂贵画作拍卖价格的高估是故意的。然而，麦克安德鲁等人（McAndrew，Smith and Thompson，2012）发现，一旦把未售出的物品考虑进去，拍卖行的估价就是公正的。

总而言之，拍卖商在预测价格方面确实提供了真正的专业知识。也许诚实是拍卖商最有利可图的规则。

2.5 艺术品拍卖的锚定效应

假设两幅具有相同特征的马蒂斯画作被出售。不过，其中一幅画此前曾在“热销”市场以高价出售，另一幅画则在“滞销”市场以低价出售。以前在“热销”市场上出售的那幅画，会在拍卖会上卖到更高的价格吗？由阿莫斯·特沃斯基（Amos Tversky）和丹尼尔·卡尼曼（Daniel Kahneman）描述的经典的锚定效应，是实验中最强大和最成熟的偏见之一。使用印象派和当代艺术的数据，他们发现当前的价格受到之前价格的影响。在拍卖环境中，这意味着竞拍者正在锚定竞拍价（在先前的价格或预售估价的基础上）。然而，这些证据并不能证实卖方和拍卖商也在锚定，或者仅仅是对投标人锚定作出回应。有研究（Beggs and

Graddy，2009）表明，这种影响也发生在艺术市场上。

2.6 拍卖结果中的信息：外部性

拍卖最吸引人的故事，常常是在拍卖会上出人意料地“发现”一件价值很高而预估价很低的艺术品。这类故事说明了一种方式，即定期拍卖带来的信息收益通常不会被拍卖商的利润所捕获。从本质上说，拍卖系统的存在为不了解情况的卖家，提供了一种使他们能够在不了解情况的前提下获得他们所拥有物品的市场价值的方式。只要房间里两个消息灵通的买家不串通，物品的价格就会和卖家刚开始了解情况时的价格一样。

在欧洲，人们早就认可了公开拍卖系统能够保护不了解情况的卖家的拍品价值，但这一观点在美国却没有得到广泛的认可。例如，在瑞典和奥地利，拍卖行有时是国有垄断企业。美国和英国的主要拍卖行当然不是国有的，但它们受到类似大都会艺术博物馆等机构的监管，这些机构只能通过公开拍卖来处置它们的财产。

如本章所述，艺术品拍卖的数据和价格也可用于研究和理解拍卖和竞争的复杂性。此外，来自艺术品拍卖的数据与计量经济学技术相结合，可以用来回答有关艺术品的问题。例如，格雷迪（Graddy，2013）以及金斯伯格和韦尔斯（Ginsburgh and Weyers，2008）都使用拍卖数据来确定艺术评论家罗杰·德皮尔斯（Roger de Piles）的排名是否经受住了时间的考验。最近，格雷迪和利伯曼（Graddy and Lieberman，2018）使用艺术品拍卖的数据来确定艺术家经历家人或朋友去世期间所创作的作品，比其他时间创作的作品，其价格是否明显更高或更低。艺术品拍卖的数据与经济学领域的方法相结合，为回答经济学和艺术领域的许多问题，提供了丰富而又不寻常的方法。

基本的问题是，公共拍卖系统提供了一种设置价格的方法，但是这种方法可以用来确定拍卖系统之外的交易的价格。换句话说，拍卖系统允许交易商在拍卖系统之外进行私人交易，但如果所有人都以这种方式进行交易，就不会有拍卖的存在。当拍卖商无法捕获他们所创造的重要的信息收益时，这很可能导致对拍卖系统的使用减少，而不是对社会有利的最佳选择。

参见：

艺术品经销商；中介机构；艺术定价。

本章参考：

Abowd, John and Orley Ashenfelter (1988). Art Auctions: Price Indices and Sale Rates for Impressionist and Contemporary Pictures. Mimeo, Department of Economics, Princeton University.

Ashenfelter, Orley (1989). How Auctions Work for Wine and Art. *Journal of Economic Perspectives*, 3 (3): 23-36.

Ashenfelter, Orley and David Genesove (1992). Testing for Price Anomalies in Real-Estate Auctions. *American Economic Review*, 82: 501-505.

Ashenfelter, Orley and Kathryn Graddy (2003). Auctions and The Price of Art. *Journal of Economic Literature*, September, 41 (3): 763-787.

Ashenfelter, Orley and Kathryn Graddy (2005). Anatomy of the Rise and Fall of a Price - Fixing Conspiracy: Auctions at Sotheby's and Christie's. *Journal of Competition Law and Economics*, 1: 3-20.

Ashenfelter, Orley and Kathryn Graddy (2011). Sale Rates and Price Movements in Art Auctions. *American Economic Review Papers and Proceedings*, 101: 212-216.

Beggs, Alan and Kathryn Graddy (1997). Declining Values and the Afternoon Effect: Evidence from Art Auctions. *Rand Journal of Economics*, 28: 544-565.

Beggs, Alan and Kathryn Graddy (2008). Failure to Meet the Reserve Price: The Impact on the Returns to Art. *Journal of Cultural Economics*, 32: 301-320.

Beggs, Alan and Kathryn Graddy (2009). Anchoring Effects: Evidence from Art Auctions. *American Economic Review*, 99: 1027-1039.

Engelbrecht-Wiggans, Richard and Charles Kahn (1992). An Empirical Analysis of Dairy Cattle Auctions. Mimeo, University of Illinois.

Gammon, Marton (2018). Why the Christie's and Sotheby's duopoly is impregnable. *The Art Newspaper*, November 22.

Graddy, Kathryn (2013). Taste Endures! The Rankings of Roger de Piles

(1709) and Three Centuries of Art Prices. *Journal of Economic History*, 73: 765-790.

Graddy, Kathryn and Carl Lieberman (2018). Death, Bereavement, and Creativity. *Management Science*, 64: 4505-4514.

Graham, Daniel A. and Robert C. Marshall (1987). Collusive Bidder Behavior at Single-Object Second-Price and English Auctions. *Journal of Political Economy*, December, 95: 1217-1239.

Maskin, Eric and John Riley (1984). Optimal Auction with Risk Averse Buyers. *Econometrica*, November, 52: 1473-1518.

Mei, Jianping and Michael Moses (2005). Vested Interest and Biased Price Estimates: Evidence from an Auction Market. *Journal of Finance*, 60: 2409-2436.

McAndrew, Clare, James L. Smith and Rex Thompson (2012). The Impact of Reservation Prices on the Perceived Bias of Expert Appraisals of Fine Art, *Journal of Applied Econometrics*. 27: 235-252.

Milgrom, Paul R. and Robert J. Weber (1982). A Theory of Auctions and Competitive Bidding, *Econometrica*. September, 50: 1089-1122.

Mortensen, Dale T. (1970), Job Search. the Duration of Unemployment, and the Phillips Curve. *The American Economic Review*, December, 60: 847-862.

Riley, John C. and William F. Samuelson (1981). Optimal Auctions. *The American Economic Review*, June, 71: 381-392.

延伸阅读：

建议进一步阅读如下学者的文献：Ashenfelter (1989), Ashenfelter and Graddy (2003), Ashenfelter and Graddy (2011)。

3 艺术品经销商

奥拉夫·贝鲁伊斯（Olav Velthuis）

2018年，全球艺术品市场的规模估计为674亿美元。这个数字包括美术、装饰艺术和古董。从地理上看，艺术品市场由美国（占总销售额的44%）主导，其次是英国（21%）和中国——2000年之前还是名不见经传的艺术品市场，但如今已占全球销售额的19%（McAndrew，2019）。

艺术品经销商的目的是撮合艺术品市场的供需。据估计，大约有30万家艺术品经销商活跃在全球各地。它们大多数是小型企业，雇员很少，只有一个所有者，同时也是总经理。另外，还有些是中型企业，在世界各地都有分支机构，雇员超过100人。除了劳动力成本外，艺术品经销商的主要支出是租金和库存，其中库存是以备出售之需（Shubik，2003）。

鉴于其私人性质，而且未公开上市，艺术品交易商的收入和利润率几乎不为人所知，但调查显示，其中许多经销商财务状况不佳。全球43%的艺术品经销商的年销售额低于50万美元，只有2%的艺术品经销商的年销售额超过5 000万美元（McAndrew，2019；Benhamou，Moureau and Sagot-Duvauroux，2002）。虽然高营业额经销商的销售额有所增加（达到100万美元），但较小规模经销商的销售额却大幅下降，显示出赢者通吃的趋势。

3.1 艺术品经销商之间的竞争

经销商的市场竞争非常激烈。在纽约、伦敦或柏林等艺术之都，数百家交易商活跃在市场上，但进入门槛往往很低：在大多数国家，艺术品经销商开展业务，不需要获得特别的许可证或证书，启动成本也相对较低。有些私人交易商干脆在自己家里工作。艺术市场的竞争很少是价格上的，而是集中在产品上。这意味着，交易商始终在寻求获得有价值的艺术品；关于这些作品的下落及其所有者是否愿意出手的信息，都是任何一个交易商的关键资产。经销商也在争夺潜在客户。它们总是试图与这些客户建立忠诚和信任的关系，以确保他们反复购买艺术品。

文化经济学的研究都集中在购买艺术品的财务动机上（例如，艺术作为投资、财富的储备，或用于对冲通胀），至少两类动机可以区分：一类是艺术作品本身（例如，其艺术或美学价值）和社会动机（Moulin，1967；1987），例如通过购买艺术品，人们可能会试图进入社交圈，比如一群经常在同一家画廊购买艺术品并在艺术活动中见面的收藏家（Hutter，Knebel，Pietzner and Schafer，2007）；另一类动机是购买艺术品也可能有助于创造个人和群体身份，或可能产生社会地位。在这方面，正如凡勃伦所说，艺术是一种炫耀性消费。与艺术品无关的属性，如艺术品的高价或购买地点的排他性，会让艺术品对身份导向的买家更具吸引力。然而，在低端市场，艺术品交易商可能会迎合相对无名买家的需求，这些买家购买艺术品主要用于装饰或作为旅游纪念品。

虽然我们可以从理论上区分这三种动机，但在实践中，这三者的结合往往更有效促进了艺术品的交易。的确，与其他金融资产相比，绘画的投资回报率较低，这被解释为还有其他购买动机的证据，而不仅仅是财务动机：买家购买艺术品，获得艺术、装饰、美学价值或地位声望，这些弥补了较低的财务回报。

购买者动机是艺术品市场竞争形成的关键因素之一。在一个极端情况下，对于收藏家而言，如果试图完成某个特定艺术家或时间段的作品，那么就几乎不存在替代品。该收藏家可能只对某件艺术品感兴趣，那是自己喜欢的艺术家创作的，有着特定的表现风格，描绘特定的主题。在这种情况下，供给曲线是完全无弹性的。这同样适用于以身份为导向的买家，他们想要拥有杰夫·昆斯（Jeff Koons）或达米安·赫斯特（Damien Hirst）等著名艺术家的知名作品（Graw，2009）。这可能是艺术市场中明星现象的一种解释，表明人才的差异导致超比例的收入变化（Adler，1985；Candela，Castellani，Pattitoni and Di Lascio，2016）。简言之，艺术市场不应被视为单一市场，而应被视为一大批产品的垄断性市场，或者，如果感兴趣的买家很少，则应被视为买家垄断性市场（Moulin，1967）。

在另一个极端，艺术品批发市场的可替代性几乎是完全的。在那里，批量生产的许多无名画作和复制品，在诸如连锁酒店或旅游零售商店和艺术品制作公司之间交易（Fitz Gibbon, 1987）。在那些在中国设有生产设备的公司里，艺术品是以流水线方式生产的，为了提高生产率，许多员工都按照严格分工，从事同一件艺术品的生产。这些绘画的批发交易，经常通过互联网或专门性的年度交易会进行。

在这两个极端之间，可以在艺术市场中找到不同程度的可替代产品。例如，一个收藏家可能对安迪·沃霍尔（Andy Warhol）的作品感兴趣，但至于感兴趣其哪件作品却没有明显的偏好。对于仅仅对装饰性艺术感兴趣的买家来说，可替代性可能更为广泛。他会考虑购买各种艺术家的作品，只要是他们喜欢的题材，而且颜色也与沙发相配就可以。同样地，一个初级收藏家，可能没有完全成熟的品味，或者只是决定购买当代艺术，而不是现代或前现代艺术，对特定的作品或艺术家没有强烈的偏好。

3.2　艺术品市场分层

艺术品市场可以通过不同方式进行细分。首先，根据所售艺术品的类型可划分为：商业与非商业、传统与前卫、正式和非正式、小资的和知识分子的，或者如法国社会学家皮埃尔·布尔迪厄所说的，“迅速、暂时成功的畅销品”与“递延、持久的‘经典’”（Bourdieu, 1993）。其次，艺术品交易商可以活跃在艺术品一级市场和（或）二级市场（Zorloni, 2013）。在一级市场上，出售的是在世艺术家创作的新作品。经销商倾向于长期代理有限数量的艺术家，通常为10~30名艺术家。2018年，一级市场经销商63%的销售额来自其排名前三的艺术家，43%的销售额来自其最成功的艺术家（McAndrew, 2019）。这些艺术家创造的利润，经常用于交叉补贴经销商所代理的其他艺术家。

一级市场的交易商通常采取寄售方式：艺术家不把自己的作品卖给画廊，而是将其委托给个人或集体展览。如果作品被出售，收益则按照预先设定的比例进行分配。对于刚起步的艺术家来说，这个比例往往是五五开，但一旦艺术家成名了，他可能会提高分成比例。如果作品未售出，经销商可以将作品保留在自己的库存中，而无需转让产权，或者艺术家可以将作品收回。在这些寄售关系中，由于艺术品的经济价值并不确定，其高风险将由艺术家和交易商共同承担。正如理查德·凯夫斯所说，艺术家与经销商之间的关系更像是合资关系，而非委托代理关系（Caves，2000）。对于一个交易商来说，在委托的基础上出售艺术品的第二个优势与资本密集度有关：因为他不需要购买所出售的作品，所以不会占用大量资本去建立库存。获得资本是交易商面临的主要问题之一，因为银行通常由于高风险而不愿为其提供融资（McAndrew，2019）。

尽管寄售关系存在标准的、具有法律约束力的合同，但寄售行为通常是在没有合同的情况下实施的，原因是合同无法陈述完整的条款。首先，合同不能强迫艺术家在未来继续创作有价值的艺术作品；其次，如果签订合同，一方很难监督另一方，并确保合同的所有条款都得到遵守；再次，在违约的情况下，诉讼是昂贵的，而且可能损害艺术家和画廊的声誉，换句话说，涉及合同、监控和诉讼的交易成本很高（Velthuis，2005）；最后，交易商能否从成功的诉讼中获得经济补偿也是个问题。在缺乏完全合同的情况下，经销商往往试图与艺术家建立长期的信任关系。正如凯夫斯所主张的："显性合同的不可行性，导致了双方进入道德义务的层面，声誉则是在缺乏法律约束情况下合理履行的保险。"（Caves，2000）

除了使用寄售外，一级市场的经销商偶尔也会聘请艺术家制作受欢迎的原始画作的复本。在艺术史上，我们也发现有宫廷和赞助人雇佣艺术家的现象。今天，雇佣关系只出现在"垃圾艺术"（junk art）（Zorloni，2013）这样的低端市场，艺术品是由画廊链或批发商出售的。雇佣艺术家以半批量生产方式生产标准化的艺术品，经销商也可以直接从艺术家那里购买作品。产权转让后，由经销商决定何时出售作品、出售多少作品。例如，如果他预测艺术家作品的未来价格上涨，他可能就会决定把艺术品留在自己手中，像许多交易商过去所做的那样（Fitzgerald，1995）。如今，一些资金雄厚的交易商，仍然会直接从艺术家那里购买作品，只要他们认为这些作品已经在市场上站稳了脚跟。

在二级市场上，艺术品被转售。鉴于只有小部分在世艺术家拥有活跃的二级市场，因此，在这个细分市场所交易的主要是已故艺术家的作品。在二级市场或转售市场上，交易商从私人藏家、企业，或极少数情况下从博物馆接受寄售作品，一旦作品售出，经销商就会得到佣金。或者，经销商购买这些作品，然后试图出售它们以获利。在所有这些情况下，经销商的利润最终依赖所交易作品的价值信息优势、艺术作品的具体下落、潜在买家的支付意愿，或收藏家的出售（部分）需求，以避免市场参与者所说的"3 D 情形"——债务、离婚或死亡。在二级市场上，经销商与拍卖行竞争。公开拍卖的销售额，占全球市场的 43%（McAndrew，2019）；由于拍卖价格数据的可用性，关于大多数艺术市场的文化经济学研究都只关注拍卖市场（见 Mei and Moses，2002；Goetzmann，Renneboog and

Spaenjers, 2010; Frey and Eichenberger, 1995)。特别是在2008年金融危机之后,拍卖行通过所谓的私下销售,扩大了业务范围,并与交易商展开更直接的竞争。所谓私下销售,指的是艺术品不公开出售,而由拍卖行私下撮合买卖双方的交易。

最后,艺术市场的第三种划分方式是根据地域范围来划分的。有些市场基本上以本地为导向,本地艺术家满足本地买家的需求。在这些市场中交易的艺术品的特征,可能会受到国家或全球市场趋势的影响,但很少被后者注意或认识到(Plattner, 1996)。另一个极端是全球市场,往往集中在纽约、柏林或伦敦等艺术之都。这些城市的画廊,通常代表了许多不同国家的艺术家水平,而其客户也可能分散在不同的地方。最重要的艺术品拍卖通常在5月和11月,在纽约的佳士得和苏富比举行,同样也在全球进行营销。

艺术贸易总是跨越国界的。在16世纪和17世纪,彼得·保罗·鲁本斯(Peter Paul Rubens)等艺术家在欧洲旅行,以满足法国、英国和西班牙宫廷的需求。20世纪初,意大利文艺复兴时期画家和法国印象派画家的作品,被卖给了美国收藏家。20世纪80年代,日本新晋富裕的中产阶级,对印象派产生了兴趣。然而,自20世纪90年代末以来,艺术市场全球化到前所未有的程度:现在它们比过去包含更多的地区,而跨境流动也已经扩大(Horowitz, 2011)。来自拉丁美洲和亚洲的新藏家开始进入市场,而来自墨西哥、印度和中国等地的艺术家的作品则在国际拍卖会上被拍卖,并被西方著名博物馆和私人藏家收购。此外,市场参与者现在比以往任何时候都更加全球化。例如,拍卖行已经开始在迪拜和香港等新兴市场组织销售,而全球艺术品交易商也在这些地区开设了分支机构或策划展览。

3.3 创造需求

无论在哪个市场(商业/非商业、本地/全球、一级/二级),在某种程度上艺术品经销商所承担的角色,比仅仅满足供求关系更为复杂。交易商也扮演着做市商的角色,因为他们积极创造市场对其作品的需求。虽然教科书上的新古典主义经济学倾向于假设偏好是固定的,但大多数艺术市场研究方法都假设欣赏艺术是后天习得的,而偏好是由社会塑造的。

经销商在形成偏好方面的作用尤其表现在一级市场，当艺术家刚刚离开艺术学院时，其作品不为人知，而且通常没有什么经济价值。为了创造这种价值，艺术经销商需要“促销”艺术家（Velthuis，2005）。这意味着他们经常在其展览空间策展，通常持续6~8周。他们让艺术家的作品引起艺术评论家和博物馆等文化机构的关注，希望他（它）们收藏、积极评价和展览其作品，让艺术家获得声誉。事实上，自19世纪在法国诞生以来，现代艺术市场就被称为销售商—批评家市场（White and White，1965）。其原因在于，艺术价值不能被客观地、个性地确定，而在很大程度上依赖于参与艺术集体评估过程的专家的可信度。变化的品味和时尚，可以从根本上增加或减少艺术市场中作品的艺术和经济价值（Bonus and Ronte，1997；Schonfeld and Reinstaller，2007）。从社会学的角度来看，艺术的价值是社会建构的（Velthuis，2003），或者如法国社会学家皮埃尔·布尔迪厄所说，艺术是一个基于信念产品的市场（Bourdieu，1993）。在经济方面，专家的意见和判断，有助于减少市场上经济主体的信息成本和搜寻成本：如果收藏家参考文化机构的判断来获取艺术品，就可以节省这些成本。

几项实证研究表明，博物馆馆长和艺术评论家的“文化判断”，与艺术市场的“经济判断”是相关的（Frey and Pommerehne，1989；Galenson，2000）。这可以用不同的方式来解释：要么收藏者从消费文化机构认为重要的艺术品中获得额外的效用；要么收藏家的品味直接受到文化机构选择的影响。

有些人认为，这种所谓的“销售商—批评家”模式，在如今的艺术市场上正面临越来越大的压力。他们声称（公众）专家的角色，已逐渐被（私人）收藏家所取代。在欧洲和美国，人们现在会通过像查尔斯·萨奇（Charles Saatchi）或弗朗索瓦·皮诺特（François-Henri Pinault）这样超级富有的收藏家的收购，来确定艺术品的可信度和声誉（Horowitz，2011；Lind and Velthuis，2012）。因此，经销商—批评家模型将被经销商—收集系统（Graw，2009）或交易商—市场选择系统（Nachoem Wijnberg and Gerda Gemser，2000）所取代。在新体制下，专家判断对市场的影响较小。经济价值将决定艺术声誉，不出所料，专家们自己也对此感到惋惜（Graw，2009）。但到目前为止，还没有系统的实证研究表明这种转变确实发生过。

3.4　市场异常

在许多其他方面，艺术市场严重偏离教科书理论描述的完全市场，并显示出不少惊人的反常现象（Santagata，1995）。首先，交易成本高（David，Oosterlinck and Szafarz，2013）。例如，在拍卖会上，艺术品的买家和卖家可能要支付高达售价20%的佣金。这些交易成本降低了艺术品作为金融类资产的吸引力（与艺术品投资相关的保险和存储成本也是如此）。

其次，如果将艺术品市场视为金融市场，其流动性的缺乏是惊人的。如果一个收藏家因为急需现金而想卖掉自己的作品，他可能需要等上几个月，然后经纪人才能安排出售，或者要等合适的拍卖会。艺术品经销商会将作品保存数月、数年，有时甚至数十年，最后才会出售。此外，与金融市场上的资产不同，艺术品几乎是不可分割的。尽管有人尝试将艺术品证券化（Velthuis and Coslor，2012），艺术品也经常被交易商和投资者所组成的财团购买，但通常不可能买到伦勃朗（Rembrandt）画作的百分之一股份。

再次，艺术品市场缺乏透明度。有关艺术品的质量或买方是否愿意付款的信息是不完整的，难以收集且耗资不菲。经销商出售艺术品的价格通常是未知的。例如，在10幅据称是有史以来最昂贵的画作中，只有3幅是在拍卖会上售出的，其他7幅都是私下售出的，这意味着销售价格尚未正式公布。同样地，当代艺术画廊的销售价格也很难获得，而且经常会由于折扣习惯而偏离挂牌价格（Velthuis，2005）。

由于缺乏透明度，艺术品市场存在着大量的信息不对称。例如，有些参与者可能比竞争对手更了解艺术品的作者、真实性或出处，这使其能获得超额回报。例如，一件作品可能作为伦勃朗工作室成员的作品在拍卖会上出售，而有些当事人可能有信息表明，该作品是伦勃朗本人的作品。20世纪初，纽约艺术交易商杜维恩（Duveen）通过与艺术史学家伯纳德·贝伦森（Bernard Berenson）合作，从意大利文艺复兴时期艺术家的交易中，赚取了可观的利润。在贝伦森确认了文艺复兴时期重要作品的真实性，或将其重新定位至更著名大师名下之后，杜维恩才会以便宜的价格购买作品，然后高价卖出。

信息不对称的广泛存在，为欺诈行为提供了大量的机会。许多古今名家的作品都是赝品；用于雕塑的模子被承诺要制作5或10个版本，但它们被重复使用，以制作更多的复制品，就像蚀刻版画等其他复制品一样。在所有这些情况下，艺术市场类似于柠檬市场（Akerlof，1970），其中作品的质量为卖方所知，而不为买方所知。如果意识到这一点，即使是有兴趣的人也可能会避免购买艺术品。为了防止这种情况的发生，经销商会为艺术品颁发真品证书，或聘请艺术专家提供相关服务，这些专家应该向买家保证相关作品的质量。其他形式的欺诈，虽然与作品质量无关，但也有可能发生，比如艺术家在工作室外出售作品时，没有向代理的经销商支付佣金，而经销商根据合同有权获得预先商定的每笔销售额的百分比。为了应对这些信息不对称及其带来的欺骗机会，与经济学教科书的假设不同，艺术市场上的经济互动绝非匿名方式。如前所述，参与者发展了长期的信任关系，减少了相互欺骗的动机（Caves，2000）。

最后，需要注意的是，在数字时代，专门提供拍卖价格数据等市场信息的公司（如artprice. com或artnet. com），大大提高了艺术品市场的透明度。买家和卖家可能在很短时间内就可以知道特定艺术品的经济价值。

3.5 变化的艺术市场基础设施

在许多文化产业中，数字技术的兴起使市场基础设施发生了革命性的变化。特别是，平台化和去中介化削弱了中间商的重要性，取而代之的是，允许文化产品的生产者和消费者之间的直接交换（Kenney and Zysman，2016）。到目前为止，去中介化对艺术品交易商的影响相对较弱。目前，全球网上艺术品销售额达60亿美元，占艺术品总销售额的9%，并在5年内增长近100%（McAndrew，2019）。然而，其中很大一部分是通过艺术品市场的传统中介——经销商和拍卖行的网站进行的。尽管Artsy等平台在协助消费者发现和降低搜索成本方面做出了贡献，但它们还是将客户导向传统经销商的销售网站。已有学者描述了网上销售影响有限的若干原因（Khaire，2015）。其中一个原因是，消费者在理解或判断艺术品价值时所遇到的困难有：需要与作品物理接近，以及与中介密集互动，这些中介机构寻求通过解释所售艺术品的意义并将其嵌入艺术历史叙事，来创造这种价值。另一个原因是，消费者可能将购买艺术品本身视为一种社交和休闲活动。换句话说，他们不仅可以从购买作品的活动中获得效用，也通过购买行为成为社会场景的部分，包括文艺晚会、独家晚宴、访问艺术家的工作室等。在这方面，网络平台几乎没什么可提供的。

艺博会的兴起对艺术市场和经销商的策略，产生了更深远的影响（Baia-Curioni，2012）。目前，每年全球都会举办数百个艺术博览会。在每一场交易会上，都有数百名艺术品交易商参与。经销商租用一个摊位，在不到一周的时间里为成千上万的潜在买家展示最优质或最畅销的商品。虽然地方集市确实存在，参与者基本上来自同一个国家，但艺博会往往具有国际性。艺博会会为买方和收藏家节约搜索成本和信息成本：对于那些富有的收藏家而言，经常访问家乡的艺术画廊，耗费时间不说，而且有着很高的机会成本，就更不用说参观国内外的画廊了，而艺博会汇聚了众多画廊。艺博会通过许多聚会、谈话节目和忙碌的人群来吸引名人，创造了一种社交与艺术兼具的独特体验（Moeran and Strandgaard Pedersen，2009）。对交易商来说，艺博会是结识新收藏家的重要场所。艺博会的销售份额，从 20 世纪 90 年代初几乎不存在，发展至今占经销商平均年收入的 46%（McAndrew，2019）。参加展会，特别是如马斯特里赫特的巴塞尔艺术博览会这样著名的盛会，对经销商来说可以释放声誉或质量信号（Zorloni，2013）。

然而，与此同时，展会的成本很高，尤其是对规模较小的交易商而言。它们经常在展会上遭受损失，但仍然继续参展，这主要是因为传播信号和营销功能。在这方面，展会加剧了经销商之间的不平等：虽然参展的成本（即展位租金、旅行、交通、营销和保险成本）对于小画廊、起步阶段的画廊和大型成熟画廊都是相当大的，但大型画廊的收入往往是成倍的。在过去的几年里，在欧洲和美国的艺术之都，中低端画廊纷纷关门，公平倾轧（fair-squeeze）是其主要原因（McAndrew，2018）。此外，这些艺术之都的租金一直在大幅上涨，而与此同时，由于艺博会的成功，参观商业画廊的人越来越少。因此，2017 年全世界关闭的画廊比开放的画廊要多，这并不奇怪（McAndrew，2018）。同年，新进入市场的公司数量，比 10 年前减少了 87%。尽管这些趋势被视为艺术品市场现有的基础设施和艺术品经销商的商业模式已经过时的迹象，但到目前为止，还没有明确的替代方案出现。

参见：

艺术品拍卖；中介机构；艺术定价。

本章参考：

Adler, Moshe. (1985). Stardom and Talent. *American Economic Review*, 75 (1): 208-212.

Akerlof, George A. (1970). The Market for Lemons: Quality Uncertainty and the Market Mechanism. *Quarterly Journal of Economics*, 84 (3): 488-500.

Baia-Curioni, Stefano (2012). A Fairy Tale: The Art SystemGlobalization and the Fair Movement. In Maria Lind and Olav Velthuis (eds.). *Contemporary Art and its Commercial Markets: A Report on Current Conditions and Future Scenarios.* Berlin: Sternberg Press.

Benhamou, Françoise, Nathalie Moureau, and Dominique Sagot - Duvauroux (2002). Opening the Black Box of the White Cube: A Survey of French Contemporary Art Galleries at the Turn of the Millenium. Vol. 30. doi: https://doi.org/10.1016/S0304-422X (02) 00024-4.

Bonus, Holger and Dieter Ronte (1997). Credibility and Economic Value in the Visual Arts. *Journal of Cultural Economics*, 21: 103-118.

Bourdieu, Pierre (1993). *The Field of Cultural Production. Essays on Art and Literature.* Cambridge: Polity Press.

Candela, Guido, Massimiliano Castellani, Pierpaolo Pattitoni, and Di Lascio F. Marta L. (2016). On Rosen's and Adler's Hypotheses in the Modern and Contemporary Visual Art Market. *Empirical Economics*, 51 (1): 415-437.

Caves, Richard (2000). *The Creative Industries.* Harvard: Harvard University Press.

David, Géraldine, Kim Oosterlinck, and Ariane Szafarz (2013). Art Market Inefficiency. Vol. 121. doi: https://doi.org/10.1016/j.econlet.2013.06.033.

Fitzgerald, Michael C. (1995). *Making Modernism. Picasso and the Creation of the Market for Twentieth-Century Art.* New York: Farrar, Straus and Giroux.

Frey, Bruno S. and Reiner Eichenberger (1995). On the Return of Art Investment Return Analyses. *Journal of Cultural Economics*, 19: 207-220.

Goetzmann, William, Luc Renneboog, and Christophe Spaenjers (2010). Art and Money. *American Economic Review*, 101 (3): 222-226.

Graw, Isabelle (2009). *High Price. Art between the Market and Celebrity Culture.* Berlin: Sternberg Press.

Horowitz, Noah (2011). *Art of the Deal. Contemporary Art in a Global Financial Market.* Princeton: Princeton University Press.

Hutter, Michael, Christian Knebel, Gunnar Pietzner, and Maren Schäfer (2007). Two Games in Town: A Comparison of Dealer and Auction Prices in Contemporary Visual Arts Markets. *Journal of Cultural Economics*, 31 (4): 247-261.

Kenney, Martin and John Zysman (2016). The Rise of the Platform Economy. *Science and Technology*, 32 (3): 61.

Khaire, Mukti (2015). Art without Borders? Online Firms and the Global Art Market. In Olav Velthuis and Stefano Baia Curioni (eds.). Cosmopolitan Canvases. the Globalization of Markets for Contemporary Art. Oxford: Oxford University Press.

Lind, Maria and Olav Velthuis, eds (2012). *Contemporary Art and its Commercial Markets: A Report on Current Conditions and Future Scenarios.* Berlin: Sternberg Press.

McAndrew, Clare (2018). The Art Market 2018. Basel/Zurich: Art Basel and UBS.

McAndrew, Clare (2019). The Art Market 2019. Basel/Zurich: Art Basel and UBS.

Mei, Jiangping and Michael Moses (2002). Art as an Investment and the Underperformance of Masterpieces. *American Economic Review*, 92 (5): 1656-1668.

Moeran, Brian and Jesper Strandgaard Pedersen (2009). Fairs and Festivals: Negotiating Values in the Creative Industries. Copenhagen: Copenhagen Business School.

Moulin, Raymonde (1967) [1987]. *The French Art Market. A Sociological View.* New Brunswick: Rutgers University Press.

Plattner, Stuart (1996). *High Art Down Home. an Economic Ethnography of a Local Art Market.* Chicago: Chicago University Press.

Quemin, Alain (2006). Globalization and Mixing in the Visual Arts: An Empirical Survey of 'High Culture' and Globalization. *International Sociology*, 21 (4): 522-550.

Schönfeld, Susanne and Andreas Reinstaller (2007). The Effects of Gallery and

Artist Reputation on Prices in the Primary Market for Art: A Note. *Journal of Cultural Economics*, 31 (2): 143–153.

Shubik, Martin (2003). Dealers in Art. In Ruth Towse (ed.). *A Handbook of Cultural Economics*. Cheltenham: Edward Elgar, 194–200.

Velthuis, Olav (2003). Symbolic Meanings of Prices. Constructing the Value of Contemporary Art in Amsterdam and New York Galleries. *Theory & Society*, 31: 181–215.

Velthuis, Olav (2005). *Talking Prices. Symbolic Meanings of Prices on the Market for Contemporary Art*. Princeton: Princeton University Press.

Velthuis, Olav and Erica Coslor (2012). Financialization of Art Markets. In Karin Knorr Cetina and Alex Preda (eds.). Handbook of the Sociology of Finance. Oxford: Oxford University Press.

White, Harrison C. and Cynthia A. White (1965). *Canvases and Careers: Institutional Change in the French Painting World*. New York: John Wiley & Sons.

Wijnberg, Nachoem M. and Gerda Gemser (2000). Adding Value to Innovation: Impressionism and the Transformation of the Selection System in Visual Arts. *Organization Science*, 11 (3): 323–329.

Zorloni, Alessia (2013). The Economics of Contemporary Art. *Springer*, Vol. 60.

延伸阅读：

关于一级市场和二级市场的关系，参见 Hutter et al.（2007），Zorloni（2015）。关于艺术市场的全球化，参见 Quemin（2006），Velthuis and Baia Curioni（2012）。关于艺术交易商和市场的社会学研究，参见 Moulin（1967），Plattner（1996），Velthuis（2005），White and White（1965）。关于艺术市场的法律和组织方面，参见 Caves（2000）。

4 人工智能

乔尔·法奇（Joelle Farchy）
朱丽叶·丹尼斯（Juliette Denis）

人工智能（AI）是一个广受公众讨论的热门话题。有些人认为这是一种超人类的新希望，能够抵抗疾病和死亡，甚至征服其他星球并将人类移民至此的新的转机；而另一些人则认为这将是工作的大规模破坏，或许欧洲将被竞争压垮而走向毁灭。自 2010 年以来，人工智能的研究经历了前所未有的增长，这是由于计算能力提高和可用于学习的数据增加的综合效应。机器学习的确是当今人工智能发展的主要方式，其性能与收集到的数据直接相关。

尽管人工智能引发了诸多幻想和担忧，但它作为概念却并无定论。人工智能指的是所有形式的算法处理，这些算法试图理解人类认知是如何工作的，以及如何再现人类的认知。它正越来越多地用于包括税收、国家安全、媒体、教育、医疗、保险、银行、司法、交通、劳工等在内的广泛领域。算法和人工智能的进步，互联网及其连接对象的广泛使用，以及各种数据的流动，对我们的生活和经济发展产生了越来越大的影响。

在经历了早期的去物质化后，文化产业和媒体被视为新兴商业模式的实验室。因此，围绕算法建立的模型和大量的数据集合在这些行业中成倍增长。

首先，本文指定文化部门使用数据的类别和相关监管问题。在整个价值链中，人工智能有三种主要应用：上游，创意过程；消费层面，向用户推荐作品；生产层面，研究市场需求，预测新趋势或生产畅销产品。其次，我们主要论述最后一点，因为这个领域的经济学研究最为丰富。最后，从音乐、艺术市场和视听领域的例子，说明了每个领域的不同期望。

4.1 数据和数据监管

在文化领域，人工智能通过以下两种方式调动数据：

• 人工智能根据数据运行算法。

• 人工智能会自动生成数据。

机器学习的巨大前景是，能提取和处理大量的非结构化数据，以及产生新的数据。特别是自然语言处理（NLP），即更好地理解自然语言，并更好地呈现其结果，这个功能已经被人工智能大大改善了。一方面，在社交网络上，自然语言的数据分析，不仅可以跟踪内容的讨论量，还可以跟踪讨论所表达的观点；另一方面，自然语言中简单文本的自动生成（自然语言生成），旨在开发能够从数据或文本生成人类可理解的语言的计算机程序。

这里主要使用以下三种类型的数据：

• 艺术品本身可以视为数据。

• 用户数据（用户的人口统计特征、行为特征，如图书中突出显示的段落、最喜欢的音乐类型）允许我们分析每个人的品味和习惯。

• 与所有行业一样，用户数据除了允许提供个性化的服务之外，内容元数据在提供新服务方面也扮演着重要角色。元数据是描述特定作品或创作者的信息（作品持续时间、版权所有人、歌词、音乐节奏、绘画纹理、图书所使用语言等）。这些元数据有时是由平台内部生成的，专业人士最关注该主题，以检查质量并丰富内容。

在上述不同情况下，向监管机构提出的如下问题并不总是相同的。

4.1.1 对于作品而言，是知识产权问题

从法律的角度来看，知识产权是创意经济讨论的核心，因为它是创作新作品的动力。在与人工智能相关的创造中，会产生两个新问题。

在上游，如果没有海量的数据，人工智能就无法工作。人工智能操作员不分青红皂白地挑选数据或信息，它们有时是受保护的作品，但更多时候是片段、部分、摘要，其保护问题还悬而未决。由于要处理的数量大，权利人授权的交易成本往往与收益前景不成比例。这就是为什么我们要寻求务实和全面的解决方案，

以便在大规模使用情况下为权利人授权。

在下游，该算法产生的新作品（输出）是人机协作的结果，因此我们很难分清机器在创意中所占的份额。如果其最终实现可以被法律视为智力的成果，那么，就难以分辨谁是作者、谁是权利的所有者。

4.1.2 对于用户而言，是个人数据问题

2018年5月25日生效的《欧洲通用数据保护条例》（European General Data Protection Regulation，GDPR），加强了对个人数据的保护，并让企业意识到自己的责任。文化部门收集的数据与个人的活动密切相关，这意味着应该特别小心处理这些数据。

4.1.3 对于元数据和用户的数据而言，是数据共享问题

获取数据的信息阻塞和不对称，导致在文化部门内创造了有利于下游的新权力平衡，后者单独控制着客户知识的精细程度。因为现在最重要的文化内容消费均在线进行，所以我们有可能知道一切，但只有价值链下游（尤其是平台）才有这些数据。为了匹配供需，使广告个性化，做出预测、提出建议，它们需要准确地知道客户的信息。这就是为什么监管的目标之一是防止和限制价值链内的信息不对称。

使用算法创建内容元数据，需要访问数据库（歌曲、电影或艺术品）。因此，那些拥有商业数据库的企业，如大型企业、分销商或流媒体平台等，拥有巨大的优势。考虑到信息的封锁和不对称，许多人主张采取更好的数据访问、共享和流通政策。那么，是否应该鼓励这些公司本着企业家的自由精神来共享和收集数据？我们应该建立普遍用途的部门数据，还是专门性数据？

在保护公司的投资、保护公民的隐私和公共自由，以及所有这些保护的平衡方面，监管的作用是支持访问和共享数据所需的新服务和新商业模式。

4.2 人工智能在决策中的作用

由于文化经济是原型（prototype）经济，需求的不确定性特别高，因此如何确定限制风险的决策工具始终是这领域中重点关注的问题。根据有据可查的超级

明星经济模型，少数产品吸引了大部分的需求（Rosen，1981；Benhamou，2002，Anderson，2004）。借助算法对数据的利用，人工智能为做出适当的投资决策提供了新动力，从而支持乃至取代人类通常的直觉和专业知识——借此我们可以客观分析作品或艺术家成功的决定因素。除了分析市场趋势外，人工智能的一个前景是，在利用历史数据的基础上，将成功的内容与生产中的内容进行比较，以便分析成功的关键，并可能预测成功。

根据生产过程各个阶段数据的可用性，就可以应用这些模型。在内容投放市场之前，预测系统是根据内容的内在特性建立的，尤其是在生产风险高的音像行业。在营销时，还可以获得其他数据，如互联网用户在社交网络上的反应或首次消费数据。

在学术研究中，“预测性”被广泛使用，可能会让人感到困惑。实际上，它混合了目标旨在获得因果理解的模型（Hennig-Thurau and Houston，2019），强调能够解释成功的变量，以及唯一目标是提高预测准确性的模型，而不寻求理解原因（Ren and Kauffman，2017）。这里使用了两种截然不同的数据分析技术。

长期以来，经济学家使用计量经济学等定量数据分析技术进行解释。这些技术包括先验模型，其中数据验证假设或直觉。

机器学习的目的不再是说明性的，而是演示性的。对传统定量技术的突破基于这样的事实，即模型是基于数据本身的。该模型的性能不在于结果的可解释性，而在于它能够对面临的问题提供快速而有效的响应。这些基于机器学习的方法，本质上是保守的；它们不预期变化，而是在现在或未来重现过去，以提供结果、趋势或评估。

应该指出的是，最近越来越多的努力，致力于解释机器学习的结果，而不是不惜一切代价寻求最优的准确性。在电影行业中尤其如此，为了支持长期决策，了解哪些变量能够解释电影的成功是非常重要的。

4.3 音乐、视听、艺术市场：不同的目标

来自三个部门的例子说明了利用人工智能可以追求的不同目标。

4.3.1 音乐：整合用户数据，促进未来成功

随着音乐信息检索（MIR）系统的发展，利用机器学习算法对音乐作品进行客观特征分析，已经成为科学研究的领域。基于这些内容的内在特征来预测成功，被称为“热门歌曲科学”（Pachet，2012），对音乐作品进行了各种研究（Herremans et al.，2014；Pham et al.，2016；Interiano et al.，2018）。自从 Echo Nest 和 Million Song 数据库创建以来，研究人员（尤其是那些非音乐专业的研究人员）已经能够访问不少关于音乐特征的数据（音频、持续时间、年份、艺术家、流派等），以及更抽象的元数据，如“可操控性”（danceability）或“能量”。Echo Nest 通过算法计算出的元数据，是迄今为止最大的音乐内容元数据集合，尽管它并不总是可靠的。此外，深度学习算法通过允许自动提取音频特征来提高预测性能，其性能优于手动注释模型（Choi et al.，2016；Yang et al.，2017）。

然而，与其他应用程序（尤其是推荐）相比，使用 MIR 算法在产品上市前预测或检测成功特征，仍鲜有研究（Herremans，2014）。尽管有了进步，但是没有足够成熟的商业应用程序能够仅仅基于产品部件自身特性的分析来明确地预测成功。那些尝试过“管道工厂”（tube factory）的人并没有成功。这就是为什么其他研究人员或专家，不再单纯依赖内在的元数据，而是在预测成功时考虑如下因素：作品发行时首批用户的数据，特别是在社交网络上的数据，然后支持它并使其持续下去。

因此，生成和访问这些用户数据的方式非常重要。然而，主流的流媒体平台与其他竞争者相比，在这个领域具有决定性的竞争优势。其音乐目录并没有数以百万计的歌曲，而是允许听众发现音乐并将其转换成热门歌曲，这个方式构成了附加价值和差异化竞争因素。它们所持有和分析的用户数据，使流媒体平台能够预测成功，然后通过观察节目在不同播放曲目的表现，将其推广给订阅用户最多的播放曲目，以放大其成功。因此，出现在这些播放曲目对艺术家来说是最基本的要求，而唱片公司已经出现“播放曲目投手”（playlist pitcher）的职业，目的就是展示它们的艺术家。

4.3.2 视听：分析情景，限制生产风险

在视听领域，有大量关于成功预测的学术研究，以及评估场景潜力的商业应用程序（如 Scriptbook，Vault，Storyfit 等）。

在学术研究中，计量经济学最初因其解释力而受到青睐。随着利特曼（1983）在解释电影成功因素方面的开创性工作，相关研究数量大幅增加（Litman and Kohl，1989；De Vany and Walls，1999；Prag and Casavant，1994；Basuroy et al.，2003；Elberse，2007；Nelson and Glotfelty，2012）。最常被选择的解释变量有：内容的相关特点（电影类型、主题、明星演员、持续时间、场景类型等），与发行条件相关的条件（电影发行影院的数量、多长时间、发行日期、广告等），以及关于首批观众反应的变量（首播数据和口碑数据）。

由于计量经济模型的预测精度低于机器学习算法，因此，研究者开发了其他工具，特别是基于场景的精确分析。当电影仍然处于投资相对较少的阶段时，制片人往往会参考类似电影的票房表现来评估新场景的商业潜力（Elisahberg et al.，2014）。传统上，或多或少有点依靠直觉的规则来确定这种潜力。人工智能使得根据其优势和劣势来划分场景成为可能。自然语言处理极大地改进了元数据的自动提取和分析，它为场景的鉴定和自动分类提供了指导，而这些分类通常是通过冗长的手工注释实现的。在这些条件的基础上，将成功的与待出品的电影场景进行比较。最近的研究利用自然语言分析技术的进步，通过机器学习能解决更多令人惊讶的问题，如监管当局对场景暴力程度的分类（Martinez et al.，2019）。

场景分析的结果，似乎是喜忧参半。自然语言分析方面不可否认的进步，导致了商业提供数量的增加，其目的是仅基于元数据来自动（半自动）分析场景；但是，所提供结果的质量，并未引发可靠的科学评价。此外，许多专业人员不愿看到这些新工具的发展，担心他们的工作将被格式化。在短期内，使用数据建模似乎更有前景——不是分析场景本身的质量，而是通过集成用户的数据来确定特定场景是否有受众。

营销费用和社交媒体是更可靠的票房成功指标，尽管它们可能为时已晚，以致无法对电影成功与否有什么改变。发行商广泛采用人工智能来支持营销和发行决策。事实证明，能够评估影院最佳上映日期或定制广告的系统是有价值的工具，可以提供精确的观众趋势。其基本思想是，具有相似内在元数据的电影将吸引相似的观众。

4.3.3 艺术市场：改善价格预测，更好购买或投资

艺术市场的增长和新收藏家的到来，加速对透明和有组织的信息的需求，包括国际层面的信息，这导致排名和其他指标的激增（Moureau，2018）。首个有组织的价格数据库的建立，有助于增加潜在投资者的数量（Coslor & Spaenjers，

2013）。在学术工作或专业公司中使用这些数据，为使用自动学习工具来评估最优投资机会提供了可能性。

自从鲍莫尔在1986年所做的开创性研究以来，许多学术研究都试图基于统计或计量经济学方法来解释、估计或预测作品的价格。研究人员常用的两种构建价格指数的方法是重复销售法（Pesando，1993；Goetzmann，1993）和罗森所提出的享乐回归分析法（Rosen，1974）。

在使用经典的定量技术分析价格之后，现在的研究开始涉及机器学习。因此，最近的工作已开始根据自动提取的数量更大、质量更好的数据来编制指标。例如，有学者（Filipiak et al.，2015）采用语义方法，从拍卖行网站上自动提取拍卖作品的描述。由于这些数据是用自然语言提供的，研究人员使用注释和扩充工具来提取信息（在图表、版本号上面签名等）。图像的视觉特征（颜色、风格、构图）的处理，也为从作品本身收集数据提供了解决方案，这些数据补充了通常的元数据。因此，首个相关研究建议，使用机器学习算法（Hosny et al.，2014）来估计画作的价值，该算法自动提取作品本身的数据（颜色、对比度、面部表情等），目的是将作品的视觉特征融入价格决定因素中。

有些商业应用程序，也使用机器学习来估计作品价格。作品的价格是可以集成到算法中的众多变量的结果。问题与其说是技术的创新，不如说是数据的收集，尤其是来自一级市场的数据。

4.4 结论

在所有行业，除了完美模拟成功关键因素这个基本上无法实现的梦想之外，更多的平庸算法已经被广泛用于识别市场趋势；辅助出版商、制作人、收藏家的决策；甚至制定经销商的商业策略，以便能够根据分销媒体来确定、扩大潜在受众，或优化作品或艺术家的存在。作为专业经验的补充指标，机器学习算法有助于更好地定位项目或预测公众的反应。

参见：

文化产业的数字化；中介机构；平台。

本章参考：

Anderson, Chris (2004). The Long Tail. *Wired Magazine*, Issue 12.10 (October).

Ahlers, Michael, Grünewald - Schukalla, Lorenz, Lücke, Martin, Rauch, Matthias (2019), *Big Data und Musik, Jahrbuch für Musikwirtschafts - und Musikkulturforschung* 1/2018, Wiesbaden: VS Verlag für Sozialwissenschaften.

Basuroy, Suman, Chatterjee, Subimal, and Ravid, S. Abraham (2003). How Critical are Critical Reviews? The Box Office Effects of Film Critics, Star Power, and Budgets. *Journal of Marketing*, 67 (4): 103-117.

Baumol, William (1986). Productivity Growth, Convergence, and Welfare: What the Long-run Data Show. *The American Economic Review*, 76 (5): 1072-1085.

Benhamou, Françoise (2002). *L'économie du star system.* Paris: Éditions Odile Jacob.

Choi, Keunwoo, Fazekas, Gyorgy, and Sandler, Mark (2016). Automatic tagging using deep convolutional neural networks. In Devaney J., Mandel M. I, Turnbull D., and Tzanetakis G. (eds). *Proceedings of International Society for Music Information Retrieval (ISMIR)*, August 7-11, New-York University and Columbia University. New-York: International Society for Music Information Retrieval, 805-811.

Coslor, Erica and Spaenjers, Christophe (2016). Organizational and Epistemic Change: The Growth of the Art Investment Field. *Accounting, Organizations and Society*, 55: 48-62.

Del Vecchio, Marco, Kharlamov, Alexander, Parry, Glenn and Ganna, Pogrebna (2018). *The Data Science of Hollywood: using emotional arcs of movies to drive business model innovation in entertainment industries.* https://arxiv.org/abs/1807.02221.

De Vany, Arthur and Walls, W. David (1999). Uncertainty in the Movie Industry: Does Star Power Reduce the Terror of the Box Office?. *Journal of Cultural Economics*, 23 (4): 285-318.

Elberse, Anita (2007). The Power of Stars: Do Star Actors Drive the Success of Movies?. *Journal of Marketing*, 71 (4): 102-120.

Eliashberg, Jehoshua, Hui, Sam K. and Zhang, Z. John (2014). Assessing box office performance using movie scripts: A kernel-based approach. *IEEE Transactions on Knowledge and Data Engineering*, 26 (11): 2639–2648.

Farchy, Joëlle and Denis, Juliette (Forthcoming 2019). *La culture des données*. Paris: Presses des Mines.

Filipiak, Dominik, Węcel, Krzysztof, and Filipowska, Agata (2015). Semantic Annotation to Support Description of the Art Market. In Filipowska, A., Verborgh, R., Polleres, A. (eds). *CEUR Workshop Proceedings*, 1481: 51–54.

Filipiak, Dominik and Filipowska, Agata (2016). Towards Data-Oriented Analysis of the Art Market: Survey and Outlook. *Financial Internet Quarterly "e-Finanse"*, 12 (1): 21–31.

Goetzmann, William N. (1993). Accounting for Taste: Art and the Financial Markets Over Three Centuries. *The American Economic Review*, 83 (5): 1370–1376.

Hennig-Thurau, Thorsten and Houston, Mark B. (2019). *Entertainment Science, Data Analytics and Practical Theory for Movies, Games, Books, and Music*. Switzerland: Springer International Publishing.

Herremans, Dorien, Martens, David, and Sörensen, Kenneth (2014). Dance hit song prediction. *Journal of New Music Research*, 43 (3): 291–302.

Hosny, Ahmed, Huang, Jili, Wang, Yingyi (2014). The Green Canvas. available at: http://ahmedhosny.github.io/theGreenCanvas/.

Interiano, Myra, Kazemi, Kamyar, Wang, Lijia, Yang, Jienian, Yu, Zhaoxia and Komarova, Natalia L. (2018). Musical trends and predictability of success in contemporary songs in and out of the top charts. *Royal Society Open Science*, 5.

Litman, Barry R. (1983). Predicting success of theatrical movies: An empirical study. *The Journal of Popular Culture*, 16 (4): 159–175.

Litman, Barry R. and Kohl, Linda S. (1989). Predicting financial success of motion pictures: The 80s experience. *Journal of Media Economics*, 2 (2): 35–50.

Martinez, Victor R., Somandepalli, Krishna, Singla, Karan, Ramakrishna, Anil, Uhls, Yalda T. and Narayanan, Shrikanth (2019). Violence Rating Prediction from Movie Scripts. In *Proceedings of the Thirty-Third International AAAI Conference*, January 27–February 1, 2019, Palo alto: AAAI Press.

Moureau, Nathalie (2018). Magic Index on the Wall, Who is the Most Valuable Artist of Them all?.

Nelson, Randy A. and Glotfelty, Robert (2012). Movie Stars and Box Office

Revenues: an Empirical Analysis. *Journal of Cultural Economics*, 36: 141–166.

Pachet, François (2012). Hit song science. In Li, T., Ogihara, M. and Tzanetakis, G. (eds). *Music Data Mining*, chapter 10, pp. 305–326, New-York: Chapman & Hall / CRC Press.

Pesando, James (1993). Art as an Investment: The Market for Modern Prints. *The American Economic Review*, 83 (5): 1075–1089.

Pham, James, Kyauk, Edric and Park, Edwin (2016). Predicting song popularity.

Prag, Jay and Casavant, James (1994). An empirical study of the determinants of revenues and marketing expenditures in the motion picture industry. *Journal of Cultural Economics*, 18 (3): 217–235.

Ren, Jing and Kauffman, Robert J. (2017). Understanding music track popularity in a social network. In *Proceedings of the 25th European Conference on Information Systems ECIS*, Guimarães, Portugal, Association for Information System, June 5–10: 374–388.

Rosen (1981). The Economics of Superstars Sherwin. *The American Economic Review*, 71 (5): 845–858.

Rosen, Sherwin (1974). Hedonic Prices and Implicit Markets: Product Differentiation in Pure Competition. *Journal of Political Economy*, 82 (1): 34–55.

Yang, Li-Chia, Chou, Szu-Yu, Liu, Jen-Yu, Yang, Yi-Hsuan, Chen, Yi-An (2017). Revisiting the problem of audio-based hit song prediction using convolutional neural networks. In *Proceedings of the 2017 IEEE International Conference on Acoustics, Speech and Signal Processing (ICASSP)*, March 5–9, New-Orleans, LA: 621–625.

延伸阅读：

更多详细讨论，参见 Farchy and Denis（2019）。关于“大数据”和音乐的论述，参见 Ahlers et al.（2019）。关于好莱坞商业模式的论述，参见 Del Vecchio et al.（2019）。关于艺术的论述，参见 Filipiak et al.（2016）。

相关讨论的两个极好的摘要，请参见 Blaug（1992）；Towse（1997，Vol. II，parts V–VII）。有关其他重要问题的讨论，请参见 Frey and Pommerehne（1989），

Throsby（1994）。相关怀疑论观点，请参见 Grampp，in Towse（1997，pp. 669－673）。

陶斯（Towse，2001）提供了有关该主题的许多有价值的信息和见解。

5 艺术家的劳动力市场

特里·比利（Trine Bille）

长期以来，文化经济学一直关注艺术家的收入及其劳动力市场行为。早期研究者有费尔顿（Felton，1980）和陶斯（Towse，1993）。这方面的研究主要集中在艺术家的收入状况，艺术家在劳动力市场上的行为，以及艺术家劳动力市场的结构状况。虽然艺术家入不敷出的问题可能被夸大了，但大多数文献表明，许多艺术家自愿在低收入条件下工作，即使他们能挣得更多，过更舒适的生活（如果他们从事非艺术工作的话）。

这项研究最重要的问题是：艺术家的劳动力市场与其他劳动力市场有何不同？不同在哪里？又为什么不同？此外，这项研究还与政策措施密切相关，因为另一个重要问题是，政策能做什么来改善艺术家的劳动力市场状况（如果这是政治目标的话）。

以下我们将对文献及其所涉及的问题进行概述。[①] 首先，如何定义艺术家是一个重要而又棘手的问题，因为其答案对特定研究的实证结果有影响。接下来的四个部分将调查四个重要主题，即艺术家的平均收入、艺术家之间的收入分配、教育对艺术家收入的影响，以及艺术家的工作条件。这些部分将包括实证分析和理论研究。最后，将讨论有关艺术家劳动力市场的政策措施。

① 本文借鉴如下作者的成果：Bille and Jensen（2016）；Bille，Løyland and Holm（2018）。

5.1　艺术家的定义

为了描述和分析艺术家的劳动力市场，首先应该定义谁可以被视为艺术家。很明显，艺术家们构成了一个极端异质性的群体，因此，艺术家们彼此不可完全替代。关于这个主题的理论讨论，与如何划分专业艺术家和业余爱好者的问题密切相关（Becker，1982）。答案并不明确，仍然存在争议。

在经验层面上，对艺术家的定义并不简单，因为并无单一的标准来定义艺术家，就像律师、医生和教师的情况一样。许多艺术家有多种工作——或多或少与艺术有关——以及其艺术品的质量很难概念化，更不用说衡量（Eliassen et al.，2018），这可能会对艺术家的定义产生影响。一个花很多时间画画的人，就能被认为是艺术家吗？即使她能靠画画谋生，同行也不一定认可她是艺术家。费雷和波姆雷内（Frey and Pommerehne，1989）提出以下定义艺术家的若干标准：

- 花在艺术作品上的时间。
- 从艺术活动中所获得的收入。
- 在公众中享有艺术家的声誉。
- 其他艺术家的认可。
- 艺术作品的质量。
- 成为专业艺术家团体或协会的会员。
- 艺术方面的专业资格（教育）。
- 艺术家的主观自我评价。

虽然其中一些标准是客观的，易于应用和实施，但其他标准是非常主观的，难以用于经验目的。当然，这并不意味着客观标准就是有效的。

鲍尔丁和比利（Baldin and Bille，2018）基于丹麦3 028名视觉艺术家的数据，结合了丹麦统计局的注册数据和一项专门调查所收集的数据，使用有限混合模型将艺术家分为六个类别。这六个类别分别是：有抱负的艺术家（10%）、贫穷的专业艺术家（19%）、与艺术相关的工作者（13%）、受资助的艺术家（26%）、作为业余爱好或次要职业的艺术家（18%）和献身艺术的艺术家（14%）。该研究结合了几个变量，区分了几种有着不同工作、生活条件的不同类型的艺术家。

如果我们在总体上进行研究，以描述艺术家的一般收入状况，那么另外一个需要讨论的问题是，应将哪些艺术形式包括在艺术家群体中。这个问题与艺术家的定义是相关的，因为扩大艺术家的定义，可能会改变艺术家的平均收入和其他研究结果。常见的艺术家类型包括：演员和导演、播音员、建筑师、作家、舞蹈家、设计师、音乐家和作曲家、画家和雕塑家、工艺艺术家和摄影师（Alper and Wassall，2006；Bille，2012）。例如，可以讨论是否应该将播音员（或许还包括建筑师）包括在艺术家的群体中，而收入方面的证据将表明劳动力市场的情况（例如，视觉艺术家与播音员相比）存在很大差异。虽然其中有些人在公司（电视台或建筑公司）工作并获得薪水，但许多人像视觉艺术家那样是自由职业者，并无稳定的工作或收入。

5.2 低平均收入与工作偏好模型

艺术家的收入被广泛研究（Throsby，2001）。这些研究要么基于人口普查的数据（主要在美国和英国，其例证包括：O'Brien and Feist，1995；Filer，1986；Alper and Wassall，2006）、调查数据（Throsby and Petetskaya，2017），或诸如税务等机关注册的官方统计数据来源（主要在斯堪的纳维亚半岛和北欧国家，例如Karttunen，2001；Bille，2012），要么组合基于个人识别号码的调查数据（Bille，Løyland and Holm，2017）。注册数据的优势在于，它提供了真实的面板数据，有可能在更长时间内研究艺术家的职业生涯（Bille and Jensen，2016）。

不考虑数据来源，各国普遍得出的结论是，艺术家平均收入非常低，甚至低于受教育程度相当的群体。许多实证研究已经证明了这一点（Alper and Wassall，2006；Throsby and Petetskaya，2017）。重要的问题是：为什么会这样？这种“收入惩罚”是艺术劳动力市场所固有的特性吗？有些理论解释有助于理解这个现象。

工作偏好模型最广泛应用的解释，是大卫·索斯比（David Throsby，1996；1994）提出的工作偏好模型。该模型的基本假设是，艺术家的创作动机是内在的，他们会在获得生存所需足够收入的约束下，将艺术工作时间最大化。艺术家从艺术工作所获得的效用，与收入、休闲一起被包含在艺术家劳动力的供给函数中。因此，我们可以讨论艺术家从其艺术职业中获得的“精神收入”，威瑟斯

(Withers, 1985) 将其描述为艺术家通过接受低收入来资助艺术。

该模型（以不同版本）经过了实证检验。通常的做法是将艺术家收入分成两个部分——来自艺术的和非艺术的（有时也包括与艺术相关的作品），然后分析它们在决定艺术家劳动力供应中的相对作用。虽然模型的论证和预测得到了广泛的应用，但实证检验的案例却很少（Throsby, 1994；Robinson and Montgomery, 2002；Caserta and Cuccia, 2001；Casacuberta and Gandelman, 2012；Bille, Løyland and Holm, 2017）。大多数研究发现，根据工作偏好模型，艺术类和非艺术类"工资"之间存在以下交叉弹性：

（1）当非艺术的"工资率"上升时，艺术家们转向艺术工作，因为一旦收入约束得到解决，就"负担得起"艺术工作。

（2）当艺术"工资"上涨时，他们也会从事更多的艺术工作，因为能够赚取所需的基本收入，并从事自己选择的艺术工作。

因此，如果艺术职业的工资率低于艺术家所能从事的非艺术工作的工资率，他仍然选择从事艺术工作，则支付率的差异代表了从事艺术工作的机会成本，或艺术家的"心理收入"。"工资率"通常用来表示每小时的工资。对艺术家来说，这是"估算工资"率，因为许多人不是按小时计酬，甚至不是按工资计酬。

其他研究直接测试了艺术家与其他群体相比的工作满意度。比利等人（Bille et al., 2013）以及斯坦纳和施耐德（Steiner and Schneider, 2012）的研究证实，就平均水平而言，艺术家比非艺术家对工作更满意，而非金钱利益是成为艺术家的主要理由。

5.3 收入偏态分配和超级明星模式

经验研究同样发现艺术家劳动力市场的另外一个重要且特殊的特征，即高度倾斜的收入分配曲线（Alper and Wassall, 2006）。基于丹麦 1 000 名视觉艺术家的代表性样本，比利等人（Bille et al., 2018）的数据显示，收入最高的5%的艺术家占整个市场收入的47%，收入最高的25%的艺术家收入占87%，而收入最低的50%只占市场总收入的1%。

5.3.1 艺术家的冒险

另一个关于艺术工作意愿的理论解释是，艺术家如果成为超级明星，有时会得到极高的回报。换句话说，当决定在艺术部门工作多长时间时，艺术家们不仅要考虑预期（平均）工资，还要考虑如果成功地上升至职业的顶峰能获得多少收入。偏态收入可能也影响艺术家的选择，因为少数极高的工资可能具有不成比例的巨大吸引力（Marshall，1930）。经济理论已经明确，绝对风险厌恶的下降，需要偏态的积极评价（Tsiang，1972）。在不确定情况下，偏态在选择中的相关性，已经在赌博和博彩的实证研究中得到证明（如 Garrett and Sobel，1999）。即使成功的机会看起来非常小，获得高收入和冒险行为的机会有助于理解为什么有些艺术家要冒这个险，即使这意味着需要在一段时间内接受非常低的收入。

5.3.2 明星模型

作为创意产业的重要属性之一，凯夫斯（Caves，2000）提到了 A 名单 / B 名单属性，其中 A 名单艺术家是知名且成功的。罗森（Rosen，1981）提出的超级明星模型，以及“胜者为王”（Cook and Frank，2010）的文献，向我们展示了天赋方面的微小差异可以放大为巨大的收入差异。有关人才的共识，正如罗森（Rosen，1981）所表明的那样，没有什么可以替代特定的人才。因此，需求是高度无弹性的，价格可以增加，却不会导致需求减少。此外，市场规模决定相对较小的人才差异会大幅放大，从而导致收入分配的高度偏态。然而，正如查帕尔诺（Champarnaud，2014）指出的那样，根据需求对价格的反应方式，罗森模型（1981）的超级明星可能会变穷。

从需求方面我们可以找到另一种解释：大多数艺术产品的消费，集中在数量相对较小的超级明星群体。信息成本会导致消费者选择别人已经选择的东西，研究表明这不仅会导致超级明星现象，还会导致完全随机的人才选择（Adler，1985）。同样，“从众效应”（人们对某种商品的偏好随着购买人数的增加而增加）和炫耀性消费（利用消费来显示社会地位）等机制，可以解释为什么消费者非常喜欢与他人消费相同的产品。消费的这些特征，可以解释选择超级明星作品的动机，由此强化市场需求，并让其流行程度“滚雪球”式发展，从而为超级明星带来极高的收入和巨大的市场份额。

5.4 教育的作用

艺术教育可以为艺术家提供重要的技能。教育经济学有助于理解和解释教育和培训在工人收入方面的决定作用。教育经济学提出了两个主要理论，以分析培训和专业高等教育在艺术家收入中的作用（Towse，2006）。人力资本理论告诉我们，人们可以通过教育、培训和经验进行自我投资，并积累知识和技能，以提高生产力，从而获得更高的收入。相比之下，分类模型指的是劳动力市场通过提供雇主和工作，在匹配工作与工人方面发挥作用；教育和培训提供有关工人的证明，从而使劳动力市场更加顺利地运作。

大多数经验证据表明，教育对艺术家收入没有影响（Alper and Wassall，2006）。许多艺术家都是自学成才。在艺术家的劳动力市场中，天赋和艺术创造力等无法定义的特征，显然比教育和培训更有助于成功或获得更高的报酬。这与许多其他职业的研究结果相互矛盾。同样，艺术家与劳动力市场的其他群体相比，证书和文凭的重要性要低得多，而经验和声誉却被证明是更重要的因素。这也是奖项在文化领域发挥重要作用的原因（Frey and Gallus，2017）。

在早期的实证文献中，研究人员使用横断面样本的收入函数，来探索艺术家与参考群体之间在教育、培训和其他劳动力市场属性方面可能存在的差异。结果表明，艺术家似乎不像其他工人一样符合标准的收入模型，而且收入函数对艺术家的适应度较差（Alper and Wassall，2006）。艺术家的教育对收入几乎没有影响。自学成才的艺术家与接受过正规艺术教育的艺术家，有着相同的收入和相同的供给行为，艺术学院的声望不会产生长期的影响。法勒（Filer，1986；1990）在研究了百余位艺术家的职业后，发现以个人才华和业绩作为收入重要决定因素的职业，其收入不平等的衡量标准往往与艺术家相似，使得艺术与其他“可比的”职业相似。

一般而言，大多数研究的实证结果表明，教育与艺术收入之间没有或只有很弱的相关性，但与非艺术收入之间存在正相关关系（Alper and Wassall，2006。Throsby，1992；1994；1996）。索斯比（Throsby，1996）区分了专业艺术教育和通识教育，期望非艺术收入受到通识教育的影响，艺术相关工作收入受到专业艺术教育的影响。但是，这种阐述仍然仅能证实总体的结果。

虽然早期的研究大多是对艺术家横截面样本进行研究，但是基于真实纵向数据的研究却很少，这使得研究艺术家的收入发展和职业生存成为必要。众所周知，很多年轻人在艺术和创意产业“尝试过”，但很少有人能把它作为职业。关于哪些外生因素对艺术和创意产业的生存有影响的研究较少。一个例外是库仑日等人（Coulangeon et al.，2005）的研究，他们发现音乐家在头两年消失的可能性比演员和舞者要低得多。比利和简森（Bille and Jensen，2016）使用丹麦5个不同艺术家群体的纵向数据集，研究了教育对艺术家职业生涯的影响。这些数据是来自丹麦统计局的注册数据，可以跟踪1996—2012年的个人情况。他们使用Cox模型估计生存函数和半参数分析，结果显示，艺术教育对演员、音乐家、作家和记者的艺术生涯有重要影响。对于视觉艺术家和舞蹈家来说，相关艺术教育对职业没有影响，并且发现了其他重要的行业差异。尽管人才很重要，但由于技术技能、人际网络和信号效应的重要性，我们有理由认为艺术教育对艺术家的职业生涯会产生重大影响，但两者存在重要的行业差异。

5.5 艺术家的工作条件

有关艺术家劳动力市场的其他特征，如多重工作、普遍的兼职、短期和临时的工作、自主就业和创业（Mathieu ed.，2012），这些特殊的工作状态对于艺术家比普通劳动力而言更为常见（Benhamou，2000）。

对艺术职业的研究表明，艺术家可以通过合并不同的收入来源来管理艺术生涯，从而通过风险分散来应对不可预测的未来（Menger，2006），因此，在艺术家中，多份工作是很常见的（Shishko and Rostker，1976）。许多研究者谈到了“无边界”职业（Eikhof et al.，2012）。

一个相关的主题是兼职、短期和临时合同工作广泛使用，正如凯夫斯（Caves，2000）所解释的那样，许多工作都是短期的、项目性的，特别是对于电影行业和音乐家而言。这种短期项目和合同的广泛使用，也可以帮助我们解释文凭对职业的重要性很弱，因为声誉竞争很重要，而在不同工作中建立良好声誉是获得新合同的最佳途径（Caves，2000）。

对于作家和视觉艺术家等艺术家而言，自我雇佣几乎是组织工作的唯一选择，几乎没有固定工作。在古典音乐和戏剧行业，固定工作更常见。有越来越多关于文化创业的文献（Klamer，2011）涌现，但即使许多艺术家是自雇的，他们也不认为自己是企业家（Bille et al.，2018）。这可能与艺术领域的“双重经济”现象有关（Menger，1999；2006），这意味着艺术的成功不一定与经济的成功同步。例如，布尔迪厄（Bourdieu，1996）认为，艺术家倾向于否认生活的经济方面，即为了获得金钱收入而进行艺术工作可能被认为与艺术理想不符。布尔迪厄还认为，追求金钱收入本身，甚至会降低艺术的价值。

5.6 艺术家的公共政策

针对艺术家的公共政策的目的，主要是确保其工作报酬，或旨在给新的有才华的艺术家提供不受市场约束发挥其才能的机会。

关于后者，许多国家都有公共艺术资助，这些资助是根据“一臂之距”机构所开展的同行评议分配给艺术家的。关于这些资助影响的证据很少，比利、劳冶兰德和霍尔姆（Bille，Løyland and Holm，2017）从挪威艺术家的数据中获得了临时的证据，他们的研究结果显示，艺术资助对艺术工作的时间供应有积极影响。这项研究支持了艺术政策，因为艺术补贴可能会增加艺术家从事艺术工作的动机。

劳动力市场的一般规则，对艺术家来说也很重要，因为与“正常”的劳动力市场相比，艺术家通常有特殊的工作条件。一般社会保障计划和失业救济的灵活性，对于艺术家花时间发展艺术十分重要。

支持企业家精神和鼓励自雇职业的计划，越来越成为社会的一种工具，对于艺术家也是如此。许多艺术家似乎不愿意将自己视为企业家，许多国家敦促有关部门将艺术教育列入文化企业家课程，以便培养艺术家的企业家技能。

艺术家的财产权和版权法，对于确保艺术家利用其作品获得报酬至关重要。然而，众所周知，那些已经在市场上取得成功的著名的畅销艺术家，将从版权中获益最多（Towse，1999）。

5.7 艺术家供给过剩

诸如法国和荷兰的提高艺术家平均收入的一般方案，已被证明是不成功的

(Benhamou, 2003)。古尔甘和门格（Gurgand and Menger，2006）强调这类方案会导致供给过剩和体制的过度使用。阿宾（Abbing, 2002）认为，艺术家平均收入较低是一个稳定状态，它不可能因政策举措而提高：如果更多的钱（公共或私人）可供给艺术家，更多的人会被吸引到这个行业，那么平均收入将保持在低位。总是有大批年轻而有才华的艺术家在等待实现艺术突破，这造成了艺术家的过剩。

虽然索斯比（Throsby，1994）的工作偏好模型适用于微观层面（个体艺术家的工作供给决策），但供给过剩假设是应用于行业层面的理论。正如阿宾（Abbing，2002）所解释的那样，艺术工作对某些人来说是如此有吸引力，以至于他们可能愿意以较低收入为代价而在艺术部门工作（索斯比的工作偏好模型所使用的论点）。因此，更多的人愿意以低工资水平工作更长的时间，生产更多的艺术品，以至于超出市场需求的消化能力。换句话说，艺术和艺术家都供过于求。阿宾（Abbing，2002）进一步告诉我们，艺术家的低平均收入和过度供给，是艺术家劳动力市场固有且特殊的特征。

5.8 结束语

艺术家的劳动力市场已经被广泛研究，本章提及若干最重要的主题及其相关文献。然而，也有一些有趣的新研究领域。数字化带来了新的文化产品，新的生产、分销和消费方式。像Google、YouTube、Facebook、Netflix和Spotify等大型国际平台，正控制着越来越大的市场份额。这种发展对艺术家的收入和职业有什么影响？这将如何改变艺术家的劳动力市场？这些都是艺术家劳动力市场研究可以探索的话题。

参见：

表演艺术；超级明星。

本章参考：

Abbing, H. (2002). *Why Are Artists Poor. The Exceptional Economy of the Arts.* Amsterdam University Press.

Adler, M. (1985). Stardom and talent. *American Economic Review*, 75 (1): 208-212.

Alper, N. and G. H. Wassall (2006). Artists' Careers and their Labor Markets. In V. A. Ginsburgh and D. Throsby (eds). *Handbook of the Economics of the Arts and Culture*, Elsevier Science, North Holland, Amsterdam, 813-864.

Baldin, A. and T. Bille (2018). *A latent class analyses of visual artists living conditions.* paper presented at the 20th International Conference on Cultural Economics, June 26-29, 2018, Melbourne.

Becker, H. (1982). *Art Worlds.* University of California Press.

Benhamou, F. (2000). The opposition of two models of labour market adjustment. The case of the audiovisual and performing arts in France and in the United Kingdom. *Journal of Cultural Economics*, 24: 301-319.

Bille, Trine (2012). Creative labor: Who are they? What do they do? Where do they work? A discussion based on a quantitative study from Denmark. In Christopher John Mathieu (ed.). *Careers in the creative industries*, Routledge, 36-65.

Bille, T., B. S. Frey, L. Steiner and C. B. Fjællegaard (2013). Happiness in the Arts-International Evidence on Artists' Job Satisfaction. *Economic Letters*, 121, (1): 15-18.

Bille, T. and S. Jensen (2016). Artistic education matters: Survival in the arts occupations. *Journal of Cultural Economics*, 42 (1): 23-42.

Bille, T., K. Løyland and A. Holm (2017). Work for Passion? — Labor Supply of Artists. *KYKLOS*, 70 (3): 347-380.

Bille, T. et al. (2018). *Billedkunstens økonomiske rum-Danske billedkunstneres økonomiske levevilkår*, Copenhagen Business School, Copenhagen, https://services-webdav.cbs.dk/doc/CBS.dk/Research/Billedkunstens% 20økonomiske% 20rum% 20-%20Billedkunstnernes%20økonomiske%20arbejds-%20og%20levevilkår.pdf.

Bourdieu, P. (1996). *The Rules of Art: Genesis and Structure of the Literary Field.* Stanford University Press.

Casacuberta, C. and Gandelman, N. (2012). Multiple job holding: the artist's labor supply approach. *Applied Economics*, 44: 323-337.

Caserta, M. and T. Cuccia (2001). The supply of arts labour: towards a dynamic approach. *Journal of Cultural Economics*, 25: 185-201.

Caves, R. (2000). *Creative Industries: Contracts between Arts and Commerce.* Cambridge MA: Harvard University Press.

Champarnaud, L. (2014). Prices of superstars can flatten out. *Journal of Cultural Economics*, 38 (4): 369-384.

Coulangeon, Philippe, Hyacinthe Ravet and Ionela Roharik (2005). Gender differentiated effect of time in performing arts professions: Musicians, actors and dancers in contemporary France. *Poetics*, 33: 369-387.

Eikhof, D. R. et al. (2012). Behind the Scenes of Boundarylessness: Careers in German Theatre. In C. Mathieu. *Careers in Creative Industries.* Routledge, New York, 69-87.

Eliassen, K. O. et al. (2002). *Contested Quality.* Oslo: Fagbokforlaget.

Felton, M. V. (1980). Policy Implications of a Composer Labor Supply Function. In Henderson, W. S. et al. (ed.). *Economic Policy of the Arts.* Cambridge MA, 186-198.

Filer, R. (1986). The "Starving Artist" -Myth or Reality? Earnings of Artists in the United States. *Journal of Political Economy*, 49: 56-75.

Filer, R. (1990). The arts and academe: the effect of education on earning of artists. *Journal of Cultural Economics*, 14 (1) 15-38.

Cook, P. J. and R. H. Frank (2010). *The winner-take-all society: Why the few at the top get so much more than the rest of us.* Random House, 2nd edition.

Frey, B. S. and W. W. Pommerehne (1989). *Muses & Markets. Explorations in the Economics of the Arts.* Oxford: Basil Blackwell.

Frey, B. S. and J. Gallus (2017). *Honours versus money. The economics of awards.* Oxford: Oxford University Press.

Garrett, T. and R. Sobel (1999). Gamblers favour skewness, not risk: Further evidence from United States' Lottery Games. *Economic Letters*, 64: 85-90.

Gurgand, M. and P. - M. Menger (1996). Work and Compensated Unemployment in Performing Arts. Exogeneous and Endogenous Uncertainty in Artistic

Labour Markets. In Ginsburgh V. and P. -M. Menger (eds.). *Economics of the Arts.* Amsterdam: Elsevier, 347-381.

Karttunen, S. (2001). How to make use of census data in status-of-the- artist-studies: Advantages and shortcomings of the Finnish register-based census. *Poetics*, 28: 273-290.

Klamer, A. (2011). Cultural entrepreneurship. *The Review of Austrian Economics*, 24 (2): 141-156.

Marshall, A. (1930). *Principles of Economics.* London: Macmillan and co.

Mathieu, C. (ed.) (2012). *Careers in Creative Industries.* New York: Routledge.

Menger, P. M. (1999). Artistic Labor Markets and Careers. *Annual Reviews*, 25: 541-574.

Menger, P. M. (2006). Artistic Labor Markets: Contingent Work, Excess Supply and Occupational Risk Management. In Ginsburgh, V. A. and Throsby, D. (eds). *Handbook of the Economics of Art and Culture.* North Holland, Amsterdam: Elsevier Science, 765-811.

O'Brien, J. and A. Feist (1995). *Employment in the arts and cultural industries: an analysis of the* 1991 *census.* Arts Council of England, London.

Robinson, M. D. and S. S. Montgomery (2000). The time allocation and earnings of artists, *Industrial Relations.* 39 (3): 525-524.

Rosen, S. (1981). The Economics of Superstars. *American Economic Review*, 71 (5): 845-858.

Shishko, R. and B. Rostker (1976). The economics of multiple job holding. *American Economic Review*, 66: 298-308.

Steiner, L. and L. Schneider (2013). The happy artist? An empirical application of the work-preference model. *Journal of Cultural Economics*, 37 (2): 225-246.

Throsby, D. (1992). Artists as Worker. In R. Towse (ed) (1997). *Cultural Economics. The Arts, the Heritage and the Media Industries.* Edward Elgar.

Throsby, D. (1994). A Work-Preference Model of Artist Behaviour. In A. Peacock and I. Rizzo (eds). *Cultural Economics and Cultural Policies.* Dordrecht: Kluwer Academic Publishers, 69-80.

Throsby, David (2001). *Economics and Culture.* Cambridge: Cambridge

University Press.

Throsby, D. and K. Petetskaya (2017). *Making art work. An Economic Study of Professional Artists in Australia*, place? . Australia Council for the Arts.

Tsiang, S. C. (1972). The rationale for mean－standard deviation analysis, skewness preference and the demand for money. *American Economic Review*, 62 (3): 354-371.

Towse, R. (1993). *Singers in the marketplace: the economics of the singing profession*. Oxford: Clarendon Press.

Towse, R. (1999). Copyright, Incentives and Performers' Earnings. KYKLOS, 52 (3): 369-390.

Towse, R. (2006). Human Capital and Artists' Labour Markets. In V. A. Ginsburgh and D. Throsby (eds). *Handbook of the Economics of the Arts and Culture*. North-Holland, Amsterdam: Elsevier Science, 865-894.

Withers, G. (1985). Artists' subsidy of the arts. *Australian Economic Papers*, 24, 290-295.

延伸阅读：

有关调查，请参见 Alper and Wassall (2006)。最近的经验证据，参见 Bille and Jensen (2016)。

6 转售权

维克托·金斯伯格（Victor Ginsburgh）
克莱尔·麦克安德鲁（Clare McAndrew）

转售权（Resale Right，RR）是原创艺术作品的作者（和他的继承人，在作者去世后 70 年继续有效）享有的在其作品后续销售中获得经济利益的权利。欧洲经济区（欧盟、冰岛、列支敦士登和挪威）和其他 70 多个国家都征收转售费。[①] 加利福尼亚州也有类似做法，尽管在 2018 年美国上诉法院第九巡回法院推翻了加州的法律[②]，而且，美国没有其他州强制执行这项规定。所以本章我们主要讨论它在欧盟的应用。

根据欧洲议会（European Parliament）的规定，[③] 这项权利应该确保艺术家能够从他们作品的连续“剥削”中获益。[④] 欧盟相关法令的主要目标，是解决由于这些政策在成员国的不均衡应用和不应用而造成的内部艺术市场的竞争扭曲。[⑤] 通过在所有欧盟成员国实施统一的转售权制度，一些国家首次引入这一权利，并迫使其他国家改变现有安排，以符合相关法令的条款，人们希望该法令可以消除竞争扭曲，让欧盟艺术品市场拥有平等的竞争环境。所有欧盟国家都必须在 2006

---

① Maxwell Anderson（2019）. Why American artists should benefit from the resale of their works. *The Art Newspaper*, 4 January. https：//www. theartnewspaper. com/comment/why-american-artists-should-benefit-from-the-resale-of-their-works（last accessed on February 11, 2019）.

② See Eilen Kinsella（2018）. Ending a seven-year dispute, a US court rules that artists aren't entitled to royalties for artworks resold at auction, Artnetnews, July 9. https：//news. artnet. com/art-world/us-appeals-court-strikes-royalties-law-1314857（last accested on February 11, 2019）.

③ 2001 年 9 月关于转售权的 2001/84 / EC 指令，以使原始作品的作者受益。

④ 这是指令中使用的词。根据牛津高级学习者词典，“剥削”（exploit）的意思是“为了自己的有利条件或利益，以不公平和自私的方式使用或对待某人/某事”。我觉得引用这个词很重要，因为它可以让人了解在决定实施转售权时讨论的基调！

⑤ 当该指令在最初的 EU-15 中引入时，有 11 个成员国采用该权利，尽管只有 8 个国家有效地执行了该权利。英国、爱尔兰、荷兰和奥地利从未实施过转售使用费立法。

年1月1日之前遵守该法令，尽管那些在法令达成之前没有执行一定的弥补措施，允许这些艺术品在2012年1月之前只对在世艺术家而非继承人适用版税。

原则上，这项权利适用于所有转售行为但以私人身份从事个体之间的交易除外。特许权使用费是按售价的百分比计算的，而不是按作品价值的增加（或减少）计算的。

经济学家（和律师）在分析转售权造成的经济结果后，通常都得出了转售权效率低下的结论。那些支持引入这个权利的人，更倾向于关注在艺术家与艺术商之间不平等的交易位置，并谴责经销商和拍卖行从艺术家的劳动中剥削利润。这些不公正的现象是否能通过引入转售权而被纠正，是从贸易保护主义的角度来处理的，因此，通常不会分析该权利的更深层含义。① 这就表明转售权不仅使当代艺术家的处境变得更糟，而且对于引入转售权的国家的国际艺术贸易也会产生不利影响。正如本文以下将要展示的，它也恰恰缺乏再分配的效果。

6.1 对价格的影响

正是在艺术家高估收入边际增长的情况下，他或她实际上放弃了部分收入，所以初始价格原则上会调整到较低的水平。这一现象背后的原理是：艺术家在第一次拍卖时并没有将全部产权转让给新的所有人，而是仍然保留了某些权利，这可能会降低作品对买方的价值。而价格降低幅度明显地取决于转售权的数量，取决于艺术家及其客户对未来转售价值的预期，取决于他们双方评估风险的方式以及时间偏好，但其结果是显而易见的。即在竞争激烈的市场中，新艺术品的价格折扣正好代表了未来转售权的预期贴现价值。

虽然很多艺术家开始从事艺术都是伴随着成名的愿望，但那些最后在伦敦、纽约和巴黎的拍卖中心发现自己作品的艺术家毕竟是个例，而不是大多数。辛格（Singer，1990）认为，这种概率可能是三千分之一，甚至更低。被剥削的艺术家年轻时会被少数成功的故事吸引。而对于大多数人来说，任何作品的升值幅度都相当小，并且就未来的版税收入而言，这对艺术家几乎没有什么实际收益。因此，转售权对那些杰出艺术家的影响就是，将其收入从一个有着更迫切需要的时期（作为艺术家的开始阶段）分配到资金效用较低的时期。

① 然而，请参见 Solow（1998），他指出转售权可能对艺术家产生积极的福利效应。

我们会好奇第一次销售价格会下降多大的幅度。让我们进行一个粗略估算，假设转售权为3%，在拍卖中出售作品的概率为5%，折现率为4%，最后，画作再次出售的平均时间是20年。那么，未来转售权的期望折现值的顺序应该是（0.03×0.05）/（1.04）exp（20）= 0.00068。这是一个对于初次售卖非常小的影响，以至于在实践过程中很有可能不被察觉到。

事实上，这就是班顿戈哈萨和格雷迪（Banternghansa and Graddy，2011）对2006年7月（转售权于2006年2月实施，仅为在世艺术家收集）至2007年7月期间，有关英国情况的研究所表明的。他们进行了非常仔细的计量经济学分析，没有发现英国价格相对于其他国家有所下降的证据，也没有证据表明画作从英国转移到了没有转售权的国家。相反，他们发现，1996—2007年间，受转售权约束的英国市场总价格增长，相对于其他国家和不受转售权约束的市场显著增加。根据该文作者的说法，这可能是由于计量经济学的识别问题，特别是英国在世艺术家的市场表现与其他地方不同，或者买家和卖家都很高兴，并“将支付给在世艺术家的费用视为对艺术的捐赠”。他们还指出，“目前的发现并不一定能很好地说明进一步情况（对已故艺术家的影响[①]），英国当局应谨慎行事”。客观地说，作者自己也对结果感到有些困惑。在实践中，许多拍卖都是提前一至两年计划的，因此这段时间可能不足以考虑到2006年才出台规定的影响。

尽管如此，我们还是有理由认为，一个理性的、厌恶风险的艺术家会选择立即接受作品的全部和特定价格，而不是寄希望其作品将来会被转售。值得注意的是，包括阿佩尔·巴塞利茨（Appel Baselitz）、霍克尼（Hockney）和波尔克（Polke）在内的一些艺术家甚至反对转售权，认为这是对他们人权的侵犯。[②]

6.2 卖方观点

卖方也承担着艺术家可能失去顾客青睐的风险。[③] 然而，从未有人建议应该

① 回想一下，当时转售权尚未扩展到艺术家去世后长达70年的转售过程。

② The Art Newspaper，December 2000，p. 75.

③ 该指令建议“原则上，支付特许权使用费的人应为卖方”。实际上，无论谁支付，结果都成立。2018年，佳士得巴黎说服法国最高法院，应向买方而非卖方收取费用。参见 Gareth Harris（2018）. Christie’s France wins the artist resale royalty battle. The Art Newspaper，31 December. https://www.theartnewspaper.com/news/christie-s-france-wins-the-artist-resale-royalty-battle（last accessed，11 February 2019）.

对此提供补偿，也没有人建议为可能具有更高回报率的机会成本进行补偿。转售权的引入将会增加艺术品的销售总成本，更重要的是它是根据作品在销售时的价值而不是卖家的利润（或损失）来征收的。即使艺术品价格在两次销售之间下降，卖家仍然被迫在转售时向艺术家支付版税，尽管他们自己在交易中遭受了经济损失。

6.3 对艺术品产量的影响

如果艺术家正面临着收入的少许降低，那么这将会成为部分艺术家离开该行业的转折点，以及其他人不再加入该行业的决定性因素。而那些继续留下的人将会面临更低的收入，这会引起两个后果。首先，通过某种机制（因过长就不在这里描述了），[①] 被生产出来的艺术品将会更少。其次，如果我们可以假设转售权利对生产的影响将会很小，但没有任何理由希望如欧盟委员马里奥·蒙蒂（Mario Monti）几年前宣称的那样，“‘关于转售权的指令’将对欧盟现代艺术的发展作出决定性的贡献”。[②]

6.3.1 不可剥夺性与可追溯性

根据委员会的建议，这项权利是不可剥夺的。那些提倡不可剥夺这一权利的人相信，艺术家在议价中处于劣势。是什么使画家的地位与那些可随意放弃自己权利的演员和小说家的地位如此不同呢？还要注意的是，该权利不能转让（它是不可转让的），这是一个附加的限制。

追溯性也是一个问题。因为在包括英国在内的很多国家的法律体系内，法律的非可追溯性是规则。在这里，转售权将影响那些在没有转售权情况下购买艺术品的卖家，因此他们的购买价格会更高。他们在出售时将会蒙受损失，因为价格将考虑到新征收的税款。

泰珀（Tepper，2007）分析了将转售权引入美国的法律效力。他总结出：最重要的是，这一权利既不能提升艺术作品的创造力，也不能增加公共收益，因而

---

① Filer (1984).

② Suzanne Perry (1996). Artists should benefit when works sold, EU says, Reuters REU2348 3 OVR 365 (ECR EEC GB LIF NEWS) F1301225, March 13.

无法达到法律所规定的双重目的。出于这些原因，美国不应该实施这项“权利”（Tepper，2007）。对此非常透彻的法律分析，参见 Stokes（2006）。

6.3.2 交易成本和收费协会

根据规定，成员国对于这一权利的行使和管理是有责任的。收费协会是存在可能性的，但是成员国需要保证这些协会“以透明和有效的方式运作”。事实证明，这与欧洲目前的实践情况相去甚远。负责转售权的丹麦协会收取 40%的版税，以支付其行政费用。法国的代收机构 ADAGP 要征收 20%的税。英国的 DACS 则征收 15%。[①] 在某些情况下，尤其是过去几年的法国，留给艺术家的所剩无几，并且比利时和法国的收费协会都仍处于他们各自解决司法问题的困难时期。

6.3.3 再分配效应

欧盟委员会在 1999 年 12 月 14 日发布的一份备忘录中声明[②]，转售权将会使大约 250 000 名艺术家受益，关于转售权仅仅惠及 8 个富裕家庭（比如毕加索的后裔）的推测是错误的。

换句话说，转售权就是一次再分配。当艺术家们年轻时，他们会将作品以低价卖出，相信自己在年老时会得到补偿，转售权会弥补她过去的损失，因为她早期的作品在转售时获得了很高的价格。但这种假设是错误的，原因有二：首先，正如我们已经看到的，转售权会在作品首次出售时降低其价格。如果一个艺术家有权获得转售权，那么她只能得到一个平均值，并且如果收费协会变得透明，那么在她年轻时被迫放弃的利益，就会削减集体管理所征收的税。其次，可以预料到，转售权的收益在再分配中是非常不均衡的。

在表 6-1 中，我们分析了 4 个最重要的欧洲艺术品市场（法国、德国、意大利和英国）2003 年[③]和 2018 年的情况。[④]。虽然 2018 年欧洲在世艺术家征收转售权费用的数量比 2003 年要多得多，但仍然远远低于欧盟委员会（European Commission）规定的 25 万人的水平。在这 4 个国家，征收转售权费用的艺术家继

---

① The Art Newspaper，October 2004. See also Hummel et al.（1995）.

② Proposed Directive on artists’ resale right—Clarification，Memo/99/68. http：//europa. eu/rapid/press-release_ MEMO-99-68_ en. htm? locale=en.

③ 2003 年的情形，参见 Kusin and McAndrew（2005）。

④ 这里不考虑另外两个非常重要的艺术市场，即美国和中国，因为它们没有征收转售权费用。

承人的数量都超过了在世艺术家的数量。

转售权对于在世的艺术家和他们的后代意味着什么？我们再次翻看表6-1中的结果。结果显示，排名前50位的艺术家，每人所征收的费用至少是其他艺术家的10倍，而在英国，这个数字要大得多。对于在世艺术家和已故合格艺术家的继承人来说，也是如此。

表6-1 谁从转售权中受益（法国、德国、意大利和英国的拍卖）

	2003				2018			
	在世		继承人		在世		继承人	
	前50名	其他	前50名	其他	前50名	其他	前50名	其他
法国								
总额（百万欧元）	3.5	7.7	51.1	34.3	28.7	18.1	129.5	59.9
艺术家数量（人）	5	204	45	996	9	878	41	1256
艺术家销售额（千欧元）	700.0	38.0	1 136.0	34.0	3 187.5	42.7	3 157.8	75.0
艺术家转售权（千欧元）	21.0	1.1	34.1	1.0	95.6	1.3	94.7	2.3
德国								
总额（百万欧元）	1.8	2.2	16.7	12.3	20.2	6.1	34.2	14.2
艺术家数量（人）	7	108	43	660	18	440	32	808
艺术家销售额（千欧元）	257.0	20.0	388.0	19.0	1 124.2	30.8	1 069.4	36.9
艺术家转售权（千欧元）	7.7	0.6	11.6	0.6	33.7	0.9	32.1	1.1
意大利								
总额（百万欧元）	1.7	4.1	24.8	8.1	5.1	3.9	45.5	8.9
艺术家数量（人）	7	152	43	413	5	178	45	317
艺术家销售额（千欧元）	243.0	27.0	577.0	20.0	1 016.2	22.1	1 010.7	28.1
艺术家转售权（千欧元）	7.3	0.8	17.3	0.6	30.5	0.7	30.3	0.8
英国								
总额（百万欧元）	23.1	25.1	128.7	100.1	264.1	70.0	721.1	148.8
艺术家数量（人）	9	299	41	1385	20	1214	30	885
艺术家销售额（千欧元）	2 567.0	84.0	3 139.0	72.0	13 207.5	132.6	24 036.3	223.1
艺术家转售权（千欧元）	77.0	2.5	94.2	2.2	396.2	4.0	721.1	6.7

注：前50名是指那些根据艺术家在整个市场上的销售价值排名，包括在世的艺术家和继承人的作品。对于2003年的意大利和英国来说，这些数字只是说明性的，因为该年没有征收转售权费用。转售权费用的计算是基于艺术家的销售观察值。为了在两年内以及在不同国家之间进行更加一致的比较，省略低于

3 000 欧元的销售额(该指令允许的最低价格的上限，并以艺术家销售额 3%的平均比率作为转售权费用)。在 2006 年执行该指令时，允许成员国在不超过 3 000 欧元的情况下，实施不同的起征价格。2018 年，这一门槛在法国为 750 欧元、在德国为 400 欧元、在意大利为 3 000 欧元、在英国为 1 000 欧元。实际上，版权使用费的计算也采用浮动比例：5 万欧元以下部分为 4%，5 万～20 万欧元为 3%，20 万～35 万欧元为 1%，35 万～50 万欧元为 0.5%，50 万欧元以上部分为 0.25%。

有人可能会说，这只是涉及拍卖销售。然而，画廊和经销商的情况类似，这些销售数据很好地代表了整个市场的销售分布，其中极少数艺术家创造了大部分按价值计算的销售。例如，在德国，1998 年，一位在世的艺术家，无论是在拍卖会还是在画廊出售，都征收不到 1 000 欧元，而每个继承人则可以征收 8 500 欧元，而在征收机构代表的 7 400 名艺术家中，只有 480 名征收了转售权费用。①

虽然数额小得有些不合理，但如果艺术家和他的继承人能获益，那也很好。在一些国家，如德国，转售权的一部分支付给支持贫困或老年艺术家的基金。而在芬兰和瑞典，通常被用来支持年轻艺术家。征税是被社会认可的，且它的实践被寄托了美好的愿望，但是这已经不再是一项知识产权，对社会保障的贡献极少，对于过去不道德行为的弥补微乎其微。②

6.4 对于交易地点的影响

该指令的目的是消除竞争的扭曲以及在联盟内部的销售流失，但是对于世界其他的可取代性销售却鲜有提及。他们忘记了早在 1958 年巴黎现代艺术博物馆（Musée National d'Art Moderne）主任让·卡苏（Jean Cassou）在给艺术美术馆专业委员会主席（President du Comité Professionnel des Galeries d'Art）的信中就已经提道："我意识到巴黎将不再主持重要销售，并且转售权可能会给巴黎的艺术市场造成新的威胁。"③ 有很多关于这种混乱且未公开的例子，由于交易的受益者——联合国儿童基金会（UNICEF）公然地表示他们拒绝为转售权买单，价值

① 德国议会成员诺伯特·拉默特（Norbert Lammert）和 CDU/CSU 缔约方文化和媒体发言人的声明。

② 澳大利亚提议引入转售权，以补偿过去曾以非常低的价格出售而如今价格很高的原住民画家。参见 The Art Newspaper, July-August 2004：27.

③ See Comité des Galeries d'Art (1997)：127.

500 万英镑的法国收藏于 2001 年在纽约被出售。①

这将涉及多少幅画，以及这对欧洲的销售代表多少？没有人能对这些问题给出明确的答案，但可以检查一些数据，以确定答案的基础。笔者的猜测基于表 6-2 和表 6-3。

表 6-2 提供了 2002—2018 年间选定年份的所有销售额（在世艺术家及其继承人）的数据。与转售权指令所宣称的“在欧洲营造公平的竞争环境”相反，它实际上什么也没改变，这从表的上半部分可以明显看出：英国仍以非常大的优势主导着市场。转售权的协调并没有导致欧盟艺术品市场的重新分配，随着时间的推移，英国获得了全球市场份额，而欧盟其他国家在 2008—2018 年间则大幅下滑。

表 6-2 销售价值占比（%）

		2002	2008	2010	2018
欧盟占比	奥地利	1.4	1.3	2.2	1.8
	比利时	0.8	0.4	0.7	0.1
	德国	8.0	4.7	5.2	4.6
	法国	16.4	10.7	11.5	14.3
	意大利	1.7	4.8	5.4	3.9
	荷兰	2.7	0.9	1.7	0.8
	瑞典	2.6	1.3	2.5	1.0
	英国	63.6	72.2	64.2	71.0
	欧盟其他国家	2.9	3.7	6.6	3.9
	合计	100.0	100.0	100.0	100.0
全球销售比例	英国	35.3	46.8	37.5	38.7
	欧盟其他地区	20.2	18.0	21.0	15.8
	欧盟整体	55.5	64.8	58.5	54.5
	美国	41.4	32.1	37.1	43.0
	其他地区	3.0	3.0	4.4	2.5
	合计	100.0	100.0	100.0	100.0

表 6-3 显示，英国、美国和世界其他地区在最高价格区间（超过 200 万欧

① The Art Newspaper, April 2001: 67.

元）所获市场份额，尽管转售权税在欧洲的上限为 12 500 欧元，这意味着它在这些销售价格中所占的百分比相当低（0.25%~0.50%）。确实，其他欧洲国家将低价作品转移到了世界其他地区，并捕获了更多高价作品。

表 6-3 （2002—2018 年）各价格区间销售地区分布

价格区间（万欧元）		作品数量	艺术家数量	销售价值（百万欧元）	销售价值全球占比（%）			
					英国	欧洲其他地区	美国	世界其他地区
2002 年	0.3~5	17 245	4 996	190.3	16.7	51.9	8.9	35.2
	5~20	1 561	644	147.4	17.2	23.8	10.8	22.9
	20~200	551	342	280.5	37.1	20.6	28.5	31.2
	>200	69	41	310.2	29.2	3.6	51.7	11.5
合计		19 426	6 023	928.4	100.0	100.0	100.0	100.0
2018 年	0.3~5	22 480	4 160	273.1	5.4	32.5	3.6	16.8
	5~20	2.780	640	265.8	7.7	22.8	4.6	12.0
	20~200	1 334	257	726.4	27.6	36.4	14.5	50.4
	>200	219	56	1 791.3	59.3	8.3	77.3	21.5
合计		26 813	5 113	3 056.6	100.0	100.0	100.0	100.0

此外，看到欧洲可能正在鼓励建立一种制度，会激励文化遗产出口到美国等国家，这有点令人恼火。① 这也会增加作品留在那里的风险，因为欧洲收藏家可能不愿支付关税，以便重新进口它们。

表 6-2 仅考虑欧洲艺术家作品的销售情况。考虑到更广泛的战后和当代艺术领域（包括所有国家的 1910 年以后出生艺术家的作品），按价值计算，欧盟拍卖市场的全球份额从 2008 年的 46%下降到 2018 年的 24%，而同期现代艺术（1875—1910 年出生的艺术家的作品）的销售份额从 52%下降到 24%。欧洲在这些市场的份额随着时间推移而稳步下降，因为价格更高的作品被抽到纽约出售，而中国市场的价值有所上升。在没有英国的情况下，2018 年欧盟市场在这两个

① 还有瑞士，这个市场经常受到监督，因为它主要由难以获得数据的美术馆而不是销售场所主导。

拍卖领域（按价值计算合计占全球艺术品拍卖市场的79%）的份额都不到7%。[①]

6.5 结　论

在笔者看来，转售权似乎缺乏吸引力，无论是在理论上，还是在它解决不了任何实际问题上。当欧盟委员会的积极建议缺乏一个有长远有效考虑的指导时，这一缺点就显得尤为突出。打造一个没有转售权的世界看起来就是一个最有效的解决方案。欧盟委员会不愿承认存在监管过度的危险。简单的经济分析表明，即便是善意的法律，也可能带来与其初衷完全相反的效果。

然而，我们承认，到目前为止，还没有确凿的经验证据表明，引入转售权的国家的艺术品市场受到了该指令的特别影响。如上所述，经济影响很小，因此很难估计。此外，要证明转售权在征收的国家导致艺术品市场价格下降或价格上涨，这样的要求太高了。然而，这并不是拒绝本章所发展理论论据的充分理由，这些论点都是反对转售权的。

即便不是基于经验，转售权似乎也是一个说明这个陷阱的工具，迫切需要重新评估。由于英国在被迫遵循欧盟关于转售权法令时非常消极，如果英国退欧继续下去将会发生什么？这将是很有趣的，因为英国没有理由遵循欧盟强加的规则。

虽然欧洲在全球艺术品市场的份额下降有很多原因，但一个主要因素是人们认为，欧洲的监管结构使其成为昂贵且复杂的交易场所。也许与英国退欧相关的迫在眉睫的担忧是，欧洲仍然维持全球艺术品市场1/3的价值的主要原因是，它仍然可以算上英国，如果没有英国，其份额就会下降到10%左右。艺术品是一种可移动、耐用和便携的资产：买家和卖家都可以而且确实利用监管套利来获得最好的销售条件，特别是在作品价值上升的情况下。这是全球销售被吸引到美国和英国等少数几个关键市场中心的另一个原因，这两个国家都强烈遵循盎格鲁—撒克逊模式，即低监管、竞争和强大的私人产权。

尽管欧盟多次尝试促进艺术品单一市场的公平竞争，但英国一直保持主导地位，其在过去10年中按价值计算占销售额的60%以上，并成为国际交易的主要

① 了解2018年全球艺术品市场的销售摘要，参见McAndrew（2019）。

中心。自20世纪60年代以来，这一直是一幅始终如一的图景，当时市场从巴黎转移到了美国和英国。这种迁移既是由于财富和经济实力基础的根本转变，也是因为对艺术品销售引入了复杂的税收和版税制度，迫使买家和卖家离开法国，转向更自由的贸易体制。

财富和良性的监管环境，仍然是全球艺术品销售地点的两个关键驱动因素。

参见：

版权；艺术家的权利；中介机构。

本章参考：

Banternghansa, C. and K. Graddy (2011). The Impact of Droit de Suite in the UK: An Empirical Analysis. *Journal of Cultural Economics*, 35: 81-100.

Bogle, C. and V. Ginsburgh (1998). Introducing Droit de Suite into the EU. An Economic Viewpoint. *Temas de Integracao*, 3: 115-137.

Comité des Galeries d'Art (1997). *Les Galeries d'Art en France Aujourd'hui*. Paris: L'Harmattan.

Filer, R. (1984). A Theoretical Analysis of the Economic Impact of Artists' Resale Royalties Legislation. *Journal of Cultural Economics*, 8: 1-28.

Ginsburgh, V. (1997). Le Droit de Suite: Principe et Réalité. In Comité des Galeries d'Art. *Les Galeries d'Art en France Aujourd'hui*, Paris: L'Harmattan.

Ginsburgh, V. (2005). Droit de suite. An Economic Viewpoint. In *The Modern and Contemporary Art Market*. Maastricht: The European Fine Art Foundation.

Hummel, M., L. Becker and P. Huber (1995). *The Droit de Suite*. Report commissioned by the French authors' society ADAGP, the German authors' society BILD-KUNST and the Groupement Européen des Sociétés d'Auteurs et Compositeurs (GESAC), München: IFO-Institute.

Kusin, D. and C. McAndrew (2005). A Study of the Global Resale Market. In *The Modern and Contemporary Art Market*. Maastricht: The European Fine Art Foundation.

McAndrew C. (2019). *The Art Market* 2019. Available on https://www.artbasel.com/about/initiatives/the-art-market.

Singer, L. (1990). The Utility of Art Versus Fair Bets in the Investment Market. *Journal of Cultural Economics*, 14: 1-13.

Solow, J. (1998). An Economic Analysis of the Droit de Suite. *Journal of Cultural Economics*, 22: 209-226.

Stokes, S. (2006). *Artist's Resale Right*. Leicester: Institute of Art and Law.

Tepper, J. (2007). Le Droit de Suite. An Unartistic Approach to American law. Available on https://works.bepress.com/jonathan_tepper/1/.

延伸阅读：

2013 年 12 月，美国版权局发布了一份 124 页的报告《转售版税：最新分析》，其中包含大量信息，下载地址为：https://www.copyright.gov/docs/resaleroyalty/usco-resaleroyalty.pdf (last accessed on 11 February 2019)。

7 艺术家的权利

迈克尔·拉什顿（Michael Rushton）

关于财产和合同经济分析的基础是假设普通法和其他机构能够确保权利可以在个体间互相交换，以便它最终被最珍视它的人所拥有。科斯定理认为，只要明晰了产权并免除了交易费，那么权利分配的结果就会变得高效，而且将独立于初始分配。当然，正是交易费使问题变得耐人寻味。

当交易费很高以至于权利难以便捷交易，效率就只有在当法律一开始就将权利授予最珍视它们的人时才能实现。在这种意义上，法律效仿了市场。如今在文化经济学中，我们将研究那些授予艺术家的诸多权利是否实现了有效分配。

版权法的经济分析正是运用这个原理，其中按照效率原则决定有限权利在创作者（版权所有者）和使用者（正当使用）之间的分配，从而使财富总量最大化（Landes and Posner，1989）。具体而言，当有艺术家根据一个作品创作一个戏仿（parody）之作。兰德斯和波斯纳认为，交易费用分析将容许对原作进行未经允许的戏仿，这是因为即便社会能够从戏仿行为中获益，这两个艺术家之间也几乎不可能达成协议。换言之，在这种情形下，更为合理的选择是授予戏仿者戏仿的权利，而赋予原创作者防止被抄袭的权利。但是，无论如何兰德斯和波斯纳也不会授予戏仿者正当使用原作的权利（如果其创作是为了攻击之目的），这是因为“如果被告使用戏仿作品作为评论社会的武器时，他就很容易获得授权”（Landes，2002）。

版权法赋予创作者道德权利，即创作者保有作品的完整性、归属权、披露权和撤回权，即便它的实物或复制权已经转移，这种权利的分配也可以在效率框架中予以分析（Hansmann and Santilli，1997；Rushton，1998）。即便考虑到国别差异，艺术家也通常拥有其作品的精神权利，当然在特殊情况下，人们可以通过与作品拥有者签订合同放弃这些权利。当然，当前作品所有者的行为如果对原创者的声誉或其他拥有该作者之作品的所有者构成潜在的危害，那么就有理由采取纠正措施。

艺术家关于作品的相关权利一旦确立，那么随之而来的问题就是找到最佳方式保护这些权利。有关权利执行方式的经典论述来自卡拉布雷希和梅拉米德（Calabresi and Melamed），他们率先指出所谓的“产权规则”，即在交易成本较低的情形下，权利在买卖双方同意前提下才能实现交易是最佳的权利保护方法。当然，也有可能在有些条件下还有其他更为有效的保护方法，这就是“责任原则”，即权利的潜在使用者（并非权利所有者）无须获得所有者同意就可以使用该作品，只要他通过第三方机构向所有者支付了该机构认可的使用费。在文化领域中，强制许可就是责任原则在权利保护中的应用。如果广播中播放每一首歌曲都需要签订交易合同的话，其交易成本就会变得过高，因此就有了版税方案。然而，梅基斯（Merges）却认为，法定强制许可不利于市场参与者开发新技术，以便降低版权制度的成本，因此，整个行业就被锁定于“次优责任原理”。

第三种保护产权的方法是不可转让性规则。狭义的不可转让性是指，对是否以及如何转让所有权进行限制，尽管罗斯·阿克曼（Rose-Akerman）将定义进一步扩大，包含限制谁可以获得授权，以及所有者在财产关系中是否要承担责任或限制。[①] 卡拉布雷希和梅拉米德（Calabresi and Melamed）则认为，在交易费用高或存在外部性的情况下，不可转让性规则是有效的；换言之，只有限制转让能避免外部性的发生，因为在可能受害各方之间的博弈，以及买卖双方之间达成交易的成本极其高昂。因此，对国家级文化产品出口的法律禁止，就是考虑效率情况下应用不可转让性规则的实例（Kearns，1998）。

即便基于效率的考量，不可转让性也具有一定的合理性。但是，当艺术家受到不可转让权制约时，常常是基于分配的理由，即保护那些天真与挨饿的艺术家免遭那些不择手段经销商的欺诈。例如，不可转让性的一种形式就是，合同在事后看来对于艺术家而言是令人遗憾的（假设有个歌曲作者接受了预付款，那么作为交换条件，未来收入的版税税率就会降低，但是，该作品却出人意料地大赚特赚），法院却以“不合情理”为由宣布不可转化性诉求无效。这样的裁决对作者有益吗？如果这样的判决变为惯例，那么法律其实就是在歌曲作者的人力资本上强加了不可转让性的限制；他们长期出租其歌曲写作潜力的条件将受到限制，其

---

① 后者可参考萨克斯（Sax，1999），他认为当私有的文化产品具有十分重要的社会意义时，应该对这些拥有者施加限制。

原因是出版者不愿意签订一个可能被法院推翻的合同。可以预期的结果是，出版者会变得不情愿与那些无名小辈合作，于是他们会给这些作者提比较苛刻的条件。因此，在限制艺术家签合同与交易的能力时必须高度谨慎，事实上，这些保护艺术家的努力反而让他们的境遇更糟。

拉什顿（2001）认为，人们往往基于分配的原因，将不可转让性规则施加于艺术家身上，这是十分错误的。让我们再次反思精神权利的例证。大多数国家规定，只有作者在特定条件下发表书面声明，才能放弃精神权利；那些口说无凭的放弃行为是无效的。这就是对权利不可转让性的限制，但有些评论者认为根本就不容许放弃，因为如果买方有着更高的议价能力，他们将胁迫艺术家放弃精神权利，即便这违背了其利益：使精神权利可转让和放弃，将在实践中消除精神权利。

另一种不可转让性的例子是“追索权”（droit de suite），即艺术家在其作品首次出售之后的后续交易中被赋予获得版税的权利（Perloff，1998）。这个规定的受益者显然是艺术家，但是，如果其权利不可转让的话，势必就迫使艺术家成为自己作品的投资者，而艺术家常常只能是个不太合格的风险承担者，这自然让这个规定丧失效率。然而，索罗（Solow，1998）注意到，艺术品投资者其实愿意以高于实际价值的价格购买那些有机会通过有品质的新作品而名声大振的艺术家的作品。没有艺术家能向潜在的买家保证，他可以采取措施使其作品增值。而追索权就是一个能够让购买方相信艺术家会继续创作的有效方法，因为艺术家如今在其作品中有着不可剥夺的经济权利。

在美国还有一种不可转让的权利，即宪法所规定的自由，这种自由是不可以放弃的，以便从政府那里获得金钱，这就是所谓“违宪情形”（unconstitutional conditions）（Sullivan，1989）。例如，政府不能以要求接受社会救济的人不批评政府，来换取其本来就有的救助权。在艺术的公共资助领域，这个问题非常重要：在触犯违宪条件——要求艺术家以其自由表达权换取政府资助——之前，政府对资助艺术的委员会及其资助的艺术内容附加了什么样的条件？拉什顿（2000）认为，传统意义上国家资助艺术合法性的理由，一般是允许对资助对象进行一些限制。但是，这并不意味着这些限制与国家宪法所赋予的权利及其不可转让性之间相容。这看上去是在保护艺术家，实际上是把双刃剑。艺术家也许能够赢得取消一切对政府资助艺术加以限制的权利，却发现立法机构已经完全没有兴趣资助此类机构了。

参见：

版权；转售权。

本章参考：

Adler, Amy (2009). Against Moral Rights. *California Law Review*, 97: 263-300.

Boyle, Melissa, Stacy Nazzaro and Debra O'Connor (2010). Moral Rights Protection for the Visual Arts. *Journal of Cultural Economics*, 34: 27-44.

Calabresi, Guido and Douglas A. Melamed (1972). Property Rules, Liability Rules, and Inalienability: One View of the Cathedral. *Harvard Law Review*, 85 (6): 1089-1128.

Coase, R. H. (1960). The Problem of Social Cost. *Journal of Law and Economics*, 3 (1): 1-44.

Epstein, Richard (1975). Unconscionability: A Critical Reappraisal. *Journal of Law and Economics*, 18: 293-315.

Ginsburgh, Victor (2005). The Economic Consequences of Droit de Suite in the European Union. *Economic Analysis and Policy*, 35: 61-71.

Graddy, Kathryn and Chanont Banternghansa (2009). The Impact of Droit de Suite in the UK: An Empirical Analysis. CEPR Discussion Paper #7136.

Hansmann, Henry and Marina Santilli (1997). Authors' and Artists' Moral Rights: A Comparative Legal and Economic Analysis. *Journal of Legal Studies*, 26 (1): 95-143.

Kearns, Paul (1998). *The Legal Concept of Art*. Oxford: Hart.

Landes, William M. (2001a). Copyright, Borrowed Images and Appropriation Art: An Economic Approach. In R. Towse (ed.). *Copyright in the Cultural Industries*. Cheltenham, UK and Northampton, MA, USA: Edward Elgar.

Landes, William M. (2001b). What has the Visual Artists' Rights Act of 1990 Accomplished?. *Journal of Cultural Economics*, 25: 283-306.

Landes, William M. and Richard A. Posner (1989). An Economic Analysis of

Copyright Law. *Journal of Legal Studies*, 18 (2): 325-63.

Masiyakurima, Patrick (2005). The Trouble with Moral Rights. *Modern Law Review*, 68: 411-434.

Merges, Robert P. (1994). Of Property Rules, Coase, and Intellectual Property. *Columbia Law Review*, 94: 2655-2673.

Perloff, Jeffrey (1998). Droit de Suite. In P. Newman (ed.). *The New Palgrave Dictionary of Economics and the Law*. London: Macmillian.

Posner, Richard A. (1992). When is Parody Fair Use? . *Journal of Legal Studies*, 21 (1): 67-78.

Rose-Akerman, Susan (1985). Inalienability and the Theory of Property Rights. *Columbia Law Review*, 85, 931-969.

Rushton, Michael (1998). The Moral Rights of Artists: Droit Moral ou Droit Pecuniaire? . *Journal of Cultural Economics*, 22 (1): 15-32.

Rushton, Michael (2000). Public Funding of Controversial Art. *Journal of Cultural Economics*, 24 (4): 267-282.

Rushton, Michael (2001). The Law and Economics of Artists' Inalienable Rights. *Journal of Cultural Economics*, 25 (4): 243-257.

Sax, Joseph L. (1999). *Playing Darts with a Rembrandt: Public and Private Rights in Cultural Treasures*. Ann Arbor: University of Michigan Press.

Solow, John L. (1998). An Economic Analysis of Droit de Suite. *Journal of Cultural Economics*, 22: 209-226.

Sullivan, Kathleen M. (1989). Unconstitutional Conditions. *Harvard Law Review*, 102: 1413-1506.

Trebilcock, Michael (1976). The Doctrine of Inequality of Bargaining Power: Post Benthamite Economics in the House of Lords. *University of Toronto Law Journal*, 26: 359-385.

Vaver, David (1987). Authors' Moral Rights - Reform Proposals in Canada: Charter or Barter of Rights for Creators? . *Osgoode Hall Law Journal*, 25: 749-786.

延伸阅读：

关于精神权利立法对艺术家的影响的经济分析，特别是美国《视觉艺术家权利法》，见 Landes（2001b），Boyle，Nazzaro and O'Connor（2010）。最近对赋予道德权利的批评，见 Masiyakurima（2005），Adler（2009）。关于“非理性”合同的经济分析，见 Epstein（1975），Trebilcock（1976）。有关转售权影响的证据，参见 Graddy and Banternghansa（2009），Ginsburgh（2005）。

8 广　播

格伦·威瑟斯（Glenn Withers）

对于大众传播的信息而言，印刷媒体（书籍、报纸和杂志）在多个世纪里占据着至高无上的地位。邮政服务长期主导着人际传播媒介。电报和电话改变了19世纪人际交往的面貌。但电影和广播改变了20世纪大众传媒的面貌；广播媒体从收音机的形式，发展为黑白电视，及至彩色电视。现在，在21世纪，数字媒体平台再次改变了通信领域。

本章首先回顾了20世纪传统的广播格局，考察了对这一点的分析性解释和相关的政策反应，在过去的十多年里，广播领域持续经历了的技术带来的变化。广播市场已发生转变，传统广播媒体与新媒体的界限变得模糊。数字化、卫星传输、宽带网络、网上节目下载和论坛、移动广播及其他发展挑战了广播电视的传统定义，即广播电视由四大明晰而有差异的媒介市场构成——免费电视、付费电视、广播和印刷媒体。

本章将广播定义为以娱乐、教育、信息传播为目的的电视和广播服务，同时我们意识到，“随着越来越多内容的加入，广播已经成为内容拥挤以致快要爆裂的词语”（Inglis，2006）。本章回顾了20世纪末和21世纪初的广播业发展图景，以及对此的理论与政策回应，然后考察了随着数字革命的进行，20世纪末和21世纪初出现的变化。

8.1 广播的历史

自从无线电和电视诞生以来，广播（电视）节目传播的关键技术是由一个电台发出无线电信号，通过地面传输，传送给拥有接收器的听众（观众们）。广播传送的质量取决于它所使用的频谱、信号传输的强度、接收者当地的地形和接收者的距离。随着太空时代的到来，第二个传输平台出现了。卫星技术让我们可以拥有一个强力的发射器，在地球上方对地静止轨道的发射器可以将信号广泛地发送到地球表面。第三种传送平台，也就是强大的有线网络，通过电话线或专用电缆网络，更是得到了广泛的应用。有了电缆，地理条件不会再影响信号传播，多信道不仅容量巨大，并且使双向传输成为可能。

从这些技术决定因素来看，全球国家广播系统的主导模式变成了两种：商业模式和公共模式。前一种类型是商业性质的，它以营利为目标，其收入与收听或观看广告的人数相关；后一种类型是公共性质的，它依赖于政府对国有机构的资助。

个别国家采用了私人和公共提供的混合方式，各国对新技术的接受率也不同。然而，这两种模式的共同点是，不管是通过商业性广电网络还是公共机构，节目决策的集中控制都是其核心原则。这使规模经济和范围经济得以实现。这两个治理结构的共同点是一个广泛的监管体系。相对于印刷媒体而言，大多数广播公司对频谱接入公共控制的要求，赋予了政府在这个行业比大多数行业更合理的角色。

传统广播主要有三种资金来源，即广告费、观众付款与政府和社会的资助。在广告商资助的情况下，观众可以免费收看节目。反过来，这些观众被“批发”给那些广告主，他们希望通过在节目中附上其产品信息，以告知甚至吸引消费者关注他们的产品和服务。而最终的广告费用取决于广告成本多大程度上能以价格的形式转嫁给广告产品或服务的消费者。的确，正是过去的广播业更依赖广告资金，而不是听众或观众的直接支付，以及传输频谱有所限制等特点，使得广播业成为经济学分析的一个颇为独特的领域。

在观众直接付费方式下，人们意识到支付率取决于每个观众或听众愿意为节目或节目服务所支付的费用，包括订阅付费模式。在这样的情况下，购买广播服务与其他标准化商品并无差异。近年来付费电视的增长表明，技术的发展会为观众的选择提供可能性和便利性，从而使观众有意愿为更多的电视节目花钱。

资助有些是由社区成员自愿捐赠，这种情形在社区广播中极为常见，有些则由国家利用其征税权利而提供。在澳大利亚，广播税收就是普通税；而在英国，广播税要么作为专项税，要么作为费用由政府强制征收，如用于专项用途的国家彩票收入，或者广播执照费。在许多国家，广播的资金来源于公共资金和广告商赞助两种途径，其中公共资金要么是执照费，要么直接来自财政。在大部分欧洲国家和澳大利亚，公共广播被视为公共物品。国家财政往往为公共广播和社区广播提供资金支持，不过，有时也会资助商业活动。

研究者有时会研究各种融资选择的相对概率，他们发现在所得税累进制下来源于税收的资金不同于来源于广告商的资金，后者的概率较之前者会呈现递减趋势，而直接付费方式发生的概率则在两者之间。但是，人们很少关注这个领域的公平问题。

为了实现在广播领域所确立的目标，各国的公共干预普遍采取如下几种手段：对现有技术的准入控制和对采用新技术的把控；政府授权或拍卖频谱许可；对社区广播和公共广播的财政补贴（如前所述）；所有权（纵向、横向和外国）的管制；规范节目内容，特别是广告时间、本地内容、儿童节目和粗俗内容。用什么手段达到特定目标并没有严格的限定，有些手段可能影响多重目标。比如，对外资广播的限制，同样也会影响反垄断目标和本地内容目标。

8.2 经济分析的基础

对广播干预的分析可以是实证的，也可以是规范的。前者试图解释政府实际上在做什么，后者则解释政府应该做什么。尤其是政治和管理科学领域的实证分析，认识到媒体组织有很大的能力影响公共决策者，以便提供媒体资助和/或规制，既能反映媒体的利益，又能反映公共利益。它还观察到，政府干预广播市场的范围和规模，受到各国政府政治状况的影响。例如，盎格鲁国家保守或“新自由主义”政府日益放松管制，放松或废除了若干管制措施，包括媒体所有权、外国所有权、国家广播立法的管制限制。与此同时，在欧盟，对跨境电视广播的放松管制，导致了大量投资外逃，并抵制了许多成员国进一步放松管制。

相比之下，经济科学和法律则更注重监管的规范性分析，明确要为公共利益服务，政府应该做些什么。对于经济学家来说，广播政策分析的出发点是假定，竞争性市场机制将确保通过市场表达的个人偏好，能够以社会成本最小的方式得以满足。但人们随后认识到，广播市场运作竞争仍然存在着独特的问题。特别是，市场失灵被视为是由技术强加的供应限制和相关资金需求所引起的。在免费广播中，这不仅导致对垄断定价的担忧，还引发主频（中波为声音，高频为电视）可用频道数量有限所致节目多样性减少的担忧。

在这种情形下，追求利润最大化必将导致商业广播追求“最大公分母”方式，这种方式追求市场份额将有助于主流节目的产生（如近来的犯罪剧和真人秀节目），而不是那些针对特定年龄段、种族或者小众的节目（如文艺类节目）。只要收视率比多样性重要，人们就会争相复制类似的节目（Steiner，1952）。其结果是强化了节目重复和“最低公分母”节目，为节目提供资金的广告商，被认为是出于最大化受众的动机。

除了担忧竞争问题，福利经济学的第二个关注点是外部性所导致的市场失灵，这里的外部性指的是针对普通大众的非市场性影响，而不是那些签订合同而享受服务的顾客。人们对于广播外部性的关注主要有两个方面：一是由于频谱资源有限，需要竞争获得使用权，这就会产生信号拥塞或干扰等问题；二是广播会对文化、社会和政治等领域产生广泛影响的问题。

通过政府决定频谱分配，防止信号干扰，已经解决了前一个外部性问题。随之出现的问题是：政府应采用什么样的分配标准？自从科斯提出频谱分配的经济分析以来，经济学家们一直热议此事。科斯批判由政府发放频谱许可证的政策，并建议采用拍卖生成产权，以此作为向用户分配频谱的更有效办法（Coase，1959）。竞争性拍卖的支持者们认为，拍卖是分配所有权的有效工具，它比其他替代方案花费更少，并且提升了政府授权的透明度。

那么，广播将会产生什么样的社会、文化和政治影响呢？考虑到广播广泛渗入现代社会，并且它对社会、政治行为和民族文化均有影响，因此广播的重要性毋庸置疑。广播的影响有积极方面，如高质量新闻和时事节目能够提升国家政治决策力，教育节目能够促进儿童健康成长；同时，广播也有消极的社会影响，如含有明显的色情和暴力的内容，可能会影响家庭关系，甚至会鼓励犯罪。此外，人们还注意到广播在通过本地内容强化民族文化方面也有积极作用。这些影响很难被量化或估价，特别是考虑到对不同节目及其实际影响的看法千差万别。从严格意义上说，市场不会提供任何直接评价方法（Snowball，2008）。

还有一个概念上的门槛性问题：这些概念在多大程度上具有真正的外部性？该概念只是具有一定的公共产品属性，而不是优效品。优效品理论否定个人偏好的价值，而倾向于以非个体性价值观念来决定提供什么。在广播业中，这两者区别在于：外部性理论强调阻止人们观看带有明显暴力色彩的节目，这是因为它们会引发观众的现实暴力行为；而优效品理论则强调禁止此类节目，因为它们本质上是不道德的，即便他们不会影响观众的行为。

其实，外部性理论和优效品理论都很好，但是两者都不好衡量。然而，显而易见地，若外部性或优效品效应存在，只有在涉及商业利益或者政策要求时，商业广播决策才会考虑这些社会、文化、政治特征。

同样地，在广播垄断的情况下，履行社会责任的要求也很难实现，如果缺乏监管的话，垄断定价更有可能会出现。

8.3 数字化变革

最近的技术变革是由信息技术和计算机科学推动的。尤其是，数字化使无线、有线和卫星传输系统提供的基础设施得到进一步利用，以允许新的数字服务提供商蓬勃发展。随着硬件和产品制造商提供的新相关设备在信息和娱乐业的应用，以及通过软件实施的运营管理，互联网在线平台已与广播、印刷和电影并驾齐驱。这些平台包括电子邮件和信息服务、社交网络、搜索引擎和地图、电子商务、娱乐平台和游戏以及语音驱动助手。所有功能的创建和/或“大数据”的使用，都是通过复杂决策软件指定规则的算法来管理的，这些系统被视为是与所谓“机器学习”，或更广泛地说是“人工智能”过程相联系的，其应用也远远超出了广播活动。

这种传输平台技术的演变及其对用户的替代和补充作用，所形成的新的广播环境，使如下两个方面出现了迅速的增长：用户付费电视在整个电视市场中的份额；广播和其他媒体的互联网下载，不论是免费的还是订阅的。许多国家出现了使用个人电脑、手机和无线耳机的移动广播部门，从游戏到社交媒体等新的互动应用和活动迅速增长。产品特性的重大变化主要体现在个性化和互动上，包括从Netflix的电影选择到Tinder的约会应用等传媒领域都是如此。

总的来说，这些数字时代技术变革的速度和广度，对传输的成本、质量和控制、市场范围、直接竞争的程度，以及由此输出广播的效率和公共价值，产生了巨大的影响。因此，政府干预这些不断变化的市场的作用也受到挑战。

一些评论人士认为，因为巨大的技术变革，基于市场失灵作为考量因素的重要性已经不复存在，因此，通过政府资金或“行政命令”（Murdoch，2009）所给予广播的特殊地位已无必要。当然，来自有限频谱的供应限制已经被超越，更多的直接用户付费广播服务，而不是第三方购买，有助于消除传统广播的两个显著特点，这为过去广播干预提供了理论依据。从这个意义上说，广播确实更像其他用户付费、供给响应型行业。

但不清楚的是，在这种情况下，广播业更大程度地放松管制或自由化是否就是适当的政策回应。这是因为，就像《爱丽丝梦游仙境》中女王的槌球棒变成了火烈鸟一样，广播技术的新解放也产生了自己的问题。例如，新的数字世界的关键特征就是网络经济的重要性，

随着用户数量的增加，服务的价值也不断增加，是因为与更多人的人际交流得以改善。正是在这种网络经济的支持下，数字行业的活动大规模集中在少数几家公司。例如，仅 GATAM 五大公司（Google、Apple、Twitter、Amazon、Microsoft）目前就主导着各自的服务市场，并代表着数千亿美元的市场价值。这引发了一个明显的问题，即市场垄断的新源头及其对配置效率的影响。

在这些市场中，由于网络经济的存在，产品定价可能超过边际成本，因为额外产品的供应对供应商而言几乎没有额外成本，因此出现了更高的用户付费定价，这也是一个更为传统的配置效率问题。围绕这个问题存在若干应对手段，如销售用户数据以便降低产品价格。但是，即使是在静态效率方面，净效率的结果仍有待探讨，这也增加了新旧共同承运人交付平台的所有权或控制权问题。

除此之外，也存在动态效率问题。一种说法是，这些大公司在研发上投入了大量资金，因此正在促进创新。一个相反的论点是，老牌企业在收购初创企业时的掠夺行为，降低了潜在的新竞争，并锁定了主导产品标准，而不管改进方案或替代方案是什么。产品标准问题并不是什么新鲜事。比如考虑在美国推出 NSTC（National Television Standards Commiffee，国家电视标准委员会）彩色系统标准，而不是在欧洲推出相间线路（Phase Alternate Line，PAL）标准。但是，数字技术重新强调了这一点。

在所有这些垄断论点中，市场定义这个根本问题始终困扰着分析和政策。除了电子媒体和印刷媒体之间更为传统的区别，在所谓的“主流媒体”中，现在的问题是：广播和信息技术从何而来？那么国家的边界又是什么呢？比如说，百度、阿里巴巴和腾讯等其他高市场占有率公司在中国的存在，是否构成了足够的潜在竞争，以限制谷歌、亚马逊、推特、苹果、微软在西方市场和其他地方的集中度。

除了经济领域外，新技术还作用于那些影响广播机构的社会和政治行为。这些都是有关外部性和优效品及其对政策启示等需重新审视的问题。在某些情况下，新的数字技术突出了这些领域的关注点；而在另一些情况下，这些新技术提

供了新的解决方案。在社会领域，人们主要关注广播内容中逐渐增多的攻击性内容。这包括色情和社交媒体的欺凌和骚扰等现象。考虑到所编辑的数据是关于个人的，这还涉及保护隐私的问题。一些关键案例表明了这一点，如年轻的人肉搜索被害者多莉·拉塞尔（Dolly Russell）的自杀，就引发大量报道和讨论。

在政治领域，人们对因新闻来源的泛滥以及编辑中介的减少而产生的“假新闻”等问题深表关切。同样，还有一个问题，即在受众分散的情况下，什么样的广播质量是可行的？人们对这些担忧有各种各样的说法，即广播业的“衰退”或新闻业的“危机”。正如广为报道的剑桥分析公司（Cambridge Analytica）案所表明的那样，隐私问题也涉及政治事务，社交媒体公司 Facebook 向这家咨询公司秘密出售私人数字数据，有助于唐纳德·特朗普当选美国总统。

8.4 当代政策回应

因此，问题仍然是需要考虑适当的竞争和产品的法律和规制，许多新的数字服务目前受到这样的控制比传统的广播部门要少得多。现行法律当然适用于数字供应商，就像适用于传统广播公司一样。但是，即使在那里，由于技术的性质，问题仍然存在。梵蒂冈高级官员——乔治·佩尔主教（Cardinal George Pell）于 2018 年所涉及的突出案例，就说明了这个问题。在澳大利亚对侵害儿童罪的审判中，法院颁布了禁止报道审判程序和审议情况的命令。但事实证明，鉴于在其他地区通过现代媒体发布的信息，以及澳大利亚用户可以获取的内容，这些命令实际上是无效的。因此，需要制定新的部门性政策才是关键所在。法律和规制文献的主要回应，是强调透明度和用户的知情同意，以及谨慎义务和行为操作准则。此外还强调，应再次寻求发展单一机构，以克服产品边界问题，并就跨界问题进行国际协调。

关于产品边界、竞争中立的必要性等问题引发了广泛的讨论，即如何在新媒体和数字领域使多样化和重叠的监管更加连贯。在新出现的政策讨论中，单一的权威或机构是一个普遍的限制，但也有许多变体。这些变体自然涉及一些棘手的问题。比如，它是否涵盖了资金和监管，是咨询还是执行，它如何与常规竞争机构以及更多的机构联系起来。2019 年英国上议院（House of Lords）的一份评估报告就表明了这个做法。

关于国家边界问题，非国家形式的治理（如欧洲联盟委员会）在这个领域的参与度不断增加。同样，虽然有些国家政府支持在《服务贸易总协定》和世界贸易组织的框架下，进一步开放视听服务，但其他国家认为这有损于国家媒体和广播管理、文化以及2001年所颁布的《联合国文化多样性宣言》。

应对挑战的第三种（也是不同的）方式是，主张重新为公共广播和其他公共财政措施提供资金。理由是公共广播仍然发挥着重要作用。这是一种轻度的干预，主要基于透明的公共补贴，而不是监管机制。它可以继续在垄断、集中和节目质量令人担忧的情况下，提供抗衡性权力，并为广告商和用户付费方式提供替代性的融资安排，虽然每种方式都具有低效率的特性。它提供了一种替代方案，允许存在社会成本和私人收益的差异，它可以促进公认的“优效”目标。

有人批评说，与商业提供者相比，这种公共广播的提供效率低下。而理论上的“产权”批判，可能在许多应用中都有价值。不过，就广播而言，强有力的经验证据表明，公共广播能够而且确实以比商业广播更低的单位成本来进行运作，部分原因是公共广播避免了私人收入增加（无论是通过广告还是通过订阅和用户付费）所带来的高昂交易成本。

尽管如此，公共广播由于没有直接回应消费者的要求，本身就有可能出现职员文化或党派政府指导的风险。在许多国家，设计一臂之距方式，力求限制对编辑职能的短期政治干预，同时仍然保留对纳税人资金使用的公共可问责性。例如，通过法规保障公共广播公司的独立性，可以让内容创作者在一定程度上独立于管理层和政府，而且可以比“底线”和以利润最大化为导向的商业广播更能创造性地承担风险。

不过，即便还能得到政府的持续资助，公共广播公司还是很脆弱，尤其是在政府预算紧张的时候。出于这个原因，有人提议允许公共公司增加广告和其他商业收入。但这意味着与私人广播公司相比而言出现了竞争中立问题，更重要的是，它损害了作为建立公共广播公司正当理由的核心——非营利性。

另一种政策方法是通过社区广播来补充公共广播，以克服单纯依赖商业或公共广播的不足。直接补贴对此是可行的，免税或优惠地位的规定也是可行的。在公共利益的新闻领域，这些另类的资助机制显得尤为重要，因为在这些领域，传统新闻的收入已经转移，包括“新闻聚合者”等现象，导致记者的就业人数大幅减少，其新闻策划职能减弱。

有多少公共资金才足够？为了在这方面提供帮助，马克·摩尔（Mark Moore）分析中所采用的“公共价值”的新概念，已越来越多地为政府和公共广播公司提供战略指导（Moore，1995）。这个术语在公司管理中等同于股东价值，但它力求包含基于公共价值的投资的全部价值，包括对政府运营的内部价值和对于公众更广泛的政治和社会回报。正如所强调的那样，在社会和政治领域创造和展示净经济价值和更广泛的社会价值本来就很困难，尽管它受到了英国 BBC 和澳大利亚 ABC 等广播公司的热情欢迎。这种热情有助于激发更多关于市场影响分析、行业建模和或有估值分析的深入研究，或许还有助于进一步认识文化和艺术中存在“价值高于价格”的现象，这本质上是一种非经济论证（Hutter and Throsby，2008）。

8.5 结 论

总之，广播市场既可能存在市场失灵，也可能存在公共失灵。因此，很多国家都很明智地采用混合广播制度，这种制度充分考虑这两种方式的优劣，并在此基础上采用“平衡类型组合”原则。但问题是，在一个有着不同历史、文化和发展阶段，以及技术不断变化的充满冲突性原则的世界里，什么才是合适的平衡？解答这个问题所面临的巨大挑战，将使得广播经济研究充满趣味。

参见：

创意产业；媒体经济学与管理；平台。

本章参考：

Alexander, A., J. Owers and R. Carbeth (eds.) (1998). *Media Economics: Theory and Practice*, 2nd edition. Mahwah, NJ: Lawrence Erlbaum & Associates.

Australian Competition and Consumer Commission (2018). *Digital Platforms Inquiry- Preliminary Report*. Canberra: ACCC.

Boskin, M., (2019). How to Regulate Big Tech. *Project Syndicate On Point*, April 25.

Cave, M. and A. Brown (1992). The Economics of Television Regulation: A Survey with Application to Australia. *Economic Record*, 68: 377-395.

Cave, M., S. Majumda and I. Voselgang (2005). *Handbook of Telecommunication Economics: Technology Evolution and the Internet.* Amsterdam: Elsevier.

Cave, M. (2007). *Essentials of Modern Spectrum Management.* Cambridge: Cambridge University Press.

Coase, R. H. (1959). The Federal Communications Commission. *Journal of Law and Economics*, 2: 1-40.

Cowen, T. (2000). Why Everything has Changed: the Recent Revolution in Cultural Economics. *Journal of Cultural Economics*, 32: 261-273.

Department of Communications and the Arts (2018). *Inquiry into the Competitive Neutrality of the national broadcaster-report by the Expert Panel.* Canberra: Australian Government.

Doyle, G., (ed.) (2006). *The Economics of the Mass Media.* Cheltenham, UK and Northampton MA, USA: Edward Elgar.

Finkelstein, R. and M. Ricketson (2012). *Report of the independent inquiry into the media and media regulation.* Canberra: Department of Broadband, Communications and the Digital Economy.

Gentzkow, M. (2007). Valuing New Goods in a Model with Complementarity: Online Newspapers. *American Economic Review*, 97 (3): 713-744.

Goldfarb, A., Greenstein, S. and C. Tucker (2015). *Economic Analysis of the Digital Economy.* Chicago: University of Chicago Press.

Harcourt, A. (2007). Institution-driven Competition: The Regulation of Cross-border *Broadcasting* in the EU. *Journal of Public Policy*, 27 (3): 293-318.

House of Lords, Select Committee on Communications (2019). *Regulating in a digital world.* HL Paper 299, 9 March.

Hoynes, W. (2007). Public Broadcasting for the 21st Century: Notes on an Agenda for Reform. *Critical Studies in Media Communication*, 24 (4): 370.

Hutter, M. and D. Throsby (eds.) (2008). *Beyond Price: Value in Culture, Economics and the Arts.* Cambridge: Cambridge University Press.

Lieurouw, L, and S. Livingstone (2002). *Handbook of New Media.* London:

Sage.

Maude, C. (2011). Television. In R. Towse (ed.). *A Handbook of Cultural Economics*. Cheltenham, UK and Northampton MA, USA: Edward Elgar: 413-419.

Moore, M. (1995). *Creating Public Value: Strategic Management in Government*. Cambridge, MA: Harvard University Press.

Motta, M. and M. Polo (1997). Concentration and Public Policies in the Broadcasting Industry: the culture of television. *Economic Policy*, 25: 295-334.

Murdoch, J. (2009). Mac Taggart Lecture at the Edinburgh International Television Festival.

Noam, E. (ed.) (1985). *Video Media Competition: Regulation, Economics and Technology*. New York: Columbia University Press.

Noll, R. G., M. J. Peck and J. J. McGowan (1973). *Economic Aspects of Television Regulation*. Washington, D. C.: Brookings.

Owen. B. and S. Wildman (1992). *Video Economics*. Cambridge, MA: Harvard University Press.

Picard, R. G. (1989). *Media Economics: Concepts and Issues*. Newbury Park: Sage.

Peitz, M. and J. Waldfogel (2012). *The Oxford Handbook of the Digital Economy*. Oxford: Oxford University Press.

Puppis, M. (2008). National Media Regulation in the Era of Free Trade: The Role of Global Media Governance. *European Journal of Communication*, 23 (4): 405-424.

Roson, R. (2008). Price Discrimination and Audience Composition in Advertising-Based *Broadcasting*. *Journal of Media Economics*, 21 (4): 234-257.

Samuelson, P. A. (1964). Public Goods and Subscription Television. *Journal of Law and Economics*, 7 (1): 81-84.

Snowball, J. D. (2008). *Measuring the Value of Culture: Methodology and Examples in Cultural Economics*. Berlin and New York: Springer.

Spence, M. and B. Owen (1977). Television Programming, Monopolistic Competition and Welfare. *Quarterly Journal of Economics*, 91 (1): 103-126.

Steiner, P. O. (1952). Program Patterns and Preferences and the Workability of Competition in Radio Broadcasting. *Quarterly Journal of Economics*, 66 (2):

194–223.

Van der Wurff, R. (2005). Competition, Concentration and Diversification in European Television Markets. *Journal of Cultural Economics*, 29: 249–75.

Withers, G. (1997). The Cultural Influence of Public Television: an Economic Analysis. In R. Towse (ed.). *Cultural Economics: The Arts the Heritage and the Media Industries*. Cheltenham. UK and Lyme US: Edward Elgar, 449–464.

Withers, G. and K. Alford (2011). Broadcasting. In R. Towse (ed.). *A Handbook of Cultural Economics*, 2nd edition. Cheltenham, UK: Edward Elgar, 76–85.

延伸阅读：

广播经济学的基础是 Steiner (1952), Coase (1959), Samuelson (1964), Spence and Owen (1977)。相关领域各个不同年代的文献，请参见：20 世纪 60 年代，Noll, Peck and McGowan (1973)；20 世纪 70 年代，Noam (1986)；, 20 世纪 80 年代，Picard (1989)；20 世纪 90 年代，Cowen (2000)；21 世纪，Goldfarb, Greenstein and Tucker (2015)。

9 商业模式

皮埃尔·班戈齐（Pierre Jean Benghozi）

商业模式概念最近在经济学和管理学领域大出风头。其中一个原因是互联网的扩张，它为建立创新的供给模式、支持去物质化、全球化，以及交易扩展开辟了新的机会。信息和通信技术（ICT）的发展也发生了变化，例如其灵活性和模块化、管理与竞争战略、商品与服务的可获得性及其生产方式。所有这些发展激发了所有领域的创新形式，尤其是商业模式的设置：多样化的定价形式、增值服务包和应用程序嫁接至内容（推荐、社交媒体等），利用手机和终端互操作性的优势多通道发行（De Prato et al.，2014）。

今天，文化部门所有活动的数字化，比其他任何地方都更严重地破坏了商品和服务的生产、分配和消费方式。音乐、摄影、视频游戏、媒体、视听以及艺术市场都证明了这一点，因为它们是首批被新数字解决方案压垮的经济领域。新的市场和参与者正在出现，许多行业正在经历快速的变化，价值链正在重组，这威胁着大型传统参与者的地位，改变着文化产业内的主导关系。新的商业模式正在接受测试，这提供了除传统收入形式（例如购票）之外新的融资方式（订阅、按次付费等）。

本章通过强调文化组织围绕商业模式部署的新战略，对这些模式提供分析框架，以便讨论这些转变。因此，接下来的内容主要分为两个部分：第一部分详细说明商业模式在数字时代起决定性作用的原因和要素，该领域可以观察到的动态，以及文化经济发展的特殊象征性本质，这些让文化经济成为数字转型实验室，随后在整个社会发挥更广泛的作用。第二部分更精确地描述我们可以用来理解经济模型结构的不同组成部分。最后，结论部分提出了在此背景下文化产业可以发展的策略类型。

9.1 商业模式的主题

数字技术推动的蓬勃发展，是若干结构性变化的结果，自然会产生深远的影响。社会和经济数字化的快速发展，正在影响组织的内部生活、市场关系和个人实践，以及艺术作品和文化内容的创作方式。最明显的是，由设备、网络和应用驱动的技术进步，伴随着不断的创新。

数字技术的特性让信息技术成为真正的“瑞士军刀”，为其在多种部门的应用开辟了广阔的前景——从农业到健康，从自然到文化，也为其提供了最广泛的用户——艺术家、经理或工人，因此促进全球化和地方控制能力的提高。在此过程中，数字技术重新定义了文化企业所依赖的关键战略资源和瓶颈——无论是人才、艺术项目、技术控制、信息控制，还是虚拟与现实之间的可用性和衔接、占有和控制。

9.2 数字时代的商业模式

新数字经济模式的这些特征，引发了若干假设（Benghozi and Paris，2007）。在文化经济学方面，有些研究者已经讨论了数字化在多大程度上造成了真正的破坏（Moreau，2013），或者互联网是否在文化领域被视为潜在的威胁（Blanc and Huault，2014），因此应该应用它以发展现有的商业模式，而不是从根本上改变它。更普遍的是，有人认为互联网将导致中间商的终结，取而代之的是更短的分销渠道：创作者或制作人，确实无须传播者就可以发布内容（Brousseau，2002）。因而，经济模式和价格的趋同似乎不可避免，因为竞争对手之间始终存在比较的可能性，而固定成本和投资结构的特殊性又降低了规模和范围的经济效应（Brynjolfsson et al.，2000；Caves，2002）。在技术快速变革的背景下，新进入者可获得的决定性经济优势得到加强，创造了“先发优势”（Varadarajan et al.，2008）。同样也强调了以网站受众财务估值为基础的资本化动态与可持续性产业绩效之间的脱钩。最后，经济学家指出了网络外部性的重要性，以及“赢家通吃”的机制，尤其是有利于集中和垄断（Frank et al.，1996）。

这些发展刺激了关于商业模式的研究，相关文献很快变得丰富起来（Chesbrough，2010；Demil et al.，2010）。然而，正如巴登-富勒和海夫里格（Baden-Fuller and Haefliger，2013）所指出的，商业模式（以及由此延伸的生态系统）使新技术在创造竞争优势方面所发挥的作用常常被低估。然而，对数字经济和互联网（尤其是文化）的大多数分析，人们往往以一种全球性的、非常抽象的方式来看待数字化维度，这有些令人不可思议。因此，存在一个很大的危险，即技术在正在进行的变革中的重要性将被低估，甚至完全消除，而代之以服务和分销革新的单一视角。这些声明过于笼统，因此阻碍了对文化和创意产业中信息通信技术具体特征的思考，因为它们隐藏在 Netflix、Amazon、Apple 或 Google 等公司的参考资料之后，而它们对这些技术的使用和动员方式截然不同。

除了数字化维度之外，数字经济的另一个主要特征是，信息通信技术为远程通信和合作以及互联基础设施和网络提供了机遇。从一开始，它们就赋予了数字经济国际性（或者说是全球性）的维度。在全球和国际市场上，保护文化多样性、支持创新和独立创作，是所有文化政策的核心。在长期面临国际化的文化领域，保护多样性是贸易政策的核心。然而，其背景和目标受到数字化的质疑。由于新技术的应用，文化产业的生产、分配和国际化进程已经扩大，进而模糊了国家和部门的边界。

数字全球经济和地方经济之间的关系问题，对文化而言尤其重要，但人们对全球化经济给国家带来的挑战仍然知之甚少。一个双重运动根本性地改变了虚拟世界与现实世界之间的联系。服务和内容的完全去物质化，为泛在的消费形式开辟了道路。这种消费形式有利于市场、商业模式和经济行动者行动领域的全球化，尤其适用于音乐或视听节目。例如，从语言和文化的角度来看，音像市场高度分散，因此，一方面是针对本地或本国产品的偏好明显不同，另一方面则是针对美国产品的明显偏好。但文化产品必要的物理存在或物化性质（印刷的书籍、报纸、现场表演或艺术品），也刺激了新形式的“远程分发”的诞生，从而实现信息和交易去物质化的优化分配，为材料可用性和消费的本地化提供了空间。

9.2.1 商业模式的多样化

这些特征的结合定义了新的文化经济动态，反映了商业模式和相关融资方法在数字经济中的全新地位。它们标志着从历史上依赖利用稀缺性（人才、独家内容、独特性遗产或艺术品）的经济，到反向转变为基于丰裕经济的发展结构。

实际上，传统的经济部门，特别是文化部门，素来以资源的独特性和稀缺性原理为基础，因此也是以寻求资源使用和分配的最优条件为基础。[①] 例如，关键资源的战略控制、物流组织和目录管理、空间和销售力量的物理限制、目标市场细分等。因此，一方面，文化公司行动的所有方面，都打上可用资源有限的烙印。另一方面，数字技术带来的广泛互联，反映了向丰裕经济的根本性转变，并深刻地改变了文化领域的经济机制。以下我们略举几例。

丰裕的首要因素是“超供”（hyperoffering）世界的出现，类似的，对消费者来说，这是“超选择”（hyperchoice）的世界。[②] 数字文化经济的主要结构特征，是它提供几乎无限的可能性，来连接、存储和提供去物质化的信息和内容。交流的倍增，参与者的海量贡献，现有作品组合随时间推移的累积丰富性，以及价值形式的多样性，所有这些在内容和服务扩散及可用性的规模方面发生了彻底的变化。例如，仅在欧洲，就有几百个在线音乐平台，而这些还只是被认定为合法的平台。因此，在音乐领域，就像其他文化领域，现有作品的无限积累和互联网用户提供内容的多样性，使得消费者很难根据对产品结构的认知控制和自己的选择标准，来做出通常意义的选择。这种控制已不再可能，因为从过多供给进行选择的可能性，是以使用自动选择和推荐工具（协助选择和个性化推荐，根据类似客户提供统计建议）为前提。这种冗余信息阻碍了消费者自己找到方向，反过来，让平台和开处方者（prescriber）成为主导性角色（Gawer et al.，2008）。

由于产品提供、服务和货币化形式的不断倍增与重新配置的可能性，于是在同一个领域，我们就可以观察到商业模式的倍增。从历史上看，产业和管理都是建立在这样一种理念之上的，即只有一种最优方式来组织和生产产品。在唱片业的出版商中，环球唱片、索尼唱片和华纳唱片当然有不同之处，但大致说来，艺术生产和录制方式在各家出版商之间并无多大差别。但在数字世界中，情况并非如此。相反，技术的灵活性及其组合方式，为以差异化方式设计相同的商品和服务提供可能性：通过将使用、技术、服务生产、消费者关系和收入模型等要素紧密结合起来。音乐流媒体平台（例如 Spotify、Apple 或 Amazon）的选择，更多地取决于商业模式和曲目规模，而非特定音乐的特殊性。

商业模式激增的首个解释，来自公司寻找“正确”在线模式的开发策

① 此外，我们经常将文化产业称为原型产业，以说明每一种产品都基于独特的项目和特定的资源。

② “超供”这个新词捕捉到了大量在线内容（如书籍、视频、音乐等）的特定特征，反映了与文化产业传统销售渠道提供的产品和服务范围相关的规模发生了根本性的变化。

略——这就是我们今天在媒体行业所看到的。在这个假设中，商业模式的倍增是由于增加试错的机制，即每家文化公司在找到正确解决方案之前都会对选项进行测试。在这种情况下，我们将处于临时阶段，也许在未来的下一个阶段才能稳定下来。但还有另一种更令人不安的解释，认为商业模式是创新的基础。由于信息通信技术的发展，公司现在更多的是在交易方式、可追溯性、用户数据、利用使用行为信息创造新活动或新服务的可能性等方面进行创新，而非产品的内在本质上。

9.2.2 文化产业：创新实验室

从这个角度来看，文化产业领域的研究是很重要的。它似乎是互联网驱动模式的重要先驱，因此，它使理解商业模式在数字经济中的核心作用成为可能。有几个因素可以解释这种情况：新进入者在已有行业的地位（出版业的 Amazon，音乐行业的 iTunes，视频领域的 Netflix 等），其他形式评估的激进性质（用户生成内容和免费共享网站，如 YouTube 等），社区门户和内容聚合平台的重要作用（摄影或视听网站，如 Flickr 或 Instagram），挑战传统内容分发系统经济性的订阅经济（以谷歌 News in the press 为例），以及各种并行开放的营销方法（以多人视频游戏为例）。

技术层面的重要性与商业模式和竞争形式的高度不稳定性相结合，导致我们需要重新思考传统的融资、投资和薪酬形式（Benghozi et al.，2016）。数字技术结合了两种完全不同的经济，它们在文化项目和基础设施，以及数据和服务中得到了充分体现。其中，文化项目和基础设施属于固定成本的行业，营销的边际成本低，而且外部性和网络效应显著。相反，服务经济是多变的，当产品和网络已经存在时，就可视为低投资结构。其影响是多方面的。在文化方面所产生的特别重要的结果是，不同价值链参与者之间共享服务所创造的价值。更准确地说，这种价值在多大程度上被下游参与者（零售商、分销商、在线平台）获取，或者相反，对内容的融资（生产者和出版商）有贡献（Benghozi et al.，2017）。

因此，文化领域就出现了几种主要的商业模式创新。“用户生成内容”网站，如 YouTube 或 Dailymotion，它由互联网用户提供内容，是与那些既是消费者又是生产者的客户建立新关系的代表（Noam et al.，2008）。美国的 Kickstarter 或法国的 Kiss Kick Bank，都是参与式融资模式所代表的激进创新的代表。除了这些新方案外，文化网站还为传统营销与在线发行的融合提供了新的思考方式。例如，在视听领域，Netflix 确保从录像带发行和租赁，过渡至聚合专业视听内容平台，其方式是原创且具有破坏性的，如电影（cinema films）、点播（catch-up）电视和视频点播。

文化产业之所以成为这样的“实验室”有以下几个原因，它们既与这些行业的具体特征有关，也与它们在经济中的地位有关。

首先，整个经济已经意识到创意和设计在经济增长和价值创造中的中心作用。因此，文化产业的管理形式越来越多地被其他公司作为参考，无论是组织生产、管理人才，还是刺激商品或服务的创造（Hadida et al.，2014）。

其次，如果说文化产业在其商业模式中显得如此有“创意”，那也要归因于其结构性特征：内容的非物质维度，符号与使用价值之间的特定表达，形式与格式化内容的永久更新。这些特征体现于特定的商业模式：各种定价形式（图书领域的单位支付、新闻领域的订阅、表演艺术领域的固定费率的一次性支付），或免费服务的核心作用。免费服务在媒体行业早已存在，如今以独特的方式卷土重来。

最后，另一个独有的特征是，供应链的价值创造的阶段（设计/创造）与价值占有的阶段（发行和与消费者关系）之间所产生的特殊联系和紧张关系。它们产生了另一种组织形式，其中专业产品和传统模型的编辑选择，被从自动推荐系统所选择的自制内容所取代。更广泛地说，技术发展也导致可用性方式的多样化：一方面，我们可以通过不同类型的终端和访问方式找到相同的在线内容；另一方面，内容的提供者不仅来自通常意义的出版商或文化生产者，也来自新的角色——通常阵容庞大且资源丰富——扎根于草根文化和新的富有竞争力的资源，如 Google，Apple，Amazon 或 Altice。

9.2.3 商业模式的基础

因此，在互联网上建立的新文化经济，是应对原有贸易组织形式，以及新的进入者和新的市场机制所形成的战略和管理模式。

商业模式概念使我们能够理解如下这些要素——战略、公司组织、产品结构、客户管理和收入结构，以及动态地、连贯地思考其表达方式和体系结构的能力——是如何一起进行设计的。从这个角度来看，我们在首次互联网泡沫时所做的界定仍然有效（Benghozi and Kervern，2000）。然后，我们将商业模式限定为：“经济性配置（投资结构、价格和定价方法、生产与销售的组织、合作和竞争定位)，它描述了生产和销售的良好形式，确保给定经济主体可持续、可盈利的能力。"① 同样的理论基础也可见于常被引用的经典文献，即 Osterwalder et al.（2010）或 Johnson et al.（2008）。商业模式可以从战略角度加以实施，并区分为以下四个主要方面：

（1）向消费者提供的文化产品和服务是什么？

（2）这些产品和服务是如何通过技术基础设施生产和提供的？

（3）在这种情况下，通过什么方式与用户建立和构建关系？

（4）收入有多少，如何产生，融资的经济条件是什么？

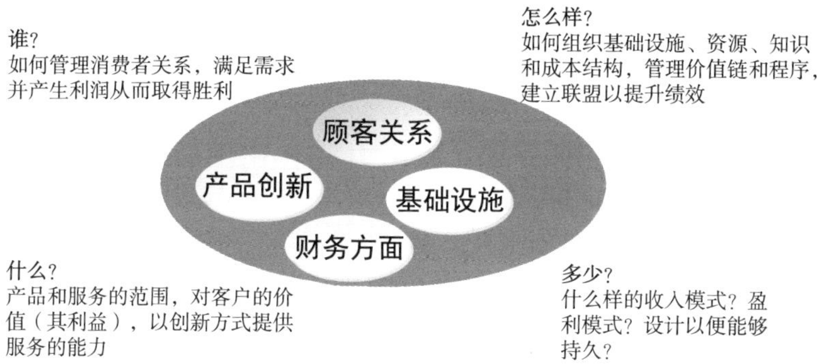

图 9-1　商业模式的四个组成部分

资料来源：作者整理。

9.2.4　供应结构：什么

因此，商业模式的第一层在于产品结构的配置，即所提供的产品和服务的范围是什么？它们对顾客有什么价值？企业在多大程度上有能力以创新的方式提供这些服务？这些问题根据语境以特定方式表达自己的同时，也为文化内容的生产和创造提供了新的途径。

例如，文化供给的构成会直接质疑凸显内容的方式。出版商、制作人或艺术总监等角色的功能，就包括挑选和推广艺术家和作品，这是传统文化产业的核心。然而，在数字时代，随着去物质化所带来的转型，以及倾向功能和服务的经济（让人分心两个小时，看视频节目或听音乐），而不是带来内容本身（如电影

① Benghozi P-J. and G. Y. Kervern（2000）. L'économie du multimédia sur Internet：de nouveaux modèles pour des principes immuables. *La Jaune et La Rouge*, 551：18-22.

或CD)，文化找到了独特的表达方式。因此，越来越多的网站基本上是围绕如今所谓的“策展”(curating) 来建立自己的价值。这包括在主题基础上的研究、分类、格式化和分发。这些方法被集成到现有内容聚合站点中，但也产生了特定的站点（例如Scoop. it)。

编辑能力还受到现有文化作品的无限积累和互联网用户（无论是否专业）自发提供的海量作品的影响。如此丰富的内容，是数字化后新式存储和提供内容的方式的产物。其后，由于文化作品的倍增，作品不仅由专业人士，而且由业余爱好者或处于专业化边缘的各类主体来制作和提供。这种供过于求和过度供给的状况，改变了检测和选择功能。这些不再是“出版商”的责任，而是通过动员用户社区和使用自动选择和推荐工具（“那些喜欢……的人也会喜欢……”)。因此，它们是对现有内容的后验行为，而不是对正在制作的项目和艺术家的先验行为。

因此，这些动态因素使得文化公司在品味的稳定性和编辑选择质量的基础上，通过承担畅销书和利基产品在销售结构中的耦合所产生的特定风险，来发展其独特定位变得尤为重要。然而，在“超选择”(hyperchoice) 的语境中，就特定内容而言，消费者对特定商品的关注是不确定的，与特定的内容有关。因此，公司通过推荐机制和信息工具来引导成功，以避免互联网用户注意力的随意性(Bain, 2013)。[①]

9.2.5 组织架构：如何

任何商业模式的第二个基本组成部分，是公司为支持生产和销售而建立的技术和物流基础设施。如何组织资源调配、生产和内容提供的流程？它们在创新、丰富服务或生产作品方面，构成了哪些制约因素，又开辟了怎样的前景？这些基础设施又如何影响价值链和伙伴关系的发展？

除了重新设计提供给客户的产品和服务（例如大幅降低编目和订单的处理成本）之外，信息和通信技术还创造了优化流程和提高公司效率的机会。应用商店的成功表明，依据这些技术的模块化性质，也可以将基础设施设计为技术平台，并随着所提供应用程序和内容的更新而不断发展，如通过更新平台的接口和功能，通过新的终端或访问渠道，通过吞吐量或网络基础设施所允许性能的发展

① 在供应方面，存在着超供；而在消费者需求方面，则存在超选择，即每个人都面临着大量的内容，而其认知能力并不足够应付这么多选择。

(Gawer et al., 2008)。因此，我们有可能以不同的方式来思考和组织销售和交易管理所调动的不同回路的组织、自治和表达：物流、融资、营销、支付、信息……这种转变既是在公司内部动力的作用下发生的，也是通过带来管理创新的新进入者而展开的。由于信息技术的灵活性，中间商可以被嫁接到价值链的不同层次：艺术家与生产者的交易，艺术家与潜在消费者的关系，生产者与消费者的关系。我们经常谈论诸如“去中介化/再中介化”运动之类的发展，因为旧的中介形式（如书商或唱片店）正随着新形式（如在线聚合平台、应用程序商店或专门引擎）的出现而消失。这需要重新定义创意公司的核心竞争力：业务的感知、资源的估值方式、创新和发展能力、多元化策略，以及价值链的定位。

在线交易正在改变传统文化渠道的中介与内容提供商之间关系的性质。它们刺激中介的配置，包括合同关系、产品本身、信息和客户营销。信息的贡献是价值创造本身，而不再仅是价值链的演化。这些新的价值创造机制不能简单地归结为大数据，不幸的是，整个知识经济过于频繁地被归结为大数据。这些变化十分重要，尤其在于可以用来创造价值的信息的多样性。涉及生产管理上游信息的处理，使我们能够深刻地反思绩效的来源。但也有下游信息，涉及市场的特点和使用的痕迹。用户不再仅仅是消费者。通过使用 cookie 以及他们所发布的通知或执行的交易，包括直播节目，如 TicketMasters 这样的平台，为文化利益相关者创造价值。它们不断地、动态地生成数据，为评估和利用数据开辟了新途径：出售用户资料，以广告促销的形式使销售具有可见性，增强行为的可预测性，聚合和处理数据。

9.2.6 收入模式：多少

商业模式最常被简化成融资和货币化的维度。它们主要关注（如果不是全部的话）有效性和可持续性，经常与简单的交易模型相混淆（例如，如何通过免费或付费方式按单位或订阅向消费者开具发票）。然而，从财务的角度来看，公司会面临几个问题：期望从在线活动获得多少利润？不同形式业务的绩效如何？应该使用什么（新的）度量和评估工具来监视这些活动？

货币化形式的影响很重要，远远超过薪酬的影响。它改变了这些产品的成本结构，以及作品和创作的性质。在文化领域，关于收入的辩论主要集中在自由获取方面。事实上，互联网已经为围绕独特的市场结构形成新的价格结构和盈利模式开辟了可能性。此外，“处方”（Benghozi et al., 2007）或双边（Rochet et al., 2003）市场，使免费机制和互补性收入结构之间的补偿成为可能，就像报纸、广播或电视频道等曾经的媒体情形。这导致要重新定义客户、分销商和生产者之间传统的资金流动，在作品的生产/分销/营销渠道中，开辟新的收入结构和增值分配形式。这种设计替代估值模型的可能性，直接改变了合作伙伴之间的投资和收入分配。这是近年围绕“网络中立性”之名所辩论的焦点所在：内容发布者、基础设施接入提供商、设备和终端制造商这些不同技术层面之间的经济依存关系。占主导地位的企业（如 Google 或 YouTube 等平台），现在可以受益于这样的地位：它们可以利用新的分销渠道，而不必直接投资于网络或内容。

随着在线广告作为潜在收入来源变得越来越普遍，这些问题变得更加重要。事实上，任何网站现在都可以轻易发布广告，不管其流量水平如何。因此，互联网广告为我们思考广告报酬的方法或格式开拓了空间。例如，通过在设计内容相关宣传材料时发挥创造性，更好地理解和思考访问者的行为和用途。然而，互联网为广告收入所开辟的新框架，似乎只对有限几个网站有真正的意义，而且只有那些达到几十万或数百万页面浏览量的人气网站才能以此作为资源。从这个角度来看，其结果与整个互联网经济十分一致，强大的效应仍然有着主导性作用，主流网站或准垄断性仍然有优势（如视频分享领域的 YouTube、社交媒体领域的 Facebook、视频播放领域的 Netflix），这是由于流量集中在最具吸引力的网站和内容，可以称之为指挥台（podium）或明星系统的逻辑，这些都是文化产业所熟知的。

9.2.7 与客户的关系：谁

商业模式的最后一个重要维度涉及客户关系的配置。这种构成更加具有决定性作用，这是因为内容的去物质化和向服务经济的转变对消费者使用行为产生了深远的影响：使用多种媒体和终端、移动接入、高消费行为和内容自制的发展。因此，文化产业所面临的问题是：如何在这样的背景下管理客户关系，满足其需求并创造收入？

文化实践在变革，需求拉动生产的逻辑正在发生，它取代了艺术作品和文化内容的历史生产模式（审美性项目推动模式）。与此同时，我们也见证了内容生产和传播的“消费化”，引入创作者和消费者之间互动的新方式（Simon，2016）。因此，用户通过自助出版或内容自制书籍、视频、照片、音乐，激活互动社区以及通过参与性融资形式的参与，生产了更多的内容，也占据了更为重要的位置。价值链（生产/分销/消费）已经敞开，构建客户关系需要知道，如何通过网络建立关系的依恋和社区的归属感。这意味着知道如何促进品味与所提供内容之间的匹配，确保与消费者关系的持久性——超越时间、超越特定内容或特定形式的支持。这最终有助于通过更有效的调整形式来降低边际风险。

然而，文化领域的公司很大程度上依赖于设备制造商（阅读器、平板电脑、智能手机）在市场上所提供的产品，或者依赖于网络运营商或主要互联网公司所设计的营销形式（多种服务、无限订阅等）。控制消费者关系就意味着这些公司必须掌握、控制和重视相关使用信息，即使他们不习惯拥有对公司必要的信息（客户信息、市场和竞争等），以及向客户提供的信息（产品、品质、价格、可用性等）。

9.3 结　论

信息通信技术和互联网为改进商业模式的所有方面提供了一个特殊的机会，它们使改进交易跟踪、提供新的忠诚度工具、定制和推荐成为可能。这些发展要求网站能够不断地升级其现有的商业模式，使自己有能力调整并生产产品，改变交易和收入的形式，同时还能与用户建立新的关系。

通过充分利用社区和互动性的概念，在线活动尤其有助于赋予消费者关系更多的实质性内容，这适用于所有文化产业，而不仅是那些在社交网络上建立自己模式的网站。现有文化领域的参与者和品牌拥有大量资产。文化的象征性维度以及由此产生的情感依恋，鼓励消费者与文化网站合作，自发地提供使用相关的信息（个人数据、偏好、消费历史），而对于那些匿名或营利性网站，他们就不会如此。因此，新进入者和不为公众所知的服务提供商，必须大举投资打造品牌，建立互联网用户的信任，除非被迫进入极其专业化和受限的利基市场。因此，有些历史文化媒体要求独特的受众能力，并以此作为对新进入者的抵制，就不足为奇了。

然而，技术和经济环境的迅速更新，给文化公司带来了巨大的压力，要求它们在不断变化的环境——替代性商业模式在其中层出不穷——中成功地建立稳定性。技术和经济变革的速度，要求文化产业具有高度的适应性，以便能够做出调整，但有时也需要深刻地重新考虑其定位、模式和战略选择。特别是，它们必须考虑到互联网用户行为的演变，这将导致流动性越来越大，对传统媒体以及观看、阅读、聆听或欣赏文化产品的传统方法的依赖越来越少。所有网站现在都需要通过固定互联网、智能手机、平板电脑和漫游提供服务，并提供其可用性和连续性。它们必须能够扩展内容和现有服务的可访问性，以考虑到多渠道分销对服务连续性的需求。

面对这种情况，经济主体面临两种选择。首先是根据所观察的变化不断适应和创新，这是新闻界目前的选择。其次是从一开始就设计内容平台，该平台可以集成各种可能的商业模式，或实施这些商业模式，而无须从根本上改动基础设施。在文化领域，截至目前，只有像 Google 或 Apple 这样的新进入者才能做到这些。

数字革命表面看来是新进入者驱动的技术中介革命，它带来新的解决方案，允许内容的聚合和分发，推出了自己的技术设施，并围绕这些设施组织其产品，如 iPhone / iPod、Amazon 的 Kindle 以及 Fire，以及视频领域的 Netflix。这导致了通过去中介化/再中介化过程，消除传统中介（分销商、书商、唱片店）的强大压力，这个过程极大地重塑了市场结构，改变了现有的价值链和商业模式。

平台的出现、双边市场的构建以及“处方经济”的发展是其中最突出的现象。通过激发周边的创新和创业战略，平台促进了产业和文化生态系统的发展，并改变了所有相关的文化部门，由此新产品和新参与者得以涌现，新商业模式得以创建。通过让自己受益的网络外部性，这些平台创造了新的支配形式，包括前所未有的规模聚集供应和需求、垂直整合、确保交易的能力、注意力和“处方”控制，以及对专有标准的掌握。

因此，新的竞争形式如今正在上演，甚至在价值链中亦是如此。到目前为止，我们所看到的是，传统的横向竞争正在生产相似产品的类似主体（如音乐唱片公司、出版商、报纸、电视制作者、艺术画廊、艺术拍卖行）之间进行着，新的垂直竞争形式正在艺术家和制作人、商品和服务的供应商、信息中介、终端提供商、接入提供商等大量参与者之间出现，每个人都在努力尽可能地接近消费者，以凭借其品牌力量成为商品的首选入口。因为触发交易的可以是对特定内容的搜索，也可以是互联网服务提供商的计划、终端和操作系统的选择、提供内容或服务的应用程序，甚至是指向应用程序的搜索引擎所提供的机会。因此，数字文化经济在许多方面变成了品牌经济。

参见：

文化产业的数字化；艺术营销；平台；艺术定价。

本章参考：

Baden-Fuller C., Haefliger S. (2013). Business Models and Technological Innovation. *Long Range Planning*, 46: 419-426.

Bain (2013). *The Age of Curation: From Abundance to Discovery.* Report for the Forum of Avignon, available at www.forum-avignon.org.

Benghozi P.-J. and Salvador E. (2016). Investment strategies in the value chain of the book publishing sector: how and where the R&D someway matter in creative industries?. *Technology Analysis & Strategic Management*, 28 (5): 568-582.

Benghozi P.-J., Salvador E., Simon J.-P. (2017). The race for innovation in the media and content industries: Legacy players and newcomers. Lessons from the video game and cinema industries. Special Issue of the *Journal of Arts Management, Law and Society: Digital Cultural Policies in Comparison*, eds. By Roberge J., Chantepie P., 47 (5): 346-360.

Benghozi P-J. and G.Y. Kervern (2000). L'économie du multimédia sur Internet: de nouveaux modèles pour des principes immuables. *La Jaune et La Rouge*, 551: 18-22.

Benghozi P-J. and T. Paris (2007). The economics and business models of prescription in the Internet. In E. Brousseau E. and N. Curien (eds.) *Internet and Digital Economics—Principles, Methods and Applications.* Cambridge (Mass): Cambridge University Press, 291-310.

Blanc A. and Huault I. (2014). Against the digital revolution? Institutional maintenance and artefacts within the French recorded music industry. *Technological Forecasting & Social Change*, 83: 10-23.

Brousseau E. (2002). The Governance of Transaction by Commercial Intermediaries: An Analysis of the Re-engineering of Intermediation by Electronic Commerce. *International Journal of the Economics of Business*, 8 (3): 353-374.

Brynjolfsson E. et K. Brian (2000). *Understanding the Digital Economy.* Boston: MIT Press.

Caves R.E. (2000). *Creative Industries, Contracts between arts and commerce.* Harvard: Harvard University Press.

Chesbrough H.W. (2010). Business Model Innovation: Opportunities and

Barriers. *Long Range Planning*, 43: 354-363.

De Prato, G. , Sanz, E. , Simon, J. P, (ed.) (2014). *Digital Media Worlds: The New Media Economy*. Oxford: Palgrave.

Demil B. and X. Lecocq (2010). Business Model Evolution: In Search of Dynamic Consistency. *Long Range Planning*, 43 (2-3): 227-246.

Frank R. H. and P. J. Cook (1996). *The Winner-Take-All Society: Why the Fcw at the Top Get So Much More Than the Rest of Us*. Reed Business Information ed.

Gawer A. and M. Cusumano (2008). How Firms Become Platform Leaders. *MIT Sloan Management Review*, 49 (2): 28-35.

Hadida A. L. , Paris T. (2014). Managerial cognition and the value chain in the digital music industry. *Technological Forecasting & Social Change*, 83: 84-97.

Johnson M. W. , C. M. Christensen C. M. and H. Kagermann (2008). Reinventing Your Business Model. *Harvard Business Review*, 86 (12): 50-59.

Moreau F. (2013). The Disruptive Nature Of Digitization: The Case Of The Recorded Music Industry. *The International Journal of Arts Management*, 15 (2): 18-31.

Noam, E. et M, Pupillo, L. (2008). *Peer To Peer Video: The Economics, Policy, And Culture Of Today's New Mass Medium*. Springer.

Osterwalder, A. and Y. Pigneur (2010). *Business Model Generation: A Handbook for Visionaries, Game Changers, and Challengers*. John Wiley & Sons.

Rochet J. C. and J. Tirole (2003). Platform Competition in Two-Sided Markets. *Journal of European Economic Association*, 1: 990-1029.

Simon J. -P. , P. -J. Benghozi, and E. Salvador (2015). The New Middlemen Of The Digital Age: The Case Of Cinema. *Info*, 17 (6): 97-115.

Simon, J. P. , (2016). User Generated Content. Users, Community Of Users And Firms: Toward New Sources Of Co-Innovation? . *Info*, 18 (4): 4-25.

Varadarajan R. , M. S. Yadav and V. Shankar (2008). First-Mover Advantage In An Internet-Enabled Market Environment: Conceptual Framework And Propositions. *Journal of the Academy of Marketing Science*, 36 (3): 293-308.

延伸阅读：

参见 Benghozi et al. (2017)。关于数字化的破坏性，参见 Moreau (2013)。

10　条件评价法

蒂齐亚纳·卡西亚（Tiziana Cuccia）

条件评价（CV）是一种用货币来估计非市场品（如公共品）或市场商品的某些公共品属性的经济价值的方法。当价格清算机制不起作用（例如，在存在外部性的情况下），或不能揭示商品属性的经济价值时[①]，可以使用条件评价。相关文献区分了两类主要的经济估值方法：一是显示偏好方法，根据消费者的行为，推断非市场商品和/或服务的经济价值；二是陈述偏好方法，根据消费者在调查中所做的陈述，推断非市场商品和/或服务的经济价值。条件评价是一种显示偏好（SP）的方法；它的基本方法包括设计一份问卷，在调查或实验环境中直接提交给具有代表性的样本人群，以估计非市场商品和/或服务的质量和数量增加的意愿支付（WTP），或容忍非市场商品和/或服务的质量和数量减少的意愿接受（WTA）。意愿支付和意愿接受，都可以用来衡量个人对非市场商品和（或）服务的需求。[②] 个人评估取决于问卷所描述的情景，因此，它取决于建议的情景，并且模拟了一个假设的市场。条件评价旨在通过更有效地分配公共和/或私人资金，支持致力于增加社会福利的政策举措。

条件评价研究始于20世纪60年代，主要应用于表现出公共产品特征（消费的非竞争性和非排他性）的环境产品。米切尔和卡森（Mitchell and Carson, 1989）的开创性著述，加速了这种方法的传播，同时也引发了关于其利弊的辩论。除了环境经济学，条件评价主要应用于运输和卫生经济学（Carson,

① 例如，在兰开斯特需求函数（demand functions à la Lancaster）的情况下。

② 需求是依赖于价格和效用的希克斯（或补偿）需求；因此，评估的是个人在固定效用之前，为商品或损失所支付的最小支出（WTP）或可接受的最小支出（WTA）。

2011）。[①]

20 世纪 80 年代，文化经济学首次应用了条件评价。索斯比和威瑟斯（Throsby and Withers，1983）进行了一项条件评价研究，他们将艺术的公共转移资金与澳大利亚消费者的意愿支付进行了比较。从那时起，条件评价研究被应用于描述个人对广泛文化产品的偏好上。遗产、历史和考古遗址是条件评价研究所考虑的公共产品的典型例子（Navrud and Ready，2002）。然而，条件评价也被用于其他文化机构（剧院、博物馆、图书馆和公共广播）的社会效益评估，这些机构提供的产品或服务可以被视为混合产品（可收费产品或共同产品）。最近，在条件评价和其他揭示偏好方法的研究中，已经考虑了不同的城市中心改造项目和文化机构的营销策略。[②]

与其他分析个人偏好的方法相比，条件评价十分灵活：它很容易适应不同的分析对象，并且能够评估商品总经济价值的所有不同层面，如使用价值，特别是非使用价值或被动使用价值（NOAA，1993）。这些特征也证明了世界银行等国际组织对条件评价越来越感兴趣，并用它来评价发展规划；与此同时，私人和公共机构对此也兴趣日增，如保险公司和法院在环境诉讼中就用此评估破坏所造成的损失。

从政治角度来看，采用条件评价来估计直接或间接影响公民对于文化类公共项目的支付意愿，并在公共投资项目收益成本分析中考虑货币价值，这是向前迈出的一大步。这意味着避免家长式的做法。

接下来，我们将详细分析条件评价方法，以及它在文化资产评估中较之其他方法更可取的原因；然后，阐述关于条件评价利弊的理论争论，探讨这个方法在文化政策规划中所扮演的角色；最后，我们将梳理未来条件评价的理论及其应用研究的主要领域。

---

① 在谷歌学术（截至 2019 年 2 月 10 日）上搜索“或有评价”一词，发现 1990—2018 年大约有 4 880 条词条，平均每年大约有 168 条。

② 最近关于文化遗产的条件评价和偏好方法的评述，见 Noonan（2003），Snowball（2008），Willis（2014）。

10.1　条件评价的研究结构

条件评价可被视为显示偏好离散选择实验（CE）的一个特例，其中相同的建议（替代现状）将以随机的不同价格提交给样本人口（Willis，2017）。价格是唯一变化的属性，这是与其他显示偏好选择实验的主要不同之处。其他实验将文化产品和服务的不同属性（包括价格）的替代组合结合在一起，每个属性的支付意愿只能间接推断出来。因此，条件评价的特点在于，受访者直接在结构化问卷中填写非市场商品或服务的偏好，该问卷由分析师专门准备，以呈现产品或服务可以交换的假设性市场情形。

条件评价的主要步骤是：样本选择、条件市场的描述，以及为了获得支付意愿的技术选择。然而，其分析结构虽然简单，但是要获得可靠的个人的意愿支付和/或意愿接受，就需要解决诸多与经济学、心理学和政治理论有关的问题。很多问题都是由 1993 年美国国家海洋与大气管理局（National Oceanic and Atmospheric Administration，NOAA）工作小组[①]提出的，它建议必须满足大量严格的要求，才能在条件评价研究中获得可靠的支付意愿程度。

第一个关键点就是要测量的对象。在评估文化资产过程中，在支付意愿与意愿接受之间的选择就涉及这个问题，其原因主要有二：其一，它们没有替代品；其二，享受文化的个体的损失厌恶（loss aversion）与禀赋效应（endowment effect）。[②] 然而，美国国家海洋与大气管理局工作小组所提供的指南更倾向于采用支付意愿方法来评估。

条件评价研究的第二个关键点与样本的分层有关。就那些具有国际性的历史和艺术认知度的文化资产而言，其样本容量和分层应有足够规模，而且应该包括来自不同地方的人。显然，随着研究样本的增加，其成本也相应增加。费用因素也会影响调查问卷提交的方式（通过面对面、电话或邮件采访），而不同的方式将影响回应率（通常邮件调查的回应率较低）。如今，互联网调查似乎已成为面对面访谈的有效替代方式（Lindhjem and Navrud，2011）。

---

① 美国国家海洋和大气管理局在 1989 年阿拉斯加“埃克森·瓦尔迪兹”号石油泄漏事件后任命的经济学家特别小组（Arrow et al.，1993）。

② 禀赋效应是“前景理论”的里程碑之一，由卡内曼等人（Kahneman et al.，1990）发展并检验。

第三个关键点是问卷设计。政策决策和诉讼（自然资源损害评估）越来越多地使用条件评价研究，这使得通用问卷设计成为必然趋势。一般而言，问卷主要涉及以下三部分内容（Whitehead，2006）：

（1）导言部分，包括态度性问题，旨在发现受访者对文化产品和服务的总体看法和行为。

（2）评估部分，也是评估的对象，其中包含涉及特定文化产品或服务的支付意愿的关键问题。它必须包括：对实施评估、支持的假设情景加以精确描述，并尽可能采用视觉辅助工具；支付工具，使受访者了解预算约束，以及上述情况下的支付意愿问题。此外，在支付意愿问题之后，还应包括一些后续的问题，以验证其初步估值。

（3）最后一部分关于答卷人的社会人口特征（年龄、收入、职业、教育等）。这使得研究人员能够分析哪些要素会影响需求的价格弹性和收入弹性。

问卷设计最关键的部分是，在评估部分选择什么样的方式就支付意愿提问。提问的问题不同，结果将出现不同的偏差。这里主要有两种方式：开放式和封闭式（或二分法选择模式）。

开放式包含这样一个简单的问题——“你支付的最高金额是多少？”这个问题对于文化产品或服务而言并不简单。由于答卷人没有参考值，他可能不愿意回答问题，或提供一个具有较高离散性的数值（Carson et al.，2001；Vossler and Holladay，2018）。

美国国家海洋与大气管理局工作小组指南建议采用二分法的选择模式，只要求被调查者就指定数量作出肯定或否定的答复。这种模式再现了消费者每天在市场和公投中所面临的情况，并且已经被证明是激励相容的，也就是说，它有助于减少“搭便车”问题。然而，由于“起点”偏差/锚定和唯唯诺诺（yea-saying）等原因，这种基于声明初始出价的选择模式的主要缺点是统计上存在偏见，而且效率不高。

投标的选择至关重要，因为支付意愿的估计很大程度上取决于迭代过程的首次投标（锚定偏差）。重点是如何定义投标向量，并从中随机选择要插入问卷的出价。提交给焦点专家小组的开放式或支付卡式条件评价调查，通常被用作预先测试，以确定支付意愿可能的分布情况。

与开放格式相比，竞标格式更倾向于回答（是的）。双重边界模式（Hanemann et al.，1991）有助于提高二分法选择格式的统计效率，并且由于第二次投标可能差异很大，因此能够克服起点偏差和锚定效应。

精心设计的问卷使研究者能够将偏差与支付意愿值为零的情形最小化，从而提高评估的有效性和可靠性。有效性要求该研究能够与其他间接揭示价值的方法，如享乐定价法、旅行成本法[①]和公民投票[②]（聚合效度）进行比较。可靠性要求该项研究在不同背景或时间（时间的可靠性）下可以复制。但是，这种方法的有效性和可靠性在技术和理论两个方面仍有争议。

10.2　条件评价方法的优劣

条件评价法的优点主要有两个：一是有很大的可能性来统计包含所有成分在内的经济价值总值（Total Economic Value），即产品或服务的使用价值和非使用价值；[③] 二是它具有灵活性，这使得即便没有数据支撑，我们也能够为政策选择提供相关分析（Hanemann，1994）。

而条件评价法的缺点则与有效性和可靠性相关（Diamond and Hausman，1994）。理论界的批评主要涉及两点：一是假设的市场和“搭便车”行为。对于受访者而言，被索要假想的付款与真实的付款之间是有区别的，他们会很有策略地应对这种访问；二是嵌入效应和范围不敏感。在这种情况下，通常意义上的经济假设“越多越好”是不适用的。[④] 受访者的支付意愿，可能不会随着被评估商品的大小和/或质量而增加，因为受访者可能对项目的总体内容（即文化遗产的保护等）更感兴趣，而非正在评估的具体文化遗址保护项目。某些特定物品的意愿支付值，可能与较具包容性物品的意愿支付值相当，甚至更高。例如，修复单

---

① 享乐定价法（Hedonic Pricing）和旅行成本法（Travel Cost Method，TC）是显示偏好法，它允许从相关市场的消费者行为中间接推断出文化产品的支付意愿：分别是享乐定价法的住房市场和旅行成本法的户外休闲产品需求。文化体验价值的条件评价和旅行成本方法估计数的比较，见 Armbrecht（2014）。

② 公民投票是一种直接显示偏好的方法，被认为是替代条件评价法的一个很好的选择（Frey，1997）。然而，这两种工具有着不同的目的。公民投票可以克服政治—经济进程内部的障碍。条件评价研究可用于不同的案例，如诉讼、新文化服务的引入，以及基于不同阶层受访者的消费者剩余信息，从而规划更有效的文化政策。

③ 例如，在文化遗产方面的总体经济价值，包括实际使用、替代使用（通过图片和/或电影），以及由市场机制显示或未显示的使用所产生的间接利益（例如，文化资产周围的酒店和餐馆价格更高）。与使用价值相联系的是期权价值，即未来利用文化资产实现自身效用和（或）后代效用的可能性所赋予的价值。非使用价值或存在价值有许多组成部分（美学、历史、象征），这些组成部分与文化资产的使用无关。

④ 对此的批评，参见 Kahneman and Knetsch（1992），Hausmann（1993）。

一古迹的意愿支付水平与修复两个或两个以上古迹的意愿支付水平相等，即工程范围不会影响意愿支付水平。此外，在假设的框架内，受访者可能会被诱导高估意愿支付水平，以显示积极的态度和道德满足感（“不纯粹的利他主义”或“温暖的光芒”，Bishop，2018）。

学术界建议通过精心设计问卷和范围测试，以克服范围反应不充分的风险。①

关于问卷设计技术方面的进一步的批评有以下两点：

（1）信息偏见。当人们将支付工具（税收、入场费、自愿捐款等）、支付时间表（一次性、定期和年付）②、现行税负③和物品的其他类别的信息与文化产品（如保健、教育等）进行权衡时，就势必影响其有关支付意愿的反应。如果答卷人没有意识到这是研究对象，那么上述信息甚至可以直接决定最终的支付意愿反应。提供正确水平的无偏见信息，避免被调查者的认知过载，对问卷设计至关重要。

（2）正向估值偏差。条件评价研究通常假设文化产品或项目具有正向的价值，而意愿支付水平应该沿着某种数量维度增加。我们通常不考虑可能出现的负外部性，因为公共预算的约束会带来折中（Epstein，2003；Heberlein et al.，2005）。

即使是最乐观的条件评价研究专家，也会提倡要谨慎采用研究结果，并建议使用诸如同行评审等方法来检验研究的质量。

10.3 为什么条件评价对文化经济学有用

条件评价的特性决定了它特别适合于文化产品的评估。文化产品是典型的非市场商品，具有公共产品的一种或两种特征。审美、身份和真实性价值，是非使用价值的组成部分。间接使用价值，即开发文化产品作为旅游吸引物有关的价值，也必须加以考虑，但也不能高估，以避免两个潜在的负面影响，即因旅游拥堵现象（如“超级明星目的地”）造成的过度开发，以及文化产品不可逆转的枯竭。

根据福利经济学原则，文化产品总经济价值的组成部分，可以以货币形式进

① NOAA 指南（Arrow et al.，1993）建议条件评价研究应该通过范围测试。怀特黑德（Whitehead，2016）重新开启了关于范围效应和条件评价研究范围检验的争论。

② 迈尔斯等人（Myers et al.，2017）的研究表明，如果付款计划是年度付款而不是一次性付款，那么条件评价研究意愿支付的现值会更大。

③ 关于当前税收负担的信息，可能会使受访者回答偏向于这个数字（Throsby and Withers，1986）。

行量化，允许公众干预以保存它们。不过，公共预算约束让人们必须在典型的公共干预类别（例如，卫生、教育、文化等）之间，以及在每个类别之内，甚至在具体行动（例如，保护古迹与推广当代艺术等）之间，都要进行排序。

通常情况下，专家（即艺术历史学家、建筑师）会支持决策者对文化产品类公共项目进行排序，评估其审美和真实性价值。条件评价研究有助于将专家的意见与受访者在调查中所表达的对非使用价值的偏好结合起来，这些偏好可以基于非使用价值的其他组成部分，如身份和象征价值。尽管人们对于公共项目评估是否必须考虑非使用价值或存在价值仍有争议，但大量的文献表明，必须估计文化资产的非使用价值。非使用价值通常很大，有时甚至大大超过使用价值（Mourato and Pearce，1999）。

因此，条件评价调查有很大的优势，可以让每个人——专家和非专家——用相同的衡量标准（金钱）来表达其支付意愿的不同动机。

此外，用于保护文化产品和使其价值化的公共资源的稀缺，会促使决策者采取不同的手段来筹集资金。在文化产品可以排他的情况下，可以引入定价机制以获取访问权限。免费进入政策基于一般税收，该税收从每个人那里收取资金，但仅对极少数可能负担得起文化产品和服务费用的人口提供利益。如果技术可行的话，定价机制就是一个更为有效和公平的资助方案：如果价格歧视可以实现，公共文化产品供应商就可以获取大部分的消费者剩余，同时也为低收入群体（年轻人、老年人、学生、教师等）的文化消费提供激励。

对于政策制定者而言，条件评价法是一项很有用的测试，它可以帮助决策者评估文化资产管理中定价政策成功的可能性，设计适当的——强制或自愿的——私人资金征集结构，计算出总收入获取潜力。

10.4 条件评价在文化经济学中的应用

诚然，关于文化产品的条件评价研究仍是学术活动，而不是现实世界中支持决策的工具。[1] 在公共项目评估中，决策者不习惯于采用个人偏好评估方法，文

① 《文化遗产杂志》和《文化经济学刊》发表了许多这方面的研究，参见 Baez and Herrero（2012），Bedate et al.（2009），以及《文化经济学刊》（2003 年第 27-3/4 卷）的专题版。

化专家可能认为其专业意见不需要任何额外验证。

目前，条件评价的研究涉及大量的文化产品和情境，这使得它们难以分类和比较。我们可以根据观察到的文化产品或服务的类型，以及估计收益的类型来进行分类。[①]

作为文化产品条件评价研究最重要的部分，文化遗产的条件评价调查所关注的个人支付意愿主要包括如下几种收益：防止空气污染、防止被遗弃/忽视、保护城市发展/基础设施、获得进入权，以及维持现有水平。

关于文化的条件评价研究对象可能是单一商品（如一个大教堂），也可能是多种产品和服务（比如一组纪念碑、一组建筑、一处古迹及相关服务）。对多个文化产品的研究，应最大限度地降低嵌入效果；比较著名和较不著名历史遗迹的研究表明，两个历史遗迹都存在支付意愿（Kuhfuss et al.，2016）。尽管有此分类，我们还是很难比较不同条件评价研究的结果，因为它们很少遵循美国国家海洋与大气管理局的所有准则，而且每个案例影响支付意愿的要素（如提问的格式、选择的支付工具、选择的调查方式）也不尽相同。

然而，努南（Noonan，2003）的元分析观察到一些有趣的现象，该分析的目的是验证结论与预期的一致性，并试图将估计值类推至其他文化资源（收益转移）。这项研究基于100多篇文献的65项研究的数据，对调查特征、产品特征和信息偏差进行了平均支付意愿值的回归。结果发现，门到门调查、小样本规模、考古遗址和综合性产品，以及遵守美国国家海洋与大气管理局小组所制定的准则（如关于二分选择的准则），都会产生较大的支付意愿值。而相反，较大的样本规模和成本信息则产生较低的支付意愿值。这其中有着一种明显的时间趋势，即其估值随时间的推移而下降。令人惊讶的是，支付工具似乎没有影响估值。[②]

条件评价研究的一个共同特点，是无响应和零出价的比例很大。[③] 这可以部分解释为受访者抗议或缺乏兴趣。然而，他们中有人可能表达了真正的偏好，或者没有足够的关于文化产品或服务的信息。缺乏信息似乎与大量无响应和零出价有关。真正的问题是如何处理这种抗议性出价：在处理数据时是否必须考虑到这些问题？

另一个共同的关切是用户和非用户所表达的支付意愿不同：用户表达的支付

① 关于文化产品的条件评价方法研究的更详细分类，参见Noonan（2003），Snowball（2008）。

② 《文化遗产杂志》和《文化经济学刊》发表了许多这方面的研究，参见Baez and Herrero（2012），Bedate et al.（2009），以及《文化经济学刊》（2003年第27-3/4卷）的专题版。

③ 关于文化产品的条件评价方法研究的更详细分类，参见Noonan（2003），Snowball（2008）。

意愿高于非用户表达的支付意愿。因此，人们对于文化产品的娱乐和教育方面收益的评价显然比非使用价值高。

如果政策制定者正在评估是否对文化遗址收取入场费，则他们必须意识到平均意愿支付水平不能与最佳价格相对应，并且某种形式的价格歧视可能是适当的。

另外，自愿捐助计划可以在资助文化项目方面发挥重要作用，正如威利斯和加罗德（Willis and Garrod，1998）在杜伦（Durham）大教堂的开创性研究，以及圣阿加塔等人（Santagata and Signorelo，2000）对那不勒斯博物馆所做的条件评价调查所表明的那样。

10.5 超越条件评价法

关于改善条件评价结果的有效性和可靠性的争论，一直集中在条件评价研究的设计和计量经济学估计量表的选择上。计量经济学分析和适用于文化产品评估的不同显示偏好分析，已经取得了重大进展。①

就条件评价研究的设计而言，研究已经将注意力集中在调查的开发和实施、价值显示、数据分析，以及有效性评估和研究报告上。② 这方面已经借鉴了其他社会科学，如市场研究、行为经济学和神经科学。

如今，使用预测试、焦点小组或其他形式的面试（德尔菲技术），主要是让背景不同的专家来界定用于全部样本调查的价值取值范围，这已成为常规做法。文化产品的条件评价研究，越来越多地采用美国国家海洋与大气管理局的程序，这些结果也可以推广至其他很少或根本没有数据的类似领域。

就选择最合适的陈述偏好方法而言，如果在调查中假设文化产品的价格和属性束都不同，那么选择实验可能比条件评价更可取。条件评价调查的一个弱点是极端化选择（全部或无）；选择实验模型（例如，联合分析和条件排名）模拟了个人偏好形成的真实过程，通常比较不同的商品属性和消费水平，并提供关于每个属性的数值信息。这对于旨在调查各种不同组合的价格和产出的条件评价（例

---

① 对评价文化遗产偏好方法的方法学综述，参见 Willis（2014）。

② 这些是美国国家海洋和大气管理局最新指南所报告的五类建议（Johnston et al.，2017）。

如，或多或少有些拥挤的博物馆），或文化旅游目的地的属性（如住宿设施和当地景点；参见 Cuccia and Cellini，2007；Cuccia，2009）的研究而言，是具有高度的关联性的。

随着关于询问产品可比性的条件评价研究数量的增加，应该进行其他元分析，以克服目前数据可获得性的限制，并为利益转移提供可靠的估计。通过不同时期的反复调查和测试，还能够提高数据的可靠性以及结果的稳定性和重复性。

10.6 条件评价调查和文化政策

显示偏好和条件评价的调查结果，可以为政策制定者提供文化策略方面的有用信息。这些结果可以是实证的，也可以是规范的。从实证的角度来看，估算公用和部分公用文化产品需求的条件评价方法，可以作为一种有用的工具来评估文化产品的总体经济价值（使用价值和非使用价值）。文化产品非使用价值的某些方面，可以很容易地归结为具有经济意义的心理基础（身份感和文化记忆）。条件评价还有助于解释社会偏好所基于的动机。研究表明，利己行为可能不是个人对公共产品偏好的唯一决定因素（Throsby and Withers，1986）。理性的“搭便车”行为经常与实证研究相矛盾。社会偏好和利他行为的作用，可以在文化产品的条件评价研究中得到验证。一旦我们知道文化产品对专家和非专家都有经济价值，就必须制定文化政策来管理和保护文化遗产。

从规范的角度看，上述经验方面和实证结果，可为政策制定者提供有益的启示。在福利经济学的基础上，政策制定者应选择使社会福利最大化的公共资金配置方式，这是个体偏好聚合的结果。只有在社会福利增加的情况下，文化政策才是合理的。在公共经济资源日益稀缺的背景下，决策者可能会采用成本效益分析（CBA）方法来评估替代项目的净社会效应。与其他公共政策相比，考虑成本效益法所评估的文化产品的个人收益，将有助于对文化产品采取行动。然而，为了在文化政策项目中有效地应用条件评价和显示偏好研究，就必须在方法上取得进展。事实上，如果对范围问题的不充分反应持续存在，较小的文化产品保存和价值化开发项目，就可能比较大的项目更可取，因为两者具有相同的收益，但成本却非常不同（MacFadden and Train，2017）。此外，如果考虑的文化产品是一个全球性公共产品，专家意见参与不同回合的德尔菲条件评价调查，可能是一个有效的解决方案（Carson et al.，2013）。

但是，方法研究与政策应用之间，研究人员与决策者之间，仍然存在着距离。条件评价结果很少用于公共项目评估和诉讼解决。可以举出两个例子：估计石油泄漏所造成的损害和估计摩洛哥非斯-梅迪纳（Fez-Medina）改造项目所带来的利益。条件评价对决策所能提供的支持，还没有被充分利用。也许，公共和私营部门的管理者，可以更多地利用显示偏好方法来设计文化产品的旅游开发项目。

显示偏好方法也可以为文化产品的公共管理提供有用的建议。文化政策通常以一般税收为基础，具有不公平的分配效应：它们只惠及非常有限的消费者，在大多数调查中，这些消费者所显示的支付意愿和捐赠意愿，高于其支付的接入价格或税收。因此，在技术上可行的情况下，应设计定价方案，从真正受益于文化产品的人那里获得资金，并提供能够更好实现文化产品效益的补充服务，以增加文化产品价值化政策的收入。这样，就可以克服以一般税收为基础的文化政策的退步效应（regressive effect）。

尽管条件评价方法存在诸多不足之处，但这种评估方法和所有显示偏好方法，是唯一能让政策制定者放弃家长式文化政策的工具。如果文化政策是建立在个人偏好的基础上，那么政策制定者的最终范围，将是让个人有机会获得足够的文化知识，并表达自己对文化产品的偏好。

参见：

文化价值；艺术的经济影响；遗产；公共支持；福利经济学。

本章参考：

Armbrecht J.（2014）. Use value of cultural experience：A comparison of Contingent Valuation and Travel Cost. *Tourism Management*，42：141-148.

Arrow K.，et al.（1993）. *Report of the NOAA Panel on Contingent Valuation*. National Oceanic and Atmospheric Administration，U. S. Department of Commerce，Washington，D. C.

Baez A. and L. C. Herrero（2012）. Using Contingent Valuation and Cost-Benefit

Analysis to design a policy for restoring cultural heritage. *Journal of Cultural Heritage*, 13: 235-245.

Bedate A., L. Herrero and J. Sanz (2009). Economic valuation of a contemporary art museum: correction of hypothetical bias using a certainty question. *Journal of Cultural Economics*, 33: 185-199.

Bishop R. C. (2018). Warm Glow, Good Feelings, and Contingent Valuation. *Journal of Agricultural and Resource Economics*, 43: 307-320.

Carson R. (2011). *Contingent Valuation. A Comprehensive Bibliography and History*. Cheltenham, UK: Edward Elgar.

Carson R., M. Conaway and S. Navrud (2013). Preliminary valuation of a cultural heritage site of global significance: a Delphi contingent valuation study. In Rizzo I. and A. Mignosa (eds.) (2013). *Handbook on the Economics of Cultural Heritage*. Cheltenham, UK., Northampton, MA, USA: Edward Elgar.

Cuccia T. and R. Cellini (2007). Is Cultural Heritage Really Important for Tourists? A Contingent Rating Study. *Applied Economics*, 39: 261-271.

Cuccia T. (2009). A Contingent Ranking Study on the Preferences of Tourists across Seasons. *Estudios de Economia Aplicada*, 27 (1): 161-176.

Diamond P. A. and J. A. Hausman (1994). Contingent Valuation: Is Some Number Better than No Number? . *Journal of Economic Perspectives*, 8: 45-64.

Epstein R. A. (2003). The Regrettable Necessity of Contingent Valuation. *Journal of Cultural Economics*, 27: 259-274.

Frey B. S. (1997). Evaluating Cultural Property: The Economic Approach, *International Journal of Cultural Property*, 6: 231-246.

Hanemann M. W., J. Loomis and B. Kanninen (1991). Statistical Efficiency of Double - bounded Dichotomous Choice Contingent Valuation. *American Journal of Agricultural Economics*, 73: 1255-1263.

Hanemann M. W. (1994). Valuing the environment through Contingent Valuation. *Journal of Economic Perspectives*, 8: 19-43.

Hausmann J. A. (1993). *Contingent Valuation: A Critical Appraisal*. Amsterdam: North Holland.

Heberlein T., M. Wilson, R. Bishop and N. Schaeffer (2005). Rethinking the Scope Test as a criterion for Validity in Contingent Valuation. *Journal of Environmental*

Economics and Management, 50: 1-22.

Johnston R, J. et al. (2017). Contemporary Guidance for Stated Preference Studies. *Journal of the Association of Environmental and Resource Economics*, 4: 319-405.

Kahnemann D., J. Knetsch and R. Thaler (1990). Experimental Tests of the Endowment Effect and the Coase Theorem. *Journal of Political Economy*, 98: 1325-1348.

Kahnemann D. and J. Knetsch (1992). Valuing Public Goods: Purchase of Moral Satisfaction. *Journal of Environmental Economics and Management*, 22: 57-70.

Kerry Smith V. (2006). Fifty Years of Contingent Valuation. In A. Alberini and J. R. Kahn (eds.). *Handbook on Contingent Valuation.* Cheltenham U. K., Northampton, MA, USA: Edward Elgar.

Kuhfuss L., N. Hanley and R. White (2016). Should historic sites protection be targeted at the most famous? Evidence from a contingent valuation in Scotland. *Journal of Cultural Heritage*, 20: 682-685.

MacFadden D. and K. Train (2017). *Contingent Valuation of Environmental Goods. A Comprehensive Critique.* Cheltenham, UK, Northampton, MA, USA: Edward Elgar.

Mitchell R. C. and R. T. Carson (1989). *Using surveys to value public goods: the Contingent Valuation Method.* Baltimore MD: John Hopkins, University Press for Resources for the Future, Washington D. C..

Myers K., Parsons G. and K. Train (2017). Inadequate response to frequency of payments in Contingent Valuation of environmental goods. In D. MacFadden and K. Train (2017), *Contingent Valuation of Environmental Goods. A Comprehensive Critique.* Cheltenham, UK, Northampton, MA, USA: Edward Elgar.

Mourato S. and D. Pearce (1999). *Dealing with Low Willingness to Pay for Cultural Heritage: Statistical and Policy Implications.* London: CSERGE.

Navrud, S. and R. C. Ready (eds.) (2002). *Valuing Cultural Heritage: Applying Environmental Valuation Techniques to Historic Buildings, Monuments and Artefacts.* Cheltenham, UK, Northampton, MA: Edward Elgar.

Noonan D. S. (2003). Contingent Valuation and Cultural Resources: a Meta-Analytic Review of the Literature. *Journal of Cultural Economics*, 27: 159-176.

Rizzo I. and A. Mignosa (2013). *Handbook on the Economics of Cultural Heritage*. Cheltenham, UK., Northampton, MA, USA: Edward Elgar.

Santagata W. and G. Signorello (2000). Contingent Valuation and Cultural Policy: The Case of "Napoli Musei Aperti". *Journal of Cultural Economics*, 24: 181-204.

Snowball J. D. (2008). *Measuring the value of culture*. Berlin Heidelberg: Springer-Verlag, Berlin Heidelberg.

Throsby D. (2001). *Economics and Culture*. Cambridge, UK: Cambridge University Press.

Throsby D. and Withers G. (1983). Measuring the demand for the arts as a public good: theory and empirical results. In Hendon and Shanahan (eds.). *Economics of Cultural Decision*. UK: Abt Books Cambridge.

Vossler C. A. and J. S. Holladay (2018). Alternative value elicitation formats in Contingent Valuation: Mechanism design and convergent validity. *Journal of Public Economics*, 165: 133-145.

Whitehead J. C. (2006). A practitioner's primer on the contingent valuation method. In A. Alberini and J. R. Kahn (eds.). *Handbook on Contingent Valuation*. Cheltenham U. K., Northampton, MA, USA: Edward Elgar.

Whitehead J. C. (2016). Plausible responsiveness to scope in contingent valuation. *Ecological Economics*, 128: 17-22.

Willis K. G. (2014). The Use of Stated Preference Methods to Value Cultural Heritage. In Ginsburgh V. A. and D. Throsby (eds.). *Handbook of the Economics of Art and Culture* Ⅱ. North-Holland: Elsevier.

Willis K. G. and G. D. Garrod (1998). Estimating the Demand for Cultural Heritage: Artefacts of historical and architectural interest, *Heritage*, *the arts and the environment*: *pricing the priceless*. Hume papers on public policy, 6: 1-16.

延伸阅读：

为了深化对文化经济价值的研究，请参阅 Throsby (2001), Snowball (2008), Rizzo and Mgnsa (2011)。有关文化遗产条件评价研究的回顾，见

Navrud and Ready（2002）。对用于评价文化遗产的条件评价和显示偏好方法所使用的不同技术的方法论审查，参见 Willis（2014）。关于条件评价历史和现状的更全面分析，参见 Carson（2011）；另外，2012 年秋季出版的《经济展望期刊》（*Journal of Economic Perspectives*，Vol. 26，No. 4，Fall，2012）也有一个条件评价座谈会特辑。

11 合同理论和信息产品

理查德·瓦特（Richard Watt）

一个经济体的创意部门，包括那些主要业务围绕创造和开发创意产品的价值链所展开的经济活动。对于创意性的产品，我们通常理解为任何基于知识或信息的消费品（艺术、音乐、故事、软件、消费品的新设计、解决紧迫工业难题的想法等）。如果我们将创意性过程的产出称为“信息产品”，而不是“创造性产品”，将对下文的分析十分有用，其中很多商品构成文化经济部门的主体部分。信息产品的典型特征是初始生产成本高，而复制成本低（可能接近于0）。例如，我们可以想象，与复制生成 MP3 的完全相同副本的成本（电脑几秒钟的时间）相比，一件新音乐作品的原始版本将消耗大额生产成本（作者写音乐和歌词的时间和精力，音乐家学习和表演的时间和成本，以及制作录音和灌制 MP3 文件的工作室成本）。在本例中，“信息”是音乐作品本身，“信息产品”是 MP3 文件。本质上，信息商品的价值在于其所包含的信息，而信息本身是无形的。信息产品本身仅仅是一种有形的存储信息的方式，比如一本承载小说的书籍，一个承载音乐作品的 MP3 文件。

11.1 创意性活动和信息产品

就其定义而言，创意产业依赖两个基本方面：一是创意性个体花费时间创造有价值的信息产品；二是这种方式所产生的信息产品，可以通过某种机制转移到最重视它的人那里。假设第一个方面将会发生，只要创建信息产品的活动有足够的最终经济回报作保证（本质上是提供一定程度个人效用而获得的财务报酬，这种个人效用要高于次优替代性选择所能提供的效用，其中考虑了每个活动的收益和成本），然后，用逆向归纳方法看待整个体系就是有益的——我们首先应该找到一种机制，能够支持为创造者提供足够预期回报的市场。然后我们就能确信，第一个方面将会实现。这就是合同发挥作用的地方。

11.2　市场和合同

简言之，只要我们能保证对创意者个人有足够的预期经济回报，那么就能期望他们愿意把时间花在创意性活动上，这将确保有价值信息产品的产出。[①] 因此，问题是要准确地考虑如何保证足够的财务补偿，以及随时间的推移如何进行安排。现代经济给出的答案是双管齐下的体系：一方面是对信息商品所包含信息的知识产权进行保护；另一方面是对合同的保护。让我们依次看看这两个方面。

11.2.1　知识产权保护

知识产权（Intellectual Property，IP）是指确定特定信息产品经济权利归属的法律体系。法律规定信息产品用户可以自由实施哪些行为，哪些必须得到权利人的许可才能实施。知识产权的两个重要领域是专利（保护有价值的观念）和版权（保护有价值的表达），当然也存在许多其他领域（如保护商业秘密、保护植物品种等）。就文化部门而言，版权比专利更重要，因为大多数文化产品都是作者的表达（艺术、设计、写作、音乐、电影等），而不是解决工业问题的观念。鉴于此，我们将把注意力和讨论范围限制在信息产品的版权保护上。

我们有必要问，为什么法律要提供版权保护呢？人们常常认为，这是因为版权为创意提供了动力。这并不完全正确。版权制度没有提供激励，至少没有直接提供。版权制度提供了所有权，或者更准确地说，它澄清了有关信息商品的定义，也澄清了谁可以合法地向信息商品用户收取费用。但是，一旦所有权明确了，就可以签订合同，而正是这些合同为创意性活动提供了激励，因为正是这些合同允许款项从用户流向创作者。因此，只有在允许合同存在的情况下，才需要

① 更困难的问题是，要保证补偿机制能最终选择生产信息产品的是最合适的、有创造力的个人，也就是说，最终存在的信息产品的经济价值，对这些产品用户来说可能是效益最大化的。我们无意在此解决这个更高层次的问题。

版权。

例如，想象一下，如果没有版权，信息产品市场会是什么样子。正如肯尼斯·阿罗（Kenneth Arrow，1962）所指出的，信息产品遭受着众所周知的“披露悖论”（disclosure paradox）。我们可以假想，在信息产品价值链的首次交易中，作者试图在没有版权保护的前提下，从首位用户那里获得付款。为了获得一个可接受的价格，用户（潜在的购买者）需要确切地知道所提供信息的价值。因此，作者需要将信息披露给潜在的用户，以便能够检查并确定真正的价值。但是，一旦信息被披露，所有有价值的东西就立即被用户获取，并被无偿占用，因此付费动机就大大降低。按照阿罗自己的话来说，“在确定信息需求存在一个基本的悖论，在知道信息之前，它对购买者的价值是未知的，但其实际拥有则不需要成本”（Arrow，1962）。

实际上，披露悖论多少有些简单化。假设信息是音乐作品，而作者向潜在出版商（可能是唱片公司）披露作品的方式，是提供一次性现场表演。除非出版商以某种方式记录表演行为，否则就很难记住整个作品，也就很难免费占用作品了（显然莫扎特能做到这一点，见 https：//www. classicfm. com/composers/mozart/guides/mozart-allegri-miserere/）。当然在实践中，新作品的创作者并不会针对潜在出版商进行现场表演，但是出版商坚持要求他们提供录音（如 MP3 文件，或 YouTube 剪辑），出版者显然可以占有作品。

事实上，披露悖论是信息不对称的一种严重形式，被称为“逆向选择”或“柠檬”原理（其开创性论文是，Ackerlof，1970）。信息商品的卖家知道它的真正价值，但是潜在的用户（买家）不知道。如果卖方使用户相信信息的真正价值的唯一方法是向用户披露信息，那么随着演示的进行，用户基本上会接收到全部信息，并且不再愿意为此付费。卖家知道向用户展示商品会失去潜在的经济补偿，因此她会理智地决定不展示商品信息；用户因担心被骗，从而为低价值的信息支付过高的价格，因此只愿意支付最低的价格。在这些条件下，显然许多有用的信息产品就无法交易，当然这也意味着它们一开始就不会被创造出来。

有两种方法可以解决逆向选择问题——合资合同和版权保护。只有当信息产品的用户实际上不是最终消费者，而是价值链的中介时，才可以使用第一种方法。在这种情况下，用户和卖方可以进入联合企业，其中卖方提供信息商品作为投入，然后签订合同以便共同分享业务的收益。挪用（即中介占有了按约定给予作者的利润分成）将涉及违约，而作者可能会获得合同规定的任何补偿。然而，这种披露悖论的解决方案也存在两个问题。首先，只有双方（作者和用户）之间存在合同，作者很难限制用户与第三方签订合同开发相同的信息产品——合同可能会降低原合资合同的价值，同时限制原始作者与其他用户开发作品的权利。其次，如果信息产品只提供用户建议业务的部分，那么合资合同将很快就变成废纸。例如，如果信息产品是一首歌曲，而用户是一家电台，需要访问许多歌曲才能盈利，那么这个模型将需要许多可行的单独合同。这个系统的交易成本将高得离谱，显然不是明智之举。①

另一方面，如果用户是最终消费者（例如，个体从书店买本书，或从 iTunes 商店购买 MP3 文件），那么无须额外付款就可以访问作品（当然我们假设，消费者不会继续使用作品，并以此为基础赚钱，但是当消费者将 MP3 文件上传至 YouTube 等互联网流媒体服务平台，就不再是最终消费者，而是中间用户），因此，卖方和用户之间就无法签订合同，设立联合企业。两者之间的交易为用户产生效用，而不是财务利润流。在这些情况下，根本没有共同分享利润的选择。

规避逆向选择问题更有效的方法，是在没有卖方明确同意的情况下，对信息商品的使用设置法律障碍。这正是版权所要做的。当信息产品的描述完整，卖家身份明确，我们就能恰当地界定所有权，因此我们可以从本质上像有形商品那样按照相同的方式限制使用，如汽车和房屋的所有者就可以限制未经同意使用者的访问。因此，版权是一种人为的手段，无形的信息商品通过这种手段变成有形的，从而能够成为卖方（所有者）和用户之间合同的标的。简言之，所有权的法律概念，是合同存在的必要构成。值得注意的是，尽管版权法在消除未经同意的使用方面可能还有很长的路要走，但它并非主要针对产品使用所产生的负面影响进行限制。恰恰相反，版权的存在是为了让其他人能够方便地访问信息产品，而不是拒绝所有访问。其思想是，版权否认未经同意的访问，但促进经同意的访问。

当然，所有这些都依赖于所有权（也就是相关版权所定义的所有权）受到法律的充分保护。假设执行到位，如果一个潜在的用户占有了商品，那么版权所有者就可以向法律体系寻求侵权用户的赔偿。对盗版情形的威胁，可能足以使非法占有不会发生。因此，妥善执行的版权制度，是作者的文化作品市场契约的基础。版权允许合同发生，而合同刺激了创意性努力的发生。

---

①　当然，这个例子直接导致共同开发许多互补性信息产品的系统——集体管理。对此，我们下文将详细说明，但现在只需注意到，即使在集体管理大量个人作品的情况下，当没有版权时，也需要许多合同——一个是集体和用户之间的合同，但更多的是集体成员之间的合同。

11.2.2 受版权保护信息产品的合同

任何涉及信息商品的交易均可视为合同的实现。在最简单的情况下，它是用现金付款以获取商品的访问权（也许是信息商品本身的完全所有权，也就是说，版权所有者的身份可以改变）。但还有许多更复杂的安排，包括或有付款、与时间有关的条款以及其他功能。也就是说，所涉及的合同可能相当复杂。大多数情况下，这种复杂性是对可能出现困难的有效响应，这些困难是版权所有者和用户共同讨论如何更好地组织作品访问时所出现的。它们是合同各方相互提供激励的方式，这样各方都可以放心，其结果对各方都是最优的。

11.3 信息产品合同的特征

当涉及信息产品的合同时，它与其他合同都有某些相似之处，但也有一些独有特征。在这里，我们将只从一般意义上讨论这些特征，感兴趣的读者可以直接参考凯夫斯（Caves，2000），以便了解关于版权保护商品合同的大量细节。

11.3.1 访问而不是购买

将信息产品与大多数其他产品区分开来的首要方面，与信息的“公共产品”性质有关。信息产品可以被许多人同时消费，这样任何个体的消费都不会减少其他个体的消费。信息产品可以用而不尽。这种特性本质上就意味着，通常用户对“拥有”信息本身并不感兴趣（即成为新的版权所有者），而只需要访问权。例如，广播电台并不拥有所播放歌曲的版权，而只需要获得播放许可。同样地，图书出版商不要求拥有小说的版权，只要求获得复制该书以供出售的许可。因此，访问受版权保护信息产品的合同，通常是授权合同，给予用户在给定时间、按指定方式访问作品的权利，而不是直接出售版权本身。访问模式通常会规定可以用信息产品做什么以及什么不可以做。例如，音乐作品的许可合同，可能允许公开播放，或复制到物理载体以便销售，或者在音乐会上现场表演，但是可能不允许被许可人以某种方式改编作品，或与第三方签订合同以授权任何方式的访问。

11.3.2　时间和风险

利用受版权保护信息产品的合同，的确具有许多其他合同的一个共同特点——在签订合同和付款之间往往有时间方面的问题，这直接意味着有风险因素存在。经济学家在分析合同如何提供报酬、分担风险方面有着悠久的历史，信息产品的许可合同也不例外。

要理解这个问题，请考虑信息产品版权所有者和该信息用户之间的典型许可合同是什么样子的。版权所有者以精心设计的方式，让用户可以在特定时间内访问信息。在签订合同时，用户只能访问，通常需要时间才能进行实际的开发，并获得收入，也就是说，我们可以将信息看作是用户业务的投入。由于在签订许可合同时从用户业务所获收入几乎肯定是不确定的，或是有风险的，因此双方需要考虑版权所有者的报酬，以及风险在双方之间的分担方式。例如，如果合同规定用户在签约时，向版权持有者支付预付款，那么这笔钱对版权持有者而言就是无风险补偿。在这种情况下，用户将承担所有最终风险，而版权所有者则完全不承担任何风险。我们会说，用户为版权所有者提供全额保险。这种合同的一个例子是，作者将其所创造信息商品的复制品以固定单价直接卖给消费者，其条件是消费者不得以任何方式复制作品为他人谋福利。这种全额保险的情况，在唱片行业给予伴唱者报酬时也很普遍，这些音乐人通常获得买断式报酬，因此他们对未来的任何收入都没有索取权。用户可以完全保障版权持有者的另外一种方式是授权合同，该合同规定了用户在合同生效的特定日期，向版权持有者无条件支付的款项。只要付款是无条件的（每次支付金额不取决于任何可能或不可能发生的事情)，那么版权所有者就无须承担风险。唯一不同的是，在这种情况下，版权所有者需要计算合同所保证支付的现值，以便知道合同的实际价值，也就是说合同所提供的补偿。在任何其他情况下，用户支付给版权所有者的报酬，取决于合同有效期间所发生的结果——也许最相关的是，版权用户卖给消费者的销售水平。例如，图书出版商将版税支付给作者，就可能是这样的情况。

当版权所有者从许可合同所获得的收入流存在风险时，报酬和风险分担概念就会变得有些模糊。补偿的最佳衡量方法，是合同项下付款现值的期望值。每次支付时，计算每个可行支付金额乘以支付概率的总和，得到该时间段的期望支付值。然后，仍然要将每个预期支付乘以该时间段的折现因子（折现因子越小，未来的预期支付就越不可能)，才能得到预期支付的现值。请注意，当没有风险时(即每笔合同付款都是有保证的)，那么每个支付周期只有一种可行的支付金额，因此，该支付金额的概率为 1。从统计学上讲，预期支付是支付分布的一阶矩，即支付的“均值”。

正如合同向版权持有人所提供的补偿可以通过支付的期望值来测量，风险可以通过合同支付现金流（即支付分布的二阶矩，或平均值附近的离散度）以方差（或者标准差）来衡量。当有风险时，假设版权所有者是风险厌恶的，那么从风险的角度来看，她会愿意减少预期补偿，以换取更有利的收入流，即规避风险的版权所有者愿意以较低的预期补偿来支付保险。因此，现在存在一种可能的权衡——可以牺牲预期价值以降低风险，而合同是双方（版权所有者和用户）可以制定的、如何有效分享企业预期利润和分担相关风险的机制。当考虑给定有风险的支付流是否值得时，版权所有者应该评估合同支付所提供效用的预期现值，并将其与下一个最优选择效用的预期现值进行比较。

简言之，当风险不可避免时，合同双方都是风险厌恶者，一个有效的合同将在双方之间分担风险。双方都会以某种方式参与风险，也就是说，双方都不会为对方提供完全保险。因此，无风险支付的存在，要么是合同中完全没有风险，要么是其中一方厌恶风险，而另一方是风险中性的，这两种情形对于现实世界的合同而言，都不是特别具有相关性的假设。授权合同实现风险共担的方式，是使用版税元素，即对版权所有者的付款取决于给定时刻所涉及风险变量的结果。因此，合同中的许可支付变成了或有支付，即支付的价值由给定时刻随机变量的结果决定。从这个意义上说，在风险情形下的合同有双重目的——它们为所采取的行动提供补偿，并为风险提供保险——而这两者都会影响到双方的效用。

或许一个实际的例证可以说明这是如何操作的。我们设想艺术家和唱片公司进行协商，将艺术家的书面或表演的音乐作品，固化至有形载体（CD 唱片，或 MP3 文件），然后唱片公司可以将其卖给消费者（也许通过另一种中介，如电台或网络流媒体服务）。在签署合同时，市场最终向唱片公司所提供的收入是有风险的，我们假设两者都是风险厌恶的，那么风险将要求合同包含特许使用金，这取决于作品的最终销售结果。如果我们进一步假设，唱片公司风险厌恶程度低于艺术家，那么唱片公司在有效合同前提下，就应该为艺术家提供部分（但不是全部）保险。这通常表现为唱片公司在签约时预付版税给艺术家。在这种协议下，艺术家的总收入不能低于预付金额，无论作品最终在市场上的表现有多差，这种情况完全模仿了保险合同的免赔格式。同样众所周知的是，对于厌恶风险的个人，最佳保险机制实际上是免赔额度之上完全覆盖（相关开创性研究，参见 Arrow，1963，1971，1974），因此预付版税为艺术家提供了理论上最优的风险状态。

受版权保护信息产品合同，提供风险共担、利益共享的另一种方式是，许多单独版权所有者联合起来，将全部作品作为整体性对象来提供。例如，美国作曲家协会（American Society of Composers，ASCAP）等版权集体组织就属于这种情况，它们向用户（如广播电台）提供大量曲目。版权集体管理的一般理论向来是基于它节约了交易成本（早期成果如 Hollander，1984；最近的成果如 Handke，2014），但由于预期风险的聚合，因此版权集体管理也有明显的风险管理因素（Watt，2015）。

11.4 信息不对称与道德风险

上文我们已经分析了版税合同如何在合同环境下有效应对风险。在很多情况下，我们会同时面临风险和信息不对称的因素，特别是信息不对称与风险密切相关。这就是存在道德风险问题，在这种情况下，合同的一方可以采取另一方无法觉察的行为，但这会影响合同对双方的价值。道德风险的存在，将再次导致需要签订带有或有版权使用费的合同，但此时的费用计算更多考虑的是激励因素，而不是严格的风险分担。对能够采取有益行动的一方给予奖励，使其真正采取有益行动；对能够采取消极行动的一方也给予奖励，使其不采取消极行动。

让我们再次假设，唱片公司和艺术家签订合同来录制歌曲，以便唱片公司可以将其销售给消费者。很明显，艺术家和唱片公司都可以在合同签订后，采取可能影响销售水平的行动。他们可以把时间（和金钱）花在推广唱片上，如通过音乐会和唱片签售会（艺术家），或者通过向唱片商店提供有吸引力的价格以便上架唱片（唱片公司）。唱片公司还可能与 MTV 或 Rolling Stone 等其他媒体密切合作，推广新乐队的音乐。合同双方如何开展此类活动，对方是很难监控的，因此就出现了道德风险。关于合同如何应对道德风险的概述，可以参见这些学者的论述（Macho Stadler and Perez Castrillo，2015），但我想说的是，一般而言，道德风险行为会导致不同的风险结果，因此，应当对合同规定的付款进行加权，以便有机会改善付款随机性结果的一方，在取得良好结果时能增加回报。如上所述，这是对采取有益行动的正确激励，而不是对有效风险分担的反应。

11.5　结　论

版权是决定信息产品所有权的法律机制，而所有权是与信息产品相关交易发生的必要构成。只有当使用信息产品的合同双方对信息产品是什么和归谁所有有信心时，他们才能制定对双方都有利的合同。总之，版权确立了产权，然后合同规定如何使用产权。合同给予作品原作者或作者的利益，是促使其创作作品的动力之源。如果没有版权，阿罗的信息披露悖论就意味着，信息产品的生产将要少得多（也许根本就没有）。因为没有版权就很难知道该如何制定利用信息产品的合同。

信息产品领域合同的一个显著特征是，它们几乎总是以某种形式的访问受限为特征，而不是完全无条件的交换。这是由于信息的公共产品特征。本章我们还看到，受版权保护信息产品的合同，与任何其他商品或服务合同具有许多相同的特征。当存在风险时（可能是由于合同的时间维度），协议付款将在双方之间分担风险。对于受版权保护的商品，这种特性可以在许可协议的版税支付中很容易找到。此外，以某些随机变量结果为条件的版权使用费，也可以视为解决道德风险问题的激励机制。

参见：

版权；信息产品；音乐出版；平台。

本章参考：

Ackerlof, G.（1970）. The Market for "Lemons": Quality Uncertainty and the Market Mechanism. *Quarterly Journal of Economics*, 84（3）: 488-500.

Arrow, K. J.（1962）. Economic Welfare and the Allocation of Resources for Invention. In Richard R. Nelson（ed.）. *The Rate and Direction of Inventive Activity*. Washington D. C., National Bureau of Economic Research.

Arrow, K. (1963). Uncertainty and the Welfare of Medical Care. *American Economic Review*, 53: 941-973.

Arrow, K. (1971). *Essays in the Theory of Risk Bearing*. Chicago: Markham Publishing.

Arrow, K. (1974). Optimal Insurance and Generalized Deductibles. *Scandinavian Actuarial Journal*, 1: 1-42.

Caves, R. (2000). *Creative Industries: Contracts Between Art and Commerce*. Cambridge, MA: Harvard University Press.

Easterbrook, F. H. (2005). Contract and Copyright. *Houston Law Review*, 42: 953-973.

Handke, C. (2014). Collective Administration. In Watt, R. (ed.). *Handbook on the Economics of Copyright: A Guide for Students and Teachers*. Cheltenham, UK: Edward Elgar Publishers, 179-204.

Hollander, A. (1984). Market Structure and Performance in Intellectual Property: The Case of Copyright Collectives. *International Journal of Industrial Organization*, 2: 199-216.

Kretschmer, M. (2010). Regulating Creator Contracts: The State of the Art and a Research Agenda. *Journal of Intellectual Property Law*, 18: 141-172.

Lindsay, D. (2002). *The Law and Economics of Copyright, Contract and Mass Market Licences*. Strawberry Hills (Australia), Centre for Copyright Studies Ltd. Available online at https://static-copyright-com-au.s3.amazonaws.com/uploads/2015/08/CentreCopyrightStudies_ AllenGroup-TheLawandEconomicsofCopyright.pdf.

Macho Stadler, I. and D. Perez Castrillo (2014). Copyright Licensing Under Asymmetric Information. *Review of Economic Research on Copyright Issues*, 11 (2): 1-26.

Nimmer, R. (1998). Breaking Barriers: The Relation Between Contract and Intellectual Property Law. *Berkeley Technology Law Journal*, 13 (3): 827-889.

Rub, G. (2017). Copyright Survives: Rethinking the Copyright - Contract Conflict. *Virginia Law Review*, 103 (6): 1141-245.

Watt, R. (2015). The Efficiencies of Aggregation: An Economic Theory Perspective on Collective Management of Copyright. *Review of Economic Research on Copyright Issues*, 12 (1/2): 26-45.

Watt, R. (2010). Copyright and Contract Law: Economic Theory of Copyright

Contracts. *Journal of Intellectual Property Law*, 18 (1): 173-206.

延伸阅读:

关于版权与合同关系的法学研究已有一段时间，但重点是合同当事人是否应该围绕版权法对契约自由所施加的限制而订立合同（Easterbrook，2005；Nimmer，1998；Rub，2017）。在同样的一般性主题上，林赛（Lindsay，2002）著述第6章从经济学的角度有着很好的概述。《版权经济评论》（RERCI）2006年第3卷第1期发表了经济学家关于版权与合同交叉主题研讨会的论文。大多数情况下，经济学家在版权许可这个主题下，研究受版权保护商品相关的合同，而上面提到的《版权经济评论》特辑反映了该主题的基本现状。最后，2010年《知识产权法杂志》（*Journal of Intellectual Property Law*）发表了关于版权和合同小型研讨会的成果（Kretschmer，2010；Watt，2010），其中强调了许多相关问题。

12 版　权

威廉·兰德斯（William M. Landes）

本章阐述版权保护的经济理论，并描述版权法律的基本结构。[①] 它显示版权法有着内在的经济逻辑。其学说可以解释为努力创造无形财产权利，以提高经济效率。

12.1 版权保护的优点

版权保护那些物化原创作品的作者权利。版权不仅包括未经授权的复制，还包括复制品的发行、衍生作品、公共表演和展示等权利。然而，我们应该意识到，可受版权保护商品的产权其实有很大的局限性。“原创”并不意味着全新的或创造性的，它只是指称作者创作的作品，或者说，作者没有从他人那里抄袭而已。创意是一个门槛问题，其目的是将那些没有版权保护也会生产出来的低价值作品排除在外，以节约管理与执行的成本。“固化”（Fixation）也能节约执法成本，否则，法庭要花费很大精力来做出判决或裁定。例如，被指控的侵权人在录制（这就是固化）产品之外，复制原告的现场爵士乐表演。[②]

原创作品包括书籍、照片、绘画、雕塑、音乐作品、技术图纸、计算机软件、情景喜剧、电影、地图、商业目录等。这些作品都具备经济学家所谓的“公共产品属性”。创造这些作品需要大量的金钱、时间和精力（有时也被称为“表

① 虽然笔者将重点放在美国的版权法上，但版权的主要规则在全球各地都基本相同。更为详尽的分析请参见 Landes and Posner（1989）。

② 参见 Lichtman（2001）。

达成本”）。然而，一旦作品生产完毕，其复制成本如此之低，以至于额外用户的边际成本几乎为零，或者可以忽略。

为了说明这一点，我们假设一本小说生产和销售的边际成本是1美元，除此之外，没有固定生产成本（如排版和编辑成本是零），而作者创作成本为1 000美元（主要是时间）。一旦1 000美元的表达成本已经发生，它就可以零成本计入此书额外的复本之中。换句话说，一旦表达完成，它就不会因使用一次还是一百万次而减少什么。如果没有版权保护的话，出版商之间的竞争会将书价降至1美元。那么，出版商的收入只能支付其全部成本，就没有什么可以用来补偿作者的努力了。因此，作者写书的积极性会降低，新书的供应也会减少。而版权保护可以让出版商收取高于1美元的价格，而不必担心来自未经授权的复本的竞争。比如说，2美元的价格就不仅覆盖出版成本，而且能够补偿作者，鼓励他们创作新书。①

可以肯定的是，即便没有版权保护，原创作品还会不断问世。也许，被称为原创者——在市场上首屈一指，或者复本质量低劣等——本身就意味着很大的收益。创作者也可以使用合同法或其他私人手段，来阻止未经授权的复制。例如，软件制造商可以在合同条款中约定禁止被许可人未经授权生产复本或衍生作品。但与版权不同的是，合同很难针对第三方或后续购买者。还有一种可能性就是，创作者可以通过给自己制作的复本制定较高的价格，这样他就可以从他人复本的价格中获取部分价值。例如，学术期刊出版商可以通过向图书馆收取更高的价格，以便获取个人复制文章所得价值的部分。

简言之，鉴于复制的速度如此之快、成本如此之低，而私人防止复制的难度又是如此之大，我们可以想象，如果没有版权保护的话，新创作作品的数量将会减少。其实，这就涉及版权保护强度的问题。其答案取决于保护的成本与收益。

12.2 版权保护的成本

与大多数普通商品不同，版权保护产生的访问成本与版权产品的公共产品属

① 对于绘画等作品而言，版权保护的理由较弱，因为其主要收入通常来自作品本身，而不是复制品。然而，未经授权的复制，或“搭便车”行为，将减少艺术家从海报、便签、咖啡杯、鼠标垫、T恤衫等和其他包含原作图像的衍生品中获得的收入。

性有关。访问成本由消费者和后续作品的创作者所承担，如果版权所有者不能实现一级价值歧视的话，那么这些人就会用其他社会成本更高或质量低劣的产品替代版权保护的产品。在上面的例子中，如果消费者对额外复本的价格预期高于1美元，而复本所确定的价格即便低于2美元，这些消费者也会被排除在外，这显然是一种社会损失。同样的，创作者也将不愿在原有作品基础之上再创作，因为他们难以支付版权持有人所要求的价格。在这种情况下，版权保护不可避免地提升了新作品创作的社会成本。颇为吊诡的是，太多的版权保护会减少新产品的产量。可以肯定的是，版权所有者有动机降低价格，以激发那些原本拒绝接受作品的潜在顾客。但信息成本和套利行为可能使得价格歧视不可行。相比之下，大多数有形商品就不存在访问成本的问题。在竞争激烈的行业，有形物品的价格等于其边际成本，这样的话，只有那些估值低于价格（等于边际成本）的人才会拒绝接受产品。

版权体制的第二个主要成本是管理与执行成本。这包括设置边界或假想的围栏，以便将作品的受保护部分与不受保护部分分开。当然，还有排除侵权者、证明侵权和制裁侵权的成本。此外，版权产品的公共产品属性也增加了执行成本，因为如何辨识“盗窃”就是一个令人头疼的问题。一个人可以在作者不知情的情况下复制受版权保护的作品，但是，他显然不能在主人没有觉察的情况下就去偷一辆车或一栋房子。总之，与有形资产相比较而言，版权的管理和执行成本往往要高得多。

12.3 所有权分离

版权法的一个本质特征就是将版权的所有权与作为其载体的产品分开。从经济的角度来看，这种分离可能令人费解，因为通常情况下，将所有权利集中于一个所有者那里，有助于降低交易成本，提升经济效率。然而，对于版权作品而言，情形往往相反。

首先，考虑到一个作品有许多复本。我们假设，每个消费者在购得蝙蝠侠漫画书的同时，也获得其版权。那么，那些想要制作一部电影、电视剧或服装收藏的人，为了避免侵权，就要征得数以百万计的版权所有者的许可。与将版权所有权与实物产品分离的方式相比，这种方式就势必会产生潜在的套牢（hold-up）

问题，并增加交易成本。为避免这样的问题，人们只需与独家版权所有者通过单次交易来协商许可事项。

所有权分离的一个原因是，它能使原创者获得能够覆盖其成本的回报。尽管每个漫画书复本的所有者如果拥有版权的话，他会愿意支付更多，但其数额微不足道，因为与数以百万计的版权所有者进行交易将产生高额成本，这对于潜在用户而言显然是不经济的。另外，如果每个复本所有者都有许可权，那么交易成本将会下降，并且作品的价格将无法反映版权的任何溢价。复本持有者之间的竞争将使许可费用降至零，这样的话，原创作品的创作动机将会减少。

可以肯定的是，对于绘画或者雕塑作品而言，上述基于效率的解释就很难说得清楚，因为这些作品的复制机会很少，甚至不太可能发生。① 为了便于说明，我们假设 A 将一件作品卖给 B，同时 A 仍持有版权。如果 C 想复制 A 的作品，他就要到 B 那里获得接入权，到 A 那里获得许可。一般而言，相较于 B 同时拥有版权与作品，这种情形下将产生更高的交易成本。但是即使如此，所有权分离也会有抵消性收益。就绘画的例子而言，艺术家很难回到先前的主题，因为他也冒着侵犯其早期作品版权的风险。同样，侦探小说的作者可能会被版权所有者禁止写续集。如果艺术家或作家想基于先前的作品来创作的话，由于作者已经不再掌握版权，这些问题往往会成倍出现。

或者我们不妨以书信为例，写信者拥有版权，而收信者拥有信。一般而言，很少有人要公开发表一封信。通常情况下，写信者（如一个著名作家）会和很多人通信。假设出版商想要出版书信集，如果作者持有版权（并保留他的信件的复本），而不是散布在世界各地的许多人持有版权，那么交易成本将会降低。一个相关的问题涉及联合作者，比如作曲家和抒情诗人，他们创作了一首受版权保护的歌曲。如果他们享有同样的许可收益权的话，那么作曲家或作词者无须对方同意就可以授权使用，将能实现交易成本最低。

12.4 限制版权保护的学说

因为版权是一种成本高昂的产权系统，所以经济学家认为，受版权保护的作

---

① 当然，A 可以明确地将版权的所有权转移给 B 或其他任何人。我们的说明主要涉及默认规则，即关于版权所有权没有明确的合同予以管理。

品的产权将比有形或实物财产更有限。有关版权法的实证经济分析是为了表明，各种限制保护的版权学说都可以解释为，努力在激励效益、访问权以及促进经济效率的其他成本之间实现最优平衡。以下我们将讨论几种重要的版权学说。

12.4.1 保护表达

版权保护表达，而不是思想、概念、原则、技术或过程（简称“想法”）。保护原创的想法将涉及大量的管理和执行费用。从证据的角度来看，判断 B 是否复制了 A 的原创表达而不是原创想法要简单得多。此外，在受版权保护的作品中，大多数原创的想法都是微不足道的，而且与表达它们的成本相比，其花费的时间与精力要小得多。因此，保护思想的额外奖励性收益极有可能被访问和管理的费用所吞噬。

与概念/表达二分法密切相关的是合并理论。如果我们假设只有几种表达想法的方法，那么保护表达实际上就保护了想法。在这里，版权保护将被拒绝，而合并就有可能发生，如填色游戏的操作指南。在这个案例中，游戏本身就是一个不受保护的想法，而操作指南就是表达。由于只有少量的方法来编写指南，而且涉及的成本可能很小，因此没有版权就会降低管理、执行和访问成本，而且不会影响公司生产这些游戏的积极性。一种相关的解释是，由于竞争对手必然会生产大量类似指南，不管他们是否复制，都不值得去证明复制是否发生了。[①]

12.4.2 防止复制

版权保护防止的是复制，而不是独立性重复（independent duplication）。[②] 这里并不存在“搭便车”问题，所以独立性重复不会明显地削弱创造新作品的动机。另外两点也证实了这一结果：首先，对于大多数作品来说，独立性重复应该是罕见的；其次，如果独立性重复是可行的话，那么作者将会花更少的时间创作新的作品，却浪费更多的时间检查早期作品以避免版权责任，这将导致社会花费

---

① 参见 Lichtman（2001）。

② 参见 Sheldon v. Metro-Goldwyn Pictures，81 F. 2d 49，54（2d Cir. 1936），法官这样分析道，‘如果一个人借由魔法全然不知，而重新创作了济慈的“希腊古瓮颂”，那么他就是一个“作家”，如果注册版权，其他人就不会复制这首诗，虽然他们当然可以复制济慈的作品。但是，尽管由于这个原因，版权并不像专利那样脆弱，但版权所有者的保护是有限的，正如他如果不是“作者”，是因为有人在他之前成为“作者”，所以他之后的跟随者也不是侵权行为人，除非跟随者盗用了他的作品。

更多的资源来管理版权系统，以方便检索过往记录。[①] 简言之，由于独立性重复很可能是罕见的，因此，使独立性重复可执行所带来的额外好处，与其所花费的成本相比就有些得不偿失。

12.4.3 改编权

版权赋予创作者作品改编权。这个权利也被称为衍生作品权，这比防止未经授权复制的权利要广泛，因为它包括“作品可以被重作、转换或改编”。[②] 衍生作品的例子包括：根据乔治·萧伯纳的《卖花女》改编的音乐剧《窈窕淑女》，根据迪士尼人物改编的机械玩偶，基于简·奥斯汀的《艾玛》改编的电影《独领风骚》，或者基于杰克逊·波洛克画作改编的舞蹈。如果作为创作基础的作品不是公共版权的话，那么衍生作品创作者必须得到版权所有者的许可。

将衍生作品权利赋予原始版权持有人的经济原理，既取决于创作额外原创作品的动机，也取决于产权集中于一方所节省的交易和执行成本。我们先讨论有关激励的观点。有人可能会说，如果只有少数版权作品能从衍生作品中产生收入，那么额外的激励效果就微不足道了。此外，在原始作品与其后的衍生作品之间有可能存在巨大的时间间隔。然而，这无疑混淆了事前的收入与事后的收入。即便版权持有人从作品改编中获得大量收入的人数很少，但是，那些概率虽小但规模可观的事前收益就相对较大。

论及交易和执行成本，我们不妨以迪士尼角色的衍生作品为例。许多附属产品，从雨伞到午餐盒，都装饰有迪士尼形象。通过将版权集中在迪斯尼，而不是让每个衍生作品的作者都独自拥有版权，法院就能避免由于原告数量众多而造成的烦琐诉讼。例如，法院如何裁决，在许多类似且广泛可访问的作品中，被告到底抄袭了哪一个？许可费用也会上升，因为潜在的被许可方需向多方寻求许可，以避免被诉的风险。最后，原迪士尼人物的版权就足以防止对衍生作品的未经授权的复制，因为对衍生作品的复制本身就是对原著的侵权。

---

① 值得注意的是，版权登记制度涉及的费用最低。注册创建有关版权基本事实的公开记录时，申请注册作品的人需缴纳30美元的申请费，并填写一份简短表格，列出作品的名称、作者、创作年份以及出版日期和地点（如果出版的话）。申请人还必须缴存一份作品复本（或在不可行的情况下缴存作品照片）。当然，注册只是个选择项，它并不是版权保护的条件，尽管在美国（美国以外的大多数国家并非如此）它是侵权诉讼的先决条件。在注册版权之前，版权局不会搜索先前的受版权保护的作品与申请人作品的相似之处。注册信息和表格可从美国版权局网站（http：//www. loc. gov/copyright）在线获取。

② 参见17 U. S. C. A. §106（2）（2000）和17 U. S. C. A. §101（2000）中关于衍生作品的定义。

12.4.4 合理使用

合理使用是指按照提高经济效率的原则允许未经授权的复制，这无疑限制了版权持有者的权利。这种情形也产生了较高的交易成本。例如，从一本书中复制几页可能不会损害版权所有者的利益，因为复印者不会买这本书。这里我们假设，A 愿意支付版权持有人 B 一笔费用，B 也乐意接受并授权使用，但是，寻找 B 并与其协商的成本可能过高，如果 A 只是想从 B 的作品中复制几页的话，这种高额费用会让其望而却步。合理使用显然给 A 带来明显的好处，并且对 B 也没有坏处；而如果禁止复制，那么由于交易成本的存在，即便是有利的交易也很难发生。合理使用创造了一个社会的净收益。对拷贝者有好处，而对版权持有者而言，也没有坏处。①

另一种情形的合理使用被称为"默示同意"。例如，书评要从书中引用一些简短的段落。因为图书是经验品，所以有关产品质量准确的使用前信息，很有可能会增加读者的需求，并使作者受益。一个批评性评论可能会破坏某个作品的市场，但整体而言较为平衡的评论将会为潜在的客户提供信息，从而使作者受益。此外，如果法律要求评论者复制部分段落需征得作者同意，读者就会对评论的客观性丧失信心，因为他们担心评论者会有选择地加以评论，而导致评论具有局限性。而且一般而言，信息越有价值，对被评作品的需求就会越大。在这种情况下，合理使用既可以产生有利的激励，也可以降低访问成本。

最后一种合理使用方式可能会侵害版权持有者的利益，但是这种损害往往能够由低访问成本和可能给第三方带来的收益所抵消。在这里，法院对合理利用的评定，就更倾向于生产性使用，而不是基于其他作品的再生产。前者利用原作生成新的作品，并且由于避免了交易和许可费用，从而降低了创作改编性作品的成本。尽管如此，容许生产性目的的合理使用，可能会导致被复制作品的作者失去许可收入。然而，这一损失将几乎不会影响创造作品的动机，因为对于创作这些作品的作者而言，他们基本没有考虑过这种收入的可能性。另一方面，再生产性使用更有可能替代原作，因此，对创作该作品的动机有显著的负面影响。

众所周知的"无知之幕"的概念可以用来解释为什么法律对待生产用途的合理使用比再生产用途的合理使用更为宽松。在"无知之幕"背后，作者更倾

① 应当狭义地构建高交易成本的理由，否则就会减少创设能够降低交易成本的新的市场机制的动力。其中包括像 ASCAP 和 BMI 这样的表演权利协会、期刊版权审查中心，以及两个艺术组织（视觉艺术家和画廊协会及艺术家权利协会），这两个组织为很多艺术家的作品注册了复制权。

向于允许生产性的合理使用，因为它可以让作者从其他人那里借鉴一些表达方式，并降低他的成本，而当他人向他借鉴时，作者预期收入不会改变多少。与此相反，再生产性使用极有可能损害原作者的利益，减少其创作作品的动机。

戏仿通常作为合理使用而受到保护。戏仿可能涉及很高的交易成本，因为与你想要取笑的人谈判是很困难的。戏仿提供信息或批评，就如同评论。最后，它是对原始作品的一种改编性的使用。尽管如此，一个作品被称为戏仿作品，并不意味它获得被戏仿作品的综合授权。对戏仿的限制主要有两个方面。一是戏仿只能从原作中选取必需的内容，而不能选取太多内容，以至于成为原作的替代品。二是戏仿必须以原作为目标。[①] 这里的经济原理是，当戏仿是抨击某个作品，而不是用作品评论或批评社会时，自愿交易就不太可能发生。

12.5 其他版权问题

12.5.1 侵权

被告抄袭原告的证据通常是无法证实的细节，因为知识产权的公共产品属性使得我们很难将抄袭者抓个现行。[②] 支持抄袭推断的两个关键证据因素是，对原告作品的“合理性访问”（没有访问就没有抄袭）和作品的“实质性相似”。在某些情况下，高度相似就足以支持我们推断认为抄袭者曾经访问原作。如果原告的作品是如此独特而复杂，在公共领域没有任何类似的作品，那么它在被告作品中的出现就是抄袭者访问的有力证据，由此我们可以排除独立创造的可能性。一旦原告展示访问和实质性相似的证据，对证据反驳的责任则转移至被告那里。从经济的角度来看，这往往会使争议解决成本最小化，因为被告掌握了他如何创造作品的信息，因此，其证明独立创造的成本最低。

最后，即使被告复制，他的复制行为可能也不违法。原告必须展示出两个作

① 参见 Posner（1992）。

② 在地图、目录、软件和信息作品的情况下，版权所有者经常故意包含错误。如果错误出现在复制者的作品中，就是证明其复制得相当好的证据，这就是所谓的共同错误学说。它在识别未经授权的复制方面是有用的，这也是版权不同于专利制度的特殊之处。在专利制度下，专利权人必须指出并明确主张什么是其发明。在版权中，不必事先确定需要保护的元素。因此，如果你基于公共材料加上你自己的材料出版一本书，你不必指出哪个部分是公开材料，哪个部分是自己的材料。

品之间实质性的相似之处，并指向受法律保护的对象：表达而非思想，有用作品中的非实用部分，原告作品的原创性所在，以及复制的材料并不属于合理使用。

12.5.2 作者身份与雇佣关系

作者身份本身就意味着一组权利，因为版权最初是授给作者的。但很多作品都是多方合作的产物，法律该如何确定作者身份问题？一种可能是作者就是实际的执行人。但这可能意味着版权法将会认为，打字员或研究助理是作者或联合作者。从经济的角度来看，这肯定缺乏效率，因为这种做法会导致合同成本和交易成本的增加，因为创作方会要求助手将版权转让给他。与效率的考虑相一致的是，著作权法规定，作者可以是将作品物化之外的其他人，尽管它并没有定义什么是“作者”。关于作者的更现代的观点是，他是构思作品并安排其执行的人。因此，市场认为提出概念的艺术家就是作者，尽管他雇用了其他人来执行这项工作。

科斯定理不仅有助于决定某一方或几方应被认定为作者，而且有助于揭示法律规则并不能促进效率，因而是无效的。回想一下，科斯定理指出，如果没有交易成本，产权的初始分配不会影响到资源的分配效率。假设 A 和 B 参与了创造同一个版权作品，A 比 B 更重视版权，而法律认为 B 是作者，因为 B 完成了作品的物化工作。然后，A 和 B 之间的最初合同将包括一个把版权转让给 A 的条款，如果合同不包括这一条款，A 将在随后的交易中从 B 购买版权。如果法律在一开始就认为 A 是作者，那么就能节约合同或交易费用。这表明，如果法律将作者身份以及伴随的版权赋予对其有更高估值的一方，就能提升效率，也就是说，如果交易费用可以忽略的话，版权最终交由最看重它的那一方。

还有另一种作者身份的概念值得一提。这里的作者是指资助作品和承担财务风险的一方，尽管他可能将决定权委托给实际执行工作的人。“雇用作品”之说就是基于这个概念的。基于雇用关系而创造的作品（比如迪士尼雇用了一个有固定工资且享受额外福利的动画艺术家，迪士尼就能指派他去做不同的项目），无疑是雇用作品。但由独立艺术家受委托完成的作品也可能是雇用作品，如果委托方在作品创作期间按月支付薪酬，提供健康和额外福利，足以弥补原材料和劳动支出，而且监督并不是日常性的，而是总体性的。与科斯定理相一致的是，雇用作品原则通过将版权赋予可以最有效利用的一方，从而降低了交易和合同成本。在迪士尼的例子中，如果每个由迪士尼雇用的艺术家都拥有作品的版权，那么交易成本就会非常高。然后，每一位艺术家/员工都有可能套牢和推迟项目（例如，出版一本漫画书)，这就要求迪士尼能够协调众多员工。提前知道这一点，迪士尼将在开始项目之前就接受分散的版权。从一开始就把版权归迪士尼所有，雇用作品原则就能节约合同成本与潜在的套牢成本。

12.5.3 版权持续时间

最后我们提及的是关于版权的一个重大经济问题，即长久的持续期。今天的版权是持续到作者去世后的70年。对于雇佣作品而言，持续期是95年。但从激励的角度来看，给定任何合理的贴现率，80年或90年后1 000美元的现值都是微不足道的。另外，寿命加上70年会产生大量的访问成本（包括追溯版权所有者以及获得许可的成本)，因为在任何时间点上，人们能够从公共领域获得东西的数量都相对较少。① 因此，较短的版权期将会降低访问成本，而且也没有明显地减少创作新作品的动机。

对于较长的版权保护期，有几种可能的解释。这些解释包括：版权作品的回报主要发生在最近的几年中；作者早期作品的价值将会由于后来努力而有所提升；一个近乎永久的版权保护期就可以避免“公地悲剧”。美国的数据表明，1978年版权法案之前创作的作品，其版权很少被更新（在最初的28年保护期结束之后，再延长28年，其后又改为47年)，因而第一个解释存在事实上的错误。②第二个解释可能只能解释版权期限扩展到作者死后20年，而不是70年。第三个解释似乎忽略了一个广为接受的观念，即受版权保护的表达是用之不竭的，因此，“公地悲剧”并不适用。我们称其为版权作品的公共产品属性。不像自然资源可能因为过度开发而用尽，先前版本的莎士比亚作品并不排斥出版商推出新版本。然而，这种对长期著作权的反对有些言过其实。它忽略了这样一种可能性，即无限使用一种已经被置于公共领域却仍有价值的版权（甚至在作品创作多年之后)，这可能会产生负外部性；而且与延长版权期限相比，这可能会降低作品的整体价值。一个反对限制版权期限的经济论点是，它降低了人们对已经进入公共领域的作品开发进行投资的动机。③

---

① 不过，要补充说明的是，正如较长版权期限的潜在收入必须予以折扣一样，未来的访问成本或无谓损失也必须予以折扣。

② 见 Landes and Posner（2003)。

③ 见 Landes and Posner（2003)。该书就支持版权无期限提出了负外部性和投资论点（更正确的说法是，如果版权价值足以支付续订费用，则可以续签版权)。

12.6 间接责任

版权的一个重要问题是，在什么情况下，C 对 B 侵犯 A 的版权负有责任？因为 B 是实际的侵权人，C 的责任是间接的。间接责任有两种长期存在的普通法原则：引诱侵权和替代性责任。[①]

引诱侵权适用于 C 诱导、引起，或在其他方面促成 B 的侵权行为。假设 C 制造了一个解码器，使任何购买者可以在不支付费用的情况下解码按次付费的节目。A 作为被侵害者，拥有这些节目的版权，B 是直接侵权人。那么，设备制造商 C 是否应该对 B 侵犯 A 的版权负责？

这里有两点值得注意。首先，如果 A 被允许起诉 C 而不是单独追究每一个 B 的责任，这样可能节约大量的管理和执行成本。追踪数量众多 B 的费用，收集每个 B 侵权行为的证据，然后对其小额损害行为分别提起诉讼，可能会使得版权执行变得不经济。因为 B 事先知道这一点，所以 B 没有遵守法律的动机。相比之下，如果法律规定由 C 对许多 B 所造成的全部损害负责，那么由此节约的执行成本就足以保证版权的执行。反过来，有关赔偿责任的预期很可能会使 C 公司退出经营，这会导致一些或大多数的 B 支付有线节目，而不是侵犯 A 的版权。

其次，如果可以合法使用 C 的产品，责任就会被削弱。解码器不涉及“合法使用”问题，因为解码器的使用必然违反法律。但如果是一家制造复印机或个人电脑的公司，他们虽然知道有些客户会侵犯版权，但公司对具体客户所知甚少。因此，在这些案件中，即使法院强加责任可以降低执行成本，任何法院都不愿这样做。加强版权执法虽然会有收益，但这也可能干扰合法产品销售，其代价就太高了。

在某些情况下，设备制造商 C 可以重新设计其产品，以消除或大大降低侵权程度，并且没有明显地减少合法使用的数量和质量。在这种情况下，侵权责任再次具有吸引力。然而，这类解决方案往往遥不可及。例如，很难想象一个重新设计的影印机，会在没有严重干扰合法复制的情况下降低侵权的吸引力。因此，追究设备制造商的责任就相当于对侵权产品征税。“税收”将减少复印机的购买总

---

① 本节以 Landes and Lichtman（2003）为基础。

量，而这些收入将重新分配给版权所有者，但这种方式对用户以非侵权方式替代侵权方式起到激励作用。

解码器和复印机的例子代表了两个极端，并有助于我们描述问题的关键。在其他条件相同的情况下，降低侵权更有吸引力：①直接侵犯版权的危害更大；②对间接侵权人产品合法使用的好处更少；③以减少侵权活动的方式修改产品的成本较低，且不会严重干扰合法活动；④与只允许直接责任的制度相比，间接责任在多大程度上降低了版权执行的成本。

12.7 替代责任

替代责任适用于一方——通常是雇主——对另一方拥有控制权，并从其侵权行为中直接获得经济收益。其典型的案例是，当雇主出于合法目的雇用员工，但雇员代表雇主的行为侵犯版权。强加责任的原因之一是，鼓励雇主在雇用、监督、控制员工时更加小心，以便减少侵权的可能性；原因之二是，起诉一个雇主而不是多个侵犯版权的员工会节省成本；原因之三是，替代责任有助于以雇主而不是雇员的资源承担责任，毕竟雇员并无能力赔偿。[①]

这里不妨以舞厅经营者为例，他们雇用乐队和其他表演者，这些表演者有时会违反版权法，在未经许可的情况下表演受版权保护的作品。对于版权所有者来说，起诉舞厅经营者远比单独起诉每个表演者要便宜得多，这不仅是因为表演者人数众多，而且因为经营者更容易识别和更适用于法律程序。抛开诉讼成本不论，经营者通常也处于一个侵权行为监控成本最低的位置。最后，由于表演者比经营者更缺乏支付版权损害的资源，替代责任就阻止了版权损害的外部化。

值得指出的是，替代责任的威胁鼓励舞厅、音乐厅、体育场馆、广播电台、电视台和其他类似机构寻找一种廉价的方式来获得表演权。在大多数情况下，他们通过向表演权协会购买一揽子许可来实现，其中两个最大的机构就是国际广播音乐协会（BMI）和美国作曲家、作家和出版商协会（ASCAP）。“一揽子许可”给予被许可人在许可期间，公开表演协会所拥有的所有曲目。通过取消针对个别

① 请注意，雇主只对在雇用范围内发生的侵权行为负责。雇员在自己的时间内因个人原因而犯下的侵权行为，不会引发替代责任。参见 Sykes（1998）。

版权所有者的许可需求，以及表演者在表演之前告知所有者的需求，一揽子授权能够节省巨额的交易成本。此外，这也解决了边际使用问题，每个被许可方似乎都理所当然地认为额外表演的边际成本为零，但是事实上已经发生了社会成本。

12.8 当前的争议

也许，最近几年最重要的法律裁定是1984年最高法院关于索尼诉环球影业案的判决，原告为电视节目制作机构，而被告制作了一个早期版本的录像机（VCR）。原告的法律主张是，录像机使观众未经授权就能复制受版权保护的电视节目。[①] 这使得观众更容易跳过广告，从而降低了相关受版权保护节目的价值。直接起诉观众既不可行也不受欢迎，因此，节目提供商依据帮助侵权和替代责任为由起诉了录像机制造商。

最高法院拒绝了替代责任，因为它不相信制造商能控制侵权客户。制造商和他们的客户之间的唯一联系只在“出售的时刻”，如果我们恰当地与控制雇主相比，制造商其实远离任何侵权行为。[②] 因此，法院驳回了帮助侵权，因录像机“有能力进行大量非侵权用途”，法院的观点是，制造商并无能力区分合法行为和非法行为。

重要的是，索尼的主要关切是间接责任让版权所有者控制仍在发展中的新技术。类似情形则是让互联网服务提供商承担网络版权侵权责任的诉讼。很容易理解为什么法庭不愿强制执行这种责任。版权法虽然很重要，但有时版权激励必须让位于其他社会利益，包括促进新技术发展以及尝试新的商业机会和市场结构。

当国会于1998年通过《千禧年数字版权法》时，它再次被卷入间接责任。[③] 一项条款使得互联网接入服务提供者、电信公司和网络搜索引擎等广泛主体免除了间接责任，只要它们满足保护版权所有者利益的特定要求。《千禧年数字版权法》设立一个安全港：如果这些互联网实体按照法规要求——当侵权行为十分明

① 索尼公司诉环球影业案，464 U. S. 417（1984）.

② 法院对制造商“控制”其购买者的含义采取了限制性的观点。例如，最高法院没有考虑一种相对简单的技术解决方案——例如，使快进按钮不精确，从而降低了购买者跳过广告的便利程度——是否能在保护版权方面取得了很大的进展。

③ Pub. L. No. 105-304, 112 Stat. 2860（1998）（codified in scattered sections of 17 U. S. C. ）.

显，或者被版权所有者提醒时，他们必须有所行动——他们就能免于替代责任和共同侵权的指控。

可能谈论得最多的间接责任的例子是，音乐产业成功起诉了互联网初创公司那普斯托（Napster）和格洛斯特（Grokster）。[①]那普斯托所提供的软件，允许用户识别任何他愿意与别人分享的歌曲，而且它提供了一个信息公开的网站，这样找歌的人就能找到愿意捐赠者。那普斯托有能力以录像机制造商无法做到的方式限制侵权。那普斯托知道什么侵权材料可以使用这个系统，而且它可以以此来识别和阻止至少部分侵权。在替代责任方面，那普斯托本可以拒绝为违反版权法的用户提供服务。格洛斯特提供了点对点共享的软件，但它没有为用户愿意分享的歌曲提供索引，也没有监控哪些歌曲被下载。尽管如此，最高法院判定格洛斯特负有责任，因为（与索尼不同）其产品主要是用来让消费者侵犯音乐版权。

参见：

艺术家的权利；合同理论和信息产品；创意产业；数字盗版；转售权。

本章参考：

Landes, William M. and R. A. Posner (1989). An Economic Analysis of Copyright Law. *Journal of Legal Studies*, 18: 325-366.

Landes, William M. and Richard A. Posner (2002). Indefinitely Renewable Copyright. University of Chicago Law School Working Paper in Law and Economics No. 154.

Landes, William M. and Richard A. Posner (2003). Indefinitely Renewable Copyright. *University of Chicago Law Review*, 70: 471-518.

Landes, William and Douglas Lichtman (2003). Indirect Liability for Copyright Infringement: Napster and Beyond. *Journal of Economic Perspectives*, 17: 113-124.

Lichtman, Douglas (2001). Copyright as a Rule of Evidence. University of

① See A&M Records, Inc. v. Napster, Inc., 239 F. 3d 1004 (9th Cir. 2001) and MGM Studios, Inc. v. Grokster, Ltd. 545 U. S. 913 (2005).

Chicago Law School Working Paper in Law and Economics No. 151.

Posner, Richard A. (1992). When Is Parody Fair Use? . *Journal of Legal Studies*, 21: 67-78.

Sykes, Alan O. (1998). Vicarious Liability. In Newman, Peter (ed.). *The New Palgrave Dictionary of Economics and the Law*, 3. Basingstoke: Palgrave Macmillan, 673.

Towse, Ruth, Christian Handke and Paul Stepan (2008). The Economics of Copyright Law: a Stocktake of the Literature. *Review of Economic Research in Copyright Issues*, 5 (1): 1-22. Available online.

延伸阅读：

相关文献综述参见 Towes, Hanke and Stepan (2008). 关于版权法律和经济学的经典文献参见 Landes and Posner (1989).

13 生产成本

维克多·布兰科德（Victor Fernandez Blanco）
胡安·罗德里格斯（Juan Prieto Rodriguez）

本章我们主要关注文化产业的成本结构，也就是文化产业数字化语境下更为突出的部分。数字化并非文化产业所独有，但它彻底改变了电影、视频游戏、广播、出版和音乐产业的组织方式。我们意识到，这个选择使我们无法分析文化部门最传统的部分，如表演艺术、传统视觉艺术（绘画或雕塑）、博物馆和文化遗产。虽然数字化也影响着剧院、管弦乐队或博物馆的生产成本（因为它们采用了新的方式与消费者接触并降低成本），但这种影响可以被认为是部分的（因为其活动的核心内容没有受到根本影响）。至少到目前为止，要想表现《茶花女》，除了其他东西，你还需要管弦乐队、演员和舞台。对于现场表演而言，这三种元素通常无法数字化。另一个可能出现的问题是，数字化如何能帮助直播内容的数字传播接触到新的观众，就像大都会歌剧院所做的那样，而且取得了巨大的成功。

从人力资本和技术设备专业化方面看，高固定成本是所有文化产品生产的共同特征。然而，在区分传统文化产品和数字文化产品时，其可变成本和边际成本方面存在很大的差异。传统文化产品和服务，或者更准确地说，使用传统方法生产的文化产品，也有非常高的可变成本，随着工资的增长，这些成本往往居高不下，但生产力保持不变，正如鲍莫尔“成本病”（Baumol and Bowen，1966）所描述的那样。然而，生产数字产品的可变成本与边际成本是完全不同的。正如索斯比所说：“……媒体、电影、流行音乐和书籍出版，这四个行业的特点是，其生产的固定成本高，但边际成本可以忽略不计，而且相当不确定。”（Throsby，2006）

这非但不是无可争辩的优势，反而给新经济下的文化产业带来重要的定价问题。由于价格必须等于边际成本才能达到有效均衡，因此最优价格可能很低，在固定成本较高的情况下，生产者在完全竞争中会蒙受损失。

如果生产者和消费者并无直接接触，交易由中间商控制，即存在双边市场情形，这种情况可能会更糟（Rochet and Tirole，2006）。事实确实如此，因为目前主导数字创意内容交易的大多数大公司（Amazon、iTunes、Netflix……），都是在双边市场中充当中介的多边平台。虽然消费者和唱片公司可能会认为这是理想情形，简单而言，只需访问网页，前者就可以访问许多唱片公司的产品，后者则可以接触成千上万的消费者，但其中所存在的非常大的网络经济效应会将这些多边平台转变为自然垄断。此外，像 YouTube 一样，有时消费者可获得免费的通用接入，收入则来自广告。但是，这可能是个问题，因为它将价格形成与供需逻辑割裂开来，并导致两个极端结果：消费者访问价格几乎为零，创作者单位报酬较低，或创作根本没有质量可言，如果价格太低的话。

我们接下来不是回顾文化部门成本函数的不同经验估计，而是研究文化产业的成本结构，重点放在那些可能对集中度、市场力量和价格有较大影响的特征上。

13.1 数字经济语境中文化内容生产的成本结构

一个公司的成本结构，以及延伸到它所经营的经济部门，反映了承担其生产任务的现有技术，因此也是决定产出和定价的关键因素。

文化艺术行业，特别是文化产业，其特征在于：一方面，可变成本相对较低，这取决于生产的水平；另一方面，固定成本很高，也就是说，无论生产水平如何都会如此。此外，许多与文化产业相关的固定成本是不可能收回的，因此，它们是沉没成本。

获得视听产品的过程可以说明这一切。任何视听产品被出售之前，必须包括融资方案的设计，开发和制作首个复本或母本，其他生产前安排，生产本身和后期制作，分销、促销和广告等很多阶段。根据定义，在进入生产阶段之前发生的所有成本都是固定成本，因为它们不依赖于生产的数量。一旦首个复本已经可用，无论是物理或电子格式，获得新的生产单位所涉及的新增成本取决于你想要生产的单位数量，这些恰恰是可变成本。然而，这些大多数与发行和向公众提供等有关的成本，如促销和广告，不是可变成本，而是固定成本。

随着文化产业从工业生产模式向数字生产模式转变，与分销相关的生产和运输等成本下降，但这种下降对可变成本、边际成本而非固定成本的影响更大。事实上，“一旦信息被转化为数字形式，它就可以以接近于零的边际成本进行复制和分发”（Waldfogel，2017）。因此，固定成本的重要性在过去几年有所提高。从这样的成本结构来看，有三个要素会对市场产生巨大影响：沉没成本的重要性，降低平均总成本和几乎为零的边际成本。

13.1.1　沉没成本的作用

正如鲍莫尔（Baumol，2006）所指出的，创造新内容就意味着每次产出都需要投入。由于这项投资是不可收回的，因此每当发行新专辑、电影、书籍或歌曲时，这些投资都成了沉没成本。正如鲍莫尔和威利（Baumol and Willig，1981）指出的，经济学中的标准智慧认为，沉没成本可能是进入市场的障碍，因为如果新的潜在公司进入市场，一旦决定离开就将面临更大的损失。这个想法由萨顿（Sutton，1991）所使用的内生沉没成本概念改进而来。这些成本（如广告费用）是由公司决定的，与生产产品的数量无关，也不能收回。另外，外生性沉没成本是指无法收回的成本，与生产和外生确定的单位数量无关，如允许公司在规定期限内传播或表演受版权保护作品的单一费用。

在萨顿（Sutton，1991，1996，1998）提出的模型中，质量可由企业决定，但研发成本会增加。如果这些成本是由企业决定的，并且是特定产品专用的，那么它们就是内生性沉没成本。广告费用也是一种内生性沉没成本，其特征是公司试图产生更大的产品吸引力。对于文化产业来说，[①] 在质量和广告上的投入，会提高消费者对质量的事先评估，从而使新书、电影、歌曲等更具有市场吸引力，这反过来又意味着更高的支付意愿和更高的收入。因此，公司总是有提高质量（或事前评估）的动机，直到质量投资的（边际）回报等于成本为止。但是，这些与质量相关的成本，可能会被潜在的竞争对手视为进入壁垒。因此，这些内生性沉没成本，对文化产业有着长期的影响，因为正如过去发生的那样，它们会导致生产支出的竞争性升级，从而提高产业集中度（Bakker，2015）。

---

① 由于萨顿的模式是以质量为基础，因此将其转换至创意产业相当简单。这个模式在电视部门的应用，参见 Motta and Polo（1997）；在电影行业的应用，参见 Bakker（2005）；在创意产业的应用，参见（Bakker，2015）。

13.1.2　降低平均总成本

平均总成本被定义为平均固定成本和平均可变成本的总和，我们可以假设数字文化产品的总成本在下降。首先，我们可以假设，对于数字产品，平均可变成本是恒定的，实际上为零；平均固定成本总是在下降，因为随着产量的增加，相同的固定成本将分配给越来越多的单位产品。在这些假设下，平均总成本将会下降。当平均总成本随着产量增加而降低时，公司就在规模经济下经营。在这种情况下，扩大公司规模、增加产量是有利可图的，因为这样可以降低单位成本。这是自然垄断的标准定义，在存在沉没成本的情况下，自然垄断还将产生激励因素，促使企业在文化产业中更加集中。

因此，文化产业是那些可以利用规模经济的大公司存在并处于主导地位的沃土。如果像在文化部门一样，固定成本很高，而且其中很大部分与沉没成本有关，从而保护老牌公司不受新竞争者可能进入的影响，那么其地位将得到加强。简言之，数字化有利于集中化的过程，从而催生大型企业集团，反过来，它又要求监管机构给出新的方案（Doyle，2014）。我们可以举个音乐产业的例子，使用公告牌所提供的数据，2015 年三大公司（环球音乐集团、索尼音乐娱乐公司和华纳音乐集团）占大约 86%的市场份额，[①] 包括实体专辑、数码销售和流媒体消费。[②]

数字文化内容的传播也是如此。通过数字公司和网络进行分销也需要很高的固定成本，但平均可变成本和服务新客户的边际成本是恒定的（接近于零），结果导致大公司控制了整个行业。例如，亚马逊（Amazon）在美国电子书市场的份额，已从 2015 年 10 月的 74%，进一步提高至 2017 年 2 月的 83.3%。

综上所述，在生产方面，产业集中主要有两个因素：沉没成本的存在和规模经济。[③]

13.1.3　边际成本几乎为零

如果平均可变成本是常数，那么边际成本也是常数，等于平均可变成本。文

---

① 环球、索尼、华纳的市场份额分别为 39.2%、27.3%、19.4%（Christman，2015）。

② 自 2014 年 12 月以来，为了评估数字产品的消费情况，公告牌纳入一种涵盖实体销量的新算法，该算法基于最大的订阅式按需点播视频流媒体所提供的数据和消费者销售数据，包括 Spotify、BeastMusic、Google Play 和 Xbox Music。根据这种新的方法，一张专辑的销售相当于通过流媒体销售 10 首曲目，或收听 1 500 首歌曲（Trust，2014）。

③ 在分销方面，网络经济也倾向于集中化。然而，其分析超出了本章的范围。

化产品的数字化不会改变成本函数的形式，但会突出某些特征。特别是，平均可变成本和边际成本现在几乎可以忽略不计：一本额外的电子书，或额外的流媒体电影的成本是多少？同样重要的是要记住，这种特性不仅限于生产部门，还扩展到消费者可以获得产品的分销、存储和放置部门。

这种成本结构也对定价和创作者的报酬产生影响（Baumol，2006）。有效的和社会最优的解决方案是，对每单元精确地收取边际成本。在边际成本接近于零的情况下，这个定价规则不能收回包括创作者报酬的固定成本。因此，在完全竞争条件下，创作动机即使没有消失，也会减少，而且数量和种类也会减少。简言之，在竞争激烈的市场环境下，当前的技术并没有为数字内容的创作者提供有吸引力的报酬，这使得他们再次手无寸铁，等待着公众采取行动——要么通过监管（可能包括修改版权法），要么通过替代机制，为提供文化产品创造便利。或者，对于那些通过新的数字渠道分发的服务，可以考虑与消费不成比例的固定支付方案（Holmstrom and Milgrom，1994）。虽然完全竞争可能对创意造成不良结果，但这并不是创意产业所预期的市场结构，因为高沉没成本、规模经济和网络外部性会导致若干公司利用市场力量将价格设置在高于边际成本的水平。

13.2 结 论

本章我们已经看到新技术对创意经济的成本结构带来了根本性的改变，为数字产品的生产、分销和复制带来了非常低的边际成本（很多时候几乎为零）。[①] 然而，固定成本和沉没成本高、边际成本稳定且低、平均总成本下降等成本结构特征，有利于集中数字文化产品的生产和分销。将重复性和内生性沉没成本结合起来，可以作为进入壁垒，加上平均总成本降低所致规模经济，导致文化领域的高度集中与公司数量的减少，最新的例子就是，迪士尼于 2019 年春天收购福

① 与此同时，当涉及扩展获取文化内容的方式时，数字媒体是非常强大的渠道。可以说，这种多元化以非常低的成本为各种艺术家和创作者提供了曝光方式。“长尾”经济（Anderson，2006）假设是，即使不起眼的艺术家也可以通过互联网进入市场，并由此进入一个潜在的全球市场。这种极度丰富的信息虽然增加了消费者搜索和处理信息的成本，但也凸显了把关人的重要性。聚合器、搜索引擎和传播平台，在这个新世界占据着特权地位，使它们能够利用额外的租金。通过将偏好引导到某些艺术选择上，它们可能会使消费两极分化，从而创造出超级明星（Salganik et al.，2006）。

克斯。

高额的沉没成本导致了不可竞争的市场，一些公司在各自细分行业的市场份额上升（例如，迪士尼在电影行业，亚马逊在音乐发行或亚马逊在电子书市场）。隐性的市场力量，帮助它们将价格提高到高于边际成本的水平，使均衡偏离了社会最优。[①] 例如，数字化的电影放映，以及由此产生的电影发行，似乎并没有影响电影票价接近新的发行边际成本：美国2000年的平均票房票价是5.39美元，2018年为9.11美元，这意味着名义价格飙升了69%，实际价格涨幅也有15%。[②]

此外，大型文化产业公司至少还有另一个特点，可以加强市场地位。今天，它们通过纵向和横向的一体化进程，形成了大企业集团，从而在文化产品价值链所有阶段都享有特权。索尼就是一个很好的例子：其利益范围涵盖了消费电子产品，音像、音乐或互动游戏的硬件，以及软件内容的生产、分销和销售。此外，苹果也是一个类似的案例，它将电子产品的设计、生产和供应与在线服务（包括最大的数字音乐商店）结合起来。

数字世界边际成本的下降，意味着科技给作者带来了额外的威胁。作品一旦创作并数字化，就具有了公共产品特征。一方面，它的消费不具有竞争性。也就是说，个人下载或访问某种数字内容，并不会减少其他人访问的数量；另一方面，技术为几乎自由获取这些内容打开了多种途径，尽管在某些情况下是非法的。额外下载的边际成本将是零（或接近零），除非我们为其提供某种引入稀缺性的属性（如版权）。因此，如果价格设定在接近边际成本的水平，那么，至少从理论角度来看，将排他性原则应用于数字产品可能是困难的。

如果必须通过监管来设定价格限制，那么网络就变得尤为重要。新技术使网络经济变得更加容易。这些网络经济导致了数字经济许多领域的双边和多边市场的增长。如果监管当局要求提高价格，以更好地反映提供服务的成本（例如，将收集的部分收益转移给创造者），那么就可能产生“水床效应”，这是因网络经济影响减小而导致的意外和不必要的影响（Schiff，2008）。如果数字内容消费者的需求非常有弹性（也就是说，面对价格小幅上涨，他们将大幅减少需求）这种监管变化倾向于支持内容所有者和创造者时，将会产生新的平衡，社会福利将会明显减少，需求将大幅降低。

---

① 亚马逊在2019年第一季度的巨额利润，可以视为这种市场力量的信号。此外，苹果报告了2018年与iTunes相关的创纪录收入。

② 使用来自全国剧院所有者协会的平均票价进行计算，参见www.natoonline.org/data/ticket-price。

因此，数字技术和网络经济对创作者收入分配的影响是很难轻易纠正的。这些分配效应基本上有两类：一方面，新技术和网络经济促进了消费的两极分化，诱导了超级明星的产生和维持；另一方面，新技术导致平均成本降低，进而有助于提高市场集中度。随着超级明星的出现，这两个事实导致艺术家和创作者收入不平等加剧，特别是按照这种分配方式，中下层生产者的回报将下降。

总之，与技术变革和数字化进程相关的新的成本结构，为文化产业的演变提供了矛盾的结果。一方面，它们确实刺激了需求，使获取文化产品对消费者而言变得更容易，这要归功于访问成本的降低和多样性的增加（Potts，2014）；但是，另一方面，它们也带来了新的困难，无论是版权制度方面对创作者报酬的调整（Waldfogel，2014），还是生产方面寡头结构的巩固和加强。

参见：

文化产业的数字化；绩效指标；平台。

本章参考：

Aguiar，L.，and Waldfogel，J.（2018）. Netflix：global hegemon or facilitator of frictionless digital trade？. *Journal of Cultural Economics*，42（3）：419–445.

Ambrus，A.，Calvano，E.，and Reisinger，M.（2016）. Either or Both Competition：A ‘Two – Sided’ Theory of Advertising with Overlapping Viewerships. *American Economic Journal：Microeconomics*，8（3）：189–222.

Anderson，C.（2006）. *The Long Tail：Why the Future of Business is Selling Less of More*. New York，USA：Hyperion Books.

Anderson，S. P.，and Gabszewicz，J. J.（2006）. The media and advertising：A tale of two–sided markets. In Ginsburgh，V. and Throsby，D.（eds.）. *Handbook of the Economics of Art and Culture. Volume I*. Amsterdam：North Holland，Chapter 18：567–614.

Bakhshi，H.，and Throsby，D.（2014）. Digital complements or substitutes？A quasi–field experiment from the Royal National Theatre. *Journal of Cultural Economics*，38（1）：1–8. doi：10. 1007/s10824–013–9201–2.

Bakker, G. (2005). The decline and fall of the European film industry: sunk costs, market size, and market structure, 1890-19271. *The Economic History Review*, 58 (2): 310-351.

Bakker, G. (2015). Sunk Costs and the Dynamics of Creative Industries. In Jones, C., Lorenzen, M. and Sapsed. J. (eds.). *The Oxford Handbook of the Creative and Cultural Industries*, Oxford: Oxford University Press, Chapter 19, pp. 351-386.

Baumol, W. (2006). The Arts and the 'New Economy'. In Ginsburgh, V. and Throsby, D. (eds.). *Handbook of the Economics of Art and Culture. Volume I.* Amsterdam: North Holland, Chapter 11, pp. 339-358.

Baumol, W. J., and Willig, R. D. (1981). Fixed Costs, Sunk Costs, Entry Barriers, and Sustainability of Monopoly. *The Quarterly Journal of Economics*, 96 (3): 405-431.

Baumol, W. J., and Bowen, W. G. (1966). *Performing Arts, The Economic Dilemma: a study of problems common to theater, opera, music, and dance.* New York: Twentieth Century Fund.

Castiglione, C., Infante, D., and Zieba, M. (2018). Technical efficiency in the Italian performing arts companies. *Small Business Economics*, 51 (3): 609-638.

Christman, E. (2015). Q3 SoundScan Report: Taylor Swift and Bruno Mars Dominate, Streaming Surges. *Billboard*, www.billboard.com/articles/business/6722597/q3-soundscan-2015-taylor-swift-bruno-mars-streaming-surge.

Del Barrio-Tellado, M. J., and Herrero-Prieto, L. C. (2019). Modelling museum efficiency in producing inter-reliant outputs. *Journal of Cultural Economics*, forthcoming.

Doyle, G. (2014). Media Ownership: Diversity Versus Efficiency in a Changing Technological Environment. In Ginsburgh, V. and Throsby, D. (eds.) *Handbook of the Economics of Art and Culture. Volume* 2. Amsterdam: North Holland, Chapter 9, pp. 215-297.

Fernάndez-Blanco, V., Rodríguez-Álvarez, A., and Wiśniewska, A. (2019). Measuring technical efficiency and marginal costs in the performing arts: the case of the municipal theatres of Warsaw. *Journal of Cultural Economics*, 43 (1): 97-119.

Gil, R., and Lampe, R. (2014). The Adoption of New Technologies: Understanding Hollywood's (Slow and Uneven) Conversion to Color. *The Journal of*

Economic History, 74 (4): 987-1014.

Holmstrom, B. and Milgrom, P. (1994). The Firm as an Incentive System. *American Economic Review*, 84 (4): 972-991.

Kremer, M. (1998). Patent Buyouts: A Mechanism for Encouraging Innovation. *Quarterly Journal of Economics*, 113 (1): 137-67.

Peukert, C. (2018). The next wave of digital technological change and the cultural industries. *Journal of Cultural Economics*, Forthcoming.

Potts, J. (2014). New Technologies and Cultural Consumption. In Ginsburgh, V. and Throsby, D. (eds.) *Handbook of the Economics of Art and Culture. Volume* 2. Amsterdam: North Holland, Chapter 9: 215-231.

Rochet, J. and Tirole, J. (2006). Two-Sided Markets: A Progress Report. *RAND Journal of Economics*, 37 (3): 645-667.

Salganik, M. J., Dodds, P. S., and Watts, D. J. (2006). Experimental Study of Inequality and Unpredictability in an Artificial Cultural Market. *Science*, 311 (5762): 854-856.

Schiff, A. (2008). The "Waterbed" Effect and Price Regulation. *Review of Network Economics*, 7 (3): 393-414.

Sutton, J. (1991). *Sunk Costs and Market Structure: Price Competition, Advertising, and the Evolution of Concentration*. Cambridge, Mass.: MIT Press.

Sutton, J. (1996). Technology and Market Structure. *European Economic Review*, 40 (3): 511-530.

Sutton, J. (1998). *Technology and Market Structure*. Cambridge, Mass.: MIT Press.

Throsby, D. (2006). Introduction and Overview. In Ginsburgh, V. and Throsby, D. (eds.). *Handbook of the Economics of Art and Culture. Volume* 1. Amsterdam: North Holland, Chapter 1, pp. 3-22.

Trust, G. (2014). Billboard 200 Makeover: Album Chart to Incorporate Streams & Track Sales. *Billboard*, http://www.billboard.com/articles/columns/chart-beat/6320099/billboard-200-makeover-streams-digital-tracks.

Waldfogel, J. (2014). Digitization, Copyright and the Flow of New Music Products. In Ginsburgh, V. and Throsby, D. (eds.). *Handbook of the Economics of Art and Culture, Volume* 2. Amsterdam: North Holland, Chapter 12, pp. 277-298.

Waldfogel, J. (2017). How Digitization Has Created a Golden Age of Music, Movies, Books, and Television. *Journal of Economic Perspectives*, 31 (3): 195-214.

延伸阅读：

关于生产成本理论的一般介绍，参见 Towse (2010)。有关媒体双边市场的更专业化的讨论，请参见 Anderson and Gabszewicz (2006), Ambrus et al. (2016)。不同文化部门生产和成本函数的估算，参见 Fernandez-Blanco et al. (2019), Castiglione et al. (2018), del Barrio et al. (2019)。数字化等新技术对创意产业的影响，参见 Gil and Lampe (2014), Aguiar and Waldfogel (2018), Peukert (2018), Waldfogel (2017)。

14 创意产业

露丝·陶斯（Ruth Towse）

截至20世纪末，“创意产业”的概念就被英国政府所采用，其1998年发布的《创意产业地图》触发了广泛的兴趣，而理查德·凯夫斯（Richard Caves）有影响力的《创意产业经济学》则引入主流经济学理论。10年后，创意产业成为一个广为接受的概念，尽管早期人们更倾向于使用“文化产业”这个概念。创意产业看起来与那些被很多国家政府与国际组织所使用的创意经济范式相一致，[①] 尤其是联合国组织出版的《创意经济报告2008》（UNCTAD，2008；2018）。创意产业的目录包含广告、建筑、艺术与古董市场、手工艺品、设计、时尚、影视、游戏、遗产服务、图书馆、博物馆、网络、出版、软件、电视、广播和视频。这个目录并不统一，因此有必要核对该名单，以便衡量增长率和进行国际比较。另一种类型的分类，涉及将行业或其部分活动排序为“核心”和“外围”，或根据其产出所需的创意性程度，或如下文所讨论的根据版权介入程度来排序。无论采用哪种定义，对于经济学家来说，关键的一点是，如果要用数据来表明“部门”在国民收入中的相对规模，就不能重复计算。只要对活动的行业分类进行了适当的界定，该产业被称为文化产业还是创意产业（或两者兼而有之）都无关紧要。一个可能更紧迫的问题是，数字化产品与服务的生产和消费有着越来越多的重叠，这往往导致业余和专业产出的混淆，这些都需要通过多产品和社交媒体平台以及其他此类实体来协调。

文化产业被定义为大批量生产的具有丰富艺术内容且富含创意和文化意义的产品与服务的集合。其本质特征是创意内容的规模生产。其创意大部分源于训练

① “范式”在本文中是指对艺术和文化生产的思维方式发生转变的概念。从制度的角度来看，一个例子是英国创意产业委员会（CIC）的发展（www. gov. uk/government/groups/creative-industries-council）。但是，我还要指出，随着平台经济学的发展，经济学发生了范式转变（Towse，即将出版）。

有素的艺术家或人们所说的创意者——有创意的艺术家、表演者、手工艺者、设计师——他们也许是自由职业者，也许是创意产业的企业雇员。无论是营利公司还是非营利组织，它都是市场提供文化产品和服务的第一个阶段。然而，大批量生产不适用于现场表演或视觉艺术，所以创意产业与文化产业并不是完全重合的。虽然数字化对创意产品的大规模分发产生了巨大的影响，但在未来一段时间内，它可能不会侵蚀基本内容创作的手（工）艺质量，尽管有迹象表明，在其生产中使用了人工智能（AI）。

14.1 商品化

由于印刷、录音、摄影、影视、网络、数字化等技术的发展，以及文化工业在20世纪所集聚的能量，商业化量产成为可能。诸如印刷和平版印刷等复制技术，虽然已经存在了几个世纪，却无法实现现代性技术的大规模生产。阿多诺与霍克海默（Adorno and Horkheimer）起初提出“文化工业”这个概念，是来贬损批量生产的低俗文化，并将其与真正艺术家所生产的“高雅”文化区分开来，这些高雅文化不会复制艺术品，也不屑于商业化。直到20世纪90年代，文化产业相关文献充斥着文化和艺术商业化的主题，但是这些研究几乎全部由社会学家和政治经济学家完成。相反，如今创意产业概念则既包含了高雅文化，也包含了低俗文化，且不以艺术为标准对其加以区分，这与现实世界是一致的，即文化产品与服务的生产者和消费者存在大量的跨界行为。

在过去大约20多年里，文化经济学家对创意产业倍感兴趣，尤其是电视、电影和音乐，以及长期受关注的艺术、遗产的经济问题，另外，经济学家还热衷于媒体经济和这些产业中的版权问题（Towse，2008）。政界的转变也使得类似“未来财富生成与经济发展要依赖创意与创意产业”的观念成为主流。与其说财富驱动创意（凯恩斯等人就持有这种观点），倒不如说创意是财富的引擎。

创意产品和服务的跨国贸易是否会导致文化同质化，政界对此高度关注。有些人认为应当采取干预政策限制自由贸易，以保护本国文化；而另外一些人则认为，未受干预的市场能激发创意和多样性。因此，文化经济学也涉及文化多样性问题，而艾奇逊与莫勒（Acheson and Maule）对此有着很好的评述。从那时起，数字创意经济的扩张，极大地扩大了生产者的全球覆盖范围和更多消费者的参与，创造了巨大的世界性市场。关于互联网促进多样性的长尾讨论尚无定论：有人认为互联网更多地集中在超级明星身上，而“顶级”产品更少；另一些人则认为，互联网使利基产品和不太知名的艺术家获得了一定的市场份额。如果我们不那么骑墙派的话，有可能接受如下情形：寡头垄断长期以来容忍规模较小机构的存在，这些机构不会威胁它们的市场份额。

文化经济学者关于创意产业的研究成果基本可以划分为两类：一类是运用宏观经济学的方法，衡量创意产业对国民生产总值的贡献；另一类则是应用微观经济学的供需理论，该理论综合运用新古典主义经济学关于企业、合同以及交易成本理论，分析创意产业的经济组织。

14.2 衡量创意产业

20 世纪 80 年代，人们开始系统收集关于艺术与文化产业的数据，其所面临的问题是，如何界定低俗文化，也就是商业性的文化产业，以区别于非营利机构所生产的高雅文化。有无补贴可作为一个可行的标准。然而，国际比较发现某些营利公司也会获得补贴（如出版当代音乐和诗歌），而且一个国家接受补助的产业，在另一个国家却是非常成功的营利性企业（如新闻业）。此外，哪怕一个国家的文化产业没有获得补贴，也往往受制于版权法或具体文化政策的规制，如视听部门。可以说，随着数字创意经济发展所带来的各种事件已经取代了这些争论。最近，联合国教科文组织制定了用于计量目的的国际标准分类。本章无意于此；关于这一点，请参阅 Goodridge（2013）。

关于创意产业规模与增长所编制的数据，一直存在着不少问题。发达国家先前的数据来源于不同渠道，用不同的方法（附加值、市场规模、营业额）计算；有时从行业龙头企业或组织得来的数据，常常被别有用心地使用；发展中国家也未能解决这个问题，因为这些国家的有些文化活动尚未商业化。此外，长期存在的关于内容创作方面区分“业余”和专业“创作者和表演者”的问题，通过互联网传播作品的便捷性而加剧。因此，数据内部可能不兼容，也不能跨国进行比较。

大多数发达国家已经开始测算创意部门的规模，其结果发现它对于 GDP 的贡献远远超过制造业（呈下降趋势的部门）；个别产业的出口规模也超过了平均水平（如美国的电影、英国的音乐、荷兰的出版业）。由于这些国家的测量活动已经有些年头，结果发现其增长率远高于整体经济。人们相信创意产业会带来良好的就业前景，但是衡量文化就业和收入却困难重重，最困难的是，关于就业与收入的数据很难核实。值得强调的是，比起规模（所谓“经济重要性”，并不是一个经济概念），让文化经济学家更感兴趣的是组织结构和其他经济特性。

14.3 经济特征

“文化产业与众不同吗?”这对文化经济学而言至关重要。毕竟，如果文化产业及其组织形式与其他经济部门没有区别的话，为什么需要开辟专门的领域来研究它们？相同的问题也适用于艺术家劳动力市场。简单的回答就是，文化产品具有与众不同的内容生产特征或创意性。我们将在后文解释这个概念。

创意产业具有其他知识或信息产品生产者的特征。生产原作的固定成本很高，而制作复制品的边际成本非常低，甚至接近于零——这是自然垄断的经典特征——这就证明了国家补贴或价格管制的合理性。尽管各国政府一直不愿干预数字市场经济，但数字化使这个特征变得更加显著。此外，私营企业（谷歌、亚马逊、腾讯等）在这些情况下都非常成功。

此外，文化经济学家普遍认为，创意产业新颖产品的接受受到消费不确定的影响，导致了很高的失败率（财务成功与失败的比率）：创意产业中单个标题的成功，不能从任何具体特征来预测，如明星参与或财务支出的多少。这增加了公司的固定成本或沉没成本，而且由于生产和全球营销初始资本要求过高而提高了进入壁垒。因为产品受知识产权法（专利、版权、商标、设计权）保护，也存在进入壁垒。的确，版权似乎很可能助长了创意产业的合并趋势（Bettig，1996，这项研究可能会更新）。[①] 这些特征至少部分解释了所有权和控制权的集中，在过去几十年中，所有权和控制权的集中度大大增加。尽管如此，并不缺乏创意产业或新颖创意产品的新进入者（Waldfogel，2018）。

除了规模经济和范围经济外，网络效应也是数字经济的核心特征，使少数大

① 与此相关的是一个更大的话题，即将版权和其他知识产权作为无形资产来衡量。数字经济引发了一个问题，即如何将无形资产的明显长期价值，赋予适当的国民收入核算（Goodridge et al.，2016）。

公司能够主导所有类型的文化产品的生产和/或向国际市场的发行。网络效应是需求侧的外部性，特别是与在线消费相关的外部性，其好处不同于那些与艺术相关的好处，后者引发了公共补贴的理由，而前者可以通过在线市场从商业上捕获这些好处。购买商品或使用网络的人越多，对其他使用者的价值就越大，因此他们从网络所获得的价值就越大，其支付意愿就越高。网络效应既有直接作用，也有间接作用——网络游戏玩家从其他玩家的参与中获益（直接效应），也让游戏开发者受益（间接效应）。

14.4 产业组织

产业组织理论主要分析企业、产业和市场的结构，处理诸如竞争与定价等问题。凯夫斯（2000）将其应用于创意产业，认为它们与其他产业截然不同。

文化生产由两个不同层面组成，包括内容创造与传播——前者是艺术家负责的领域，后者则是商人负责的。凯夫斯将艺术与商业组合的第二种元素，命名为“平庸”（humdrum）的投入，这无疑是个令人印象深刻的标签。平庸的投入实际上构成了创意企业的大部分成本，想一想电影、流行 CD 或游戏的促销和发行成本，我们对此就会有真切的理解。基于这些产品的特殊性，凯夫斯提出一个框架性的分析：创意产业在平庸投入部分需要持续投入沉没成本（常常巨大），而在内容创造部分则要兼顾不同技能从业者间的协调配合。在企业活动的每个阶段，都需要签订合同以确保最终产品的按时完成（如“开幕式”）。然而，由于质量和创意投入新颖性等具有高度不确定性，合同不能涵盖所有细节和意外情形，因此不能为资源投入者提供最佳激励。概括而言，合同是不完全的。凯夫斯对创意产业的研究关注企业的核心组织结构，这种组织结构能使企业在极度不确定的市场环境下，将从生产到传播过程中的资本投入的可能损失降到最小。这就是决定产业的市场组织结构的因素。此外，个体艺术家们也同样面临着不确定性，特别是在与商业公司的交易中处于不利地位，尤其是涉及工资和权利转移问题。

根据凯夫斯的分析，视觉艺术家与经销商之间的简单合同，与电影生产过程中不同参与者的合同一样，都面临同样的经济问题，只不过后者的创意与成本过程更为复杂，所涉及的人员与资金额度更大而已。电影产业就是一个特别有趣的案例，其产业结构随着一个重要的制度变化而发生巨大改变，派拉蒙法案的反垄断裁定，极大地推动了电视这种新媒介的使用。派拉蒙案摧毁了电影生产者对电影业的控制。所谓大制片厂模式——艺术家被长期独家雇用——走向了瓦解，被“灵活专业化”所替代。在灵活专业化方式下，内容创作者以自由身份签订短期合同，从而与文化企业共同承担风险，因此企业就没有动力去投资艺人的培训和发展（Storper，1989）。这个案例充分证明了法律规制所产生的意想不到的结果，而技术进步无疑将对劳动力市场产生深远的影响。创意产业，无论是就政策（如法律的变化）而言，还是就技术进步（尤其是家庭复制技术、数字化和互联网）而言，都深受这些变化的影响。

14.5 把关人的角色

凯夫斯（2000）同样注意到“把关”的中介或“做市”的重要功能，这是一个从社会学中汲取的概念。“把关”就是生产过程中的一个中间环节，它有效地保证了文化产品供给的质量。创意企业承担着从大量（甚至是过剩的）创意内容中挑选部分进行生产与营销，因此，他们决定了向消费者提供哪些文化产品和服务，如可以提供哪些书和音乐，是否有诗歌可供选择。然而，为确保企业长期发展或实现利益最大化的目标，对于文化生产的影响并不是中立的，相反，它会影响文化发展。如果音像公司认为嘻哈或重金属音乐的商业前景可期，他们就能影响年轻人的文化潮流；或者，如果出版商认为女性读者偏爱大团圆结局的爱情故事，他们就会要求作者去创作这样的故事，而不出版其他具有更高文化与社会价值的作品，从而使女性作品类型固化。创意产业的机构，无论是营利的还是非营利的，都充当了艺术家与消费者之间的过滤器或调停人角色，这个角色对政策有影响。

把关人也已成为互联网社交媒体帖子、评级等方面的一个角色，通过提供专业和非专业的信息和意见来影响人们的选择，这些信息和意见可能与创意产业的选择并不一致；事实上，它本身可以说已经成了一个“产业”。

14.6 版权和创意产业

统一创意产业所采用的原则就是它们与版权法的关系，以保护创意或文化内容，即作为其基础的知识产权。因此，“受版权保护的产业”实际上已成为创意产业的同义词，世界知识产权组织（WIPO）的《基于版权产业的经济贡献调查指南》（WIPO，2003；2015）对活动进行了分类，并根据对版权的“依赖性”进行排序，在许多国家以这些产业对GDP的贡献来衡量其贡献。文化内容的生产是所谓的“核心版权”活动，而与其发行有关的类别的活动则是部分依赖版权活动。然而，WIPO并不是唯一将版权和创意产业结合在一起的联合国机构（UNCTAD，2008；2018）；许多国家以及欧盟的政策文件也是如此——有些文件甚至声称版权对创意本身至关重要。因此，我们太容易就相信两者之间存在因果关系，认为版权是创意产业的驱动力，因此也是创意经济的驱动力。然而，到目前为止，还没有经济证据表明文化生产对版权变化的反应能力。例如，加强版权可以增加创意产出，这是创意产业游说者经常提出的说法。事实证明，即使是未经授权的复制（“盗版”）对生产的经济影响也很难评估（Waldfogel，2018）。

版权的经济学理由是，没有对作者、出版商的法定财产权，新作品的生产和传播就不能达到社会需求的理想水平。这引出了信息和知识产品的“公共产品”属性，即由于无法控制其使用，以及收益不足以弥补其成本，这些产品常常面临投资不足的问题。因而版权为促进文化生产的投资提供了解决之道，而且是通过市场力量实现的：通过以版权方式控制作品的权利，版权持有者可以制定高于生产成本的价格，从而获得额外的利润，以便用于作品创作的初始投入，这就是版权法所提供的经济激励。版权既有成本也有收益，对这一代作者和出版商过强的版权保护，会让下一代承担更高的成本压力，这主要是因为存在搜索成本和信息成本。版权经济表明，为了寻得最优的版权保护力度，必须达到成本和收益的平衡，包括时长、规模和执行力度，但所有这些都很难计量，特别是技术进步不断地带来变化。法律常常落后于技术革新，其变化也常常落伍。例如，由于数字材料与卫星传输的出现，就需要新的权利予以应对。市场能够对技术发展做出更快的适应，因此就出现了以下的观点：法律针对技术应该采取中立立场，以免阻碍技术发展。

数字化为版权经济带来了不少有趣的问题。总的来说，经济学家将其视为又一场技术变革，就如同影印、录音和广播等技术一样，它们将深刻影响文化产品与服务的生产和消费。有些企业家将由此受益，而那些成熟的企业则适应得较慢，但这就是创新的代价，这也就是熊彼特所谓的“创造性破坏”概念。适应不仅要改变生产方式，还要采用新的商业模式。我们生活在一个随着新技术不断开发而不断快速变化的时代。基于广告的免费传输，就是一个可行的为创意产品和服务提供资金的方法，但这给如何与拥有所有权的创作者签订合同以及如何支付薪酬带来不小的麻烦。经济学家进一步认为，商业模式就可以有效激励新作品的创作，版权法并无必要存在。法律学者则试图改变数字经济中个人版权的整体期限。同时，版权法继续得到“加强”并适应新的发展。

14.7 结 论

创意产业范式的确是促进这个部门发展得十分成功的修辞手段，但是其接受的情形有些喜忧参半：文化分析者反对经济学家对于文化生产的偏见；而经济学家还在不断嘟囔，重组国民收入账户对经济增长有什么实际的影响。但凯夫斯的分析表明，就这些产业生产者的经济结构而言，这个概念具有重要的意义（尽管凯夫斯所说的体制性物质风险因数字化和互联网传输的出现而已经过时，并且他对于版权的作用只字不提）。技术变革仍在进行中，本章观点可能很快就会过时。例如，人工智能的前景就在眼前，著作权概念、作者权利和版权已发生深刻变化。

参见：

人工智能；商业模式；版权；创意；文化企业家精神；文化产业的数字化；直播影院；视频游戏行业。

本章参考：

Acheson, K. and Maule, C. (2006). Culture in International Trade. In Ginsburgh, V. and Throsby, D. (eds). *Handbook of the Economics of Art and Culture.* Amsterdam: North Holland, 1141-1182.

Caves, R. (2000). *Economics of the Creative Industries.* Cambridge, MA: Harvard University Press.

Goodridge, P. (2013). Measuring the Creative Economy. In Towse, R. and Handke, C. (eds) (2013). *Handbook on the Digital Creative Economy.* Cheltenham, UK and Northampton, MA, USA: Edward Elgar, 162-177.

Goodridge, P. Haskel, J. and Wallis, G. (2016). *UK intangible investment and growth: new measures of UK investment in knowledge assets and intellectual property rights.* UK IPO. https://assets.publishing.service.gov.uk/government/uploads/system/uploads/attachment_data/file/554480/Investment-in-Intangibles.pdf.

Towse, R. (2008). Why has Cultural Economics Ignored Copyright?. *Journal of Cultural Economics*, 32 (4): 243-259.

Towse, R. (2019). *A Textbook of Cultural Economics*, 2nd edition. Cambridge: Cambridge University Press.

Towse, R. (2019). Do we need a new economic approach to the creative economy in the digital era?. Paper presented at the conference on The Internet and Science: An Analysis from the Structural and Dynamic Complexity. University of A Coruña, March, forthcoming.

UNCTAD (2008). *Creative Economy Report* 2008. Geneva: UNCTAD.

UNCTAD (2018). *Creative Economy Outlook*, Genea: UNCTAD. https://unctad.org/en/PublicationsLibrary/ditcted2018d3_en.pdf.

World Intellectual Property Organisation (WIPO) (2003, 2015). *Guide on Surveying the Economic Contribution of the Copyright-Based Industries.* Geneva: WIPO. www.wipo.int/edocs/pubdocs/en/copyright/893/wipo_pub_893.pdf.

Waldfogel, J. (2018). *Digital Renaissance.* Princeton and Oxford: Princeton University Press.

延伸阅读：

任何对创意产业经济学感兴趣的人，都应该阅读凯夫斯的书，本书推荐联合国贸易和发展会议《创意经济报告》（2008）作为该主题非专业性文献；2018 年版则提供了大量关于创意产业和国际贸易的国别数据。国际贸易及其对文化发展更广泛影响的相关研究，参见艾奈逊和莫尔（Acheson and Maule，2006）。瓦尔德福格尔（Woldfogel，2018）的著作通俗易懂，用副标题的话说就是“数据和经济学告诉我们流行文化的未来”。露丝·陶斯（Towse，2019）是处理其中大多数问题的教科书，而本手册的许多章节提供了更专业的细节和分析。

15 创　意

卡罗尔·博罗维茨基（Karol Jan Borowiecki）

创意是艺术和文化的基本价值。创意如果不是艺术实践的必要条件，似乎至少是艺术的标志或典型特征。如今，创意不仅具有文化价值，而且具有经济价值，特别是在创意产业的背景下，创意备受推崇。然而，对于经济学家来说，这也是个难以捉摸的概念，因为衡量创意是极其困难的，而杰出创意往往是在作品创作多年甚至几十年后才得到认可。因此，迄今为止，对创意进行经济分析的尝试相当有限，其数量似乎并没有反映出创意本身在文化经济学中的重要性。

一般而言，对创意的兴趣——以及赋予它的价值——是新近的现象。就大部分的历史而言，创意在劳动力市场上的定价都不高。过去，雇主看重的是守纪、勤奋、努力的员工，而不是富有创意的员工。然而，近年来随着人们对创意的兴趣激增，这种情况发生了巨大变化：公司需要有创意的工人，决策者希望有创意的社会，人们希望有创意的城市，甚至期刊编辑也希望有创意的研究。

创意历来是跨学科的学术领域，在心理学、教育学、哲学、社会学、商学、艺术史、音乐学等领域都受到特别关注。芒福德（Mumford，2003）在总结创意跨学科研究的基础上提出了创意的定义，即“生产新颖、有用的产品”。因此，创意可以被视为一种现象，生产某种新的、有价值的东西，这使其很好地适用于艺术和文化的情景。然而，许多跨学科领域中所做的重要工作，已经超出本章的范围。相反，本章主要关注的是在经济学范围内进行的创意研究，其目的是介绍创意的分支领域，包括给那些对创意的文化经济学研究感兴趣的人提供阅读建议。

本章分为两个部分。第一部分侧重于个体艺术家，并试图揭示个人创意的动机，特别是它是否服从经济动机。与此相关的是关于艺术家劳动力市场的文献，这些文献揭示了艺术家在创作和其他创收工作的时间分配方面的决策。第二部分提出了一系列重要问题的研究：是否有可能理解是什么提高了创意产出，以及如何鼓励它？这项工作的主要目的是阐明创意是如何发展的。特别是，最近的研究成果着眼于三点：创新需求的增长如何激发创意；版权和产权制度是否能培养创意；特定的非凡个体如何在同侪效应或情感因素的影响下有所发现并创造创意性产出。

15.1 艺术家

15.1.1 艺术家的动机

创意包括对未知的探索。因此，思考是什么激励人们进行创意的冒险是很有趣的。在《不仅仅是为了钱》（*Not Just for the Money*）一书中，费雷区分了内在动机和外在动机。内在动机是指一个人做某事是出于内在信念，如艺术冲动或社会良知；外在动机是人们对外界刺激做出的反应。他还区分了内在奖励（如认可或满足感）和外在奖励（如报酬或晋升）。费雷的贡献在于其“拥挤”理论（Frey，1997）。当具有内在动机的人获得诸如金钱之类的外部奖励时，就会发生挤出效应。这种外部奖励会产生意想不到的结果，即本应起到激励作用的东西，反而起到了抑制作用，甚至可能引发相反的反应。如果表述为道德风险问题的话，其不良反应的最典型例证是，付钱给献血者会鼓励像吸毒者那样的人去卖血，而把本来出于内在动机的健康的人排挤出去。费雷（Frey，2000）将挤出效应应用于个人创意，认为外在动机导致低质量艺术作品数量的增加。他还讨论了相反的可能性，即“挤入”，如果外在的奖励能被艺术家所接受，那么内在的动机就能被外在的奖励所激发。其中一种方式是提供“无条件的”资助；另一种方式是让由同行组成的专家小组决定如何分配资金。费雷的主要观点是，制度安排对激发创意很重要。

彭德格斯特（Pendergast，2018）采用不同的方法，通过动态代理理论的视角来探索创意。创意产出的质量取决于创作者的努力与其创意性抱负之间的相互作用。一方面，更多的创意性项目有更高的回报，自然会产生更多的努力。但另一方面，有一种抵消性的刺激，如果没有取得成功，就更难评价所提供努力的成本。这对努力的动机产生了负面影响，模型描述了所观察到的权衡情况。彭德格斯特的设置还可以提供更多的见解。例如，在创意性发现的动态过程中，重大突破之后是不太重要的创新阶段，这种循环随着时间的推移而持续稳定。

15.1.2 创意和艺术家的劳动力市场行为

文化经济学的另一个研究领域对了解个体创意者的创意颇有启发意义，这就是艺术家的劳动力市场。这项研究的结果可能与内在动机有关，因为它们表明，最大限度的金钱奖励并不是创作者和表演者所追求的。追溯到20世纪80年代的文献，它们承认艺术家非金钱的“精神”回报，甚至通过比较艺术家与其他受教育程度和经验相当的工作者的收入，来衡量艺术家工作的机会成本。

在《经济学与文化》中，索斯比用整章来研究创意的经济学，主要是考虑创意过程是否可以用理性决策来解释（Throsby，2001）。他测试了艺术家从事艺术的工作时间决策模型，他利用澳大利亚艺术家劳动力市场的调查数据，来分析艺术家如何在艺术和非艺术工作之间分配时间。将时间分配到他们所选择的艺术职业上，要受到为家庭赚取足够收入需要的约束，而不是像“普通”劳动经济学所认为的那样损失休闲时间——因此，索斯比称之为“工作偏好”模型。他发现，当工资上涨时，创作者会把更多时间花在喜欢的创意性工作上。对这篇文章以及其他关于艺术家劳动力市场文献的回顾，请参见 Alper and Wassall（2006）。

在后来的作品中，索斯比（Throsby，2006）将艺术家致力于“商业”而非“创意性”工作的决定模型化，将创意性艺术工作视为“内在的”满足，而将商业工作视为“外在的奖励”，使用生产函数而非工作偏好模型。布赖恩特和索斯比（Bryant and Throsby，2006）通过引入创意或天赋指数来扩展生产函数，以解释艺术家提供“商业”而非“创意性”作品的决定。考恩和塔巴洛克（Cowen and Tabarrock，2000）也发现了这种取舍，他们认为艺术家在追求审美满足、名利欲望和市场销售收入之间做出了选择。塞利尼和卡西亚（Cellini and Cuccia，2003）将这个问题视为私人营利性“金融家”与就“实验性”和“保守性”作品做出选择的艺术家之间的反复博弈，在这个博弈中，艺术家学会调整自己的创意，期望获得资金。

对艺术家劳动力市场的研究不可避免的结论就是，即使工资水平很低，艺术家劳动力也存在供给过剩。这与费雷对艺术动机的分析有关——“为艺术而艺术”，不关心经济利益——对于那些接受培训补贴，甚至是其他资助或财务支持的艺术家而言，其供给弹性居高不下，这是旨在支持艺术家政策意想不到的后果。[①] 这个令人不安的事实，是艺术家和其他主要创意者讨价还价时所遇到的许

① 参见 Abbing（2002），Towse（2001）。

多问题的根源，尤其是作为个人，不过在集体议价情况下亦是如此。另一个令人不安的事实是，对艺术家收入的研究一再表明，培训和经验的长度对创意性工作的收入没有影响（虽然对于非艺术工作也是如此）。因此，必须得出这样的结论，即个人创意不能通过培训投资来提高，尽管人们经常提出这样的要求，但这些要求都是没有根据的（Towse，2006b）。

以上总结了有关个人创意动机的经济因素所做的具体工作，并说明经济因素在影响创意者如何选择“创意性”决定方面所发挥的作用。潜在的模型是内在满意度的效用最大化，预算约束包括外部奖励和“挤入”的财务支付。这与创意产业公司的动机形成了鲜明对比：营利企业的动机被简单地假定为利润最大化，而非营利组织的动机则是多种多样的（收入最大化、接触新受众等）。此外，对艺术家劳动力市场的研究，基于对时间使用进行建模，时间的价值是用收入来衡量的，而公司的价值是用产出的价值和数量来衡量的。最后，研究的重点是作品销售收入、费用和工资，但最近，人们对版权使用费和使用版权作品的其他报酬产生了额外的兴趣。从其他关于艺人收入的研究中可以预料到，版税收入的分配严重失衡——超级明星的版税很高，而大多数人的版税则微不足道。[①]

15.2 增强创意

15.2.1 创新需求

根据标准经济学理论，许多学者使用价格来代表商品和服务的价值，这包括艺术作品。在视觉艺术领域，这可以很方便地通过以往艺术品拍卖的结果来实现，并且假设市场价格反映了绘画的真正创造性价值。在一篇具有里程碑意义的文章中（Galenson and Weinberg，2001），以及其后的《古老的大师和年轻的天才》（*Old Masters and Young Geniuses*）（Galenson，2007）著作中，拍卖价格被用作艺术品质量的代理。加伦森和温伯格（Galenson and Weinberg，2001）以 19 世纪的法国艺术家为研究对象，提出了对艺术创新需求的重大转变。作者探讨了艺术家的艺术作品质量在整个生涯中是如何变化的，并且指出那些暴露在创新需求增加的环境下的艺术家，其巅峰时期可能出现得比后来的同龄人更早。这些

① 参见手册“超级明星”章。

需求的变化从根本上影响了成功从业者的职业生涯，刺激了优秀艺术品的出现。因此，保罗·塞尚（Paul Cezanne）和巴勃罗·毕加索（Pablo Picasso）虽然出生相隔40多年，但在不到一年的时间里创作出了他们最重要的作品，这并非偶然。

除了特定时间和地点的市场条件外，其他的政治和政策因素也会对艺术创意产生重要的影响。沃贝尔（Vaubel，2005）提出了这样一个假设：邻国之间的竞争可能有利于文化创新，因为它们需要音乐创作和表演。这个假设得到实证观察的支持，欧洲器乐在巴洛克时期有了突破，最著名的作曲家来自政治分裂程度最高的两个国家——意大利和德国。沃贝尔建议测量平均工龄，以此作为需求方面竞争的指标，并表明，巴洛克时期意大利和德国著名的作曲家更换雇主的频率，明显高于法国和英国的作曲家。这些见解表明，政治的分化和相应的更高要求，不仅促进了音乐创作和音乐质量的提高，还刺激了作曲家的流动性。

15.2.2 创意和版权

在20世纪关于版权的争论中，创意经常被提及；如今，游说团体和政策制定者经常声称加强版权保护可以提高创意。然而，版权法既没有提到创意，也没有真正关心它。从经济学的角度来说，版权应该通过激励文学艺术作品的创作和传播来资助创意。通过赋予创作者法定财产权，使未经许可复制他人受版权保护的作品成为非法行为，作者就能够控制并对其作品的使用收取费用。如果没有这些权利，非竞争性、非排他性的创意性作品（所有数字作品和许多其他作品都是如此）将成为公共产品。版权通过向使用者收取使用费来资助艺术作品创作：作品越受欢迎，价格越高，版权所有者的收入就越高。因此，版权的经济原理是，它通过市场融资为艺术、文学、音乐、戏剧等作品的创作提供了激励。

在许多国家，版权或著作权只适用于“原创”作品的作者。因此，表演者没有适当的版权，但有“版权相关权利”或“邻接权”，如他们有权利控制现场表演的录制，也有权利就其作品使用获得报酬，该权利通常被赋予版权收集协会（或版权管理组织）。[1] 如果是在受雇过程中创作的作品，雇主而非雇员被视为创作者，因此，版权属于雇主而非参与创作的人。这就是美国版权法中的雇佣作品。

然而，对创作者或表演者的激励是通过两种渠道进行的：首先，创意性的内

---

① 更多细节参见 Towse（2006a）。

容通常与传播媒介以及他人创意性工作相结合，形成一种面向市场的商品或服务；其次，这个过程由企业运作，企业需要通过转让版权来换取版税合同。由于版权是一种个人权利，而个人创作者与创意产业中企业的议价能力通常较低，正如凯夫斯（Caves，2000）充分证明的那样，因此我们不难得出这样的结论：版权在实践中对个体创作者的创意影响有限，对创意产业似乎更有价值。

许多学者研究了版权保护是如何随着时间的推移以及国家和地区的不同，而创造出不同的创作环境的。露丝·陶斯对这个研究方向做出了广泛贡献，并增进了我们对版权保护对各种创意产业的影响的理解（Towse，2001），以及艺术家和中介机构之间关于知识产权所有权的冲突。陶斯的作品主要涉及当代的政策和经济状况。更有历史性的是，佩特拉·莫泽研究了版权和专利保护的影响行业、地理和时代（Moser，2011；Moser，2013）。最近，她研究了艺术数据，特别是19世纪英国的图书出版（Li，MacGarvie and Moser，2017）和拿破仑统治对意大利歌剧的影响（Giorcelli and Moser，2016），以研究版权对创新的影响。由于拿破仑在意大利取得军事胜利的时机，焦尔切利和莫泽利用了版权采用上的差异。因此，作者能够估计版权对创意的因果影响，并发现版权保护的基本水平不仅增加了创意性产出的数量，还提高了质量。

15.2.3 同侪效应和地理集群

再来看看地理因素，赫尔曼齐（Hellmanzik，2010）观察到著名视觉艺术家显示出明显的集群模式。这个观察结果激发其对地理位置溢价的研究，她选取了1850—1945年出生的当代著名艺术家作为样本。她将拍卖数据与这位艺术家是否曾在巴黎或纽约工作过的记录结合起来，这是当时两个主要聚集地。研究结果表明，在巴黎和纽约创作的画作，分别被高估了11%和43%。此外，在这两个集群所在地工作的艺术家，其作品的年龄—价格曲线达到峰值的时间，明显早于在其他地方工作的艺术家。米切尔（Mitchell，2016）披露了文学家的类似发现，其研究表明，一个作家在伦敦居住时，会变得更有创意，每年都会多创作大约11%更有意义的作品。

在探讨集群的因果效应时，我们必须要问的是：地理集群是否吸引最具创意的艺术家，或者集群中的艺术家是否因为与集群位置相关的正外部性而更多产？换句话说，是自我选择还是集群效益存在决定地理集群优越性的经验证据？这个问题——以及在回答这个问题时要避免的内生性问题——不仅对艺术行业，而且对其他行业，都具有相当大的政策意义（Rosenthal and Strange，2004）。博罗维茨基（Borowiecki，2013）曾尝试回答这个问题，他使用全球 116 位出生于 1750—1899 年的著名作曲家的样本数据来说明。这种历史方法使其能够利用作曲家的出生地和地理集群之间的地理距离变化作为集群的外生来源，从而可信地断言集群和生产力之间的联系是一种因果关系，而不是简单的相关性。博罗维茨基的研究结果表明，地理集聚提高了创意：作曲家处于集群之中，每三年就能多创作一件有影响力的作品。

深入探讨重要艺术集群的动态，可以为集群如何激发更高质量艺术的创作提供启示。博罗维茨基（Borowiecki，2015）提出了一个简单的理论框架，来解释集聚经济（同侪效应）和不经济（同伴拥挤）之间的权衡，这意味着与同行存在相关的生产率收益呈倒“U”形关系，当同行群体规模变得非常大时，生产率收益最终会下降。音乐作曲家的数据支持了这些理论预测。博罗维茨基透露，这里的同行群体规模对某个年份创作重要作品的数量有相当大的因果影响：当另外一位杰出作曲家位于同一城市时，作曲家的创作效率大约提高了 10%。然而，这种影响是非线性的，并且可能随着同行规模的扩大而减弱。

经济学家和经济历史学家越来越确定，某些历史事件可能在同个时期的环境中继续发挥作用。博罗维茨基（Borowiecki，2015）针对艺术创意的尝试，试图理解意大利某些城市对艺术的持续支持及其对文化创意产品的需求。他发现那些过去文化活动水平高的地方——以在此期间活跃作曲家的数量来衡量——如今就会有更多的音乐会和歌剧表演，居民在高雅文化方面（而不是其他娱乐活动，如体育赛事）的支出相对更多。对艺术的需求和支持，一旦在特定的城市建立起来，似乎就会持续几个世纪，这可能会引发一个问题：在这些环境中，当代政策刺激创意的效果如何？

15.2.4 情感因素

除了市场力量、政治或地理因素之外，还有新兴的跨学科研究，探索生物因素如何驱动艺术创意。自亚里士多德以来，学者们就假设创意和情感状态是相互关联的。其他学科——尤其是应用心理学文献——探索了这种联系，以及著名的有创意的人与抑郁症和双向情感障碍等精神疾病之间的明显相关性。[①]最近，文化经济学家通过研究著名艺术家的信件，了解他们所陈述的情感状态与创作成果之间的关系。例如，博罗维茨基（Borowiecki，2018）使用文本分析，来衡量沃

① 文献综述，参见 Simonton（2014）。

尔夫冈·阿马德乌斯·莫扎特（Wolfgang Amadeus Mozart）、路德维希·凡·贝多芬（Ludwig van Beethoven）和弗朗茨·李斯特（Franz Liszt）大量信件中所表达的积极情绪和消极情绪的程度。这使得他可以构建出幸福指数来表示每个作曲家一生的情感状态。然后，他指出，负面情绪会产生因果影响，导致创意——通过高质量作曲的数量来衡量——的提高。

15.3 结 论

本章简要回顾了文化经济学的文献，这些文献展示了经济学家如何处理创意问题。他们研究激励创作者创作各种艺术作品的不同方式，按照费雷的话，制度安排的核心是让创作者获得内在和外在的奖励。因为在创意产业、创意集群等背景下，由于经济增长而刺激创意，需要考虑创意有多少是通过市场力量或经济政策（包括版权法）产生的，有多少是由地理和历史因素所决定。至于创意产出的目标是质量还是数量，这是一个开放的问题。可以确定的是，对于这个文化经济学的基础性问题而言，还有大量的工作要做。

参见：

艺术家的劳动力市场；版权；文化街区。

本章参考：

Abbing, Hans (2002). *Why are Artists Poor? The Exceptional Economy of the Arts*. Amsterdam: Amsterdam University Press.

Alper, Neil and Gregory Wassall (2006). Artists' Careers and their Labour Markets. In Victor Ginsburgh and David Throsby (eds). *Handbook of the Economics of Art and Culture*, Amsterdam: North Holland, 815-864.

Borowiecki, Karol J. (2013). Geographic clustering and productivity: An instrumental variable approach for classical composers. *Journal of Urban Economics*, 73

(1): 94-110.

Borowiecki, Karol J. (2015). Agglomeration economies in classical music. *Papers in Regional Science*, 94 (3): 443-468.

Borowiecki, Karol J. (2015), Historical origins of cultural supply in Italy', *Oxford Economic Papers*, 67 (3): 781-805.

Borowiecki, Karol J. (2018). How Are You, My Dearest Mozart? Well-being and Creativity of Three Famous Composers Based on their Letters. *Review of Economics and Statistics*, 99 (4): 591-605.

Borowiecki, Karol J. and Diana Greenwald (2019). Arts and Culture. In Claude Diebolt and Mike Haupert (eds.), *Handbook of Cliometrics*, Heidelberg: Springer.

Bryant, William and David Throsby (2006). Creativity and the Behaviour of Artists. In Victor Ginsburgh and David Throsby (eds). *Handbook of the Economics of Art and Culture*. Amsterdam: North Holland, 507-528.

Caves, Richard (2000). *Creative Industries. Contracts Between Art and Commerce*. Cambridge, Mass.: Harvard University Press.

Cellini, Roberto and Tiziana Cuccia (2003). Incomplete Information and Experimentation in the Arts: A Game Theory Approach. *Economia Politica*, 20: 21-34.

Cowen, Tyler and Alexander Tabarrok (2000). An Economic Theory of Avant-Garde and Popular Art, or High and Low Culture. *Southern Economic Journal*, 67 (2): 232-253.

Frey, Bruno S. (1997). *Not Just for the Money*. Cheltenham, UK: Edward Elgar.

Frey, Bruno S. (2000). *Arts and Economics*. Heidelberg: Springer.

Galenson, David W. and Bruce A. Weinberg (2001). Creating Modern Art: The Changing Careers of Painters in France from Impressionism to Cubism. *American Economic Review*, 91 (4): 1063-1071.

Galenson, David W. (2007). *Old masters and young geniuses: The two life cycles of artistic creativity*. Princeton, NJ: Princeton University Press.

Giorcelli, Michela, and Petra Moser (2016). Copyright and Creativity: Evidence from Italian Operas. Working Paper. Social Science Research Network.

Hellmanzik, Christiane (2010). Location matters: Estimating cluster premiums for prominent modern artists. *European Economic Review*, 54 (2): 99-218.

Kretschmer, Martin and Philip Hardwick (2007). *Authors' earnings from copyright and non-copyright sources: from a survey of* 25, 000 *British and German writers*. Bournemouth University, CIPPM.

Li, Xing, MacGarvie, Megan and Moser, Petra (2017). Dead Poets' Property-How Does Copyright Influence Price?. *SSRN Working Paper*. June 15.

Mitchell, Sara (2016). *Essays on Synergies from the Geographic Clustering of Literary Artists*. Trinity College Dublin Doctoral Thesis.

Moser, Petra (2011). Do Patents Weaken the Localization of Innovations? Evidence from World's Fairs. *The Journal of Economic History*, 71 (2): 363-382.

Moser, Petra (2013). Patents and Innovation: Evidence from Economic History. *The Journal of Economic Perspectives*, 27 (1): 23-44.

Prendergast, Canice J. (2018). Creative Professions. *Working Paper Chicago Booth*, April 16.

Rosenthal, Stuart S., and William C. Strange (2004). Evidence on the nature and sources of agglomeration economies. *Handbook of Regional and Urban Economics*, 4: 2119-2171.

Simonton, Dean Keith (2014). The Mad-Genius Paradox: Can Creative People Be More Mentally Healthy But Highly Creative People More Mentally Ill?. *Perspectives on Psychological Science*, 9 (5): 470-480.

Throsby, David (2001). *Economics and Culture*. Cambridge: Cambridge University Press.

Throsby, David (2006). An Artistic Production Function: Theory and an Application to Australian Visual Artists. *Journal of Cultural Economics*, 30: 1-14.

Towse, Ruth (2001). *Creativity, Incentive and Reward*. Cheltenham UK and Northampton. Mass, USA: Edward Elgar.

Towse, Ruth (2006a). Copyright and Artists: a View from Cultural Economics. *Journal of Economic Surveys*, 20 (4): 567-585.

Towse, Ruth (2006b). Human Capital and Artists' Labour Markets. In Ginsburgh, Victor and David Throsby (eds.). *Handbook of the Economics of Art and Culture*. Amsterdam: North Holland, 867-894.

UNCTAD (2008). *Creative Economy Report* 2008. Geneva: UNCTAD.

Vaubel, Roland (2005). The Role of Competition in the Rise of Baroque and

Renaissance Music. *Journal of Cultural Economics*, 29 (4): 277-297.

延伸阅读：

布鲁诺·费雷（*Bruno Frey*）2000 年出版的《艺术与经济》（*Arts and Economics*）第 8 章，很好地介绍了如何将拥挤理论应用于创造动机。大卫·索斯比（David Throsby，2001）的《经济学和文化》第 6 章，清晰地阐述了他在艺术家劳动力市场背景下对创意的观点。关于版权和艺术家的经济文献，参见 Towse (2006b)。对艺术家供给行为的分析，大多基于劳动经济学中的人力资本范式，这个范式与创意能否通过艺术培训课程进行投资的问题相关；对此的调查，参见 Towse (2006b)。关于艺术和艺术创意的经济史，参考“艺术与文化”章节，具体见 Karol Jan Borowiecki and Diana Greenwald. Arts and Culture. in Claude Diebolt and Michael Haupert (eds.). *the Handbook of Cliometrics*。

16 批 评

塞缪尔·卡梅隆（Samuel Cameron）

批评的生产和消费是文化永恒的特征。这并不一定意味着它在经济上很重要。正如达哈和常（Dhar and Chang，2009）所著文章标题所暗示的那样，它可能只是一种“廉价谈话”。目前关于其影响的许多研究，都是由数字技术的颠覆性力量推动的。同样，这并不能证明批评是重要的，因为它可能仍然只是微不足道现象的些许改变而已。

批评本身可能具有重要的文化意义。例如，有些人可能更喜欢著名的影评人，如保利·凯尔（Paulie Kael）或西斯科（Siskel）和埃伯特（Ebert），甚至超过他们所看过的大多数电影。其更直接的经济效应可能体现在通过需求数量而非定价而显示出来的影响，尽管在艺术领域已经有人尝试在享乐回归方程引入将批评观点作为价值指数（Olckers et al.，2015）。对需求的直接影响，可能通过消费者访问的间接操作渠道获得——例如，如果电影受到欢迎，消费者可能在屏幕上停留更长时间（Souza et al.，2018）。在同样的情况下，书籍可能更易销售。就福利经济学而言，批评在提高社会福利方面可能很重要。然而，这方面的问题往往被大多数研究所忽视，因为它往往是经验性质的。

有许多研究探讨批评对传统文化事务的影响，如现场表演的门票销售、电影放映等。目前，由于颠覆性的数字创新，这个领域的研究数量和范围都出现了爆炸式增长。这类研究倾向于探索一个显而易见的假设，即来自批评的良好结果，会借助来自互联网的公开数据，导致销售的增长（Clement et al.，2007；Gemser，2007；Hennig-Thurau et al.，2012；Souza et al. 2018；Wallentin，2016）。一般而言，在音乐、视频游戏、电影、书籍等领域，有利的信息将推动销售，即便总是会有例外。比如流行音乐，像 Go-Betweens 这样的乐队虽然在主流信息渠道有着无尽的赞誉，但仍没有取得经济意义上的成功。

这则轶事指的是个体评论家对批评传播主要渠道的影响。最近的许多研究关注的是，来自非专业人士或“公民”批评家的批评信息聚合的影响。值得注意的是，互联网电影数据库（Internet Movie Database，IMDB）将“专业”评论和“用户”评论区分开来。非专家信息聚合的一个关键问题是，可能存在很多“噪声”。我们可以采取选择性聚合方法来克服这个问题，就像互联网信息源所做的那样。历史上，奖项的出现就是为了发挥这个功能。因此，许多有关奥斯卡对电影成功影响的研究，可能就被视为批评家影响的证明，就现场表演而言，如博伊尔和邱（Boyle and Chiou，2009）的研究表明，托尼奖（由700位批评家的意见组成）对纽约的百老汇剧院有着统计意义上显著的积极影响。

到目前为止，我们认为什么是批评是显而易见的。但实际上，我们需要澄清批评的定义。在经济术语中，它涉及消费者为具有风险的复杂商品提供信息。因此，它可能是通过降低风险，特别是通过公共产品来提高福利。批评可能在消费者选择之前就发生了，以帮助他或她做出选择，但也可能在此之后。它还可能影响重复消费的决定，如不止一次观看同场表演。

最简单的理论方法就是假设所有人都有相同的品味，但由于产品的独特性，有关产品的知识是有限的，而且获取成本很高，尤其是在文化领域。委托代理模型是恰当的工具。专业批评家是代表委托人，消费戏剧、肥皂剧、音乐、电影和书籍，以便进行批评。[①] 专业化可能会从研究作品类型的规模经济带来好处，尽管我们可以辩称，生产者兼批评家更有优势，因为他们带来了对创作过程的更多理解。然而，如果市场是有效的，消费者将能够以稳定的、可靠地映射自身偏好的方式，识别出那些批评家的品味与自己相似或不同。批评家也可以作为消费者的“声音”，这可以提高福利，因为许多消费者受消费忠诚度影响。如果创造者改变风格，可能仍然会导致忠实的消费者购买，直到失望开始影响未来的产品之前，都不会有退出的迹象。已有关于委托—代理关系的实证研究，如瓦伦丁（Wallentin，2016）的论文使用瑞典的数据来研究电影观众和电影评论家之间的差异。

从历史上看，在前数字时代，批评是在报纸或杂志上与其他东西一并提供的，也就是说，它以零边际生产成本提供给消费者。因此，全职或专业评论家，似乎就是某种劳动力市场上的工作者。在这里，我们可以注意到文化经济学与体

① 19世纪初，文学杂志市场的繁荣，使得德昆西（de Quincey）、哈兹利特（Hazlitt）和兰姆（Lamb）等作家的批评能以这种方式发挥作用。

育经济学之间的明显区别。后一种批评家——被称为“行家”（pundits）——一般都是退休的从业者，因为退休是身体衰退的结果，相比于最著名的文化批评家而言，他们获得更加可观的名声和收入。全职的文化评论家往往不是退休的从业人员。

数字化颠覆似乎已经严重破坏了报纸和杂志的传统地位和功能（这些已经转换为电视批评/评估）。然而，传统的印刷新闻机构已经发展出在线传播的商业模式，这种模式仍然允许批评家发挥重要作用。此外，数字平台也见证了诸如Quietus等网站的兴起，这扩大了非纸质杂志对文化的报道，尽管现有的博客和免费评论网站已提供大量信息。这意味着需要克服来自自由源信号的噪声问题。尝试的解决方案是在关键内容的信息信号中嵌入声誉资本。

16.1 偏见和质量

随着产品复杂性的增强，噪声问题也越来越严重，这就给文化产品提出了质量概念。批评的历史是与有主观主义危险的质量概念联系在一起的，因此，可能会出现由噪声引起的市场失灵，在这种情况下，偏见可能导致给出“过高”或“过低”的质量。鉴于文化经济学传统的小资语调，其重点通常放在后者，如Frank（2008）。

即使口味是固定不变的，也会出现这样的问题。在动态语境中，批评家在品味形成中具有潜在的重要作用。有人可能会说，批评家是价值观的守护者。1777年，一位据信是尼古拉斯·艾蒂安·弗拉梅里（Nicolas Etienne Framery）的作家写道：“音乐、绘画以及所有取决于品味的艺术到处都是无知的错误、群众的盲目冲动，更糟糕的是，这些潜在的业余爱好者的错误判断，他们没有真正喜欢艺术和培养艺术，在毫无相关知识的情形下进行判断，在没有理解的情形下就评头论足，边鼓掌边打哈欠，无情地摧毁表演者的声誉。”（Haskell，1995）

这在电视选秀节目中尤为突出，他们对“讨厌先生”（Mr. Nasty）的插科打诨更感兴趣，甚至比表演者更重要。这就导致了弗兰克（Frank，2008）所说的市场失灵问题，他认为偶像类选秀节目是一种降低质量而不是提高质量的竞争。在这里，我们有一个联合生产的问题，其中诸如歌唱等主要产出是受尊敬的，也被认为是保持质量所必需的。然而，为了吸引那些花哨评委注意的需要，可能会让那些能在歌唱质量与更精彩表演之间进行平衡的人获得更大的成功。

16.2 结 论

目前，对一般批评领域的研究，是文化经济学中一个充满活力的研究领域，许多不同文化领域的实证项目正在进行当中。然而，这里有两个问题值得关注。第一个问题是，人们可能会质疑，使用互联网评论综合指数进行计量经济学研究，将学到多少有用的东西。然而，在写这篇文章的时候，我们了解到人们对“烂番茄”的内容有了更多约束。这可能有助于拓展创新研究的范围。第二个问题是，关于批评家在文化经济学中所起作用的理论论文往往较少。虽然有像弗兰克（Frank，2008）这样的作品，但可能存在这样的问题，即文化批评通常没有得到报酬，也不会对价格产生任何直接影响，因此，无法直接改变住房和医疗等市场模型，而且这可能是不明智的。

参见：

谷歌趋势数据；评级、评论和推荐；超级明星。

本章参考：

Basuroy, S. , S. Chatterjee and S. A. Ravid (2003). How Critical are Critical reviews? The Box Office Effects of Film Critics, Star Power and Budgets. *Journal of Marketing*, 67: 103-117.

Boor, M. (1992). Relationships Amongst Ratings of Motion Pictures by Viewers and Six Professional Movie Critics. *Psychological Reports*, 70: 1011-1021.

Boyle, M. & L. Chiou (2009). Broadway Productions and the Value of a Tony Award. *Journal of Cultural Economics*, 33: 49-68 .

Cameron, S. (1995). On the Role of Critics in the Culture Industry. *Journal of Cultural Economics*, 19: 321-331.

Framery, N. F. (attributed) (1777). On the Best Means for Naturalizing a Taste for Good Music in France. *Journal de Musique*, 5, reprinted in Haskell, H. (ed.) (1995). *The Attentive Listener: Three Centuries of Music Criticism*. London and Boston: Faber and Faber.

Frank, J. (2008). Perverse Outcomes of Intense Competition in the Popular Arts and its Implications for Product Quality. *Journal of Cultural Economics*, 32 (3): 215-224.

Hirschman, E. and A. Pieros (1985). Relationships Among Indicators of Success in Broadway Plays and Motion Pictures. *Journal of Cultural Economics*, 9: 35-63.

Singer, L. (1988). Phenomenology and Economics of Art markets: an Art Historical Perspective. *Journal of Cultural Economics*, 12: 27-40.

延伸阅读：

关于影评人对电影消费影响的相关研究，参见 Gemser et al. (2007), Hennigi-thurau et al. (2012)。

17 众 筹

卡罗琳娜·达拉·切萨（Carolina Dalla Chiesa）
克里斯蒂安·汉德克（Christian Handke）

文化产业普遍存在的问题是，创作者需要付出大量的前期创作成本，而回报却是不确定的，且随着时间的推移会不断流失。众筹是一种利用数字信息与通信技术（ICT）来缓解这个问题的新方法。

众筹项目包括公开呼吁提供资源以支持特定目的（Belleflamme et al., 2014）。到 2015 年，约 1 250 个在线众筹项目在全球筹集约 250 亿美元（Massolution, 2015）。第一个在线众筹平台——ArtistShare 成立于 2000 年，它专注于文化领域（CCAF, 2017）。虽然众筹目前应用于诸多行业，但文化和创意产业仍然是最重要的应用领域之一（Mollick, 2014; Boeuf et al., 2014; Mendes-da-Silva et al., 2016）。众筹就是一个知名文化领域催生的具有广泛应用的创新商业理念的例证。这使得众筹成为文化经济学的重要课题。更重要的是，文化经济学中的一般主题——比如参与创意行为的内在动机、公共产品的经济后果、体验产品属性以及需求形成中的社会相互依赖性——可能有助于解释众筹现象。尽管近年来众筹发展迅速，但在更广泛的文化领域，应用仍然不多，其未来仍然难以预测。

17.1 在线众筹平台

本章主要讨论通过网络平台进行众筹。诚然，集体赞助在线下有着悠久的历史。自由女神像基座的筹资——通过报纸募捐——是众筹在网络平台出现之前的例子（Gras et al., 2017）。然而，现代意义的“众筹”主要与互联网和在线平台有关。

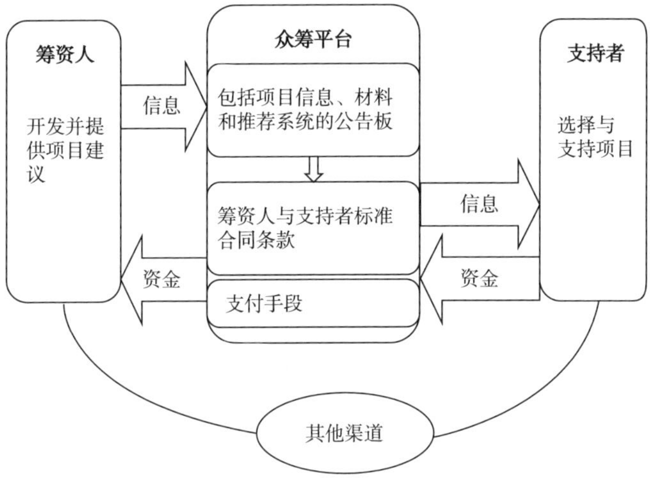

图 17-1 平台众筹的过程

资料来源：作者绘制。

图 17-1 描述了通过在线平台众筹的主要流程和典型要素。一个所谓的创始人提议一个项目，并将该项目众筹需求相关信息输入到平台所提供的模板中。招募书的内容包括：以文本、图像或视频等方式对项目和创始人的描述；项目启动所需融资目标；招募开放时间段以及对支持者的奖励。该平台将招募记录到数据库中，并将其推送至推荐系统，该系统将确定对网站访问者的招募次序。平台还提供了标准化的合同条款——可能还有预先设定的选项供创始人选择——这将降低谈判成本，并减少创始人和支持者之间产生不信任和冲突的可能性。支持者可以访问网站上许多项目的信息，并选择为哪些项目提供资助。众筹平台收到资金后，将所有支持者认捐的总金额转交给创始人，或者在众筹招募没有达到筹资目标的情况下，将资金返还给支持者；而成功的项目会继续进行。与此同时，支持者经常利用其他沟通渠道（如社交媒体），来了解创始人及其活动，或与他们互动。具有更广泛的网络联系的创始人，有着更大的成功机会（Mollick，2014）。

有些众筹只募集捐款，创始人不向支持者提供任何补偿。在以奖励为基础的众筹中，支持者会获得非货币性的商品或服务，如署名、参与项目，或优先获得活动参与权或作品。在股权众筹中，创始人根据投资条款向投资人支付报酬，这通常取决于成功与否，因此投资人承担了部分创业风险。

众筹使得项目投资变得容易，因为这些项目很难筹集专业资金（比如说小型项目，这些项目就很难与商业投资者沟通，或项目有很强的非商业利益），而愿意为此投资的资金很少且分散。这种情况在文化项目中很常见。

众筹让投资变得更加可分化，且在线交易成本——建立交易所需的所有类型信息的交换成本——相对较低，但它需要许多相对复杂的交易。在线众筹平台是降低交易成本特别有效的手段（Belleflamme et al.，2014）：它们建立了信息呈现、交易条件和程序的标准；还可以对交易伙伴的行为实施控制，从而促进信任。

为了自筹运作资金，众筹平台通常会从支持者认捐的项目总资金中抽取5%~15%的份额。这是典型的在线平台，属于双边或多边市场（Armstrong，2006；Rysman，2008），今天的众筹平台不向参与者收取高额的初始费用，也不自己投资项目。这有助于扩大参与的创始人和潜在支持者的数量。因此，它们可以通过将固定成本分摊到更大范围的活动中来实现规模经济。他们还可以利用网络效应，从而增强平台对支持者和创始人的吸引力及其竞争力（Belleflamme et al.，2018）。众筹本身并不需要一个在线平台。例如，个别艺术家利用自己的网站为项目邀请资金支持。但如今，众筹主要通过网络平台进行。

17.1.1 众筹平台和模式的简史

表 17-1 按时间顺序列出了若干重要的平台。早期为文化项目创建的在线众筹平台 ArtistShare，很有创意地混合提供各种奖励的机会（如门票、免费的作品拷贝、与艺术家的会面）。如今，这已经成为众筹平台的常态。例如，2006 年，推出旨在帮助那些没有唱片合约音乐家融资的专项计划——Sellaband。它就使用了版税众筹，在这里，支持者/投资者参与创意项目的利润分成（Agrawal et al.，2015）。Kickstarter 于 2009 年启动，采用一种新颖的融资模式，即从成功项目融到的收入中分一杯羹。在这种情况下，创始人的利益与平台是一致的，其风险就降低了。同一年，Indiegogo 开始提供“一切归我”（keep-it-all）的模式，即创始人即使没有达到项目设定的目标，也会收到承诺的资金。

表 17-1 热门众筹平台的特点

平台	成立时间	服务地区	主要服务产业	主要的支持者奖励计划	交易先决条件	平台费用
Artist Share	2001	美国	音乐	非金钱回报	交付产品或偿还支持者	通过成功项目中收取资金总额的 5%

续表

平台	成立时间	服务地区	主要服务产业	主要的支持者奖励计划	交易先决条件	平台费用
Sellaband（2015 年破产）	2006	欧盟和美国	音乐	特许权使用费分享和/或权益	达到目标或补偿支持者	专辑销售收入的 33%
Indiegogo	2008	全球	创意产业；其他如健康、科技、社会事业	非金钱奖励	达到目标或补偿支持者，或没有	成功项目所筹集资金的 5%
Kickstarter	2009	全球	创意产业	非金钱奖励	达到目标或补偿支持者	成功项目筹集资金的 5%
Symbid	2011	全球	任何	股权	达到目标或补偿支持者	成功项目筹集资金的 1%
Patreon	2013	全球	创意产业	非金钱奖励	非项目性质（订阅）	筹集资金的 5%~9%

注：所有数据都是在 2019 年 4 月从各众筹网站上获取的。Sellaband 已经不存在，其信息来自 Waybackmachine 的存档。

Indiegogo 和 Kickstarter 最初关注的是文化项目，主办了许多关于美术、漫画、舞蹈、设计、时尚、电影和视频、音乐、摄影、创意写作和戏剧的筹资活动。它们让许多新人和小众艺术家开展项目融资。然而，不应夸大众筹消减文化产业超级明星效应的能力。知名创作者在众筹领域也享有巨大的优势（Doshi，2014）。后来，Indiegogo 扩大范围，现在为社会公益、科技小工具和健康等项目提供特殊类别的服务。

自 2009 年以来，许多不同模式的新平台陆续推出（CCAF，2016；2017）。例如，Symbid 在荷兰专门从事股权众筹。Kiva 则是一个 P2P 借贷平台，在这个平台上，创始人承诺不管项目在经济上是否成功，都要偿还贷款，这与传统的贷款类似。然而，阿利森等人（Allison et al. 2013）的研究表明，支持者/贷款人接受的条款，与其他类型金融投资之间不存在竞争，因此似乎至少是部分地出于慈善动机。自 2013 年以来，Patreon 推广了另一个众筹版本：它帮助创始人和支持者之间建立一种更长期的联系，这超出了单个项目的范围。支持者（或者在这种情况下是资助者）承诺更持续地资助创始人/创造者，这就是所谓的订购式众筹（subscription-based crowdfunding）。

17.1.2 实证研究

关于众筹最近两个丰富的数据来源是 European Commission（2017）和 CCAF（2018）的报告。表 17-2 给出了四种众筹模式的概述，它们是根据投资者的回报（如果有的话）来划分的。以奖励为基础的模式，在文化项目中比较流行，对支持者的非金钱奖励差别很大。它们可以是一种预售，支持者无须进一步付款就能收到最终产品。支持者的回报也可以是无形或有形的福利，这些是无法以其他形式销售的，参见 Crosetto and Regner（2014），Belleflamme et al.（2014）and Gamble（2019）。

表 17-2 欧洲主要众筹模式概述

	捐赠	奖励	股权	P2P 贷款
描述	提供的资金并无任何奖励	成功项目支持者获得非金钱奖励	支持者获得利润或收益分成	从许多出借人那里借款，并在有或无利息的情况下偿还
2015—2016 年的增长率	49%	37%	37%	90%
2016 年筹集资金（百万欧元）	32.4	190.7	218.6	696.8
最重要的应用领域（排名）				
1	慈善机构	电影制作	技术	不可用
2	社会企业	艺术、音乐和设计	房地产与住宅	
3	艺术、音乐和设计	技术	电子商务	

资料来源：改编自 CCAF（2018）。

在关于众筹的经验经济学文献中，一个主要的主题是决定筹资成功的因素——通常以认捐金额是否达到融资目标来衡量。有几项研究探讨了企业家的性别和其他个人特征等因素，以及与其他从银行或风险资本融资的方式相比，这些因素与融资成功之间的关系（Barasinska and Schäfer，2014；Gorbatai and Nelson，2015；Marom et al.，2015；Younkin and Kuppuswammy，2017）。众筹似乎对女性有相对优势（Gorbatai and Nelson，2015）。莫利克（Mollick，2014）还表明，创始人网络的规模，尤其是社交媒体网络规模，与众筹召募的成功正相关。阿利森等人（Allison et al.，2015）对 P2P 借贷的研究表明，言辞中提及内在动机会增加投资的机会。语言风格似乎对社会项目比纯粹的商业项目更重要（Parhankangas and Renko，2017）。其他研究包括各种可信度信号的使用（Kim et al.，2016）；创始人和支持者之间的地理邻近性的影响（Agrawal et al.，2015）；以及它们对众筹成功的影响。

关于支持者的动机，余和金（Ryu and Kim，2016）提出了包括兴趣、游戏性、慈善、奖励、关系和认可在内的各种类型（Lin et al.，2014）。支持者通常是创始人的熟人（Gerber et al.，2016）。库普斯瓦米和鲍伊斯（Kuppuswammy and Bauys，2017）观察到，一旦众筹目标达成，支持者就不太愿意承诺提供更多资金。鉴于支持者的动机多种多样，更详细地研究支持者奖励的适当组合是很有趣的（Shi，2018）。

此外，还有许多工作可以做。特别是对于众筹在不同经济部门或行业之间的差异，以及如何对应不同经济特征的研究，更是少之又少。Kickstarter（2019）经常发布不同行业的成功率数据。在这个平台上，与其他行业的项目相比，文化项目往往会吸引更多的支持者和更高的认捐总额，实现其融资目标的可能性也更高。其项目的成功率大致如下：舞蹈（61%）、戏剧（59%）、漫画（57%）和音乐（50%）这些艺术类项目的成功率，远高于技术（20%）、新闻（22%）和手工艺（24%）项目。

17.2 文化经济学视角下的众筹

用于构建众筹讨论的理论框架包括信号理论（Short et al.，2017）和羊群行为。关于众筹网站，双边或多边市场理论一直很有影响力（Belleflamme et al.，2015）。本节以文化经济学的典型主题为基础，超越众筹文献的基本见解，分析创新项目的风险扩散，以及降低交易成本。

17.2.1 供给方的信息不完整

与任何新产品或创新产品的供应商一样，新文化产品的供应商也面临着产品质量和潜在需求的不确定性。众筹不仅允许创作者将潜在的风险外包给支持者，众筹活动的成功也为它们提供了有关项目兴趣的宝贵信息——这是一种在耗费大量生产成本之前测试市场的手段。即使未获资金支持，这些信息本身也是有价值的。创作者可以用它来修改或开发新项目（Viotto da Cruz，2018）。

17.2.2 用户方体验产品属性和不完整的信息

众筹吸引的资金大多来自个人，而非专业投资者，购买最终产品是个人参与市场较为常见的方式。众筹支持者在决定投资时，通常无法检验最终产品，因此，由于信息不对称所产生的问题将层出不穷（Vismara，2018）。这种情况通常会因为质量信号和补偿安排而得到缓解，根据补偿安排，如果项目未按招募具体内容完成，投资者将得到退款。然而，与任何投资者一样，支持者仍然面临风险，即如果没有任何追索权，其预期将无法实现。支持者仍可能面临拖延甚至欺诈。然而，根据莫利克（Mollick，2014）的研究，在以奖励为基础的众筹中，鲜有欺诈，不过，那些非常成功的项目，拖延是最常见的。更重要的是，文化经济学的基石是文化产品具有体验属性，因此，用户、购买者或投资者总是在不完全信息下做出决策。那么，对于众筹的支持者和最终文化产品的买家来说，信息差异就不会像搜索商品或有退款保证的商品那样明显（Kretschmer et al.，1999）。

17.2.3 社会相互依存的需求形成

作为对体验属性和质量不确定性的反应，潜在购买者经常从其他人那里寻找质量的信号——其他用户的购买和报告、奖项和评论等。众筹招募不仅通知潜在的支持者，创始人已经努力开发并提议一个项目；一旦招募得到关注或认捐，它还会公开其他各方的赞赏，这可能会让项目自我延续下去。更重要的是，一个成功的众筹招募也可能帮助项目或创建者吸引更多传统的商业或公共资金。

17.2.4 公共产品属性

由于文化产品的公共产品属性，众筹也可以缓解由此所引发的问题。一方面，众筹招募可能会吸引潜在的支持者，他们欣赏产品对他人可能产生的影响，却不会自己使用或购买。另一方面，成功的招募向潜在支持者发出信号，表明其他人也不存在“搭便车”行为。最后，潜在的支持者甚至可能会被项目产生什么成果的好奇心所激励，他/她更愿意在不付费情况下获得一个完成的产品。瓦里安（Varian，2005）说得更直接，他把终端用户为创意项目提供的预融资招募称为“赎金”——现在就给我们钱，否则你永远也不会知道这部电影有多棒。抱着乐观的态度，人们甚至可以希望，众筹将减少由于文化产品公共产品属性所致市场失灵的补救措施，如一直存在争议的版权执行问题。

17.2.5 内在动机

有充分的文献证明，参与文化和创意行为需要非金钱回报（Towse, 2001）——它可能是作为目的本身的内在动机，也可能是促进与他人积极互动的手段。对于非金钱回报而言，我们尚不清楚所需参与的强度和创造性程度。有些众筹招募实际上提供署名，甚至参与创意过程。即使没有这些，潜在支持者也会欣赏这种影响产品的感觉，并在早期参与到生产过程中。众筹文献已经开始利用内在动机理论。辉等人（Hui et al., 2014）和格伯等人（Gerber et al., 2016）用它来解释支持者的动机和众筹招募的条款。林等人（Lin et al., 2014）将不同程度的外在动机和内在动机纳入其承诺和支持者类型中。

17.3 前 景

本章基于文化经济学的主题，介绍了众筹可能带来的好处。假设众筹已经存在，那么未来的研究还有相当大的空间。首先，众筹有很多变种。哪一种最适合特定的文化产业或不同类型的创意项目——比如成名明星或新人——还没有很好的记录。其次，众筹可能会降低进入文化领域的门槛，因为它为有前途的创作者提供了额外的资金来源。然而，众筹对新来者的效果如何，能否克服超级明星效应，帮助实现更公平、更高效的资源配置，这些都还远未可知。最后，众筹平台的运作方式，可能与其他双边或多边市场的网络平台相似。由于直接和间接的网络效应，这种在线服务也可能出现垄断和集中控制的趋势。尽管如此，目前众筹平台很多，进入门槛似乎很低。这可能会随着众筹平台和相关技术市场的成熟而改变，也可能会因为这种新型金融的监管而改变。这涉及众筹进一步研究的第四个领域：适当类型的法定监管。随着众筹的发展和扩张，从或多或少的慈善捐赠，扩展到技术和房地产的商业投资，不久的将来就可能会出现类似于传统金融领域那样的更广泛监管。然而，在文化领域，基于捐赠和奖励的众筹仍然占据主导地位。这与下述观念相一致：文化产品主要是由于其消费价值和非使用价值所带来的正外部性而受到赞赏，而不是因为其作为金融投资的价值。因此，监管的需求可能与以利润为导向的投资截然不同。

与大多数新技术一样，在相对较早的阶段预测众筹的潜力是困难的，这里我们并不打算这样做。文化经济学为解释众筹现象提供了一个有用的框架。众筹也为文化领域的参与者带来了丰富的数据，并改变了相关限制，这意味着让我们有机会在众筹之外，就文化产业发展提出新的实证见解。最后但并非最不重要的是，众筹对文化经济学家来说很有吸引力，因为它是文化领域的一项创新，在经济的许多其他方面已经有了广泛的应用。

参见：

创意产业；平台；评级、评论和推荐；税收优惠。

本章参考：

Agrawal, Ajay K., Catalini, Christian and Goldfarb, Avi (2015). Crowdfunding: geography, social networks, and the timing of investment decisions. *Journal of Economics & Management Strategy*, 24: 253-274.

Allison, Thomas H. Davis, Blakley C., Short, Jeremy C. and Webb, Justin W. (2015). Crowdfunding in a prosocial microlending environment: examining the role of intrinsic versus extrinsic cues, *Entrepreneurship Theory and Practice*, 39: 53-73.

Allison, Thomas H., McKenny, Aaron F., and Short, Jeremy C. (2013). The effect of entrepreneurial rhetoric on microlending investment: An examination of the warm-glow effect. *Journal of Business Venturing*, 28: 690-707.

Armstrong, Mark (2006). Competition in two-sided markets. *The RAND Journal of Economics*, 37: 668-691.

Barasinska, Natalyia and Schäfer, Dorothea (2014). Is crowdfunding different? Evidence on the relation between gender and funding success from a German peer-to-peer lending platform. *German Economic Review*, 15: 436-452.

Belleflamme, Paul, Lambert, Thomas and Schwienbacher, Amin (2014). Crowdfunding: Tapping the right crowd. *Journal of Business Venturing*, 29: 585-609.

Belleflamme, Paul, Omrani, Nessrine and Peitz, Martin (2015). The economics of crowdfunding platforms. *Information Economics and Policy*, 33: 11-28.

Belleflamme, Paul, Lambert, Thomas and Schwienbacher, Armin (2018). Network effects in crowdfunding. *Social Sciences Research Network*, http://www.ssrn.com/abstract=3259191. Accessed 02 Apr 2019.

Boeuf, Benjamin, Darveau, Jessica, and Legoux, Renaud (2014). Financing Creativity: Crowdfunding as a New Approach for Theatre Projects. *International Journal of Arts Management*, 16: 33-48.

Cambridge Center for Alternative Finance (CCAF) (2017). *Crowdfunding in East Africa: Regulation and Policy for Market Development.* www.jbs.cam.ac.uk/fileadmin/user_upload/research/centres/alternative-finance/downloads/2017-05-eastafrica-crowdfunding-report.pdf. Accessed 3 May 2019.

Cambridge Center for Alternative Finance (2018). *Expanding Horizons: The 3rd. European Alternative Finance Industry Report.* www.jbs.cam.ac.uk/fileadmin/user_upload/research/centres/alternative-finance/downloads/2018-ccaf-exp-horizons.pdf. Accessed 3 May 2019.

Cumming, Douglas and Hornuf, Lars (eds) (2018). *The Economics of Crowdfunding.* UK: Palgrave Macmillan.

Doshi, Anil (2014). Agent Heterogeneity in Two-Sided Platforms: Superstar Impact on Crowdfunding. *SSRN Electronic Journal*, n. 2422111.

European Commission (2017). *Crowdfunding: reshaping the crowd's engagement in culture.* http://www. europa.eu/capacity4dev/crowdfunding/documents/new-report-crowdfunding-reshaping-crowds-engagement-culture. Accessed 10 Jan 2018.

Gerber, Elisabeth M. and Hui, Julie (2016). Crowdfunding: How and Why People participate. In Méric, J., Maque, I. and Brabet, J. (ed.). *International Perspectives on Crowdfunding: Positive, Normative and Critical Theory*, UK: Emerald Insight.

Gras, David, Nason, Robert S. Nason, Lerman, Michael and Stellini, Meg (2017). Going offline: broadening crowdfunding research beyond the online context. *Venture Capital*, 19: 217-237.

Gorbatai, Andreea and Nelson, Laura (2015). Gender and the Language of Crowdfunding. *Academy of Management Proceedings*, 1: 15785-15785.

Hui, Julie, Greenberg, Michael D. and Gerber, Elisabeth M. (2014). Understanding the Role of Community in Crowdfunding Work. In: *Proceedings of the 17th ACM Conference on Computer Supported Cooperative Work & Social Computing* (CSCW '14). ACM, New York: 62-74.

Kim, Phillip H., Buffart, Mickael, and Croidieu, Gregoire (2016). TMI: Signaling Credible Claims in Crowdfunding Campaign Narratives. *Group & Organization Management*, 41: 717-750.

Kretschmer, M., Klimis, G. M., and Choi, C. J. (1999). Increasing returns and social contagion in cultural industries. *British Journal of Management*, 10: 61-72.

Lin, Yan, Boh, Wai. F. and Goh, Kim H. (2014). How Different are Crowdfunders? Examining Archetypes of Crowdfunders and Their Choice of Projects. *Academy of Management Proceedings*, 1.

Marom, Dan, Robb Alicia and Sade, Orly (2015). Gender Dynamics in Crowdfunding (Kickstarter): Evidence on Entrepreneurs, Investors, Deals and Taste-Based Discrimination. Investors, Deals and Taste-Based Discrimination. *SSRN Electronic Journal*, n. 2442954.

Massolution (2015). *Crowdfunding industry report.* Crowdsourcing LLC, New York, NY.

Mendes-Da-Silva, Wesley, Rossoni, Luciano, Conte, Bruno. S., Gattaz, Cristiane C. and Francisco, Eduardo R. (2016). The impacts of fundraising periods and geographic distance on financing music production via crowdfunding in Brazil. *Journal of Cultural Economics*, 40: 75-99.

Mollick, Ethan (2014). The dynamics of crowdfunding: determinants of success and failure. *Journal of Business Venturing*, 29: 1-16.

Mollick, Ethan and Robb, Alicia (2016). Democratizing Innovation and Capital Access: The Role of Crowdfunding. *California Management Review*, 58: 72-87.

Parhankangas, Anaaleena and Renko, Maija (2017). Linguistic style and crowdfunding success among social and commercial entrepreneurs. *Journal of Business Venturing*, 32: 215-236.

Rysman, Marc (2009). The economics of two-sided markets. *Journal of Economic Perspectives*, 23: 125-143.

Shi, Savaanhah W. (2018). Crowdfunding: Designing an effective reward structure. *International Journal of Market Research*, 60: 288–303.

Towse, Ruth (2001). Partly for the money: rewards and incentives to artists. *Kyklos*, 54: 473–490.

Varian, Hal. R. (2005). Copying and copyright. *The Journal of Economic Perspectives*, 19: 121–138.

Viotto da Cruz, Joanna (2018). Beyond financing: Crowdfunding as an informational mechanism. *Journal of Business Venturing*, 33: 371–393.

Vismara, Silvio (2018). Signalling to Overcome Inefficiencies in Crowdfunding Markets. In Cumming Douglas and Hornuf Lars (eds). *The Economics of Crowdfunding*. UK: Palgrave Macmillan.

延伸阅读：

有关众筹的数据来源，参见 European Commission（2017），Cambridge Center for Alternative Finance（CCAF，2018）。有关开创性的实证工作，请参见 Mollick（2014）。对众筹的复杂经济分析，参见 Belleflamme et al.（2015）。

18 文化资本

大卫·索斯比（David Throsby）

200 多年来，资本概念一直是经济学解释生产过程的基础。资本可以界定为随时间的推移能够产生服务流量的耐用品，它也可以与诸如劳动力的投入相结合，生产更进一步的产品与服务。源于这个界定的有关资本最初且使用时间最长的解释，将资本等同于实体性质或人工制造的资本，如工厂与设备、机器、建筑等。到了 20 世纪下半叶，人们发现了另一种形式的资本，即人力资本，它使人具有生产力的内在特征。随后，人们发展了自然资本概念，将可再生资源和不可再生资源也作为资本。最近，资本的概念已经延伸到艺术和文化领域，其目的在于将艺术品与其他文化产品的独有特征也视为资本，并试图去分析这些资本与其他投入相结合，如何生产进一步的文化产品和服务。由此形成了经济学的文化资本概念。需要注意的是，“文化资本”概念与布尔迪厄从社会学层面的解释有所不同。

文化资本有什么独特之处，以使其有别于上述各类资本？这大概有两种特点。第一种是，文化资本类物品只是普通的文化产品，这种产品恰好是资本性产品（如前所述），而不是消费性产品。这一定义预先假定一个关于文化产品的定义。经济学家关于文化产品和服务是否可以与普通产品和服务区分开仍存在争议，如果可以区分开的话，那么文化产品最好理解为，涉及创造力、传达象征性意义或多重意义（并且是可以识别的意义），而且至少在原则上体现知识产权的产品。只有接受文化产品的这些特征，我们才能将上述文化资本的定义具体化。

第二种特点是用文化资产所生成价值的类别来定义文化资本。就拿一座历史悠久的教堂建筑来说，如果将其作为房地产的话，它可能具有潜在市场价格，以及由人们保存该教堂的支付愿意所衡量的非市场价值。但是，这些经济价值的衡量方式可能无法揭示该教堂文化价值的全貌和复杂性，如无法用货币来表达的宗教意义，对建筑风格产生的影响，身份或地方的象征等。所有这些以及其他元素都是建筑文化价值的构成，是建筑文化价值的多维表征，值得以数量或质量的方式加以评估，而金钱就不是一个恰当或相关的衡量标准。按照这个思路，文化资本可以被定义为体现、存储或生成文化价值的资产，而这种文化价值与其经济价值相对独立。我们下文将就文化价值展开详细讨论。

无论接受哪种定义，我们都可以通过与上述其他资本类型对比来分析文化资本的特点。文化资本有两种形式，有形的和无形的。有形的文化资本表现为艺术品和手工艺品形式，如绘画和雕像，遗产性建筑、地点和景点。无形的文化资本包括以公共产品形式出现的艺术品，如音乐和文学，以及继承下来的传统、价值和信仰等，它们组成了群体的文化，不论这个群体是国家的、地区的、宗教的、政治的、民族的还是其他层面的。此外，无形的文化资本也存在于辅助人类活动的文化网络和关系中，我们将在下文进一步讨论群体之中的各种文化表现形式——文化生态系统和文化多样性。

无论是有形的还是无形的文化资本，都是一个国家、地区、城市或个体经济主体，所持有的资本存量。在某一特定时间点，我们可以从经济与文化两个方面赋予这种资本存量以资产价值。在一定时期内增减资本存量的净效应，是指该时期内对文化资本的经济和文化价值的净投资/投资缩减，并决定下个阶段开始时的资本存量。

任何文化资本存量都会随时间的推移而产生一系列资本服务，它可能直接进入最终消费，也可能结合其他投入，产生进一步的文化产品和服务。例如，艺术博物馆作为资本项目而持有的艺术品服务，就可以与材料、劳动和其他投入相结合，为参观该博物馆的人提供消费体验；此外，艺术作品可能通过影响欣赏过该作品的创意艺术家，刺激他们生成新的作品，从而进一步促进资本形成。

与其他类型的资本一样，文化资本也会随着时间的流逝而逐渐衰减，因此需要维护和更新方面的投资。这种支出的经济评价，可以采用经济学的标准投资评估技术，如成本—收益分析或成本—效用分析。例如，就遗产恢复项目而言，项目所产生收益时间流的净现值就可以用这些方法计算，并抵扣项目的资本成本；这个项目的内部收益率，可以与其他投资机会的回报相比较。原则上我们可以想象，除了这种类型的财务评估外，还可以评估项目所产生的文化价值的预期流量。

18.1 文化资本的价值

如上所述，分配给一般文化产品（特别是文化资本）的价值，可以解释为经济价值和文化价值。其中，经济价值表现为市场和非市场成分，可以用货币来衡量；而文化价值具有多个维度，没有单一的核算单位。鉴于这些特点，分析文化资本或其提供服务的文化价值的适当方法是，确定这些方面的具体性质，以便能够更准确地说明其各种要素。虽然解构文化价值概念的方式可能有很多种，但其标准的价值观包括审美、象征、社会、历史、教育价值等要素。对于特定的应用，可以参考其他价值，如建筑遗产的建筑价值，或者宗教艺术的精神价值。

这种将文化价值识别为多维概念的方法，类似于兰卡斯特（Lancastrian）的需求理论，该理论将商品和服务定义为一组特征，这些特征在不同消费者的偏好函数中具有不同的权重。上述文化价值的各种要素，可以在经验应用中进行类似的加权，以便推导出文化资本项目的文化价值的综合估值。然而，应用这些程序要求对个人或集体的价值判断进行量化，我们要记住，这种判断是主观的，个体之间可能会有所不同。这样的要求带来了方法论上的挑战。然而，通过对照一套定性标准（高/中/低等）解释这些判断，然后参照数字量表尺度将其转换为定量术语，就可以在将此类判断进行系统量化方面取得进展。例如，应用这种评级或排名程序所公认的李克特量表，衡量受访者对所涉及项目系列特征陈述的同意或不同意程度。在文化价值评估的情况下，我们可以重构这些陈述，以便反映所假定适用的文化价值的各个维度。如上所述，一旦获得每个应答者关于各种项目的分值，就可以跨个体汇总和/或使用权重压缩成合并分值。

当然，将最终不能转化为货币的文化现象的价值形式引入经济分析，这显然超出新古典主义经济学的狭隘范围。即便如此，如果能够证明它们系统地影响了经济主体的决策，传统经济学家可能愿意接受这种非货币价值。归根结底，如果要全面了解文化资本的价值，就必须考虑到经济价值和文化价值的所有维度。

18.2 文化资本与自然资本之间的平行关系

文化资本与自然资本的概念在理论和应用上都有很多相似之处：它们都是从过去继承下来的，都产生了使用和非使用的利益，都规定了谨慎义务。这种相似性的一个结果是，环境设施价值的评估方法已经能够应用于文化领域，特别是在评估历史建筑物或建筑群、考古遗址等遗产资产方面。这些应用包括通过条件估值、离散选择模型和享乐分析等方法，计量非使用价值，所有这些方法都是从环境经济学引入并改编的。

对于文化资本与自然资本的一致性而言，有两个方面特别重要，即多样性和可持续性。就前者而言，两者之间能够看到的相似性在于，生物多样性是自然资本的构成要素，而文化多样性则是文化资本的关键要素。在解读生物多样性的过程中会面临生物多样性为什么重要，所采用的价值来源等问题。在解读文化多样性的过程中也有与其对应的部分，具体如下：

(1) 生物多样性和文化多样性赋予人生存价值，它源于人类认识到丰富的自然世界和丰富多彩的文化与文化表达就在那里。

(2) 自然和文化的生态系统对支持经济活动而言是必要的；将文化凝聚起来并赋予生命意义的无形网络和关系，对支持经济运行而言至关重要，这正如空气、土地和水所构成的生态系统对自然环境的重要性。

(3) 生物多样性之所以受到重视，是因为有些物种的经济价值可能尚未被发现；同样，有些文化表现形式的经济价值与文化价值尚不显著，如不加重视有可能造成经济或未来机会的损失。

近年来，文化多样性已走出阴霾，成为国际文化政策关注的重要焦点，2005年联合国会员国采纳并于2007年付诸实施的一项新的标准性文件——《保护和促进文化表现形式多样性公约》——就是其典型例证。缔结公约的一个重要动机是，许多国家希望该公约能保护当地的文化表达，如电影和电视节目，避免其多样性受到进口文化产品的威胁。事实上，公约所涉及的范围远不止国际文化贸易，它规定了缔约国在文化方面采取各种政策措施的权利，并鼓励各国内部和国家之间的跨文化对话。

自然资本和文化资本的类似性的第二个方面是，两者都具有长期性特征，需要持续的管理。“可持续性”这个概念，为这种长期性特征提供了一个恰当的分析框架。世界环境与发展委员会（布伦特兰委员会）（the Brundtland Commission）在20世纪80年代首次阐明了这一主张，它指的是满足当代的需求，而不以牺牲后代满足自身需求能力的发展。该要求反映了代际公平或跨期分配正义的原则，即代际福利、效用或资源分配的公平性。当应用于文化资本时，这个原则是指当代人需要以一种使其能够在适合其需求的条件下传给后代的方式来照顾文化资产。

随着文化资本与自然资本的平行关系的进一步发展，关于环境或生态可持续发展的准则（通常称为ESD），阐明了自然资源可持续管理的规则也可以转化为文化可持续发展的相应原则，这是解释文化资产可持续管理的范式。在这种范式中，代内平等和代际平等都应纳入考虑，与面对可能不可逆转的风险规避有关的预防原则也是如此。此外，可持续性的首要原则是，没有任何部分能够独立于系统的其他部分——就此而言，文化资本对于长期的可持续发展有所裨益，这与自然资本有着类似性；如果忽略文化资本，允许遗产恶化，允许给人们带来认同感的文化价值衰落，允许维持有形与无形文化资本存量和增量（例如通过新艺术作品的生产）的投资减少，就会危及文化资本，并有可能导致它们破产，从而带来福利和经济产出的损失。

以上所列最后一项原则将可持续发展概念的所有内涵都应用于文化之中。将上述文化可持续发展概念的所有原则概括起来，它对文化资本理论的重要性，就如同生态可持续发展对自然资本理论的重要性。

18.3 结 论

文化资本的经济理论现在已经建立起来，至少是在概念层面；但从经验层面看，情况并不甚明朗。个别项目文化资本存量的财务估值是相当简单的，而且对于给定的资本存量所产生服务流量的经济价值，特别是使用价值和非使用价值，我们也有成熟的方法。但是，衡量文化资本存量或流量的文化价值的严格方法有待进一步优化，如本文所述，最有希望的前景就是，根据多重标准进行评估，并最终得出加权汇总结果。

参见：

艺术家的劳动力市场；文化价值；遗产；非物质文化遗产。

本章参考：

Angelini, Francesco and Massimiliano Castellani (2018). Cultural and Economic Value: a Critical Review. *Journal of Cultural Economics*, https://doi.org/10.1007/s10824-018-9334-4.

Bellandi, Marco, Daniela Campus, Alessandro Carraro and Erica Santini (2019). Accumulation of Cultural Capital at the Intersection of Socio-demographic Features and Productive Specializations. *Journal of Cultural Economics*, https://doi.org/10.1007/s10824-019-09348-1.

Bucci, Alberto, Pier Luigi Sacco and Giovanna Segre (2014). Smart Endogenous Growth: Cultural Capital and the Creative Use of Skills. *International Journal of Manpower*, 35 (1/2): 33-55.

Cheng, Sao-Wen (2006). Cultural Goods Creation, Cultural Capital Formation, Provision of Cultural Services and Cultural Atmosphere Accumulation. *Journal of Cultural Economics*, 30: 263-286.

Dalziel, Paul and Caroline Saunders (2009). *Sustainable Development and Cultural Capital*, Official Statistics Research Series, Vol 5, Wellington, New Zealand, Stats NZ.

Rizzo, Ildeand David Throsby, (2006). Cultural Heritage: Economic Analysis and Public Policy. In Victor Ginsburgh and David Throsby (eds.). *Handbook of the Economics of Art and Culture*. Amsterdam: Elsevier/North Holland, 983-1016.

Shockley, Gordon E. (2004). Government Investment in Cultural Capital: a Methodology for Comparing Direct Government Support for the Arts in the US and the UK. *Public Finance and Management*, 4: 75-102.

Throsby, David (1999). Cultural Capital. *Journal of Cultural Economics*, 23: 3-12.

Throsby, David (2017). Culturally Sustainable Development: Theoretical Concept or Practical Policy Instrument?. *International Journal of Cultural Policy*, 23 (2):

133–147.

Ulibarri, Carlos A. (2000). Rational Philanthropy and Cultural Capital. *Journal of Cultural Economics*, 24: 135–146.

Wang, Xiaohui (2007). An Analysis of Optimal Allocation and Accumulation of Cultural Capital. *Doshisha University Policy and Management*, 9: 197–213.

延伸阅读：

用经济术语定义文化资本的原创文章是 Throsby（1999）。文化经济学中有关文化资本的理论发展及其应用，参见 Ulibarri（2000），Shockley（2004），Cheng（2006），Wang（2007），Dalziel at al.（2009），Bucci at al.（2014），Bellandi at al.（2019）。文化价值概念的全面回顾，参见 Angelini and Castellani（2018）。对文化资本和可持续性的全面介绍，参见 Rizzo and Throsby（2006），Throsby（2017）。

19 文化街区

马里亚尼格拉·拉旺加（Mariangela Lavanga）

发展文化街区已经成为世界范围内各级政府（地方、区域和国家）政策制定的标准做法（Braun and Lavanga，2007）。政府机构利用文化街区政策使城市区域获得新生并重塑品牌，有时侧重于增加文化消费（如博物馆区），有时鼓励创新和创业（如文化生产区）。

与文化街区的发展同步，关于这个主题的学术文献也突飞猛进。拉扎雷蒂等人（Lazzeretti，Sedita and Caloffi，2014）最近的一篇文章，回顾了1989—2010年发表的1 586篇关于集群或工业区的学术论文。每年发表的文章从几篇增加到200多篇。类似地，发表集群相关文章的期刊数量也呈指数增长。作者呈现长尾分布，若干期刊主导了辩论，主要集中于经济地理领域，也包括其他不同学科的期刊。这些分析确定了集群研究力量及其崛起背后的三个主要特征：多学科、跨学科和全球性。在被引用最多的学者中，有两位的分析有利于加深我们对文化街区和文化集群的理解：安·马库森（Ann Markusen）——明尼苏达大学城市和区域规划与公共政策荣誉教授；以及艾伦·斯科特（Allen J. Scott）——加州大学洛杉矶分校经济地理学名誉教授。马库森研究与艺术家社区和艺术机构的邻近距离以及公共政策的作用；而斯科特专注于研究文化生产区的出现和发展，如洛杉矶的电影业。两人都强烈批评并反对理查德·佛罗里达的创意阶层理论，该理论宣扬大量职业的区位趋同行为，并认为这是成功创意城市（例如，人才、技术和宽容性的投资的模式）形成的基础，因此是一个全球城市可以复制粘贴的秘方（Florida，2002）。

在其开创性著作《文明中的城市》中，彼得·霍尔讨论了文化和艺术创造力，在古代雅典、文艺复兴时期的佛罗伦萨或1870—1910年的巴黎等城市发展中的作用（Hall，1998）。某些特征似乎在重复：①快速的经济和社会转型，也就是说，它们是当时的贸易场所和全球城市；②财富，换句话说，是金融中心；③高雅文化，意味着精英的存在；④移民，意味着不断增加的跨文化城市人口。它们是转型的城市，是动荡不安、不舒服和不稳定的城市。然而，霍尔得出结论，“时间和机会也会降临其他城市”（Hall，2000），因为没有成功的公式。在过去的几十年里，测试文化和创意产业的区域和集群理论提供并持续提供具有挑战性和肥沃的土壤，来推进城市发展理论，揭开城市增长的原因，理解公司、机构和个人的空间模式和流动性。

本章首先基于马歇尔工业区概念，给出了文化街区的定义；其次，考察了企业、组织和个人享有的集聚经济性，因为它们不仅位于相同地区，而且彼此之间高度互联。本文提出的论点是，在文化产品和服务的生产、分配和消费中，面对面互动和空间邻近十分重要。

19.1　从工业区到文化街区

工业区的概念并不新鲜。在《经济学原理》（Alfred Marshall，1890）中，阿尔弗雷德·马歇尔将工业区描述为一个地理区域，这里聚集了一群专业公司，尤其是小微企业。在讨论工业区概念的起源时，贝卢西和卡尔达里（Belussi and Caldari，2008）强调马歇尔相信工业区可以拯救英国经济。马歇尔感兴趣的是，英国中小型企业（例如，兰开夏纺织区）的产业组织在多大程度上能与纵向一体化大型美国公司竞争。多年来，工业区将获得一种特殊的气氛，即“空气中的某些东西”，将为同处一地的公司提供好处，进而提高其生产力和效率，并加强竞争优势。马歇尔所提及的益处包括：信息流转，转让技术和技能，减少投入、运输和交易成本，当地的专业劳动力（能够明显减少搜寻成本），共享的规则和实践（能促进企业之间的信任），传播和采用新的想法。企业之间的密切联系和相互作用将进一步促进劳动分工和专业化。贝卢西和卡尔达里（Belussi and Caldari，2008）将马歇尔式工业区描述为，“具有竞争与合作结合的特征。在该地区，公司专门从事生产的阶段，每个阶段不是孤立的，而是对其他阶段也起作用。由于许多公司的存在，该地区不仅具有竞争性，而且会因各部分在交换过程中互动而具有合作性”。

波特（Porter，1998）对集群的定义与马歇尔的非常相似：在一个特定领域内，横向和纵向相互联系的公司和关联机构空间集聚，它们相互竞争，也相互合作。根据波特（Porter，1998）的研究，空间接近不仅改善了交流，也提高了参与者的声誉和相互信任；这些因素是理解合作和竞争动态的基础。

尽管波特对集群的定义被学术界和决策界广泛使用，但正是由于意大利经济学家贝卡蒂尼，马歇尔的产业区概念在20世纪60至70年代才得以复兴。贝卡蒂尼（Becattini，1962）利用马歇尔工业区的概念，来研究许多相互关联的小公司的集聚，这些小公司大多是家庭经营的，并且嵌入当地社会文化网络中。通过实证研究和理论发展，他深入研究了托斯卡纳（Tuscany）的经济发展，特别是普拉托（Prato）纺织业的工业组织，以及后来意大利工业专业化的中心，特别是所谓的“第三意大利”（意大利东北部和中部）。为了便于讨论文化街区，值得一提的是，他的研究发现在“第三意大利”有类似的应用，许多以手工艺为基础的行业集聚在此。正是在工业区概念中，我们可以找到文化街区的基础。被引用最多的关于文化和创意集群的分析是，“作者……用这个概念来定义以前被理解为街区的概念，这在先前的文献中是不必在其原始含义上增加更多内容的”（Chapain and Sagot-Duvauroux，2018）。

文化街区背后的理念是文化产业依赖于地方性生产网络，具有很强的地域约束性特征。圣阿加塔（Santagata，2011）将文化街区定义为：“两种现象交汇的社会和经济体验：一种是阿尔弗雷德·马歇尔（Marshall，1890）首次提出的本地化；另一种是文化及其产品的异质性（特殊的，独特的）”。首先，文化产业的大多数公司和组织是劳动密集型的，规模小，且其工作性质和专业工人需求以项目为基础（Leadbetter and Oakley，1999；Hesmondhalgh and Baker，2013）。其次，文化产品是异质性的，这意味着它们诞生于特定的时间和地点（Santagata，2011）。它们与产地、社区和历史有着紧密的联系（Rozentale and Lavanga，2014）。此外，文化产品具有高度专业化、差异化和独特性特征（Karpik，2010），而凯夫斯（Caves，2000）则强调无限多样性特征的主导地位。

因此，工业区概念有助于理解为什么文化公司在空间集聚，以及它们从地理邻近所获得的好处。如同工业区，文化街区可以定义为文化企业的地理集聚，并通过位于同一地点而享有正外部性。知识的创造、流通和转让至关重要，而文化街区的公司和组织正好暴露在“噪声（noise）”（Grabher，2002）和“嗡嗡声（buzz）”（Storper and Venables，2004；Bathelt et al.，2004）或者马歇尔所谓的工业氛围中。巴塞特等人（Bathelt et al.，2004）指出：“嗡嗡声指的是由同一行业、同一地点或同一地区的人或公司，面对面接触、共同在场和共处同地所创造的信息和交流生态。这个嗡嗡声包括特定的信息及其持续更新，在有组织的和偶然的接触中，有意无意的学习过程……行为主体只要‘在场’，就能不断地从信息、流言和新闻的传播中获益。”通过有计划和无计划的互动，创新、知识创造和学习就得到增强。

公司享受的所有好处，都来自重复和直接的互动和面对面接触。面对面的交流（口头的、身体的、上下文的、有意的、无意的）成为最有效的交流和交换知识的方式。文化产业所生产的异质而独特的文化产品，在很大程度上依赖这类知识。正如圣阿加塔（Santagata，2011）所解释的那样，“文化商品具有特质性，不仅因为其创造和生产需要默会知识，还因为这种知识是基于先前的特质性经验：个人和集体的历史也很重要”。所谓的隐性知识和“技能”（savoir faire）的转移（Polanyi，1953），是通过文化街区所享有的地理邻近、共同规范和惯例所提供的便利来实现的。隐性知识可以被描述为具有地方公共产品特征的信息系统，甚至是一种共识。信息和知识不受限制地流通，它“在空气中”通过默会的交流系统来传播（Santagata，2011）。

一个可能将文化街区与其他行业的工业区区分开来的特殊方面，与需求的不确定性或无人知晓的特性有关（Caves，2000）。文化街区可能有助于减少信息不对称。例如，通过协调设备（Karpik，2010），如“原产地”或“产地”标签，将确保、保护并标识一定的质量标准。圣阿加塔（Santagata，2006）使用“体制性文化街区”的概念，其中正式制度将社区或集体产权和商标，分配给一个受限制的生产区域。这些权利从法律上保护了特定地区的社区文化资本。即使没有产权和商标，提及一个地方、地区或建筑，也会给位于该地区的文化产品和公司带来光环，这对相关行动者的长期声誉有明显益处（Molotch，2002）。

有些类型的文化街区更注重生产，它与工业区相对应，其中许多中小型企业生产文化产品或提供文化服务，如纺织或电影园区（例如，好莱坞），而其他的更多侧重于消费，如博物馆区（例如，维也纳博物馆街区）。第三类是生产导向和消费导向的混合。文化街区成为文化区或创意建筑，其中文化公司与商店、咖啡馆和艺术画廊混合在一起（例如，都柏林的圣殿酒吧、阿姆斯特丹的韦斯特加斯法布里克、曼彻斯特的北部地区、赫尔辛基的阿拉比安兰塔、坦佩雷的芬莱森/坦佩拉区）（Lavanga，2004，2013；Mommaas，2004；Montgomery，1995，2003，2004；Wynne，1992）。文化街区的多样性也反映在学术界所广泛使用的概念上，如街区、集群或区域。查帕因和杜瓦鲁西米最近阐述了这些概念是如何在地理意义上联系起来的，“例如，‘文化街区’更多地与意大利和北美的文献联系在一起，‘文化集群’与澳大利亚的文献联系在一起，‘文化区域’（cultural quarter）则与英国和爱尔兰的文献联系在一起”（Chapain and Sagot-Duvauroux，2018）。

19.2 文化街区的演变和发展

文化街区属于内生增长模式的范畴。它是如何形成的，以及如何解释其发展，都要求我们研究集聚经济的动态。在讨论文化产业为什么集聚和文化企业相互邻近所享有的利益时，洛伦岑和弗雷德里克森（Lorenzen and Frederiksen，2007）讨论了两种主要的集聚经济或正外部性：本地化经济和城市化经济。本地化经济是一种集聚经济，它在原则上属于同一地点的特定的经济活动。城市化经济也是一种集聚经济，它原则上对某个特定地区的所有经济活动都会产生影响。在前一种情况下，好处来自专业化程度的提高；而在后一种情况下，好处来自多样化程度的提高。洛伦岑和弗雷德里克森（Lorenzen and Frederiksen，2007）认为，非城市地区往往只有一个街区，因此，位于该街区的公司主要享受本地化经济。相反，较大城市可能拥有多个不同行业的街区，其中的企业从本地化经济和城市化经济中受益。不同之处在于所触发的产品创新类型，如多样性、新颖性和根本性创新。洛伦岑和弗雷德里克森（Lorenzen and Frederiksen，2007）认为，文化产业在这些创新类型之间波动，且主要集中在城市，依赖于本地化经济和城市化经济。在这两种情况下，外部性的类型都来自产业、劳动力市场、基础设施和制度性因素。

在第一组利益（产业的外部性）中，当特定地区的企业能够协调相关知识基础时，本地化经济就开始发挥作用。例如，文化产业常见的做法是成为供应链的一部分，或者通过临时项目来开展工作。这种协调有助于提高产品的灵活性和多样性，而企业间的技术和信息溢出则可能支持渐进式创新。只有在其他地区（主要是在较大的城市）存在的情况下，企业才能享受到城市化经济，这为不相关的知识基础之间的协调和溢出创造了前提条件，从而导致了新产品出现和根本性创新。另一类本地化经济涉及企业间竞争后效率的提高，而产业多样化的积极影响是风险资本投资，这可能导致较大规模城市初创企业的出现和企业精神的增加。

第二组外部性与劳动力市场有关。虽然公司与同一组经济活动共处，可能会带来大量的专门劳动力、技能的多样性和重叠的劳动力市场，但当不同街区同时存在，就可能会导致思想的传播和根本性的创新。

第三类外部性涉及机构和基础设施。在非城市区域，专门机构的出现往往伴随着地区的发展（即技术教育、行业协会以及规范和惯例）。它们负责深化知识和技能，降低交易成本，以及促进有效沟通。在较大的城市，存在着各种各样的机构和基础设施。例如，高等教育和研究机构，深化并拓宽了人们的知识和技能。此外，像机场和高速铁路这样的通道，可以让人们接触到全球性知识和思想，或者说是全球化氛围。文化设施和多样化的住所，可能会进一步吸引全球人才。在这方面，马库森（Markusen，2006）发现，艺术家的区位选择主要是由城市和街区对艺术空间和组织的投资决策决定的，而不是像佛罗里达（Florida，2002）所主张的一系列便利设施。

当讨论好莱坞作为美国电影工业中心的崛起时，斯科特则建议，与其问“集聚的种子该如何种植”，倒不如问“当地新兴经济体系，如何受制于结构化且自我强化的增长和发展过程”（Scott，2005）。这个过程是动态的，具有循环和累积的因果关系：①专门和互补的生产者；②地方劳动力市场；③制度环境——前文所述的产业、劳动力市场和制度的外部性。20 世纪初，纽约是美国电影工业的中心。然而，许多公司可能会在加州拍摄，因为那里全年气候宜人而且景观多样。从 1909 年的 1 家工作室到 1912 年的 17 家制片公司。根据斯科特的观点，理解好莱坞的原因并不是那么重要。大多数时间文化街区是随机出现的，“但随后稳定地锁定为系统结构化、路径依赖的结果”（Scott，2005）。1912—1915 年，好莱坞采取了典型工业区的特征。更多的公司加入名演员拉斯奇（Famous Players-Lasky）公司、环球影业、福克斯电影公司并进入该地区，“一个接一个，但如果聚集经济发挥作用，它们对地点的选择将变得越来越不具有随机性”（Scott，2005）。斯科特建议研究，“简单的公司聚集何时以及如何开始显现内生发展动力的迹象；这个区域如何超越实际和潜在的竞争者，以及它如何在扩展的市场中获得主导地位，这有时需要很长一段时间”（Scott，2005）。好莱坞公司将主要专注于电影内容的创新，同时开发一个明星系统来扩大市场。一个先进的分工过程，将促进整个电影行业的工业化，并为电影制作的过程和管理带来创新（例如，连续性剧本、倒叙技术）。到 20 世纪 20 年代，好莱坞在从业人员以及制作和出口电影的数量方面都超过了纽约。第二次世界大战后，随着反垄断的派拉蒙法案的出台和电视的发展，好莱坞逐渐从垂直整合的巨头重组为分散的公司网络。专业化服务（如剧本写作、电影编辑）和机构（如美国电影制片人和发行人协会、美国电影艺术与科学学院）的出现，使得公司与许多分包商和自由职业者合作，并受益于不断增长且多样化的当地劳动力市场。从 20 世纪 80 年代到 21 世纪初，好莱坞出现了新的地理分布：为数不多的大制片厂、大量独立的专业服务、庞大的本地劳动力市场，以及众多支持公司和工人的机构。斯科特（Scott，2005）强调了区位资源的重要性，包括电影传统到标志、符号、景观，以及与其他文化产业协同的潜力。总之，这种有组织的生产体系逐渐形成。关注时间和空间的演变是其关键。随着时间的推移，一个松散且相当混乱的活动集合，可以发展成一个紧密的企业关联系统。集聚经济和本地化所产生的规模报酬递增效应，使好莱坞成为世界上最重要的文化街区之一。

同样地，圣阿加塔（Santagata，2011）强调了有助于建立文化街区的基本组成部分："①当地性社区，其中文化传统与积累的技术知识和社会资本（信任与合作）具有凝聚力；②规模收益递增和范围收益递增有显著发展；③储蓄的积累，具有较强的企业家精神与合作精神的地方银行；④倾向于开放的国际市场；⑤贯穿整个价值创造链条的公共财政支持；⑥由于社会能力和相互学习的结果，新公司诞生率很高，通常是家庭规模；⑦具有地方性意识，发展成为系统性且具备正外部性的能力"。值得注意的是，上述第四点与地区的开放性全球通道有关，这将减少由于过度专业化所导致的锁定过程[①]和街区的衰落。在这方面，企业正越来越多地受益于所谓的"临时集群"或"临时组织的空间邻近"；它可以为企业提供类似于永久性地理邻近所带来的知识获取与互动机会，尽管这些只是一种短暂而强化的形式（Maskell et al.，2006）。对艺术博览会、设计周、时装交易会、电影节的研究，为分析本地与远程知识库、隐性与成文知识、本地与全球氛围之间的相互作用提供了有趣的机会（Brydges and Hracs，2019；Brydges et al.，2018；Lavanga，2018；Power and Jansson，2008；Rinallo and Golfetto，2011；Skov，2006）。由于数字化的发展，文化企业越来越多地使用临时集群来加强信任关系，减少文化产品和服务市场的信息不对称和不确定性。

19.3　结　论

本章论述了文化街区的起源和概念；它进一步深入研究了集聚经济，换句话

① 例如，单个产业的发展不能适应外生变化，它们通常包括纺织、陶瓷、珠宝和其他手工艺相关地区（例如，伯明翰珠宝街区，相关讨论参见 De Propris Lazzeretti，2009）。

说，文化企业所获得的益处不仅来自邻近性，还来自知识的紧密互动和交流，尤其是那些嵌入熟练劳动力和支持机构当中的隐性知识。世界各地的决策者都试图使用复制和粘贴策略，自上而下地创建文化街区。现实情况是，大多数地区都进展缓慢。文化街区以有机的、自发的方式发展（几乎就像一个创造性共识）。随机事件可能会播下集聚的种子，但触发内生增长的是产业、劳动力市场和制度等产业集聚经济的动态。然而，许多尝试都以失败告终——这是一种“试错”的精神。能够评估风险和成本，更重要的是评估与原始目标有相关影响的可行性研究，从根本上来说是必要的（Markusen and Gadwa，2010）。

综上所述，文化街区是一个理论与实践交叉融合的有趣案例，它为理解文化、经济和地域之间的动态关系提供了一个有利的视角。未来要问的问题是，人工智能等新技术创新，将在多大程度上使文化街区变得过时，或者相反，放大企业在文化街区所享有的正外部性。到目前为止，无论是长期的还是暂时的形式，空间上有组织的邻近，似乎是交流隐性知识，建立关系信任，减少文化产品和服务的生产、分销和消费的不确定性最有效的方式。

参见：

创意产业；创意；艺术节。

本章参考：

Bathelt，Harald，Anders Malmberg，and Peter Maskell（2004）. Clusters and knowledge：local buzz，global pipelines and the process of knowledge creation. *Progress in Human Geography*，28（1）：31–56.

Belussi，Fiorenza，and Katia Caldari（2008）. At the origin of the industrial district：Alfred Marshall and the Cambridge school. *Cambridge Journal of Economics*，33（2）：335–355.

Becattini，Giacomo（1962）. *Il Concetto di Industria e la Teoria del Valore*. Torino：Boringhieri.

Braun，Erik，and Mariangela Lavanga（2007）. *An International Comparative Quickscan into National Policies for Creative Industries*. Rotterdam：Euricur for the

Ministry of Education, Culture and Science of the Netherlands.

Brydges, Taylor, and Brian J. Hracs (2019). The locational choices and interregional mobilities of creative entrepreneurs within Canada's fashion system. *Regional Studies*, 53 (4): 517-527.

Brydges, Taylor, Brian J. Hracs, and Mariangela Lavanga (2018). Evolution versus entrenchment: Debating the impact of digitization, democratization and diffusion in the global fashion industry. *International Journal of Fashion Studies*, 5 (2): 365-372.

Caves, Richard E. (2000). *Creative Industries. Contracts between Art and Commerce.* Cambridge, MA: Harvard University Press.

Chapain, Caroline, and Dominique Sagot-Duvauroux (2018). Cultural and creative clusters: a systematic literature review and a renewed research agenda. *Urban Research & Practice*, 1-30. DOI: 10.1080/17535069.2018.1545141.

De Propris, Lisa, and Luciana Lazzeretti (2009). Measuring the decline of a Marshallian industrial district: the Birmingham jewellery quarter. *Regional Studies*, 43 (9): 1135-1154.

Florida, Richard (2002). *The Rise of the Creative Class: and how it's Transforming Work, Leisure, Community and Everyday Life.* New York: Basic Books.

Grabher, Gernot (2002). Cool projects, boring institutions: temporary collaboration in social context. *Regional Studies*, 36 (3): 205-214.

Hall, Peter (1998). *Cities in Civilization: Culture, Technology and Urban Order.* London: Weidenfeld and Nicolson.

Hall, Peter (2000). Creative cities and economic development. *Urban Studies*, 37 (4): 639-649.

Hesmondhalgh, David (2007). *The Cultural Industries.* London and Los Angeles: SAGE.

Hesmondhalgh, David, and Sarah Baker (2013). *Creative Labour: Media Work in Three Cultural Industries.* London: Routledge.

Karpik, Lucien (2010). *Valuing the Unique: Economics of Singularities.* Princeton, NJ: Princeton University Press.

Lavanga, Mariangela (2004). Creative Industries, Cultural Quarters and Urban Development: the case studies of Rotterdam and Milan. In Giuliano Mingardo and

Marco van Hoek (eds.). *Urban Management in Europe Vol. II: Towards a Sustainable Development.* Rotterdam: MEMR–The Thesis Series. Erasmus University Rotterdam.

Lavanga, Mariangela (2013). Artists in urban regeneration processes: use and abuse? . *Territoire en Mouvement* (TEM), 17/18: 6–19.

Lavanga, Mariangela (2018). The role of Pitti Uomo trade fair in the menswear fashion industry. In Regina Blaszczyk and Ben Wubs (eds.). *The Fashion Forecasters: A Hidden History of Color and Trend Prediction.* London: Bloomsbury Academic Publishing, 191–209.

Lazzeretti, Luciana, Silvia Rita Sedita, and Annalisa Caloffi (2013). Founders and disseminators of cluster research. *Journal of Economic Geography*, 14 (1): 21–43.

Leadbetter, Charles and Kate Oakley (1999). *The Independents: Britain's New Cultural Entrepreneurs.* London: Demos.

Lorenzen, Mark and Lars Frederiksen (2008). Why do Cultural Industries Cluster? Localization, Urbanizatio, Products and Projects. in Philip Cooke and Luciana Lazzeretti (eds.). *Creative Cities, Cultural Clusters, and Local Economic Development.* Cheltenham: Edward Elgar, 155–179.

Markusen, Ann (2006). Urban development and the politics of a creative class: evidence from a study of artists, *Environment and Planning A*, 38 (10): 1921–1940.

Markusen, Ann, and Anne Gadwa (2010). Arts and Culture in Urban or Regional Planning: A Review and Research Agenda, *Journal of Planning Education and Research*, 29 (3): 379–391.

Marshall, Alfred (1890). *Principles of Economics.* London and New York: MacMillan & Co.

Peter Maskell, Harald Bathelt, and Anders Malmberg (2006). Building Global Knowledge Pipelines: The Role of Temporary Clusters, *European Planning Studies*, 14 (8): 997–1013.

Molotch, Harvey (2002). Place in product, *International Journal of Urban and Regional Research*, 26 (4): 665–688.

Mommaas, Hans J. T. (2004). Cultural Clusters and the Post-Industrial City. Towards a Remapping of Urban Cultural Governance, *Urban Studies*, 41 (3): 507–532.

Montgomery, John (1995). The Story of Temple Bar: Creating Dublin's Cultural

Quarter, *Planning Practice & Research*, 10 (2): 135-172.

Montgomery, John (2003). Cultural Quarters as Mechanisms for Urban Regeneration. Part 1: Conceptualising Cultural Quarters. *Planning Practice & Research*, 18 (4): 293-306.

Montgomery, John (2004). Cultural Quarters as Mechanisms for Urban Regeneration. Part 2: A Review of Four Cultural Quarters in the UK, Ireland and Australia. *Planning Practice & Research*, 19 (1): 3-31.

Polanyi, Michael (1953). *Personal Knowledge*. Chicago: University of Chicago Press.

Porter, Michael (1998). Clusters and the New Economics of Competition. *Harvard Business Review*, 11: 77-90.

Power, Dominic and Johan Jansson (2008). Cyclical Clusters in Global Circuits: Overlapping Spaces in Furniture Trade Fairs. *Economic Geography*, 84 (4): 423-448.

Rinallo, Diego and Francesca Golfetto (2011). Exploring the Knowledge Strategies of Temporary Cluster Organizers: A Longitudinal Study of the EU Fabric Industry Trade Shows (1986-2006). *Economic Geography*, 87 (4): 453-476.

Rozentale, Ieva, and Mariangela Lavanga (2014). The "universal" characteristics of creative industries revisited: The case of Riga. *City, Culture and Society*, 5 (2): 55-64.

Santagata, Walter (2006). Cultural Districts and their role in Economic Development. In V. Ginsburgh and David Throsby (eds.). *Handbook on the Economics of Art and Culture*. Amsterdam: Elsevier Science, 1100-1119.

Santagata, Walter (2011). Cultural districts. In Ruth Towse (ed.). *A Handbook of Cultural Economics* (2nd *Edition*). Cheltenham UK and Northampton, MA, USA: Edward Elgar Publishing, 147-152.

Scott, A. J. (2005). *Hollywood. The Place, The Industry*. Princeton: Princeton University Press.

Skov, Lise (2006). The Role of Trade Fairs in the Global Fashion Business. *Current Sociology*, 54 (5): 764-783.

Wynne, Derek (1992). *The Culture Industry: The Arts in Urban Regeneration*. Aldershot: Avebury.

Storper, Michael, and Anthony J. Venables (2004). Buzz: face-to-face contact and the urban economy. *Journal of Economic Geography*, 4 (4): 351-370.

延伸阅读：

地域、经济和文化之间的动态关系是斯科特（Scott，2005）关于好莱坞专著的主题。关于文化街区、文化和创意集群以及文化街区的文献综述与最新研究议程，参见 Chapain and Sagot-Duvauroux（2018）。关于文化和城市规划之间关联性的评论和研究议程，参见 Markusen and Gadwa（2010）。

20　文化的多样性

赫里蒂亚娜·拉纳伊沃森（Heritiana Ranaivoson）

围绕着文化多样性的概念有着广泛的共识，它已经成为与文化领域相关国际谈判不可避免的概念（Stenou，2004），并被描述为人类的共同遗产（UNESCO，2005）。文化多样性的存在丰富了整个人类社会。向公民提供多样化的文化产品和服务，使他们能够获得广泛的意见和想法，被认为是文化部门政策的理想目标。另一个前提是，消费者作为整体看重多样性，因为他们有不同的品味，或因为每个消费者都有多样化的品味（Ranaivoson，2012）。这两种情况（供应的多样性和对多样性的品味）应该达成最终的目标，即公民通过多样化的消费，获得多样性（Napoli，1999）的内容。

本章简要概述了文化经济学家如何看待文化多样性，特别是在文化领域。为此，我们首先提供了文化多样性的定义。然后解释了文化身份的多样性如何有助于提高团队效率。考虑到市场集中度、网络平台和推荐系统的模糊影响，本章重点关注文化表达的多样性。

20.1　如何定义和评估文化多样性——斯特灵模型

所有关于文化多样性的学术论文都对文化多样性下了定义——尽管有时是含蓄的。文化经济学家（以及各个领域的学者）越来越多地使用所谓的斯特灵模型（Stirling Model），该模型的优点在于提出了定义和评估多样性的一般方法（Stirling，2007）。它有助于统一处理文化多样性的方法，从而能够进行国际和跨部门的比较。更重要的是，斯特灵模型回应了对文化多样性概念模糊不清的批评（Bonet and Negrier，2011）。

斯特灵模型定义多样性是多元、平衡和差异的混合（Moreau and Peltier，2004；Ranaivoson，2007；Stirling，2007）。它的主要特点是依赖于多样性的定义，通过超越纯粹的数量（例如电影、书籍等）来综合，诸如每个流派及其起源与其他相比较而言是如何被代表的，以及与其截然有别的流派或艺术家是否存在。

更准确地说，一个系统的多样性只能在其元素被归类后才能评估。一旦做了分类，其多样性就对应于按各种类别均衡分布的数量（例如，市场份额），而其差异就对应类别之间的差异程度（例如，每对或两个最为反差对象之间，见 Farchy Ranaivoson，2011）。多样性的每个组成部分似乎都独立于其他组成部分而发展演化。然而，这只是在一定程度上是正确的。事实上，它们通过多样性的概念不可避免地联系在一起，任何成分的变化都会对其他成分产生影响（Ranaivoson，2007）。

为了使定义更清楚，让我们考虑一下法国广播电台音乐多样性的演变（Ranaivoson，2007）。这个电台最初播放大约 100 首不同的法国流行歌曲。其中 5 首歌每小时播放一次，而其他歌曲的播放频率要低得多。为了增加多样性，人们可以增加不同歌曲的数量，如从 100 首增加到 150 首。为了促进平衡，可以减少播放次数最多歌曲的播放次数，增加其他歌曲的播放次数。为了增加差异，人们可以选择用其他风格的歌曲，来代替一些法国流行歌曲，这些歌曲以前没有被播放过，如巴西的波萨诺瓦（Bossa Nova）或巴基斯坦的克瓦利（Qawwali）歌曲。

其他更具体的维度可以添加到斯特灵模型，如来源、内容与展示多样性之间的区别（Napoli，1999），或供应与消费多样性之间的区别（Eaton and Lipsey，1989；Van Cuilenburg，Van der Wurff，2001）。

此外，斯特灵模型需要应用特定类型，这些类型本身基于所处理的问题，更确切地说，是基于现有的数据。换句话说，在每一种情况下，重要的是定义所涉及的多样性。文化多样性主要表现在两个方面：文化身份的多样性和文化表达的多样性。文化身份的多样性可以与霍夫施泰德对文化的定义联系起来，他将文化定义为“将一类人与另一类人区分开来的集体思维方式”（Hofstede，1991）。这个定义意味着文化必须作为集体现象来分析，因为它是由个人所处社会环境塑造的，具有共同的价值观。而文化表达的多样性，对应于文化部门内部或文化部门所产生的多样性。这种方法更是生产导向性的。

20.2　文化身份的多样性对团队效率的积极影响

文化身份的多样性常常从管理的角度来处理，即如何确保组织最好地适应或利用其内部的多样性。维科和拉纳伊沃森（Vecco and Ranaivoson，2017）回顾了文化身份的多样性与企业家精神之间的联系，发现人们普遍认为文化多样性在创业领域有着积极的影响。

一方面，团队文化身份的多样性对绩效有积极的影响。杰克逊等人（Jackson et al.，1995）的研究表明，多样性与团队的创造力和决策效率呈正相关。文化多样性也有利于创新。跨文化团队（即成员具有不同的文化背景）往往更容易接受成员的各种想法。对不同观念的接受程度应该更高。不同的知识和思维过程可能有助于问题的解决、想法的产生和实施（Nathan and Lee，2013）。思想的交流可能导致更多的创新和更高的创业主动性（Sobel，Dutta 和 Roy，2010）。所有这些都可以提升团队的效率。

团队不仅受益于成员的多样性，还受益于这些成员通过自己的网络获得更加丰富和多样化的信息和资源（Vecco and Ranaivoson，2017）。此外，由于这些多样化的网络，组织可以更好地进入国际市场（Nathan and Lee，2013）。最后，商业网络中的多样性（如知识、技能和方法），是创新潜力的关键因素，因为它能发现新的机会（Ehrenmann and Warschat，2013）。已有成熟的文献证明商业网络在文化部门有积极作用（de-Miguel-Molina et al.，2012）。所有这一切都反映在联合国教科文组织的声明之中，即文化多样性是表达、创造和创新的能力（UNESCO，2001）。

另一方面，文化身份的多样性可能意味着缺陷，可能会对团队的绩效产生负面影响。不同的文化意味着不同的语言，有时也意味着不同的价值观，这可能会导致沟通困难和更高层次的冲突（Ehrenmann and Warschat，2013），因为规则则可能不会被理解或尊重。在跨文化的团队中，具有相似特征并认为自己是群体部分的个体，往往有优势去接触和互动（Ferretti et al.，2007）。同样，地位相似的组织或个人（Ebbers，2009），以及种族背景相同的个人（Koopmans and Schaeffer，2015），更有可能合作，这可能会导致形成集群子组，从而限制整个团队的绩效。

20.3 市场结构对文化表达多样性的模糊影响

大量的研究分析了市场结构（特别是市场集中度）如何影响文化表达的多样性，其前提是微观经济学和产业经济学，其结果相当模糊（Van Cuilenburg and Van der Wurff，2001）。一方面，规模经济和多样性之间存在冲突（Dixit and Stiglitz，1977；Lancaster，1979）。当固定成本相对可变成本较大时，就会产生规模经济，许多创造性产品就是如此。例如，这种现象导致电子游戏发行商努力将开发和营销集中在少数游戏上，因为消费的增加将降低平均生产成本（按单位销售量计算）。维持多样性与降低成本之间的对立，是垄断竞争相关文献的标准结果，这始于张伯伦（Chamberlin，1933）。这方面的研究发现，为了降低生产成本，生产者提供的产品往往比消费者想要的少。

此外，经济模型（如霍特灵的空间模型）显示了竞争的生产者最终提供标准化产品的趋势（Hotelling，1929），从而减少了产品的差异。事实上，生产商希望获得最大的市场份额，并以此为目标生产出最适合普通消费者口味的产品。它们不能满足消费者更边缘的口味。尽管文化产品和服务的种类似乎越来越多，但更多产品和服务针对的是普通消费者，因此也就更加相似。因此，阿索格巴（Assogba，2015）认为，拥有多家媒体公司并不一定会导致新闻的多样性，特别是当每家公司都缺乏足够的手段来生产高质量的内容时。

另一方面，范围经济也可以激励生产者和分销商提供多样化的产品。可以在那些产品多样化的部门实现范围经济，这些部门使用固定成本高的基础设施（如仓库）。此外，一个多样化的目录包含多种资产。它首先促进公司限制投资组合风险，类似于金融资产的管理（Markowitz，1952）。而这也是一种减少竞争的方法：市场的饱和允许设置进入壁垒（Curien and Moreau，2005；Lancaster，1979）。例如，使博物馆活动多样化，以应对预算约束；为了降低风险，艺术画廊和艺术品交易商使投资组合多样化。

20.4 网络平台对文化表达多样性的影响

数字化和互联网的发展，导致了传统市场结构影响问题的重新表述。文化部门正日益被组织成双边市场（Rochet and Tirole，2002），新的在线公司在其中扮演着平台的角色，在不同类型用户之间承担中介作用。因此，它们的行为方式与传统文化产业不同，因为它们必须考虑到不同类别用户（如消费者、广告商、应用程序开发者等）之间的互动。

一方面，在线平台被鼓励提供多样化的产品，因为这使其相对于竞争对手具有竞争优势（Brynjolfsson et al.，2003）。安德森提出了长尾理论来预测数字技术将使消费变得更加多样化（Anderson，2006），这包括两种趋势：①在相对或绝对意义上，头部（大片、畅销书等）的重要性下降；②尾部的增加，即利基产品的增加。当布伦若尔弗松等人（Brynjolfsson et al.，2003）讨论网络销售中那些鲜有人问津作品的重要性时，就提出了后一种观点。至少就目前而言，在线平台对保持开放和培育内部竞争感兴趣（Ranaivoson，2016）：确保平台增强第三方内容或应用方面的开放性，以吸引用户；以及保持供应商之间的竞争，以便提出尽可能广泛的目录或报价。

事实上，在线平台通常提供大量小众产品的选择，并提供相关的过滤器来发现小众产品（Brynjolfsson et al.，2010）。由于内容生产的民主化、向潜在全球受众分发内容的成本减少，以及依赖创新商业模式的新服务不断出现，公民可以获得的内容数量大大增加（Masnick and Ho，2014）。这些服务或新活动贯穿价值链从创建到分发的所有步骤。其结果是在用户层面上也会有更大的多样性（Cowen，2002）。

另一方面，数字技术很可能会威胁文化领域的传统利益相关者（创造者和中间人），使这些网络平台受益。虽然平台可能提供了巨大的文化内容多样性，但它们往往不是价值链的参与者，对消费选择的影响很难评估（Kulesz，2015）。高尔等人（Goel et al.，2010）认为，网络平台对文化作品访问的控制越来越强，即使与当前的情况相比，也存在着威胁边缘文化作品的可见性和推荐的风险。网络平台的商业战略和模式，很可能导致内容供应和消费更加同质化（Guevremont et al.，2013）。

更重要的是，超级明星理论所提出的论点，可以解释多样性减少的可能趋势。(Adler，1985；Rosen，1981)。该理论旨在解释为什么消费集中在有限数量的产品或创造者上，即所谓的超级明星。罗森（Rosen，1981）最有趣的论点是技术所扮演的角色，即分销和消费技术的低边际成本，这使更好的产品或更有才华的创造者在进入更广阔市场时受益于规模经济，从而成为超级明星。随着数字化的发展，分销和消费的边际成本进一步降低。阿德勒（Adler，1985）假设，消费者对所消费的东西了解得越多就越满意，而且消费者主要是通过与他人讨论来了解信息的。因此，信息是理论的核心。因为消费者试图尽可能多地了解其所消费的东西，因此最著名的创造者或产品——大多数人谈论的产品——是有优势的，这是一个自我强化的特征（Adler，1985）。由于互联网的存在，关于超级明星的信息变得无处不在。

20.5　推荐文化表达的多样性：文化经济学的新前沿

我们主要从生产和分配的角度，分析文化表达的多样性及其对消费的影响。在数字化的情况下，除了可用性之外，重要的是要考虑向用户推荐什么内容。

至少从20世纪90年代中期开始，就有了关于推荐系统的研究（Adomavicius and Tuzhilin，2005)。它们有助于过滤大量信息。心理学研究表明，随着可用选项多样性的增加，应对不断增加的信息负荷变得更加困难（相关综述参见：Ranaivoson，2012)。随着数字化的发展，一些物理限制消失了，特别是空间（用于存储）和时间（用于调度)。其他的限制仍然存在：不仅是关注，还有什么可以向用户显示的——例如，Netflix用户连接到平台时会看什么。因此，马利根(Mulligan，2014）认为，在线音乐服务目录的规模给用户带来不便。他认为，这主要是因为数字服务提供的视觉展示空间很少，特别是与实体店的橱窗空间和店面展示空间对比。由于这些原因，项目的选择过程变得烦琐和复杂（Kunaver Požrl，2017)。因此，用户的策略可以是限制选择风险，选择他们已经知道的(Ranaivoson，2016)。相反，尽管供应充足，但帮助消费者找到可能令其满意东西的相关过滤器，被长尾理论视为长尾出现的必要条件（Anderson，2006)。

一方面，不同的用户有不同的品味和个人背景；另一方面，可选商品与推荐系统的目的在于，为每个用户显示最有可能最大化用户效用的商品集合

（Adomavicius and Tuzhilin，2005）。大多数推荐系统遵循相同的步骤（Kunaver Požrl，2017）：第一，分析可用的用户信息；第二，创建一个用户模型，该模型存储推荐过程所需的信息，以便帮助用户选择最合适的产品；第三，向用户呈现产品；第四，建立反馈机制使推荐系统能够跟踪用户对推荐的满意度，并相应地调整用户模型。这种反馈可以是隐式的（基于所观察到的行为，例如内容是否被观看到最后），也可以是显式的（例如，基于评级）。

根据推荐的方式，推荐系统通常分为三类（Adomavicius Tuzhilin，2005）：基于内容的推荐（向用户推荐与过往用户喜欢的相似的内容）；协作推荐（向用户推荐相似品味和喜好的人过去喜欢的内容）；混合方法，即结合前两种方式。

根据定义，推荐系统减少了显示给消费者的商品数量。这并不一定意味着在没有这种推荐系统的情况下，用户的消费会更加多样化。将多样化引入推荐过程，越来越受到学者和从业者的关注（Kunaver and Požrl，2017）。这可以被看作是一种通过设计实现多样性的形式（Helberger，2011），其中多样性已经是算法的概念和实现层次的目标。

然而，在某些情况下，推荐系统的偏差会导致多样性的减少（Ranaivoson，2019），尤其是选择偏差和过滤气泡（filter bubble）。当对目标人群而言并非所有产品都具有同等的显示可能性时，就会出现选择偏差（Groeling，2013）。例如，不属于目录的项目以及历史数据不足的项目。谭等人（Tan et al.，2015）解释推荐系统会降低销售的多样性，因为推荐系统往往只推荐历史数据充足的产品，而鲜有人光顾的作品就缺乏足够的历史数据。

过滤气泡依赖三个特定动力学因素（Pariser，2011）：一个人在其过滤气泡中是孤立的；过滤气泡是不可见的；而且，人们不会选择进入过滤气泡。帕里泽认为过滤气泡是个性化的一个缺点，经常被用户忽视："在一个个性化的世界里，重要但复杂或不愉快的问题……根本不太可能引起我们的注意。"（Pariser，2011）过滤气泡的直接后果是，每个用户将接触到更少的内容——观点、想法、故事等——比现有的或自认为可以访问的内容要少（Hendrickx，2018）。

证明过滤气泡存在的实证研究仍然很少（Hendrickx，2018）。因此，博尔赫斯等人（Borgesius et al.，2016）得出结论认为，尽管人们表达了严重的担忧，但没有任何经验证据证明，人们对过滤气泡有着强烈的担忧，但有关过滤气泡的辩论仍然很重要。类似地，海姆等人（Haim et al.，2017）注意到，关于过滤气泡的存在及其影响的经验证据（特别是在新闻背景下）是有限的。据我们所知，现有的少数研究都不能证明过滤气泡的真正负面影响。

20.6 结　论

本章简要概述了文化经济学如何处理文化部门的文化多样性。在解释斯特灵模型如何为其提供定义基础之后，确定了四个主要的研究方向：文化身份的多样性对团队效率的影响；市场结构对文化表达多样性的影响；这个问题又是如何随着网络平台的出现而更新；推荐的文化表达方式的多样性。

笔者从概述中可以得出两个结论。首先，任何关于文化多样性的研究，都需要对概念有一个恰当的定义，研究如何处理它，以及最终如何评估它。否则，这个概念就会变得过于宽泛和模糊，从而导致相互矛盾的结论。这并不意味着笔者认为有一种文化多样性的明确定义，以及一种正确的分析方法。相反，每个研究人员提供各自的定义，使读者更清楚地了解什么是潜在的假设。这更多的是一种使假设尽可能明确的尝试。

其次，由于数字化不断带来创新，对其使用和影响的分析将引发非常有趣的研究。特别是，算法及其融入在线平台的战略，以及它们在民众接触多样性方面发挥的作用，在社会科学领域仍缺乏研究。

参见：

文化资本；非物质文化遗产；超级明星。

本章参考：

Adler, Moshe (1985). Stardom and Talent. *The American Economic Review*, 75 (1): 208-212.

Adomavicius, Gediminas and Alexander Tuzhilin (2005). Toward the next Generation of Recommender Systems: A Survey of the State-of-the-Art and Possible Extensions. *IEEE Transactions on Knowledge and Data Engineering*, 17 (6): 734-749.

Anderson, Chris (2006). *The Long Tail. How endless choice is creating unlimited demand.* London: Random House Business Books.

Assogba, Henri (2015). Le pluralisme de l'information menacé au Bénin par les "contrats". In George, Eric (ed.). *Concentration des médias, changements technologiques et pluralisme de l'information*, Presses de l'Université Laval, 197-213.

Bonet, Lluís and Emmanuel Négrier (2011). The end (s) of national cultures? Cultural policy in the face of diversity. *International Journal of Cultural Policy*, 17 (5): 574-589.

Borgesius, Frederik J. Zuiderveen et al. (2016). Should we worry about filter bubbles? . *Internet Policy Review*, 5 (1).

Brynjolfsson, Erik, Yu (Jeffrey) Hu and Michael D. Smith (2010). Research Commentary— Long Tails vs. Superstars: The Effect of Information Technology on Product Variety and Sales Concentration Patterns. *Information Systems Research*, 21 (4): 736-747.

Brynjolfsson, Erik, Yu Hu and Michael D. Smith (2003). Consumer surplus in the digital economy: Estimating the value of increased product variety at online booksellers. *Management Science*, 49 (11): 1580-1596.

Chamberlin, Edward H. (1933). *The Theory of Monopolistic Competition.* Cambridge, Mass.: Harvard University Press.

Cowen, Tyler (2002). *Creative Destruction. How Globalization is Changing the World's Cultures.* Princeton and Oxford: Princeton University Press.

Curien, Nicolas and François Moreau (2005). Investir les marchés induits de la musique: une voie de sortie de crise pour les majors du disque face au piratage? . *Revue Télécom*, 136 (Hiver 2004/2005): 1-5.

Dixit, Avinash K. and Joseph E. Stiglitz (1977). Monopolistic Competition and Optimum Product Diversity. *The American Economic Review*, 67 (3): 297-308.

Eaton, B. Curtis and Richard G. Lipsey (1989). Product differentiation. In *Handbook of Industrial Organization*, Elsevier Science Publishers B. V., 952-1009.

Ebbers, Joris J. (2009). Organizational dynamics in social networks: Contracts and reputations in the film industry. Universiteit van Amsterdam.

Ehrenmann, Steffen and Joachim Warschat (2013). Diversity in the early phases of product development. *International Journal of Industrial Engineering and*

Management, 4 (1): 19-26.

Farchy, Joëlle and Heritiana Ranaivoson (2011). An international comparison of the ability of television channels to provide diverse programme: Testing the Stirling model in France, Turkey and the United Kingdom. *UIS Technical Paper*, (6): 77-138.

Feigenbaum, Harvey B. (2007). Hegemony or diversity in film and television? The United States, Europe and Japan. *The Pacific Review*, 20 (3): 371-396.

Goel, Sharad, Andrei Broder, Evgeniy Gabrilovich and Bo Pang (2010). Anatomy of the long tail: ordinary people with extraordinary tastes. In *Proceedings of the third ACM international conference on Web search and data mining*, ACM, 201-210. http://dl.acm.org/citation.cfm? id=1718513 (22 janvier 2016).

Groeling, Tim (2013). Media Bias by the Numbers: Challenges and Opportunities in the Empirical Study of Partisan News. *Annual Review of Political Science*, 16 (1): 129-151.

Haim, Mario, Florian Arendt and Sebastian Scherr (2017). Abyss or Shelter? On the Relevance of Web Search Engines' Search Results When People Google for Suicide. *Health Communication*, 32 (2): 253-258.

Helberger, Natali (2011). Diversity by Design. *Journal of Information Policy*, 1: 441-469.

Hendrickx, Jonathan (2018). Is de filter bubbel #fakenews? . *Diamond*. https://soc.kuleuven.be/fsw/diamond/Jonathan%20Hendrickx%20V3.pdf (6 juillet 2018).

Hofstede, Geert (1991). *Organizations and cultures: Software of the mind*. New York: McGrawHill.

Hotelling, Harold (1929). Stability in Competition. *The Economic Journal*, 39 (153): 41-57.

Jackson, Susan E, Karen E May and Kristina Whitney (1995). Understanding the dynamics of diversity in decision-making teams. *Team Effectiveness and Decision Making in Organizations*, 204: 261.

Koopmans, Ruud and Merlin Schaeffer (2015). Relational Diversity and Neighbourhood Cohesion. Unpacking Variety, Balance and in-Group Size. *Social Science Research*, 53: 162-176.

Kulesz, Octavio (2015). UNESCO Convention on the Protection and Promotion of the Diversity of Cultural Expressions: Transversal analysis of Parties' periodic reports on digital issues and trends. http://es.unesco.org/creativity/sites/creativity/files/5CP_ INF9_ Digital_ EN.pdf (22 janvier 2016).

Kunaver, Matevž and Tomaž Požrl (2017). Diversity in Recommender Systems-A Survey. *Knowledge-Based Systems*, 123: 154-162.

Lancaster, Kelvin (1979). *Variety, Equity and Efficiency: Product Variety in an Industrial Society.* New York: Columbia University Press.

Mark Mulligan (2014). *The Death of the Long Tail The Superstar Music Economy.* MIDiA Consulting.

Markowitz, Harry M. (1952). Portfolio selection. *The Journal of Finance*, VII (1): 77-91.

Masnick, Michael and Michael Ho (2014). *The sky is rising.* 2014 *edition.* Floor64.

de-Miguel-Molina, Blanca, Jose-Luis Hervas-Oliver, Rafael Boix and Maria De-Miguel-Molina (2012). The Importance of Creative Industry Agglomerations in Explaining the Wealth of European Regions. *European Planning Studies*, 20 (8): 1263-1280.

Moreau, François and Stéphanie Peltier (2004). Cultural Diversity in the Movie Industry: a Cross-National Study. *Journal of Media Economics*, 17 (2): 123-143.

Napoli, Philip M. (1999). Deconstructing the Diversity Principle. *Journal of Communication*, (Autumn): 7-34.

Nathan, Max and Neil Lee (2013). Cultural Diversity, Innovation, and Entrepreneurship: Firm-level Evidence from London. *Economic Geography*, 89 (4): 367-394.

Pariser, Eli (2011). *The Filter Bubble: What the Internet Is Hiding from You.* New York: Penguin Press.

Ranaivoson, Heritiana (2007). *Measuring cultural diversity: a review of existing definitions.* Paris: UNESCO.

Ranaivoson, Heritiana (2012). Does the consumer value diversity? How the economists' standard hypothesis is being challenged. In *The Consumption of Culture, The Culture of Consumption. A Collection of Contributions on Cultural Consumption and*

Cultural Markets, Lambert Academic Publishing, 70–95.

Ranaivoson, Heritiana (2016). The Internet platforms' impact on the Diversity of Cultural Expressions: to the Long Tail, and beyond! In Richieri Hanania, Lilian, Norodom, and Anne–Thida (eds.). *Diversity of cultural expressions in the digital era*, Teseo.

Ranaivoson, Heritiana (2019). Chapter 6. Online platforms and cultural diversity in the audiovisual sectors: a combined look at concentration and algorithms. In *Audio–Visual Industries and Diversity Economics and Policies in the Digital Era*, Routledge Studies in Media and Cultural Industries.

Rochet, Jean–Charles and Jean Tirole (2002). Cooperation among competitors: Some economics of payment card associations. *The RAND Journal of Economics*, 33 (4): 549–570.

Rosen, Sherwin (1981). The Economics of Superstars. *The American Economic Review*, 71 (5): 845–858.

Schmalensee, Richard (1978). Entry deterrence in the ready–to–eat breakfast cereal industry. *Bell Journal of Economics*, 9: 305–327.

Sobel, Russell S., Nabamita Dutta and Sanjukta Roy (2010). Does cultural diversity increase the rate of entrepreneurship?. *The Review of Austrian Economics*, 23 (3): 269–286.

Stenou, Katérina (2004). UNESCO and the Issue of Cultural Diversity. *Review and Strategy.*

Stirling, Andy (2007). A general framework for analysing diversity in science, technology and society. *Journal of the Royal Society Interface*, 4 (15): 707–719.

Tan, Tom, Serguei Netessine and Lorin M. Hitt (2015). Plenty is no plague, or is it? an empirical study of the impact of product variety on demand concentration. http://papers.ssrn.com/sol3/Papers.cfm?abstract_id=2188354 (29 janvier 2016).

UNESCO (2001). *Universal Declaration on Cultural Diversity.*

UNESCO (2005). *The Convention on the Protection and Promotion of the Diversity of Cultural Expressions.*

Van Cuilenburg, Jan and R. Van der Wurff (2001). Impact of moderate and ruinous competition on diversity: The Dutch television market. *The Journal of Media*

Economics, 14: 213-229.

Vecco, Marilena and Heritiana Ranaivoson (2017). To What Extent Does Cultural Diversity Support (Cultural) Entrepreneurship? .

Véronique Guèvremont et al. (2013). *Implementation of the Convention on the Protection and Promotion of the Diversity of Cultural Expression in the Digital Age: Challenges, Priority Actions, and Recommendations.*

延伸阅读：

关于文化表达多样性的经济文献综述，参见 Ranaivoson（2007）。关于斯特灵模型的完整定义，以及可以用来评估多样性的指标，参见 Stirling（2007）。关于竞争对多样性影响的概述，参见 Van Cuilenburg and Van der Wurff（2001）。关于数字化对文化表达多样性的影响，参见 Brynjolfsson et al（2010），Anderson（2006）。前者立足科学的角度更严谨，后者更容易理解。

21 文化企业家精神

马克·布劳格（Mark Blaug）
露丝·陶斯（Ruth Towse）

企业家精神是现代经济学最难以捉摸和最容易被误解的概念之一，具有讽刺意味的是，它要么被经济学家严重忽略，要么被其他人以讹传讹。因此，在讨论文化企业家精神之前，我们有必要了解经济学家所理解的企业家精神的意义和作用。

21.1 简短的文献回顾

查理德·坎蒂隆（Richard Cantillon），一个有着西班牙名字的神秘爱尔兰人，他多数时间都生活在法国，他于1730年第一次在现代意义上使用“企业家精神”这个概念，就是法语版本的《试论一般商业的性质》（*Essai Sur la Nature du Commerce en Général*）。由于他写作的语言是法语，所以他所采用的是法国的企业家精神，指企业家有责任通过承担风险而带来竞争，即“以一定的价格买进，以不确定的价格卖出”。其贡献在于明确说明企业家与资本家的职能是截然不同的：资本家是资本的拥有者，他通过雇用劳动力以期获得资本回报；而企业家不需要两者就可以进行交易。

就此而言，他远超亚当·斯密。斯密并没有做这种区分，他用英语术语“设计者”（projector）和“执行者”（undertaker）来指代企业所有者，即兼具资本家和管理者身份的双重角色。约翰·斯图亚特·密尔在《经济学原理》中普及了“企业家”概念，但保留了斯密的基本观念——企业家兼具资本家与管理者双重角色。这种观点颇为盛行，直到20世纪初熊彼特的著作问世。

21.2 熊彼特的观点

约瑟夫·熊彼特（Joseph Schumpeter）关注资本主义制度通过创新促进发展的能力，他在《经济发展理论》中将创新者视为企业家（Schumpeter，1934）。在熊彼特那里，“创新”不同于“发明”，是指新技术方法、新产品、新的原材料来源和新的产业组织形式。他认为创新是一种不可避免的力量，它能够通过“创造性破坏”推动经济发展。因此，企业家精神是动态变化和增长的来源，其回报就是利润。企业家可能是资本家或者公司经理，其行为均能获得回报。事实上，熊彼特也意识到，一旦一项新事业建立起来，企业就可能安定下来，而企业家就可能失去企业家精神，转变成纯粹的资本家或经理人。首先，企业会因为企业家精神因素拥有垄断地位，其后，要想捍卫垄断地位仍需更多的企业家精神。

21.3 现代发展

相当长一段时间之后，现代经济学才采纳熊彼特的观点。新古典主义的公司理论并没有讨论企业家或者经理，因此，只有那些不认同这个理论的人才可能发展企业家精神概念。被称为新奥地利学派的学者们就企业利润的本质展开辩论——它到底是一种因熊彼特式创新所秉持的对机会的“警觉性”而发现的意外之财，还是一种能够创造新利润来源的积极行动的回报？有些经济学家质疑企业家精神是否总是有益的创新，认为有时它就是各种形式的寻租行为，如公司收购、避税、专利诉讼等。鲍莫尔（Baumol，1990）区分了生产性的企业家行为和非生产性的企业家行为，后者能够减少而不是增加社会产出，并且认为资本主义社会总体的“游戏规则”决定企业家行为的确切本质。

企业家精神不仅仅局限于经济活动，就其原则而言，所有个体只要与传统准则观点相左就会表现出来。因此，政治和军事与经济领域一样，都可能提供同样多的展现企业家精神的空间。

21.4 文化企业家精神

带着这些问题，思考文化企业家精神是很有趣的。浏览有关创意产业的文献，不乏文化企业家精神的表述（数量相当可观），不过许多作者和机构只是把它视为管理的一部分。然而，全球文化创业中心（Global Center for Cultural Entrepreneurship）——一个关于文化企业家的国际性网站，其观点与经济学家们的观点很接近。该官方网站称，文化企业家是文化变革的推动者和富有远见的预见者，他们从文化活动中获得收入。他们的创新解决方案促进了文化企业的可持续发展，从而为文化产品与服务的创意生产者改善经营并为消费者创造文化价值。这些大大小小的文化企业包括采用“商业方法”经营艺术、文化遗产和文化产业的营利性机构或非营利性机构。文化企业家具有特定的属性：富有激情、远见、领导力、足智多谋且有“市场头脑”（全球文化创业中心，2010年6月访问）。

21.5 文化企业家精神的动机

尽管许多企业家（包括文化企业家）在我们看来拥有许多财富，但是利润已经不是他们的动机。斯韦德贝格（Swedberg，2006）指出，按照熊彼特的观点，企业家精神主要由非金钱动机驱动，例如建立一个商业帝国，并与内、外部的阻力作斗争，抓住新事物并将项目执行到底。本着熊彼特的精神，斯韦德贝格认为文化企业家精神是在文化领域中创造的新颖且受到欣赏的东西（op. cit，260），内在动机是其驱动力。但这是否能充分说明这个概念就适用于所有文化企业呢？

21.6 营利性机构和非营利性机构

许多创意产业，如广告、设计、时尚、电影、录音、广播和出版，都是由营利性企业组成的，它们有很多是大型国际企业，衡量其成功与否的标准就是盈利能力。对于那些小型营利性公司而言，尽管它们不像大型企业那样在实现利润最大化方面承受巨大的压力，但也需要追求足够的收入以覆盖成本。对于个体艺术家而言，他们在艺术创作中具有高度的创新性和企业家精神，可能根本不寻求利润，但有些人也可以变得富有，事实也确实如此。

就非营利性机构而言，其在采用类似商业的行为方面存在着巨大差异。在美、英两国，非营利性文化机构，如博物馆和表演艺术机构，或多或少依赖其吸引消费者的能力；基于私人非营利组织的“混合经济”模式，“企业家精神”在此所指的是，综合应用艺术创新和其他策略来吸引更多的付费观众、私人捐助者和赞助商。但在许多欧洲国家，这些机构是国有的且由政府机构管理。文化经济学家经常抨击它们缺乏对消费者的反应，更别提有什么创新的倾向。但是，鼓励文化机构减少对政府财政的依赖与鼓励其企业家精神之间存在着巨大的差异。作为荷兰文化部部长，经济学家里克·范德普罗格（van der Ploeg，2006）敦促国营文化机构（其收入的85%来自补贴）开拓文化企业家精神；因此，鲍莫尔的寻租理论在这里似乎更为合适。然而，艾奇逊等人（Acheson et al.，1996）却认为，即使补贴必不可少，非营利性身份并不是企业家精神的必然障碍。

21.7　个人角色

熊彼特明确指出企业家就是行动的个体，事实上，上述文化企业家的特征——充满激情和远见、警觉和能量、想象力和承诺的能够解决问题的领导者——似乎也强调个体性的重要性。文化企业家的案例研究表明，他们常常是文化企业的创始人——商业帝国的缔造者，常常有着强烈的个人印记。

21.8　文化企业家案例研究

就戏剧而言，无论何种著名文化企业家的名单，都应该包括如下两位：伊丽莎白时代的剧作家和演员——威廉·莎士比亚，他曾在伦敦建造和管理剧院；当代的安德鲁·劳埃德·韦伯（Andrew Lloyd Webber）男爵（2006年，位列英国富豪榜第87位），他是许多热门音乐剧的作曲家，也是真正好戏剧公司（The Really Useful Theatre Company）的创始人，拥有大量伦敦西区的剧院，并持有音乐版权，以及经营出版、录音和制作自己戏剧作品的公司。

在视觉艺术方面，伦勃朗（Rembrandt van Rijn）经营艺术和画室，制作和销售其作品的蚀刻版画，但最终还是破产了；相比之下，彼得·保罗·鲁本斯（Peter Paul Rubens），除了以艺术家身份获得巨额佣金收入外，还开办了一家快速入门的培训工作室（培训了不少雕刻师），与此同时，他也从事艺术交易，开创其作品的版画制作，这些让他变得非常富有；在20世纪，安迪·沃霍尔（Andy Warhol）除了从事原创艺术之外，还在其工厂大规模生产丝网印刷品，因此也变得非常富有。

在音乐方面，意大利歌剧院经理（impresario）（取自“impersa”一词，意为机构或职业），委托词作者（通常是著名的诗人）和作曲家（如贝里尼、多尼采蒂和罗西尼）（仅列举几个熟知的音乐家）创作新作品，并自行安排所有制作，包括聘请歌手、音乐人，安排服装和布景，因此花费了大量资金，然后在意大利和欧洲各地巡回演出，甚至远赴莫斯科乃至纽约。这种组织形式从18世纪中叶开始，持续了100多年，直到另一位优秀的文化企业家、音乐发行商朱里奥·里科尔迪（Giulio Ricordi）出现，才将这种方式淘汰。理查德·瓦格纳（Richard Wagner）除了为他的歌剧创作词曲之外，还亲自进行戏剧设计、指挥和编剧，革新了歌剧的制作。理查德·多伊利·卡特尔（Richard Doyly·Carte）不仅成立了一家歌剧公司，并委托吉尔伯特和沙利文为其创作歌剧，此外，他还经营音乐会代理机构（代理歌手帕蒂和作家奥斯卡·王尔德等的演出），并用这些企业所产生的利润建立了萨沃伊剧院（酒店）。谢尔盖·迪亚吉列夫（Sergei Diaghilev）创立了芭蕾舞公司，组织巡回演出，担任诸多作曲家的代理，如德彪西、拉威尔、萨蒂、普罗科菲耶夫以及最著名的斯特拉文斯基等，聘请福金为舞蹈指导，雇用传奇舞者如尼金斯基和巴甫洛娃（仅举两位），并运营这家公司直至他1929年去世。

让我们转向文化产业：沃尔特·迪士尼是一位演员（米老鼠的原始配音）、动画师、电影编剧，可能也是世界上最著名的电影制片人和导演；2008年，迪士尼公司的总收入略低于400亿美元。在荷兰，身为亿万富翁的戏剧制片人与媒体大亨，乔普·范·登·恩德（Joop van den Ende）是安迪摩尔（Endemol）的联合创始人，也是《蝙蝠侠》电视版权的所有者。而他的合作伙伴约翰·德莫尔（John de Mol）则发明了真人秀节目模式，如《老大哥》（*Big Brother*）和《一锤定音》（*Deal or No Deal*），而变得非常富有。当然，还有斯蒂芬·斯皮尔伯格，他是电影导演、制片人，以及现代大片的大师。

上述人中有些也是艺术家，他们在艺术创作之外进行着企业家活动，但是他们都是各自艺术领域中的独立个体和创新者。其他人则主要从事文化商业，其中有些很有名气，即便不是所有人都很富有，富有的人也是不胜枚举。

但是我们该如何划分界限呢？比尔·盖茨是否会因为开发软件而算作文化企业家呢？或者理查德·布兰森（Richard Branson），是否会因为他创建唱片公司和广播电视而算作文化企业家？

21.9 结 论

总而言之，我们需要重申的是，企业家不仅是管理者，尽管他（或她）做了大量的管理工作，因为管理人员可以通过劳动力市场来雇用；他（或她）也不仅是生产的协调人，因为这些人同样可以在市场上雇用；他（或她）也不仅仅是资本家，因为资本可以在信贷市场按照现行利率借入。因此，任何形式企业家精神的根本特征，是在于经济动态变化中的随机应变。除非我们清空“企业家精神”这个词的所有含义，否则就必须抓住其显著特征，即行动的新颖性、挺立潮头的领导力、财富创造力和个性。而对于那些大型机构和企业而言，我们很难看到这种创新和开拓性。

文化企业家通常是创新者，但并不一定是个体，他们从新颖的文化活动中获得收入。文化企业家做的不仅是管理活动，通常还会不断探索，并挖掘其收入潜力。他们有一种无法被购买或雇用的特质，那就是对于产生收入的套利机会的警觉性，包括新产品、新材料、新工艺或所有这些东西的组合。

参见：

商业模式；创意；文化街区。

本章参考：

Acheson, Keith, Christopher Maule and Elizabeth Filleul (1996). Cultural Entrepreneurship and the Banff Television Festival. *Journal of Cultural Economics*, 4: 321–339.

Baumol, William J. (1990). Entrepreneurship: Productive, Unproductive, and Destructive. *Journal of Political Economy*, 98 (5): 893–921.

Global Center for Cultural Entrepreneurship (2010). www.culturalentrepreneur.org.

Blaug, Mark (1998). Entrepreneurship in the History of Economic Thought. In Boetke, P., I. Kirzner and M. Rizzo (eds.). *Advances in Austrian Economics*. London: Jai Press.

van der Ploeg, F. (2006). The Making of Cultural Policy: A European Perspective. In Ginsburgh, Victor and David Throsby (2006). *Handbook of the Economics of Art and Culture*. Amsterdam: North Holland, 1183–1221.

Schumpeter, Joseph (1934). *The Theory of Economic Development*. Cambridge, MA: Harvard University Press.

Swedberg, Richard (2006). The Cultural Entrepreneur and the Creative Industries: Beginning in Vienna. *Journal of Cultural Economics*, 30: 243–262.

延伸阅读：

布劳格（Blaug，1998）对经济思想史上企业家精神的发展进行了详细的描述和分析，全球文化创业中心（Global Center for Cultural Entrepreneurship）的网站也阐述了文化创业的特点和任务。

22 文化统计

大卫·索斯比（David Throsby）

我们需要有关文化产出的数量和价值、就业水平、文化消费和参与、公共和私人资金等方面的统计数据，其目的大致如下：

（1）描述文化部门的规模、在经济社会中的地位，及其职能的性质和范围。

（2）支撑基于事实的政策制定，这取决于原始数据及其分析。

（3）在文化政策和规划实现或完成后，监测和评价其成功与否。

（4）使用国内外可比较的统计数据，并进行比较，以帮助制定绩效标准的基准。

有利于实现这些目的的文化统计数据有三种来源。首先，官方的政府统计机构定期收集和公布有关经济和社会的数据，这是艺术和文化信息的主要来源。它们所提供的数据可能更多的是一般统计数据的子集，如人口普查、国民经济核算或劳动力调查，当然也不排除那些可能专司艺术与文化行业数据收集部门专门提供的数据。其次，有些独立机构可能收集与特定政策目的有关的各种数据。例如，文化观测站、大学研究机构和私人咨询机构进行调查，而行业组织和非政府组织则从其成员那里收集数据。最后，一些国际组织会公布与艺术和文化有关的数据。其中最引人注目的是联合国教科文组织统计研究所，该研究所主要负责从联合国的成员国收集并公布文化统计数据。其他机构如世界贸易组织和世界旅游组织，在其统计资料中也会涉及文化产品和服务。

“文化统计”概念所涵盖数据的种类繁多。本章讨论这些数据应用的不同类型与领域，尤其是关于文化统计数据的定义和分类问题。

22.1 文化产业

编制文化产业统计要面临两个问题。第一个就是定义问题，诸如“它们是‘创意’产业还是‘文化’产业”“包括哪些行业”“使用什么样的产品分类标准?”等问题。虽然人们普遍认为，文化产业包括艺术与遗产、电影、广播和印刷媒体、音像工业、出版、设计等，但各国在其不同制度框架内所确定的文化或创意的具体行业却各不相同。加之各国对“文化”或“创意”外延广度的界定各不相同，因此，我们很难进行文化产业 GDP 贡献的国际比较。

第二个问题是为政策或其他目的界定需要的数据序列。各行业收集的常规经济数据通常包括生产总值、国内生产总值或国民生产总值的贡献值与增加值、固定资本形成、批发和零售价格，以及贸易和就业（详见下文）等。不管采用何种文化产业分类方法，我们实际上都可以从经济的整体统计数据中提取这些文化产业变量的数据。这样，我们就可以采用可计算的投入产出分析或一般均衡模型等方法，来分析文化部门与其他经济部门之间的关系。

22.2 文化产品和服务的国际贸易

文化贸易统计数据必须依赖于一种可行的产品分类系统，而不是行业或其他分类系统，因为其关注的是全球可识别的产品和服务的实际跨国流动。一般来说，通常使用的产品分类体系并不将文化产品与服务区分开来。因此，关于文化贸易的统计数据，必须根据文化产品和服务所使用的特定定义所涵盖具体产品的相关编号来提取，就像上面讨论的行业数据一样。

例如，音像产业在文化贸易的数据统计方面就特别困难。早些年，我们可以很容易地观察到与电影或音乐有关的国际贸易，因为它们都涉及实物商品的进出口——胶片、盒式磁带、光盘等。但是，随着互联网的出现，音像制品的国际贸易越来越多地通过网络以电子形式传播，包括支付版权费用、版税等。统计机构通常不可能系统地跟踪这些信息流，因此必须从其他来源，如负责收集和分配版权费的集体协会所提供的数据来估计贸易的数量和价值。这些数据的质量和覆盖范围各不相同，因此，全面、准确地搜集各种形式文化贸易的统计数据几乎是不可能的。

22.3 文化就业

当文化部门编制劳动力统计数据时，就会再次遇到定义问题。其中的问题包括：什么是文化职业，以及如何描述创意劳动力。这些问题的答案并不像其表面上看起来那么简单。例如，文化工作者可以被定义为从事文化行业工作的人，无论其工作是“文化的”（生产文化产品，如创作诗歌或表演等）还是“非文化的”（如剧院门票的销售）。或者，可能将文化工作者更狭义地界定为艺术家或其他创意性工作者。

因此，文化职业的定义所参照的不是其就职的行业，而是该职业所涉及工作的性质。在这种情况下，通过识别创意而非文化职业，似乎能更清晰地界定文化工作，因为这个概念所关涉的是容易识别的输入（创意性），而不是较难观察的输出（文化）。即便如此，要想通过 ISCO（国际职业分类）命名创意性职业序列也并非易事，因为它取决于形容词“创意性”的外延广度。其结果是，不同的国家使用不同的方法来衡量文化就业、创意劳动力等。

通过将创意/非创意职业与任何给定范围的文化/非文化产业分类进行交叉制表，就可以直观显示文化部门的就业数据，从而产生一个 2×2 的矩阵，其中三个象限特别重要。这就是文化劳动力市场统计的所谓“三叉戟模型”，它可以估算文化部门的创意就业人口和非创意就业人口，以及在其他经济部门就业的创意工作者的数量。显然，是否采用这种方法取决于是否有适当的方法来确定哪些是创意性职业。

22.4 艺术家

关于艺术家的数据有两个主要来源。第一个来源是人口或劳动力人口普查，它提供了关于特定类别职业工人数量和特征的最准确信息。鉴于大多数国家人口普查所采用的是标准职业分类，包括各种可识别类型的艺术家，有些情况下其职业分类相当精细，这些数据对于研究艺术家劳动力的范围和性质颇为有益。然而，它们也有几个主要的缺点。首先，在大多数情况下，每个被调查者的职业分类，是基于其被调查时所从事的主要工作。显而易见的是，许多真正的艺术家将因此被忽略，因为他们被迫从事其他工作以支持其艺术实践，因此，在数据收集的时候就按其从事的主业来统计。其次，在这些统计实践中，艺术家并无专业与业余的区分。虽然我们可以假定艺术家就是那些声称其“主要工作”为艺术的人，但没有办法知道这些人是否符合更精确的专业标准。再次，当数据收集以自我评价为基础时，如何理解“艺术家”这种职业就是个问题。最后，对于经济学和社会学分析人员而言，通过人口普查收集的描述性数据，对分析其所感兴趣问题的作用可能非常有限。例如，经济学家通常关心的是艺术工作与非艺术工作的时间分配和相应收入，实际上，即使是按照这种双向分类收集数据，也无法实现经济学家的研究目的。因此，用人口普查中所得出的艺术家收入统计数据来进行经济分析是有问题的，研究人员据此所能得出的结论不可避免地受到各种限制。

第二个来源是专门目的调查。针对艺术家的调查可以同时考虑兼职和全职工作人员，包括那些暂时不工作的人，因此，这种调查较之一般人口普查能更准确地估计艺术家的人口规模。如果研究的目标类别是专业艺术家，就可过滤样本的业余爱好者；如果是涵盖各种类型的艺术实践的更广泛的研究，就可以适当纳入其他问题以便准确描述调查对象的职业身份。就此而言，“艺术家”的概念是由研究人员控制的，而不是由人口普查标准或自我评价提供的。最后，毋庸置疑且至关重要的是，如果调查是服务专门目标的话，其所收集的数据的质量和范围较之一般调查而言要丰富得多，这是由于调查工具是为回答研究人员所感兴趣的问题而精确设定的。特别是，研究人员可以将时间分配、收入数据，与专业艺术家的标准分类相匹配。这个标准分类包括三种劳动力市场类别：主要从事创意工作的市场；与艺术相关的工作市场，如艺术教学，它使用其创意技能和才华，却不产生原创成果；以及非艺术市场，艺术家必须经常借此维持生计。

尽管抽样调查魅力无边，但是它也有不少问题。首先，其结论对于研究推断是否有用，也取决于研究人员确定目标艺术家人群，并从中抽取有效随机样本的能力。对于有些职业而言，确定艺术家人群相对简单。例如，许多国家的演员或音乐家，基本属于相应的工会组织；在这种情况下，工会组织愿意合作的话，研究人员可以获得一份相当完整的专业从业人员名单以及联系方式，并从中抽取样本。然而，在其他艺术职业中，并无这种集中式名单，研究者就不得不依赖多种来源渠道建立数据库，然后剔除重复部分。即便如此，也很难通过这种手段来确定有关艺术家群体的总体规模，因为我们无法估计那些未列入名单的人数。在这种情况下，使用诸如网络抽样或应答驱动抽样等技术，我们可以将样本的范围扩展到那些不在初始列表上的人群。

其次，其管理成本通常很高。这种调查的理想方法是，通过面对面或电话的方式与艺术家进行面谈；通过这种方式在采访者和受访者之间建立起的联系，可以直接引发兴趣并产生信任，这种信任对于敏感信息（例如，有关收入的信息）的披露是必要的。这点尤其重要，因为可靠财务数据通常是调查的重要动机。然而，如果所需样本量很大，采用这种方法的成本可能会高得令人望而却步。因此，将来可能会越来越多地使用诸如在线调查等成本效益更高的方法。随着其应用经验的积累，可以预期，这类数据收集程序将能够得到进一步的完善。

22.5 文化产品需求

消费者购买有形文化商品的数量和价值会以多种方式被记录下来。其信息获取的渠道可以是家庭支出数据（见下文），也可以是商业公司或行业协会等所提供的特定类别商品的数据。后者的例证包括：

（1）销售监管机构收集与提供的艺术市场数据（通常是价格）。例如，主要的拍卖行能提供很多与其拍卖艺术品价格相关的数据。

（2）国际唱片业协会（IFPI）收集的唱片行业的各种制式音乐的销售数据。这些数据包括对各国盗版音乐水平的估计（盗版音乐的销售）。

（3）不同国家出版商协会收集的不同类型的书籍、杂志和报纸的销售数量和价格的数据。

有些情况下，统计机构出于专门目标调查文化消费，也会提供大量消费者购买的艺术和文化产品的数据。

如前所述，文化消费也可以通过家庭支出调查来获取，其方式要么是将文化支出作为所有支出的部分，要么只集中在艺术和文化消费。不管怎样，作为一种大多数官方统计机构所采用的标准数据收集手段，此类调查可以提供大量关于个人和家庭各种形式文化支出的信息。然而，如果要进行国际比较的话，这些数据可能就有问题；虽然具体支出项目的数据可以比较，但诸如“文化总支出”等综合概念则要取决于文化产品和服务的分类框架，而这种分类框架在各国之间并不相同，因而不具有可比性。

22.6 参 与

一般而言，艺术和文化的“参与”包括一系列活动，从出席音乐会、戏剧等被动参与，到参与表演、舞蹈、创意写作、音乐表演、电影制作等主动参与。有关后者的调查假定，他们是在自愿与非专业的基础上，只为乐趣而非回报。尽管关于参与的界定相对明确，但它仍然是有些模糊的概念，特别是考虑到国家之间的比较。然而，我们可以避开那些类似“被动”的文化追求（如阅读或看歌剧）有多“主动”这样的问题，并从如下几个方面进行实用的区分：

（1）通过对文化机构调查或机构自己制作的出勤表来衡量参与。

（2）通过对书籍、杂志和报纸的购买，以及图书馆借阅等调查来显示阅读参与。

（3）通过电视和无线电收视率等来评估观看和收听。

（4）通过互联网浏览和其他服务衡量在线文化消费的访问量，无论是流媒体在线或下载后消费。

（5）创造性参与任何类型的主动性艺术和文化活动，如写小说、在唱诗班唱歌或绘制风景画，就像专项调查所描述的那样。

我们可以在参与研究的总概念之下收集此类以及其他类别的更多数据，而且很多数据是现成的。

22.7 文化资助

不管文化政策采用什么实施形式都需要政府的直接和间接支出，这些支出水平会以各种形式体现在国民核算数据中。尽管各国政府的核算报告都有标准化的格式，但如果考虑到“文化性”通常被视为形容词的话，各国之间就千差万别。此外，艺术和文化公共资助的重要性不仅体现在国家层面，各级地方政府（州、县、市等）也通过补助、赠款、资本和经营拨款、投资补贴、税收减免等方式为文化艺术机构提供了资金支持。不同层级政府记录和公布这些支出的正式与严格程度有着巨大差别，因此对有些国家而言，我们很难甚至不可能汇总各级政府的文化资助统计数据，以获得该国政府文化资助的概况。

国家内部和国家之间的这些差异，使得我们很难进行文化资助的国际比较。然而，许多地方都喜欢进行人均文化资助水平的比较，甚至根据各国对艺术和文化的资助承诺来构建“排行榜”。但是，这里进行比较的统计数据有三个重要的问题。首先，正如本章中反复提到的，不同国家使用不同的分类系统来收集数据。其次，如果这种比较只关注公共部分支出，他们就有可能忽略直接资助的重要组成部分，即私人对艺术家和文化机构的直接资助，不管是通过协议资助还是无附加条件慈善捐赠。最后，用于比较的统计数字一般不考虑诸如税收优惠等方式给予间接支持的财政成本，如对那些现金或实物捐赠者给予税收减免。有些国家通过这种税收减免所支付的税收支出甚至比直接财政支出还要多。

22.8 文化指标

文化指标不仅仅是描述某些现象的统计数据，它还暗示着更多的东西——例如，如果与其他数据一起使用，就可以监测或评估某些情况或过程。因此，它们就处于原始数据与数据分析之间的中间地带，换言之，就是处于以初始统计数字形式所提供的信息，与为分析和决策目标的信息需求之间的中间地带。这些指标可以是定量的，也可以是定性的。例如：

（1）一组能够表示文化的参与和享受水平的数据组合。

（2）表示机构成功或实现某些指定目标的绩效指标。

（3）显示城市或地区艺术或文化氛围或社区文化活力的“生活质量”指标。

（4）可作为发展中国家文化发展指标的各种数据。

（5）某些艺术或文化现象的文化价值指标，可用于那些无法直接衡量文化价值的情形。

我们一直努力设计可行的程序来建造和利用各种各样的指标，包括文化指标。人们普遍认为，良好的指标应以理论为基础，与政策实践相联系，并具有相关性、明确性、可衡量性，且易于理解。

22.9 文化卫星账户

卫星账户提供了特定领域的国民核算数据，比通常意义的国民核算账户所提供的数据更详细。它们本质上扩大了国民核算体系（SNA），国民核算体系是大多数国家用于构建生产总值、国民收入、资本交易与对外贸易等经济活动统计数据的基础。由于卫星账户提供特定部门的一系列宏观数据，其产品与行业的细化特征比其他可得数据要更为具体。到目前为止，卫星账户主要的应用领域是旅游和环境，这两个部门在国民核算中并非归属单一行业，而是由若干相互联系的经济活动领域组成。卫星账户将这些不同的领域整合到一个综合框架中，以便人们能够更加准确地估计统计数据，如该行业对 GDP、增加值和就业的贡献。

很明显，文化部门有着相同的综合性结构，因此很早就有了建立文化卫星账户的想法，早在 30 多年前，在安德烈斯·贝洛（Convenio Andrés Bello）的主持下，哥伦比亚就开展了相关研究，其后欧洲也有类似的做法，特别是芬兰统计局。从那时起，不少国家开始出现文化卫星账户，包括美国和澳大利亚以及拉丁美洲和欧洲。联合国教科文组织统计研究所实施的一个重大项目，正是为有意为本国经济建立一套文化卫星账户的国家，提供这个领域的概况和指导准则。鉴于卫星账户能提供大量可靠的数据，毫无疑问，世界各地的统计局和文化机构今后越来越有可能应用它以便获取文化统计数据。

22.10 结论：建立新的文化统计框架

如今已有不少国际分类标准为各国设计分类系统提供了模板，这些标准涵盖诸多经济变量，包括行业、职业和商品的分类。在文化统计的专业领域，联合国教科文组织在 1986 年提出了一个框架，其目的是使各国的艺术和文化统计达成共识。在过去的几年里，这个框架指导许多国家收集文化统计数据。然而，自

20 世纪 80 年代以来，社会、经济和技术的变化使原有框架越来越过时，这迫使联合国教科文组织统计研究所要开发新的文化统计框架。这个框架并不是每个国家都要遵循的蓝本，因为文化统计的不同方面在不同国家有着不同的重要性。相反，它提供了一个连贯一致的基础，在此基础上可以发展国家文化统计系统。只要这个框架在不同地区得到应用，我们就可以期望未来的统计数据会更有力、更可靠且更具国际可比性。

最后，任何关于文化统计的讨论都必须牢记，数据收集不只是为了数据，而是为了便于讨论和分析文化部门的大小、结构、相互关联、因果关系等。这种讨论的有效性和分析的力度将主要取决于其所依据的统计数据的质量，因而，收集机构有责任为所服务的各类用户提供全面、可靠的统计数据。

参见：

艺术家的劳动力市场；谷歌趋势数据；全球贸易；评级、评论和推荐；绩效指标。

本章参考：

Madden, Christopher (2005a). Indicators for Arts and Cultural Policy: a Global Perspective. *Cultural Trends*, 14: 217-247.

Madden, Christopher (2005b). Cross-country Comparisons of Cultural Statistics: Issues and Good Practice. *Cultural Trends*, 14: 299-316.

McCaughey, Claire (2005). *Comparisons of Arts Funding in Selected Countries: Preliminary Findings*. Ottawa: Canada Council for the Arts.

Pattanaik, Prasanta (1998). Cultural Indicators of Well-being, Some Conceptual Issues. In UNESCO, *World Culture Report: Culture, Creativity and Markets*. Paris: UNESCO, 333-340.

Schuster, J. Mark (1996). The Performance of Performance Indicators in the Arts. *Nonprofit Management and Leadership*, 7: 253-269.

Schuster, J. Mark (2003). Informing Cultural Policy—Data, Statistics, and Meaning. In Serge Bernier and Denise Lievesley (eds.). *Proceedings of the*

International Symposium on Culture Statistics: Montréal, 21 to 23 October 2002, Montréal: Government of Québec, 41-61.

Schuster, J. Mark (2007). Participation Studies and Cross-national Comparison: Proliferation, Prudence, and Possibility. *Cultural Trends*, 16: 99-196.

Throsby, David (2010). *The Economics of Cultural Policy*. Cambridge: Cambridge University Press.

延伸阅读:

这篇文章是索斯比（Throsby，2010）的第十四章“文化统计”的删节版。国际比较的文化产业分类，参见 Mikić（2012）；对文化统计数据进行跨国比较的风险和可能性的讨论，参见 Madden（2005b），McCaughey（2005），Schuster（2007）。希格斯和坎宁安（Higgs and Cunningham，2016）概述了文化就业的“三叉戟模型”。对职业艺术家的全面调查，参见 Throsby and Petetskaya（2017）；关于响应驱动技术和其他艺术家调查所使用的抽样方法的综述，参见 Heckathorn and Cameron（2017）。关于文化指标的讨论，见 Schuster（1996；2003），Pattanaik（1998），Madden（2005）；联合国教科文组织（UNESCO，2014）所构建的文化指标是广为引用的例子。联合国教科文组织统计研究所关于文化卫星账户的工作详情，请访问 http://uis. unesco. org/en/topic/cul- satellite-account。联合国教科文组织统计研究所（UIS，2009）详细介绍了 2009 年 UIS 文化统计框架。

23　文化价值

简妮特·斯诺鲍尔（Jeanette Snowball）

虽然很多人都认为艺术对社会有价值，但不是所有人都同意这种价值是可衡量的，或者应该被衡量，本章描述了艺术所能提供的价值，以及我们如何量化哪怕是这些价值的某些方面。

23.1　为什么要量化艺术价值

文化经济学家经常被问道，为什么要评估艺术的货币价值？难道我们就不能接受艺术是有价值的，然后顺理成章地让政府资助艺术吗？如果政府的资金并无限制的话，这个理由显然是足够的；但公共资源毕竟是有限的，需要被分配给各种相互竞争且同等重要的需求，如教育和医疗。因此，所有的资助方案都有机会成本，都要放弃另外一种最优方案。质言之，如果资金用于艺术，就不能用于其他东西。就此而言，问题不仅仅是是否要资助艺术，而是资助艺术还是资助其他东西。

另外一个相关问题是要资助哪些艺术。30 年前，人们普遍认为高雅艺术应该是被资助的对象——主要是欧洲艺术形式，如戏剧、芭蕾以及由专家认定的艺术——而大众文化则通过门票和商品的市场推销而获得资助。今天，关于文化或艺术到底由什么构成这个问题，似乎越来越缺乏共识。木偶戏、街头戏剧和装置艺术，也像传统艺术形式那样具有合法性。专家评估也许能帮上忙，但是政府资助艺术的费用毕竟是由公众来支付的，因此我们就要越来越多地考虑公众关于文化和艺术的组成及其对如何资助的看法。

决策者有义务根据手头的信息确定资助方案，不管是定量的还是定性的。定量信息的优点是，它可以比较不同项目对社会的收益，以便从中做出一个对社会有利的选择；定性评估就难以比较，但在衡量社会长期建构的文化价值观方面却有优势。问题的关键是，我们该如何量化文化对社会的效益，以便做出最好的决策。

衡量文化价值常常是有争议的，因为大多数衡量技术只测量部分价值。一般来说，它们可以分为显示性偏好方法（如支付意愿研究、主观幸福感研究和综合分析）和利用市场价格显示偏好的方法（如文化卫星账户、旅行成本方法、享乐定价和文化经济地理的空间分析）。

23.2 工具价值和内在价值

艺术一般有两种价值：工具价值和内在价值。内在价值是艺术自身所具有的独一无二的价值，它反映了创作艺术的初衷。工具价值是伴随艺术产生的副产品，虽然它不是艺术家努力的主要目的，但仍然很有价值。例如，举办一个表演艺术节的目的也许是庆祝当地的艺术和文化，促进当地与国际表演者之间的艺术合作，给观众带来欢乐与知识，并产生更多、更好的作品，这就是节庆的内在价值。其衍生效应则可能包括，游客们会造访此地并在食宿方面有所花费，而这些服务的供应商则能创造就业机会，还有完善基础设施的支出等，这些就被视为工具价值。

有些艺术家、学者和政策的制定者认为，我们不应量化艺术的价值，这主要是因为这些研究倾向于关注艺术的工具价值而不是内在价值。工具价值常常体现在市场交易中，可以用价格来衡量，因此比内在价值更容易量化。通过使用成熟的方法，如经济影响研究，我们就可以用货币价值来衡量诸如艺术节、博物馆、图书馆、文化遗产等项目。

这些衡量影响的方法很受欢迎，因为它们能够计算出一致性货币量，因而能够有效地促进特定活动或帮助特定机构，并为公共或私人资助提供辩护。然而，毫不奇怪的是，有人强烈反对这些研究，因为艺术存在的首要原因——内在价值——则被完全排除在外。

衡量节庆或文化活动对举办地的经济影响，最流行的方法之一是经济影响研究。所有活动都会吸引“增量”(new)资金进入受影响区域(可能是一个城镇、城市或省),并产生直接和间接的影响。直接影响表现在游客的商品和服务支出方面,如住宿、交通、食物和饮料、门票等。间接和诱发的影响是通过该地区初始投入的再投资而产生的,通常被称为乘数效应。经济影响研究试图回答这样一个问题:“如果没有发生这个事件,受影响地区的经济活动损失会有多大?”因此,经济影响研究计算该地区因该活动或节庆而发生的所有额外经济活动。

当大量来自受影响地区以外的游客专门前来参加节庆或活动时,经济影响研究作为一种评价方法最为有效。这是因为当地居民的正常支出不应该计算在内,因为不管活动发生与否,这笔支出都有可能发生。同样的情形也适应于受影响区域内的赞助,因为即使活动没有发生,这些钱仍然会花在该区域内的其他方面(Crompton et al., 2001; Crompton, 2006; Snowball, 2008)。沃尼克等人(Warnick et al., 2015)则认为,当地居民和主要不是因为这些活动而造访该地区的游客的花费,仍然可以纳入该活动的“经济价值”衡量之中。

在国家层面衡量文化经济价值的一个有趣的发展就是“文化与创意产业”(CCIs)话语的兴起。在国家层面有多种文化与创意产业的界定框架,但最常见的框架就是联合国教科文组织文化统计框架(FCS, 2009)。该框架从广义上界定了文化产业,包括传统的、通常是非营利性的部门(如博物馆、实验剧院、图书馆、音乐、舞蹈),以及更多利用文化内容的商业部门(如平面设计、广告、播客和视频游戏)。

联合国教科文组织的框架将文化产业分为六个主要部分(或领域):文化和自然遗产;演艺和庆祝活动;视觉艺术及工艺;书籍和新闻;视听及互动媒体;以及设计和创意服务。每个领域包括与该部门有关的所有文化活动、商品和服务。贯穿所有领域的是“横向”领域:非物质文化遗产;教育和培训;存档和保存。

然而,该框架的真正价值在于,它解释了如何利用现有的国家级数据,来衡量文化产业的经济价值,如标准产业分类(SIC)和国际职业标准分类(ISCO)。因此,该框架允许人们在国家层面上估计文化与创意产业对GDP和就业的贡献程度,并(在一定程度上)将这些数字进行国际比较,以及跟踪其时间变化。该框架还有助于发展文化卫星账户,它使用的是各国的国民核算系统,该系统能够跟踪文化部门的国内生产总值贡献和增长率。

有些学者对这种文化价值评估方法表示欢迎,认为联合国教科文组织的框架有助于协调文化部门的评估方法,以便进行国际比较;与此同时,也能长期跟踪总体经济增长和政策干预的影响。然而，另外一些人对于将传统（或核心）文化部门与更为商业化的外围部门结合起来则持有更为批判的态度。文化产业的简单定义是生产具有象征价值的商品和服务，而创意产业则生产受知识产权法保护的商品和服务。

加纳姆（Garnham，2005）早些时候就指出，对文化部门经济贡献的关注，只是政府的艺术与文化部门将其从政治上不那么重要的“娱乐部”，重新定位为更为重要的推动国家经济增长和创造就业机会的重要贡献者。把文化和创意部门归为一类，其整体经济影响看起来会更大，但这主要是因为视听和互动媒体、设计和创意服务领域（包括计算机服务和软件开发等领域）的快速增长所带来的贡献。

巴赫希和坎宁安（Bakhshi and Cunningham，2016）为国家科学技术与艺术基金会（National Endowment for Science，Technology and the Arts）撰写的一篇论文也反对“文化与创意”合并分组，认为它们需要截然不同的政策干预措施。一方面，部分非营利性文化产业不太可能在财务上自给自足，公共资助将不可或缺。它们生产的产品和服务对社会具有内在和象征价值，这些价值远超其财务影响，而且它们通常具有非营利的商业模式。另一方面，创意产业被视为知识经济更有效的一部分，它从事创新、研发和内容创造。它需要的不是财务方面的公共支持，而是与鼓励冒险和利用版权相关的产业政策支持。

玻姆和兰德（Bohm and Land，2008）跟踪一组与艺术和文化相关的公共工具价值观的兴起：“创造力和创新；教育、培训、技能和就业能力、社会包容和社区凝聚力，以及（与后一类相关的）人力和社会资本。”这些非市场价值也可能间接地导致经济增长、创造就业和提高生产率。虽然这些价值衡量起来并非毫无问题，但与纯粹的内在价值相比，这些价值更容易追踪（例如，使用文化指标集合）。

仅使用工具价值来代表文化价值的一个风险是，其他非文化产业也可能提供相同的效果。如果开一家超市比艺术节创造的就业机会还多，政府应该补贴超市吗？如果采矿业对经济增长的影响大于文化产业，那么公共支出应该用于采矿业而不是文化上吗？这两个问题的答案显然都是否定的：文化和艺术的首要目标不是创造就业或经济增长。如果它们因为停止资助而不复存在，不仅会失去就业机会和经济增长，而且还会失去其他行业无法提供的独特内在价值。正如希曼（Seaman，1987）所言，“当艺术支持者们诉诸经济影响研究来证明其价值时，他们就卷入了一场危险的游戏。从某种意义上说，他们选择打出自己最烂的一张牌（即工具价值），同时保留了自己的王牌（内在价值）”。

然而，艺术价值往往是通过衡量工具利益来体现的，因为这类研究是基于公认的研究方法、公开的偏好数据（如消费行为或旅行记录）。最近，社交媒体也提供了丰富的数据来源，以追踪人们的实际行为（文化消费或参与方面的显示偏好），而不是依赖于消费者所声明的偏好（人们所声称的偏好或价值）。

例如，拉兹拉克等人（Lazrak et al.，2014）利用荷兰历史悠久的扎恩斯塔德（Zaanstad）地区挂牌建筑物的价格数据，探索城市文化遗产价值的指标。这种评价方法被称为享乐定价，是一种间接显示偏好的方法。其前提是，如果一个房子（有历史文化价值）售价超过非挂牌（现代）的房子，然后（控制房产的个性化特征，如房间的数量或大小、该地区交通情况、人口密度、距城市中心的距离等）价格的差异，就必然间接衡量挂牌房屋的文化遗产的价值。

拉兹拉克等人（Lazrak et al.，2014）将挂牌（历史）建筑的市场价格与未挂牌的建筑进行对比，发现买家愿意为挂牌建筑额外支付 26.9%的价格（控制其他房产和位置的特征）。他们还展示了如何使用地理信息系统（GIS）数据，来衡量历史街区对附近未挂牌建筑价格的影响——这也是对遗产建筑社会价值的一种衡量方法。他们发现，如果现代的房屋靠近列入遗产名录的建筑，其售价确实会更高——在半径为 50 米的范围内，每增加一幢列入遗产名录的建筑物，其价格就增加 0.28%。这个发现表明，遗产建筑的存在为公众和业主私人利益提供了正外部性（或溢出效应）。

根据佛罗里达（Florida，2002）关于“创意阶层”与城市经济增长率关系的理论，“文化经济地理学”应运而生。这种研究常利用地理信息系统（GIS）制图，将经济和社会数据与特定地区文化创意产业（CCIs）的类型和数量信息相结合，以探索它们之间的关系。例如，德拉蒙德和斯诺鲍尔（Drummond and Snowball，2019）利用人口普查数据为南非某边远市政当局编制社会经济地位指数，然后将这些数据与每个城市的文化与创意产业的数量和类型数据结合起来。其结果普遍表明，社会经济福利较高的地区也是文化与创意产业数量较高的地区。虽然因果关系无法确定（可能是双向的），但研究结果对于那些旨在将文化部门作为地方经济发展途径的区域制定文化政策具有重要意义。该研究结果可以为区域文化资助提供理论依据，但要注意的是，它完全依赖于文化部门的经济工具价值，而不是其内在价值或者社会价值。

一些艺术支持者认为，艺术是一种特殊的商品和服务，因此应该免于市场估价。然而，并不是没有可能衡量内在价值的方法：经济学确实提供了有效的非市场价值评估方法，这些方法可以捕捉到这种内在价值。条件价值评估（CV）方法通过调查询问大量样本人群文化活动的消费情况，以及是否愿意支付（通常通过增加税收）以资助这些活动。虽然人们起初对条件价值评估法持怀疑态度，但它如今已经成为一种被广泛接受和使用的价值评估技术，不仅应用于人们能想到的任何文化产品，还应用于诸如环境经济学等其他领域。

例如，唐基和库马尔（Tanguy and Kumar，2019）使用意愿支付（WTP）研究来确定公共艺术装置在“智慧城市”背景下的价值。他们的目的是确定伦敦两个地区的民众多大程度上支持公共艺术计划，哪些因素影响了价值，以及这些项目的经济价值是什么。之所以选择意愿支付方法，是因为公共艺术本质上是非竞争性的（即一个人“使用”并不会减少其他人对它的使用）和非排他性的（一旦提供，就不可能通过购买门票等方式限制访问）。

研究人员在公共艺术装置所在地进行了 469 次访谈。他们的调查结果显示，83%的人愿意支付以便使该地有更多的公共艺术装置，其平均的意愿支付金额为 4.73 英镑。意愿支付提供的因素包括，生活在当地，认同公共艺术提高幸福感，以及经常参观艺术博物馆和画廊。然而，即使是那些不经常参观艺术的人，也对公共艺术有一定的支付意愿（Tanguy and Kumar，2019）。

事实上，这些研究的一个令人惊讶的发现是，不仅是那些真正参加艺术活动、博物馆、文化遗址的人愿意花钱去保护或扩大其规模，相当多的非使用者也愿意这样做。这是因为，艺术除了为购票人提供私人效益外，还为整个社会提供公共福利。

23.3 文化是一种长期性社会建构价值的公共产品

使用政府资金支持艺术最令人信服的理由之一就是其“公益”性质。公共产品之所以特殊，就是因为一旦提供，不仅有益于购买者，而且有益于整个社会。人们向来认为艺术可以增强民族认同感、自豪感和国际威望，为孩子和成人提供持续的教育，提供社会政策的批判，促进个人发展、个人融入社会，鼓励能够驱动经济增长的创新与企业家精神。

因此，不仅购买文化活动门票或参观博物馆和文化遗址的人受益于直接的使用价值，而且那些没有直接消费艺术的人也能从中受益。虽然这是一件对社会有益的事情，但它有可能导致市场失灵和供给不足，因为产品提供者不能通过市场销售完全收回价值。公共产品的特征是它们不完全为卖方或买方所支配。因此，文化产品的供应可能会低于社会最优水平，这就需要利用公共（政府）资金为供应者提供支持，以纠正这种情况。

除衡量艺术和文化的工具经济影响之外，人们还采用主观幸福感（有时也被称为幸福研究）来确定文化消费与参与对生活质量的影响。这是一种社会调查评估方法，要求受访者在李克特（Likert）量表上，就其总体生活质量及其各个方面（健康、人际关系、安全、社区等）的满意度打分。主观幸福感所测量的是各种属性和活动所产生“效用”的指标。生活质量调查包括关于被调查者其他的特征信息，如人口统计变量（年龄、收入、种族、性别），以及诸如工作、参与社区项目、艺术及其相关活动、体育、政治和休闲等活动。这些变量对人们自评生活质量的影响可以通过回归分析来确定。

多位学者（Michalos and Kahle，2008；Wheatley and Bickerton，2017）已经证明，参与艺术和文化活动（特别是积极和定期的参与）在统计意义上对整体生活质量有显著的积极影响，特别是对休闲时间的满意度。然而，他们也警告说，因果机制并不清晰，所以如果将其简单假设为更多的艺术等于更大的幸福，就可能错失重要部分的内容，如出席或参与的不同动机，以及艺术、文化和遗产资源的可及性。

当然，大型文化活动或节庆，实际上有可能会降低生活满意度。有关“欧洲文化之都”举办对城市人民生活质量影响的研究表明，虽然对城市的经济影响是积极的，但生活满意度却有下降，特别是对低收入和受教育程度较低的群体（Steiner et al.，2015）。因此，当一种价值衡量指标上升时，另一种却在下降。研究结果的解释是，大型活动往往会带来负的外部性（物价上涨、拥堵加剧和犯罪增多）。虽然那些有能力参加文化活动的当地居民会有良好的体验来抵消这些负的外部性，但收入较低群体不太可能参加这些文化活动，而他们更有可能受到物价上涨、犯罪和拥堵的负面影响。这表明了将不同的文化价值衡量方法结合起来的难度——在这种情况下，就是如何结合显示性偏好方法（经济影响，即衡量工具价值）和陈述性偏好方法（生活质量，即衡量内在价值）。

上述非市场价值评估方法也存在一个潜在的问题，即其基础是随机效用理论，该理论本质上就是个人对价值的感知。虽然随机效用理论能够将内在价值考虑在内，但它是通过虚构市场——人们在此通过支付意愿来显示价值——而实现的。克莱默（Klamer，2003）以及其他很多经济学家认为，在文化产品方面应用这种方法有很多问题。他认为，个人对文化的占有和评估毫无意义，因为这些价值是由社会构建的，而且是有变化的。

索斯比（Throsby，1999；2001）首次引入“文化资本”概念，即“长期的价值储存”，它为个人和集体提供了持续的收益（Throsby，2001）。这个概念与艺术的内在价值（即艺术形式本身所提供的独特价值）密切相关。虽然由艺术和文化（工具性收益）生成的经济或“普通”资本，也可由其他行业提供，但是文化资本只能由文化本身所提供的那部分文化价值提供。就像其他形式的资本，文化资本如果不加以保护和强化就会衰退，从而也会侵蚀其可能为后代所提供的效益。

克莱默（Klamer，2002）认为，文化资本应该作为国家或个人财富的部分。文化资本可以通过诸如鼓励创意与创新，帮助培养认同感和增强社会凝聚力，对经济的其余部分产生影响（或是支撑作用）。在现代经济里，诚如佛罗里达（Florida，2002）所言，创造力和企业家精神常常受到高度重视，并被视为增长的引擎。

另一种源于艺术和文化的资本就是社会资本，它与社会价值的生成有关，如友谊和信任，在国家层面则如外部世界如何看待一个国家（文化外交）。随着制度经济学晚近的复兴，这种资本越来越被接受，这使得社会制度网络在刺激经济增长方面的作用再次受到重视。霍尔顿（Holden，2009）举了一个文化如何影响外交关系的例子：“博物馆对待他国藏品的方式，或诸如以色列和巴勒斯坦的音乐家共同演奏之类的事实……已经超越美学和艺术的范畴。”

这些为艺术和文化提供公共资助的理由，可能比个别非市场估价方法（或有价值）或短期财务影响（经济影响研究）所提供的理由更具有说服力。然而，它们也更难衡量，任何衡量的尝试都可能是定性的，因而无法直接与其他项目进行比较。

但这是否就意味着不应该加以衡量呢？以南非的国家艺术节为例，该节每年举办一次，始于1974年，起初是为了庆祝1820年来到南非的英国殖民者的英国文化。但是，它很快发展成一个更加体现多元文化的非洲节庆，而且在种族歧视的黑暗日子里，它在抵制有意排斥和破坏南非黑人文化和艺术的政府政策方面发挥了极其重要的作用。艺术节有助于维护多元文化资本，构建新的文化资本，为政治和社会的反抗与自觉意识提供平台，是艺术家、代理商和观众评估南非艺术和文化的重要论坛。这些价值是不可能通过任何市场性或非市场性评估方法来衡量的。

文化价值研究中一个有趣的趋势就是多元价值战略的开发与应用。以英国的“文化价值”项目（成立于2012年）为例，作为对工具价值日益受到关注的回应，该项目特别用于展示文化的多元价值，以便激励更多公共资助的投入（Crossick and Kaszynska，2014）。该项目有意将重点放在内在价值和价值指标的开发上，这些指标“始于人们对艺术和文化的体验，而非其后的次要收益”（Crossick and Kaszynska，2014）。

应用文化价值项目的若干想法和主题，南非文化观察（South African Cultural Observatory，SACO）制定了“监测和评估公共资助的艺术、文化和遗产的框架”（SACO，2016）。该框架确定了与指标和估值方法相联系的五个价值命题（见图23-1），并基于文化价值理论、国际最佳实践，以及现有文化价值评估及其方法的研究，提出“价值评估”应该采取更广泛的方法，直接与艺术活动或机构自身目标（包括社会价值和内在价值）联系起来，并提供有关工具价值的定量信息。正如布朗和诺瓦克·伦纳德（Brown and Novak-Leonard，2013）所言：“广义的影响评估，未来将在艺术政策中发挥越来越大的作用。挑战在于要以某种方式汇总个体层面的影响，以便帮助决策层面理解艺术的公共价值。”

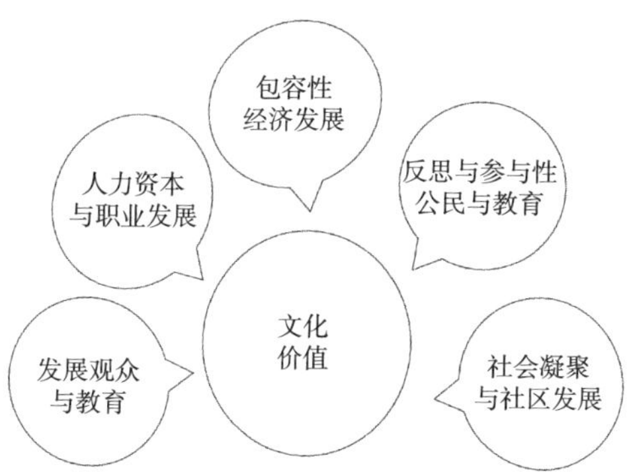

图23-1 南非文化观察监测和评估文化价值主题

资料来源：SACO，2016。

综上所述，文化提供了多种形式的价值，有些价值（工具价值）在市场上很容易衡量，而有些（内在价值）很难量化。然而，文化经济价值并不只包括工具价值，也并非完全无法衡量内在价值。重要的是要记住，任何一种评估方法都只会捕获部分文化价值，而完全定量的评估可能难以实现的。然而，当我们必须做出有关公共（和私人）资金分配的艰难决定时，衡量文化对个体和社会的价值，可能是一个非常有用且有力的工具。

参见：

文化资本；艺术的经济影响。

本章参考：

Bakhshi, H., Freeman, A. and Hitchen, G. (2009). Measuring Intrinsic Value—How to Stop Worrying and Love Economics. *Munich Personal RePEc Archive* (*MPRA*), Paper number 14902, [Online] Available: http//mpra. ub. uni - muenchen. de/14902.

Bohm, S. and Land, C. (2010). No Measure for Culture? Value in the New Economy. *Capital and Class*, 33: 75-98.

Crossick, G. and Kaszynska, P. (2014). Under Construction: Towards a framework for cultural value. *Cultural Trends*, 23: 120-131.

Florida, R. (2002). *The Rise of the Creative class: And how It's Transforming Work, Leisure, Community and Everyday Life*. New York: Basic Books.

Holden, J. (2009). How We Value Arts and Culture. *Asia Pacific Journal of Arts and Cultural Management*, 6: 447-456.

Holden, J. and Balta, J. (2012). The Public Value of Culture: A literature review. European Expert Network on Culture (EENC). Online [Available] http: //www. eenc. info/wp - content/uploads/2012/11/JHolden - JBalta - public - value - literature-review-final. pdf.

Hutter, M., and Throsby, D. (Eds.) (2008). *Beyond price: Value in culture, economics, and the arts*. (Murphy institute studies in political economy). Cambridge, UK; New York: Cambridge University Press.

Kabanda, P. (2018). *The Creative Wealth of Nations*. Cambridge, UK: Cambridge University Press.

Klamer, A. (2002). Accounting for Social and Cultural Values. *De Economist* 150: 453-473.

Klamer, A. (2003). A Pragmatic View on Values in Economics. *Journal of Economic Methodology*, 10: 1-24.

Lazak, F., Nijkamp, P., Rietveld, P. and Rouwendel, J. (2014). The market value of cultural heritage in urban areas: An application of spatial hedonic pricing. *Journal of Geographical Systems*, 16: 89-114.

McCarthy, K., E. Ondaatje, L. Zakarus and A. Brooks (2004). *Gifts of the Muse: Reframing the Debate About the Benefits of the Arts*. The Rand Corporation for the Wallace Foundation [Online]. http://www.culture.gov.uk/images/publications/supportingexcellenceinthearts.pdf.

Michalos, A. C. and Kahlke, P. M. (2008). Impact of Arts-Related Activities on the Perceived Quality of Life. *Social Indicators Research*, 89: 193-258.

Reeves, M. (2002). *Measuring the Economic and Social Impact of the Arts*. London: Arts.

Rizzo, I. and Mignosa, A. (eds.) (2013). *Handbook on the Economics of Cultural Heritage*. Cheltenham, UK: Edward Elgar.

Seaman, B. A. (1987). Arts Impact Studies: A Fashionable Excess?. Published in *Economic Impact of the Arts: A Sourcebook*, National Conference of State Legislatures, Washington, D. C., 43-76.

Snowball, J. (2008). *Measuring the Value of Culture: Methods and Examples in Cultural Economics*. Berlin, Heidelberg: Springer-Verlag.

SACO (2016). A Framework for the Monitoring and Evaluation of Publicly Funded Arts, Culture and Heritage. Snowball, J. Reports commissioned by the South African Cultural Observatory, [Online] https://www.southafricanculturalobservatory.org.za/.

Tanguy, M. and Kumar, V. (2019). Measuring the extent to which Londoners are willing to pay for public art in their city. *Technological Forecasting and Social Change*, 142: 301-311.

Throsby, D. (1999). Cultural capital. *Journal of Cultural Economics*, 23: 3-12.

Throsby, D. (2001). *Economics and Culture*. Cambridge: Cambridge University Press.

Towse, R. (2014). *An Advanced Introduction to Cultural Economics*.

Cheltenham, UK: Edward Elgar Publishing.

UNESCO (2015). Festival Statistics: Key Concepts and Current Practices. 2009 UNESCO Framework for Cultural Statistics, Handbook No. 3. UNESCO Institute for Statistics.

Warnick, R., Bojanic, D. and Xu, F. (2015). Using Trade Market Analysis Techniques to Refine Measurements for Economic Impact Analysis of Special Events. *Journal of Travel Research*, 54: 52-65.

Wheatley, D. and Bickerton, C. (2017). Subjective well-being and engagement in the arts, culture and sport. *Journal of Cultural Economics*, 41: 23-45.

延伸阅读：

《超越价格：文化、经济和艺术的价值》(Hutter and Throsby, 2011) 和斯诺鲍尔 (Snowball, 2008) 讨论了文化价值的理论、衡量文化价值的各种方法，并举例说明相关方法在文化产品中的应用。陶斯 (Towse, 2014) 的《文化经济学高级教程》有专章介绍了文化节庆，包括经济影响研究。联合国教科文组织 (UNESCO, 2015) 提供了关于节庆的统计，其中关于关键概念和当前实践的报告，对那些对节庆评价方法感兴趣的人也很有用。《文化遗产经济学手册》(Rizzo and Mignosa, 2013) 第 8 章专门讨论了文化遗产的价值观念和评估方法。《国家的创造性财富》(Kabanda, 2018) 从宏观经济的角度，更广泛地讨论了文化价值，包括艺术、教育、国际贸易统计和文化旅游。

24 需　求

乔迪·麦肯齐（Jordi McKenzie）
桑尼·申（Sunny Y. Shin）

本章将回顾近年文化产品和服务（以下简称“文化产品”）需求研究的主要话题。这样做不仅是为了回顾文化产品特有的需求特征，而且是为了讨论研究者日益关注的那些不太为人熟知的话题。具体而言，这些话题包括（但不限于）文化产品需求的内在不确定性、全球化对文化产品的影响，以及更普遍的数字化对文化产品消费的影响。但是在此之前，我们有必要提供本文若干概念界定。“文化产品”是指由“文化产业”生产的范围广泛的产品。这些产品包括（但不限于）表演艺术（如音乐会）、视觉艺术（如绘画）、文学艺术（如小说），以及更多面向大众消费的主流文化产品，如电影、电视、音乐或书籍。[①] 我们将视觉艺术（如绘画、雕塑和其他收藏品）需求的具体讨论留待手册的其他章节，这是因为购买者的非享乐动机对这类产品的需求遵循不同的概念模型。

显而易见的是，并非所有文化产品都与普通产品有本质的区别。此外，并非所有文化产品都具有共同特征，因此本章要讨论需求的具体特征。考虑到这些注意事项，本章旨在重点介绍文化产品需求研究的主要方向，并不表明这些方向的研究成果适用于整个文化产品领域。当然，文化产业研究者也深知，用“一刀切”方法来研究文化产品的需求是毫无意义的。

在采取这种方法的同时，我们还需指出，本章只是对文化产品需求文献的选择性回顾，而非全面的综述，因此没有涵盖文化产品需求的所有方面。此外，当我们试图涵盖更广泛的文化产品时，我们的回顾必然倾向于那些与讨论主题更加相关的研究。这并非意味着某些类别的文化产品更值得关注，而只是由于各种原因（如数据可用性），某些类型的文化产品引发了更多的研究。即便如此，我们

① 在某些情况下，在过去只有后者才被称为“文化产业”。

也相信，这里所讨论的文化产品需求的具体特征，往往也能更广泛地适用于不同类型的文化产品。

本章其余部分的结构安排如下：我们首先回顾早先需求研究已经考虑过的成熟主题，特别是与那些特定类型（或类别）文化产品的广泛（或总体）需求相关的主题，如表演艺术。然后再将注意力转向这些类别的个别产品需求。考虑到特定类型的竞争性文化产品（如电影）之间隐含的高度差异，消费者如何在不同替代品之间做出选择就成为一个重要的问题。具体而言，我们将讨论如下问题：①消费者在消费之前判断质量所面临的信息不对称；②超级明星产品 vs 利基产品的需求；③国内产品与进口文化产品的不同需求（以及对文化政策的影响）；④数字化对文化消费的更广泛影响。最后是全文总结与结论。

24.1 需求和消费资本的估算

就像分析“普通”产品的需求一样，我们可以从很多方面来分析文化产品的需求。也就是说，需求以通常的方式对价格（自己的和相关的）和收入做出反应，并遵循新古典主义消费者理论的相关公理。事实上，许多早期的需求研究都关注这些特征的基本但必要的问题。然而，研究者也意识到，文化产品有些固有的独特特征，使其区别于其他产品，因而值得特别关注。

微观经济学告诉我们，需求是消费商品或服务的意愿（和能力）。虽然这些条件对于大多数消费产品而言是合理的，但文化经济学家早就知道，那些愿意并能够消费“高雅”文化的人，通常并不能代表更广泛的人群。“高雅”文化（如歌剧、戏剧和古典音乐）的消费者，通常具有较高的社会、经济地位，较高的收入和教育水平。就表演艺术而言，不同国家均发现了类似的消费者群体，而且其差异不大（Seaman，2006）。即使就电影而言，柯林斯和汉德（Collins and Hand，2005）也发现观影人群的数量随社会经济的发展而不断增加。

当然，需求分析的关键目标就是估计（价格和收入）弹性，文化经济学对此已有大量研究。按照规范假设，文化产品很可能是奢侈品（或非必需品），这意味着需求应该具有价格弹性与收入弹性。然而，希曼（Seaman，2006）关于表演艺术需求的综述，则综合估算了价格弹性与收入弹性，并指出解读和汇总数据方面面临的问题，将此视为混合证据（mixed evidence）的潜在解释。随着更好的数据集和计量经济学技术的发展，该领域的研究将是一座富矿。

长期以来，文化经济学家一直强调消费的经验性，并将其视为很多文化产品需求的决定性特征。相关研究集中于体验性消费所获得的“习得性”，以及（潜在的）通过重复消费所获效用的增加。后一种观点的起源是斯蒂格勒和贝克尔（Stigler and Becker，1977）的理性成瘾理论，该理论认为每次消费都会增加影响未来消费的“消费资本”。有学者（Lévy-Garboua and Montmarquette，1996）建立相关模型，即消费者通过边消费边学习来培养品味，其每次体验都会提供（积极的或消极的）信息，并反映在未来的消费决策中。[①] 基于类似模型的研究还有很多。尽管具体情况各不相同，但在需求是通过过往经验积累消费资本的函数这个意义上，其模型有着共同的结构。虽然不是普遍的，但许多实证研究发现了消费资本的积极影响，如早期接触艺术（或相关教育）对未来文化消费的影响（Lévy - Garboua and Montmarquette，1996；Cameron，1999；Sisto and Zanola，2004；Sisto and Zanola，2010）。

然而，关于文化产品需求的理性成瘾理论，需要注意消费者偏好的同质性与异质性的对比。斯蒂格勒和贝克尔（Stigler and Becker，1977）模型的基本形式是假设消费者的偏好是给定的，而且是相同的。在这种情形下，该理论仅根据外部条件来解释消费的演变，因此，当该模型应用于文化产品需求时，就遭到不少批判。例如，布劳格（Blaug，2001）认为，艺术消费者本身的精英群像是消费者品味不一致的直接证据。[②]

新近的源自产业组织理论的体验型需求研究，通过应用专门开发的模型来捕捉文化产品消费者之间的异质性。就电影需求而言，很多学者（Davis，2006；Moul，2007；Einav，2007；De Roos and McKenzie，2014）均采用允许消费者异质性的离散选择（logit）需求模型。其他最近的需求研究则通过调查数据识别潜在消费者类别来考虑异质性品味（Ateca - Amestoy，2008；Ateca - Amestoy and Prieto-Rodriguez，2013；Baldin and Bille，2018；Grisolía and Willis，2012），以及使用选择实验来陈述偏好的方法（Grisolía and Willis，2016；Mckenzie et al.，2019）。除了简单地捕获（和识别）消费者的不同类别外，诸如此类的需求研究，还可以比早期研究更精确地估算弹性。

---

① 参见 Lévy-Garboua and Montmarquette（2011）.

② 参见 Cowen（2002）.

24.2 不确定性和信息不对称背景下的需求

很多文化产品的消费是以体验形式出现的。也就是说，质量（即效用）在消费之前很大程度上是不确定的。因此，消费者面临信息不对称问题时，他们试图通过在消费之前寻找与质量相关的信息来应对。此外，许多文化产品的特点是，差异化程度高和生命周期短，这意味着搜索质量相关信息的成本很高。也就是说，对任何文化产品的需求，取决于消费者能够获取信息的数量和类型。

不确定性不仅渗透到消费中，也渗透到生产者预测消费的能力中。消费者对产品质量没有把握，而生产者对产品需求也没有把握。当需要大量的前期投资（如电影制作）时，必须合理预期最终产品将产生足够的需求，以便收回投资，甚至赚取利润。然而，从表面上看，"无人知晓"消费者将如何判断新文化产品的质量，这使得需求高度不可预测（Caves，2000）。文化产品的生产者几乎不可能克服这种不确定性。

文化产业的"看门人"早就认识到需求不确定性所带来的内在挑战，并寻求借助各种方式向消费者传递质量信息。最明显的策略是广告（广义而言），它为潜在消费者提供关于质量的"信号"。[①] 例如，表演艺术和视听行业的生产者，可能会使用"明星"作为质量的标识（Ravid，1999；De Vany and Walls，1999，2004；Elberse，2007；Han and Ravid，2019）。许多实证研究都分析"明星"对产品需求的影响，但由于衡量方法不同，其研究结果可能喜忧参半（McKenzie，2012）。生产者也可以选择生产改编或特许经营的产品，这同样是针对不确定的消费者的质量信号。例如，据报道续集电影的票房收入比非续集电影表现得更好，尽管其表现不如首部（Basuroy and Chatterjee，2008；Dhar et al.，2012）。

供应商所提供的与质量相关的信息，并不能完全解决信息不对称问题。面对不确定性，消费者将参考其他信息来源——主要是各种类型的专业或行业认证（如评论家评论或奖项/提名）和/或其他消费者的意见（如传统的口碑或在线用户评论），来帮助自身做出消费决策。经验研究一般都认为，专家好评与文化产品的需求（或商业成功）之间呈正相关关系（Abbé-Decarroux，1994；Eliashberg

① Throsby（1990）and Abbé-Decarroux（1994）.

and Shugan, 1997; Reinstein and Snyder, 2005; Berger et al. , 2010)。有关多种艺术形式的实证研究表明，文化产业的奖项和提名作为预测销售的重要指标，是一个强有力的预测因素。例如，阿什沃思等人（Ashworth et al. , 2010）的小说研究；博伊尔和邱（Boyle and Chiou, 2009）的音乐剧研究；尼尔森等人（Nelson et al. , 2001）的电影研究；金斯伯格（Ginsburgh, 2003）关于电影、书籍和音乐的研究；蓬佐和斯科帕（Ponzo and Scoppa, 2015）的图书研究。

其他消费者的意见是消费者获得与质量有关信息的另一个信息来源。关于口碑（或网络世界中的“用户评论”）对文化产品成功的重要性，营销和管理文献已有广泛的研究，也日益得到文化经济学的认可。人们还注意到，在线社交网络的出现改变了信息传播的方式，因此，研究者越来越关注消费者的在线活动（Chevalier and Mayzlin, 2006; Duan et al. , 2008; Oh et al. , 2017）。通过观察用户评分和评论，可以直接观察（在线）信息传输的规模与效价（valence）。这与（人际）口碑传播研究形成对比，后者通常通过分析需求模型中的销售动态来推断信息传播效果（De Vany and Walls, 1996; Moul, 2007）。

24.3 对超级明星产品的需求与利基市场

由于文化产品需求很大程度上依赖于信息传播，故而文化产品生命周期的演变有着无限可能。复杂的动态变化导致了需求结果的巨大差异。因此，很多文化产品的销售分布往往表现出不寻常的特性，这些特性在任何方面都不呈正态分布。值得注意的是，许多“明星”产品的标准差高于均值（通常大于10），这导致了显著的右偏分布。有时被称为“赢家通吃”效应（Frank and Cook, 1995），有关学术著作对此有着广泛的讨论，如电影（Walls, 2010; Fernandez-Blanco et al. , 2013）、录音（Strobl and Tucker, 2000; Connolly and Krueger, 2006; Pitt, 2010）与图书（Gaffeo et al. , 2008; Berger et al. , 2010）等领域。① 与此同时，其他文化产业也有类似研究，这包括表演艺术、视觉艺术（Candela et al. , 2016）与电子游戏（Cox, 2014）。

乍一看，人们可能会认为，“赢家通吃”式分销仅仅是因为超级明星产品的

① See also Walls (2014).

总体“质量”高于那些吸引力相对平庸的产品，而且消费者只是基于事前的质量判断做出理性选择。但研究人员对此颇有异议，其原因至少有三个：第一，更高质量并不一定是成为超级明星的先决条件。罗森（Rosen，1981）是这个观点的重要贡献者，他认为艺术家天赋的微小差异之所以能够转化为收入的巨大差异，是因为“稍逊的天赋通常是较高天赋的糟糕替代品”。虽然此项工作主要关注艺术家收入，但类似的原则也适用于文化产品（McKenzie and Smirnov，2018）。罗森理论的实质是，如果让消费者在两种相似文化产品中做出选择，即使质量差别不大（但非零），消费者几乎总是会选择质量更好的产品。这样，质量的微小差异转化为最终需求上的巨大差异。

第二个解释超级明星产品质量并不一定高的可能原因是，消费者可能会听从别人的决定，而忽视自己的质量信号。就此而言，质量（或质量信号）的微小差异，借由消费过程中的路径依赖而再次被放大。例如，消费者可能会对畅销书产生“羊群效应”（Banerjee，1992），因为他们认为畅销书拥有其尚未意识到的品质。与此相关的是，由于“信息瀑布”效应，消费者可能会选择畅销书而不是销量平平的图书（Bikhchandani et al.，1992），即使自己（主观）对两个产品质量的判断十分相近。这些开创性研究所隐含的理论预测，已经得到了实证的检验（Cabral and Natividad，2016；Moretti，2011；De Vany and Lee，2001）。

第三个原因与许多文化产品受网络外部性影响有关（Rohlfs，1974）。人天生具有社会性，消费者不仅从消费文化产品本身获得效用，而且从与他人消费的“共享的消费经验”中获得效用。这意味着效用随着相同产品的消费者数量的增加而提高。这与前面所讨论的情况类似，但原因完全不同。另一项开创性研究来自阿德勒（Adler，1985），他认为超级明星不一定是最有才华的，因为消费者选择也植根于与他人讨论的愿望。在最近的一项实证研究中，基尔克里斯特和桑兹（Gilchrist and Sands，2016）观察了电影（戏剧）表演中的网络效应，以及上述社会学习效应。

鉴于上述观点，很明显，文化产业所观察到的“赢家通吃”的结果，可能仅仅是信息传播和/或网络外部性效应的结果，而不是（显著的）质量差异的结果。当然，这种现象也可以追溯到信息不对称和文化产品体验方面所固有的不确定性。这样，“无人知晓”和“赢家通吃”原则就紧密关联起来了。

然而，尽管“赢家通吃”模式已被证明经久不衰且无处不在，但数字化的兴起（以及生产和分销成本的削减）也导致可能与上述既定结果相悖的现象，这就是众所周知的“长尾理论”。安德森（Anderson，2006）强调由于小众产品

（如唱片和电影）的重要性不断提升，这会改变数字化产品销售的分布形态。我们可以从两个方面来理解他的观点：首先，许多原本不会在实体店展示的小众产品，现在可以在空间无限的线上市场占据一席之地，比如亚马逊（Amazon. com）或 iTunes，它们拉长了销售排名的“尾巴”（即更多的低排名产品）。其次，面对更低的搜寻成本和量身定制的推荐，消费者会从超级明星产品转向小众产品，这将减弱销售分布的倾斜（和沉重的右尾）。

这个想法很有说服力，因为长尾产品的出现和消费意味着，消费者剩余和潜在市场效率的改善。它对许多文化经济学家特别有吸引力，因为长尾产品也可能意味着文化多样性的改善，而不仅仅是产品多样性的增加。自从引入这个想法以后，对比检验超级明星产品理论与长尾假说，或者是产品种类增加对总体市场影响的研究一直在增多。长尾理论的第一部分很容易证实观察到的数据，而且没有研究能够否认，在线货架陈列的商品数量要比与实体店多得多。相关研究也证实并衡量了产品可获得性增加所带来的消费者利益（Brynjolfsson，Hu，and Smith，2003；Brynjolfsson，Hu，and Simester，2011；Aguiar and Waldfogel，2018a）。然而，司法审判仍然不完全相信长尾理论的第二部分。尽管可供消费者选择的产品越来越多，但许多研究人员发现，销售仍然越来越集中在超级明星产品（Elberse and Oberholzer-Gee，2008；Kumar et al.，2014；Benghozi and Benhamou，2019）。

支持“赢家通吃”模式的一个可能解释是，这与数字世界的信息共享方式有关。社交媒体尤其改变了人们交流与分享文化产品信息的方式。在这种环境下，人们推荐与讨论文化产品，并从中获得效用。如前所述，虽然网络效应一直存在，但在数字时代这可能增加这种互动与产品最终成功的相关性。我们将在下面讨论数字化。

24.4 全球化、文化折扣和政策影响

虽然长尾理论为消费者提供了比以往任何时候都更多的多样性（同类和跨类别文化产品），但消费者对这些小众产品的重视程度却不清楚。如果长尾中的产品是外国产品，而且还受到“文化折扣”效应的影响，这个结论可能就无比正确。文化折扣是指消费者对陌生文化产品的评价低于对熟悉文化产品的评价。这个词最初是由霍斯金斯和米洛斯（Hoskins and Mirus，1988）所创设，用来解释

美国在电视节目行业的主导地位。文化折扣可以解释为需求方面所固有的贸易壁垒，并被视为文化产品国际贸易的特性（Iapadre，2014）。它不在传统文化产品需求的讨论范围之内，而只单独出现在国际贸易主题讨论时。然而，我们认为本章值得就此展开讨论，因为它本质上是需求问题，是单个文化产品需求的重要决定因素，特别是考虑到全球化和数字化时代进口文化产品的重要性迅速增加。

文化折扣是一个与消费者偏好相关的概念，因此很难直接衡量。实证研究通常通过观察显示偏好的结果来推断文化折扣的存在。例如，李（Lee，2006）研究了好莱坞电影在香港的表现，发现文化折扣低的（如科幻）比文化折扣高的（如喜剧）电影类型表现更好。穆恩（Moon et al.，2015）利用韩国的数据发现，与国产电影相比，消费者对外国电影上映前的期望值与知晓程度更低。

文化折扣的重要特征之一就是不对称，即两国之间的文化欣赏不一定是相互的。例如，我们有理由认为，美国消费者对澳大利亚文化产品的折扣，要大于澳大利亚消费者对美国文化产品的折扣。文化折扣的非对称性，被认为是全球艺术和娱乐消费集中于英语和/或英美文化的潜在解释（Hoskins and Mirus，1988；Shin and McKenzie，2019）。

相关研究提出有关消费者的更具“主流”性的文化应用具有更低文化折扣率的若干猜想，这与前面几节的讨论有关。舒尔茨（Schulze，1999）遵循理性成瘾理论指出，非对称文化折扣可能是消费者在美国文化产品与非美国文化产品之间过往的非对称接触的结果。劳赫和崔达德（Rauch and Trindade，2009）提出了另一种解释，他们基于消费网络外部性解释为什么主流文化产品的需求集中，即消费者通过消费反映主流文化和流行文化的产品获得更多效用。

文化折扣能够借由根据某些文化产品和网络外部性而变化的观点，为支持国内文化生产的政策提供论据。人们常说，文化产品是典型的“优效品”。优效品就意味着该产品对社会有价值，即使市场可能无法有效地提供。在许多国家，公众对艺术和创意产业的支持，是为了让公民能够从提供的文化产品中受益，否则可能无法提供这些产品。在电视和电影等行业，这种支持使本地生产商能够生产出那些由于文化折扣（不对称）等不利因素影响而造成的私人提供效率不高的内容。虽然支持的论据是有说服力的，但这种支持的形式和评估其有效性的标准却不那么清楚（Jansen，2005；Fernández-Blanco and Gil，2012；Teti et al.，2014；McKenzie et al.，2019）。

24.5 数字化颠覆与文化产品的需求

数字革命以各种方式改变（并将继续改变）文化产业。在音乐、电视和电影等行业，制作和发行成本大幅下降，这使得新的内容制作者得以进入这个历来受到“看门人”守护的领域。不可否认，这些行业的文化产品供应已经大幅增加（Waldfogel，2017），同时，数字化也改变了消费者获取内容的方式。这对于我们更全面地理解文化产品需求具有启示意义。

自互联网出现以来，新技术和平台不断涌现，并极大地改变了消费者接触文化内容的方式。就音乐行业而言，iTunes 为诸如 Pandora 和 Spotify 等流媒体服务铺平道路，也重新定义消费者如何享受音乐（Aguiar and Waldfogel，2018b）。就电视和电影行业而言，Netflix 和其他视频点播服务给传统的地面电视和电影院带来了挑战（McKenzie et al.，2019）。在图书行业，电子书和 Kindle 等设备的到来，同样挑战了传统的模式——纸质出版物（Chen，Hu and Smith，2018）。所有这些干扰都对当下文化产品消费的数量和类型产生了影响。

除了（行业内的）传统形式文化产品的数字替代品之外，新型“文化”产品的出现则是“数字复兴”的直接结果。特别是社交媒体和网络游戏为消费者提供了另外一种方式，以便打发此前可能用于其他形式文化消费上的休闲时间。虽然消费者的选择比以往任何时候都多，但在数字语境下竞争的文化生产者必须对瞬息万变的形势作出反应。从某种程度上说，这些新产品也（可能是微弱地）替代了“高雅”的文化消费形式（如戏剧或歌剧），数字革命也间接地影响着文化产品需求。

24.6 结束语

文化产业的需求研究也在不断发展。早期的文化经济学探讨了与需求相关的基本但必要的问题，如消费者概况、价格弹性和收入弹性，主要关注某类产品（如表演艺术或电影）需求的估计。其他早期研究强调消费的“体验性”和“消费资本”的累积性，认为这是文化需求的特性。

最近，文化产业的需求研究有了进展，研究者更关注单一（差异化）的文化产品，而不是广泛类别的文化产品。这是通过借助越来越复杂的计量经济学技术，应用信息不对称、超级明星和文化折扣等理论相关的更广泛的模型来实现。这种演变也得益于日益增多的关于文化产品销售的微观数据集。这也使得文化产业总体上对产业组织、营销和管理等相关（子）学科的研究人员更具吸引力。

参见：

文化价值；参与；数字盗版；艺术定价。

本章参考：

Abbé-Decarroux, François (1994). The Perception of Quality and the Demand for Services. Empirical Application to the Performing Arts. *Journal of Economic Behavior and Organization*, 23: 99-107.

Adler, Moshe (1985). Stardom and Talent. *The American Economic Review*, 75: 208-212.

Aguiar, Luis and Joel Waldfogel (2018a). Quality Predictability and the Welfare Benefits from New Products: Evidence from the Digitization of Recorded Music. *Journal of Political Economy*, 126: 492-524.

Aguiar, Luis, and Joel Waldfogel (2018b). As Streaming Reaches Flood Stage, Does it Stimulate or Depress Music Sales?. *International Journal of Industrial Organization*, 57: 278-307.

Anderson, Chris (2006). *The Long Tail: Why the Future of Business Is Selling Less of More*. Hachette Books.

Ashworth, John, Bruno Heyndels, and Kristien Werck (2010). Expert Judgements and the Demand for Novels in Flanders. *Journal of Cultural Economics*, 34: 197-218.

Ateca-Amestoy, Victoria (2008). Determining Heterogeneous Behavior for Theater Attendance. *Journal of Cultural Economics*, 32: 127-151.

Ateca - Amestoy, Victoria and Juan Prieto - Rodriguez (2013). Forecasting Accuracy of Behavioural Models for Participation in the Arts. *European Journal of Operational Research*, 229: 124-131.

Baldin, Andrea and Trine Bille (2018). Modelling Preference Heterogeneity for Theatre Tickets: A Discrete Choice Modelling Approach on Royal Danish Theatre Booking Data. *Applied Economics*, 50: 545-558.

Banerjee, Abhijit V (1992). A Simple Model of Heard Behavior. *The Quarterly Journal of Economics*, 107: 797-817.

Basuroy, Suman and Subimal Chatterjee (2008). Fast and Frequent: Investigating Box Office Revenues of Motion Picture Sequels. *Journal of Business Research*, 61: 798-803.

Benghozi, Pierre-jean and Françoise Benhamou (2019). The Long Tail: Myth or Reality? . *International Journal of Arts Management*, 12: 43-53.

Berger, Jonah A. , Alan T. Sorensen, and Scott Rasmussen (2010). Positive Effects of Negative Publicity: When Negative Reviews Increase Sales. *Marketing Science*, 29: 815-827.

Bikhchandani, Sushil, David Hirschleifer, and Ivo Welch (1992). A Theory of Fads, Fashion, Custom, and Cultureal Change as Informational Cascades. *The Journal of Political Economy*, 100: 992-1026.

Blaug, Mark (2001). Where Are We Now on Cultural Economics? . *Journal Economic Surveys*, 15: 123-143.

Boyle, Melissa and Lesley Chiou (2009). Broadway Productions and the Value of a Tony Award. *Journal of Cultural Economics*, 33: 49-68.

Brynjolfsson, Erik, Yu Jeffrey Hu, and Michael D. Smith (2003). Consumer Surplus in the Digital Economy: Estimating the Value of Increased Product Variety at Online Booksellers. *Management Science*, 49: 1580-1596.

Brynjolfsson, Erik, Yu (Jeffrey) Hu, and Duncan Simester (2011). Goodbye Pareto Principle, Hello Long Tail: The Effect of Search Costs on the Concentration of Product Sales. *Management Science*, 57: 1373-1386.

Cabral, Luis and Cabriel Natividad (2016). Box-Office Demand: The Importance of Being #1. *The Journal of Industrial Economics*, 64: 277-294.

Cameron, Samuel (1999). Rational Addiction and the Demand for Cinema.

Applied Economics Letters, 6: 617–620.

Candela, Guido, Massimiliano Castellani, Pierpaolo Pattitoni, and F. Marta L. Di Lascio (2016). On Rosen's and Adler's Hypotheses in the Modern and Contemporary Visual Art Market. *Empirical Economics*, 51: 415–437.

Caves, Richard E. (2000). *Creative Industries: Contracts between Art and Commerce*. Harvard University Press.

Chen, Hailiang, Yu Jeffrey Hu, and Michael D. Smith (2018). The Impact of E-book Distribution on Print Sales: Analysis of a Natural Experiment. *Management Science*, 65 (1): 19–31.

Chevalier, Judith A. and Dina Mayzlin (2006). The Effect of Word of Mouth on Sales: Online Book Reviews. *Journal of Marketing Research*, 43: 345–354.

Collins, Alan and Chris Hand (2005). Analyzing Moviegoing Demand: An Individual-Level Cross-Sectional Approach. *Managerial and Decision Economics*, 26: 319–330.

Connolly, Marie and Alan B. Krueger (2006). Rockonomics: The Economics of Popular Music. In Victor A. Ginsburgh and David Throsby (eds.). *Handbook of the Economics of Art and Culture*, Vol. 1. North-Holland, 667–719.

Cowen, Tyler (2002). Are All Tastes Constant and Identical?. *Journal of Economic Behavior & Organization*, 11: 127–135.

Cox, Joe (2014). What Makes a Blockbuster Video Game? An Empirical Analysis of US Sales Data. *Managerial and Decision Economics*, 35: 189–198.

Davis, Peter (2006). Spatial Competition in Retail Markets: Movie Theaters. *The RAND Journal of Economics*, 37: 964–982.

De Roos, Nicolas and Jordi McKenzie (2014). Cheap Tuesdays and the Demand for Cinema. *International Journal of Industrial Organization*, 33: 93–109.

De Vany, Arthur and Cassey Lee (2001). Quality Signals in Information Cascades and the Dynamics of the Distribution of Motion Picture Box Office Revenues. *Journal of Economic Dynamics and Control*, 25: 593–614.

De Vany, Arthur and W. David Walls (1996). Bose-Einstein Dynamics and Adaptive Contracting in the Motion Picture Industry. *The Economic Journal*, 106: 1493–1514.

De Vany, Arthur and W. David Walls (1999). Uncertainty in the Movie

Industry: Does Star Power Reduce the Terror of the Box Office? . *Journal of Cultural Economics*, 23: 285-318.

De Vany, Arthur S. and W. David Walls (2004). Motion Picture Profit, the Stable Paretian Hypothesis, and the Curse of the Superstar. *Journal of Economic Dynamics & Control*, 28: 1035-1057.

Dhar, Tirtha, Guanghui Sun, and Charles B. Weinberg (2012). The Long-Term Box Office Performance of Sequel Movies. *Marketing Letters*, 23: 13-29.

Duan, Wenjing, Bin Gu, and Andrew B. Whinston (2008). The Dynamics of Online Word-of-Mouth and Product Sales-An Empirical Investigation of the Movie Industry. *Journal of Retailing*, 84: 233-242.

Einav, Liran (2007). Seasonality in the U. S. Motion Picture Industry. *The RAND Journal of Economics*, 38: 127-145.

Elberse, Anita (2007). The Power of Stars: Do Star Actors Drive the Success of Movies? . *Journal of Marketing*, 71 (4): 102-120.

Elberse, Anita and Felix Oberholzer-Gee (2008). Superstars and Underdogs: An Examination of the Long-Tail Phenomenon in Video Sales. *Harvard Business School Working Paper*, No. 07-015.

Eliashberg, Jehoshua and Steven M. Shugan (1997). Film Critics: Influencers or Predictors? . *Journal of Marketing*, 61: 68-78.

Fernǘndez-Blanco, Victor and Ricard Gil (2012). Underneath the Red Carpet: Government Intervention in the Spanish Movie Industry. *Journal of Media Economics*, 25: 54-72.

Fernandez-Blanco, Victor, Luis Orea, and Juan Prieto-Rodriguez (2013). Endogeneity and Measurement Errors When Estimating Demand Functions with Average Prices: An Example from the Movie Market. *Empirical Economics*, 44: 1477-1496.

Frank, Robert H. and Philip J. Cook (1995). *The Winner-Take-All Society*. Penguin Books.

Gaffeo, Edoardo, Antonello E. Scorcu, and Laura Vici (2008). Demand Distribution Dynamics in Creative Industries: The Market for Books in Italy. *Information Economics and Policy*, 20: 257-268.

Gilchrist, Duncan Sheppard and Emily Glassberg Sands (2016). Something to Talk About: Social Spillovers in Movie Consumption. *Journal of Political Economy*,

124: 1339-1382.

Ginsburgh, Victor A. (2003). Awards, Success and Aesthetic Quality in the Arts. *Journal of Economic P*, 17: 99-111.

Grisolía, José M. and Kenneth G. Willis (2012). A Latent Class Model of Theatre Demand. *Journal of Cultural Economics*, 36: 113-139.

Grisolía, José M. and Kenncth G. Willis (2016). Consumer Choice of Theatrical Productions: A Combined Revealed Preference-stated Preference Approach. *Empirical Economics*, 50: 933-957.

Han, Shu and S. Abraham Ravid (2019). Actor Replacement as a Pseudo-Natural Experiment in the Value of Human Capital-Evidence from Broadway Shows. *Management Science*, forthcoming.

Hoskins, Colin and Rolf Mirus (1988). Reasons for the US Dominance of the International Trade in Television Programmes. *Media, Culture & Society*, 10: 499-515.

Iapadre, P. Lelio (2014). Cultural Products in the International Trading System. In Victor A. Ginsburgh and David Throsby (eds.). *Handbook of the Economics of Art and Culture*, Vol. 2. North-Holland, 381-409.

Jansen, Christian (2005). The Performance of German Motion Pictures, Profits and Subsidies: Some Empirical Evidence. *Journal of Cultural Economics*, 29: 191-212.

Kulmatitskiy, Nikolay, Jeffrey S. Simonoff, Lan Ma Nygren, Jing Cao, and Kjell Nygren (2016). Survival of Broadway Shows: An Empirical Investigation of Recent Trends. *Communications in Statistics: Case Studies, Data Analysis and Applications*, 1: 114-124.

Kumar, Anuj, Michael D. Smith, and Rahul Telang (2014). Information Discovery and the Long Tail of Motion Picture Content. *MIS Quarterly*, 38: 1057-1078.

Lee, Francis L. F. (2006). Cultural Discount and Cross-Culture Predictability: Examining the Box Office Performance of American Movies in Hong Kong. *Journal of Media Economics*, 19: 259-278.

Lévy-Garboua, L. and C. Montmarquette (1996). A Microeconometric Study of Theatre Demand. *Journal of Cultural Economics*, 20: 25-50.

Lévy-Garboua, Louis and Claude Montmarquette (2011). Demand. In Ruth Towse (ed.). *A Handbook of Cultural Economics. Second Edition*, Edward Elgar Publishing.

McKenzie, Jordi (2012). The Economics of Movies: A Literature Survey. *Journal of Economic Surveys*, 26: 42-70.

Mckenzie, Jordi, Paul Crosby, Joe Cox, and Alan Collins (2019). Experimental Evidence on Demand for "On-Demand" Entertainment. *Journal of Economic Behavior & Organization*, forthcoming.

Mckenzie, Jordi, Craig Rossiter, and Sunny Y. Shin (2019). For Love or Money? Assessing Outcomes from Direct Public Investment in Film. *International Journal of Cultural Policy*, forthcoming.

McKenzie, Jordi and Vladimir Smirnov (2018). Blockbusters and Market Expansion: Evidence from the Motion Picture Industry. *Journal of Cultural Economics*, 42: 341-352.

Moon, Sangkil, Barry L. Bayus, Youjae Yi, and Junhee Kim (2015). Local Consumers' Reception of Imported and Domestic Movies in the Korean Movie Market. *Journal of Cultural Economics*, 39: 99-121.

Moretti, Enrico (2011). Social Learning and Peer Effects in Consumption: Evidence from Movie Sales. *Review of Economic Studies*, 78: 356-393.

Moul, Charles C. (2007). Measuring Word of Mouth's Impact on Theatrical Movie Admissions. *Journal of Economics & Management Strategy*, 16: 859-892.

Nelson, Randy A., Michael R. Donihue, Donald M. Waldman, and Calbraith Wheaton (2001). What's an Oscar Worth?. *Economic Inquiry*, 39: 1-16.

Oh, Chong, Yaman Roumani, Joseph K. Nwankpa, and Han Fen Hu (2017). Beyond Likes and Tweets: Consumer Engagement Behavior and Movie Box Office in Social Media. *Information and Management*, 54: 25-37.

Pitt, Ivan L. (2010). Superstar Effects on Royalty Income in a Performing Rights Organization. *Journal of Cultural Economics*, 34: 219-236.

Ponzo, Michela and Vincenzo Scoppa (2015). Experts' Awards and Economic Success: Evidence from an Italian Literary Prize. *Journal of Cultural Economics*, 39: 341-367.

Rauch, James E. and Vitor Trindade (2009). Neckties in the Tropics: A Model of International Trade and Cultural Diversity. *The Canadian Journal of Economics*, 42: 809-843.

Ravid, S. Abraham (1999). Information, Blockbusters, and Stars: A Study of the Film Industry. *The Journal of Business*, 72: 463-492.

Reinstein, David A. and Christopher M. Snyder (2005). The Influence of Expert Reviews on Consumer Demand for Experience Goods: A Case Study of Movie Critics. *The Journal of Industrial Economics*, 53: 27-51.

Rohlfs, Jeffrey (1974). A Theory of Interdependent Demand for a Communications Service. *The Bell Journal of Economics and Management Science*, 5: 16-37.

Rosen, Sherwin (1981). The Economics of Superstars. *American Economic Review*, 71: 845-858.

Schulze, Günter G. (1999). International Trade in Art. *Journal of Cultural Economics*, 23: 109-136.

Seaman, Bruce A. (2006). Empirical Studies of Demand for the Performing Arts. In Victor A. Ginsburgh and David Throsby (eds.). *Handbook of the Economics of Art and Culture*, Vol. 1. North-Holland, 415-472.

Shin, Sunny Y. and Jordi McKenzie (2019). Asymmetric Cultural Discounting and Pattern of Trade in Cultural Products: Empirical Evidence in Motion Pictures. *The World Economy*, forthcoming.

Sisto, Andrea and Roberto Zanola (2004). Rational Addiction to Cinema? A Dynamic Panel Analysis of European Countries. *Universita Del Piemonte Orientale Working Paper*, No. 41.

Sisto, Andrea and Roberto Zanola (2010). Cinema Attendance in Europe. *Applied Economics Letters*, 17: 515-517.

Stigler, George J. and Gary S. Becker (1977). De Gustibus Non Est Disputandum. *American Economic Review*, 67: 76-90.

Strobl, Eric A. and Clive Tucker (2000). The Dynamics of Chart Success in the U. K. Pre-Recorded Popular Music Industry. *Journal of Cultural Economics*, 24: 113-134.

Teti, Emanuele, Alan Collins, and John Sedgwick (2014). An Offer They Couldn't Refuse (but Probably Should Have): The Ineffectiveness of Italian State Subsidies to Movie-Making. *Public Money and Management*, 34: 181-188.

Throsby, David (1990). Perception of Quality in Demand for the Theatre. *Journal of Cultural Economics*, 14: 65-82.

Throsby, David (1994). The Production and Consumption of the Arts: A View of Cultural Economics. *Journal of Economic Literature*, 32: 1-29.

Waldfogel, Joel (2017). How Digitization Has Created a Golden Age of Music, Movies, Books, and Television. *Journal of Economic Perspectives*, 31 (3): 195-214.

Walls, W. David (2010). Superstars and Heavy Tails in Recorded Entertainment: Empirical Analysis of the Market for DVDs. *Journal of Cultural Economics*, 34: 261-279.

Walls, W. David (2014). Bestsellers and Blockbusters: Movies, Music, and Books. In Victor A. Ginsburgh and David Throsby (eds.). *Handbook of the Economics of Art and Culture*, Vol. 2. North-Holland, 185-213.

延伸阅读：

关于文化产业消费（和生产）的经典讨论，参见 Throsby（1994）。对表演艺术需求的实证研究的全面回顾，参见 Seaman（2006）。关于电影行业的文献，特别是与质量相关的信息对于需求的作用，参见 McKenzie（2012）。对于畅销书和大片理论在电影、音乐和图书领域的应用，参见 Walls（2014）。

25 数字盗版

乔迪·麦肯齐（Jordi McKenzie）

“数字盗版”可以定义为非法复制数字内容，如音乐、电视、电影、图书、软件等。尽管在 1999 年 Napster 出现之前，数字盗版以其他形式存在（如 CD 刻录机），但点对点（P2P）文件共享技术的出现将非法行为提升到了新的水平。事后看来，这项技术突破标志着内容产业的重要历史时刻。Napster 及其后继 P2P 服务提供者，本质上是将大量数字内容（尤其是音乐）提供给任何网络连接畅通的人。随着宽带互联网速度的提高和文件共享技术的发展，数字盗版已经对音乐产业的收入产生了重大影响，并威胁着其他内容产业的收入。

学术界并没有忽视数字盗版所造成的破坏。事实上，来自不同学科的学者已就这个主题发表了很多文章。经济学家就此论述的显著特征是，他们运用各自领域的工具来分析有关正版市场影响问题，以及评估政策响应。虽然已有若干关于数字盗版的理论贡献（Peitz and Waelbroeck, 2006；Ahn and Shin, 2010；Alcalá and González-Maestre, 2010；Banerjee and Chatterjee, 2010；Cho and Ahn, 2010；Choi et al. , 2010；Herings et al. , 2010；Marti, 2010；Minniti and Vergari, 2010；Thomes, 2013；Gans, 2015；Darmon and Le Texier, 2016），但最有趣的问题只能通过实证分析才能给出明确答案。因此，本章其余部分将主要集中于此。

25.1 寻找销售替代作用

许多早期的研究都开始于一个最明显的问题，即数字盗版可能导致的销售替代效应。这些研究主要集中在音乐行业，他们通过各种数据和实证方法来解决这个问题（如下学者为早期媒体盗版研究提供了有价值的调查：Dejean，2009；Waldfogel，2012a；Smith and Telang，2012；Liebowitz，2016）。[①] 有些学者则使用产品层面的销售数据测量盗版行为（Bhattacharjee et al.，2007；Oberholzer-Gee and Strumpf，2007；McKenzie，2009；Lee，2018）；其他学者则在更为综合的层面上使用盗版替代指标（proxy）（如互联网普及率或电脑拥有量）。这方面的研究已经应用横截面方法（Peitz and Waelbroeck，2006）、时间序列方法（Stevans and Sessions，2005）及其组合（Hui and Png，2003；Michel，2006；Liebowitz，2008，Holland Mortimer et al.，2012）等多种方法。

另一项工作则采用个人层面的调查数据来估计销售替代效应（Zentner，2006；Rob and Waldfogel，2006；Bounie et al.，2007；Anderson and Frenz，2010；Waldfogel，2010；Bai and Waldfogel，2012；Hong，2013）。相关研究还使用调查数据来描述参与盗版活动的人口统计特征（Gopal et al.，2006；Cox et al.，2010；Cox and Collins，2014）。最后，新近研究则利用不同形式的（个体）观测数据，来调查销售替代作用（Aguiar and Martens，2016；Aguiar，2017）。

由于音乐与电视/电影文件大小相比有所不同，早期数字盗版更多地集中在音乐领域。因此，随着 P2P 技术的出现，音乐行业的收入下降幅度是其他内容行业所没有的。音乐行业收入的急剧下降，可能在某种程度上解释了为什么学术研究集中于这个行业。然而，随着比特流（Bit Torrent）的出现，加之互联网速度和下载能力的不断提高，非法来源的电视和电影越来越容易被网络盗版者获取。研究者随后也在电视和/或电影行业考虑了音乐行业曾经研究过的盗版影响问题。

与音乐盗版引起的销售替代相关文献一致，有关电视/电影行业的研究也使用产品层面的数据（De Vany and Walls，2007；McKenzie and Walls，2016），而其他研究则采用时间序列或横截面方法使用盗版替代指标（Walls，2010；Smith and Telang，2010）。与音乐盗版文献相同，许多研究也使用个体层面调查和陈述偏好技术，来调查有关销售替代效应问题（Hennig-Thurau Henning and Sattler，2007；Rob and Waldfogel，2007；McKenzie et al.，2019；Rojas and Briceño，2018）。

---

① 下述学者为媒体盗版提供了有益的实证研究：Dejean（2009）；Waldfogel（2012a）；Smith and Telang（2012）；Liebowitz（2016）。

25.2 内生性问题

虽然早期有不少研究肯定了盗版通过“促销”效应刺激销售的潜力，但除了少数例外，大多数研究均发现了替代效应的证据。研究人员还很快意识到，当他们试图在产品和个体（消费者）层面建立盗版与销售之间的因果关系时，就面临着不少的经验挑战。这个挑战源自合法消费和非法消费之间未观察到的异质性。它存在于产品层面，因为在销售方面受欢迎的产品，也可能受到（非法）下载者的欢迎；也存在于个体层面（根据调查数据），因为购买更多合法内容的消费者，也可能更多地参与非法消费。

无论使用产品层面还是个体层面的数据，如果不处理这种内生性，就会在估算销售替代效应时产生（正）偏差，从而导致无效的因果推论。虽然已有研究通常（在数据和上下文允许情形下）应用标准的补救措施（如固定效应和/或工具变量），但最近的研究表明，使用产品层面数据来确定销售替代效应存在内在的挑战（Aguiar and Waldfogel，2018a）。事实上，人们普遍认为，衡量数字盗版在行业层面替代效应的最有应用前景的方法是在总体层面（而非产品层面），因为它为整体盗版水平提供了合适的衡量方法（或替代指标）。

25.3 自然实验

鉴于确定数字盗版与销售之间的因果关系存在挑战，研究人员已经在寻找替代（通常是富有创造性的）方法。特别是有些研究利用准实验数据，来确定与合法消费和非法消费之间的替代关系。有些研究考察政策事件（Danaher et al.，2014；Adermon and Liang，2014；Orme，2014；McKenzie，2017）的影响；其他研究则分析与文件共享服务相关的供应端中断（Danaher et al.，2010；Danaher and Smith，2014；Hammond，2014；Aguiar et al.，2018；Peukert et al.，2017）的影响。虽然有些研究发现反盗版政策的实施和/或供应方面的中断带来了销售额的增长，但其他研究并未发现这种影响，即使有影响的话，也只是短期的影响。

虽然从概念上讲，基于政策和供给方面的方法，为检验合法消费与非法消费模式之间（潜在）的替代效应提供了一种很有吸引力的方法，但其成功与否仍受不少限制。在政策事件研究中，其隐含假设是该政策被认为是有效的，盗版者不会简单地通过更复杂的方法来绕过它（例如，使用 VPN 软件来屏蔽 IP 地址）。鉴于不少学者（Arnold et al.，2014；Giblin，2014）质疑广泛使用的“渐进式反应”（graduated-response）政策（例如，法国的《打击网络非法下载行为法案》）的有效性，目前尚不清楚网络盗版者是否普遍认识到反盗版法的有效性，这意味着很难使用政策分析法来确定合法消费和非法消费之间的替代效应。对于那些基于供给方面的研究而言，利用文件共享服务中断来确定销售效果也存在类似的问题。如果网络盗版者只是简单地代替另外一种服务，那么就很难确定盗版和销售之间的关系。

25.4　福利的影响

虽然现在人们普遍接受盗版损害销售这个观点，但也有一个相当反常的例外，那就是盗版在短期内实际会直接增加福利（Waldfogel，2012a）。其直观的理解就是，除了将剩余直接从生产者（即音乐版权持有者）转移给免费获取内容的消费者（即盗版者），还会产生合法消费不会发生的额外的剩余（假定消费者的愿意支付高于零但低于价格）。将先前的无谓损失转化为消费者剩余，意味着整体盈余将会扩大。很明显，消费者从非法盗版中获益，而生产者却遭殃，但总体福利有所增加，因为消费者收益大于生产者损失。

当然，这种简单的分析假设了一个静态（短期）框架。显然，随着收入和利润的下降，音乐创作者最终将停止提供新音乐，因此，盗版的长期影响就是新音乐供给的显著下降。可是有证据表明这种影响吗？瓦尔德福格尔（Waldfogel，2011；2012b；2012c；2016；2017）的系列论文中提供了令人信服的证据，证明这个问题的答案是否定的。另外几个学者（Handke，2006；Handke，2012；and Bourreau et al.，2013）则分别采用德国和法国音乐行业的数据提供了类似的证据。如何解释这个看似违反直觉的发现？就其本质而言，虽然技术进步催生非法消费内容的新方式，但同时也对市场的供应方面产生了重大影响。特别是，数字化降低了与制作和发行相关的成本，使创作者比以往任何时候都更容易制作、发行和推广他们的内容。

25.5 流媒体拯救了世界

最终，供应方面的另一次技术颠覆将再次改变内容产业的命运，特别是音乐产业。“流媒体”服务的兴起——比如音乐行业的 Spotify 和电视/电影行业的 Netflix——为消费者提供了几乎无穷无尽的内容，而且价格相对低廉（按月订阅）。在音乐和电视/电影行业，人们也观察到，随着消费者接受了新的合法消费形式，盗版水平有所下降（Aguiar and Waldfogel，2018a；Godinho et al.，2017）。此外，这些服务促进了更多高质量内容的分发（Waldfogel，2017；Aguiar and Waldfogel，2018b）。

那么，流媒体是内容产业的救星吗？如果是这样，我们还能指望看到盗版的持续下降吗？也许在短期内，其答案是肯定的，但如果历史能够提供什么教训的话，那么，下一次技术颠覆可能就在眼前，而且谁也无法确定它会以何种形式出现。就在音乐行业命运似乎比几年前要乐观得多的时候，一种新型盗版威胁到流媒体模式，并再次引发版权所有者的担忧。这项技术被称为“流分离”（stream ripping），它允许用户将流媒体文件转换成可以永久保存的文件。与文件共享服务不同，流分离服务实际上并不“共享”受版权保护的内容，因此很难根据传统的版权法对其提起诉讼。

就电视和电影行业而言，非法互联网协议电视（IPTV）带来了另一种新威胁，它通过向用户提供（非法）付费内容（如体育直播），而模糊了非法订阅模式与合法订阅模式之间的界限。除了 IPTV 之外，如果用户安装（非法的）第三方附加组件，那么就可以通过诸如 Kodi 等日益流行的软件访问大型按需点播的电影和电视内容库。尽管 IPTV 和 Kodi 自身是完全合法的，但它们往往被开发人员操纵，允许用户非法访问各种形式的内容，而不向版权所有者支付应有的补偿。与流分离一样，这给版权执法带来了重大挑战。

当然，另外一个重大挑战来自区块链。尽管许多人对这项技术为内容行业（如数字版权管理）的前景感到兴奋，但也有人担心区块链技术的去中心化可能为大规模盗版提供完美平台。这肯定超出本章的范围，但来自新兴且不断发展的技术所造成的盗版威胁，仍然是真实且严重的。

参见：

版权；文化产业的数字化；音乐产业；平台。

本章参考：

Adermon, Adrian, and Che-Yuan Liang (2014). Piracy and Music Sales: The Effects of an Anti-Piracy Law. *Journal of Economic Behavior & Organization*, 105: 90-106.

Aguiar, Luis, and Bertin Martens (2016). Digital Music Consumption on the Internet: Evidence from Clickstream Data. *Information Economics and Policy*, 34: 27-43.

Aguiar, Luis, and Joel Waldfogel (2018a). As Streaming Reaches Flood Stage, Does it Stimulate or Depress Music Sales? . *International Journal of Industrial Organization*, 57: 278-307.

Aguiar, Luis, and Joel Waldfogel (2018b). Quality Predictability and the Welfare Benefits from New Products: Evidence from the digitization of recorded music. *Journal of Political Economy*, 126 (2): 492-524.

Aguiar, Luis, Jörg Claussen, and Christian Peukert (2018). Catch Me if You Can: Effectiveness and Consequences of Online Copyright Enforcement. *Information Systems Research*, 29 (3): 656-678.

Ahn, Illtae, and Ilsoon Shin (2010). On the Optimal Level of Protection in DRM. *Information Economics and Policy*, 22 (4): 341-353.

Alcalá, Francisco, and Miguel González-Maestre (2010). Copying, Superstars, and Artistic Creation. *Information Economics and Policy*, 22 (4): 365-378.

Andersen, Birgitte, and Marion Frenz (2010). Don't Blame the P2P File-Sharers: The Impact of Free Music Downloads on the Purchase of Music CDs in Canada. *Journal of Evolutionary Economics*, 20 (5): 715-740.

Arnold, Michael A., Eric Darmon, Sylvain Dejean, and Thierry Penard (2014). Graduated Response Policy and the Behavior of Digital Pirates: Evidence from the French Three-Strike (HADOPI) Law. unpublished manuscript.

Bai, Jie, and Joel Waldfogel (2012). Movie Piracy and Sales Displacement in

Two Samples of Chinese Consumers. *Information Economics and Policy*, 24 (3-4): 187-196.

Banerjee, Dyuti, and Ishita Chatterjee (2010). The Impact of Piracy on Innovation in the Presence of Technological and Market Uncertainty. *Information Economics and Policy*, 22 (4): 391-397.

Bhattacharjee, Sudip, Ram D. Gopal, Kaveepan Lertwachara, James R. Marsden, and Rahul Telang (2007). The Effect of Digital Sharing Technologies on Music Markets: A Survival Analysis of Albums on Ranking Charts. *Management Science*, 53 (9): 1359-1374.

Bounie, David, Marc Bourrreau, and Patrick Waelbroeck (2007). Pirates or Explorers? Analysis of Music Consumption in French Graduate Schools. *Brussels Economic Review*, 50 (2).

Bourreau, Marc, Michel Gensollen, François Moreau, and Patrick Waelbroeck (2013). "Selling Less of More?" The Impact of Digitization On Record Companies. *Journal of Cultural Economics*, 37 (3): 327-346.

Cho, Won-Young, and Byong-Hun Ahn (2010). Versioning of Information Goods Under the Threat of Piracy. *Information Economics and Policy*, 22 (4): 332-340.

Choi, Pilsik, Sang Hoo Bae, and Jongbyung Jun (2010). Digital Piracy and Firms' Strategic Interactions: The Effects of Public Copy Protection and DRM Similarity. *Information Economics and Policy*, 22 (4): 354-364.

Cox, Joe, and Alan Collins (2014). Sailing in The Same Ship? Differences in Factors Motivating Piracy of Music and Movie Content. *Journal of Behavioral and Experimental Economics*, 50: 70-76.

Cox, Joe, Alan Collins, and Stephen Drinkwater (2010). Seeders, Leechers and Social Norms: Evidence from the Market for Illicit Digital Downloading. *Information Economics and Policy*, 22 (4): 299-305.

Danaher, Brett, Samita Dhanasobhon, Michael D. Smith, and Rahul Telang (2010). Converting Pirates without Cannibalizing Purchasers: The Impact of Digital Distribution On Physical Sales and Internet Piracy. *Marketing Science*, 29 (6): 1138-1151.

Danaher, Brett, and Michael D. Smith (2014). Gone in 60 Seconds: The Impact of the Megaupload Shutdown on Movie Sales. *International Journal of Industrial Organization*, 33: 1-8.

Danaher, Brett, Michael D. Smith, Rahul Telang, and Siwen Chen (2014). The effect of graduated response anti - piracy laws on music sales: evidence from an event study in France. *The Journal of Industrial Economics*, 62 (3): 541-553.

Darmon, Eric, and Thomas Le Texier (2016). Private or Public Law Enforcement? The Case of Digital Anti-Piracy Policies with Illegal Non-Monitored Behaviors. *Review of Network Economics*, 15 (4): 169-210.

Dejean, Sylvain (2009). What Can We Learn from Empirical Studies About Piracy?. *CESifo Economic Studies*, 55 (2): 326-352.

De Vany, Arthur S., and W. David Walls (2007). Estimating the Effects of Movie Piracy on Box-Office Revenue. *Review of Industrial Organization*, 30 (4): 291-301.

Gans, Joshua S. (2015). "Selling Out" and the Impact of Music Piracy on Artist Entry. *Information Economics and Policy*, 32: 58-64.

Giblin, Rebecca (2014). Evaluating Graduated Response. *Columbia Journal of Law & the Arts*, 37: 147-209.

Godinho de Matos, Miguel, Pedro Ferreira, and Michael D. Smith (2017). The Effect of Subscription Video-On-Demand on Piracy: Evidence from a Household-Level Randomized Experiment. *Management Science*, 64 (12): 5610-5630.

Gopal, Ram D., Sudip Bhattacharjee, and G. Lawrence Sanders (2006). Do Artists Benefit from Online Music Sharing?. *The Journal of Business*, 79 (3): 1503-1533.

Hammond, Robert G. (2014). Profit Leak? Pre-Release File Sharing and the Music Industry. *Southern Economic Journal*, 81 (2): 387-408.

Handke, Christian W. (2006). Plain Destruction or Creative Destruction? Copyright Erosion and the Evolution of the Record Industry. *Review of Economic Research on Copyright Issues*, 3 (2): 29-51.

Handke, Christian W. (2012). Digital Copying and The Supply of Sound Recordings. *Information Economics and Policy*, 24 (1): 15-29.

Hennig-Thurau, Thorsten, Victor Henning, and Henrik Sattler (2007). Consumer File Sharing of Motion Pictures. *Journal of Marketing*, 71 (4): 1-18.

Hennig-Thurau, Thorsten, and Mark B. Houston (2018). *Entertainment Science: Data Analytics and Practical Theory for Movies, Games, Books, and Music.* Springer.

Herings, P. Jean-Jacques, Ronald Peeters, and Michael S. Yang (2010). Competition Against Peer-to-Peer Networks. *Information Economics and Policy*, 22 (4): 315-331.

Hui, Kai-Lung, and Ivan Png (2003). Piracy and the Legitimate Demand for Recorded Music. *Contributions in Economic Analysis & Policy*, 2 (1): article 11.

Hong, Seung-Hyun (2013). Measuring the Effect of Napster on Recorded Music Sales: Difference-in-Differences Estimates Under Compositional Changes. *Journal of Applied Econometrics*, 28 (2): 297-324.

Lee, Jonathan F. (2018). Purchase, Pirate, Publicize: Private-Network Music Sharing and Market Album Sales. *Information Economics and Policy*, 42: 35-55.

Liebowitz, Stan J. (2006). File Sharing: Creative Destruction or Just Plain Destruction?. *The Journal of Law and Economics*, 49 (1): 1-28.

Liebowitz, Stanley J. (2008). Testing File Sharing's Impact on Music Album Sales in Cities. *Management Science*, 54 (4): 852-859.

Liebowitz, Stan J. (2016). How Much of the Decline in Sound Recording Sales is Due to File-Sharing?. *Journal of Cultural Economics*, 40 (1): 13-28.

Marti, Francisco (2010). Avoiding Commercial Piracy. *Information Economics and Policy*, 22 (4): 398-408.

McKenzie, Jordi (2009). Illegal Music Downloading and its Impact on Legitimate Sales: Australian Empirical Evidence. *Australian Economic Papers*, 48 (4): 296-307.

McKenzie, Jordi (2017). Graduated Response Policies to Digital Piracy: Do They Increase Box Office Revenues of Movies?. *Information Economics and Policy*, 38: 1-11.

McKenzie, Jordi, Paul Crosby, Joe Cox, and Alan Collins (2019). Experimental Evidence On Demand for "On-Demand" Entertainment. *Journal of Economic Behavior & Organization*, forthcoming.

McKenzie, Jordi, and W. David Walls (2016). File Sharing and Film Revenues: Estimates of Sales Displacement at The Box Office. *The BE Journal of Economic Analysis & Policy*, 16 (1): 125-157.

Michel, Norbert J. (2006). The Impact of Digital File Sharing on the Music Industry: An Empirical Analysis. *Topics in Economic Analysis & Policy*, 6 (1): article 18.

Minniti, Antonio, and Cecilia Vergari (2010). Turning Piracy into Profits: A Theoretical Investigation. *Information Economics and Policy*, 22 (4): 379-390.

Mortimer, Julie Holland, Chris Nosko, and Alan Sorensen (2012). Supply Responses to Digital Distribution: Recorded Music and Live Performances. *Information Economics and Policy*, 24 (1): 3-14.

Oberholzer-Gee, Felix, and Koleman Strumpf (2007). The Effect of File Sharing on Record Sales: An Empirical Analysis. *Journal of Political Economy*, 115 (1): 1-42.

Orme, Tylor (2014). The Short-and Long-Term Effectiveness of Anti-Piracy Laws and Enforcement Actions. *Journal of Cultural Economics*, 38 (4): 351-368.

Peitz, Martin, and Patrick Waelbroeck (2004). The Effect of Internet Piracy On CD Sales: Cross-Section Evidence. *Review of Economic Research on Copyright Issues*, 1: 71-79.

Peitz, Martin, and Patrick Waelbroeck. (2006). Why the Music Industry May Gain from Free Downloading—The Role of Sampling. *International Journal of Industrial Organization*, 24 (5): 907-913.

Peukert, Christian, Jörg Claussen, and Tobias Kretschmer (2017). Piracy and Box Office Movie Revenues: Evidence from Megaupload. *International Journal of Industrial Organization*, 52: 188-215.

Rob, Rafael, and Joel Waldfogel (2006). Piracy on the high C's: Music Downloading, Sales Displacement, and Social Welfare in a Sample of College Students. *The Journal of Law and Economics*, 49 (1): 29-62.

Rob, Rafael, and Joel Waldfogel (2007). Piracy on the Silver Screen. *The Journal of Industrial Economics*, 55 (3): 379-395.

Rojas, Christian, and Arturo Briceño (2019). The effects of Piracy on Competition: Evidence from Subscription TV. *International Journal of Industrial Organization*, 63: 18-43.

Smith, Michael D., and Rahul Telang (2010). Piracy or Promotion? The Impact of Broadband Internet Penetration on DVD Sales. *Information Economics and Policy*, 22

(4): 289-298.

Smith, Michael D., and Rahul Telang (2012). Assessing the Academic Literature Regarding the Impact of Media Piracy on Sales. unpublished manuscript.

Stevans, Lonnie K., and David N. Sessions (2005). An Empirical Investigation into the Effect of Music Downloading on the Consumer Expenditure of Recorded Music: A Time Series Approach. *Journal of Consumer Policy*, 28 (3): 311-324.

Thomes, Tim Paul (2013). An Economic Analysis of Online Streaming Music Services. *Information Economics and Policy*, 25 (2): 81-91.

Waldfogel, Joel (2010). Music File Sharing and Sales Displacement in the iTunes Era. *Information Economics and Policy*, 22 (4): 306-314.

Waldfogel, Joel (2011). Bye, Bye, Miss American Pie? The Supply of New Recorded Music Since Napster. *National Bureau of Economic Research Working Paper*. No. w16882.

Waldfogel, Joel (2012a). Music Piracy and its Effects on Demand, Supply, And Welfare. *Innovation Policy and the Economy*, 12 (1): 91-110.

Waldfogel, Joel (2012b). Copyright research in the Digital Age: Moving from Piracy to The Supply of New Products. *American Economic Review*, 102 (3): 337-342.

Waldfogel, Joel (2012c). Copyright Protection, Technological Change, And The Quality of New Products: Evidence from Recorded Music Since Napster. *The Journal of Law and Economics*, 55 (4): 715-740.

Waldfogel, Joel (2016). Cinematic Explosion: New Products, Unpredictability and Realized Quality in The Digital Era. *The Journal of Industrial Economics*, 64 (4): 755-772.

Waldfogel, Joel (2017). How Digitization Has Created a Golden Age Of Music, Movies, Books, and Television. *Journal of Economic Perspectives*, 31 (3): 195-214.

Waldfogel, Joel (2018). *Digital Renaissance: What Data and Economics Tell Us about the Future of Popular Culture*. Princeton University Press.

Walls, W. David (2008). Cross-Country Analysis of Movie Piracy. *Applied Economics*, 40 (5): 625-632.

Zentner, Alejandro (2005). File Sharing and International Sales of Copyrighted Music: An Empirical Analysis with a Panel of Countries. *The BE Journal of Economic*

Analysis & Policy, 5（1）: 1935-1682.

Zentner, Alejandro（2006）. Measuring the Effect of Music Downloads on Music Purchases. *Journal of Law and Economics*, 49（1）: 63-90.

延伸阅读：

关于盗版和相关问题的扩展讨论，除了本文所涵盖的文献之外，感兴趣的读者还可参考：Hennig-Thurau and Houston（2018）; Waldfogel（2018）。

26 文化产业的数字化

乔尔·瓦尔德福格尔（Joel Waldfogel）

数字化这个概念有很多含义，但就文化产业来说，它反映了两种截然不同的现象：盗版（因此减少了收入），以及生产、推广和分销成本的降低（有可能抵消盗版的影响）。数字化也因此引发第三种现象，这可称呼为未过滤性生产：降低成本将使文化生产不受传统“看门人”（出版社、唱片公司等）控制，自然也免遭其威胁，这样的话，如果创意行为未遭盗版破坏，那么将有大量低质量产品充斥市场。

这篇文章的目的是简要描述数字化之后，音乐、电影、书籍和电视的创意供给将发生什么。本文摘编自笔者在 2017 年发表于《经济展望》的文章，以及 2018 年出版的《数字复兴：数据和经济学所知道的文化的未来》。读者如果对研究的完整参考文献感兴趣，可以直接访问上述文献（Waldfogel，2017；2018）

26.1 数字化的两张面孔

Napster 的到来为文化产业带来了数字化的第一张面孔，即通过数字盗版而无偿消费。1999 年之后，唱片行业的收入开始长时间下滑，其收入在大约 10 年时间里减少了一半。盗版的威胁也笼罩着其他产品，但音乐产业首当其冲。如果数字化只是减少收入的话，那么可以预期的是，文化生产也会相应减少。但数字化也带来了新技术，从而降低了新文化产品推向市场的成本。

例如，在音乐领域，制作不再需要昂贵的工作室，取而代之的是廉价的硬件和软件（一台带有随身录音室的 iPhone 或 Mac）。发行不再需要实体产品，也无须唱片店的发行，而是可以以廉价的方式来实现，即通过 iTunes、YouTube 以及后来的 Spotify 来发行。虽然推广仍然具有挑战性，但电台的位置不再不可或缺，而是可以通过歌迷发现自己的音乐，然后将其发现告诉朋友来完成。

数字化带来的成本削减绝不仅限于录制音乐。2005 年前后，能够拍摄影院级别质量的低成本数码相机的出现，使独立电影制作发生了革命性的变化。任何有想法的人都可以拍电影。此后不久，随着 Amazon、Netflix 等流媒体平台的出现，影院发行的瓶颈被打破。美国的影院发行系统每年只能大规模发行几百部电影。当任何联网设备都成为展映场所时，许多原本不可能在院线发行的电影，现在可以以低廉的成本找到足够多的观众，以支付其有限的制作成本。

数字化对图书市场的影响更为深远。传统上，图书出版一直由各大出版社的文化精英所控制。他们筛选所有投稿，其中许多来自代理商，并选择其中极少的项目，给予编辑加工与营销投资。随着亚马逊 Kindle 设备和出版平台的出现，作者们有了直接将作品分发给消费者的方式。“看门人”再无法阻挠他们的努力，现在许多作品可以在没有编辑甚至校对的指导下进入市场。科里·多克托罗（Cory Doctorow）担心自助出版的小说会变成“露天的废稿堆”（open slush pile）（Flood，2015）。

26.2 产出的措施

自数字化以来，创意产业的产出——每年创作及发行的新作品数目——大幅增长。虽然很难获得确切的数字，但现有数据清楚地表明，书籍、音乐、电影和电视每年发布新产品的数量大幅增加。

人们查看用户生成的开源音乐唱片数据库 Musicbrainz，或尼尔森音频纵览（Nielsen Sound Scan）等资源，就能发现 2000—2010 年新音乐唱片的数量增长了约 3 倍。你也可以获得近年来 Spotify 每年新增唱片数量的数据，仅 2017 年就新增约 95 万张唱片。当然，并不是所有唱片都是新录制的，但是如此庞大数量的歌曲，让人感觉有大量新作品被创作出来。

记录新书的数量虽然理论上看起来很容易，但实际上却很难。按照惯例，新书需获得 ISBN，即“国际标准书号”。虽然传统出版商仍需为图书获取标准书号，但亚马逊的自助电子图书则不需要这些编码。新书数量的量化因如下两种情形而变得复杂。首先，同一本书的每个版本都有不同的标准书号。其次，如今已超过版权保护期的旧书的“按需印刷”新版本，也会获得新的标准书号。尽管存在上述复杂性，但很明显的是，数字时代新版图书的数量急剧上升。例如，自助出版的电子书数量，从 2008 年的 1 万本左右，增加到 2012 年的 15 万本左右（Waldfogel，2017a）。

某种程度上，电影和电视的增长更容易记录下来，这主要是因为那些狂热粉丝维护着数据库，比如记录电影和电视节目制作的互联网电影数据库（IMDb），以及提供播出节目目录的 epguides. com。这些数据来源显示，2005—2015 年新电影和电视节目的数量大约增加了 10 倍（Waldfogel，2016；2017b）。

26.3 未经过滤世界的产量和质量

尽管在统计具体数字方面存在一些挑战，但很明显的是，数字化给市场带来了更多新的创意产品。但是，在一个未经过滤的世界里，新产品数量的增长并不一定会给消费者带来更好的体验。当然，是否如此在很大程度上取决于新产品质量的可预测性。要了解这是如何工作的，我们不妨考虑程式化的文化世界——产品质量在投资决策时（即当书籍、电影或音乐作曲被推销给投资“看门人”时）是完全可预测的。在这个完全可预测的世界里，成本相对收入的减少，将降低拟议项目的通过门槛。但由于完全可以预测，所有新推出的产品都不如先前推出的低质量产品那样有吸引力，因此，数字化所带来的新产品对提升消费者体验的效果十分有限。

在现实世界中，潜在新产品的吸引力完全无法预测。的确，写过《虎豹卡西迪与圣丹斯的孩子》和《公主新娘》的威廉·戈德曼（William Goldman）认为，“无人知晓”哪些好莱坞电影将会成功。凯夫斯（Caves，2000）等学者也从学术层面得出类似的结论。这就引出了一个实际问题：当新产品出现增长，而质量（或对消费者的吸引力）却无法预测时，新产品的质量会发生什么变化？许多新作品对消费者来说没有吸引力，但有些新出现的作品——由于不可预测性——最终会出现在销售分布的右尾。换句话说，有些新作品——如果没有数字化，就无法推向市场——将成为最受消费者欢迎的产品。

通过对数字化可能带来的产品种类进行适当的界定，我们就可以检验这种预测。测试需要对产品进行经验测量，这些产品因数字化而出现，否则就无法问世，笔者称之为“预定输家”（ex ante losers）。各个创意行业的结构，为衡量预定输家的数目提供了合理的方法。在音乐领域，这就是独立唱片公司或由艺术家自行发行的歌曲。对于图书而言，这就是通过自助出版首次进入市场的作品。在电影行业，它就是由好莱坞主要工作室以外机构所制作的电影。在电视行业中，它是传统发行渠道（广播网络或老牌有线电视网络，如 HBO）不提供的系列化视频节目。

音乐、图书、电影和电视的数据已经证实，预定输家类型产品在成功新产品中所占份额越来越大，最终会占据重要比重。2000—2010 年，独立唱片公司的音乐在公告牌（美国每周最畅销专辑排行榜）200 强的份额从 13%上升到近 40%。在图书方面，2008—2012 年，《今日美国》（*USA Today*）杂志每周最畅销图书前 150 名中，自助出版的原创图书所占比例从零上升到 10%左右。在爱情类书籍中，自助出版的初版书籍所占比例超过 40%。

在电影行业中，由独立制片公司而非好莱坞主要制片公司制作的电影，扮演的是预定输家的角色。由于只有票房收入易于观察，因此记录预定输家类型电影的收入份额就变得很复杂。考虑到非影院发行对数字电影的重要作用，这种复杂性意味着只考虑票房收入所占份额往往会低估新电影的重要性。尽管如此，2000—2012 年，独立制作电影所占份额从 20%上升到 40%（Waldfogel，2016）。虽然笔者无法观察所有电影的总收入，但可以观察关注程度，即消费者在 IMDb 上进行评级的电影数量。使用这个方法，结果显示，2005—2015 年，独立电影所吸引的注意力份额从 15%上升到 30%（Waldfogel，2018）。

与电影一样，电视节目也缺乏收入数据。取而代之的是，我们用其他方式来衡量其成就，如美国电视剧是否获艾美奖提名或获奖。截至 2000 年，这些奖项还被传统的广播网络（ABC、CBS、NBC 和 Fox）以及 2000 年左右的付费有线电视频道（HBO）所垄断。自 2010 年以来，基础有线电视频道（如 AMC、FX）以及纯数字发行商（主要是 Netflix 和亚马逊）发布的内容有所增长。1985—2015 年，传统机构获得奖项提名比例从 90%下降至不足 40%。仅 2018 年，Netflix 就获得了 112 项艾美奖提名，而 HBO 只有 108 项（Gilbert，2018）。

26.4 好的新年份酒

显然，新型数字化产品在成功产品中占有较大份额，其比重也在不断上升。事实上，“预定输家”如今演变为“事后赢家”，这是数字复兴的必要但非充分条件。要证明数字化造就好产品仍需进一步证据，即有关新产品比旧产品好的证据。

一般来说，有两种方法来比较数字化新产品与老产品的质量。第一种方法依赖于严格的评估，尤其是多年的“排行榜”名单。也许最著名的例子是《滚石》史上最佳500张专辑。如果你将其中每一张都分配到发行年份，你就会得到一个时间序列，显示出最佳产品数量的变化——在评论家看来，这些产品的质量超过普通标准。通过收集许多此类最佳表单，就可以构建一个涵盖很长一段时期的音乐质量指数，包括数字化之后的几年（以及数字化对录制音乐收入的破坏性影响）。这个过程表明，1960—1970 年音乐质量有所上升，其后有所下降，直至1980 年（Waldfogel, 2012）。在 1999 年后，虽然收入暴跌，但该指数保持稳定，没有明显波动。这与收入趋势形成对比。人们可能会期望有才华的音乐家在收入锐减时就停止创作。

衡量年份质量演变的第二种方法直接取决于选择行为，尤其是消费者对不同年份产品的选择。其思路是这样的：在考虑了折旧（即不同年份产品被使用的程度）之后，是不是有些年份的作品使用量更多了呢？如果是这样的话，那么根据年份的不同，使用得更多的年份就更有用。应用这个想法需要使用日历年度和历史年份的数据，这通常不容易获得。我们有可能获得的是，这类唱片的销售和广播播放的数据（参见 Waldfogel，2012；Aguiar and Waldfogel，2016）。

具体来说，笔者将 $s_{t,v}$ 定义为年份 t 的消费份额，即年份音乐 v 的产品所占份额。然后将 $s_{t,v}$ 的对数（用 t-v 来衡量）与年度和年份的哑变量进行回归分析。其中年份哑变量就用作年份作品的质量指标。使用这些方法，我们发现1960—1970 年的年份作品质量有所上升，然后下降直至 1980 年，并于 1999 年恢复相对稳定的状态。此后，随着数字化的到来——即使 Napster 出现之后收入大幅下降——质量指数也在上升。也就是说，考虑到年代因素的话，1999 年后生产的年份音乐，比数字化前十年所生产的年份音乐使用得更多。以此作为证据，我们就能够证明为什么消费者认为数字化时代产生的新音乐是好的、有用的。

关于电影使用时间和年份并无系统性数据，但我们可以获得的是美国付费电视频道的电影播放信息。我们可以看到，比如 HBO、Showtime 或 Cinemax 上播放的电影，前一年原创制作的份额是多少。如果以此来粗略衡量消费，就可以实现笔者在音乐中使用过的方法（Waldfogel，2016）。这种方法显示，1975—2005 年电影的年份质量稳步上升，此后一直保持高位。

笔者没有按年度和年份划分的书籍或电视节目使用量的数据，而是根据其他关于最近与早期年份作品的质量对比信息。其中两个来源分别是 Metacritic 和 IMDB 的电视节目评论家和普通用户的评级。笔者曾经（Waldfogel，2017b）在文章中认为评论家和用户最喜欢电视节目的收视率将随着时间的推移而上升，这个观察结果与这种观点是一致的，即当创作者吸引更多观众时，就会产生更大规模的高质量作品。对消费者来说，最重要的往往是最好作品的质量。

26.5　结　论

数字化的到来主要意味着失去收入和控制的威胁。在这个世界里，专业创作者和中介机构将不能再为持续投资提供资金，消费者将发现市场将充斥低质量的业余产品。截然相反的是，创意性活动将大幅增长，即使它包含大量没有吸引力的作品，但也包括大量下述产品：①在数字化之前的系统下，不会进入市场的作品；②消费者高度重视的作品。简而言之，尽管早期的报道与此相反，但我们似乎正在经历一场数字复兴。

参见：

创意产业；广播；电影产业；音乐产业；平台；视频游戏行业。

本章参考：

Aguiar, Luis, and Joel Waldfogel (2016). Even the losers get lucky sometimes:

New products and the evolution of music quality since Napster. *Information Economics and Policy*, 34: 1-15.

Caves, Richard E. (2000). *Creative industries: Contracts between art and commerce*. Harvard University Press.

Flood, Alison (2015). Autonomy writing community closed by Harper Collins.

Guardian, August 20. www.theguardian.com/books/2015/aug/20/authonomy-writing-community-closed-by-harpercollins.

Gilbert, Sophie (2018). Emmy Nominations 2018: Netflix Takes Over. *Atlantic*, July 12. www.theatlantic.com/entertainment/archive/2018/07/emmy-nominations-2018-netflix-hbo/565046/.

Goldman, William (2012). *Adventures in the screen trade*. Hachette UK.

Waldfogel, Joel, and Imke Reimers (2015). Storming the gatekeepers: Digital disintermediation in the market for books. *Information Economics and Policy* 31: 47-58.

Waldfogel, Joel (2012). Copyright protection, technological change, and the quality of new products: Evidence from recorded music since Napster. *The Journal of Law and Economics*, 55 (4): 715-740.

Waldfogel, Joel (2016). Cinematic explosion: New products, unpredictabilty and realized quality in the digital era. *The Journal of Industrial Economics*, 64 (4): 755-772.

Waldfogel, Joel (2017a). How digitization has created a golden age of music, movies, books, and television. *Journal of Economic Perspectives*, 31 (3): 195-214.

Waldfogel, Joel (2017b). The random long tail and the golden age of television. *Innovation Policy and the Economy*, 17 (1): 1-25.

Waldfogel, Joel (2018). *Digital Renaissance: What Data and Economics Tell Us about the Future of Popular Culture*. Princeton University Press.

延伸阅读：

相关的长篇讨论，请参阅 Waldfogel (2018)，它充分说明了音乐、电影、电视和图书行业的数字化。相关的短篇分析，请参阅 Waldfogel (2017a)。

27 艺术的经济影响

布鲁斯·希曼（Bruce A. Seaman）

我们该如何回答“芝加哥交响乐团对芝加哥的经济价值是什么”，这类问题还有很多其他问法。文化资产不一定就是一个单一组织，还可以是一个完整的行业，如芝加哥的艺术行业。衡量这种经济影响的地理范围，也不一定是以城市为边界，而可能是整个大都市、若干县、一个州或整个地区（或国家）。调查的目标可以是单个或系列事件，如萨尔茨堡（Salzburg）的莫扎特音乐节、坦格伍德（Tanglewood）的波士顿夏季流行音乐会系列，或是里约热内卢的狂欢节。当文化资产概念扩大至包括体育而不仅是与艺术相关的内容时，几乎都会产生相同的问题，而这两个部门的比较依然吸引实践者与研究者的浓厚兴趣（Crompton，1995；Seaman，2006b）。

27.1 问题与分析方法简介

由于文化资产是非市场化产品，这将带来特殊的挑战，即将不付费者排斥在外，在很大程度上是不可行或不现实的（例如，诸如法语之类的符号，象征新西兰的几维鸟、勃兰登堡门或大峡谷）。由于几乎所有的文化资产都具有非市场特征，所以这些文化符号所提供的可用于估价的市场数据特别有限。

但即使是在问题最棘手的情况下，经济学也有良方。其中一个重要方法就是“显示性偏好”方法，它解决这种困境的方式就是测度前往某地的旅行成本；另外一个就是“享乐价格法”，它将生活在文化设施附近的价值分离出来，并将其体现在房价当中。“陈述性偏好”方法则包括条件评估、支付意愿和选择实验等，这些方法的本质特征是在控制性实验条件下，通过直接询问个体来评估研究对象的各种假设属性（Snowball，2008）。

经济影响研究所采用的方法，实质上是陈述性偏好方法，它试图确定因某个组织或事件的存在或扩大所刺激的新投入，导致在特定区域所增加的产出、收入、就业和税收。然而，由于这些研究的优势是事前预测影响，而不是提供事后检验影响的证据，因此，只有当我们确定游客愿意花费什么以及其访问的动机，是否主要是由于事件 x 或机构 Y 的存在，才会形成陈述性偏好理论的要素。

不管具体方法如何，艺术的“工具主义”和“内在性”影响之间始终存在着巨大张力。在过去 50 年，工具主义思想风起云涌，经济影响研究因其极易被滥用和误解，而成为这方面主要且有争议的例子（Seaman，1987；Crompton，1995）。因此，尽管经济影响研究仍然颇受欢迎，但是人们也由于这些争议而明确反对工具主义。①

这种反对有几种特别值得注意的形式。麦卡锡（McCarthy，2004）等人试图重新构建这些争论，并呼吁艺术倡导者放弃对经济增长（甚至是提高学生考试成绩）的重视，而转向其更具根本收益（一些潜在可测量的收益）的初衷，如愉悦、迷恋、认知发展、社会纽带的建立，以及公共意义的表达。英国艺术委员会于 2006 年发起了一项公众调查，旨在倡导一种更为平衡的方法，即按照投资回报率（公共价值）标准计算的税收资助艺术基金的收益，与另外一种重要的收益——丰富艺术经验之间的平衡（Bunting，2008）。现代艺术博物馆（MOMA）委托进行的一项研究声称，其重新开放将会产生系列影响，其中包括为期两年的 20 亿美元投入的影响，为纽约市带来 6.5 亿美元的收入、5 000 万美元的地方税与 4 000 多个就业机会，有两位经济学家戏称之为“创意账单”（creative accounting）（Hassett and Swagel，2006）。然而，论及现代艺术博物馆对“文化和启蒙运动”的贡献，这些经济学家则化身为坚定的支持者，即纽约市民人均意愿支付 11.25 美元，以便能够承担该博物馆运营所需直接与间接的税收资金（9 000 万美元），这主要是因为其创造快乐的能力以及能把纽约变为一个特殊的地方。②

① 仅在美国，2005—2009 年国家艺术机构联盟就有 45 项经济影响研究。此前的调查发现，1973—1993 年美国有多达 250 项类似研究，而且其受欢迎程度并不仅限于美国。

② 当威廉·鲍莫尔被问及这个问题时，他的回答有些外交风格，他虽然承认自己怀疑任何纽约的杰出艺术组织本身就可能产生这种影响，但是却捍卫一般工具主义的观点，“总体而言，文化机构……真的很吸引游客”和“如同金融中心，文化机构也是城市繁荣的主要成分”（*The New York Sun*，July 26，2006）。斯瓦斯特（Schwester，2007）在体育场馆方面有着很好的研究，他发现支持公共补贴的原因仅仅是“非金钱的、公共利益的外部性”，而不是它们对当地就业或收入的微不足道的影响。

27.2　经济影响的类型

文化资产的经济影响有三大类型。首先，消费价值，包括用户（实际参加活动或表演的人）和非用户所获得的价值。最明显的使用价值就是门票的总支出。但是，这里也有提供者无法获取的消费价值，即消费者剩余（个体愿意为特定数量商品所支付的最高金额，与其实际支付金额之间的差额），以及任何与商品消费直接相关的旅行和相关支出。即使是那些从未参加过文化活动或参观过文化机构的人，也可以因其社区拥有文化资产而获得间接声望或生活质量效益，或有兴趣为其继承人保留这些资产（遗产价值），也能获得非使用性消费价值——这种价值反映在其为保有成为未来消费者的选择权而潜在愿意支付的额度。

其次，文化资产也与生产力与经济的长期增长有着潜在的关联。如前所述，这些价值反映在拥有良好文化氛围的社区所产生的房价和租金的增加额度上，或因文化设施所在地工人愿意接受低收入而减少商业劳动力费用（因此鼓励业务扩张）上，它们都可以用享乐价值法来衡量（这也产生了额外的地方税收，以用于提升与地方发展紧密相关的公共服务）。人们也常常提及文化产品教育价值所带来的更直接的生产力效益，但这却很难证实。虽然这些类型的长期效应与资产的消费价值有关，但它们可以通过扩大人口和经济增长等形式对实体经济产生潜在的、可测量的影响。理查德·佛罗里达（Richard Florida，2002）认为，公司和工作都是随着高度流动的“创意”人员的迁移而迁移（而不是人员跟随工作和行业迁移），这些人原本只被那些具有包容性与创意性的大都市所吸引。虽然艺术倡导者热衷这个论点，并声称艺术对城市变得更具有创意性至关重要，并能够成为经济长期增长的引擎，但也不乏批评的声音。其实，艺术与佛罗里达所谓创意城市之间的联系非常脆弱，“创意”概念似乎与高收入而不是职业密切相关，排名靠前的创意城市与经济（或人口）快速增长之间并无实证的持续性关联，而且有时甚至有着很明显的负向关联（MacGillis，2010）。

最后，文化资产对于区域的直接影响就是它为当地带来的净投入，这在短期内会带来经济活动的净增长（以产出、收入、就业和税收来衡量）。总体影响包括这些新增支出的长期乘数效应。

这些经济影响可概括为公式27-1：

总影响（TI）= 消费影响（C）+ 长期增长影响（LRG）+ 短期支出影响（SRS）　（27-1）

27.3 与影响类型相关的方法

我们有必要运用相关方法分别分析上述三种影响。我们通常保留“经济影响研究”概念，用于分析上述第三种影响的传统方法，即文化资产所产生的短期支出效应。对于许多偶然的观察者和几乎所有艺术倡导者来说，这是唯一可以想象得到的经济影响类型，而“经济”专门指称与组织或活动相关的、可充分衡量的工作、收入和税收。

非调查性（显示偏好）支付意愿法，如评估住房、土地和劳动力市场等复杂市场价值补偿差异的享乐市场方法，最适用于衡量长期的经济增长影响，即上述第二种影响。条件价值（陈述偏好）调查方法（CVM），试图捕捉与使用价值（消费者剩余）和非使用价值（期权、存在、声望和遗赠收益）相关非市场性消费的效益。而旅行成本法则是一种更传统的方法，它用于测量未被景点提供者所捕获的那部分消费（使用）价值。

每种方法各有优劣。使用任何评估方法来证明政府扩大对文化部门的支持是正当的（这是艺术支持者通常的诉求），都会受到这些研究固有的局部均衡的限制。这些研究通常不考虑成本和收益，也不能为所有可能的公共部门的投资项目提供排序——这些项目在公共资金分配方面可能存在竞争关系。因此，文化资产能够产生重要的经济效益，充其量只是支持税收方式资助的必要条件，而不是充分条件。此外，如果这类利益证明额外收入的潜力（通过扩展运用价格歧视策略，来获取更多的消费者剩余），或揭示公共收益的规模能够激励更多企业和个人进行非营利的捐赠，那么税收资助的合法性将会被削弱。

27.4 传统经济影响模型：背景和变化

传统经济影响模型（EIM）方法仍然是艺术领域最常见的评估方法（尽管条件价值法及其变体有着很高的学术声望，也受到很多文化经济学家的热捧）。经济影响模型的理论基础可以追溯到 20 世纪 30 年代华西里·列昂惕夫（Wassily

Leontief）和约翰·梅纳德·凯恩斯（John Maynard Keynes）的研究。列昂惕夫基于行业对比分析所生成的投入产出表，反映不同经济部门之间的关系。他的研究是以下两种方法的重要灵感来源：其一是美国经济分析局所开发的区域性投入产出模拟系统（RIMS II）和明尼苏达州 IMPLAN 集团（MIG，Inc.）所提供的 IMPLAN 软件和数据库，这也是美国传统经济影响研究所采用的区域与行业乘数的主要来源；其二是其他国家所开发的乘数，如澳大利亚统计局所开发的文化相关产业的乘数（由文化部部长理事会发布）和英国投入产出分析表中的产业乘数（英国国家统计局）。

凯恩斯强调收入和支出至少是短期实际产出变化的关键因素，这无疑也推广了乘数分析概念，并寻求来自需求的经济活力，这是出口导向的 EIM 方法的重要基础。正如以需求为中心的凯恩斯模型所引发的更广泛的宏观经济争论一样，外部需求波动将影响本地经济活动，即使长期增长成为根本的决定因素，通常与劳动生产率、基础设施质量、产业结构对创新的影响，以及其他更多供给导向的因素有关。因此，即使艺术可以被描绘成出口产业（通常这是一个重大的挑战），它们对于长期经济增长的作用也无法通过传统经济影响研究来确立（Seaman，1987）。

从概念上讲，一项对“X”经济影响的复杂研究应该回答这样一个问题：“如果 X 不复存在，该区域的短期经济活动会有多大降幅？”在理想情况下，一个全面的投入产出模型，加上那些能够确定其直接经济影响数据的谨慎分析，我们就可以解决上述问题，这是因为：①它可以区分游客或其他外部来源所带来的净投入（通常称为“主要直接影响”）与地方支出转移之间的差别；②通过仔细识别所有供应商和支出流量（至少将支出留存在本地一个轮次，这有时被称为“捕获率”），来识别本地区的即时流出量（immediate leakages）；③正确识别这些游客或其他外部来源的任何辅助支出，以明确它们完全是 X 存在的结果（通常但不总是称为“诱发性直接影响”）；④利用能反映特定经济部门之间实际相互依赖性以及目标区域自给自足的规模和程度等特征的乘数，衡量所有后续的间接影响（主要的间接影响和诱发的间接影响）。[①]

① 关于间接效应和诱发效应的术语不一致（两者结合有时称为次生效应）可能会令人沮丧。例如，乘数效应有时被称为诱发效应，或被称为有些流行的区域会计系统模型（像 IMPLAN）所生成的乘数，就是类型Ⅰ，即“间接”的行业之间的关系，以及乘数类型Ⅲ，即指多轮与直接和间接支出增加相关的家庭收入的“诱导性”再支出（re-spending）。在这种情况下，第三类乘数将是应用于直接影响的“最终”乘数（见文中的公式 2）。

简而言之，这种经济影响研究将衡量总体影响（无论产出、收入还是就业，每种影响都有不同的乘数），如等式 27-2 所示：

$$总影响=直接影响+间接影响=直接影响\times乘数 \tag{27-2}$$

但这是一个很难达到的标准，而且耗资不菲。因此，我们必须将其与更为适度的经济影响研究区分开来，这些研究只不过按照“国民收入核算”精神，忠实地记录了某些部门或活动的财务规模。这些部门规模研究与其他“幼稚”的经济影响模型（NEIM）有着相同的本质，如普查法就只是将一个组织的总预算、总门票收入和可能的资本支出汇总起来，而不进行任何调整，以便能够将净投入与支出的转移区分开来，然后通常应用一个不根据被评估资产的性质或相关地区的规模和自给自足程度而进行调整的平均乘数。

这里出现了第三种低成本 EIM 替代方案，不过颇令人费解的是，这种方法仅在美国流行，即在线经济影响计算器。这种方法并非只关注艺术（机场、游船、动物农业、公共图书馆和一般旅游业是特定的变体），它首次应用于 1992 年全国地方艺术机构协会（NALAA）针对 22 个州 33 个不同社区的不同类型艺术组织的影响研究①。这几乎已经演变成“艺术与经济繁荣”的计算器，并应用于基于全美 156 个社区和地区（Americans for the Arts，2007，与佐治亚理工学院的经济学家合作）所做的 5 份国家报告（1994，2002，2007，2010，2015）。其他应用在线计算器研究具体艺术和地区的例子是，大费城文化联盟（Greater Philadelphia Cultural Alliance）所应用的经济影响研究计算器（与当地经济学家合作），以及由佐治亚艺术委员会（GAARTS，2008）所创建的文化组织影响计算器。②科罗拉多州博尔德市（Boulder）就是一个地区在线计算器的例子，它直接源于“艺术与经济繁荣”计算器，他们称之为“博尔德艺术与经济繁荣计算器”。

尽管有些在线计算器的技术和分析都比较复杂，但它们显然不能替代逐项的个案详细研究（而且用户总会收到这样的警告）。埃维里特（Everitt，2009）批评《艺术与繁荣Ⅲ》（2007）道，美国运用艺术在线计算器有一个特别的难点：直接将组织的“总费用”转换成对社区支出产生影响的组成部分，而不需要对

---

① 与戴维松-帕特森（Davidson-Peterson）协会的经济学家合作。

② 作者还创建了一个更复杂却用户界面友好的四联电子表格（four-worksheet spreadsheet）经济影响分析模型，该模型侧重于那些不同于现有组织的文化活动和节日，这被称为佐治亚节庆经济分析模型（Georgia Economic Model of development Events），其用户被要求在电子表格的有限单元格中输入数据，然后将由模型中的公式自动生成结果。与罗德斯大学的斯诺鲍尔合作，这个模型在 2017 年被改编并应用到南非，如今被广泛用作南非节日经济影响计算器（SAFEIC），它是一个免费为当地社区服务的在线资源，也得到了南非政府的支持。

这些资金（本地或非本地）的来源和用途（本地捕获程度）进行任何调整。这自然会让这些作为用户的机构误以为自己的预算与当地经济影响相关程度很小，从而将其注意力集中在多大程度上可以机械地将乘数效应应用到预算上，而不是它们是否有任何净增量的影响。① 此外，与更多的各州所开发的在线计算器相比，艺术与经济繁荣计算器具有天然的劣势（尽管它与对目标组织和地区的潜在深度调查有关联），即不能完全纳入县级层面的具体乘数、地方期权销售税率、相关的州销售税税率，以及县和市的相对人口，而后者在分配地方税收收入时通常十分重要。

27.5 进一步评估和最新进展

任何地方的居民每年都会面对各种经济影响的主张。不足为奇的是，人们在普遍采取怀疑主义态度（或完全漠不关心）的同时也会断言：非营利艺术和文化组织每年为当地经济增加 7.65 亿美元，体育部门将增加 12.5 亿美元，而从 A 到 Z 的其他行业（或组织）也在权衡各自的影响。难道我们可以理所当然地认为，这些主张只是系统性的夸大其词？

需要认识到的是，根据等式 27-1，作为传统经济影响研究重点的短期支出影响（SRS），只是总影响（TI）的三个组成部分之一。因此，如果不考虑这三个组成部分（包括消费影响和长期增长影响）之间的相互依赖性，那么即便对短期支出影响的正确推论本身也会低估总体影响。因此，即使一项简单的研究夸大了短期的经济影响，与一项更复杂的影响研究相比，这种夸大可能会更准确地衡量真实的总体影响。希曼（Seaman，2006a）研究了简单经济影响模型（NEIM）在特定情况下可能会因错误的原因而变得正确的具体情况。

希曼（Seaman，2006a）也提出这样一个问题："当我们使用多个方法来衡量经济影响时，其结果是互补的还是替代的?"也就是说，如果我们同时采用条件价值与经济影响研究，那么我们是否应该汇总各自的结果，以便得出总体的经济影响？这个答案的关键要取决于这两种方法是否衡量经济影响的完全不同的方

① 例如，佐治亚州最近完成全州艺术经济影响的研究，将来自艺术机构的调查数据插入 GAARTS 计算器，其结果是被调查机构的综合年收入为 7.22 亿美元，而对该州经济影响的增量为 3.87 亿美元。这种差异往往很难向艺术人员解释清楚（见 *Atlanta Business Chronicle*，January 22，2010，article by Maria Saporta）。

面。例如，如果条件价值法只考虑上述等式 27-1 中用户和非用户的消费影响，而经济影响只考虑该式的短期支出影响，那么情况确实如此。但还有另一种可能性就是，人们表示愿意为艺术组织的扩张或赞助地方艺术活动买单，但事实上这可能与其对由此带来的产出、收入、就业和税收增长（即使幅度很小）的预期有关。如果将 CVM 影响添加到 EIM 影响中，显然就有重复计算的可能性，因为这两种方法可能至少部分是可替代的方法。[①] 斯诺鲍尔（Snowball，2008）至少在南非的案例研究中发现了支付意愿之间的替代效应，尤其是对于那些低收入居民。阿尔贝尔尼和隆戈（Alberini and Longo，2006）在研究遗产地的价值时，将旅行成本法与条件价值法结合起来，但这两种方法是完全互补的，因为他们利用根据实际观察到的旅行成本来衡量遗产地的价值时，其前提是假定遗产地的现有属性固定不变；相比之下，他们使用条件价值法通过预期未来旅行来评估时，则假设这些属性有变化。他们还注意到，旅行成本法只能测量实际访问遗址的人的使用价值，而不能测量那些希望保护遗址却并不访问或不能访问的人的非使用价值。如果条件价值评估方法所能估计的是这些非使用价值，那么旅行成本法和条件价值评估法的结果将不再重叠。

但是，如果我们忽略这些复杂因素，并将重点放在经济影响研究所衡量的短期支出影响，那么将所有 EIM 研究的结果汇总起来，就必然会夸大那些有可能不会发生的区域经济活动的净增额度，因为：①所有 EIM 结果将结合其他若干简单模型（NEIM），如“规模”或“普查”研究，以及复杂的经济影响模型（SEIM）；②对于那些地方经济在净增加的产出、收入和就业方面的实际影响实际上为 0 的情况（其实际的情形是，如果当地艺术部门只服务本地居民，而没有出口成分，或者即便有外部资金来源，但“捕获率”为零，那么，这最多只能改变当地经济的构成，而不是规模），将永远不会有公开报道（至少不会由行业赞助商公开报道）。

对于任何个案研究，何为关键性的错误？现代 SEIM 研究在多大程度上能够成功地避免这些错误？我们这里确定了以下七种主要类型的错误，并在适用的情况下选择若干研究案例，试图明显改进研究以限制这些错误的发生：

（1）直接性基数（支出转移）错误：未能从预算中减去当地来源的资金和非本地使用的资金；这还需要估计那些与参加艺术活动和节庆的人的支出有关的

① 同时使用经济影响和条件估值方法来评估价值的为数不多的研究之一就是艾瑞克·汤普森等人关于艺术与肯塔基州经济的研究（Eric C. Thompson et al.，1998）。事实上，他们将条件估值的结果叠加至经济影响的结果，以得到总的影响结果，因此含蓄地假定这两种方法完全互补。

“替代”效应和“非本地供应商捕获”效应。

（2）诱导性基数（辅助支出）错误：错误地将非本地艺术消费者用于所有酒店、餐厅、零售及其他的支出，归因于这些艺术组织或艺术活动。

（3）乘数（间接影响）误差：未能根据不同区域调整乘数，其中包括未能认识到那些规模较小的、自给自足程度较低的地区，更有可能获得更多的非本地支出的净投入，但由于其支出渗漏的程度较大，其乘数效应也会更小。

（4）供给约束（挤出）错误：特别是与大型旅游活动而非艺术组织有关，未考虑当地交通和酒店基础设施，是否能够同时接收艺术活动游客的涌入，以及当地游客的正常流动。

（5）汇总误差：我们将来自较小辖区（如县）的增量影响，简单相加作为全州范围内的经济影响，而没有根据如下的事实进行调整，即“非本地游客”对更大的区域而言，可能不算净投入，因为这些参观较小区域的“非本地游客”，实际上只不过是较大区域的居民而已。

（6）事后核实错误：我们无法核实任何观察到的当地艺术组织关闭或因劳动争议而临时中断的活动，是否产生与先前经济影响所声称的任何不利经济影响，或者计量经济学测试能否隔离某个事件在一段时间内对应税销售、就业或收入的影响。

（7）政策解释（部分均衡 vs 一般均衡）错误：我们错误地假设，积极的经济影响就是要求政府支持的充分条件，而不考虑其机会成本，即这笔钱可能是从其他回报率更高的公共部门投资中转移而来。

经济学家所做的经济影响研究通常能够限制前三种技术错误，有时也能限制所有错误。针对 1999 年以色列举办欧洲歌唱大赛（Fleischer and Felsenstein, 2002）的一项研究，就从概念上将通常意义的短期支出效应与理论意义十分重要的经济盈余概念（消费者、生产者和政府）联系起来，并使用国际收支平衡法，提供了更完整的成本效益分析。有两项研究在避免诱发性基数错误方面有着出色表现，这就是肯塔基（Kentucky）研究和斯坦利等人（Stanley et al., 2000）关于雷诺阿和巴恩斯艺术展（Renoir and Barnes Art Exhibit）的研究，他们特别清楚地强调了以“访问当地为主要目的”（在这个案例中就是安大略省和魁北克省）的游客支出的重要性。1995 年雷诺阿展览馆参观者的总消费额为 6 700 万加元，经过多次向下调整后，最终只产生了 800 万美元（11.9%）的收入，而只有这些钱才是原本不会花在这里的实际额度。

政策解释错误主要为此类研究的发起人和其他艺术倡导者所犯，尽管经济学家发出警告，但这种错误并不局限于EIM研究，在条件价值法和其他方法中也同样常见。经济学家在体育领域经常讨论的两个问题——潜在的供给约束错误和事后核实错误，却很少出现在艺术影响研究中（Seaman，2006b）。体育经济学家常常认为，举办大型体育赛事或邀请所有职业队，对城市经济增长所带来的影响接近于零。这通常与极端怀疑主义有关，即一般规模的城市（如坦帕湾）可以吸收超10万名额外游客，参加像超级碗那样的大型活动，而不会在这段时间内完全替代其他所有游客，它们所强调的是供给约束和挤出效应。这些论点有时可能被夸大了，因为这类重大事件作为重大事项都会提前通告，因此普通事件与访问就可以重新安排，而不会永久取消。通常情况下，经济影响研究的批评者会引用“时间转换”这个说法，即那些原本在9月访问城市X的人没有进行调整，但将访问时间改为3月，以适应那些事先预定的艺术或体育活动（Crompton，1995）。但在这种情况下，如果人们有可能将访问时间推迟到不那么拥挤的时段，就会削弱来自供给约束的批评。

但最引人注目的分析进展是日益复杂的计量经济学研究，这主要是由体育经济学家就事前声明的影响做事后核实而开展的。例如，巴德等人（Baade et al.，2008）基于关注应税销售额展开了一项有意义的调查，并取得了若干新的成果；而波特和弗莱彻（Porter and Fletcher，2008）则考察了1996年夏季奥运会和2002年冬季奥运会。越来越多的类似研究表明，过往经验无法证明一个城市在举办各种大型活动的几年（周或月）内，当地经济活动水平有什么重大变化。虽然关于这些估计总会存在技术问题，但至少有一项替代研究发现，1996年夏季奥运会对某些区域的就业有着持续的益处，但最近的事后体育研究通常与早期实证研究结果一致，即职业足球和棒球比赛的中止，对拥有这些体育特许经营权的城市接下来几年的经济并无显著影响。这并不意味着要否认这些球队球迷的失落感，也不意味着要否认失去消费价值或其他经济价值，只是传统的衡量经济影响的方法无法测度这些影响。一场关于经济影响计量研究的特别有趣的辩论，涉及1996年亚特兰大夏季奥运会对就业的影响，其中两项相关研究发现，奥运会对佐治亚州某些地区的就业产生了显著而持久的有益影响（Hotchkiss，Moore and Zobay，2003；and Hotchkiss，Moore and Rios-Avila，2015），而第二项类似研究回应了费德森和马恩格（Fedderson and Maennig，2013）对第一项研究提出的方法学批评。

尽管体育领域计量经济学文献对经济影响的主张发起巨大的挑战，并延伸到艺术/文化部门，但它们所提出的技术问题也非同小可。对于此类研究是否“证明”如下疑问是值得怀疑的，即几乎所有声称的所谓区域经济影响，都“应该将小数点向左移动一位来加以调整”（公共体育经济学家断言，谁如果认为大型体育赛事或锦标赛创造收入 1.058 7 亿美元，那么这个数字很可能超不过 1 058.7 万美元）。

令人钦佩的是，即便是从事过此类计量经济学研究的著名体育经济学家也强调了这些问题，其中最著名的是罗伯特·鲍曼（Robert Baumann）和维克托·马西森于 2011 年出版的《用事后计量经济学估计经济影响：警示故事》。关于经济影响的计量经济学研究有两个关键的阈值问题：①“大海捞针”问题，即计量经济分析，不管其复杂程度，能否分离出单独事件/组织/设施的影响，这些影响如果按美元计算也许不小，但是占该地国内生产总值（GDP）的比例（通常是1%）则微不足道。②用最具说服力的时间段来衡量这些影响，因为根据定义其乘数效应将扩展到多个时间段，如上所述，理性的消费行为将预计访问者会改变到访时间，以便避免此前宣布的事件可能会导致当地拥挤的高峰期。因此，“挤出”效应在弱化计量经济学影响结果的合理化解释过程中起着核心作用，但它不太可能有足够的重要性来解释这些结果，这一观点可能被称为“哥斯拉挤出”（Godzilla crowding out）（参见 Seaman and Price Elton，2016）。

鲍曼和马西森（Baumann and Matheson，2011）认识到这两个问题（特别是时间周期问题）的同时，将注意力集中在更具技术性的挑战上，包括：①需要同时控制城市和时间效应，这个问题限制了可以研究事件的数量和类型；②第一个差异和变化百分比的因变量，可以充分控制的单位根的影响；③固定效应和虚拟变量在不造成其他问题的情况下，解决关键计量经济学挑战的局限性；④一般而言，解决自相关问题可能不可行；⑤遗漏变量问题造成了虚假相关性的挑战，因此，一个精心设计的模型至关重要；⑥工具变量、通用方法和矩模型是解决关键的内生性问题所必需的。

一个可能解决这些计量经济学问题的建议就是使用综合控制方法（Seaman and Price Elton，2016），这种尝试摆脱面板回归程序，并采用综合控制技术来替代案例研究方法。伊斯兰（Islam，2019 ）就是在本地运动队和设施的背景下，按照这种方法研究国家足球联盟（NFL）扩展到三个美国城市的影响。他发现，体育专营权“不会显著影响就业的时间路径”，这似乎强化了计量经济学对经济影响的普遍怀疑。然而，即使是特许经营/团队/组织（与大型活动和设施建设的影响相反）的建设影响的事前研究和非计量经济学研究，也发现区域经济影响非常有限，这很大程度上是由于非本地投入的直接影响有限（因为粉丝主要是本地的），而团队支出的很大部分不能被当地捕获，特别是当那些拿着薪水的球员并没有生活在本地时。因此，这个结果并没有从根本上挑战举办艺术节（体育赛事）所带来的经济影响十分有限这一结论，即使地方乐团（足球队）经济支出的影响相当有限。

有一个非常明显的计量经济学例外（下面讨论），类似的系统性事后尝试来验证任何事前关于艺术经济影响的研究，仍然极为罕见（斯金纳有一个初步的但非常有限的尝试，Skinner，2006），尽管演员以及其他电视和电影行业罢工的威胁，总是产生对南加州经济造成可怕后果的说法（关于百老汇和纽约，也有类似说法）。此外，有时也会进行非计量的事后验证，重点是看开业前对参观人数的预测是否确实得到了证实，或在哪里找到邮政编码或其他位置跟踪数据，游客的地理分布是否符合预期。就艺术领域而言，这种事后计量经济学检验极其稀缺，但是有一个例外值得注意，即斯洛文尼亚马里博尔（Maribor）作为欧洲文化之都的影响（Srakar and Vecco，2017）。这项研究利用调查和分层抽样方法，作为详细事前影响研究的组成部分，重点关注游客数量和直接预算而非本地投入，通过结合合理的调整和参数，其结果发现 2012 年的产出影响为 8 800 万～1. 057 亿欧元（增加值为 4 230 万～5 150 万欧元），以及总就业人数影响范围为 1 007～1 132。在他们的事后计量经济学分析中，游客入境和过夜住宿（包括外国游客）相关经济影响的规模很大，对马里博尔市本身具有统计学意义，但对 5 个合作城市却没有发现相关影响。关于就业的计量分析结果有些令人捉摸不透，它显示出负面影响（在体育研究中，这并非闻所未闻，但仍然相对少见），这更有可能由于无法完全分离金融危机的负面影响（这对于 2012 年的斯洛文尼亚而言至关重要），以及 2012 年马里博尔的经济和政治动荡，与作为文化之都的任何积极的增量影响形成对比。他们并没有完全忽视拥挤是问题的一个可能性，但也认识到计量经济学模型的不足可能会干扰此类计量经济学研究。

另外一个重要结果是，或有估值方法（样品平均分布在马里博尔与合作伙伴城市之间）显示出“有很大的支付意愿在项目结束之后，以年均递减 25%的幅度持续举办”，这与个人平均支付意愿为 13. 80 欧元以及三年累计价值 6 840 万欧元基本一致。尽管与马里博尔的或有估值结果相比，这些估值相对较小，但马里博尔作为文化之都的时间是一整年，而环意赛只是个为期三周的活动。

总之，显而易见的是，未来关于经济影响的有远见的研究和辩论，将继续集中在这些事前与事后方法论，可以替代的不同衡量方法之间的关系，以及在类似的娱乐/文化艺术部门与体育部门中产生不同结果的原因。

参见：

文化统计；条件评估；生产成本；文化价值；绩效指标；福利经济等。

本章参考：

Alberini, Anna and Alberto Longo (2006). Combining the Travel Cost and Contingent Behavior Methods to Value Cultural Heritage Sites: Evidence from Armenia. *Journal of Cultural Economics*, 30: 287-304.

Americans for the Arts (2007). *Arts & Economic Prosperity III: The Economic Impact of Nonprofit Arts and Culture Organizations and their Audiences.* Washington: Americans for the Arts.

Baade, Robert A., Robert Baumann and Victor A. Matheson (2008). Selling the Game: Estimating the Economic Impact of Professional Sports through Taxable Sales. *Southern Economic Journal*, 74: 794-810.

Baumann, Robert and Victor A. Matheson (2011). Estimating economic impact using ex post econometric analysis: Cautionary tales. Working Paper Series; Paper No. 11-12, International Association of Sports Economists/North American Association of Sports Economists. http://college.holycross.edu/RePEc/spe/MathesonBaumann_Econometrics.pdf.

Bunting, Catherine (2008). What Instrumentalism? A Public Perception of Value. *Cultural Trends*, 17: 323-328.

Crompton, John L. (1995). Economic Impact Analysis of Sports Facilities and Events: Eleven Sources of Misapplication. *Journal of Sports Management*, 9: 14-35.

DeBoer, Willem I. J., Ruud H. Koning, and Jochen O. Mierau (2019). Ex Ante and Ex Post Willingness to Pay for Hosting a Large International Sports Event. *Journal of Sports Economics*, 20: 159-176.

Everitt, Sian (2009). Arts and Economic Prosperity III: A Review. *Cultural Trends*, 18: 315-321.

Feddersesn, Arne and Wolfgang Maennig (2013). Employment Effects of the Olympic Games in Atlanta 1996 Reconsidered. *International Journal of Sports Finance*, 8: 95-111.

Fleischer, Aliza and Daniel Felsenstein (2002). Cost-Benefit Analysis Using Economic Surpluses: A Case Study of a Televised Event. *Journal of Cultural Economics*, 26: 139-156.

Florida, Richard (2002). *The Rise of the Creative Class*. New York: Basic Books.

Hassett, Kevin and Phillip Swagel (2006). Creative Accounting: MoMA's Economic Impact Study: A Museum's Value to the City. *Wall Street Journal* (August 30).

Hotchkiss, Julie L., Robert E. Moore and Stephanie M. Zobay (2003). The impact of the 1996 Summer Olympic Games on employment and wages in Georgia. *Southern Economic Journal*, 69: 691-704.

Hotchkiss, Julie L., Robert Elijah Moore and Fernando Rios-Avila (2015). Reevaluation of the employment impact of the 1996 Summer Olympic Games. *Southern Economic Journal*, 81: 619-632.

Islam, Muhammad Q. (2019). Local Development Effects of Sports Facilities and Sports Teams: Case Studies Using Synthetic Control Methods. *Journal of Sports Economics*, 20: 242-260.

MacGillis, Alec (2010). The Ruse of the Creative Class. *American Prospect* (January4).

McCarthy, Kevin F., Elizabeth H. Ondaatje, Laura Zakaras and Arthur Brooks (2004). *Gifts of the Muse: Reframing the Debate About the Benefits of the Arts*. Santa Monica, CA: RAND Corporation.

Porter, Philip K. and Deborah Fletcher (2008). The Economic Impact of the Olympic Games: Ex Ante Predictions and Ex Post Reality. *Journal of Sport Management*, 22: 470-486.

Schwester, Richard W. (2007). An Examination of the Public Good Externalities of Professional Athletic Venues: Justifications for Public Financing? . *Public Budgeting & Finance*, Fall: 89-109.

Seaman, Bruce A. (1987). Arts Impact Studies: A Fashionable Excess. In *Economic Impact of the Arts: A Sourcebook*. Washington: National Conference of State Legislatures. Reprinted in Ruth Towse (ed.) (1997). *Cultural Economics: The Arts, the Heritage and the Media Industries*, 2. Cheltenham: Edward Elgar.

Seaman, Bruce A. (2006a). The Relationship Among Regional Economic Impact Models: Contingent Valuation versus Economic Impact in the Case of Cultural

Assets. Andrew Young School of Policy Studies Research Paper Series No. 07-05. Available at http：//ssrn. com/abstract=975773.

Seaman, Bruce A. (2006b). The Supply Constraint Problem in Economic Impact Analysis：An Arts/Sports Disparity. Andrew Young School of Policy Studies Research Paper Series No. 07-04. Available at http：//ssrn. com/abstract=975770.

Seaman, Brue A. and J. J. Price Elton (2016). How Reliable are Ex Post Econometric Studies of Regional Economic Impacts?. 19th International Conference of the Association for Cultural Economics International, June 21-24, 2016, Powerpoint presentation.

Skinner, Sarah. J. (2006). Estimating the Real Growth Effects of Blockbuster Art Exhibits：A Time Series Approach. *Journal of Cultural Economics*, 30：109-125.

Snowball, Jeanette D. (2008). *Measuring the Value of Culture：Methods and Examples in Cultural Economics*. Berlin Heidelberg：Springer-Verlag.

Srakar, A. and M. Vecco (2017). Ex ante versus ex-post：comparison of the effects of the European Capital of Culture Maribor 2012 on tourism and employment. *Journal of Cultural Economics*, 41：197-214.

Stanley, Dick, Judy Rogers, Sandra Smeltzer and Luc Perron (2000). Win, Place or Show；Gauging the Economic Success of the Renoir and Barnes Art Exhibits. *Journal of Cultural Economics*, 24：243-255.

Thompson, Eric, Mark C. Berger and Steven N. Allen (1998). *Arts and the Kentucky Economy*. Center for Business and Economic Research, University of Kentucky, February.

延伸阅读：

斯诺鲍尔（Snowball，2008）对经济影响、条件估值、支付意愿和选择实验方法进行了可读性强且具有技术启发性的描述和比较。阿尔贝尔尼和隆戈（Alberini and Longo，2006）将旅行成本（测量实际使用价值）和条件估值（测量假设未来使用价值）方法结合起来评估遗址问题，而希曼（Seaman，2006a）则探索了条件估值与经济影响方法之间的理论关系。希曼（Seaman，1987）和克伦普顿（Crompton，1995）详细描述了经济影响研究中潜在的滥用经济分析问题。巴德等人（Baade et al.，2008）探讨了体育运动的事前影响研究所产生的“乐观”结果与事后计量经济研究令人沮丧的结果之间的差距。斯金纳（Skinner，2006）提供了关于重磅艺术展事后影响的初步分析，其结果与事前简化的预测有着一致性。斯拉卡和维科（Srakar and Vecco，2017）不仅对事前与事后的产出和就业影响进行了更为复杂的计量研究，而且也包括了条件估值的影响，这是一份重要的文献。希曼（Seaman，2006b）指出，与艺术研究相比，体育影响研究更加重视社区供给的约束（这与体育研究一般认为区域影响很小的结果一致）。

28 直播影院

阿列格·哈迪达（Allègre L. Hadida）

“直播影院”（event cinema）一词，有时被称为“替代性内容影院”或“现场直播”，指的是在数字影院中捕捉和传输（通常称为“广播”）表演和事件，通常是实时的（“现场”）。它们包括歌剧（例如，贾科莫·普契尼的《托斯卡》在大都会剧院的高清现场直播）、戏剧（例如，威廉·莎士比亚的《哈姆雷特》在英国国家剧院的现场直播）、音乐会（例如，单向乐队的现场直播）、芭蕾（例如，柴可夫斯基的《胡桃夹子》的直播）、音乐剧（例如，比利·艾略特的直播）、博物馆展览（例如，凡·高博物馆《凡·高与日本》的展览）、讲座（例如，玛格丽特·阿特伍德的直播）、游戏（例如，英雄联盟锦标赛）、体育（例如，世界杯决赛）和电视节目（例如，《神秘博士》50周年剧集）。直播剧院的表演和活动通常包括一次性的现场直播，然后一次或几次“加演”（encore）最受欢迎的内容。

迄今为止，文化经济学只有少量关于直播影院性质、挑战和机遇的研究。其中，英国艺术委员会委托撰写的两份报告特别引人注目。塔克和亚伯拉罕斯（Tuck and Abrahams，2015）对于这种新生形式及其对更广泛的艺术和文化部门的影响提供了基于实证的评论；而卡普夫·雷迪（Karpf Reidy，2016）则分析了文化生产者和观众对直播影院和其他数字发行形式的反应，包括在线流媒体和下载以及电视直播。巴克（Barker，2013）也描述了直播影院最初几年的情形。巴赫希等人（Bakhshi and Throsby，2014；Bakhshi and Whitby，2014）研究了英国国家剧院直播如何增加观众。古典音乐方面，皮特里等人（Petrie et al.，2012）调查了由英国古典管弦乐团、场馆和技术合作伙伴组成的联盟，开展了在线直播音乐会与参与混合艺术场馆的试点项目。

28.1 直播影院简史

体验之旅（BY Experience）是全球领先的影院替代内容全球分销商，它于2003年推出大卫·鲍伊（David Bowie）的专辑《真实》（*Reality*），并向26个国家影院的5万多名粉丝现场直播了表演和问答环节。这是首次在电影院举行的活动，结果是这张专辑高居全球排行榜前列（www. byexperience. net/about）。大都会歌剧院（Met）位于纽约市林肯中心，它在1910年开创了电台现场直播，在1977年开创了现场公共电视歌剧表演，又于2006年12月与体验之旅公司合作推出了大都会剧院高清直播（www. metopera. org/about/the-met/）。两年来，“在电影院观看大都会歌剧的人比现场的观众还要多”（约85万人）。据推测，许多观看者将“毕业”于此——在电影院观看歌剧，随后会到大都会歌剧院去体验歌剧。最后，高清节目也是公关的重大机遇。世界各地城市的媒体都对演出进行了报道，就好像歌剧就在这些地方上演一样。大都会博物馆的新闻剪辑文件，现在已经从杂志的厚度增加到一本电话簿的厚度（Rosen，2008）。

大都会剧院高清直播的成功，促使时任伦敦国家剧院总监的尼古拉斯·海特纳（Nicholas Hytner）考虑将这种模式扩展到剧院。2008年夏天，剑桥大学商学院MBA候选人大卫·萨贝尔（David Sabel）在笔者指导下进行了可行性研究。不久之后，萨贝尔成为首位英国国家剧院现场直播制作人。

作为影院直播的戏剧，相对于歌剧而言，其优势如下。首先，剧院通常被认为不如歌剧那么排外。其次，与歌剧相比，戏剧有机会吸引好莱坞A名单上的优秀演员，从而提高作品的知名度和观众的认知度。歌剧除了少数明星外，一般观众对其他演员都不太熟悉。举例而言，国家剧院现场直播于2009年6月首次播出，海伦·米伦爵士（Dame Helen Mirren）饰演费德瑞（Phèdre），本尼迪克特·康伯巴奇（Benedict Cumberbatch）在2010—2011年第二季中出演了威廉·莎士比亚的哈姆雷特和尼克·迪尔（Nick Dear）的弗兰肯斯坦（Frankenstein）。之所以选择将这些作品纳入国家剧院现场直播项目，部分是为了提高电影放映商和观众对新模式的认识，并鼓励熟悉这些电影大腕的观众收看现场直播。最后，与歌剧剧本和配乐相比，戏剧在媒体上也更为人们所熟知，因为很多图书经常被改编成电影，例如特里·普拉切特（Terry Pratchett）的《民族》（*Nation*），戏剧也常常被改编为电影，例如汤姆·斯托帕德（Tom Stoppard）的《罗森克兰兹和吉尔登斯特恩已逝》（*Rosencrantz and Guildenstern Are Dead*）。歌剧的复杂性和每次播出的制作成本往往更高，大约为100万英镑，而戏剧为40万英镑，这还不包括现场拍摄当天封锁整排座位以供摄像机使用的机会成本。这主要是由于舞台上歌剧演员的数量较多，以及音乐、表演和歌唱的结合。即便如此，由于戏剧的语言性质，需要更高层次的观众注意力，并增加了向非母语国家传播的难度，这导致了国家剧院现场直播项目和其他直播影院供应商要在某些市场使用字幕。

在大卫·萨贝尔（David Sabel）和艾玛·基斯（Emma Keith）的领导下，国家剧院直播项目在2013—2014年度（The National Theatre，2014）开始盈利，成为英国的市场领导者，并通过摆脱传统的“围绕当晚坐在剧院里的正常付费观众”（Sabel，quoted in Schutt，2010）的固定机位摄像模式，运用移动摄影机创造了一种更具动态化的体验，这也就意味着，它为现场观众提供了最佳座位。

28.2 性　能

直播影院供应商和艺术家经理，会提前几个月确定哪些演出和活动最适合播出。通过排演和试镜来选择最佳的拍摄位置和角度，并确保现有舞台布景、服装和化妆等元素在大银幕上能够被高清摄像机完美呈现。或者，他们可以进行修改，使其在镜头前看起来很好，并在广播后恢复到原来的状态。

例如，在多玛仓库剧院（Donmar Warehouse）出品、克里斯托弗·汉普顿（Christopher Hampton）制作的《危险联络人》（*Dangerous Liaisons*）直播时，制作方为几个在高清细节不能有效地捕获的道具染上色，并制作了一个假面具来隐藏主演卢西恩（Lucian）易于被高清摄像机的鹰眼捕获的麦克风。在直播当天，有几个高清摄像机被小心地放置在观众和舞台上，或（在体育或竞技活动中）赛场上，通过用各种角度和镜头捕捉动作，给影院观众提供一个独特的观看体验。通常情况下，直播影院的导演也会在幕间休息时提供额外的价值，包括后台参观、采访剧作家或舞台导演、播放其他短纪录片。

直播影院自2003年以来就一直稳步发展。2019年，它占到全球电影总票房的1%~3%，相当于10亿英镑（www.eventcinemaassociation.org/）以上的价值。在英国，2018—2019年度的演唱会的票房总收入首次超过了直播剧院，这两个类别的票房收入分别为 72 700 万和 66 400 万英镑，分别占全英直播影院票房的 25.7% 和 23.6%（NT Live Data Studio，2019）。

尽管高清摄像机、屏幕捕捉和卫星广播的进步确保了直播影院的运行，但这种形式的发展取决于荧幕数量的壮大。截至 2018 年底，全球 97%的电影屏幕，包括美国和加拿大、中东和拉丁美洲的屏幕，都是数字屏幕（MPAA，2019）。事实证明，从模拟到数字的转换对独立影院和连锁影院来说代价高昂，许多影院无法独自承担每台数字放映机 5 万~7.5 万英镑的平均成本。公共财政支持购买和安装这种投影仪，让包括英国在内的许多国家加速了这种转变。

28.3 直播影院部分治愈“成本病”

正如在本书“成本病”一章（Towse，2019）所解释的，表演艺术是生产率欠发达行业的典范。因此，它们受制于固有的“成本病”，这是由于票房合理收费与不断上升的生产成本之间的“收入差距”不断扩大而引起的。电影、电视以及最近的在线流媒体和社交媒体等文化和休闲活动的发展，也降低了上座率，进而影响了收入。因此，表演艺术注定要衰落，并最终消失（Baumol and Bowen，1966）。

虽然他们（Baumol and Bowen，1966）的分析今天仍然有效，但他们的结论应该有微妙变化（Towse，2019）。除其他因素外，互联网和社交媒体可以更好地传播关于即将上演的演出和活动的信息。例如，布鲁克林音乐学院（BAM）就树立了最佳数字实践的榜样。它通过在观众出席之前就发送关于演出的大量信息，包括为学校观影做准备的教师提供学习指南，让观众保持同步，因为学院拥有这些数据（www. nyc-arts. org/organizations/347/brooklyn-academy-of-music-bam），因此其额外成本很低。此外，“屏幕到舞台”模式是对传统的“舞台到屏幕”模式的颠覆，它通过品牌或角色识别度来提高观众的认知度和出席率。1994 年，百老汇的迪士尼将加里·特洛斯达勒（Gary Trousdale）和柯克·维斯（Kirk Wise）1991 年制作的动画电影《美女与野兽》搬上舞台，开创了这个潮流；2017 年，比尔·康顿（Bill Condon）导演又将该故事片从舞台搬上银幕。

直播影院开启了一种新的技术驱动的“舞台到屏幕”模式，因为现场和加演的影院播放大大增加了观众数量和收入，并超出了表演艺术场馆的实体围墙

(Towse, 2019)。在这个与电视放映舞台性表演渐行渐远的时代，这就显得尤为重要（Sanderson, 2019)。即便如此，从舞台到银幕的直播影院引发了类似沃尔特·本雅明（Walter Benjamin）于1936年所正式提出的经济和哲学担忧。

28.4 机械复制时代的直播影院

本雅明（1936）声称，像电影摄像机所允许的机械复制，已经损害艺术作品在时间和空间上的存在：它已经用“政治”取代了“光韵”。电影观众不再需要在“固定的地方”“朝圣”般欣赏艺术品：他们可以在当地电影院舒适地体验它。通过减少投入的时间和精力，技术让文化消费贬值了。由于直播影院，前往博物馆、历史遗址或文化场馆的朝圣之旅就荡然无存，因为前者允许观众在世界各地的电影院里，就亲身体验大英博物馆的庞贝古城和赫库兰尼姆展览（如《大英博物馆庞贝展览直播》），而无须前往伦敦购买参观门票并且亲临现场观看演出。

因为容许作为“外部附件”（Benjamin, 1936）的摄像机来协调戏剧演员与观众之间原本直接的、有机的融洽关系，电影演员将由于这种技术而失去光韵。舞台演员的光韵已被银幕演员的个性所取代，后者类似于工厂制造的人工制品。对现场观众或对着摄像机表演需要不同的技巧，而在直播表演艺术活动中，这些技巧会变得模糊，因为演员在直播过程中必须同时兼顾这两种技巧。尽管在现场直播的晚上，通常会有多个座位被摄像机抢去，但主办方仍会确保有大量足够观众与表演者进行互动。与此同时，高清摄像机的特写镜头，捕捉到歌剧演唱家或舞台剧演员面部和肢体语言中最细微的变化，而在表演或活动现场，大多数观众基本上看不到这些细微变化。

表演者对上述双重挑战有不同的反应。据报道，拉尔夫·费因斯（Ralph Fiennes）和索菲·奥科内多（Sophie Okonedo)，这两位在2019年国家剧院直播活动中出演威廉·莎士比亚的《安东尼》和《埃及艳后》的主演，发现摄像机分散了注意力，不利于直播时的表演以及与现场观众的互动（Sanderson, 2019)。相比之下，许多表演者觉得现场观众和摄像机的双重存在倒更令人兴奋。一位伦敦的舞台剧演员向笔者评论道，他觉得现场直播较之常规表演让人更为兴奋。现场观众在直播当天也会非常投入，部分原因是他们知道自己就在镜头前面，参与了一种相当独特的体验。与经验丰富的电影导演如山姆·门德斯合作，与同样轻松自如地对着现场观众和摄像机表演的演员一样，包括萨利·菲尔德、比尔·普尔曼和吉莉安·安德森，这些都为直播影院的成功做出了巨大的贡献，这些明星的威力和魅力已经转移到电影屏幕上。

现场观众与影院观众的体验也有所不同。根据本雅明（Benjamin，1936）的理论，就像画家用画笔保持与现实的距离、外科医生用器械治疗病人一样，摄影师用设备深入现实的结构中。摄像机充当导演，通过让观众看到“多个片段”而不是“作为整体的表演”（Benjamin，1936），来控制观众往哪里看。其结果是，屏幕观众连接到摄像机，而不是演员。在机械复制的时代，每个人都是专家：每个读者都可以是作家，每个观众也都可以是电影的临时演员——或者在直播影院中，演员就是一个现场观众，一个游戏玩家，或者在拍摄当天的博物馆参观者。观众因此变成了一个心不在焉的审查官，和社会作为一个整体，注意力已经从集中转变为分散（Benjamin，1936）。

有趣的是，现有的关于国家剧院直播现场观众的研究则更倾向于反驳这最后的断言，因为那些在电影院观看表演的观众表示他们被吸引了（Schutt，2010），经常在谢幕时鼓掌（Barker，2013），并于欣赏演出前后在推特上大加赞扬。下面这段话部分地解释了其中的原因：“观看大都会歌剧院高清直播的体验非常棒。从很多方面来说，这都比亲自去看歌剧要好。它是异端？不，不是。首先，屏幕上歌手的特写镜头是在歌剧院里看不到的。幕间休息时对表演者的现场采访也很独特；许多人就是在幕布落下时被抓住采访，然后他们前往后台，或者在更衣室里接受采访。在幕间休息时播放的特别制作的纪录片——例如，《歌剧是如何排练的》——很有见地。此外，高清晰度图像、颜色和声音都处于最高水平。”（Rosen，2008）

28.5 直播影院会对现场直播的场馆构成威胁吗

直播影院成立之初的普遍担忧是，观众可能会被诱导离开现场，而不是亲临现场观看表演或活动，甚至不是在附近的电影院观看播出。这可能会以两种方式发生：首先，直播影院可能会蚕食参与转播的表演艺术场馆的现场观众；其次，主要国家歌剧院、剧院和音乐厅活动的影院直播可能会蚕食观众，从而取代区域性表演艺术场所，最终导致它们关闭（Young，2014）。但文化经济学研究表明，这两种担忧在很大程度上是没有根据的。

大都会博物馆经历了光环效应，因为播放大都会高清歌剧直播的高清影院数量的增加，导致了更多的人亲临大都会歌剧院，以及更多的订票量和更多的捐款（Schutt，2010）。在英国进行的文化经济学研究和调查也得出同样的结论，现场表演和直播影院既不相互竞争，也不相互替代，它们是互补的（Bakhshi and Throsby，2014）。直播影院既没有取代剧院的现场观影人数，似乎也没有导致剧院组织的巡演市场收缩（Karpf Reidy et al.，2016）。相反，直播影院为剧院提供了更多的营销机会，重新激发了人们对其他剧目的兴趣，并使它们对年轻观众来说更为亲切，年轻观众也经常是戏剧这种艺术形式的新晋观众（Bakhshi and Whitby，2014；Karpf Reidy et al.，2016；Tuck and Abrahams，2015）。这些结果与其他文化部门的观察结果一致，包括古典音乐（Petrie et al.，2012）。直播影院还允许国家剧院通过与当地电影院的观众见面来实现其使命，即“接触到尽可能广泛的观众”（www.nationaltheatre.org.uk/about-the-national-theatre）。

大多数观众认为现场剧场比直播影院更吸引人（Karpf Reidy et al.，2016）。因此，他们非常看重实地的现场体验，或者用尼古拉斯·海特纳（Nicholas Hytner）的话说，就是“同时出现在房间里的那种无法抑制的兴奋”（Hemming，2017）。尽管如此，观众通常还是认为直播影院是一种独特而新颖的体验。他们参加直播影院的转播是因为相应的现场表演已经售罄，而且因为直播影院离家更近，能比现场观看花费更少的时间和更便宜的费用（Karpf Reidy et al.，2016）。

28.6 直播影院的未来

直播影院重新定义了现场演出和主流影院的界限。在金与谟玻格妮（Kim and Mauborgne，2005；2017）的战略术语中，大都会博物馆、国家剧院和其他领先的直播影院提供商，就在现场表演、活动与电影院的交汇处，以新的业态创造了无可争议的“蓝海”市场空间。在撰写本报告时，体验之旅公司已经安排了250多场高清数字直播活动，通过卫星向75个国家的3 000多家电影院和表演艺术中心分发（www.byExperience.net/about）。国家剧院直播是英国43家直播影院分销商的第一家，它同样利用其在数字捕捉和传播方面的专业知识，向其他场馆提供服务，从而降低了规模较小或技术水平较低的影院进入直播影院的门槛。在第一季中，该项目从国家剧院播出的 4 个完整长度的作品到全球 309 块屏幕（包括英国的 84 个），到了 2018—2019 年度，该项目包括多个剧院，从诺丁汉剧场到老维克剧院，直播的剧院高达 10 家，覆盖 65 个不同国家的 2 500 多块屏幕（包括英国的 700 多块屏幕）（http：//ntlive. nationaltheatre. org. uk/）。

三大挑战阻碍了直播影院的进一步扩张。首先，直播影院对许多参展商和观众来说仍然是陌生的，英国的直播影院协会等行业组织已经成立，以帮助提高人们对这种形式的认识。阻碍参与的其他障碍包括，时间安排不便和观看地点不足，特别是在农村地区（Karpf Reidy et al. , 2016）。其次，许多现场表演机构仍然认为数字化是事后的想法，倾向于忽视由于跨形式和渠道所导致的所有权与知识产权管理方面可能会进一步出现的困难。为了防止这种复杂情况，并在扩展直播影院和其他数字格式（包括在线流媒体和下载）时产生可观的收入，现场表演组织需要从一开始就将数字版权管理纳入商业模式和管理流程当中。最后，直播过程中可能会出现技术问题，阻碍影院观众的沉浸式体验。即便如此，随着卫星传输的普及和广播技术的提高，这类问题会变得越来越少。主办方还鼓励影院观众在问题出现时发推文和信息，从而确保影院或直播影院发行商立即做出回应。

直播影院的成功导致了传统表演艺术组织的多元化发展，从而进入故事片制作领域。例如，国家剧院利用直播剧院项目，在全球范围内的独立院线合作网络推出了鲁弗斯·诺里斯（Rufus Norris）的《伦敦路》，这是一部 2015 年的现场戏剧/电影混合体，改编自亚当·科克（Adam Cork）和阿莱基·布莱斯（Alecky Blythe）的音乐剧。直播影院的成功也重新激发人们对多个渠道播放表演艺术的兴趣，从而加剧了对观众的竞争。定制的数字平台已经出现。例如，分别成立于 2009 年和 2016 年的 Digital Theatre 和 Marquee. tv，提供舞蹈、歌剧和戏剧表演的点播服务。通用流媒体服务 Netflix 还直播了喜剧脱口秀和现场录制的音乐会，包括 2018 年 12 月在百老汇录制的《斯普林斯汀》（*Springsteen*），并宣布在制作和捕捉小屏幕表演艺术方面进行新尝试，将于 2019 年首次拍摄戏剧（Snow, 2019）。这些举措可以提高观众对数字艺术内容的认识，并对直播影院和表演艺术创造积极的溢出效应。

直播影院的市场似乎尚未饱和。并非所有项目都适合数字捕获和流媒体，直播影院提供商仍在尝试新的内容、格式和平台。他们积极追求的途径包括学校和教育服务的点播以及跨格式的消费者分发（包括视频点播和基于订阅的服务）。

虚拟现实、3D 及增强现实捕捉和再现看起来也很有前途，特别是在体育、舞蹈和博物馆展览方面。这些技术的进步可能会导致直播影院提供商将参与式剧院实验扩展到其实际位置之外，如允许影院观众与剧场内的现场观众一起投票，以确定互动戏剧叙事的具体结果和方向。这是完全可行的。例如，在上演和播放 2015 年费迪南德·冯·希拉赫（Ferdinand Von Schirach）的《恐怖》（*Terror*）等直播戏剧时，观众就是审判战斗机飞行员的陪审团，这名飞行员击落了一架载有 164 人的飞机，以阻止它撞上一个可容纳 7 万人的体育场。虚拟和增强现实技术还可能让未来的观众在电影院座位上体验史诗般叙事形式，但是到目前为止，这种形式只允许观众亲身和现场观看由 Punchdrine 和 Third Rail Project 等公司制作的沉浸式、特定位置的剧目。归根结底，直播影院仍然是一种年轻的形式，这为跨艺术组织和文化部门的内容和形式创新以及文化经济学的新研究提供了绝佳机会。

参见：

表演艺术；媒体经济学与管理；平台。

本章参考：

Bakhshi, H. , and Throsby, D. (2014). Digital Complements or Substitutes? A Quasi - Field Experiment from the Royal National Theatre. *Journal of Cultural Economics*, 38 (1): 1-8.

Bakhshi, H. , and Whitby, A. (2014). *Estimating the Impact of Live Simulcast on Theatre Attendance: An Application to London's National Theatre*. NESTA Working Paper 14/04.

Barker, M. (2013). *Live to Your Local Cinema: The Remarkable Rise of Livecasting*. UK: Palgrave Macmillan.

Baumol, W. J. and Bowen, W. G. (1966). *Performing Arts - The Economic Dilemma*. Cambridge, MA: Twentieth Century Fund.

Benjamin, W. (1969 [1936]). The Work of Art in the Age of Mechanical Reproduction. In H. Arendt (ed.). *Illuminations*. New York: Schocken, 217-251.

Hemming, S. (2017). Nicholas Hytner: You Don't Find The History Boys by

Devoting Yourself to Shakespeare. *The Financial Times*, 06 October.

Karpf Reidy, B., Schutt, B. et al. (2016). *From Live - to - Digital: Understanding the Impact of Digital Developments in Theatre on Audiences, Production and Distribution.* AEA Consulting report for Arts Council England, UK Theatre and Society of London Theatre.

Kim, W. C., and Mauborgne, R. (2005). *Blue Ocean Strategy: How to Create Uncontested Market Space and Make the Competition Irrelevant.* Boston, Mass.: Harvard Business School Press.

Kim, W. C., and Mauborgne, R. (2017). *Blue Ocean Shift: Beyond Competing-Proven Steps to Inspire Confidence and Seize New Growth.* Paris: Hachette Books.

MPAA (2019). 2018 *THEME (Theatrical Home Entertainment Market Environment) Report.* Los Angeles: Motion Picture Association of America.

Petrie, M., Hadida, A. L., Schutt, B., Barakat, S., and Cruz, A. B. (2012). *A Smooth Sea Never Made a Skilled Sailor: DERO Project, Research Findings & Insights.* London: NESTA.

Rosen, B. (2008). The Metropolitan Opera - Turnaround Case Study. *The Huffington Post*, 18 June 2008 (updated 06 December 2017), www.huffpost.com/entry/the-metropolitan-opera_ b_ 107924.

Sanderson, D. (2019). Filming Shakespeare on Stage has a Tragic Flaw: Actors Hate it. *The Times*, 14 January.

Schutt, B. (2010). The Work of Art in the Age of Technological Reproduction: The National Theatre Goes to the Movies. *The Case Centre*, 310-221-1.

Snow, G. (2019). Netflix unveils Plans to Adapt Theatre for On - Demand Platform. The Stage, 30 January, www.thestage.co.uk/news/2019/netflix - plans - theatre-demand/.

The National Theatre (2014). *Annual Report.* London: National Theatre.

Towse, R. (2019). *Performing arts.* In *Towse, R. and Navarrete, T. (eds.). A Handbook of Cultural Economics.* Edward Elgar Publishing.

Tuck, F., and Abrahams, M. (2015). *Understanding the Impact of Event Cinema, an Evidence Review.* the research & business intelligence report for Arts Council England and British Film Institute.

Youngs, I. (2014). Sir Alan Ayckbourn Voices Fears over Theatre Screenings. *BBC News Online*, 11 June, www. bbc. com/news/entertainment-arts-27761568.

延伸阅读：

卡普夫·雷迪等人（Karpf Reidy et al. , 2016）从文化经济学的角度，对直播影院有着更为详细的分析，其中包括6个艺术组织近年来经历从现场到数字转变的案例研究。本雅明（Walter Benjamin，1936）的文章依然值得一读，特别是在当今社交媒体和不断受到数字化干扰的时代，它对社会注意力从集中到分散的讨论就显得非常及时。

29 艺术节

布鲁诺·费雷（Bruno S. Frey）

最古老的音乐节可追溯至1724年在科尔切斯特（Gloucester）、赫里福德（Hereford）和伍斯特（Worcester）举办的三圣乐团音乐节（Three Choirs Festival），其次是威斯敏斯特教堂（Westminster Abbey）的汉德尔音乐节（Handel Festivals）。在欧洲最受追捧的音乐节包括拜罗伊特音乐节（Bayreuther Festspiele）（始于1876年）、格林德伯恩音乐节（Glyndebourne Festival）、萨尔茨堡音乐节（Salzburger Festspiele）以及两个世界斯伯拉图艺术节（Spoleto Festival of the Two Worlds）。其他一些著名的艺术节发生在诸如爱丁堡（Edinburgh）、阿维尼翁（Avignon）、普罗旺斯的艾克斯（Aix - en - Provence）、伍兹堡（Würzburg）、卢塞恩（Lucerne）、维罗纳（Verona）和布雷根茨（Bregenz）等地。

我们很难去界定什么样的文化活动是艺术节，而什么不是。一个艺术节可能包含许多不同类型的表演，并且可能发生在不同的地点。然而，据估计，仅欧洲每年就举办一两千个音乐节。

本文的着眼点在音乐节，但其中大部分的论证同样适用于其他形式的艺术节。我们讨论的重点是欧洲，大部分艺术节都是在这里举办的。美国在这方面的情形有些不同，其艺术供应的绝大部分都是由私人组织承担的，所以有关艺术节的需求很少。

文化经济学关于艺术节的许多文献都致力于计算“影响效应”，即节日对区域经济活动所产生的乘数效应。而本文则着眼于艺术节本身的功能，因而我们有必要区分需求侧和供给侧的各种因素。

29.1 艺术节的需求

关于艺术节有以下五个至关重要的决定因素：

（1）收入的增长。自第二次世界大战以来，实际可支配收入的大幅增加，使人们有可能把更多的钱花费在旅行和文化娱乐上。与其他文化活动一致，艺术节也得益于较高的需求收入弹性（大于1）。

（2）出席费用减少。许多艺术节的表演活动都发生在节假日期间，因而前往参加就为人们提供了一个不错的娱乐机会，而且时间的机会成本会很小，甚至几乎没有。同时，旅行成本也在降低。因此，个人将假日与文化相结合的动机就稳步增加。

（3）更低的交易成本。在传统场所参加艺术演出的最大障碍之一就是，观众不仅要买票，而且要在固定时间前往。相比之下，艺术节门票通常是由同一家旅行社提供的，因此游客只需打包订票，无须额外的周折。

（4）企业有赚钱的优势。唱片公司发现艺术节是销售磁带、唱片和录像带的绝佳机会，这同样适用于那些站在万人瞩目的聚光灯下的签约艺人。比起常规的音乐会和歌剧表演，企业赞助商借助艺术节可以更突出地宣传产品和品牌。

（5）政客们追求声望。政客们可以（用纳税人的钱）把自己塑造成艺术赞助人，他们从知名艺术节的开幕之夜和盛大晚会中获得媒体的高度关注。

29.2 艺术节的供给

举办艺术节主要有以下四个动机：

（1）更低的雇佣成本。音乐节可以提供比常规的音乐厅和歌剧院更便宜的演出，因为大多数员工（行政人员、技术人员、艺术人员）都供职于音乐厅和戏剧院，这是他们主要的、永久性职业，这些机构也为他们支付固定的薪酬（养老金、健康保险、假期及类似费用）。而艺术节通常很少雇用永久性雇员，大多数参与者（特别是艺术家和技术人员）只是短期性雇用，受雇成本相对较低。当然，这并不意味着艺术节所雇用的艺术家和员工的收入很低，而事实可能恰恰相反。

（2）更低的场地费。艺术节通常使用音乐厅和戏剧院的现有结构和生产技术，因为艺术节或者在处于闲置状态的音乐厅和戏剧院举行，或者在露天（通常是历史遗迹）和教堂举行。无论是上述何种情况，都可以低价租借或免费使用场地。

（3）避免限制。现有的音乐场馆越来越受到法规的束缚，也使那些有进取心的指挥家和其他音乐家很难（如果可能的话）完成其个人与艺术的目标。其中的一项限制就是由政府实施的。在欧洲，很多场馆会受到严格的审查，甚至是公共行政部门的一部分，结果导致其灵活性非常有限，激励措施效力也很弱。相比之下，艺术节通常是私人组织的，组织者可以根据自己的艺术理念自由制定合适的政策。由于可以支付市场化薪酬，他们可以很容易邀请超级明星，而超级明星又能吸引更多观众，因此可以允许收取更高的入场费。由于艺术节只持续很短的时间（通常只有一两周），几乎没有固定的职位，所以对雇用和解雇的限制就不那么重要了。组织者可以选择合适的形式与赞助商和唱片公司进行合作。他们可以用自认为合适的收入去进行一种新的艺术尝试。

另外，商业协会也对已建场馆施加了其他类型的限制。除了严格管控工资外，他们还严格限制工作时长。由于艺术节雇人是在有限的时间内提供特定的服务，商会限制的适用程度有限（如果有的话）。此外，他们可能会用志愿者代替专业人员，从而进一步削弱这方面的影响。

（4）克服艺术僵化。随着时间的推移，许多成熟的音乐厅和歌剧院失去了灵活性。消费者的品味，尤其是场馆季票持有人的品味普遍相当保守。通过专注于特定类型的音乐，艺术节提供了开辟新艺术领域的可能性，即表演更多现代节目。

29.3　艺术节的未来

有些决定音乐节发展的影响因素也适用于其他艺术节，甚至适用于视觉艺术。艺术博物馆也从文化需求的增长中获益不少，同时它们也受政府以及协会的限制。事实上，一些主要博物馆已经僵化，因为展出的藏品由于历史原因而无法施加任何方式的改变（这同样适用于藏品的悬挂问题）。此外，很多博物馆缺乏必要的资金来收购更多的艺术品。为了克服这些限制，富有进取心的馆长们会安排专门的展览，借此他们可以追求自己的艺术目标，在艺术界崭露头角，吸引大量的观众。明星（Blockbuster）展览与艺术节相似，都已经成为主要的旅游景点。

音乐节是一种不断变化的艺术形式，或许可以称之为"艺术节循环"（festival cycle）。开始，艺术节通常是在没有政府干预的情况下由私人自发设立的，并且常与官方的、公共资助的、受监管的音乐会和戏剧活动相对。然而，组织者很愿意接受来自官方的补贴，所以随着时间的推移，政府的参与度也会提高。由于资助的发放需遵守官方规则，所以艺术节往往会变得僵化。这激励艺术企业家为了重新获得自主性而在成熟艺术节之外打造边缘产品。一段时间过后，这些艺术节就会再次获得它们自己的生命，从而重新开始"艺术节循环"。

艺术节或许可以被理解为克服"成本病"所做出的努力，因为现场表演艺术的工资成本不断攀升，而生产率却几乎没有提高，所以他们就不得不面对不断扩大的赤字。艺术节的工资成本和资本成本较低，并且可以从唱片公司和公司赞助商那里获得较高的收入，这就给现场表演的生存提供了一种可能的机会。艺术节数量的稳步增长表明，它们发展得生机勃勃。

参见：

文化街区；艺术的经济影响；表演艺术。

本章参考：

Dwyer，Larry and Leo Jago（2015）. Economic Evaluation of Special Events. Challenges for the Future. In Ian Yeoman，Martin Robertson，Una McMahon-Beattie，Elisa Backer and Karen A. Smith（eds.）. *The Future of Events & Festivals*. Routledge，2014：99-115.

Frey，Bruno S.（1986）. The Salzburg Festival：An Economic Point of View. *Journal of Cultural Economics*，10（2）：27-44. Reprinted in Bruno S. Frey and

Werner W. Pommerehne (1990). *Muses and Markets: Explorations in the Economics of the Arts*. Oxford: Blackwell, 49–60.

Frey, Bruno S. (1994). The Economics of Musical Festivals. *Journal of Cultural Economics*, 18 (1): 29–39.

Frey, Bruno S. (1996). Has Baumol's Cost Disease Disappeared in the Performing Arts?. *Ricerche Economiche*, 50 (2): 173–182.

Frey, Bruno S. and Isabelle Vautravers–Busenhart (2000). Special Exhibitions and Festivals: Culture's Booming Path to Glory. In Frey, Bruno S. (ed.), *Arts & Economics. Analysis & Cultural Policy*. Berlin: Springer, 67–93.

Galeotti, Gianluigi (1992). Riflettori sull'Iposcenio: Elementi per un'Analisi Economica del Festival di Spoleto. In Brosio, Giorgio and Walter Santagata (eds.). *Rapporto sull'Economia delle Arti e dello Spettacolo in Italia*. Torino: Fondazione Agnelli, 125–147.

Peacock, Alan (2006). The Arts and Economic Policy. In Ginsburgh Victor A. and David Throsby (eds.). *Handbook of the Economics of Art and Culture*, vol 1. Amsterdam: Elsevier/North Holland, 1123–1140.

Rizzo, Ilde, and Ruth Towse (eds.) (2016). *The Artful Economist: A New Look at Cultural Economics*. Cham: Springer International Publishing.

Saayman, Melville and Andrea Saayman (2006). Does the Location of Arts Festivals Matter for the Economic Impact?. *Papers in Regional Science*, 85 (4): 569–584.

Tohmo, Timo (2005). Economic Impacts of Cultural Events on Local Economies: An Input–Output Analysis of the Kaustinen Folk Music Festival. *Tourism Economics*, 11 (3): 431–451.

Towse, Ruth (2014). *Advanced Introduction to Cultural Economics*. Elgar Advanced Introductions Series. Cheltenham: Edward Elgar.

延伸阅读：

本文部分遵循费雷（Frey，1994）的观点。从文化经济学的角度对节庆的一般性分析，参见 Rizzo and Towse（2016）。具体节日的讨论，参见 Galeotti

(1992), Frey (1986)。节日的影响效应的计算，参见 Tohmo (2005)。节庆与特展关系主题的讨论，参见 Frey and Vautravers Busenhart (2000)。"成本病"的分析见 Frey (1996)。理论概览见 Dwyer and Jago (2015)。

30 谷歌趋势数据

奥利维尔·格高（Olivier Gergaud）
维克托·金斯伯格（Victor Ginsburgh）

欧洲很多国家的文化活动，如音乐节、戏剧节、欧洲文化之都等，在某种程度上都得益于公共和私人的补贴，为什么奥运会或温布尔登网球公开赛不能如此呢？组织者必须证明其想法将会实现盈亏平衡，甚至最好能够获得利润。该事件的成本和收益通常要报告给资助人，并且不时地将此类报告公之于众，这让人们有可能认识到，用于计算收益的方法存在缺陷，其原因如下。

首先，他们通常会考虑住在举办城市或地区的游客的费用。确实存在三种类型的访客，并不是所有的访客都可以算作增值来源：

（1）当地人，如果没有此项特别的活动，他们也可能会在当地花同样多的钱（去餐馆，在当地酒吧或露台喝杯酒，参观博物馆或参加音乐会）。

（2）来自邻近地区和本国的游客，他们可能确实对举办活动的城市有贡献，但对该国国内生产总值却没有贡献。

（3）外国人，其支出（实际上只是当地的增值部分）对城市、区域和国家均做出贡献。

第二类和第三类游客可以增加本地居民的收入，但不一定能增加其所属地区（更不用说该国其他地区）居民的收入。人们甚至可以更进一步建议不应计算本国游客的费用，这不会增加国内生产总值，因为他们可能会将收入花在其他方面，而且往往就花在本国。因此，唯一值得统计的收入，就是那些来自其他国家（邻近或遥远的国家）的收入，否则，这个活动只是乞求甚至是盗窃邻居的游戏。它们至少应该分开考虑：在数字上作弊无济于事，套用戴蒙德和豪斯曼（Diamond and Hausman，1994）的话，“没有数字比错误的数字更好”。

其次，游客数量可能很难评估。当然，如果参加活动（如音乐会、剧院演出等）需要入场券，情况就不同了。持续几天甚至几周的节庆或其他类似的事件

(如奥运会、欧洲文化之都) 就是如此，游客在此期间从一个事件过渡到另一个，并可能停留几天甚至几周，就需要住宿和吃饭。

我们建议根据谷歌趋势来计算那些寻找与文化项目相关信息以便准备行程的人的点击量，虽然有些人可能不会来，但这几乎不会影响结果。谷歌趋势还收集了他们的地理来源。虽然谷歌趋势很难产生完整的事后评价，但它有助于评估项目是否吸引了访客，并有助于纠正那些被扩大的接待数据。

当然，这里所采取的观点也非常狭隘，因为它既没有考虑到那些参观城市的人的“文化收益”，也没有考虑到那些住在或靠近活动举办城市的人的“文化利益”。一个文化项目的影响因素其实有以下三个：

(1) 访客的货币化贡献。

(2) 住得足够近的居民和游客的福利收益（或损失，如额外污染、噪声、交通拥堵)。

(3) 可能对当地造成的长期影响（新建或改建博物馆、音乐厅、绿地、道路、新粉刷或翻新的房屋立面等)。

短期福利收益和长期影响都很难衡量。因此，我们的讨论仅限于游客的直接货币化贡献，而这正是事后评估通常考虑的问题。

货币化效应经常被概括为所谓的费用乘数 R/I，其中 R 和 I 分别代表游客的货币付出和项目投资。投资原则上容易由组织者加以衡量，它包括私人或公共的补贴。除了博物馆或特殊活动（如音乐会、展览）的额外入场券外，还有游客入住酒店过夜所产生的当地工资和利润等额外收入，这些收入的大多数都不是通过附加值来衡量的。对于可能从本国其他地区甚至国外进口的其他商品来说，情况就要复杂得多。在都柏林或布鲁塞尔的节庆期间，酒吧里出售的葡萄酒只应计入酒的附加值，而不是游客支付的价格。在这里，如果 R 包含在其他地方承担的成本和增值，收入就会被大幅夸大。

因此，有三种方式存在夸大收入的可能：高估游客的总人数，高估当地人的支出，以及计算游客支付的全价而非附加值。没有专业知识的人员使用的临时方法常常忘记这样做，或只做部分工作，因为他们必须说服资助者，这项活动将会或已经成功。[①]

① Crompton (2006), Crompton and McKay (1994).

30.1 通常的评价方法

有几种方法已经并仍然被用来评估创造文化活动的机遇，或衡量它们的影响：投入产出分析和可计算的一般均衡模型、时间序列计量经济学、自然实验、随机实验、或有价值评估（条件估值、支付意愿和接受意愿）、调查、收集增值税发票。

30.1.1 投入产出分析和可计算的一般均衡模型

最古老的方法就是，使用国家或区域投入产出表进行投入产出分析，其中加入最终需求的估计，并恢复部门的乘数效应。这可能适用于像奥运会等对国家甚至国际有重大影响的活动，但对音乐节等规模较小的活动，其影响很小，甚至不明显，使用全国乃至地区的投入产出表就不会有太大帮助。可计算的一般均衡模型也存在类似的问题。①

30.1.2 时间序列计量经济学

时间序列计量经济学很少应用，这既因为缺乏数据，也因为事件太小，以致无法在总体时间序列中识别该事件产生的光点，也无法判断该光点是否只是噪声而已。这个方法要收集事件前、中、后的时间序列，并比较这三个时间段。②

30.1.3 自然实验

自然实验是一个意外事件的结果，它使得比较机构在“正常”情况（控制组）与“意外”情形（实验组）其间或其后的行为成为可能。2003 年阿维尼翁戏剧节就是这样一个例子。就在戏剧节准备开始之前，一切都准备好了，但由于演员罢工，戏剧节被取消了。如果将 2003 年与其他年份的情况进行比较，不仅可以估算出 2003 年的损失，还可以估算出正常时期节庆的收益。③

阿维尼翁这个案例使用了不同时间的控制组和实验组，但也可以将这种技术

① Humphreys and Plummer (1995), Matheson (2008).

② Skinner (2006), Plaza (2006), Plaza et al. (2011).

③ Brodaty (2017).

应用于候选地区 A、B、C、D，而只有一个是实验组：当奥运会发生在城市 B 时，那么 A、C 和 D 就是控制组，因为它们（希望）有与 B 相同的基本特征。这是一个必要的条件。事实上，地点和人口之间应该尽可能地接近。[①]

30.1.4 随机实验

自然实验是罕见的，或者在需要的时候可能并不存在。随机实验是由心理学家很久以前发明的，主要用于制药业。在制药业中，个人被随机分配到接受新药（实验组）的人和接受安慰剂（控制组）的人之间。问题还是要确保控制组和实验组具有相同的特征，彼此之间没有接触。[②]

30.1.5 条件估值、支付意愿和接受意愿

条件估值（CV）、支付意愿（WTP）和接受意愿（WTA）无疑是文化经济学家偏爱的方法。WTP 大致包括询问消费者（或生产者）愿意支付多少钱，来避免负面结果或接受正面结果；WTA 会要求赔偿，并询问代理人，如果他们接受负面结果，希望得到多少赔偿，或者如果他们接受正面结果，可能会得到多少赔偿。可以参见舒斯特 2003 年编辑的《文化经济学刊》的特辑以及卡森在该主题所汇总的 7 500 篇文章（Carson，2011）。

戴蒙德和豪斯曼（Diamond and Hausman，1994），以及差不多 20 年后，豪斯曼（Hausman，2012）对这些方法都提出了非常严厉的批判。第一篇论文质疑“有数字（好过）没有数字”；而第二篇论文则认为，条件估值不仅“可疑”，而且“毫无希望”。因此，这场辩论似乎远未结束。豪斯曼（2012）的结论是完全悲观的：“我不指望 CV 的支持者和反对者会同意。经济学和计量经济学有些糟糕的想法，仍然保持着惊人的生命力。”

30.1.6 调查

对一个文化活动的未来、现在或过去参与者的调查，总会得出非常积极的结果。其原因是，在大多数情况下，如果没有补贴就无法组织活动，而且私人和公共资助者都必须确信，活动将来、现在或过去都是有利可图的。举办调查本身不应该受到批评，但是对于使用调查结果的方式却有很多反对意见。

---

① Billings，Holliday（2012）.

② Greene et al.（2014），Lattarulo et al.（2016）.

30.1.7 收集增值税发票

在大多数欧洲国家，增值税至少每月征收一次，但大多数活动不会持续一个月，或者比如说，发生在 7 月 20 日至 8 月 10 日之间。此外，这些数据往往很难从税务部门获得。组织者应该在活动开始前很久就与税务人员取得联系，以确保在活动开始前、中、后的几周内，能够以结果可检查的方式来组织活动。

30.1.8 总结

自然实验以及精心设计的随机实验和时间序列计量经济学优于所有其他方法，应尽可能地使用。所有其他的方法，如条件估值、支付愿意和接受意愿，以及调查（“我愿意支付 100 美元”并不等同于“这是我的 100 美元”），要么方法本身很薄弱（投入产出分析法就很难捕捉较小的影响，如音乐节），要么问答中有着强烈偏见。

收集和分析增值税的收据，特别是如果它们可以区分为“出口”（outlet）类型（酒店、餐馆、出租车、酒吧和咖啡店、旅游商店以及其他商店等）的话，将非常有帮助。通过考虑游客的来源地（城市、地区、外国），利用谷歌趋势数据，就可以很容易地进行调整，以评估活动对经济的短期货币化影响。

30.2 谷歌趋势

谷歌趋势（GT）提供了一个简单的方法，它利用自 2004 年以来寻找事件或目的地信息的访问者的点击量，并根据其来源将可能的“访问者”进行分类。虽然不是每次点击之后都会有一次访问，但我们可以假定这不会影响最终的结果。请注意，对同一人短时间内的重复搜索将被剔除。

在过去的几年中，已经有许多关于谷歌趋势提供的统计可能性，以及通过比较观察到的数据（当谷歌趋势存在时，谷歌点击数就高）获得高相关系数的论文发表。在 2005 年，已经有 64%的旅行者在旅游之前、期间和之后使用搜索引擎（Zheng and Gretzel，2010）。现在这个数字可能要高得多。崔和瓦里安（Choi and Varian，2012）最先使用谷歌趋势数据来预测香港的游客人数。①

---

① 其他参考文献，参见 Robbins et al.（2018），Jun et al.（2018）。

然而，还是有两个问题。首先，数据是以归一化指数的形式提供的，对于特定国家、地区或城市的公民而言，其归一化指数最高取值100，表示搜索给定目的地的最大点击次数。这使得比较不同活动之间的“游客”数量变得困难，尽管并非不可能。[①] 其次，必须使用几个关键字进行搜索，以确保尽可能多地覆盖（但没有不相关的内容）。[②] 例如，我们搜索拜罗伊特·瓦格纳（Bayreuth Wagner）艺术节，就必须键入“Bayreuth Festival + Bayreuther Festspiele + Bayreuth Wagner + Wagner Festival + Wagner Festspiel-Richard Wagner”，其中“+”号加上信息，而“-”号减去信息。我们的经验是建议尽可能多地尝试使用多种语言，但也要尽量避免使用“-”号的重复。

30.3　2011—2016年欧洲文化之都

1985年，欧共体决定每年提名一个欧洲文化之都（European Capital of Culture，ECC），为期一年，在此期间应举办具有强烈泛欧洲色彩的文化活动。自2001年以来，每年有两个城市入选（只有成员国的城市可以参选）。我们的结果描述了2011—2016年欧洲11个文化之都的情况。它们分别是吉马良斯（葡萄牙，2012），科希策（斯洛伐克，2013），马里博尔（斯洛文尼亚，2012），马赛（法国，2013），皮尔森（捷克，2015），里加（拉脱维亚，2014），圣塞巴斯蒂安（西班牙，2016），塔林（爱沙尼亚，2011），图尔库（芬兰，2011），于默奥（瑞典，2014）和弗罗茨瓦夫（波兰，2016）。因此，每年有两个城市入选，除了2015年，我们放弃了蒙斯（比利时），只保留皮尔森（*Plzen*）。[③] 我们的数据集包含2011—2016年欧洲文化之都项目11个不同版本的谷歌趋势得分。[④] 我们在8年的时间里收集了每个举办城市的得分：活动前5年、当年和后2年。例

① 关于相关细节以及如何使用网站，参见 https://support.google.com/trends/?hl=en#topic=6248052（最后访问日期：2019年3月1日）。

② 确实，不可能同时运行5个以上不同的查询。

③ 蒙斯（Mons）是有问题的，因为它在比利时有两个名字：法语的蒙斯和佛兰芒语（Flemish）的卑尔根（Bergen）。卑尔根在荷兰语中也是“山”的意思，如果加以收集的话，就会收集数百万与城市本身无关的陈词滥调。卑尔根也是瑞典一座城市的名字。请注意，即使是皮尔森（Plzen）也是有问题的，因为有一种啤酒（皮尔森啤酒，Pilsner）也带有相同的名字。

④ 我们放弃2017年和2018年，因为我们还想分析活动之后的两年。

如，吉马良斯（Guimaraes）在2012年的活动是从2007—2014年进行跟踪的，而我们则在2011—2018年观察弗罗茨瓦夫（Wroclaw）的点击量。

通过将查询限制在谷歌趋势建议的“旅行”类别，来解决每个欧洲文化之都举办城市的标准化点击问题，即使用城市名为关键词，其次是短语“在×××的城市”，×××是国家的名称，例如，“科希策（Košice），位于斯洛伐克的城市”。这样我们就可以避免处理太多不相关的信息。

附录总结了每个目的地的点击次数。从第二列可以看出，2007—2014年，72个国家中有19个国家的居民点击了吉马良斯，其中葡萄牙获得100分，安哥拉获得4分，巴西获得2分，其他都≤1。[①] 2011—2018年，弗罗茨瓦夫的点击量主要来自10个国家，波兰（弗罗茨瓦夫所在的国家）的得分为100，其他所有国家的得分均≤1。参观人数最多的城市是圣塞巴斯蒂安（第8列），它在29个国家/地区至少获得2分，其中波多黎各得分为25，西班牙得分为93，安道尔得分为100，但是该城市不在西班牙，而是在比利牛斯山脉，即西班牙和法国的边界。马赛（第5列）在22个国家/地区中排名第二，其中留尼汪岛（印度洋上的法国岛屿）得分为70，法国得分为100。

大量的低分和零分表明，尽管欧洲文化之都很大程度上得到了本国和欧盟的补贴，但其他国家，包括它们的欧洲邻国，并不是很愿意参与其中。显然，这意味着被提名国家的GDP几乎不受影响。当然，也有来自国内其他地区或城市的局部影响。表30-1展示了少数几个重要的法国音乐节。虽然有些“访问”是相当重要的，尤其是在著名的艾克斯—普罗旺斯音乐节上，但这些可以被认为是“乞丐邻居效应”：游客在艾克斯—普罗旺斯的花费并没有花在奥弗涅（26）或勃艮第（18）。

表30-1　法国音乐节的谷歌访问者人数

（最大访问量为100人，其余取相对100）

	普罗旺斯的艾克斯	博纳	拉罗克当泰龙	兰斯	圣丹斯	斯特拉斯堡
阿尔萨斯						**100**
阿克基坦	9					
奥弗涅	26					

① 在8年观察期内考虑的11个举办城市中，有72个国家至少被点击一次。

续表

	普罗旺斯的艾克斯	博纳	拉罗克当泰龙	兰斯	圣丹斯	斯特拉斯堡
布列塔尼	8					
勃艮第	18	**100**				
法国大区	23	9	19	28	7	4
隆多	19			79		
洛林						11
米迪—比利牛斯	13					
给加来	8					
庇卡地地区						5
波伊图—夏伦特					**100**	
普罗旺斯—蓝色海岸大区	**100**		**100**	**100**		2
阿尔卑斯大区	38	10		43		3

注：以粗体显示节日的地点和举行节日的法国地区；表中数据为约数。

附录表格中的数字是对每个举办城市 8 年的累计结果，因此可能会错过活动发生的高峰年份及其前后两年（之前和之后）。为了检查这个问题，我们运行了两次回归，一次仅用于针对国家的点击量（举办城市所在国家），另一次用于全球点击量（不幸的是，也包括所在国的点击量）。我们使用 8 个虚拟变量（前 5 年到后 2 年）和 11 个举办城市的虚拟变量来指定回归。基于 88 个观测值（8 年×11 个城市）的回归方程为：

$$N_{ti} = \beta_t + \alpha_i + \gamma + \varepsilon_{ti}$$

其中 N_{ti} 为第 t 年谷歌趋势点击量（t = −5，−4，⋯，0，1，2）[①]，i 为举办城（i=吉马良斯，……，弗罗茨瓦夫）；ε_{ti} 是误差项；β_t 和 α_i 为参数，并提取参考年（事件发生前的第 5 年）与被排除的举办城市（吉马良斯）之间的差异。因此，估计系数表示所有城市和年份的回归截距 γ 之间的差异。回归的结果（全国和全球的点击量）在表 30-2 中得到了再现。

① 0 表示事件发生的年份。

表 30-2　11 个举办城市中谷歌趋势相关点击量的 2 个主要决定因素（2011—2016 年）

虚拟变量	国家	全球范围	虚拟变量	国家	全球范围
时间虚拟变量			举办城市虚拟变量		
比举办年早 5 年	0.000	0.000	古马良斯	0.000	0.000
	—	—		—	—
比举办年早 4 年	-1.970	1.189	科希策	-9.865**	-22.885***
	(3.098)	(3.621)		(3.864)	(3.400)
在举办年之前 3 年	3.341	1.500	马里博尔	3.042	-11.156***
	(2.962)	3.451		(2.530)	(3.302)
比举办年早 2 年	3.061	0.826	马赛	1.875	1.646
	(2.331)	(3.218)		(2.695)	(3.230)
比举办年早 1 年	6.538**	1.136	皮尔森	1.462	2.759
	(2.551)	(3.368)		(3.094)	(4.102)
举办年	8.939***	2.841	里加	9.448***	-1.031
	(2.481)	(3.487)		(2.883)	(3.463)
举办 1 年后	8.331***	0.545	圣塞巴斯蒂安	2.552	-8.271**
	(2.693)	(3.884)		(2.757)	(3.923)
举办 2 年后	10.912***	-0.304	塔林	-4.344	3.365
	(3.587)	(3.700)		(4.499)	(3.707)
			图尔库	5.740*	-7.667*
				(2.926)	(3.885)
			于默奥	1.760	-8.896
				(2.900)	(3.963)
			弗罗茨瓦夫	37.927***	14.083***
				(3.492)	(4.191)

续表

虚拟变量	国家	全球范围	虚拟变量	国家	全球范围
			截距	39.984***	62.262***
				(3.268)	(3.756)
			R^2	0.825	0.694
			观察数	88	88

注：(1) 括号内的数值为稳健标准误差。

(2) ***表示 $p< 0.01$；**表示 $p< 0.05$；*表示 $p< 0.10$。

估计的参数可以解释如下。截距给出了全国和全世界的平均点击次数。它们是非常显著的正数，并不等于0，而且很显然，国家点击量（约40 /100）小于全球点击量（62.3/100）。时间是虚拟变量和举办城市虚拟变量提供了额外的效果，可以是正面的，也可以是负面的。很少非零值，这意味着通常没有额外的影响。

几个时间虚拟变量是正相关的（表30-2左半部分）：全国的兴奋期在活动举办一年前开始，在活动期间会额外增加9个点（40+8.9），并持续两年直至40+10.9。我们不知道这种积极的影响是否会持续更长的时间。没有额外的全球时间效应是非零值。

表30-2的右半部分显示了欧洲文化之都对吉马良斯的影响，这两个回归均参考了举办城市要素。在国家层面，里加（+9.4）和弗罗茨瓦夫（+37.9）是仅有的两个产生明显盈余的举办城市，而科希策（-9.9）的情况则正好相反。除弗罗茨瓦夫（尽管这种影响包含波兰本国的大幅增加，37.9）外，其他城市全球范围内的影响通常是负值或等于零。

对城市的全球影响应该包括时间虚拟变量和举办城市虚拟变量的总和。让我们以里加最为活跃的一年为例。在国家层面，8.9（举办年的时间效应）+ 9.4（举办城市效应），也就是18.3分。同理，全球对弗罗茨瓦夫的影响是8.9+14.1=23分。然而，全国对科希策的综合影响是负面的（8.9-9.9）。

30.4 结　语

只要不对相关数据（如增值税发票）使用严肃的计量经济学方法，如自然实验或精心设计的随机实验，或时间序列方法，谷歌趋势就可以发挥重要作用。它很容易使用，花费一些时间，无须费钱，结果也很容易理解。虽然它不足以涵盖艺术活动的各个方面，但可以帮助降低专家过分的热度，如两个相邻的举办城市，里尔（法国，2004）和蒙斯（比利时，2015），在活动之前就发现其支出乘数高达 5 甚至 6。[①]

参见：

艺术品拍卖；文化统计；评级、评论和推荐。

本章参考：

Billings, Stephen and Scott Holliday (2012). Should cities go for the gold? The long-term impact of hosting the Olympics. *Economic Inquiry*, 50: 754-772.

Brodaty, Thibault (2017). Annulations des festivals d' Avignon et d' Aix-en-Provence en 2003 : des catastrophes économiques locales ? . In Yann Nicolas et Olivier Gergaud. *Evaluer les politiques publiques de la culture*. Paris: Ministère de la Culture.

Carson, Richard (2011). *Contingent Valuation: A Comprehensive Bibliography and History*. Cheltenham, UK: Edward Elgar.

Choi Hyunyoung, Hal Varian (2012). Predicting the present with Google Trends. *Economic Record*, 88: 2-9.

Crompton, John (2006). Economic impact studies: Instruments for political

① See Gergaud and Ginsburgh (2017), Gergaud et al. (2017).

shenanigans? . *Journal of Travel Research*, 45: 67-82.

Crompton, John and Stacey McKay (1994). Measuring the economic impact of festivals and events: Some myths, misapplications and ethical dilemmas. *Festival Management and Event Tourism*, 2: 33-43.

Diamond, Peter and Jerry Hausman (1994). Contingent valuation: Is some number better than no number? . *Journal of Economic Perspectives*, 8: 45-64.

Gergaud, Olivier and Victor Ginsburgh (2017). Measuring the economic effects of cultural events with special emphasis on music festivals. In Victoria Ateca-Amestoy, Victor Ginsburgh, Isidoro Mazza, John O'Hagan and Juan Prieto-Rodrigues (eds.). *Enhancing Participation in the Arts in the EU.* Springer, 2017.

Gergaud, Olivier, Victor Ginsburgh and Yann Nicolas (2017). Google Trends: un outil pour l'évaluation économique d'événements culturels? . In Yann Nicolas et Olivier Gergaud, *Evaluer les politiques publiques de la culture.* Paris: Ministère de la Culture.

Greene Jay, Brian Kisida and Daniel Bowen (2014). The educational value of field trips. *Education Next*, 14: 79-86.

Hausman, Jerry (2012). Contingent valuation: From dubious to hopeless. *Journal of Economic Perspectives*, 26: 43-56.

Humphreys, Jeffrey and Michael Plummer (1995). The economic impact on the state of Georgia of hosting the 1996 Summer Olympic Games. Selig Center for EconomicGrowth.

Jun, Seung-Pyo, Hyoung Sun Yoo and San Choi (2018). Ten years of research change using Google Trends: From the perspective of big data utilizations and applications. *Technological Forecasting & Social Change*, 130: 69-87.

Lattarulo Patrizia, Marco Mariani, Laura Razzolini (2017). Nudging museums attendance: A field experiment with high school teens. *Journal of Cultural Economics*, 41: 259-277.

Matheson, Victor (2008). The effect of the world biggest events on local, regional and national economies. In Dennis Howard and Brad Humphrey (Eds.). *The Business of Sports*, Westport, CT: Praeger Publishers.

Maugham, Christopher and Franco Bianchini (2004). The economic and social impact of cultural festivals in the East Midlands of England Final Report. Arts Council

England.

Négrier, Emmanuel, Aurélien Djakouane et Marie-Thérèse Jourda (2010). *Les publics des festivals*. Paris: Editions Michel de Maule et France Festivals.

Ormerod, Paul, Rickard Nyman and Alexander Bentley (2014). Nowcasting economic and social data: When and why search engine data fails, an illustration. https://arxiv.org/abs/1408.0699.

Plaza, Beatriz (2006). The return on investment of the Guggenheim Museum Bilbao. *International Journal of Urban and Regional Research*, 30: 452-467.

Plaza Beatriz, Anna Gonzalez-Flores and Catalina Galvez-Galvez (2011). Testing the employment impact of the Guggenheim Museum Bilbao via tourism satellite accounts. *Tourism Economics*, 17: 223-229.

Rabin, Carol Price (1990). *Music Festivals in America*. Great Barrington, Mass.: Berkshire Traveller Press.

Robbins Gillian, David Choi and Jason Joven (2018). Google Trends and genius lyrics: The bright side of dark places. https://blog.chartmetric.io/google-trends-and-genius-lyrics-the-bright-side-of-dark-places-227f8de0d1b9 (last consulted on March 3, 2019).

Rolfe, Heather (1992). *Arts Festivals in the U. K.*. London: Policy Studies Institute.

Schuster, Mark, Ed. (2003). Contingent valuation in cultural economics. *Journal of Cultural Economics*, 27: 155-285.

Skinner, Sarah (2006). Estimating the real growth effects of blockbuster art exhibits: A time series approach. *Journal of Cultural Economics*, 30: 109-125.

Silverstovs, Boriss and Daniel Wochner (2019). Google Trends and reality: Do the proportions match? Appraising the informational value of online search behaviour: Evidence from Swiss tourism, *Journal of Economic Behavior & Organization*, 145: 1-23.

Steiner, Lasser, Bruno Frey and Simone Hotz (2013). European capitals of culture and life satisfaction. Working Paper 117, Department of Economics, University of Zurich; available at http://ssrn.com/abstract=2251904.

Zheng, Xiang and Ulrike Gretzel (2010). Role of social media in online travel information search. *Tourism Management*, 31: 179-188.

延伸阅读：

关于谷歌趋势，崔和瓦里安（Choi and Varian，2012）的论文是这个话题的开端，当然值得一读。对过去10年的总结，参见Ju et al.（2018）。奥默罗德等人（Ormerod et al.，2014）的研究显示，搜索引擎也可能失败。最近关于瑞士旅游业的论文，参见Silverstovs and Wochner（2019）。

关于节庆和其他活动的论述参见Frey and Busenhart（1996），关于法、美、英等国的论述，参见Négrier et al.（2010），Rabin（1990），Rolfe（1992），Maugham and Bianchini（2004）。关于欧洲文化之都的分析，参见Steiner et al.（2013）。

附录：

附表1　2011—2016年欧洲文化之都谷歌访问者人数（最大访问量为100人，其余取相对100）

国家（地区）	吉马良斯（葡萄牙，2012）	科希策（斯洛伐克，2013）	马里博尔（斯洛文尼亚，2012）	马赛（法国，2013）	皮尔森（捷克，2015）	里加（拉脱维亚，2014）	圣塞巴斯蒂安（西班牙，2016）	塔林（爱沙尼亚，2011）	图尔库（芬兰，2011）	于默奥（瑞典，2014）	弗罗茨瓦夫（波兰，2016）
阿尔及利亚				11							
安道尔							**100**				
安哥拉	4										
阿根廷	<1		<1	1		<1	4	<1			
澳大利亚			<1	1	<1	<1	3	<1	<1		
奥地利	<1	<1	2	2	2	<1	3	<1	<1	1	
白俄罗斯			<1			1		1			
比利时	<1		<1	11	<1	<1	4	<1	<1	<1	
波黑			2								
巴西	2		<1	1	<1	<1	1	<1	<1	<1	
保加利亚		<1	<1	2	1	<1				<1	

续表

国家（地区）	吉马良斯（葡萄牙，2012）	科希策（斯洛伐克，2013）	马里博尔（斯洛文尼亚，2012）	马赛（法国，2013）	皮尔森（捷克，2015）	里加（拉脱维亚，2014）	圣塞巴斯蒂安（西班牙，2016）	塔林（爱沙尼亚，2011）	图尔库（芬兰，2011）	于默奥（瑞典，2014）	弗罗茨瓦夫（波兰，2016）
加拿大	<1		<1	1	<1	<1	1	<1			
智利	<1					<1	5				
中国								<1			
哥伦比亚				1		<1	3	<1			
哥斯达黎加							4				
克罗地亚			4		<1					1	
塞浦路斯						1		<1			
捷克		1	<1	2	**100**	<1		<1	<1		1
丹麦			<1	1	<1	<1	2	<1	<1	1	
厄瓜多尔							3				
埃及				4							
萨尔瓦多							10				
爱沙尼亚						6		**100**	4		
芬兰			<1	1	<1	1	3	3	**100**	4	
法国	<1	<1	<1	**100**	<1	<1	14	<1	<1	<1	<1
格鲁吉亚								1			
德国	<1	<1	<1	4	1	<1	3	<1	<1	<1	1
希腊			<1		<1	<1	1	<1	<1		
危地马拉							6				
匈牙利		3	7	2	1	<1	1	<1	1		
印度				<1		<1	<1				
伊拉克										<1	
爱尔兰		<1		2		<1	7	<1			1

续表

国家（地区）	吉马良斯（葡萄牙，2012）	科希策（斯洛伐克，2013）	马里博尔（斯洛文尼亚，2012）	马赛（法国，2013）	皮尔森（捷克，2015）	里加（拉脱维亚，2014）	圣塞巴斯蒂安（西班牙，2016）	塔林（爱沙尼亚，2011）	图尔库（芬兰，2011）	于默奥（瑞典，2014）	弗罗茨瓦夫（波兰，2016）
以色列			<1		<1	<1	15	<1			
意大利	<1	<1	<1	2	<1	<1	2	<1	<1	<1	<1
日本	<1			4		<1	<1	<1			
哈萨克斯坦						<1					
肯尼亚										2	
拉脱维亚						**100**		3			
立陶宛						8		3			
卢森堡						1		<1			
北马其顿			2								
墨西哥			<1	1		<1	3	<1			
摩洛哥				4							
荷兰	<1	<1	<1	4	<1	<1	4	<1	<1	<1	<1
挪威				1		1	4	1	<1	2	
秘鲁						<1	5				
菲律宾							1	<1		<1	
波兰	<1	<1	<1	2	<1	<1	1	<1	<1	<1	**100**
葡萄牙	**100**		<1	11		1	6	<1			
波多黎各							25				
罗马尼亚		<1	<1	1	<1	<1	1	<1			
俄罗斯	<1		<1	1	<1	1	1	1	<1	<1	
留尼汪岛				70							
塞尔维亚			1			<1					
新加坡										<1	

续表

国家（地区）	吉马良斯（葡萄牙，2012）	科希策（斯洛伐克，2013）	马里博尔（斯洛文尼亚，2012）	马赛（法国，2013）	皮尔森（捷克，2015）	里加（拉脱维亚，2014）	圣塞巴斯蒂安（西班牙，2016）	塔林（爱沙尼亚，2011）	图尔库（芬兰，2011）	于默奥（瑞典，2014）	弗罗茨瓦夫（波兰，2016）
斯洛伐克		**100**	<1		4	<1		<1			
斯洛文尼亚			**100**		1						
韩国					<1						
西班牙	1	<1	<1	5	<1	1	93	<1	<1	<1	
瑞典			<1	2	<1	1	4	1	2	**100**	<1
瑞士	1	<1	<1	9	<1	<1	5	<1	<1	<1	
泰国						<1		<1			
突尼斯				8							
土耳其			<1	<1	<1	<1	<1	<1	<1	<1	
乌克兰		<1	<1	1	<1	<1	1	<1			
英国	<1	<1	<1	2	<1	<1	3	<1	<1	<1	<1
美国	<1	<1	<1	1	<1	<1	1	<1	<1	<1	<1
乌拉圭							4				
委内瑞拉						<1	1				
越南					<1						

注：欧洲文化之都（这些文化之都所在国均为黑体）。

31 遗　产

弗朗索瓦斯·本哈穆（Françoise Benhamou）

建筑文化遗产经济学在文化经济学领域内占有重要地位。遗产与其他文化商品有一些共同特征，尤其是在独特性，以及被视为优效品方面。由于遗产商品的持久性和不可逆转性，它们也区别于其他文化商品：如果一座历史建筑被改造或者毁灭，它就不能被再创造或恢复原貌。从这方面看，遗产经济学又接近于环境经济学。它们共同关注可持续性，有着与旅游相关的国际需求（见《文化经济学刊》关于旅游和文化的特刊），以及存在一个属于所有人的遗产库的观念。它们通常还受到与气候恶化、污染以及地缘政治动荡相关的威胁。

遗产商品在研究者间会引发复杂的感情。也许因为方法上的诸多困难，关于这方面的出版物不是很多：实证分析缺乏数据，比较研究也由于各国国情的不同而受限。此外，人们普遍支持对其进行公共监管，与此同时，补贴也因效率低下而受到批评。

31.1 定　义

遗产包括不同形式的文化资本，“它体现了社区的社会、历史或文化维度的价值”（Throsby，1997）。本章着重强调建筑遗产的问题，严格意义的不动产包括考古遗址、历史建筑和历史名城中心（或其中的部分）。最低限度的定义是将建筑遗产确定为过去继承下来的建筑物和纪念碑，就文化或历史的维度而言，其保护对下一代来说是合理的，但也有象征意义或文化价值很高的当代建筑，如国际精英建筑师设计的房屋或建筑物。在这个意义上，遗产包括大量的物品，它的定义随着时间和空间而改变，并且取决于概念所包含的各种维度（象征、文化、国家身份认同、社会等）（Chastel，1986）。因此，遗产是一种边界不稳定、模糊的社会建构性概念，其外延有三种来源：历史的附加、将遗产的概念扩大到附加项目（园林、工业建筑等）和有形资产的无形价值。最后一个方面也可以被称为资本价值（Rizzo and Throsby，2006）。它还涉及源自遗产的商标和财产权。最后，有形遗产还有一个无形的维度，可以证明使用商标作为创造价值的方式是合理的。例如，位于法国卢瓦尔河谷（Loire Valley）的香堡酒庄（Chateau de Chambord）就创建了受产权保护的品牌，销售名为香堡酒庄（Chateau de Chambord）的葡萄酒和其他商品。

皮考克（Peacock，1997）赞成贝克瑞恩（Beckerian）对遗产的定义，即"一种增加消费者效用的无形服务，其中历史建筑和艺术品是投入物"。这种定义承认了有某些共同特征的替代品的存在。如果消费者把互联网访问看作是对实际使用的满意替代品，那这个概念的优势就在于，它包含了通过新技术提供的服务。埃瓦尔和克雷布斯（Evard and Krebs，2018）坚持低水平的可替代性，因为对游客的保真性具有更高的价值（Borowiecki，Forbes and Fresa，2016）。

机构的定义（历史建筑的官方名录）与非正式定义正好相反（历史学家或公民认为这应该被保留和传承）。而机构关于遗产的不同定义应该加以区分，这取决于政府的管理水平：从小城市的市长决定修复一个小型乡村教堂，到类似联合国教科文组织的国际组织提供国际人类遗产基础的手工艺品清单（Frey，Pamini，and Steiner，2011；Bertacchini and Saccone，2012；Wuepper and Patry，2017）。2010 年，世界遗产名录收录了 890 项联合国教科文组织认为有非凡价值的遗产。这些商品与公共产品有一些共同特征：决策制定涉及许多国家的保护进展。它们的象征价值超越了一个国家和一代人（Frey and Pamini，2009）。

地方或国家当局可能反对国际性需求。克莱默和索斯比却持相反观点（Klamer and Throsby，2000），保护并不明显，正如我们在 2001 年看到的那样，塔利班破坏了阿富汗的巨型雕塑，但也反复争论关于毁弃和返还部分纪念碑，如同帕特农神庙的檐壁及其在大英博物馆的展示，又或是关于破坏或保护建造于 20 世纪 50 年代城市中心的争议性建筑（Hoffman，2006）。2017 年底，法国总统埃马纽埃尔·马克龙在瓦加杜古（Ouagadougou）宣布，"五年内，非洲遗产的临时或永久性归还条件将得到满足"。萨沃伊和萨勒（Savoy and Sarr，2018）在一份极具争议的报告中指出，在欧洲的主要公共收藏品中至少有 9 万件是来自撒哈拉以南非洲的艺术品，他们建议对这些艺术品进行清点，并转让大部分可以被认领的艺术品。

31.2 文化遗产的特征

文化遗迹和建筑物可以归私人所有，也可以公共所有。不管地位如何，它们都有公共产品的特征。首先，普遍存在不可分割的事实。对于所有消费者而言，公共商品的消费可能是相同的，只要这些纪念物——尤其是其立面——代表了公共的、非竞争的特性。然而，过于拥挤的古迹可能会发生拥堵，使其处于危险之中：退化，威胁着吸引太多游客的建筑，尤其是“超级明星”遗址或古迹（如威尼斯、圣米歇尔山、自由女神像、比萨斜塔、吴哥窟）。声誉随着用户数量的增加而增加，从而产生网络外部效应。本哈穆和塞斯玛（Benhamou and Thesmar，2011）建议略微提高酒店客房的旅游税，并将收入分配到遗产上，以使遗产对旅游业的外部性内在化，并补偿由于大众旅游而导致的遗产恶化。其次，外部性是市场失灵的根源。遗产是传承给子孙后代的财富（遗赠价值）；遗产也对没有为其生产和保护做贡献的公民个人有利；此外，许多经济学家强调了历史古迹对当地活动和旅游业的溢出效应。

最后，排他性并不总是可行或可取的。格列佛（Greffe，2003）提出了是否定价的问题（如果可能的话）。他分析了遗址和建筑的管理，以及价格歧视政策，强调了政策多样性导致政策缺乏透明度。

这些特征构成了对其进行公共资助以纠正市场失灵的有力论据，也论述了仅仅依靠市场力量来保护它们的不可能性（Mossetto，1994；Koboldt，1997）。

31.3 历史建筑的市场价值：一些方法论问题

最大的方法论困难之一就是对供需的评估。评估遗产需求和支付意愿有可操作的工具，条件价值法即评估人们对遗产的偏好。这种基于调查的方法存在不同的偏差，尤其是“搭便车”，这可以用上面描述商品的集体所有性质来解释。瑞士经常举行的公民投票的优点就是，可以将对竞争性备选方案的评估与民主决策结合起来（Frey，1997）。而旅游成本法基于这样一个假设，即前往遗产地的旅游成本（包括时间机会成本）很好地代表了游客的支付愿意。然而，这种方法由于排除非用户而低估了需求。

历史建筑的市场价值的代表就是物业租金。这可能大大区别于其科学价值（作为研究对象）和传播价值（遗产的社会意义、美学和商业价值）；除了土地以外，市场价值为零的财产会有非常大的遗产价值（如乡村教堂）。遗产具有选择价值和存在价值。选择价值是由非用户为保留将来从资产中获益的可能性，而愿意支付的金额所定义的。当个体仅从他们没有直接消费的现存文化产品中获得效用时，存在价值就显而易见了。

享乐定价法在理论上更具说服力。根据这个方法，一座建筑物就被视为诸多特征的组合。考虑到资产的价格可以视为其特征的影子价格的总和，享乐定价法估算了一组具有相同特征，但位于两个不同地区（被列入名录的和没被列入名录的）的建筑物的价值差异。不幸的是，享乐定价法的评估出现了很多困难（Stabler，1995）。

有人认为，在快节奏的社会和经济变革中，国家身份似乎受到时代变迁的威胁，对遗产保护的效用，会随着消费者年龄的增长而增加。因此，需求强度会根据一系列因素（访问、收入、价格、年龄）而有所不同。

被列入名录就意味着需要雇用熟练劳动力，使用稀有且昂贵的建筑材料，所以遗产的恢复和保养费用很高（Benhamou，1996）。这些成本随着遗产存量的增加而增加。可以说没有人能预见时间的考验。考虑到当今消费者偏好会与未来的偏好有明显差别，这种不确定性意味着，要对遗产实施尽可能最广泛的保护政策。但保护的巨大财务压力，又迫使我们从各种各样的可能性和要求之中选择出某个系列的建筑物。这里并存两种标准：一种是客观标准，像建筑物的年代、它的保存现状和紧急状态；另一种是主观标准，如给予遗产商品认可的专家的定义。在主观标准下，就存在传统的自我参照过程的风险（Throsby，2001），因为该标准尚未成熟，专家可能会为了自身利益而强制执行；监管层也有自己的利益取向，也会将其强加给公众；这样一来，像其他公共事业一样，规制俘虏会导致遗产供应过剩。

31.4 规 制

当文化物品的存量很大时，特定物品的边际价值就降低了（Hutter，1997；

Netzer，1998）；这是对意大利保存水平低的一个解释，可能是由于这个国家的保护成本巨大。索斯比（2001）将“软性规制”与“硬性规制”进行了对比。软性规制为相对规模较大的税收优惠和补贴（或简单的协议）提供了可能性，而硬性规制则包括对使用、交换和转换的强制性法律限制。

被列入名录要求拥有者遵守一系列限制，从改建、拆迁方面的限制，到公众专家对工程的监督，再到由经批准的承包商完成工程的要求。此外，许多国家在特定时期，才向公众开放遗产税扣除。法规创造了一种激励机制，以发现文物的存在，并为公众提供服务。但监管也产生了申请补助金的动机：道德风险发生，创造了一种生产超过自由市场状况所能保存的更多遗产的集体倾向（Benhamou，1996）。个体会在不对称的情况下衡量遗产的得失，并因此有了申请保护的自然倾向。保护的社会成本可能远远高于社会需求。

从理论上说，授予一个遗址建筑质量的标志，对其市场价值有矛盾的影响。但1993年在英国做的一项研究，没有发现其商业价值有任何实质性的改变。克莱（Creigh-Tyte，2003）对比了1980—1995年被列入名录的和没被列入官方资产的收益，他推断建于1974年以前被列入名录的财产，等于或超过未被列入的财产。此外，最古老（1945年前）的被列入名录的遗址建筑的资产回报，略高于所有建筑的资产回报。不过，这个调查只涉及办公建筑，而非民居。

被列入名录会产生双重对立性价值效应：象征意义会使其价值更高，而因限制和延迟的机会成本所造成的损失会导致其价值更低。补贴可以弥补这一点。

另一种分析列入名录对市场价值影响的方法是考虑产权分配。不同的人可以拥有同一商品的不同属性（Barzel，1997）。因此，在历史建筑的多重属性中，一些属于私有者，而其他的则必须与公众共享，因为它们是国家集体遗产的一部分。因此，对拥有者的行为实行限制，是为了保护其他公民的权利，并且由于财产的固有遗产性质，公共机构占有部分财产权。正如在大多数国家所观察到的那样，国家和拥有者共同承担恢复已登记遗址的责任。

塞布尔和克林（Sable and Kling，2001）认识到双重公共产品特性：历史资产开始发挥家庭实用功能，并有助于“共享体验”的公共外部性。这种“共享体验”会引起公众的关注，并可能使规制合法化。双重性质的论证更适用于外部，而不是内部；只保护外部的想法产生了一个非常可疑的叫做“外部主义”的保护策略，包括保护外部的完整性和对内部的自由重组，并且拥有者可以自由地处置财产以适应现代生活。艺术史学家通常批判这种做法，因为它意味着文化价值的损失。莫塞托和韦科（Mossetto and Vecco，2001）强调质量问题，他们表明人们希望能让遗产保持几百年基本不变，就像威尼斯一样，而以这样的方式，保护成本将持续增长。重复使用是出于成本考虑，但它始终容易威胁历史遗址的质量。正如鲍莫尔“成本病”情况下的表演艺术，节约成本可能会导致质量的下降。

一个有趣的争论涉及修复的程度。是复制过去的激进式解决方案，还是应该保持不变，以保存不同时期所造成的结构变化？维奥莱·迪克（Viollet Le Duc）著名的建筑理论，就依赖于历史与现代相结合的想法（Leniaud，1994）。这个问题接近于不可转让性问题。当历史建筑为公有时，是否有可能运用市场力量减轻纳税人的负担？同样的问题涉及公共博物馆收藏的艺术品（取消访问）。从这个角度来看，不可移动遗产（提供固定位置服务）的保护问题与可移动遗产有许多共同的方面。

皮考克（Peacock，1997；1998）否认了对建筑保护的不可剥夺权力的存在，这会导致每代人只保护相当于他们所继承的那部分遗产存量。这种跨期再分配问题依赖于这样一种假设，即未来的消费者将承担这种积累的成本。他补充说，没有理由能证明（迫使）当代人，特别是在贫穷国家，在期望的资源替代使用方面，作出隐含的牺牲（这是可以被伪造的），后代会通过牺牲其他形式的有形资本，从历史文物的遗赠中获益（Peacock，1997）。

考虑到国际社会对保护其他国家遗产的关注，这个问题就更加复杂了。根据纳策（Netzer，1998）的研究，在某些情况下，外国人会因为选择价值、存在价值或遗产价值而愿意为文物保护做出贡献。当保护资金仅依赖于本国决策过程时，许多贫穷国家对国际遗产服务的需求就会不足。

31.5 私有 vs 公有；地方 vs 中央

大部分文化遗产仍在私人手中。莫塞托（Mossetto，1994）记录了三种不同水平的保护程度的存在：重复使用、（部分）恢复和保存。在前两种情况下，市场运作良好，然而在第三种情况下，公共监管就不可避免。其中一个具体问题是与前两种情况有关的风险：如果不采取任何干预措施，遗产可能会发生根本变化，并且其长远价值会随着历史特征的丧失而削减。

私有化常被认为是限制公共开支的一种解决办法。无论如何，公共资金都可能是私人资金的补充。公共资金会帮助拥有列入名录的建筑物所有者开展工作，并且维护财产的整体性。因此，私人资金和公共资金并不冲突。也有私人无私奉献的情况，就像管理遗产的非营利机构（如苏格兰和英格兰的国民信托基金）和遗产之友协会。另一种形式的私人利他主义，依赖于在这个领域内志愿劳动者的比例。国家彩票，主要在英国有发展，有助于遗产的融资，喜欢赌博的人减轻了纳税人的负担（Peacock，1997）。这种模式在意大利（1997 年起）和法国（2018 年起）都以不同的方式存在。总之，融资的最终结构取决于环境、外部性的性质和程度。

一些争论强调第二种对立，即地方和中央支持之间的对立。对皮考克来说，由地方当局授权给基金会，将增加个人在决策中的参与。但授权的合法性依赖于有关遗址的类型。西西里岛的一个案例研究表明，权力下放并没有缩小地方选民偏好与决策者偏好之间的差距：虽然行政责任依赖于地方当局，但资金仍来自中央政府（Rizzo，2002）。

31.6 结 语

建筑遗产的经济学不仅仅存在于保护过去的问题。当知识产权介入决策过程时，经济学家帮助决策制定者找出恰当的解决方法。例如，他们讨论了由贝聿铭设计的“卢浮宫金字塔”的每张图片，都为其建筑师提供版税的事实。经济学家重视通过扩大潜在用户的范围来增加古迹市场价值的数字化方法（就像表演艺术的唱片行业）。在全球化和数字化背景下，经济学家应该更多地研究规制对遗产的供求行为的影响。数字化通过催生信息级联（Bikhchandani，Hirshleifer and Welch，1992）改善访问和信息，如卢浮宫 2018 年发布的视频剪辑，开启 90 分钟的“杰伊和碧昂丝的卢浮宫之旅”（Jay-Z and Beyoncé at the Louvre）。技术使访问变得不那么令人生畏，并使收集分散的作品成为可能（Benhamou，2019）。它们是保存被破坏地方记忆的工具（Martinez，2015）。在这个领域还有许多令人振奋的话题有待进一步研究。

参见：

文化价值；非物质文化遗产；政治经济学。

本章参考：

Benhamou, Francoise (1996). Is Increased Public Spending for the Preservation of Historic Monuments Inevitable? The French Case. *Journal of Cultural Economics*, 20 (2): 115-131.

Benhamou, F. and D. Thesmar (2011). *Valoriser le patrimoine culturel de la France*. Paris: La Documentation française.

Benhamou, F. (2019). *Economie du patrimoine culturel*. Paris: La Découverte, 2nd ed.

Bertacchini, E. E. and D. Saccone (2012). Toward a Political Economy of World Heritage. *Journal of Cultural Economics*, 36 (4): 327-352.

Bikhchandani S., Hirshleifer D., and I. Welch I. (1992). A Theory of Fads, Fashion, Custom, and Cultural Change as Informational Cascades. *Journal of Political Economy*, 100 (5): 992-1026.

Borowiecki K. J., Forbes N., and A. Fresa A. (eds.)(2016). *Cultural Heritage in a Changing World*. Springer.

Chastel, André (1986). *La notion de patrimoine*, in Pierre Nora (ed.). *Les Lieux de Mémoire*, 2. Paris: Gallimard, 405- 450.

Creigh-Tyte, Stephen W. (2000). The Built Heritage: Some British Experience. *Recherches Economiques de Louvain*, 66 (2): 213-230.

Evrard L. and A. Krebs (2018). The authenticity of the museum experience in the digital age: the case of the Louvre. *Journal of Cultural Economics*, 42 (3): 353-363.

Frey, Bruno S. (1997). The Evaluation of Cultural Heritage. Some Critical Issues. In Hutter, Michael and Ilde Rizzo. *Economic Perspectives on Cultural Heritage*. London: MacMillan Press Ltd., 31-49.

Frey, Bruno S. and Paolo Pamini, (2009). *Making World Heritage Truly Global: the Culture Certificate Scheme*. Working Paper No. 419, Zurich, Institute for Empirical

Research in Economics.

Frey, B. S., Pamini, P., and L. Steiner (2011). *What determines the World Heritage list? An econometric analysis.* Working Paper, University of Zurich.

Greffe, Xavier (2003). *La Valorisation Economique du Patrimoine.* Paris: La Documentation Française.

Hoffman, Barbara T. (ed.) (2005). *Art and Cultural Heritage: Law, Policy, and Practice.* Cambridge: Cambridge University Press.

Hutter, Michael, (1997). Economic Perspectives on Cultural Heritage: An Introduction. In Hutter, Michael and I. Rizzo (eds). *Economic Perspectives on Cultural Heritage.* London: MacMillan, 3-10.

Klamer, Arjo and David Throsby (2000). Paying for the Past: the Economics of Cultural Heritage. *World Culture Report*, UNESCO, 130-145.

Leniaud, Jean-Michel, (1994). *Viollet-le-Duc ou les Délires du Système.* Paris: Mengès.

Martinez J. L. (2015). *Cinquante propositions françaises pour protéger le patrimoine de l' humanité.* Paris, Rapport au Président de la République.

Mossetto, Gianfranco, (1994). The Economic Dilemma of Heritage Preservation. In Alan Peacock and Ilde Rizzo (eds.). *Cultural Economics and Cultural Policies.* Dordrecht: Kluwer Academic Publishers, 81-96.

Mossetto, Gianfranco and Marilena Vecco, (2001). *Economia del Patrimonio Monumentale.* Venice: ICARE, Universita Ca' Foscari.

Netzer, Dick (1998). International Aspects of Heritage Policies. In Peacock A., ed. (1998). *Does The Past Have a Future? The Political Economy Of Heritage.* London: Institute of Economic Affairs, 135-154.

Noonan, Douglas S. (2003). Contingent Valuation and Cultural Resources: A Meta-Analytic Review of the Literature. *Journal of Cultural Economics*, 27 (3-4): 159-176.

Peacock, Alan, (1997). A Future for the Past: the Political Economy of Heritage. *Proceedings of the British Academy*, 87. Reprinted in Towse Ruth (ed.). *Cultural Economics: the Arts, the Heritage and the Media Industries*, I. Cheltenham: Edward Elgar, 189-243.

Peacock, Alan, ed. (1998). *Does The Past Have A Future? The Political Economy of Heritage*. London: Institute of Economic Affairs.

Rizzo, Ilde (2002). Heritage Conservation. The Role of Heritage Authorities. In Rizzo, Ilde and Ruth Towse. *The Economics of the Heritage. A Study in the Political Economy of Culture in Sicily*. Cheltenham: Edward Elgar, 31-47.

Rizzo, Ilde and Throsby David (2006). Cultural Heritage: Economic Analysis and Public Policy. In Victor Ginsburgh and David Throsby. *Handbook of the Economics of Art and Culture*. Amsterdam: North-Holland, 983-1016.

Sable, Karin A. and Robert W. King (2001). The Double Public Good: A Conceptual Framework for "Shared Experience" Values Associated with Heritage Conservation. *Journal of Cultural Economics*, 25 (2): 75-89.

Stabler, Mike (1995). Research in Progress on the Economic and Social Value of Conservation. In Burman P. (ed.). *The Economics of Architectural Conservation*. York: Institute of Advanced Architectural Studies, 33-50.

Savoy B. and F. Sarr (2018). *The Restitution of African Cultural Heritage. Toward a New Relational Ethics*. http://restitutionreport 2018. com/sarr_ savoy_ fr. pdf.

Throsby, David (1997). Seven Questions in the Economics of Cultural Heritage. In Hutter, Michael and Ilde Rizzo. *Economic Perspectives on Cultural Heritage*. London: MacMillan, 13-30.

Throsby, David (2001). *Economics and Culture*. Cambridge: Cambridge University Press.

Wuepper D. and M. Patry (2017). The World Heritage list: Which sites promote the brand? A big data spatial econometrics approach. *Journal of Cultural Economics*, 41: 1-21.

延伸阅读：

从文化经济学角度对遗产的一般性分析，参见 Rizzo and Throsby (2006)。相关具体分析，参见 Rizzo and Towse (2002), Hoffman (2005)。或有评价研究，参见《文化经济学刊》2003 年第 27 卷。

32 信息产品

迈克尔·哈特（Michael Hutter）

信息产品有着多样化的商品类别。这些产品包括：书面报道，它们以报纸形式捆绑出售；教育或科学内容，它们以书籍或期刊形式销售；此外，还有用于各种符号性和实体性任务的计算机软件和数字化程序，以及能够传输和复制信息包的庞大基础设施网络。文化产品也属于这一类。它们本质上是由象征性内容组成的，这些内容能够刺激玩家的思维，让其获得独特的经历或沉浸式体验。这个描述适用于创意产业所有分支行业的产品：视觉艺术、音乐、文学、电影、遗产的叙事、建筑、设计、时尚和广告的美学词汇、广播格式和视频游戏。

32.1 信息产品的基本属性

区分三种类型的信息产品，有助于建立秩序：第一种是需要其提供关于过去、现在或未来世界某些方面的外部信息，如报纸和科学内容；第二种是处理信息能力的需求，即在全球范围内传输、转换、应用和存储信号；第三种是组织符号的能力，如组织文字、彩色形状和声音等符号，以便激发小说读者、时尚追随者、电影观众或视频游戏玩家内心的信息或体验。当然，也存在混合形式：广告产品就试图将外部信息的实用价值与内部信息的美学吸引力结合起来。

在经济理论中，信息被视为不确定性的对应物。新古典经济学的基础市场模型，假设信息具有完整性。因此，不确定性所对应的是，缺乏未来价格形成的某些特征的信息（Stiglitz，2000）。外部信息产品产生缺失的信息。在其运行中，它们会利用信息处理设备。这些产品生产者的目标是零不确定性，或完美的可靠性。

对于这两种信息产品，都应避免不确定性。减少不确定性的工具是有价值的。然而，对于内部信息产品来说，不确定性有积极的价值。积极的不确定性重视新的、不可预测的价值（Andersson and Andersson，2006）。心灵被激发为令人惊讶的想象力、悬疑小说和富有创造性的叙事（Hutter，2011）。生产者就已知文化产品的新变体和新解释展开竞争。消费者发展出解读和欣赏这些作品的技能（Scitovsky，1986）。

尽管在结构和目的上存在差异，但所有信息产品都由符号、信号和能指——信息的语义要素组成（Shapiro and Varian，1999）。因此，它们具有共同的特征：易于访问、大量复本和变体，以及共享信息代理之间的连接网络。在过去几个世纪里，各种机构根据这些特点不断演变。当前的辩论反映了假设偏向两个方向，这个假设就是市场参与者不需要或不希望获得更多信息。

32.2 访　问

市场交易效率在很大程度上取决于私有产权能否有效界定和执行。众所周知，与特定信息包或“内容”相关的产权很难确立。随着廉价而有效的数字复制和分发手段的出现，这些困难也随之加剧。“访问”而不是“占有”，成为信息经济的基本制度条件（Rifkin，1998）。

这种转变的原因在于信息产品的公共品属性。公共产品的特点就是消费的非竞争性。信息显然不具有竞争性，因为它产生和存储在个体的意识、直接的经验以及可检索的记忆当中。当人类接触到一连串的听觉或视觉感官信号时，就会有理解信息的感觉。

公共物品可以由社区或国家机构提供，就像安全和教育一样。如果访问权限是独家的，它们就可以转变成私人商品，以有利可图的价格出售。排他性可以通过隔音墙，通过使用媒介载体（如书籍和CD），或通过加密来获得。但是，如果能够发现容许访问原始信息包的手段，那么即便生产者或其代理商人为设置障碍，也会受到侵害。因此，非排他性是公共产品的次要特征。

法律规范是补充技术壁垒的社会壁垒。在过去的几个世纪里，人类发展出各种形式的临时知识产权，如专利、版权、许可证和商标。今天，知识产权保护了从软件代码到数据库等各种产品的访问权（Towse and Holzhauer, 2002；Hutter, 2018）。

知识产权所完成的任务，要比实施实体性壁垒的难度更大。完全排斥并不是社会所希望的解决方案，因为它禁止了信息传播的集体利益：可以免费使用的有价值信息，不仅被挡在市场之外，而且也被禁止在共享性网络中自由分发。此外，对意料之外的创新的竞争，需要一个允许“开放获取”当前信息处理和内容的监管环境。在信息产品市场中，自然垄断是技术主导性市场结构，其时间限制取决于更优或至少是有新特性的产品的挑战（Ottolia and Wielsch, 2004）。

制度的政治目标是维持创造者和生产者的利益，与那些可能使用教科书、数字应用程序或流媒体电影的人的利益之间的平衡。因此，版权被构建为暂时性垄断，并受到允许非商业用途“合理使用”规则的约束。然而，权利人极力开展寻租活动是有意义的，如延长保护期和对“侵权”加大惩罚力度。根据美国的法律，版权保护期限已从作者去世后 28 年扩展至 95 年。尽管有这些努力，分享或“盗版”行为仍然猖獗，而且盗版产品也显示出更高的质量（Lahiri and Dey, 2013）。

信息的本质导致我们很难采用一个实体世界所用的财产概念。信息信号与某种意义、内容相联系。这些内容可以是另外一种信息产品，如传输电影的信号；或只是部分内容，如引用、样本和参考文献。连通性对于信息至关重要。新信息只有在与以前信息的关联中才有意义。然而，对著作权的分散式主张与实体物权的独立性是不相容的。支持将信息产品解释为独立私有财产的法律裁决，不可避免地限制了人们访问新的、令人惊艳的内容，甚至限制了这种访问链接的生产。

使用权的非物质性已经导致定价策略的巨大变化，甚至导致了企业法律架构的变化。访问不再需要实物的所有权，因此，购买商品的替代选择变得更为有利。因此，业界已经采用可访问期间的统一费率，并以与访问质量水平和持续期间相对应的费率来出租软件包。由于其完美的流动性，知识产权已经成为信息处理产品主要供应商的利润中心。如果版权或专利持有人的权利在一个国家注册，那么，其在所有国家获得的利润均按最低税率征税。

32.3 丰 裕

市场交换在很大程度上取决于稀缺性的存在。购买者可以访问那些想要使用它的人无法访问的对象或服务。在丰裕条件下，稀缺性就消失了。

信息产品是在复制过程中产生的，而不是通过物质资源的组合或转化。原始信息包——文本或表演——一旦被记录，该记录就可以无限复制。因此，主要生产成本发生于开始阶段，而复制和分发的可变成本将降低。在电子复制情况下，其可变成本接近于零。这种成本结构在实体网络产品中很常见，如铁轨或电线。首先必须安装昂贵的基础设施，但随后的使用却是廉价的，其结果导致“自然垄断”：单一生产商的成本优势使价格远远高于最初投资的成本。

然而，信息的生产与基础设施网络截然有别。这些具有规模经济的行业最终会达到一个临界点，届时将出现拥堵，进而出现稀缺性。它们还使用物质资源来建立和维护网络，因此至少有一些投入会变得稀缺。相比之下，复制行业可以无限地以零成本进行复制，并且永远不受要素生产率下降或要素稀缺所致成本上升的影响（Kelly，1998）。如果复制成本几乎为零，而且对特定商品（尤其是内部信息商品）而言其需求并不确定，那么就有理由认为，生产者会将其产品充斥市场。

文化产品供应还有另外一种丰裕性特征。这种积极不确定性的变化，如图书和电影的情节、音乐的旋律或旅游的事件，使这些产品对于那些寻找新刺激、幻想和惊喜的消费者而言具有吸引力。没有人知道这些由创造者与生产者所创造出的诸多变化中，哪些会取得成功。此外，创造新信息产品的行为还能产生自我满足，无论是在科学、艺术还是娱乐领域。当持续变化和愉快生产的动机结合在一起时，就会导致文化产品的“过度供应”（Throsby and Hollister，2003）。

当海量（flooding）成为主导策略时，消费者的注意力就变得稀缺（Franck，2019）。通过广告和宣传，可以增加成功的可能性。如果商品的成功取决于此类支出，那么就会选择密集推广策略。在体验经济的大多数分支行业中，必须告知大众新产品的推出情况，因而，营销预算要大于生产预算。

处理丰裕的一项更基本的技术就是建立价值等级制度，允许从全部可用体验产品中选择少数的因而也是稀缺的产品。评估机构由此诞生，并附带有了正式的比赛、评级以及其他各种机制（Karpik，2010）。那些做出判断的人，在各自的分支领域积累了声誉资本，这是一种无法购买的信息资本，因为其权威性依赖于分支领域价值尺度的假定独立性。数字记录和分发的新技术，进一步降低了丰裕战略的成本壁垒。然而，对于那些市场价值与其在价值等级所处地位成比例增长的信息产品来说，稀缺性仍然存在。

32.4 依 附

标准经济理论假定存在明显的差别——个人之间的差别，以及生产和消费单位之间的差别。然而，在信息经济中，区别与依附是对立的。信息包通过引用和重复而连接，发送或接收信息的人通过共享语言的网络而相互连接。根据定义，网络是链接和节点的聚集组合。这种联系不仅包括共享的意义，还包括更强烈的依附，如共同的经验或相互的承诺。生产主要是由不断变化的“杂色人等”（motley crews）所构筑的网络组织起来的（Caves，2000），消费则取决于个人相关联的品味社区。

最显著的影响发生在消费方面。首先，存在“网络外部性”的影响：随着用户与越来越多伙伴相互连接，网络效用将以 $U=n(n-1)$ 的速率增长。只有当个体与遥远个体潜在依附的效用达到零时，其增长才会停止。网络效应既解释了所有当前所使用的主要传播媒体的历史需求为什么呈指数级增长，也解释了为什么流量主导的平台盛行于信息产品市场。

相互沟通的个体之间的依附，导致内部信息产品消费网络中的“社会传染效应”（social contagion effect）（Kretschmer et al.，1999）。由于新产品内容质量是不确定的，个人只能谈论各自的经验。而社交可以带来积极的、指数级的反馈（Potts et al.，2008）。有一定量级社区成员偏好的商品，会导致其他成员的“偏好依附”，从而导致“超级明星”市场（Barabasi，2001）。奖励的分配以注意力、复本或收入为单位，遵循非对称的帕累托分布，几乎所有的奖励分配给少数几个可用的对象。在这种分布下，薪酬的均值远远高于中位数，从而歪曲了竞争状况。这种高峰与“长尾”并存的模式（Anderson，2006），对于创意产业是常见的。随着有关新产品的新信息被输入传播渠道，社会传染效应将会减弱。它的效应就像波浪一样，并且由于那些“关注”某种特定体验型新对象的人群的出现，而伴随着短暂的峰值。

用户经常向社区贡献信息内容，因为他们重视其他人对其贡献的反应。用户成为一个“产消者”（prosumer），赢得了其他社区成员的关注和认可。在某些情况下，如在科学领域，所期望的注意力被限制在非常小的同侪圈子内，但对用户效用的影响却足够强大，足以让用户投入资源，来维持和增加注意力流动和声誉状态。在其他领域，数字录音和处理技术的低成本使业余爱好者能够生产出与专业人士相匹敌的信息产品。这些活动是非商业性的，常常在点对点社区中进行，其驱动力来自个人参与。它们危及专业人员的收入，因此容易遭受竞争性攻击，通常是通过侵犯版权的索赔方式进行。

32.5 结　论

访问、丰裕和依附是信息产品的基本特征。虽然信息的稀缺性直到最近才在经济理论中得到承认，但它们已经重塑商业实践。围绕各种信息产品形成的市场，都对应这些基本特征。

文化商品为所有感官提供信息，使消费者享受体验。由于传统意义上的私有产权束面临着分散和相互关联的财产主张的概念冲击，所以对这些公共物品的访问权存在争议。获取人们注意和声望的作品和事件，将会刺激大规模的复制与丰富的变种。他们通过机构获得声誉，而这些机构则允许那些拥有声誉资本的人，赋予和评估其品味社区的新旧产品价值。因此，文化产品的价值体现在两个方面——价格和声誉。

信息处理发生在分发和存储的基础设施中，以及允许在不同信息网络、语言和协议之间转换的算法程序中。信息网络体系结构的垂直层允许针对连续层定制“模块化”产品（Ottolia and Wielsch，2004）。在这样的市场中，不确定性是一种负面属性，生产者的目标就是所有连接和解读的完美可靠性和精确性。连接特定信息层用户的单一网络效率最高，对参与者的网络效应也很强。终端用户购买订阅权以访问信息基础设施，并租用连接应用程序，但他们无须拥有其中部分供自己使用的程序。由于大多数网络及其产品是私有财产，因而所有者能获得垄断利润（Andersson and Andersson，2006）。

外部信息产品通过知识集聚、逻辑、实验证明等多种形式的调查，来减少负面的不确定性。然而，它们也可以用来体验发现的刺激，以及在物质和智力世界中，寻找新解释的那种激动人心的探索。专利和版权规定了对有价值内容的访问权，而其他内容则在公共领域传播。那些提出新发现和新解释的人，在建立自己的评价程序的专门圈子里获得了关注和声望。评价层次结构通过确定特定新发现和新解释的需求，以及对作者服务的需求，来解决丰裕性问题，这些需求产生关于不同等级声望的新信息。

参见:

合同理论和信息产品；创意；批评；文化资本；评级、评论和推荐。

本章参考:

Anderson, C. (2006). *The Long Tail: Why the Future of Business Is Selling Less of More*. New York: Hyperion.

Andersson, A. E. and D. E. Andersson (2006). *The Economics of Experiences, the Arts and Entertainment*. Cheltenham, UK: Edward Elgar.

Barabási, A. -L. (2001). *Linked. The New Science of Networks*. Cambridge: Perseus Publishing.

Caves, R. E. (2000). *Creative Industries. Contracts between Art and Commerce*. Cambridge: Harvard University Press.

Franck, G. (2019). The Economy of Attention. *Journal of Sociology*, 55 (1): 8-19.

Hutter, M. (2011). Infinite Surprises: On the Stabilization of Value in the Creative Industries. in J. Beckert and P. Aspers (eds.). *The Worth of Goods. Valuation and Pricing in the Economy*. London: Oxford University Press, 201-222.

Hutter, M. (2018). Postscriptum: Analyzing Property Rights in the Age of Digital Transactions. *Munich Social Science Review New Series*, 1: 5-16.

Karpik, L. (2010). *Valuing the Unique: The Economics of Singularities*. Princeton: Princeton University Press.

Kelly, K. (1998). *New Rules for the New Economy*. 10 *Radical Strategies for a Connected World*. New York: Penguin.

Kretschmer, M., George M. Klimis and Chong Ju Choi (1999). Increasing Returns and Social Contagion in Cultural Industries. *British Journal of Management*, 10 (S1): 61-72.

Lahiri, A. and D. Dey (2013). Effects of Piracy on Quality of Information

Goods. *Management Science*, 59 (1): 245-264.

Ottolia, A. and D. Wielsch (2004). Mapping the Information Environment: Legal Aspects of Modularization and Digitalization. *Yale Journal of Law and Technology*, 6 (1): 174-276.

Potts, J., S. Cunningham, J. Hartley and P. Ormerod (2008). Social Network Markets: A New Definition of the Creative Industries. *Journal of Cultural Economics*, 23 (3): 167-185.

Rifkin, J. (1998). *The Age of Access*. New York: Tarcher.

Scitovsky, T. (1986). How to Bring Joy into Economics. In T. Scitovsky (ed.). *Human Desire and Economic Satisfaction. Essays on the Frontiers of Economics*. Brighton: Wheatsheaf Books, 183-203.

Shapiro, C. and H. Varian (1999). *Information Rules: A Strategic Guide to the Network Economy*. Boston: Harvard Business School Press.

Stiglitz, J. E. (2000). The Contribution of the Economics of Information to Twentieth Century Economics. *The Quarterly Journal of Economics*, 115 (4): 1441-1478.

Throsby, D. and V. Hollister (2003). *Don't Give Up Your Day Job: An Economic Study of Professional Artists in Australia*. Sydney: Australia Council.

Towse, R. and R. W. Holzhauer (eds.) (2002). *The Economics of Intellectual Property*. Cheltenham, UK and Northampton, MA, USA: Edward Elgar.

延伸阅读:

相关经济理论由于两部著作而有了拓展：安德森和安德森（Andersson and Andersson, 2006）探讨了信息和体验商品市场的垄断竞争的后果；卡尔皮克（Karpik, 2010）从缺乏关于新产品和未知产品的信息是正常的而非例外的这一前提出发，研究了生成预期消费价值可靠信息的策略。

33 非物质文化遗产

蒂齐亚纳·卡西亚（Tiziana Cuccia）

联合国教科文组织2003年签署的《保护非物质文化遗产公约》第2.1条提出了非物质文化遗产的官方定义。就该公约而言，非物质文化遗产是指，“被各社区、群体，有时是个人，视为其文化遗产组成部分的各种社会实践、观念表述、表现形式、知识、技能以及相关的工具、实物、手工艺品和文化场所”。

该定义涵盖了非常广泛的地方文化的物质和非物质表达，它们属于以下领域：“口头传统和表现形式，包括作为非物质文化遗产媒介的语言；表演艺术；社会实践、仪式和节庆活动；有关自然界和宇宙的知识和实践；传统手工艺。”（《保护非物质文化遗产公约》第2.2条）

保护物质性工具和产品不是为其自身，而是作为特殊非物质文化的基本投入或最终产出。值得保护的是植根于当地社区的非物质文化。这里所采用的是人类学意义的“文化”，它包括了那些难以通过编码程序传播的、受知识产权保护的地方隐性知识的表达。

非物质文化遗产（ICH）也被称为活的文化遗产，以强调与有形文化遗产（TCH）的区别，后者是指我们从前辈那里继承并必须为后辈妥善保存的，具有明显普遍价值的古迹和所有手工艺品。就非物质文化遗产而言，代代相传的并不是人工制品，而是它所包含的技能；拥有这些技能的个体是传播的主要手段。然而，他们的行为举止并不是中立的，因为个体要自己重新解释过去的记忆和文化，并受到其所生活环境的影响。因此，非物质文化遗产较之物质性文化遗产更容易耗尽，特别是在全球化背景下。

在本章接下来的部分，我们将检视两者的主要差异，并再次回到联合国教科文组织所采取的方法，这是保护文化和自然遗产以及保护非物质文化遗产公约的基础。按照经济学方法，非物质文化遗产可视为当地的公共产品。我们将讨论威胁非物质文化遗产传承的因素，以及非物质文化遗产作为创造力和创新驱动力及文化多样性的表现所能发挥的作用。最后，我们讨论联合国教科文组织保护非物质文化遗产的干预措施的有效性。

33.1 非物质文化遗产 vs 世界文化和自然遗产

联合国教科文组织缔约国 2003 年签署的《保护非物质文化遗产公约》，不同于 30 多年前（1972 年）签署的《保护世界文化和自然遗产公约》，其差异主要有两个方面：保护对象和有权对保护对象进行价值评估的主体。

1972 年签署的《保护世界文化和自然遗产公约》的对象包括“自然遗产”（即自然特征、地质和地貌形成、自然遗址）和“文化遗产”（即古迹、建筑群和文化遗址）。为了获得国际认可，自然和文化遗产必须“从历史、艺术或科学的角度来看具有显著的普遍价值”。这种普遍的价值必须得到国际专家组织的承认，才能证明这种人工制造物的独特性与保真性。1972 年的《保护世界文化和自然遗产公约》证明，国际社会那些年对可持续发展问题越来越感兴趣；2003 年的《保护非物质文化遗产公约》证明，国际社会日益认识到 21 世纪的全球化风险。

在这两部公约颁布之间的 30 年间，不同类别的文化和自然遗产已被列入《世界遗产名录》（WHL）。起初，只列入单个古迹、历史中心和特定自然遗址；近年来，则包括具有共同建筑的城市和古迹①，自然区域和景观（如意大利的白云石山脉）和具有无形文化底蕴的地区（如法国卢瓦尔河谷的葡萄园景观，匈牙利的托卡伊，意大利皮埃蒙特的朗赫-罗埃罗和蒙菲拉托）。《世界遗产名录》包括的遗址可能是杰出的人工制品，或值得作为原型的人类与自然环境相互作用的例证。它们的文化价值主要是其民族学和人类学成分，而不是美学的成分；但是，它们必须具有物理或有形的方面。例如，在朗赫-罗埃罗和蒙菲拉托遗址的认定中，建筑师所表达的非物质文化共享某种风格，葡萄种植者共享“古老酿酒艺术”，就被认为具有潜在“突出的普遍价值”，但所有这些知识或称“智慧”

① 位于巴西和阿根廷之间的瓜拉尼斯人的耶稣会传教团（Jesuit Missions of the Guaranis），或意大利西西里岛东南部瓦尔迪尼托的巴洛克地区。

(savoir faire) 必须表现在物质之中 (World Heritage Committee, 2014)。联合国教科文组织自20世纪90年代以来所发起的各项计划证明，它对保护非物质文化遗产的兴趣日益增加。

"活的人类宝藏"项目发起于1993年，旨在向具有高超智慧和技能的人给予正式承认，这些智慧和技能是当地现存文化传统和创造天才的表现。

1998年发起的"人类口头和非物质文化遗产代表作宣言"项目，旨在提高当地社区的认知，即认识口头和非物质文化遗产的重要性以及保护和重振的必要性，以及为保护非物质文化遗产建立国家目录并提供法律和行政措施。[①]

2003年《保护非物质文化遗产公约》生效后，这两项活动均告终止，所有这些活动均被列入人类非物质文化遗产代表作名录。它们展示了联合国教科文组织所蔓延的新的敏感性："有形的只能通过无形的来解释。" (Perez de Cuellar, 1996)

因此，2003年《保护非物质文化遗产公约》的目标是人类创造力本身，它可以有许多不同的表达方式；它的突出价值必须首先得到当地社区的认可，并使其认同这些表达方式。

简而言之，世界文化目录识别有形文化遗产（自然资源和古迹）的过程，更多的是基于自上而下的方式，而不同于非物质文化遗产的识别过程，即当地社区选择能够更好地代表自身本地化技能的表达方式。地方社区必须尊重的唯一限制是，选择符合现有国际人权、社区、团体和个人之间相互尊重的要求，以及符合可持续发展路径的做法或表达方式。

33.2 保护非物质文化遗产：一种经济方法

从伦理的角度来看，我们可以说，每一种本土文化的表达，都应该作为人类天赋的表达而加以保留；从经济的角度来看，关键在于确定社会福利最大化的最佳保护水平，必须考虑到任何选择都必须满足预算限制。在实际列入人类非物质文化遗产代表性名录的122个国家的500多份非物质文化遗产表现形式中，考虑了人类创造力的多种不同表现形式。一方面，古老的技术和实践，如干石砌墙技

① 联合国教科文组织在非物质文化遗产领域的其他方案，涉及世界上濒危的语言和传统音乐。

艺、传统的小提琴工艺、地中海饮食和那不勒斯的比萨饼，以及音乐和跳舞[①]等艺术表现方式，为商品的生产与表演艺术的市场交易做出了贡献。另一方面，仪式舞蹈、节庆、嘉年华和宗教庆典，需要当地社区的参与，也是当地文化的代表。

人类创造力的这些不同表达，与市场机制一样，对其保护和评估所能发挥的作用是有限的。市场价格只能反映拥有非物质文化遗产知识的劳动者的使用价值，或者根据文化传统而实现的小提琴、比萨等产品和服务的使用价值。然而，这些产品和服务的整体经济价值还包括不能用市场价格表示的其他组成部分，如期权价值和非使用价值或内在价值。

考虑到期权价值，即个人愿意为自己和/或后代将来可能使用非物质文化遗产所支付的费用，市场价格应该包括溢价，以保证非物质文化遗产未来不可逆转的损失。溢价的规模取决于个人预测非物质文化遗产未来相关性的能力。如果目前没有人知道传统中药或非洲戏剧面具的未来潜在用途，就不会有任何溢价，除非我们采用无悔性标准（no-regret criterion）。例如，没有人知道，古代非洲戏剧面具会成为20世纪初立体主义艺术的灵感来源（如毕加索和布拉克）。

非物质文化遗产的内在价值或存在价值，是一种隐含价值判断的非使用价值：个体欣赏本身就是地方文化身份的表达。宗教庆典、年度的群众活动（如节日、嘉年华等）可以营造“积极的社会氛围”，这是一种无形的资本，它可以产生广泛且积极的有形效果，使个体能够共同生活且享受生活，也就是说，它可以为社会资本的创造做出贡献。内在价值或非使用价值，是一种不可用市场价格表达的公共产品（非竞争性、非排他性）。因此，市场价格低于非物质文化遗产的整体经济价值。就中短期而言，这导致了相对于社会福利最大化数量的供应不足。从长远来看，非物质文化遗产甚至可能消失，这是由于缺乏认为培育行为无用的实践者，以及由于个人和公司的“搭便车”行为，它们只会出于商业目的滥用非物质文化遗产，而不是提供保护。由于这种行为会损害当代和后代人的利益，因此需要公共干预来促进保护，并在越来越全球化的世界中强调其经济价值。此外，有些影响非物质文化遗产生存的内生性机制是长期有效的，我们下一节将对此进行解释。

---

① 雷鬼音乐（reggae）、麦瑞格舞（meringue）、弗拉门戈舞。

33.3 为什么会消失

每当非物质文化遗产作为生产过程的投入时，它都会进行自我更新，而这种更新过程既可以对原有非物质文化禀赋进行自然的更新和丰富，也可以对之前积累的存量起到恶化作用。然而，由于非物质文化遗产可以被视为可再生资源，如林业和渔业，它必须自我繁殖才能生存；因此，非物质文化遗产不应该低于最低的定量和定性阈值，否则就无法实现原始本质的自我繁殖。

社会与经济相互作用会以不同甚至是相反的方式影响传统习俗和仪式：尊重其古老的精神，寻找更多的当代应用，或者丢弃其主要精髓，在标准化大规模生产的商品和服务的过程中利用它们，甚至完全放弃它们，尽管它们能够培养劳动力市场更看重的技能。

语言是非物质文化遗产的典型代表，也是文化遗产的一种传播方式，但只有通过个体间的交流和代代相传，语言才能得以延续。然而，这要取决于说这种语言的人的数量：说这种语言的人越多，这种语言消失的可能性就越小。如果说这种语言的人数濒临最低限度，这种语言的生存就将受到严重威胁。同样的情况也会发生在传统技艺所依赖的默会知识上；只有当它们共享相同的环境，而且这种环境继续珍视这些文物，知识体系才能代代相传，通常由父母传承给子女。如果环境不珍视这些人工制品，或者如果年轻人从父母居住的农村地区，移居到需要其他不同技能的城市中心，这些知识就会永远消失。

因此，非物质文化遗产所面临的主要威胁可以列举三点：首先，它通常是短暂的，而这个特性使其特别脆弱。其次，跨国公司所实施的国际一体化生产流程，试图将本地化非物质文化遗产融入产品和服务提供的不断创新和差异化的过程中，因此，就会不可避免地简单模仿，且不能解释其真正的特质性内容，这些将导致其不可逆的损失。最后，现有社区本身放弃自己的地方性知识和传统，以便学习技能来提高生产力。

我们可以根据与所谓的鲍莫尔“成本病”（Baumol and Bowen，1966）相似的动态经济过程，来解释本地化非物质文化遗产活动从业者数量的下降。参与本地化生产的工匠的劳动生产率增速，慢于制造业工人的劳动生产率增速。由于生产率较低，这种较慢的速度可能会导致当地非物质文化遗产部门的工资和劳动力供应下降，或者导致该部门工资增长高于劳动生产率，从而导致基于当地非物质文化遗产的产品价格上涨。在这两种情况下，本地非物质文化遗产的产品以及产品所包含的非物质文化遗产要素都有可能会消失，这分别是由于劳动力供给不足和需求不足导致的。而且这种损失是不可逆转的。

当然，有形文化遗产和非物质文化遗产都存在过度开发和不可逆转的变质风险，这是普通商品的典型特征。然而，保护有形文化遗产主要是因为其全球的共同之善（common good）的本性，因为它有助于保护人类的杰作。非物质文化遗产主要具有地方的共同之善的性质，它的过度开发是由代际间的竞争造成的，这种行为将当地非物质文化遗产纳入了商品和服务的标准化生产过程，却没有承认“拥有”它的当地社区的任何产权，必然导致滥用。此外，当前的过度开发对当地社区的后代造成了不可逆转的损害，随着非物质文化遗产的消失，后代们就失去了身份的部分构成要素，以及大量本可以更好地用于未来本地生产的本地知识。

我们所指的经济概念，可以为决策者提供有用的建议，帮助他们选择适当的政策工具，来保护和评估非物质文化。非物质文化遗产的共同之善、对其市场价值的低估（如果存在市场价值）及其地方性生产的劳动生产率增长缓慢，都可以成为公共干预的理由。在这种情况下，公共政策可以基于许多不同的工具：通过编制非物质文化遗产特征，来实施不同形式的监管；向非物质文化产品或服务的生产者和/或消费者提供补贴等市场机制；基于非物质文化遗产合理设计当地商品生产者的共同产权（如地理标志）。

哪个层级的政府才能更好地设计和实施政策措施是有争议的。地方政府可以比上级政府更好地监督其非物质文化禀赋；然而，它们可能会采取短视的观点，倾向于过度开发和滥用当地的非物质文化遗产。像联合国教科文组织等国际组织的干预，可以避免地方决策者的潜在偏移，但是它的执行力很弱，正如下文解释的那样。

33.4　非物质文化遗产与文化多样性

在保护世界范围内的非物质文化遗产方面，联合国教科文组织的作用并不是保护具体的非物质文化遗产项目本身，而是整体性地保护全球范围的文化多样性。文化多样性是一个全球性的共同之善，但实际上它也受到全球化的威胁：一方面，由于文化标准化、消费者的同质化需求；另一方面，由于生产过程的标准化和当地社区独特的非物质文化遗产被剥夺。当地非物质文化遗产项目，面临不合时宜或不适当地纳入标准化产品的风险。在世界范围内，非物质文化遗产的每一种表达都有助于增强文化多样性。2001 年通过的联合国教科文组织《世界文化多样性宣言》将保护文化多样性比作保护生物多样性："文化多样性……对人类来讲就像生物多样性对维持生物平衡那样必不可少……"（第 1 条）。打个比方，每种非物质文化遗产就像图书馆里的每本书，这个"图书馆"的价值随着它所包含的书籍数量和种类的增加而增加（Metrick and Weitzamn，1998）。

为了证明保护文化多样性是合理的，我们可以回到前述整体经济价值概念，并回到演化经济学的方法。

直接来自本土化非物质文化遗产的文化多样性，在市场体系中具有使用价值，因为它有助于产品和服务的差异化。例如，大部分商业音乐的灵感来自民族性节奏，这表明不同文化的浸染能够成功催生"创造性表达的熔炉"［联合国教科文组织总干事浦晃一郎（Koichiro Matsuura）对非物质文化遗产的定义］。社会习俗和仪式是旅游吸引物：如果世界各地的社会习俗和仪式都是一样的，那么旅游就会变成一种略显乏味的休闲方式。

因此，文化多样性的存在符合市场体系的利益（Beck，1999）。后现代消费者的需求将商品和服务的生产者推向这个方向：消费者选择产品和服务，不仅是为了购买其功能，也是为了购买其象征价值。消费具有关系价值，这也是消费者在市场和社会关系中区分自己的一种方式（Greffe，2002）。

然而，消费者的选择并不足以保证社会最优的数量、质量和种类。使用价值并不是文化多样性经济价值的唯一组成部分。从演化经济学的角度来看，文化多样性可以被视为社会经济共同体的系统性和弹性属性，正如生物多样性可以被视为生物系统的系统性和弹性属性一样。文化多样性的选择价值，表明了它如何加强社会经济系统对外来冲击的适应能力。"文化变化和多样性，是文化跨界和创造'新文化物种'——唯此才有应对新的选择压力——的先决条件"（Matutinovic，2001）。当前和未来的使用价值在于适应不同的环境，避免正面竞争，有效利用现有资源，并对新的选择压力做出系列反应。此外，如果文化多样性下降到某个阈值以下，就可能出现极端的后果。

所谓的诺亚方舟问题（来自圣经，生动形象地描述了核心问题）表明，社会福利最大化的优先列表和预算约束下的多样性程度，可以基于成本效益方法考虑每个物种（例如，非物质文化遗产的每种表达）的直接收益，和整体基因多样性（例如，非物质文化遗产的每种不同表达）的间接收益。建议采用四种标准来选择要保护的物种，并对其优先等级排序：①物种的独特性，即其独特性的程度；②物种的直接效用；③物种存活的概率；④恢复性干预的费用。

这些一般性标准可用于选择非物质文化遗产，并将其列入代表名录，至少适用联合国教科文组织公约的前三个标准（没有正式提及恢复项目的成本）（UNESCO，2005）：非物质文化遗产代表性对应该物种的特殊性；生存能力对应每种非物质文化遗产表达方式消失的风险级别；而其他方面（例如，确认文化身份的手段、在应用特殊技能和技术素质方面的卓越表现）则对应促成直接和间接效用的不同因素。

实际上，我们不知道将非物质文化遗产纳入目录时哪个标准更为重要。此外，我们不能忽视其他政治经济决定因素可能影响选择。就选择自然和有形的文化遗产的联合国教科文组织的世界遗产名录而言，政治经济方面的考虑确实重要。例如，联合国教科文组织委员会的构成和相关委员会的成员来源国就与此有关（Bertacchini and Saccone，2012；Frey and Steiner，2011；Frey and Steiner，2013）。然而，与有形文化遗产相比，联合国教科文组织关于非物质文化遗产的表达在各大洲的分布似乎更为均衡，这可能是因为该公约签署的时期，联合国教科文组织“以西方为中心”的文化愿景几乎被克服，新兴经济体在国际舞台上获得了重要地位。

33.5 非物质文化遗产与创造力

创造力是创新的动力。激发创造力是一个复杂的过程，它只部分取决于个人的才能；相反，它涉及整个社会。

联合国教科文组织“人类的珍宝”计划对联合国教科文组织非物质文化遗产清单进行了补充，那些拥有演示和创造非物质文化遗产特定元素所需，具有高超的隐性知识和技能的人，被选中来见证他们的活着的文化传统以及当地团体、社区和个体的创造性天才。

然而，对人的认可既不是必要条件，也不是充分条件，因为创造力也有社会成分。这些人必须生活在适当的社会生态系统，在这里他们才可以将知识传递给新一代，并共同努力寻找新的表达，这种表达不仅尊重其所来自的起源和社区，同时能够满足新的需求（Cominelli and Greffe，2012）。

非物质文化遗产的共同之善的特性，及其作为创新驱动力的关键作用，需要政府不同层次的公共干预。

联合国教科文组织作为一个国际组织，介入保护作为整体的非物质文化遗产，是应对保护文化多样性难题的最后机会；它的工具就是列出非物质文化遗产，并监督国家和地方政策。国家层面决策者是选择非物质文化遗产表达的主要责任者，他们更好地代表该国将其提交给联合国教科文组织，但是，我们不能忽视的是，这种选择应该根植于本地的政治权力，而不是全国语境下当地非物质文化遗产的特殊性程度。地方政策制定者主要负责保护非物质文化遗产，他们要做的不仅仅是拿出非物质文化遗产的清单。他们应该意识到非物质文化遗产本地化的经济价值，并支持拥有这种特定知识的个人间的相互合作。地方决策者应支持建立私人机构，以确定必须保护的地方非物质文化遗产的特征，并选择不违背其根源的新的潜在应用。这些机构可以采用地理标志来引入知识产权，以表明产品所整合的非物质文化遗产的真正来源。在受限定的地理区域（地区、自治市、街区）创建所谓“制度性文化街区”（institutional cultural districts）（Santagata，2006），将有助于创造适当的环境来增强“社会创造力”。

33.6 关于政策干预的评论

保护非物质文化遗产比保护有形文化遗产更困难。对于后者，人们可以讨论修复的类型，以便更好地尊重原来的建筑；对于前者，我们很难区分这种生产投入的活生生的自然进化与耗尽非物质文化遗产的机械再生产。联合国教科文组织《保护非物质文化遗产公约》所采用的“保护”（safeguarding）概念，在《保护世界文化和自然遗产公约》中则相应地采用“保存”（preserving）。事实上，联合国教科文组织所扮演的角色，就是帮助当地社区意识到自己的文化身份，确定非物质文化遗产的核心元素，并在国家层面创建清单，以便评估非物质文化遗产的自然进化是否仍然尊重创造者和持有者的期望，即使在一段时间之后（Lenzerini，2011）。就非物质文化遗产而言，联合国教科文组织所采用的清单模式可能受到批判，因为其表达并无可以接受的排名，也不可能有详尽的分类法；

如上文所述，该名单只有在保护整体文化多样性的情况下才能被接受。

然而，联合国教科文组织在保护非物质文化遗产与有形文化遗产方面的行动执行力不是很强。对列入名录（《世界遗产名录》和《非物质文化遗产代表作名录》）的物质和非物质遗产，除特殊情况外，不会给予大量资助。

就有形文化遗产而言，有人已经研究了列入《世界遗产名录》的有效性，包括保护遗址和对遗址所在地区经济增长的贡献，重点是旅游业的吸引力，其结果并不明确（相关综合元分析参见 Yang et al.，2019）。联合国教科文组织所认定遗址的附加值，取决于当地的开发能力，而开发并非总是可持续的。列入联合国教科文组织的名录有时会适得其反，因为它加剧了大众旅游的破坏；而联合国教科文组织的执行能力无法避免这种消极的结果，即使列入名录的地点所需要的管理计划必须建立在环境和社会可持续发展计划的基础上，并接受定期检查。

就非物质文化遗产而言，据我所知，还没有实证研究来评估列入《非物质文化遗产代表作名录》对其保护及其对当地发展的有效性。

《保护非物质文化遗产公约》第 3 条规定："本公约的任何条款均不得解释为：……（b）影响缔约国从其作为缔约方的任何有关知识产权或使用生物和生态资源的国际文书所获得的权利和所负有的义务。"因此，联合国教科文组织的保护行动，并不妨碍世界知识产权组织（WIPO，联合国专门机构，致力于在全世界促进创造力和保护知识产权）的国际行动。保护非物质文化遗产，不能被视为保护人权的有效工具，即使有时区域人权法院通过的判决将非物质文化遗产的丧失解释为对人权的威胁（Lenzerini，2011）。

联合国教科文组织向缔约国提供关于非物质文化遗产保障措施最佳做法的指导（必要时包括法律保障措施），并提供技术援助以建立国家名录。联合国教科文组织通过要求各国必须定期（在登记后每 6 年）提交的报告，监测登记在名录上的非物质文化遗产的国家和地方保障计划；然而，违约的缔约国会到惩罚。联合国教科文组织将非物质文化遗产的管理权下放给缔约国，即便必须涉及更分散的政府层级（地区、省和直辖市）。代表性名录的主要目的是，提高非物质文化遗产的知名度，并使当地社区从文化和经济角度认识到保护的重要性。

到目前为止，政策制定者的兴趣更多地集中在世界遗产名录的遗产或景点方面，相比于非物质文化遗产而言，其标识更明显，更容易识别以便用于旅游目的。然而，从长远来看，作为创新的驱动力，非物质文化遗产可以相互连接并使社区的更大部分群体受益。因此，联合国教科文组织日益重视非物质文化遗产是可以理解的；现在，国家和地方政府也必须意识到它的重要性，并投资于这种创造力资源。

参见：

文化的多样性；遗产；政治经济学；文化遗产监管。

本章参考：

Baumol, W. J. and W. G. Bowen (1966). *Performing Arts: The Economic Dilemma*. New York, USA: The Twentieth Century Fund.

Beck, U. (1999). *What is globalization?*. Cambridge, UK: Polity Press.

Bertacchini E. and D. Saccone (2012). Toward a political economy of World Heritage. *Journal of Cultural Economics*, 36 (4): 5-24.

Cellini, R. and T. Cuccia (2016). UNESCO sites as public goods: comparative experiences in Italy. *Revista de Economia Contemporanea*, 20 (3): 553-569.

Cominelli, F. and X. Greffe (2012). Intangible cultural heritage: Safeguarding for creativity. *City, Culture and Society*, 3: 245-250.

Frey, B. S. and L. Steiner (2011). World Heritage list: does it make sense?. *International Journal of Cultural Policy*, 17 (5): 555-573.

Frey, B. S. and L. Steiner (2013). World heritage list. In Rizzo I. and A. Mignosa (eds.). *Handbook on the economics of cultural heritage*. Cheltenham, UK: Edward Elgar, 171-186.

Greffe, X. (2002). *Arts and artists from an economic perspective*. Paris: UNESCO Publishing.

Lazzaretti, L. and P. Cooke (eds.) (2018). *The role of art and culture for regional and urban resilience*. Abindgon- on- Thames, UK: Routledge.

Lenzerini, F. (2011). Intangible Cultural Heritage: the living culture of peoples. *The European Journal of International Law*, 22 (1): 101-120.

Matutinovic, I. (2001). The aspects and the role of diversity in socioeconomic systems: an evolutionary perspective. *Ecological Economics*, 39 (2): 239-256.

Metrick, A., and M. L. Weitzman (1998). Conflicts and Choices in Biodiversity

Preservation. *Journal of Economic Perspectives*, 12 (3): 21-34.

Perez de Cuellar, J. (1996). Our creative diversity: report of the World Commission on Culture and Development. https: //unesdoc. UNESCO. org .

Santagata, W. (2006). Cultural Districts, Property Rights and Sustainable Economic Growth. In V. Ginsburgh and D. Throsby (eds.). *Handbook on the Economics of Art and Culture*. Amsterdam: Elsevier Science North - Holland, 1100-1119.

UNESCO (2001). *Declaration on Cultural Diversity*. Paris: UNESCO, http: // unesdoc. UNESCO. org .

UNESCO (2003). *Convention for the safeguarding of the intangible cultural heritage*. Paris: UNESCO, https: //ich. UNESCO. org .

UNESCO (2005). *Criteria for inscription on the lists established by the* 2003 *Convention for the Safeguarding of the Intangible Cultural Heritage*. Report of the Expert Meeting, 5-6 December, https: //www. UNESCO. org/culture/ich.

World Heritage Committee (2014). *Vineyard Landscape of Piedmont: Langhe-Roero and Monferrato*. Paris: UNESCO, http: //whc. UNESCO. org/en/list/1390.

Yang Y., L. Xue and T. E. Jones (2019). Tourism-enhancing effect of World Heritage Sites: Panacea or placebo? A meta-analysis. *Annals of Tourism Research*, 75 (1): 29-41.

延伸阅读:

要深入了解被视为非物质文化遗产的不同且相互联系的表达方式和实践，请参阅联合国教科文组织网站的非物质文化遗产部分（https: //ich. UNESCO. org）。增强非物质文化遗产在大萧条时期发挥的作用，作为区域和城市层面的驱动力，相关分析请参阅 Lazzaretti and Cooke（2018）。将非物质文化遗产的维护与文化街区的创建结合，以及将当地非物质文化遗产的保护和创新的适当制度框架联系起来，请参见 Santagata（2006）。

34 中介机构

保罗·迪卡罗（Paolo di Caro）
路易吉·加埃塔诺（Luigi Gaetano）
伊西多罗·马扎（Isidoro Mazza）

中介在许多市场都很常见。中介有助于解决可能阻碍供求匹配的问题。在艺术市场上，画廊是收藏家（买家）和艺术家（卖家）之间的中介。它们具有提高市场效率的功能。首先，它们有助于缩小买家由于缺乏时间和/或专业知识而对艺术家的作品质量判断方面的知识差距。[①] 其次，它们降低了买家的检查和交易成本，这些成本是买家应该承担的，如果他们不得不直接从艺术家那里购买。最后，画廊减少了其所代理艺术家未来的不确定性。通过重新投资它们的利润，画廊得以建立声誉，向买家表明其活动将继续下去，因此，它们将为其所代理的艺术家的成功提供稳定支持。

为了解画廊的运作方式，我们有必要认识到画廊是双边艺术市场的中介，其特点是网络外部性：一边的会员对另一边的用户数量有偏好（通常是积极的）。跨界网络效应的存在是显而易见的，尽管有关艺术市场的经济文献缺乏充分的讨论。艺术家们对那些合作藏家众多的画廊很感兴趣，而藏家们则希望与那些拥有炙手可热艺术家的画廊合作，这些艺术家既有崭露头角的，也有成名已久的。网络效应带来了规模收益的不断增长，这解释了为什么更重要的画廊往往会对所代理艺术家的作品收取溢价。研究画廊所遵循的网络建设策略，有助于了解艺术界的争议问题，尤其是价格问题。考虑到网络，画廊会就其服务水平选择结构性价

① 质量被认为是艺术中难以捉摸的概念，尤其是当我们处理当代视觉艺术时。但是，艺术家、评论家、专家通常会引用一些不成文的规则。这样就有可能通过机构展览或专家（如策展人、评论家、画廊）认可来证明质量，尽管有证据表明他们可能也会犯错（Ginsburgh，2003）。关于如何定义或判定质量的讨论显然超出本章的范围。这里的基本假设是，通过对人力资本积累进行投资（Towse，2006），专家可以确定并最终证明质量。

格（price structure）而不是单一的价格。

本章旨在强调画廊作为艺术家和买家之间中间人的作用，以及它们如何成为做市商。在艺术品经销商中，主要指的是选择、代理和推广艺术家的商业画廊。

34.1 艺术画廊作为中介

有大量的研究调查艺术品市场的交易。定量分析侧重于拍卖销售，这为价格决定因素提供了重要的参考（Mei and Moses 2002；Ashenfelter and Graddy，2003；Ashenfelter and Graddy，2006；Ginsburgh et al.，2006；Mandel，2009；Goetzmann et al.，2011；Renneboog and Spaenjers，2013）。由于缺乏私人交易的广泛数据，人们相对忽视了对艺术画廊在市场上的活动和影响的经济分析。这仍然是一个重要的研究空白，尽管最近已有越来越多的关注（Candela et al.，2012；Etro and Pagani，2012；Prinz et al.，2014；Di Gaetano et al.，2019；Di Caro et al.，2019）。然而，交易商传统上在艺术市场扮演着重要角色，帮助先前不知名的艺术家取得成功，满足收藏家的愿望，促进文化和创意产品的交易。在过去 20 年里，商业画廊的重要性大大提高了。我们注意到世界各地的艺术博览会层出不穷，而许多画廊已经成为跨国公司，它们在不同大洲都拥有豪华的办公室和展览空间，能够维持明星效应并引领潮流。因此，对成功画廊的功能和决定因素进行经济考察，对于我们理解艺术市场的演变和表现至关重要。

我们可以通过观察艺术市场的特定特征来了解画廊中介的相关性，艺术市场很难拥有对称且完整的信息（Caves，2000）。艺术品的质量确实很难确定，尤其是在当代艺术市场，这也是因为它与美学和技术的关系相当可疑，这一点则与过去不同。此外，数字和工业生产在艺术实践中的应用，降低了复制的成本，增加了购买者的不确定性。

一个潜在的买家如果想从众多还没有足够丰富履历的艺术家那里购买一件艺术品，就无法利用潜在的质量信号，如画廊展览、机构展览、媒体报道和价格。在这种情况下，买方面临两个层次的信息不对称。首先，如前所述，买家没有足够的信息在某种程度上确定艺术家的质量。为了减少这种信息鸿沟，买家应该花费大量资源来建立专业知识以辨别质量，并支付搜索成本和交易成本，从而发现和获得高质量的艺术品。在这样一个不对称的信息结构中，消费品表现出质量上的不确定性（Akerlof，1970；Ginsburgh，2003），与此同时，为了应对艺术市场产生的代理问题（Caves，2006），对中介的需求（Viscusi，1978）就应运而生。正如迪·卡罗（Di Caro，2019）等人——以比格莱泽（Biglaiser，1993）以及比格莱泽和弗里德曼（Biglaiser and Friedman，1994）的理论为基础——指出的那样，画廊作为艺术家和买家之间的中介，增加了双方的福利。因此，画廊提高了市场的效率。此外，画廊可以根据艺术家的才能对他们进行分类，而这可能是私人信息。在一个包括逆向选择和道德风险的模型中，迪·盖塔诺等人（Di Gaetano et al.，2019）表明，更富创新精神的艺术家更有可能出现在著名画廊，因为即使他们不是特别多产，也能够因其创新收取溢价，这在那些拥有较少富有客户的较小画廊是不太可能的。这个结果与通常观察的结果一致，即“超级明星”艺术家（他们倾向于将创新与生产力结合起来）通常出现在拥有强大市场力量的顶级画廊，而较小画廊则依赖年轻有为的艺术家。

其次，画廊知晓艺术家的素质或才能，但这并不意味着它一定会把这些信息传达给买家。事实上，画廊可能会歪曲艺术家的素质或隐瞒有价值的信息（如关于艺术家的生活方式或承诺）。这一问题可以通过画廊声誉的重要性来解决。在数量有限买家定期参加的展览会和博览会等市场上，声誉就至关重要。[①] 声誉涉及不同的方面，由此可以用不同的方式来构建。例如，收藏者会有兴趣知道，画廊致力于继续挑选和支持艺术家的工作，而不会推荐那些没有得到充分考察的艺术家。这就意味着，在某种程度上，该画廊将避免通过不遵守与艺术家和收藏家达成的协议，以及歪曲该画廊自身未来的信息，以避免将获得的声誉货币化。然而，如果画廊收取的价格高于竞争对手的，它就会有履行承诺的动机，在这种情况下，它将失去比不履行承诺更高的利润流量。此外，克莱恩和莱弗勒（Klein and Leffler，1981）表明，这种品质保证的价格所获得的利润，将随着质量的提高而增加，并且将不得不投资于专用性沉没投资，如那些代表公司品牌的资产。这样，潜在的竞争者就会被挤出市场。这个结果或许可以解释，为什么画廊愿意为展览制作和开幕派对花更多的钱，甚至远远超过它期望从展览中获得的收入；或者为什么画廊会决定花很多钱来搭建豪华展位，而原本同样数量的展品可以花费更少的支出。

作为中介运营的画廊也对声誉感兴趣，因为这加强了其作为信息供应商的角

① 艺术品收藏家通常渴望分享自己的观点和经验。还有一家名为 Larry’s List 的公司，提供采访并收集有关当代艺术收藏家的数据。

色，并有助于确立画廊在艺术市场上的突出地位。普林茨等人（Prinz et al.，2014）展示了画廊如何成为做市商，因为它们在预测未来趋势方面具有创新能力。特别是，如果画廊对后来成功的创新艺术家进行长期投资，这个画廊将获得独特的声誉，因为它在这些艺术家成名之前就进行了投资。因此，如果艺术作品的内在价值依赖于集体的审美品味，那么当收藏者观察到画廊的成功高于平均水平时，他们会认为这些信息比自己的品味更有价值。一个设法创新的画廊，可以引发“成功孕育成功”的信息瀑布。[①] 有趣的是，最初对创新的成功投资创造了一个信号，即画廊能够预测未来的成功趋势，画廊的选择将被策展人、收藏家、其他画廊，甚至艺术家自己所追随。因此，画廊将能够通过它所做的选择，来确定关于未来趋势的自我实现式预言。

34.2 双边艺术市场中的中介

将画廊定义为双边市场的平台，这是分析艺术市场中介角色的有趣框架。双边市场的特征就是存在交叉外部性（间接网络效应），即一组机构在某个市场的效用取决于其他机构对相同服务（或商品）的消费（Armstrong，2006；Armstrong and Wright，2007；Caillaud and Jullien，2003；Rochet and Tirole，2003；Rochet and Tirole，2004；Rochet and Tirole，2006）。

事实上，当艺术家选择画廊进行展示时，除了支付画廊的费用外，她还会考虑使用该平台的潜在买家的数量。换句话说，艺术家对于平台（画廊）的选择取决于相反的网络规模。由于平台一侧的规模受到向另一侧收取价格的影响，所以在双边市场中，对于某个机构的效用取决于这两个价格。

除了间接的网络效应外，也应该考虑直接的网络效应（也称为同侧效应），即位于平台一侧机构的效用取决于市场同侧机构的数量。例如，画廊中展出的艺术家数量可能（积极或消极）影响其他艺术家的效用。举例而言，展示同一个“流派”的艺术家，可以在艺术界创造更强的存在感，从而为艺术家创造价值（积极的直接网络效应）。另外，艺术家可能会受到其他艺术家在相同画廊出现

---

① 普林茨等人（Prinz et al.，2014）指出，这个结果与网络中的择优选择程序（preferential attachment process）所决定的内容具有相似性。对画廊和参加巴塞尔艺术博览会之间联系的网络效应分析请参见 Baia Curioni et al.（2005）。

的负面影响，因为他们出售自己作品的机会更小（负面的直接网络效应）。

因此，画廊必须定义一个考虑直接和间接网络效应的价格结构。请注意，间接网络效应的存在影响了平台的定价结构，即由于平台一侧的规模会影响到另一侧，平台一侧价格的降低会对另一侧产生积极的影响。平台两侧之间存在交叉补贴，即画廊降低一侧的费用或补偿，使另一侧的会员正外部性内在化。总的来说，考虑到双边市场的定价策略，每个平台提供商都会试图平衡价格，以鼓励双方都参与进来，这意味着向双方收取的价格都是共同确定的。因此，考虑到平台的战略，价格结构与价格水平同样重要。

当将画廊视为平台时，就可以举出更多的例子。主要收藏家可能会比其他人享受到更大的折扣，或者获得诸如免费酒店住宿、参观和香槟早餐等收益，原因有两个：①买家的影响力越大，画廊的吸引力就越大（正面的间接网络效应）；②有影响力的收藏者，会吸引其他买家（正面的直接网络效应）。此外，画廊可以接受在亏损的情况下实施项目，以吸引更多重要的艺术家参展，并吸引更多的收藏家。

一个重要的结果是，当间接的网络外部性足够强时，价格可能变成负的。就与画廊的关系而言，这是艺术家和主要收藏家的利益和好处。

由此产生的问题涉及艺术市场中介机构的特殊特征。如前所述，画廊可能在艺术家信息不对称的情况下发挥作用。因此，当将画廊视为平台时，网络外部性不仅与艺术家的数量有关，还与艺术品的质量有关。由于艺术品价格可能是质量的信号，价格结构应该考虑这些影响。然而，如果平台的一侧价格水平太低（因为这将是质量差的信号），则将影响平台另一侧的价格。

在考虑相互竞争的画廊时，就有必要分析多宿主的可能性，即在平台不是独占的情况下，允许用户采用两个或多个平台。收藏家通常都是这种情况，他们可以在多个画廊购买；艺术家也可能是这种情况（取决于是否存在排他性）。在双边市场中，平台一端的多宿主会影响另一端的竞争。

当市场的一端流行单宿主（例如，如果市场上普遍为艺术家建立排他性合同）时，市场另一端的平台之间的竞争就会更激烈。例如，画廊倾向于吸引更有影响力的收藏家，以吸引那些签订独家合同的艺术家。然而，如果多宿主对艺术家来说也很普遍，那么画廊就要通过更多的激烈竞争来吸引艺术家。考虑到这些不同的影响，导致了几种将画廊作为平台的动态场景。

考虑间接网络效应（由于艺术家和收藏家数量更多的积极影响），如果画廊增加了展出的艺术家数量，却未能吸引收藏家，它可能正经历一个停滞和衰落阶段。这是由于价格结构应该补救如下的事实，即收藏家那边没有回报，而艺术家那边又过多过滥。艺术家倾向由于没有销售和负面的直接影响（挤出效应）而离开画廊。这是间接网络效应弱的情形，而这种情形是无法吸引收藏家的。

当画廊增加艺术家的数量，但吸引收藏家的艺术家却寥寥无几，就可能会出现两种结果，这要取决于画廊是否有能力留住极具吸引力的艺术家。这确实是大中型画廊成功的关键，即它们能够吸引并保持那些备受欣赏的艺术家，而这种能力的缺乏则导致画廊的衰落。当画廊成功地增加了艺术家之后，就能吸引足够多的收藏家，并引发上升的螺旋，从而导致画廊的成功。

34.3 结　语

本章说明了画廊在艺术市场中所起中介作用的关联性。这里所回顾的经济文献虽然有限，但是却提供了有用的见解，以提高我们对艺术市场功能的理解。在这样一个框架下，即买家对艺术家的质量知之甚少，而且存在搜索成本和交易成本，画廊作为中介就能充当质量认证机构，它的存在对艺术家和收藏家都有好处。在这种背景下，它强调了声誉和创新对画廊成功的关键作用。特别是，经济分析表明，创新艺术家为什么往往集中在顶级画廊，以及对他们的早期发现如何内生地壮大画廊的势力，从而影响未来的市场趋势。正如经验观察所表明的那样，这个分析试图揭示为什么画廊对艺术家成功有影响（Fraiberger et al., 2018）。为了更好地理解画廊在决定价格时所遵循的策略，还需要进一步的研究。在此我们建议，通过应用双边市场研究所得出的理论，可以发现很多有趣的结果。

参见：

艺术品拍卖；艺术品经销商；平台。

本章参考：

Akerlof, G. A. (1970). The Market for Lemons: Quality Uncertainty and the Market Mechanism. *Quarterly Journal of Economics*, 84 (3): 488-500.

Armstrong, M. (2006). Competition in two-sided markets. *The RAND Journal of Economics*, 37 (3): 668-691.

Armstrong, M., and Wright, J. (2007). Two-sided markets, competitive bottlenecks and exclusive contracts. *Economic Theory*, 32 (2): 353-380.

Ashenfelter, O., and Graddy, K. (2003). Auctions and the price of art. *Journal of Economic Literature*, 41 (3): 763-787.

Ashenfelter, O., and Graddy, K. (2006). Art auctions. *Handbook of the Economics of Art and Culture*, 1, 909-945.

Baia Curioni, S., Forti, L., and Leone, L. (2015). Making visible: Artists and galleries in the global art system. *Cosmopolitan canvases: The globalization of markets for contemporary art*, 55-77.

Biglaiser, G. (1993). Middlemen as experts. *The RAND Journal of Economics*, Vol. 24 (2): 212-223.

Biglaiser, G., and Friedman, J. W. (1994). Middlemen as guarantors of quality. *International Journal of Industrial Organization*, 12 (4): 509-531.

Caillaud, B., and Jullien, B. (2003). Chicken & egg: Competition among intermediation service providers. *The RAND Journal of Economics*, 34 (2): 309-328.

Candela, G., Castellani, M., and Pattitoni, P. (2012). Tribal art market: signs and signals. *Journal of Cultural Economics*, 36 (4): 289-308.

Caves, R. E. (2000). *Creative Industries: Contracts between art and commerce.* Cambridge: Harvard University Press.

Caves, R. E. (2006). Organization of arts and entertainment industries. *Handbook of the Economics of Art and Culture*, 1, 533-566.

Di Caro P., Georgalos K., Mazza I., Schram A. (2019). Art galleries as informed experts: an experimental study. *Mimeo.*

Di Gaetano, L., Mazza, I., and Mignosa, A. (2019). On the allocation of talents in the contemporary art market. *Journal of Cultural Economics*, 43 (1): 121-143.

Etro, F., and Pagani, L. (2012). The market for paintings in Italy during the seventeenth century. *The Journal of Economic History*, 72 (2): 423-447.

Fraiberger, S. P., Sinatra, R., Resch, M., Riedl, C., & Barabási, A. L. (2018). Quantifying reputation and success in art. *Science*, 362 (6416): 825-829.

Goetzmann, W. N., Renneboog, L., and Spaenjers, C. (2011). Art and money. *American Economic Review*, 101 (3): 222-226.

Ginsburgh, V. (2003). Awards, success and aesthetic quality in the arts. *Journal of Economic Perspectives*, 17 (2): 99-111.

Ginsburgh, V., Mei, J., and Moses, M. (2006). The computation of prices indices. *Handbook of the Economics of Art and Culture*, 1, 947-979.

Klein, B., and Leffler, K. B. (1981). The role of market forces in assuring contractual performance. *Journal of Political Economy*, 89 (4): 615-641.

Mandel, B. R. (2009). Art as an investment and conspicuous consumption good. *American Economic Review*, 99 (4): 1653-1663.

Mei, J., and Moses, M. (2002). Art as an investment and the underperformance of masterpieces. *American Economic Review*, 92 (5): 1656-1668.

Prinz, A., Piening, J., and Ehrmann, T. (2015). The success of art galleries: A dynamic model with competition and information effects. *Journal of Cultural Economics*, 39 (2): 153-176.

Renneboog, L., and Spaenjers, C. (2013). Buying beauty: On prices and returns in the art market. *Management Science*, 59 (1): 36-53.

Rochet, J. - C. and Tirole, J., 2003. Platform competition in two - sided markets. *Journal of the European Economic Association*, 1 (4): 990-1029.

Rochet, J., and J. Tirole (2004). Two-Sided Markets: An Overview. Mimeo, IDEI University of Toulouse.

Rochet, J. - C., and Tirole, J. (2006). Two - sided markets: a progress report. *The RAND Journal of Economics*, 37 (3): 645-667.

Towse, R. (2006). Human capital and artists' labour markets. *Handbook of the Economics of Art and Culture*, 1, 865-894.

Viscusi, W. K. (1978). Quality certification. *The Bell Journal of Economics*, 9 (1): 277-279.

延伸阅读：

关于艺术品拍卖，参见 Ashenfelter and Graddy（2006）；关于画廊，参见 Prinz et al.（2015）；关于当代艺术市场中的才华，参见 Di Gaetano et al.（2019）。

35 全球贸易

冈瑟·舒尔茨（Günther G. Schulze）

文化商品市场是国际化程度最高的市场之一——我们可以在纽约欣赏凡·高的画作，大型埃及艺术作品集在柏林展出，伊莎贝尔·阿连德和托马斯·曼的书籍在欧洲和美洲流行，甲壳虫和麦当娜的CD光碟售往全世界，好莱坞的电影风靡全球。但是这种现象并非一致的，美国电影在欧洲的市场份额比欧洲电影在美国的市场份额高出很多，可以很公正地说，波普艺术比起传统的爪哇画作对欧洲文化有着更大的影响。这是为什么呢？什么决定文化商品的贸易模式？

贸易理论解释了为什么某些商品的卖方（大多数生产者）居住在与这些产品的买方/消费者不同的区域。为了理解这种贸易模式，我们需要知道什么决定了国外艺术产品的需求与供给，即什么决定了国外艺术产品的消费，并在什么条件下生产文化商品。在这两个方面，文化商品均区别于其他大多数产品。①

35.1 国际市场的文化商品需求

对文化产品的需求具有文化产品消费积极成瘾特征。这种想法可以追溯到阿尔弗雷德·马歇尔。他写道："因此，边际效用递减规律也不例外。一个人听到的优秀音乐越多，他对音乐的品位也越高。"（Marshall，1962）文化消费的边际效用随着鉴赏（一个特别的形式）文化商品能力的提升而增强，这是过往消费

---

① 下面两节基于舒尔茨（Schulze，1999）的分析。有关文化产品贸易的规范性问题，参见 van Hemel et al.（1996），O'Hagan（1998，ch. 4.6），Iapadre（2014）。

的一种功能（Stigler and Becker，1977）。在文化商品消费的过程中，如欣赏佛兰德的画家或者法国黑色电影，艺术独有的消费资本就建立起来。文化消费的边际效用随着消费资本的增加而提升，并随着时间的推移而上升。这导致人们对于特定文化商品的实际需求发生变化，而文化商品价格与居民收入却没有任何变化。关于艺术消费的成瘾效应的实证证据十分丰富（Smith，1998）。贝克尔（1996）区分了消费资本的两个部分：个人资本，它是由过去消费和其他有关的个人经验形成；[①] 社会资本，则体现了他人对个人效用的影响，也就是说同行或者其他相关者的影响。个人对其所处社会环境的选择，对于社会资本的影响有限。部分社会资本就是天生赋予个人的文化资本（Throsby，1999）。

在国际化的环境下，这种积极成瘾的概念有两个含义：其一，只要人们还没有为这个不熟悉的艺术形式积累足够的消费资本，他们就认为国外文化商品价值更低；其二，社会资本也像其他同行一样并不发达。这种相对于国内艺术而言的文化折扣限制了贸易水平——国家间文化越相近，相关消费资本间的差异越小，则双边艺术贸易就越大。这种文化折扣可能是不对称的。一个国家会为他国文化积累消费资本，但是其他国家则未必如此（或者说不必做到相同的程度）。消费资本积累得越多，其未来的积累也就越容易，直到外来文化商品成为本国文化的部分（后文详述）。与此同时，贸易水平就会不断提升，并保持在较高的水平，这就描述了文化产品贸易的滞后效应。这些论证表明艺术贸易水平是文化相似度的正向函数，当前贸易水平是过去贸易水平的正向函数。但这仍然不能预知文化贸易的模式，我们需要从国际市场文化商品的供给角度加以观察。

35.2 文化商品供给的分类

文化商品包括各种各样的产品，诸如雕刻、雕像、原版画、CD、DVD、书籍、电影、电视、印刷品，等等。从经济学的视角来看，它们可以被分为两类：[②] 一类是独一无二的文化商品（如原画作、雕刻、古董）；另一类是可复制的文化商品（如录制音乐和电影，文学等）。

---

① 这包括与他人的互动，这有助于解释超级明星的出现，参见 Schulze（2010）。

② 如果乐队或剧团出国巡演，我们就不考虑音乐会、戏剧等现场演出，因为这些都是在国际上可以交易的服务。我们也不考虑国际文化旅游，这也是国际服务贸易。

可复制文化商品的生产需要两个步骤：原创阶段，即艺术家创作蓝本（手稿、原始记录、电影的母本）；复制阶段，母本在不断增加规模回报和市场化的情况下被以工业化方式进行复制。[①] 艺术家（音乐家、作家、演员）和复制原作的公司（音乐唱片公司、出版商、电影制作商）并不需要同属一个国家，因此就会产生第一次国际交易，即以版税或费用形式支付的国际艺术服务。第二次国际交易发生于对原作品进行产业化生产的公司与消费者（主要市场）之间。[②] 由于这些文化产品具有差异性，又是在强大的规模经济下生产的（国际贸易），因此我们可以通过迪克西特·斯蒂格利茨（Dixit-Stiglitz）的垄断竞争模型来解释（Wong，1995，ch. 6）。

相比较而言，原创性画作、雕刻和素描等以单纯原创性步骤创作出来，不存在规模经济。它们独一无二且流传久远，因此价格昂贵，这使得它们具有价值贮藏功能，并创造了一个强大的二级市场，即介于过去和未来消费者之间的市场。这些商品价格明显大幅度上涨证明，一级市场对二级市场库存的增加，不足以满足这些收藏家不断增长的需求，因此二级市场主导了一级市场，其部分原因是旧艺术品库存和新产品之间的替代性较低，这使得艺术作品的国际贸易由需求决定，因为卖家和买家都是消费者，这也使得艺术品贸易区别于其他商品贸易。

联合国贸易和发展会议（UNCTAD，2018）发布的《2018 年创意经济展望》（*Creative Economy Outlook* 2018）提供了创意产品的国际贸易数据，这是一个比文化产品更宽泛的概念。根据这份报告，世界创意产业产品和服务出口价值从 2002 年的 2 080 亿美元增加到 2015 年的 5 090 亿美元，且 2003—2015 年以每年 7. 3%的速度快速增长（UNCTAD，2018）。创意产品出口包括设计（占世界出口的 62%）、新媒体（8%）、视觉艺术（11%）、出版（7%）、视听（4%）、工艺品（7%）和表演艺术（1%）。除了按产品类别划分的国际贸易数据存在不足，这些数据还有重大缺陷，因为有些成员国并不报告创意产业服务贸易的数据。由于缺乏版权统计数据，因而也缺乏专门针对创意产业的版税数据，而且通过互联网交易数字化创意内容（音乐、电影、书籍）也缺乏记录。因此，上述数据严重低估了创意产品的交易量。尽管这份报告是最新的，但它的统计数据中包括了许多与文化无关，但与创意产业相关的活动，因而对于那些动态发展的电影、音乐和

---

① 第二步可分为按照功能定义的子步骤（生产、融资、营销、分销），见“可复制文化产品的贸易”。

② 这并不排除可能的中介机构，如外国出版商，所以国际贸易也可以在生产者和外国中介机构之间进行，而随后的销售也是在中间机构和消费者之间进行的。

文学市场而言，就存在很大的差距。

35.3 独特艺术的贸易

独特艺术的贸易是需求驱动的，而这种需求反过来又是收入水平的函数，因为艺术作品就是奢侈品。需求也依赖于文化上的相似性，它对艺术品贸易的影响比对贸易总额的影响要大。舒尔茨（Schulze，2002）用引力模型比较艺术品交易的模式与总体制造业贸易模式，这个模型将双边贸易总额与国家的大小（由GDP衡量）、两个国家之间的地理距离、收入水平（人均GDP），以及拥有共同边界、共同语言、从属相同贸易区等虚拟变量联系起来。

其发现与理论上的预测是一致的：艺术品进口国的人均国内生产总值（GDP）的影响明显强于贸易总额，这说明需求的收入弹性更高。同时，也捕捉到文化接近性的变量——距离和共同的语言——相比于在总体贸易方面的影响而言，在独特艺术贸易方面发挥着更为强大的影响。人们与邻近文化有着更紧密的联系，并且为之建立更多的消费资本；同样，一种共同的语言不仅促进文化交流，而且往往与共同的（主要是殖民地的）历史有关。结果表明，如果人们有共同的语言，人们交易的艺术作品数量是没有共同语言情况的5倍，是共同语言因素对贸易总额影响的2.5倍。①

35.4 可复制文化商品的贸易

独特艺术的贸易具有特殊性，这不仅是由于其特殊的需求特征和文化相似度的重要性，还因为艺术品是唯一一种二级市场主导一级市场的产品，而后者不适用于可复制的艺术品。对于这些商品来说，文化折扣同样重要，这指的是艺术家（生产的第一步）和消费者所接触的文化不同，而不是再生产的国家不同。再生

① 其他结果是：艺术品贸易与GDP的增长成正比，同属共同贸易区显著地增加了贸易共同的边界，唯一的例外是古董和科学收藏品，它们属于同一行业类别。

产的特点是规模经济强大，一旦手稿写完，再复制这本书就很便宜。这就解释了为什么特殊文化商品的生产往往集中在一个地方。与此同时，许多文化商品在公司层面上具有很强的范围经济性，因为固定成本的很大部分不仅与特定产品（特定 CD）的生产过程有关，而且与生产类似产品（一般的 CD）有关：只有用于生产许多类似产品时，生产设施（CD 生产厂）和分销网络才会有效。这就解释了唱片公司、电影制片厂和出版社的存在。此外，行业层面可能存在规模经济，根据行业的不同，规模经济可能是本地的、国内的或国际的。

近年来，相关论文分析了文化商品贸易在福利和偏好形成方面的作用。特别是，他们质疑普遍接受的自由贸易假设是否可以无条件地用于（工业生产的）文化产品贸易。弗朗索瓦和范伊普塞勒（Francois and van Ypersele，2002）发现，如果商品是在大规模经济条件下生产的，并且参与贸易的国家偏好存在强烈的异质性，那么文化产品的关税可能会带来福利的提升。例如，如果法国对好莱坞电影征收关税，好莱坞电影的市场份额就会下降，其价格就会上涨，法国电影以及美国独立电影（风格导演）在各自国家获得更大的市场份额将会变得可行。如果大多数法国消费者对本国电影的评价更高，美国消费者对非好莱坞电影评价更高，即两国对好莱坞电影的评价是相似的，那么两国的总体福利将会上升，进而整体的消费者租金就会上升。

雅内巴（Janeba，2007）没有假设规模经济，而是在规模报酬恒定的标准李嘉图贸易模型中分析了贸易效应，但在消费文化商品中，他假设存在正的网络外部性：如果更多的人消费和他们一样的文化商品，人们的生活就会更好。[①] 他指出，在特定的贸易中，与自给自足相比，贸易可能会降低一个国家的福利：因为贸易改变了网络商品的相对价格，人们可能会转向进口的网络商品，从而使国内文化产品消费者的利益由于价格和用户基数的恶化而受到损害。一个国家的福利可能会（也可能不会）随着文化商品的自由贸易而下降。劳赫和特林达迪（Rauch and Trindade，2009）将消费的网络外部性与生产的规模经济相结合，通过差异化文化商品的两国模型表明，如果文化折扣不太大，而规模差异足够巨大，那么其中较小国家的文化商品可能会消失。文化全球化因此进一步强化了在标准的赫尔普曼—克鲁格曼（Helpman-Krugman）贸易模式中的本土市场效应。文化全球化的扩散——文化折扣的减少——减少了文化商品多样性，导致了更高

① 梅里茨（Melitz，2007）展示了在一个一体化的世界中，市场力量如何倾向于优先将占主导地位的英语翻译成其他语言，从而降低了世界文学作品对所有相关国家的负面福利影响。

的网络外部性;[①] 与此同时，未来文化商品的质量也在下降，因为它是建立在两国现有品种数量的基础上的，而这些品种都是不完全的替代品。因此，全球化的福利效应是模棱两可的。

巴拉和范隆（Bala and Van Long，2005）采用演化方法分析了文化产品的相对稀缺性或丰富性以及由此产生的价格水平，如何塑造几代人之间形成偏好。其研究表明，在自给自足的情况下，具有不同稳定偏好的大国与小国之间的自由贸易，会导致小国偏好的消失。这个小国将逐渐失去其文化身份——贸易可能导致文化多样性的消亡。奥利维尔等人（Oliver et al.，2008）介绍了一种基于社会化机制的偏好演化的动态方法，并将文化认同融入群体外部性——人们随机相遇，并从与来自同种文化的人的会面中获得效用。他们假设规模化生产的回报是恒定的，因此其传播渠道的特点，并不是主导经济/文化能够在市场整合后以更低的价格提供其文化产品，这将为角点解（corner solutions）提供方向。奥利维尔等人表明，从长远来看，资源禀赋驱动着人们对文化产品的偏好，人们会对大规模生产的商品形成偏好。他们指出，贸易一体化导致各国文化变得更加不同，但在国内却更加同质化，导致了国家内部的文化紧张。相反，社会融合导致不同国家个体之间互动的增加，从而导致文化的融合，因各国的文化分布变得更加相似。[②]

因此，人们一般不认为文化商品自由贸易会引起福利逐渐恶化——文化产品贸易的收益也可能就发生在贸易中——但文献提出了一些不同的情况，即与限制文化商品贸易相比，自由贸易可能实际上减少了福利。[③]

35.5 电影贸易

电影产业可以作为可复制艺术的重要范例（De Vany，2006）。很显然，复制的特征是规模经济，因为电影胶卷很容易复制。电影的生产与销售的特征也是规模经济，因为制片厂、营销部门与分销网络可以服务于电影生产，尤其是在快速降低电影融资与销售的单位成本方面。另一个原因是在于电影制作中的高风

① 关于艺术和文化的网络外部性，另请参阅本书的“超级明星”条目。

② Suranovic and Winthrop（2005，2014）。

③ 关于加拿大的案例参见 Acheson and Maule（1992），德国的案例参见 Perino and Schulze（2005）。除了按地理距离衡量邻近程度外，并没有增加贸易。

险——电影制片厂分担了风险，因此充当了保险工具，这个作用可能是资本市场所不具有的，因为相关知识是各行业所特有的。这就解释了大型电影制片厂的存在。电影的制作需要高度专业化的劳动力——导演、特技演员、摄影师、造型师以及其他人员——在有限的时间内，他们通过连续或同时在不同电影中谋生，也为不同的制片厂打工。由于灵活性以及短期的可用性十分重要，这就形成了专门的本地化劳动力市场，从而形成了产业层面的规模经济。这就解释了好莱坞或者宝莱坞的存在（一个国家的电影产业集中在一个地方）。

美国电影在西方世界的主导地位，可以通过规模经济以及文化产品的需求特点来解释。由于文化折扣最初是双向的，并且国内电影比国外电影更受青睐，电影行业在规模更大的国内市场有更高的总销售额，因为它们只在份额很小的市场面临文化折扣（Wildman and Siwek，1988；Frank，1993；Lee and Waterman，2007）。鉴于电影生产具有强大的规模经济，这种效应使较大国家的电影工业能够降低其价格或增加其固定成本，从而设法提高其产品质量。无论如何，它都获得了竞争优势，并且享受比外国电影在本国市场更强的市场渗透力。市场渗透力在外国市场将会建立起消费资本并且减少文化折扣，直到美国电影最终成为欧洲文化的部分。反之则不一样——电影交易可能成为单向之路。虽然这个现象并不适用于所有国家，但实证证据与这个理论是一致的。

2017 年，国产电影的市场份额（就电影院观众而言）分别是：美国 92%，印度 93%，中国 54%，法国 37%，德国 24%，意大利 18%，匈牙利 10%，奥地利 6%，欧盟 27 国平均为 31%。按照观影人次计算的市场规模，其中美国为 12.4 亿人次，印度为 19.8 亿人次，中国为 16.20 亿人次，而欧盟为 10.27 亿人次（其中，德国 1.22 亿人次，意大利 0.99 亿人次，法国 2.0 亿人次，奥地利 0.15 亿人次，匈牙利 0.15 亿人次）（Berauer，2018）。按电影原产国划分，美国电影在欧盟国家的市场份额为 70%（包括 4 个百分点的美欧合拍片），欧盟电影为 28%，世界其他地区的电影为 3%。这些数字强调了国内市场规模、规模经济以及文化折扣的内生性和非对称性的重要性。

马沃斯堤和坎特伯瑞（Marvasti and Canterbery，2005）估计了美国电影出口比重方程，它将国家 GDP、距离的作用结合起来，并且研究了语言与贸易壁垒的影响，为此构建了两种不同的衡量标准。他们展现了保护国内电影的需求随着文化与地理的邻近性的增强而增加。这些贸易壁垒对于电影贸易的影响是巨大的。汉森和祥（Hanson and Xiang，2009）展示了美国电影在欧洲市场的主导地位——1992—2002 年，它们在欧洲的票房总收入中平均占 69%。他们使用了引力方程式来解释美国电影在19个欧洲国家的相对优势，结果发现国家越小，语言隔阂越低，相对工资越低，贸易壁垒越高，美国电影的优势就越大。迪斯蒂尔等人（Desdier et al.，2007）通过引力模型方法研究了可复制文化产品的贸易，其结果发现共同语言和殖民历史对文化贸易的影响重大。

35.6 政府对于文化商品国际贸易的干预

这两种观察到的文化商品贸易模式，一定程度上也是政府干预的结果。例如，根据《罗马条约》第36条，欧盟成员国有权利通过出口限制（禁运、出口许可、购买出口艺术作品的优先权）保护本国遗产，并且它们可以自由界定本国遗产。增值税条例也可能扭曲贸易：在欧盟内部，艺术品根据原产地原则按照边际征税（按购买价格和销售价格之间的差额），这不利于增值税税率高的国家。对于进口到欧盟的艺术品，进口增值税的税率大多较低，各国之间差别很大，这有利于英国等低税率国家。转售权允许艺术家在其艺术作品每次被转售时获得总售价的部分。这项权利的作用类似于流转税，因此有可能将贸易从那些执行转售权的国家转移出来。欧盟已决定出台一系列统一的、按比例递减的转售权政策，其减损期限为5~10年（Directive 2001/84/EC），而主要的艺术品市场如瑞士和美国没有转售版税的权利。最后，以税收优惠的形式（对艺术机构捐赠的财产免征遗产税、减免所得税，接受艺术品代缴税款）直接补贴艺术博物馆或间接补贴艺术机构和个人，激励了居民购买或持有艺术品，从而扭曲了艺术品市场的贸易。

政府在电影产业的干预也很频繁。这不仅包含政府对国内电影产业的直接补贴（以及可观的奖赏），还包含了对于国家电视台播放本地内容的要求。这些措施增加了国产电影的供给与需求，并由此减少了国外电影的进口，增加了国内电影的出口。从某种意义上说，政府的干预实际扭曲贸易的程度，是一种至今仍然没有被解决的实践问题。

参见：

文化的多样性；电影产业；超级明星。

本章参考：

Acheson, Keith and Christopher Maule (1992). Canadian Content Rules for Television: Misleading Lessons for Europe. *Journal of Cultural Economics*, 16: 13-23.

Bala, Venkatesh and Ngo Van Long (2005). International trade and cultural diversity with preference selection. *European Journal of Political Economy*, 21: 143-162

Becker, Gary (1996). *Accounting for Tastes*. Cambridge, MA: Harvard University Press.

Berauer, Wilfried (2019). *Filmstatistisches Jahrbuch* 2018, Spitzenorganisation der Filmwirtschaft. Baden-Baden: Nomos.

De Vany, Arthur (2006). The Movies. In Victor Ginsburgh and David Throsby (eds.). *Handbook of the Economics of Art and Culture*. Amsterdam: North Holland, 615-666.

Disdier, Anne-Célia; Silvio Tai, Lionel Fontagné and Thierry Mayer (2007). *Bilateral Trade of Cultural Goods*. Centre d' Etudes Prospectives et d' Informations Internationales, CEPII, Working Paper No 2007-20, Paris.

Francois, Patrik and van Ypersele, Tanguy (2002). On the Protection of Cultural Goods. *Journal of International Economics*, 56: 424- 440.

Frank, Björn (1993). *Zur Ökonomik der Filmindustrie*. Hamburg: Steuer-und Wirtschaftsverlag.

Hanson, Gordon and Chong Xiang (2009). International Trade in Motion Picture Services. In M. Reinsdorf and M. Slaughter (eds.). *International Trade in Services and Intangibles in the Era of Globalization*. National Bureau of Economic Research, Chicago University Press: 203-222.

Iapadre, Lelio (2014). Cultural products in the international trading system. In Victor Ginsburgh and David Throsby (eds.). *Handbook of the Economics of Art and Culture*, 2. chapter 15: 381-409. Elsevier.

Janeba, Eckart (2007). International Trade and Consumption Network Externalities. *European Economic Review*, 51: 781-803.

Lee, Sang-Woo and David Waterman (2007). Theatrical feature film trade in the United States, Europe, and Japan since the 1950s: an empirical study of the home market effect. *Journal of Media Economics*, 20: 167-188.

Marshall, Alfred (1891). *Principles of Economics*. London: Macmillan, 8th edn, 1962.

Marvasti, Akbar and E. Ray Canterberry (2005). Cultural and Other Barriers to Motion Pictures Trade. *Economic Inquiry*, 43 (1): 39-54.

Melitz, Jacques (2007). The impact of English Dominance on Literature and Welfare. *Journal of Economic Behavior & Organization*, 64: 193-215.

O'Hagan, John (1998). *The State and the Arts*. Cheltenham, UK and Lyme, US: Edward Elgar.

Olivier, Jacques, Mathias Thoenig and Thierry Verdier (2008). Globalization and the Dynamics of Cultural Identity. *Journal of International Economics*, 76: 356-370.

Perino, Grischa and Günther G. Schulze (2005). Competition, Cultural Autonomy and Global Governanace: The Audio-Visual Sector in Germany. In Paolo Guerrieri, Lelio Iapadre and Georg Koopmann (eds.). *Cultural Diversity and International Economic Integration: The Global Governance of the Audio-Visual Sector*. Cheltenham: Edward Elgar, 52-95.

Rauch, James E. and Trindade, Vitor, (2009). Neckties in the Tropics: A Model of International Trade and Cultural Diversity. *Canadian Journal of Economics*, 42: 809-843.

Schulze, Günther (1999). International Trade in Art. *Journal of Cultural Economics*, 23: 109-136.

Schulze, Günther (2002). International Trade in Art—A Tale of Cultural Proximity and Secondary Markets. University of Freiburg, rev. manuscript.

Schulze, Günther (2010). Superstars. in R. Towse (ed.). *Handbook of Cultural Economics*. Cheltenham: Edward Elgar.

Smith, Thomas (1998). The Addiction to Culture. paper presented on the biannual meeting of the Association for Cultural Economics International in Barcelona, 14-17 June 1998; also part of Two Essays on the Economics of the Arts: The Demand for Culture and the Occupational Mobility of Artists. unpublished doctoral dissertation, University of Chicago, September 1998.

Stigler, George and Gary Becker (1977). De Gustibus Non Est Disputandum. *American Economic Review*, 67: 76-90.

Suranovic, Steve and Robert Winthrop (2005). *Cultural Effects of Trade Liberalization. George Washington University*. unpublished manuscript, EconWPA series International Trade with number 0511003, http://ideas.repec.org/p/wpa/wuwpit/0511003.html.

Suranovic, Steve and Robert Winthrop (2014). Trade Liberalization and Culture. *Global Economy Journal*, 14 (1): 57-78.

Throsby, David (1999). Cultural Capital. *Journal of Cultural Economics*, 23: 3-12.

UNCTAD (2018). *Creative Economy Outlook—Trends in international trade in creative industries*. United Nations Conference on Trade and Development: Geneva. Available https://unctad.org/en/PublicationsLibrary/ditcted2018d3_en.pdf (accessed June 12, 2019).

UNESCO (2005). *International Flows of Selected Cultural Goods and Services*, 1994—2003. Montreal: UNESCO Institute for Statistics. Available at http://www.uis.unesco.org/template/pdf/cscl/IntlFlows_EN.pdf (accessed May 15, 2010).

Van Hemel, Annemoon, Hans Mommaas and Cas Smithuijsen (1996). *Trading Culture*. Amsterdam: Boekman Foundation.

Wildman, Steven and Stephen Siwek (1988). *International Trade in Films and Television Programs*. Ballinger, Lexingfon, MA.

Wong, Kar-yiu (1995). *International Trade in Goods and Factor Mobility*. Cambridge, MA: MIT Press.

延伸阅读：

相关概述见 UNCTAD (2018)；国际贸易见 Schulze (1999)；国际贸易和文化多样性见 Bala and Ngo Van Long (2005), Raunch and Trinidade (2009)；文化产品保护见 Francois and Van Ypersele (2002)。

36　艺术营销

弗朗索瓦·科尔伯特（François Colbert）

传统的营销理论认为，一个公司要想成功，就必须满足消费者的现有需求。传统的营销模型是一个必须从“市场”开始的序列。因此，市场是这个过程的起点和终点。虽然文化企业的营销模式与传统的营销模式是相同的，但以产品为中心的文化企业的营销过程是不同的，如图 36-1 所示，流程从企业内部的产品本身开始。企业试图决定市场的哪个部分很可能会对其产品感兴趣。一旦确定了潜在客户，公司将决定其他三个要素——价格、场所和促销，以及为客户提供服务的要素。在这种类型公司中，流程将会是公司（产品）—信息系统—市场—信息系统—公司—剩余营销组合—客户服务—市场。出发点是产品，目标是市场。这种“从产品到客户”的方式也是非营利艺术领域的典型做法。

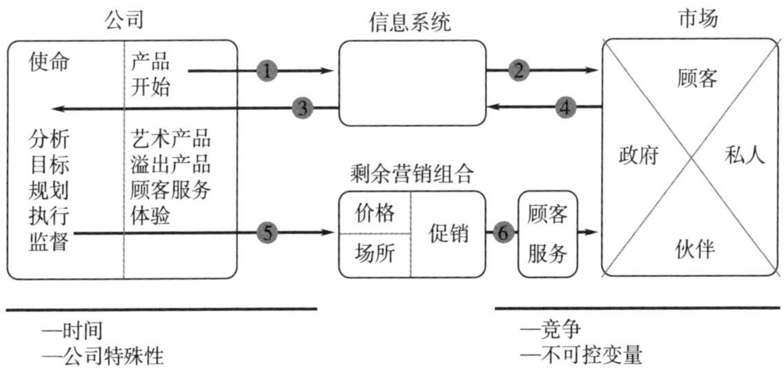

图 36-1　文化企业的营销模式

资料来源：Colbert & Ravanas et al.，2018.

因此，我们可以将文化营销定义如下：使艺术到达可能对其感兴趣的细分市场，同时根据产品调整价格、场所和促销等商业变量，以使产品与足够数量的消费者接触，提供良好的客户服务，并达到与企业使命相一致的目标。让我们简单分析这个模型的不同组成部分。

36.1 市　场

市场是由一群表达对产品、服务或观念的渴望和需求的消费者组成的（这可能是个体的以及其他机构的）。在文化领域，资助者的需求是多样的：自我教育、陪伴朋友或亲人，重现历史（怀旧），向他人表达自己的身份，娱乐、休闲，保持刺激，等等。因此，对于同一件作品，不同的资助者，可能出于不同的原因，即便艺术只是作郊游之用。

一个文化企业可能为 4 种不同的市场服务：国家、赞助商/资助者、合作伙伴（分销中介，合作制作人、分销合作伙伴或呈现者，媒体人），当然还有最终消费者。实际上，这些是不同的市场对不同的动机做出的反应。

36.2 国　家

国家在这里用来代表以各种方式支持文化企业的不同级别政府，如联邦、省、市（还有欧盟）等。在大多数工业化国家，国家在文化部门发挥主导作用。有时它扮演消费者的角色，或以不同的形式进行不同程度的干预——从简单的合伙人到整个文化部门的控制者。

国家参与的程度因国家而异，其中有两个极端的例证：在美国，表演艺术公司的预算只有很少来自不同层级的政府（从 0 到 10%）；而在欧洲国家，如法国或德国，各自的政府投入占到了交响乐或剧院总预算的 80%。

36.3 赞助商/资助者

市场上有两类主体：赞助商和资助者。赞助是一种商业交易，捐助就个人而言，是一种情感承诺。资助可以由个人、基金会或公司提供；然而赞助主要来自公司。资助通常是慈善行为，而赞助则是以宣传或广告为交换条件的促销活动。赞助费是根据提前计算好的广告收益付出的。然后公司赞助人根据可见的接收信息的消费者数量来判断投资的绩效。资助者会根据个人品味和爱好做出选择。就基金会而言，它的使命和目标将决定事业的选择。捐助者会得到某种形式的认可，但这通常并不能激发他们的慈善行为。

36.4 合伙人市场

虽然有些公司直接向最终消费者销售产品，但是许多公司要使用代理人或中介机构提供的服务。分销市场包括这些代理人或中介机构。例如，在表演艺术里，呈现者就是巡演企业的分销代理人。几乎所有文化部门都有分销市场。其他合伙人多见于由两个或多个实体投资的项目（举办展览、共同制作表演与电影等）。最后，艺术组织也会努力与媒体人沟通，以帮助他们接触观众。

36.5 消费者市场

几乎所有欧洲国家都调查文化产品消费者的社会人口概况。这些调查系统、连贯地揭示了消费者和受众之间有着强烈的两极分化。例如，高雅艺术的文化产品（交响乐、艺术博物馆、现代舞）吸引受过教育的消费者——他们的工资超过平均水平，从事着白领类工作；而相反，大众文化则吸引全部人口中的交叉人群。此外，在所有工业化国家中，高雅艺术的上座率大致相同，有些差异可归因于特定国家的特定文化遗产（比如，在意大利，歌剧的上座率更高；而在德国，古典音乐的上座率更高）。

艺术领域的受众主要是女性（Gainer，1993；Christin，2012）。比如，在舞蹈领域，通常有多达70%的观众是女性；表演艺术或博物馆参观者通常有55%~65%的女性；在运动领域，情况正好相反：大约有2/3的观众是男性。这种现象的原因在于男孩和女孩的成长方式。父母的态度（Gainer，1997）对孩子的偏好有重要影响。父母认为男孩需要活动来释放他们天生的攻击性，而女孩天生就更为被动和情绪化。这些被广泛接受的父母态度，影响着大人会建议孩子进行什么样的活动：女孩弹钢琴和上芭蕾课，男孩做运动。这些态度起着社会规范的作用，并决定着未来成年人的角色和偏好。这并不意味着所有父母都推行这种刻板印象。事实上，父母对待艺术的态度是影响未来艺术消费的四大因素之一，其他三个有文献记载的因素是：教师所传播的价值导向，年少时前往现场艺术或博物馆的经验，以及作为爱好者从事的艺术实践。

36.6 环 境

营销战略不能凭空制定，还有许多外部限制会影响市场和公司。环境是由两个不断影响所有组织的因素组成的，它们是竞争和宏观环境变量（也称为“不可控制的变量”）：竞争是公司无法控制的，而只能对竞争对手的举措做出回应；宏观环境变量则包括人口、文化、经济、政治、法律和技术，这些变量在不断演变，影响着所有的公司。技术是具有代表性的影响市场的因素。音乐和电影都是技术影响市场的良好范例。我们每个人都可以看到，随着音乐流媒体的出现，或Netflix在全球市场发行和制作电影，这些创新给消费者带来了越来越多的选择，直接影响着整个传统行业。

与60年前相比，艺术组织的经济环境发生了变化。自20世纪70年代以来，市场增长所伴随的艺术机构数量的高速增长，使后者面临着严重供过于求的市场（Colbert，2009）。每年，新的艺术家都会走出培训学校，创立新的公司，然而市场的成长却十分缓慢，并不能吸收所有这些新机构。市场中不同参与者之间的竞争变得十分激烈。艺术机构会使用新的方法，如定位、为客户提供服务的质量或使用信息技术，以维持或获得市场地位。

36.7 营销信息系统

营销信息系统（MIS）依赖于三个关键要素：内部数据，私人公司或政府机构所发布的二手数据，网络上所提供的和公司自己收集的一手数据。“内部数据”是指公司内部本身可提供的信息。公司的会计系统实际上提供的不仅仅是财务分析，它对于营销专家而言是丰富的内部数据来源。“二手数据”一词用于描述公共部门机构，如统计局、艺术委员会或文化部以及专门编制研究报告的私人公司发布的数据。如果内部数据和二手数据都不能提供决策过程中所需要的信息，那么通过通常所谓的调查或市场研究来收集第一手数据就很有用。

36.8 营销组合

如前所述，每个营销策略都由相同的四部分组成：产品、价格、场所和促销。成功的市场营销依赖于这些要素的巧妙平衡，同时所有企业的目标都是通过这四个要素的综合优势创造协同效应。当多个要素的整体效应大于单独采取的要素效应之和时，就存在协同效应。营销组合的组成部分被称为可控变量。

36.9 产　品

产品是任何一家企业的核心。这在由产品构成营销活动起点的文化部门就变得尤其有意义。我们广义上使用的产品概念指代有形的货物、服务、事业或想法。艺术的产品与创意行为的结果相关——比如，表演、展览、唱片、图书或电视节目。

我们将产品定义为“被顾客感知到的利益集合”。我们可以从技术维度或符号价值维度来描述它，但最终，消费者购买的是一系列真正的或想象的利益。消费者根据其需求的重要性和可获得的资源而投入资金和努力来获得产品。

大多数文化产品都可以被定义为复杂体，特别是当作品需要特殊的知识或依赖抽象的概念时，就需要消费者的能力来欣赏。当消费者不熟悉某一特定类型的产品时，复杂性会变得更大。尽管文化或艺术领域包含不太复杂的产品，如遵照人们熟知模式所创作的作品，或运用十分具体的概念。这些产品通常被贴上“流行”的标签。

为了与其使命一致，大多数公司必须不断地推出新产品，而不能预先测试它们。一个新产品的发展和推出，总是会给生产商带来一定的风险——顾客不满意，不符合营销目标或企业财务目标，以及艺术风险。而且，文化产品一旦推出，就不能再更改了。没有一个艺术家或主题可以提前保证成功。可以说，现代艺术风险较高，而对于一个众所周知的经典产品来说，风险依然存在，但是较小。

36.10 价 格

价格不仅仅是产品的货币价值。价格还包括消费者在购买、消费产品时所必须付出的努力、所感受到的风险，及其为参加活动所牺牲的时间。因此，所有商品都是有价的，即使有些产品宣称为免费的。

时间维度是营销策略非常重要的因素。例如，表演艺术的市场由两种消费者组成：那些有想法但没有时间外出的，和那些有时间但没有那个想法的，因此，座位的定价是不同的，以反映不同的支付意愿或支付能力。另一方面，剧院为那些无法提前做出承诺的人提供了更多的福利：如他们提供灵活的预订服务，顾客可以将某个特定夜晚的预付票改为另一个晚上，当然，这种福利（或特权）是有溢价的。对于这种资助人来说，钱不是问题，行政或专业人士的繁忙生活限制了其休闲时间。

36.11 场 所

场所由三个要素组成：实物分销、分销渠道和商业场所。实物分销是指分销产品的物流，无论是剧院巡回演出，还是出版商交付给读者的一本书。分销渠道涉及渠道内各代理商之间的关系——以艺术为例，就是从艺术家到制作人再到传播者的网络。商业场所是公司销售产品的实际地点，如书店、电影院、音乐厅、博物馆，甚至是传统商业的位置都必须仔细加以选择。

36.12 促 销

因为企业必须知晓将什么产品卖给谁，以什么价格卖出，卖到何处，决定促销相关变量要放在最后。在促销活动的前期准备阶段，公司必须知道目标消费者的主要特征，特别是对那些顾客最有说服力的销售参数。

广告、促销和营销这三个概念常常被混淆。事实上，促销变量是由四个不同部分组成的：广告，个人销售，促销活动和公共关系。

36.13 营销中的五个关键概念

五个关键概念构成任何营销策略的基础：细分、目标、定位、差异化和创新。

细分可以定义为将具有相同方式或有类似需求的客户划分为不同子集（细分）的过程。细分是指在一个特定市场中，区分具有相似消费行为模式、需求或欲望的同质客户子群体，这些客户对相同的营销组合成分敏感，同时又不同于其他子群体。

在确定的细分市场中，目标化就是选择一个特定的细分市场，采取独特的营销策略来达到目标，并试图让这些消费者采用我们的产品。

定位是营销的第三个关键概念，它可以为公司整体进行定位，也可以为其每个产品定位。简单地说，定位就是公司或其产品在消费者心目中所占据的位置，或者是它打算在消费者心目中所占据的位置。

一个品牌在消费者心目中是不同的，如果这个消费者认为这个品牌如其所是。一个品牌的感知是不同的，不管是正面的还是负面的，也不管是品牌的整体，或其中的一个属性。这就是差异化。

创新意味着变化，即一种市场上不存在的新东西。它可以涉及营销策略的任何元素。在艺术领域，因为艺术家是产品的创造者，他/她的作品本质上不同于其他艺术家的作品。因此，公司的品牌也变得与众不同。

即使有时候很难区分这五个要素，但讨论这些概念是必要的，因为它可以激发管理者在营销规划时的战略思想。

36.14 客户服务

今天的艺术和文化部门正随着社交媒体、全球化、娱乐选择的日益多样化、品牌忠诚度或客户服务质量的发展而前进，因为良好的客户服务在不同的细分市场（例如，婴儿潮一代和千禧一代）里的认知是不同的。客户服务可以视为影响满意度、重复购买意愿和忠诚的一系列因素（Colbert, Ravanas et al., 2018）。

艺术为顾客提供了一种体验，这种体验可以从艺术本身、周边服务的质量和顾客之间的社交互动中产生情感。艺术仍然是剧院和展览的关注焦点，但是，资助者被热情接待、轻松购买、公共空间的维护（如浴室）及员工的友好度都可以让观众心情愉悦，相反则会毁了消费者接触艺术的念头。

消费者理解能力以及对艺术话语的感知能力，也会影响艺术作品所带来的满意度。当参观者接触新艺术作品时，就会经历一个分配的循环过程，首先看熟悉的作品，然后研究新的，最后把它变成自己知识的一部分（Caru & Cova, 2005）。剧院越能促进这个过程，观众的满意度就越高。同样，组织所传播的亲社会价值观也将得到积极的接受，特别是对于女性顾客而言，会增强她们的体验（见图 36-2）。

当所有的体验都是积极的，它将会产生对组织的信任和参与。如果这个体验是消极的，顾客对欺骗行为的容忍程度可能挽救其评价分数，否则就会产生负面影响，危及观众/访客回访意愿。

的确，产品本身不是营销部门的责任，但管理者可以帮助其创造必要的环境，这有利于艺术总监或策展人的艺术发展。

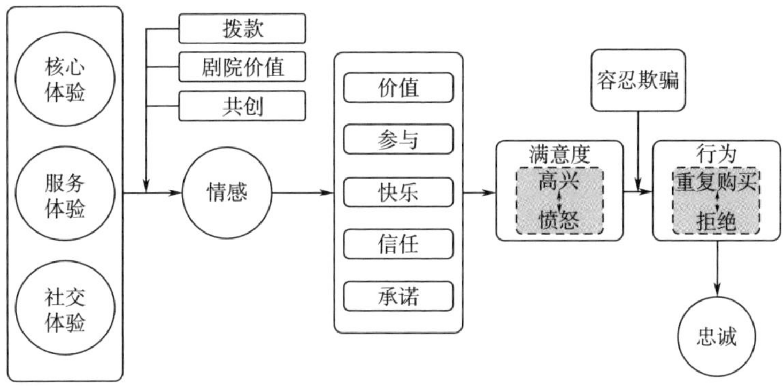

图 36-2 有关艺术的购买—复购关系网

资料来源：Colbert and Dantas，2019。

36.15 两个有影响力的因素

任何营销分析都必须考虑另外两个因素：时间和公司的特性。所有公司都要在不断变化的环境中工作。市场环境及顾客的需要和品味都随时间而变化。宏观环境变量可能会被修正，竞争可能会导致策略调整。一个优秀的营销策略在几年甚至几个月后就会过时。每个组织都有自己的个性，并作为一个独立的实体来运作。一个对于 A 公司来说很优秀的营销策略，对于 B 公司来说可能是完全不适合的。他们的产品或使命不一定相同，其企业形象也可能有所不同。因此，试图将一种战略从一家公司移植到另一家公司是有风险的。

36.16 公司及其营销管理

营销策略的决策一定要符合公司的使命和目标。这些决策还必须考虑到组织的人力、财力和技术资源。实施营销计划需要所有参与方的熟练协调。比如，生产、财务和人事部门一定要参与其中，以确保有资源可用。必须先达成财务计划，然后再进行财务支出。如果需要增加人手，就一定要通知人事部。一旦制定战略，企业高管必须及时了解最新情况。通过监控允许公司将结果与目标进行比较，并在必要时通过纠正措施调整任何异常情况。

36.17 总 结

虽然这里分别讨论了营销模式的各种要素，但它们是相互依存的。事实上，它们形成了一个整体，其中某个或多个要素可能会影响其他要素。营销经理必须非常熟悉市场和可能影响市场的变量。他们要正确地估计顾客的需求，评估出特定产品的需求水平和发展趋势，然后将更大的市场划分成子市场或细分市场，以便利用机会，并在竞争中获得明显的优势。他们还必须研究宏观环境的不同变量。任何形式的竞争都可能影响产品的销售。人口、文化、经济、法律和法规、技术不断地改变着游戏的规则。因此，营销专业人员一定要明智地使用信息系统，并知道如何平衡营销组合中的变量，以及如何提供完美的顾客服务。

参见：

需求；参与；艺术定价。

本章参考：

Briggs, Sarah (2007). Fresh Eyes: Attracting and Sustaining Young Visitors to Tate. *Museum Management and Curatorship*, 22 (1): 5-9.

Brunet, Johanne et al. (2017). *Marketing Management*, 2nd *Edition*. Montréal, Canada: Chenelière Éducation.

Carpenter, Gaylene and Doug Blandy (eds.) (2008). *Arts and Cultural Programming: A Leisure Perspective*. Champaign, IL: Human Kinetics.

Carù, Antonella, and Bernard Cova (2005). The Impact of Service Elements on the Artistic Experience: The Case of Classical Music Concerts. *International Journal of*

Arts Management, 7 (2): 39-54.

Christin, Angèle (2012). Gender and Highbrow Cultural Participation in the United Sates. *Poetics*, 40: 423-443.

Colbert, François (2009). Beyond Branding: Contemporary Marketing Challenges for Arts Organizations. *International Journal of Arts Management*, 12 (1): 14-21.

Colbert, François, André Courchesne (2012). Critical Issues in the Marketing of Cultural Goods: The Decisive Influence of Cultural Transmission. *City, Culture and Society*, 3 (4): 275-280.

Colbert, François, Yannik St-James (2014). Research in Arts Marketing: Evolution and Future Directions. *Psychology & Marketing*, 3 (8): 566-576.

Colbert, François (2017). A Brief History of Arts Marketing Thought in North America. *Journal of Arts Management, Law and Society*, 4 (3): 167-177.

Colbert, François, Philippe Ravanas et al. (2018). *Marketing Culture and the Arts, 5th Edition.* Chair in Arts Management Carmelle and Rémi-Marcoux, HEC Montréal.

Colbert, François, Danilo Dantas (2019). Customer Relationships for Arts Marketing: A Review of some important dimensions in the delivery for Artistic and Cultural Organisations. *International Journal of Arts Management*, 21 (2): 4-14.

Garbarino, Ellen, and Mark S. Johnson (1999). The Different Roles of Satisfaction, Trust, and Commitment in Customer Relationships. *Journal of Marketing*, 63 (2): 70-87.

Gainer, Brenda (1993). The Importance of Gender to Arts Marketing. *Journal of Arts Management, Law and Society*, 23 (3): 253-260.

Gainer, Brenda (1997). Marketing Arts Education: Parental Attitudes towards Arts Education for Children. *Journal of Arts Management, Law and Society*, 26 (4): 253-268.

Hume, Margee, Gillian S. Mort, Peter W. Liesch and Hume Winzar (2006). Understanding Service Experience in Nonprofit Performing Arts: Implications for Operations and Service Management. *Journal of Operations Management*, 24: 304-324.

Hume, Margee (2008). Developing a Conceptual Model for Repurchase Intention in the Performing Arts: The Roles of Emotion, Core Service and Service Delivery.

International Journal of Arts Management, 10 (2): 40–55.

Obaidalahe, Zakia, Francis Salerno, François Colbert (2017). Subscribers' Overall Evaluation of a Multi – Experience Cultural Service, Tolerance for Disappointment and Sustainable Loyalty. *International Journal of Arts Management*, 20 (1): 21–30.

Ravanas, Philippe (2008). Hitting the High Note: The Chicago Symphony Orchestra Reverses a Decade of Decline With, New Program, New Services, and New Prices. *International Journal of Arts Management*, 10 (12): 68–87.

Voss, Zannie G. and Véronique Cova (2006). How Sex Differences in Perceptions Influence Customer Satisfaction: A Study of Theatre Audiences. *Marketing Theory*, 6 (2): 201–221.

延伸阅读：

关于参与的文献，参见 Briggs（2007）。关于艺术项目筹划的文献，参见 Carpenter and Blandy（2008）。关于艺术营销的文献，参见 Colbert（2017），Colbert and St-James（2014），Colbert and Dantas（2019），Gabarino and Johnson（1999）。关于客户关系方面的文献，参见 Hume et al.（2006；2008）。

37 媒体经济学与管理

吉利安·道尔（Gillian Doyle）

媒体经济学是一个与制作和提供媒体内容的经济学研究有关的学科领域，它涵盖了电影制作、新闻制作、印刷和在线出版、电视和广播等活动。大众传媒经济学是一个活跃而多元的学术领域，经过多年的发展，它或多或少独立于文化经济学之外，但这两个子领域之间存在着一些共同的兴趣领域，如关于创意经济学或关于版权保护的问题。索斯比（Throsby，2001）从活动层面将文化供给描述为"具有创意性的生产"，其中象征意义十分重要，且其产出体现着知识产权。按此理解，大多数（如果不是所有）媒体供应商都参与了文化产业。但"文化"和文化经济学的范围远远超出了媒体，包括文学、戏剧、舞蹈、视觉艺术等艺术和遗产。在媒体经济学中，重点是将经济学理论和概念应用于媒体的各个方面，并为推进这个特定学科领域的研究创制模式和范例。本章旨在探讨媒体经济学作为独特领域所关注的问题，并对经济学与媒体监管的交叉之处做一个概述。

37.1 媒体经济学有什么特别之处

传媒业在许多方面都是独一无二的。与其他行业不同的是，媒体的生产和传播涉及信息和思想的提供，这不可避免地涉及重大的公共福利问题。因此，媒体经济学范畴的研究，不仅来源于传统经济学，也来源于"批判政治经济学"的视角。道格拉斯·戈麦利（Douglas Gomery，1993）总结认为，这种研究需要一种更广泛、更规范的方法，而不是单纯地放在诸如效率的重点内容上。他认为，"如果研究大众传播的经济学，就好像人们试图使烤面包机公司更精简、更吝啬，这种观点就太狭隘了”。

一般来说，媒体经济学研究的核心问题是，如何最好地组织可用的媒体资源。公司生产的商品和服务种类正确吗？生产效率高吗？在媒体环境下回答这些问题有时会带来挑战。皮考克（Alan Peacock，1989）在广播经济学方面的研究具有开创性，他所指出的一个问题是，在标准的定量经济分析框架内，很难将与大众沟通相关的福利影响纳入其中。其他挑战来自媒体内容中不同寻常的公共利益方面，或来自努力解决创造性生产所具有的不确定性和非理性，或来自试图分析一个容易发生持续技术动荡和变化行业的相关问题。

然而，从这个领域的研究增长来看，媒体经济学的独特性与其说是学术兴趣的障碍，不如说是一种吸引力。在过去的30年里，媒体经济学在经济、商业和媒体研究部门中越来越受欢迎，并在国际上蓬勃发展。这个趋势产生的原因的是越来越多的人希望了解数字化、融合和全球化对重塑媒体业务的影响。国家媒体规制的放松是促使媒体决策者和学者越来越关注媒体经济学的另一个关键因素。因此，尽管媒体经济学作为一个学科领域仍处于相对早期的发展阶段，但它对行业、决策者和学者的重要性正日益得到认可。

媒体与其他商品有许多不同的特点。有时人们会说，媒体是在“双边”市场中运作的（Rochet and Tirole，2003；Anderson and Gabszewicz，2006），这指的是媒体产生两种产品，可以售卖给两个截然不同的用户团体：第一种是媒体内容，即节目、新闻故事等；第二种是受众的注意力，它可以打包售卖给广告商。这本身是不寻常的，但除此之外，这些产出之一——媒体内容——也展示了许多有趣的特性，经济学家们一直试图阐明这些特性。

柯林斯、加纳姆和洛克斯利（Collins，Garnham and Locksley，1988）在该领域的早期工作指出，广播输出（例如，电视广播节目）与其他文化产品之间的相似性在于，“作为使用价值来源的基本质量是非物质的”。许多文化产品都有一个共同特征，即它们对消费者的价值是象征性的，并与传递的信息而不是与其物质载体（即无线电频谱、数字文件等）联系在一起。在消费行为中不被消耗或者不被破坏的“公共产品”特征意味着，广播材料和其他形式的媒体可以反复提供相同内容而没有额外的成本。在这方面，媒体内容似乎违背了经济学最基本的假设——稀缺性。

柯林斯（Collins）等人提出的关于广播产品的非竞争性和非排他性的各种见解，是思考大众媒体的经济特征与其他行业有何不同的早期重要里程碑。理查德·凯夫斯（Richard Caves，2000）的作品再次强调了在这种情况下创意行为的特殊特征，如需求的不确定性、对艺术性与创意人才的激励和指导，以及如何阐明创意产业中公司的组织情况与行为（媒体是其中一部分）。

媒体经济的一个非常显著的特点是规模经济盛行。随着产出消费的扩大，该领域的企业往往会获得越来越高的边际回报。这是因为媒体输出的公共利益性质以及消费方式。制作故事片、音乐专辑或电视节目的成本，不受观看或收听人数的影响。“第一份拷贝”的生产成本通常很高，但边际复制或发行成本很低，甚至对于某些媒体供应商来说，其成本为零。

媒体行业另一个常见特征是范围经济的普遍性。通常来说，范围经济被定义为企业在多产品生产以及分销中获得的资源节约。它们很常见，同样是因为媒体输出的公共产品属性，以及为一个市场创建的产品能以很低的成本或没有额外成本的方式重新格式化并通过另一个市场销售。由于媒体输出的价值包含在无形的想法和信息中，因此媒体输出不会被用于传统意义上的“消耗”，产品在售卖给消费者以后对供给者依然有用，依然可以不断售卖。例如，对名人的采访可能会被打包成电视纪录片、新闻节目、广播等。将面向某类受众的产品的范围重新格式化或更改为“新”产品，从而扩大市场对该产品的消费，帮助公司节省开支，进而产生范围经济。

37.2 媒体经济学的关键主题

虽然媒体经济学涵盖从国际贸易、产业组织到创新的广泛范围，但是一些经久不衰的主题有助于将媒体经济学定义为一个独特领域。其中之一就是观众和广告在引导和资助媒体供给方面的作用。许多媒体产品和服务的资金至少部分来自广告，因此广告活动的模式往往会对整个行业的命运产生相当大的影响。20世纪七八十年代有着大量的广告经济学研究，其中很多研究关注的是广告所起的作用，是否有助于市场体系更有效地运作（Schmalense，1972；Chiplin and Sturgess，1981）。其核心的关注点是广告在多大程度上改善了信息流并促进了竞争，或者另一方面，广告支出是否会扭曲消费者的决策，并对市场准入产生破坏性影响。

媒体经济学的另一个主题是，经济衰退时期的经济财富（或更具体地说是经济增长率）与广告支出周期之间的关系，这个主题的实际相关性在经济衰退时期得到了强调。为了更准确地预测广告的未来趋势，许多媒体机构和组织致力于收集和分析有关广告活动历史模式和影响这些模式的因素的数据。历史地看，广告支出一直“比国内生产总值更具波动性，在经济衰退期间急剧下降，在繁荣时期急剧上升”（Advertising Association，2009）。但国内生产总值与广告支出的变化有时也会出现分歧（van der Wurff，Bakker and Picard，2008），这种情形在数字化时代有过之而无不及。因此，这个领域正在进行的研究涉及了解经济财富与广告活动之间关系的确切性质、强度和一致性。

互联网对广告的影响是媒体经济学中研究的富矿。在网络背景下，在线广告及其能力极度扩张，为了更有效率地匹配广告商和消费者，经济学家开始研究目标行为广告的发展和经济影响（Athey and Gans，2010），以及对实时竞价的广告市场（RTB）和自动交易或程序化的广告（Chen，Yuan and Wang，2014）的影响。社会媒体网络和其他网络中介作为广告收入——从前均为传统媒体所统治——的竞争对手稳步增长，及其对新闻和杂志出版商的威胁，自然成为媒体经济学研究的主题，有大量研究关注战略（Kung，2017）、创新（Storsul Krumsvik，2012）和产业流程更新（Doyle，2015）。但是，除了报纸行业的财富下降和虚假新闻的崛起，其他与技术巨头如 Facebook 和 Google 不断增长的在线广告垄断相关问题，包括包含广告的欺诈和错误估算，和通过编程化方式在不受欢迎的网站上放置广告，造成了许多广告商重新审视新、旧媒体平台投入的成本和收益支出（Barwise，2017）。马克·布罗（Marc Bourreau）和其他人指出，必须权衡数字广告环境对消费者的利益，除了更为有效的在线服务和更低的价格，必须考虑干扰性广告的滋扰和隐私泄露的问题（Bourreau et al.，2017；Evans，200）

不少研究考察了观众（或访问受众）作为商品的性质、观众评级，广告商对观众访问的需求，如何被媒体企业转化为收入来源，以及观众注意力市场是如何形成的（Napoli，2012；Webster，Phelan and Lichty，2000；Wildman，2003）。观众分化不仅是早期电视观众研究所关注的问题（Barwise and Ehrenberg，1989），也是学界持续关注的问题（Webster and Ksiazek，2012；Lotz，2014）。此外，受众行为的变化、数字受众的更大权能以及如何在多平台环境中衡量受众参与度的问题，是近年来媒体经济学研究的关键主题（Jenkins and Deuze，2008；Napoli，2012；Webster，2014），当然还包括大数据如何改变受众的问题（Athique，2017）。

从受众转向内容，媒体经济学的另一个重要关注点是公司及其如何生产和供应媒体内容，以及媒体组织运营的市场和竞争水平（Picard，2011）。媒体公司的形式和规模各不相同。这个概念涵盖了不同类型的实体，从小型专业在线出版商到国际企业集团，如康卡斯特或时代华纳。许多媒体公司都是商业组织，但有些并不是，因此，关于公司行为的标准经济学理论，在这种情形下就有局限性。尽管如此，以企业理论为基础的产业组织模型（以及相关结构—行为—绩效范式），总是为对媒体企业和产业感兴趣的经济学家开展工作提供有用的框架（Hoskins，McFadyn and Finn，2004）。

另一个经常用于媒体公司和市场的经济分析框架是“价值链”。这个概念由波特（Porter，1998）最早提出，并或隐或现地启发媒体经济学对市场和部门的定义。对媒体而言，垂直供应链的关键阶段通常包括：内容的生产或创建（通常但并不总是带来知识产权的初始所有权）；将内容组装成服务和产品（如报纸或电视频道）；向客户分销或销售。内容生产的更多参与性方法和“产消主义”（prosumerism）的兴起表明，数字环境下的价值链并不总是直接和线性的（Berman et al.，2007；Kunz and Werning，2013）。即便如此，垂直供应链中的所有阶段都是相互依存的，正如媒体经济学的许多研究工作所表明的那样，这对媒体公司所追求的竞争战略和企业战略类型具有重要意义。

最近几十年里，给市场结构和边界带来巨大变化并影响媒体公司的两股主要力量，是融合和全球化。近年来，数字化融合不可逆转地改变了媒体供应的格局，模糊了行业和地理边界，改变了观众消费行为，改变了传统的供应链概念，为创新创造了机会，改变了整个媒体行业的收入和资源水平（Doyle，2013）。这些变化的经济和战略影响自然引起那些对媒体经济学感兴趣的人的关注（Albarran，2016；Chan-Olmsted，2006；Cunningham，Flew and Swift，2015）。

与此同时，经济学家们试图揭示媒体公司的商业战略和行为，反映了这个行业相对悠久的独特特征和环境。例如，风险传播策略在媒体中很重要，因为任何新产品的成功都存在固有的不确定性（Picard，2011）。提供诸如故事片或电视节目等产品相关业务，具有撞大运性质，这就需要降低风险。霍金斯等人（Hoskins，McFadyn and Finn，1997）解释了如何通过使用续集等策略，来抵消与高成本视听内容生产相关的风险和不确定性。以成功模式为基础，并借助“明星”制度的续集和系列，有助于在观众中建立品牌忠诚度，从而促进更高和更稳定的收入来源。

许多从事媒体经济学研究的学者，都把重点放在了好莱坞大制片厂在抵御风险和主导国际贸易方面的成功上（De Vany，2004；Jin，2012）。好莱坞降低风险策略的关键是控制分配，以及为产品提供充足资金的能力。各大巨头支持和补充大规模电影产出的能力，取决于是否能够从新与旧的挑战中获利，但是如今它正受到互联网分发以及与之相关的非法复制增长的威胁（Crisp，2015）。

这使我们回到这样一个事实：对于媒体公司来说，理解、参与和有效利用技术进步的需求是一个持续的挑战。媒体监管机构还需要了解，由于新技术的出现，媒体市场正在不断发展。因此，媒体经济学的大量工作基本上都是在探索和揭示新技术变革的影响。目前，互联网的数字化是变革的关键力量。这反映在许多研究中，这些研究在某种程度上揭示了机构如何根据这些发展情况而调整策略（例如，Achtenhagen，Melin and Naldi，2013；Anderson，Stromberg and Waldfogel，2016；Aris and Bughin，2009；Dogruel，2014；Doyle，2015；Küng，2017；Küng，Picard and Towse，2008；Medina，Herrero and Guerrero，2015）。然而，在当前持续变化的环境下，充分了解融合和数字分销基础设施发展带来的变革性影响的任务，很可能仍然是未来多年经济学家面临的主要挑战。

37.3 经济与媒体规制

在与媒体经济学有关的许多思想和研究工作中，国家在媒体提供方面可以或应该发挥的作用，是一个值得关注的焦点。在媒体行业，哪种形式的国家干预是可取的？当然，这样的问题具有重要的政治意义，但是在指导媒体政策决策时，经济因素往往是至关重要的。

媒体公司和其他所有行业一样，也受制于经济和产业通常所关注的问题（如增长和效率），以及其所在地的普通法律（如健康和安全法律）的影响。但是，大众媒体组织，尤其是广播行业的组织，也经常受到一系列特殊规章制度的管制，这些规章制度源于其与观众沟通的核心业务活动。鉴于大众传播的社会政治和文化重要性，人们通常认为各种干预是必要的或可取的，因此，在确定媒体市场和公司的经济表现方面，规制往往处于最前沿。

无论何时，当一个行业的活动恰好对公众的福祉有着强烈的影响时，那么从广义上讲，就有两种方法可以解决这个问题。首先，国家可以自行承担责任，通过依赖税收资金而设立的公共部门作为该行业的服务提供者，就像在国防、教育和医疗保健领域经常做的那样。在一些国家，媒体现在或过去主要由国家提供和控制，但这引发了人们对言论自由和民主的普遍关注。其次，允许供需双方来决定资源应该如何分配——将其留给自由市场，并允许商业公司通过消费者的支付意愿来满足他们的需求。

采用第二种方法的问题是，不能保证资源的分配方式和在自由市场条件下提供的那样，即媒体与社会的最大利益相匹配或符合。例如，可能会出现一种过度供应主流和流行内容（只要有需求，即使可能会造成损害）的趋势，以及供应不足（例如，不富裕的少数群体或社会中的某个群体的需求，而广告商对此不感兴趣）。

大多数国家采用“混合经济”的方式，商业公司提供多种媒体，但辅之以非市场供应。在英国，英国广播公司是公共服务内容的主要提供者，其活动资金来自对所有电视接收设备所有者征收的强制性许可费。这种利用公共资金提供广播和其他媒体的非市场方式，虽然在许多国家得到相当大的支持，但随着媒体分发的技术和渠道不断推陈出新，它开始遭受越来越多的争议。

支持依靠自由市场分配资源的意识形态是分散决策的理念，即消费者行使主权通常比政府的决策要好。即便如此，有时也需要国家干预，来抵消市场自由运作带来的问题。就媒体而言，一般来说，需要干预的最重要的经济原因可能是解决市场失灵（如上述广播产出非排他性所造成的问题），处理“外部性”问题和遏制垄断权力。值得注意的是，各国政府也出于非经济原因（如保护未成年人或保证新闻提供的公正性）干预媒体市场，但这些并不是本文的重点。

提供大众媒体既有正外部性也有负外部性，即对没有选择承担这些成本或收益的第三方施加的外部影响。例如，提供暴力内容会给社会带来无法由广播机构承担的成本（通过增加观看者对暴力的恐惧）。这里出现市场失灵的原因是，广播公司可能会花更多的资源来提供具有负面外部影响的节目，而不是社会效益最佳的节目，只要这些节目受欢迎。同样，某些形式的媒体内容通常被认为可以带来积极的外部效应，如纪录片、教育和文化产品，但由于该类内容对社会的收益与对公司的收益并不同步，因此这种“有价值”的产品可能在自由市场条件下供应不足。这就需要通过某种形式的干预措施来纠正外部性，如旨在限制产生负面社会影响的产品供应的内容监管，和/或鼓励更多具有社会价值的内容生产和供应的其他措施。

有价值内容的专门支持措施很常见，一般有两种形式。一些干预措施本质上是保护主义，通过限制相互竞争的非本土电视或电影内容的进口许可水平来帮助国内生产者。媒体经济学的许多研究，都集中在视听产品的国际贸易和贸易争端、美国供应商的主导地位，以及应对关税和配额等政策措施的有效性

(Hoskins, McFadyen and Finn, 1997; Hoskins, McFadyen and Finn, 2004; Guerrieri, Iapadre and Koopman, 2004)。除了设置贸易壁垒，许多欧洲国家采用的另一个主要方法是向内容制作者提供资助和补贴，以提高本土生产水平。后者有时被认为比关税和配额更少扭曲贸易，因而更为可取（Burri, 2011; Voon, 2007)。媒体经济学的研究有助于解释生产补贴是如何纠正市场体系未能为某些形式的内容提供足够供应的问题，但同时也凸显出在当地生产者中促进一种依赖文化和偏离利润最大化行为的危险。

媒体政策制定者面临的另一个主要问题是，由于该部门普遍存在经济规模和范围的问题，自然会出现向寡头垄断和完全垄断演变的趋势。媒体所有权集中是一种普遍现象。在整个媒体以及相关的通信和技术领域，大规模的合并和收购鼓励了许多拥有巨大市场力量的大型跨国媒体集团的形成。媒体规模经济和范围经济的并存意味着，一组媒体产品的联合生产（即单个公司内部的生产），比许多不同公司的生产更具效益。除了供应方面的规模经济之外，许多在线媒体服务提供商和中介（如搜索引擎和社交网站）的网络效应的存在，也是鼓励扩张和垄断战略的另一个主要因素（Srnicek, 2016)。尽管21世纪出现了许多新的数字平台和内容分发途径，但所有权集中度仍是媒体普遍存在的现象（Noam, 2016)，有关政策制定者应如何应对这些问题，仍然是那些媒体经济研究者长期关注的对象。如果媒体帝国是个问题，应如何解决？那么，对媒体垂直供应链中特定访问点和瓶颈的垄断控制又该如何呢？

与媒体垄断有关的另一个令人担忧的领域，是数据的重要性与日俱增。Spotify 和 Netflix 等一系列新的数字内容服务提供商，充分展示了大数据产生有价值的见解（如关于受众喜好）和成为竞争优势来源的潜力。到目前为止，监管机构对大规模使用返回路径数据的潜在有害影响的担忧，主要集中在消费者隐私上。然而，越来越多的媒体经济学领域的工作，吸引政策制定者更多关注如下现象，即数据所有权和使用相关的权力不对称的出现和影响。数据现在是一种关键的信息资源，特别是在电视行业（Doyle, 2018; Schepp and Wambach, 2016)。

值得注意的是，公共干预以防止媒体帝国建立的主要原因，通常与经济无关，而是与多元化有关——为了民主和社会凝聚力，需要保持多样化和开放的媒体提供体系。然而，对传媒业所有权和竞争的监管也涉及重要的经济内容。

企业扩张和多元化战略是很普遍的，尤其是媒体特征通常与利润最大化行为相关的两个关键激励因素有关：提高效率和增加市场力量。效率的提高意味着资源的使用得到了改善，并被视为对整体经济有利；但相比之下，单个公司市场力量的增加对消费者和竞争对手构成了威胁，因此被视为对社会和市场运作有害。政策制定者面临的一个问题是，媒体和通信行业提出的合并和扩张战略往往会导致这两种结果（Doyle，2013）。扩张使效率更高成为可能；但同时，它也促进了市场支配地位，从而给竞争带来风险。关注媒体集中度的经济学家所做的研究工作，往往旨在揭示“自然垄断问题”——近来网络效应加剧了这个问题——以及决策者在寻找合适措施以适应媒体公司发展，同时促进竞争方面所面临的挑战。

参见：

广播；文化的多样性；电影产业；平台。

本章参考：

Achtenhagen, Leona, Leif Melin and Lucia Naldi (2013). Dynamics of Business Models— Strategizing, Critical Capabilities and Activities for Sustained Value Creation. *Long Range Planning*, 46: 427-442.

Advertising Association (2009). *The Advertising Statistics Yearbook.* Ad Association/WARC, London.

Anderson, Simon and Jean Gabszewicz (2006). The Media and Advertising: A Tale of Two-Sided Markets. In *Handbook of the Economics of Art and Culture.* Elsevier: 567-614.

Athey, Susan, and Joshua Gans (2010). The Impact of Targeting Technology on Advertising Markets and Media Competition. *American Economic Review*, 100 (2): 608-613.

Athique, Adrian (2017). The dynamics and potentials of big data for audience research. *Media, Culture & Society*, 40 (1): 59-74.

Aris, Annet and Jacques Bughin (2009). *Managing Media Companies* (2nd edition). Chichester: John Wiley & Sons.

Barwise, Patrick and Andrew Ehrenberg (1989). *Television and Its Audience.* London: Sage.

Barwise, Patrick (2017). Disrupting the digital giants-advertisers and traditional media push back. Media Policy Blog (05 Apr 2017). Blog Entry.

Berman, Saul, Steven Abraham, Bill Battino, Louisa Shipnuck, and Andreas Neus (2007). New business models for the new media world. *Strategy & Leadership*, 35 (4): 23-30.

Bourreau, Marc, Alexandre de Streel and Inge Graef (2017). *Big Data and Competition Policy: Market Power. Personalised Pricing and Advertising*. Brussels: Centre on Regulation in Europe (CERRE).

Burri, Mira (2011). Reconciling Trade and Culture: A Global Law Perspective. *The Journal of Arts Management, Law and Society*, 41: 1-21.

Caves, Richard (2000). *Creative Industries: Contracts between Art and Commerce*. Cambridge, Mass: Harvard University Press.

Chan-Olmsted, Sylvia (2006). Issues in Media Management and Technology. In Albarran, Alan, Chan-Olmsted, Sylvia and Wirth, Michael (eds.). *Handbook of Media Management and Economics*. Mahwah, NJ: Lawrence Erlbaum Associates, 251-273.

Chen, Bowei and Yuan, Shuai and Wang, Jun (2014). A Dynamic Pricing Model for Unifying Programmatic Guarantee and Real-Time Bidding in Display Advertising. Proceedings of the Eighth International Workshop on Data Mining for Online Advertising, ADKDD, 1: 1-9.

Chiplin, Brian and Brian Sturgess (1981). *Economics of Advertising*. London: Advertising Association.

Collins, Richard, Nicholas Garnham and Gareth Locksley (1988). *The Economics of Television: The UK Case*. London: Sage Publications.

Crisp, Virginia (2015). *Film distribution in the digital age: pirates and professionals*. Basingstoke: BFI Palgrave Macmillan.

Cunningham, Stuart., Terry Flew, and Adam Swift (2015). *Media Economics*. London: Palgrave Macmillan.

De Vany, Arthur (2004). *Hollywood Economics: how Extreme Uncertainty Shapes the Film Industry*. London: Routledge.

Dogruel, Leyla (2015). Innovation research in media management and economics: an integrative framework. *Journal of Media Business Studies*, 12 (3):

153-167,

Doyle, Gillian (Eds.) (2006). *The Economics of Mass Media.* Cheltenham, Glos: Edward Elgar Publishing.

Doyle, Gillian (2013). *Understanding Media Economics* (2nd edition). London: Sage Publications.

Doyle, Gillian (2015). Multi-platform media and the miracle of the loaves and fishes. *Journal of Media Business Studies*, 12 (1): 49-65.

Doyle, Gillian (2018). Television and the development of the data economy: data analysis. power and the public interest. *International Journal of Digital Television*, 9 (1): 53-68.

Evans, David (2009). The Online Advertising Industry: Economics, Evolution, and Privacy. *Journal of Economic Perspectives*, 23 (3): 37-60.

Gomery, Douglas (1993). The Centrality of Media Economics. *Journal of Communication*, 43 (3): 190-198.

Guerrieri, Paulo, Lelio Iapadre, and Georg Koopman (2004). *Cultural diversity and international economic integration: the global governance of the audiovisual sector.* Cheltenham, UK: Edward Elgar.

Hoskins, Colin, Stuart McFadyen and Adam Finn (1997). *Global Television and Film: An Introduction to the Economics of the Business.* Oxford: Clarendon Press.

Hoskins, Colin, Stuart McFadyen, and Adam Finn (2004). *Media Economics: Applying Economics to New and Traditional Media.* Thousand Oaks, Calif: Sage Publications.

Jenkins, Henry and Mark Deuze (2008). Editorial: Convergence Culture. *Convergence*, 14 (1): 5-12.

Jin, Dai (2012). Transforming the global film industries: Horizontal integration and vertical concentration amid neoliberal globalization. *International Communication Gazette*, 74 (5): 405-422.

Küng, Lucy (2017). *Strategic Management in the Media* (2nd edition). London: Sage.

Küng, Lucy, Robert Picard, and Ruth Towse (2008). *The Internet and the Mass Media.* London: Sage.

Kunz, Reinhard and Stefan Werning (2013). Media Management and Social

Media Business. In Friedrichsen, Mike and Wolfgang Mühl-Benninghaus (eds.). *Handbook of Social Media Management.* Berlin: Springer.

Lotz, Amanda (2014). *The Television will be Revolutionized* (2nd edition). New York: New York University Press.

Medina, Mercedes, Monica Herrero and Enrique Guerrero (2015). Audience behaviour and multiplatform strategies: the path towards connected TV in Spain. *Austral Comunicación*, 4 (1): 153-172.

Napoli, Philip (2012). Audience evolution and the future of audience research. *International Journal on Media Management*, 14 (2): 79-97.

Noam, Eli (ed.) (2016). *Who owns the world's media? Media concentration and ownership around the world.* New York: Oxford University Press.

Peacock, Alan (1989). Introduction. In Hughes, G. and D. Vines (eds.). *Deregulation and the Future of Commercial Television.* David Hume Institute Paper No. 12. Aberdeen: Aberdeen University Press, 1-8.

Picard, Robert (2011). *The Economics and Financing of Media Companies* (2nd Ed). New York: Fordham University Press.

Porter, Michael (1998). *Competitive Strategy: Techniques for Analyzing Industries and Competitors.* New York, N. Y. and London : Free Press.

Jean-Charles Rochet, and Jean Tirole (2003). Platform Competition in Two-Sided Markets. *Journal of the European Economic Association*, 1 (4): 990-1029.

Schepp, Nils-Peter and Wambach, Achim (2016). On big data and its relevance for market power assessment. *Journal of European Competition Law and Practice*, 7 (2): 120-124.

Schmalensee, Richard (1972). *The Economics of Advertising.* North-Holland Publishing.

Srnicek, Nick (2016). *Platform Capitalism.* Cambridge: Polity Press.

Storsul, Tanja and Krumsvik, Arne (eds.) (2012). *Media Innovations.* Gothenburg, Sweden: Nordicom.

Throsby, David (2001). *Economics and Culture.* Cambridge: Cambridge University Press.

Webster, James, Patricia Phelan and Larry Lichty (2000). *Ratings Analysis: The Theory and Practice of Audience Research* (2nd edition). Mahwah, New Jersey: LEA

Publishing,

Webster, James and Thomas Ksiazek (2012). The Dynamics of Audience Fragmentation: Public Attention in an Age of Digital Media. *Journal of Communication*, 62 (1): 39-56.

Webster, James (2014). *The Marketplace of Attention: How Audiences Take Shape in a Digital Age*. Cambridge, MA: The MIT Press.

Wildman, Steven (2003). Modeling the Advertising Revenue Potential of Media Audiences: An Underdeveloped Side of Media Economics. *Journal of Media Economics and Culture*, 1 (2): 7-37.

Van der Wurff, Richard, Piet Bakker and Robert Picard (2008). Economic Growth and Advertising Expenditures in Different Media in Different Countries. *Journal of Media Economics*, 2: 28-52.

Voon, Tania (2007). A New Approach to Audiovisual Products in the WTO: Rebalancing GATT and GATS. *UCLA Entertainment Law Review*, 14: 1-32.

延伸阅读:

与以下介绍的作者相关的教科书和参考书，对于那些接触媒体经济学的人均会有所帮助：Doyle (2006; 2013); Hoskins, McFadyen and Finn (1997; 2004); Owen and Wildman (1992); Picard (2011); Albarran (2016)。

38 电影产业

达琳·奇瑟姆（Darlene C. Chisholm）
刘羽西（Yu-His Liu）

本章我们将分析电影产业的经济问题。首先我们讨论传统的电影制作、院线发行和放映，并在相关经济学文献最新进展背景下进行描述。然后我们分析数字化和技术创新对产业所产生的重大影响，包括电影生产和分销成本的重大变化、电影盗版的便利性、视频点播等新媒体分销渠道的产生，以及评论和社会网络在电影票房成就中的作用。最后，我们讨论了“大数据”分析在预测电影需求和财务表现方面的前景。

38.1 传统的电影制作

我们开始讨论电影研发和制作。首先，考虑到电影的成功具有高度的不确定性，购买剧本的决定对工作室而言有着内在的风险。戈茨曼等人（Goetzmann，Ravid and Sverdlove，2013）发现，剧本越复杂，售价越低，而简短的剧本则卖得更好。他们还发现，与小公司相比，大公司的这种效应更为明显，大的工作室更有可能避免复杂剧本。

卖家的口碑在电影创意的销售中也起着举足轻重的作用。罗（Luo，2014）发现，在电影创意的早期阶段，买家不太愿意考虑那些缺乏经验的电影创意，而更愿意从成熟的卖家那里购买，这就导致人们偏向于制作低质量的电影故事。因为缺乏经验的卖家需要在故事开发上投入更多的时间，并且可能完全放弃这个项目；而一个更有经验的卖家则可以凭借自己的声誉，为一个可能不成熟的故事更快地找到买家。

电影开发可分为三个阶段，首先是取得故事版权，与艺人经纪机构和制片厂进行必要的洽商，筹措资金。其次是生产阶段，包括前期制作阶段、影片实际制作阶段、制片人与导演合作阶段，以及后期剪辑制作和最终的“底片”或复制品制作阶段。最后是市场营销阶段，包括市场研究、广告宣传、制定和实施国外发行战略，以及对所有过程每个阶段的收入和成本进行审计和核算（Vogel，2015）。

38.2 电影摄制

制片人进入电影制作的第一阶段时，其首要任务就是安排演员阵容，特别是挑选扮演主角的演员。通常情况下，制片人会与艺人经纪机构协商，这些机构代表演员去谈判合同，他们通常会得到明星总收入的一部分作为报酬。经纪人可以向“艺人”（演员）提供一个已经获得融资电影的报价，或者提供一个以融资为条件的报价。如果制片人想让一位男（女）演员出演电影，该报价就可能变成确定性的报价。根据迈阿密大学传播学院电影项目主任、前电影制片人和经纪人保罗·拉扎勒斯三世（Paul N. Lazarus III）的说法，“如果你是在追捧一群所谓的‘具有票房号召力’的明星，很有可能你将与很多已有要约的项目对抗”①（Lazarus，1992）。

经济学家研究电影摄制过程中制片人与艺人所签署的各种合约。电影中的主角，尤其是那些卖座明星，通常会得到一份固定报酬、一份利润或利润分成合同，或者两者兼而有之。齐泽姆（Chisholm，1997）研究了一组主要演员的合同数据，发现他们极有可能获得利润分成合同，这种情况有激励演员更努力工作的好处，这要超过了编写和执行利润分成合同的交易成本。这些证据为风险分担影响最佳合同设计的假设提供了微弱的支持。韦恩斯坦（Weinstein，1998）探究了制片人合同条款的历史演变过程，并得出结论，认为为制片人提供的分成安排数量增加的现象，最好的解释是回应较高风险的合同环境。德瓦尼（De Vany，2004）发现，导演或有工资协议的复杂性反映了在不确定收入结果情况下试图订

① 根据拉扎勒斯（Lazarus）的说法，一个有票房号召力的“明星”可以为影片招来投资——“银行家会毫不犹豫地为其参演的电影提供资金”（Lazarus，1992）。另请参阅德瓦尼（2006）。

立合同的努力。

38.3 电影融资

制片人从各种潜在的来源寻求资金。他们可以选择与大型制片公司或独立制片工作室签订“底片[①]收购协议”。在这种协议下，电影制片厂同意在电影完成后为其发行电影。电影上映和发行后，制片厂将根据制片方的收入预付一定的款项。然后制片人可以将这项协议作为抵押交给银行，设法确保电影制作的资金。银行和制片公司则需要完片担保，这在以往涉及6%的预算，以作为其提供金融服务的报酬。[②] 如果制片人花费的成本超出预算，完片担保协议允许融资方自己完成影片。下面我们将从经济角度来考察底片收购协议。[③]

当制片人提出电影项目时，标准投资理论意味着发行商应制定收入预期，即 R，并确定与项目相关的预期方差或风险程度，即 θ^2。原则上，电影市场前景越不确定，制片厂发行电影时面临的风险就越大。然而，德瓦尼和沃尔斯（De Vany and Walls，1996；1999；2004）认为，实际上收入分配具有无限大的方差。德瓦尼（2006）提出，这种极端的不确定性解释了或有合约的普遍性。尽管环境高度不确定，制片人、制片厂和银行家仍试图评估与电影项目有关的风险。如果制片方希望影片产生足够的收入来抵消发行成本（包括实际的发行和营销成本，以及没有发行可替代影片的机会成本），那么他们将同意在没有见到最终产品的情况下发行该片。在两个电影项目之间进行选择，如果给定预期的收入，发行商更有可能选择感知风险较小的电影。在一定程度的不确定性下，发行商更有可能选择预计会带来更高收入的影片。

完片担保是为了限制发行商和银行或其他贷款机构的部分风险敞口。此外，一旦发行商选择了一部电影，银行将把他的选择作为影片融资所涉及预期风险的信号。因为尽可能准确地衡量与新电影相关的风险是符合发行商的利益的，所以发行商和银行的动机是一致的，因此，追求利润最大化的银行更有可能为已经获

---

① “底片”是指电影的制作，而不是所有权的转移。

② 20世纪90年代，竞争压力大大降低了比率。参见 Donahue（1987）和 Vogel（2015，p. 170）。

③ 戈埃特勒等人［Goettler and Leslie（2005），Palia et al.（2008）］试图解释联合融资选择的各种假设，包括降低投资组合风险，内部资本市场因素和资源集合。

得发行商收购协议担保的电影提供资金。

发行商可以只提供制作电影的预付款，在这种情况下，财务条款将更加严格。通常情况下，发行商将通过这种方式获得影片的所有权利。（Donahue，1987）。其他资金来源包括：行业来源，如艺人中介、内部生产安排；金融机构和分销商等贷款人；投资者，包括公共和私人来源。沃格尔对生产和分销交易中的融资和会计实务进行了广泛而详细的讨论（Vogel，2015：128－2015；194－265）。

38.4　发行与放映

电影制作完成后将被发行以供放映。尽管国内外同时上映现在越来越普遍，特别是那些高预算的大片更是如此，但一般来说，一部电影首先会在美国国内影院市场发行，然后才在国外市场发行。此外，随着订阅式视频点播服务的扩展（下文讨论），一些电影在影院上映的同一个周末就会在流媒体平台上映。事实上，影院发行可能会被完全忽略，尤其是当电影是由 Netflix 和 Amazon 等流媒体服务制作的时候。下面我们将在电影行业数字化的背景下讨论压缩甚至消除更为传统的发行“窗口”的替代策略。然而，我们首先检查常见的电影发行策略，因为院线发行仍然是广泛的实践，特别是对于那些大额预算的电影。

在电影发行行业早期，直至 1930 年，美国电影工业被五大制片厂主导着，它们具有完全纵向整合的特征，电影的生产、发行和放映尽在掌控之中。这种广泛的纵向整合引发了反竞争行为的指控。1938 年，美国司法部代表非电影公司的放映商，对几家大型电影公司采取了一系列诉讼。1948 年，在派拉蒙案中，美国最高法院判令主要制片厂剥离自己的电影院，为小型非制片厂所属放映商营造公平的竞争环境。[①] 现在让我们讨论当代的发行策略和合同。

① 沃格尔（Vogel，2015）和德瓦尼（De Vany，2006）详细讨论了派拉蒙法案及其对产业组织至今的影响。关于派拉蒙法案出台前后的制片厂与演员之间的长期合同与短期合同，另请参阅齐泽姆（1993）。

38.5 发行策略

对于电影在国内的首次发行，发行商将在“广泛的”全国范围和“限量的”平台发行之间进行选择。广泛发行的电影通常在上映首个周末就达到数千块屏幕，而限量发行的电影最初可能仅在少数几个城市的屏幕上放映。电影的主要经济特征是它是一种“体验商品”，消费者只有在消费商品之后才能了解自己对商品的评价。

从策略上讲，考虑到发行人在发行之前就获得有关电影质量的更多信息，广泛发行可能对发行人有利。由于电影通常在首映周末就达到最高上座率，因此即使电影的质量相对较差，发行人在首个周末也能产生较高的票房收入。一旦消费者了解电影的真实质量，这些消费者将通过社交网络分享评价，从而导致“低质量”电影在经历大卖后的几周内，上座率可能会急剧下降。对于希望吸引小众的电影，如“艺术”电影，可能会选择限量发行策略。这种策略可能会受益于逐渐形成的正面口碑，最终在电影余下的放映时段扩大至广泛发行。陈新磊等人（Chen et al.，2013）测试了广泛发行与平台发行两种策略的效率，他们发现，平台发行会影响消费者在上映初期对影片质量的看法。但是，一旦平台电影移至广泛发行，其上映后的上座率将比广泛发行的电影下降得更快。

米诺尼等人（Meloni et al.，2018）研究了12年内在45个非美国国家/地区放映的1 400多部美国电影的样本，他们使用享乐模型来估计电影收入，这种计量经济学方法有助于确定影响电影上座率的具体因素。他们发现，文化和地理距离既影响在美国之外国家上映的美国电影的数量，也影响电影收入。①

38.6 发行合同

在美国市场，发行商和放映商之间的合同通常涉及瓜分票房收入的协议。在

① 关于全球电影发行，另请参见 Zemaityte et al.（2018）.

大片上映的前两周，发行商的净票房收入份额可能高达 70%，然后下降至 60%，最后稳定在 35%或 40%的水平。[①]

如上所述，德瓦尼和沃尔斯（De Vany and Walls，1996）研究了收入分配模式，他们发现收入流存在无限方差。然而，一旦电影的上映时间达到了关键周数，就很可能维持相对较长的上映或延续时间。鉴于发行方与放映方之间典型合同的性质，如果电影在较长时间内能吸引到稳定的观众，放映方就能从中受益。

此外，合同还包括租金上调条款。如果这部电影不仅持续了很长时间，而且在给定的周数内产生了可观的收入，合同将恢复到放映商支付 90%的票房收入，减去房产运营的基本费用补贴。与票房收入的固定租金相比，放映商向发行商支付的金额更高。[②] 吉尔和拉方丹（Gil and Lafontaine，2012）研究了西班牙电影发行的收入分配合同，发现有证据表明，合同条款反映了发行商对灵活定价的偏好。[③]

关于电影发行的一个有趣问题是：鉴于发行方所处的市场非常不确定，他们该如何选择每一部电影的具体上映日期？电影的类型、演员、导演、情节、时效性等因素在这个决定中起着重要的作用。另外，同时段发行电影之间产品差异的独特程度也十分重要。根据怀亚特（Wyatt，1994）的观点，"电影市场不仅被不同的需求函数（或偏好）所区分，还被在市场上同时出现的许多电影之间的差异所区分"[④]。因此，一个电影公司将战略性地响应其他公司的预期发行模式。

38.7 数字化

数字化对电影工业产生了广泛的影响。用数码相机而不是胶片拍摄创造了一个降低电影制作成本和数字化发行电影的机会，而不是只有将电影胶片送到电影院这种成本高得多的选择。根据联合国教科文组织统计研究所（data. uis.

---

① 有关放映商/发行商合同条款的详细讨论，请参见德瓦尼（2006）。关于放映合同的实证研究，特别是风险规避和交易成本在最佳合同设计中的作用，参见 Filson et al.（2005）。

② 更多详细信息请参见德瓦尼（2006）。

③ 这个发现与风险共担和道德风险的解释相反，后者强调使用合同作为激励机制的重要性。吉尔（Gil，2013）进一步比较了西班牙电影发行中的正式合同和关系合同。

④ 关于这个主张的经验支持，特别是与季节性相关的证据，请参见 Einav（2007）。

unesco. org）的数据，美国配备数字放映设备的室内影院屏幕比例从 2007 年的 11. 6%升至 2017 年的 99. 3%。采用数字投影的类似模式普及到更广的国际市场，其中许多市场到 2017 年实现了 100%的数字投影比例。放映商最初不愿投资数字放映所需的昂贵设备，但发行商通过各种安排，帮助（实际上）放映商分担了采用成本。

在最近一期《经济展望杂志》（*Journal of Economic Perspectives*）的一篇文章中，乔尔·瓦尔德福格尔（Joel Waldfogel，2017）考察了数字化对媒体行业的破坏性影响，其中包括电影、电视和音乐等以受版权保护内容为特征的行业。艺术内容的技术能力立即带来了非法低成本复制和传播这些内容的风险。然而，瓦尔德福格尔指出，数字化降低了合法分发艺术内容的成本，从而为消费者提供了更广泛的内容选择，并可能带来更高的质量（Waldfogel，2016）。

38. 8　数字电影盗版

大量文献以实证的方式来评估非法发行电影内容对合法电影放映和观影收入的影响。德瓦尼和沃尔斯（De Vany and Walls，2007）发现，网络盗版对采用广泛发行策略电影的院线收入产生了负面影响。值得注意的是，他们没有找到证据来支持这种假设，即非法观影对观影产生互补的、能够催生需求的影响。麦肯齐和沃尔斯（McKenzie and Walls，2016）在澳大利亚也发现了类似效应。通过使用 torrent 下载的数据，他们发现，统计意义的“销售替代”对电影收入的影响是显著的，尽管他们指出这种影响的经济规模很小。

为应付非法下载活动的简便性与普遍性，政府部门制定了反盗版的法律和政策。奥姆（Orme，2014）研究了美国的此类行动，发现它们在帮助电影内容所有者恢复收入方面基本上是无效的；从长期来看，它们更是无效。麦肯齐（McKenzie，2017）研究了六国渐进政策反应，发现它们对电影收入也没有积极影响。此外，还有两项研究考察了美国政府关闭 Megaupload. com 对电影公司收入的影响，其结果喜忧参半。达纳赫和史密斯（Danaher and Smith，2014）发现，在政府关闭该网站之后，数字内容的销售有所增长，这表明消费者用合法内容替代了非法内容。波伊克特等人（Peukert et al. ，2017）发现，只有那些广泛发行的电影才会对收入产生积极影响，而关闭网站行为对电影收入的平均影响是负面的。这些发现表明，非法下载电影内容可能会通过口碑机制增加消费者对合法内容的需求（Koschmann and Bowman，2017）。

38.9 视频点播

数字电影内容也推动了订阅视频点播（SVOD）流媒体服务的兴起，消费者可以在各种平台上观看电影，包括电视、笔记本电脑、平板电脑和智能手机。随着 Netflix 和 Amazon 等流媒体公司投资电影制作，这些公司的本质更接近于垂直整合结构，制作、发行和放映都在一家公司内进行。这些公司的扩张可能会带来更大的规模经济效益，并有可能在该行业中实现显著的集中，这让人想起大制片厂在电影产业早期的统治地位。[①]

38.10 评论与社交网络

除了 Metacritic. com 等网站所“聚合”的专业评论外，评论家的电影评论在互联网上也随处可见。用户评论也可以在网上广泛访问，包括在 Twitter. com 和其他社交媒体平台上。经济学家已经研究了专业评论、同行评论以及更广泛的口碑对电影消费选择的影响。亨尼格·苏鲁等人（Hennig-Thurau et al.，2012）研究了评论的“影响者”和“预测者”效应。他们发现评论与长期的影院收入之间存在显著关系，即高评分电影比低评分电影具有更强的影响力。莫雷蒂（Moretti，2011）通过 19 年间发布的一系列电影的数据，发现对电影质量的社会学习是那些电影取得“令人惊讶”的票房收入的重要影响因素，当然，还有其他发现。[②]

① 关于 Netflix 对平台之间的竞争及其垂直整合的影响，请参见 Aguiar and Waldfogel（2018）；关于数字经济学的进一步讨论，另请参阅 Goldfarb and Tucker（2019）。

② 关于口碑评论对票房结果的影响，参见 Hsu and Jane（2016）；关于制片厂从战略上阻止评论者上映前观看（和评估）电影的研究，参见 Brown et al.（2012）。

38.11 结　论

电影产业的经济分析是经济学文献中一个不断发展且越来越重要的分支。经济学家已经记录了收入分配模式、生产—发行—放映链各个环节的收入分配与合同条款。数字化已经破坏了这个行业，导致了普遍的盗版行为，以及各类替代平台关于放映与观影方面的创新。该领域的前沿研究是大数据分析与机器学习。[①]这些工具在改善收入预测，以及对特定消费者的电影购买习惯和喜好进行建模方面，可能带来巨大的福利效果。

参见：

创意产业；文化产业的数字化；数字盗版。

本章参考：

Aguiar, Luis and Joel Waldfogel（2018）. Netflix：Global Hegemon or Facilitator of Frictionless Digital Trade?. *Journal of Cultural Economics*, 42：419-45.

Brown, Alexander L. , Colin F. Camerer, and Dan Lovallo（2012）. To Review of Not to Review? Limited Strategic Thinking at the Movie Box Office. *American Economic Journal*：*Microeconomics*, 4：1-26.

Caves, Richard E.（2000）. *Creative Industries*：*Contracts Between Art and Commerce*. Cambridge, Massachusetts：Harvard University Press.

Chen, Xinlei, Yuxin Chen, and Charles B. Weinberg（2013）. Learning about Movies：The Impact of Movie Release Types on the Nationwide Box Office. *Journal of Cultural Economics*, 37：359-386.

① 关于将计量经济学、大数据分析以及机器学习算法应用于电影行业数据的相关研究，请参见 Kim et al.（2015），Lehrer and Xie（2018）。

Chisholm, Darlene C. (1993). Asset Specificity and Long-Term Contracts: The Case of the Motion-Pictures Industry. *Eastern Economic Journal*, 19: 143-155.

Chisholm, Darlene C. (1997). Profit-Sharing versus Fixed-Payment Contracts: Evidence from the Motion Pictures Industry. *Journal of Law, Economics, & Organization*, 13 (1): 169-201.

Chisholm, Darlene C. (2015). Economics of Motion Pictures: The State of the Art. *Journal of Cultural Economics*, 39: 1-13.

Chisholm, Darlene C. and George Norman (2006). When to Exit a Product: Evidence from the U. S. Motion-Picture Exhibition Market. *American Economic Review: Papers & Proceedings*, 96: 57-61.

Danaher, Brett and Michael D. Smith (2014). Gone in 60 Seconds: The Impact of the Megaupload Shutdown on Movie Sales. *International Journal of Industrial Organization*, 33: 1-8.

De Vany, Arthur (2004). Contracting with Stars When Nobody Knows Anything. In De Vany, Arthur. *Hollywood Economics: How Extreme Uncertainty Shapes the Film Industry*. London: Routledge Press, Chapter 11, pp. 231-254.

De Vany, Arthur (2006). The Movies. In Ginsburgh, Victor A. and David Throsby (eds.). *Handbook of the Economics of Art and Culture*, Volume 1. North-Holland, Amsterdam, in Arrow, Kenneth J. and Michael D. Intriligator, Series Editors. *Handbooks in Economics*, 25. Chapter 19, pp. 615-665.

De Vany, Arthur, and W. David Walls (1996). Bose-Einstein Dynamics and Adaptive Contracting in the Motion Picture Industry. *Economic Journal*, 106 (439): 1493-1514.

De Vany, Arthur, and W. David Walls (1999). Uncertainty in the Movie Industry: Does Star Power Reduce the Terror of the Box Office? . *Journal of Cultural Economics*, 23 (4): 285-318.

De Vany, Arthur S. , and W. David Walls (2004). Motion Picture Profit, the Stable Paretian Hypothesis, and the Curse of the Superstar. *Journal of Economic Dynamics and Control*, 28 (6): 1035-1057.

De Vany, Arthur S. and W. David Walls (2007). Estimating the Effects of Movie Piracy on Box-Office Revenue. *Review of Industrial Organization*, 30 (4): 291-301.

Donahue, Suzanne Mary (1987). *American Film Distribution: The Changing Marketplace*. Ann Arbor: University of Michigan (UMI) Press.

Einav, Liran. 2007. Seasonality in the U. S. Motion Picture Industry. *RAND Journal of Economics*, 38 (10): 127–145.

Filson, Darren, David Switzer, and Portia Besocke (2005). At the Movies: The Economics of Exhibition Contracts. *Economic Inquiry*, 43 (2): 354–369.

Gil, Ricard (2013). The Interplay of Formal and Relational Contracts: Evidence from Movies. *Journal of Law, Economics, & Organization*, 29: 681–710.

Gil, Ricard and Francine Lafontaine (2012). Using Revenue Sharing to Implement Flexible Prices: Evidence from Movie Exhibition Contracts. *Journal of Industrial Economics*, 60: 187–219.

Goettler, Ronald L. and Philip Leslie (2005). Cofinancing to Manage Risk in the Motion Picture Industry. *Journal of Economics and Management Strategy*, 14 (2): 231–261.

Goetzmann, William N., S. Abraham Ravid, and Ronald Sverdlove (2013). The Pricing of Soft and Hard Information: Economic Lessons from Screenplay Sales. *Journal of Cultural Economics*, 37: 271–307.

Goldfarb, Avi and Catherine Tucker (2019). Digital Economics. *Journal of Economic Literature*, 57: 3–43.

Hennig-Thurau, Thorsten and Mark B. Houston (2019). *Entertainment Science: Data Analytics and Practical Theory for Movies, Games, Books, and Music*. Cham, Switzerland: Springer Press.

Hennig-Thurau, Thorsten, Andre Marchand, and Barbara Hiller (2012). The Relationship between Reviewer Judgments and Motion Picture Success: Re-Analysis and Extension. *Journal of Cultural Economics*, 36: 249–283.

Hsu, Yuan-Lin and Wen-Jhan Jane (2016). Bidirectional Causality for Word of Mouth and the Movie box Office: An Empirical Investigation of Panel Data. *Journal of Media Economics*, 29: 139–152.

Kim, Taegu, Jungsik Hong, and Pilsung Kang (2015). Box Office Forecasting Using Machine Learning Algorithms Based on SNS Data. *International Journal of Forecasting*, 31: 364–390.

Koschmann, Anthony and Douglas Bowman (2017). Simultaneous Estimation of

Legal and Illegal Supply and Demand: The Case of Motion Pictures. *International Economic Journal*, 31: 555-577.

Lehrer, Steven F. and Tian Xie. 2018. The Bigger Picture: Combining Econometrics with Analytics Improve Forecasts of Movie Success. National Bureau of Economic Research Working Paper No. 24755, June.

Luo, Hong (2014). When to Sell Your Idea: Theory and Evidence from the Movie Industry. *Management Science*, 60: 3067-3086.

Lazarus, Paul N. III. (1992). *The Film Producer: A Handbook for Producing.* New York: St. Martin's Press.

Meloni, Gianpiero, Dimitri Paolini, and J. D. Tena (2018). American Beauty: Trade Flows and Export Costs of US Movies. *Journal of Cultural Economics*, 42: 701-716.

McKenzie, Jordi (2017). Graduated Response Policies to Digital Piracy: Do They Increase Box Office Revenues of Movies? . *Information Economics and Policy*, 38: 1-11.

McKenzie, Jordi and W. David Walls (2016). File Sharing and Film Revenues: Estimates of Sales Displacement at the Box Office. *B. E. Journal of Economic Analysis and Policy*, 16: 25-27.

Moretti, Enrico (2011). Social Learning and Peer Effects in Consumption: Evidence from Movie Sales. *Review of Economic Studies*, 78: 356-393.

Moul, Charles C. (de.) (2005). *A Concise Handbook of Movie Industry Economics.* New York: Cambridge University Press.

Nowell-Smith, Geoffrey (ed.) (1996). *The Oxford History of World Cinema.* Oxford: Oxford University Press.

Orhun, A. Yesim, Sriram Venkataraman, and Pradeep K. Chintagunta (2016). Impact of Competition on Product Decisions: Movie Choices of Exhibitors. *Marketing Science*, 35: 73-92.

Orme, Tylor (2014). The Short- and Long-Term Effectiveness of Anti-piracy Laws and Enforcement Actions. *Journal of Cultural Economics*, 38: 351-368.

Palia, Darius, S. Abraham Ravid, and Natalia Reisel (2008). Choosing to Cofinance: Analysis of Project-Specific Alliances in the Movie Industry. *Review of Financial Studies*, 21 (2): 483-511.

Peukert, Christian (2018) (Online First, Forthcoming). The Next Wave of Digital Technological Change and the Cultural Industries. *Journal of Cultural Economics*.

Peukert, Christian, Jorg Claussen, and Tobias Kretschmer (2017). Piracy and Box Office Movie Revenues: Evidence from Megaupload. *International Journal of Industrial Organization*, 52: 188–215.

Prag, Jay and James Casavant (1994). An Empirical Study of the Determinants of Revenues and Marketing Expenditures in the Motion Picture Industry. *Journal of Cultural Economics*, 18 (3): 217–235.

Ravid, S. Abraham (1999). Information, Blockbusters, and Stars: A Study of the Film Industry. *Journal of Business*, 72 (4): 463–492.

Sawhney, Mohanbir S., and Jehoshua Eliashberg (1996). A Parsimonious Model for Forecasting Gross Box-Office Revenues of Motion Pictures. *Marketing Science*, 15 (2): 113–131.

Squire, Jason E. (ed.) (2017). *The Movie Business Book*, Fourth Edition. New York: Routledge.

Vogel, Harold L. (2015). *Entertainment Industry Economics: A Guide for Financial Analysis*, Ninth Edition. New York: Cambridge University Press.

Waldfogel, Joel (2016). Cinematic Explosion: New Products, Unpredictability and Realized Quality in the Digital Era. *Journal of Industrial Economics*, 64: 755–772.

Waldfogel, Joel (2017). How Digitization Has Created a Golden Age of Music, Movies, Books, and Television. *Journal of Economic Perspectives*, 31: 195–214.

Waterman, David (2005). *Hollywood's Road to Riches*. Cambridge, MA: Harvard University Press.

Weinstein, Mark (1998). Profit-Sharing Contracts in Hollywood: Evolution and Analysis. *Journal of Legal Studies*, 27 (1): 67–112.

Wyatt, Justin (1994). *High Concept: Movies and Marketing in Hollywood*. Austin: University of Texas Press.

Zemaityte, Vejune, Bronwyn S. Coate, and Deb Verhoeven (2018). Media Trade Beyond Country Borders: Five Types of Global Cinema Distribution. Working Paper. https://papers.ssrn.com/sol3/papers.cfm?abstract_id=3228310.

延伸阅读：

关于商业实践及行业的经济和历史分析，参见 Nowell-Smith（1996），Caves（2000），De Vany（2004；2006），Squire（2017），Moul（2005），Waterman（2005），Vogel（2015），Hennigi-Thurau and Houston（2019）。影响票房收入决定因素的实证研究，参见 Prag and Casavant（1994），Sawhney and Eliashberg（1996），Ravid（1999）。关于放映电影节目选择的研究，参见 Chisholm and Norman（2006）；Orhun，Venkataraman，and Chintagunta（2016）。对数字经济和技术变革的分析，参见 Peugeot（2018），Goldfarb and Tucker（2019）。最近关于电影经济学研究的分析，参见 Chisholm，Fernandez-Blanco，Ravid，and Walls（2015）。

39 博物馆

维克托·布兰科（Victor Fernández-Blanco）
胡安·罗德里格斯（Juan Prieto-Rodríguez）

39.1 博物馆：经济学定义

大多数人都会同意博物馆是卓越的文化机构。然而，当我们想为它下定义并解释其经济特性时，更多问题就会浮现出来。许多定义都将博物馆视作专注于对物品、手工艺品乃至无形资产进行收藏、贮藏、展览和研究的机构。沿着这种思路，《国际博物馆协会章程》给出了如下定义：“博物馆是向公众开放，为社会及其发展服务的永久性非营利机构，它以教育、研究、娱乐为目的，开展调查、研究、交流并展出人类及其自然环境中有形与无形遗产。”① 我们可以将其归为机构性的定义，也应注意到它并不是没有争议的。因为它忽略了那些以营利为目的、收集或展览某类物品的组织。此外，尽管金斯伯格和迈雷斯承认该定义所界定功能的重要性，但仍指出该定义存在遗漏诸如休闲娱乐、旅游或区域经济发展等活动的问题。最终，他们提供了一个部分的、保守的甚至有失偏颇的博物馆定义（Ginsburgh and Mairesse，1997）。

从经济学的角度出发，结合蒙蒂亚斯（Montias，1973）以及皮考克与戈弗雷（Peacock and Godfrey，1974）的开创性观点，我们给出了一个将博物馆视为经济主体的定义。我们假设它是一个遵循经济行为所规定的一般路径的组织，即在经济和制度的约束下，实现目标函数的最大化。从这个角度出发，我

① 《国际博物馆章程》（ICOM）这是 2007 年 8 月 24 日于维也纳通过的。

们可以发现各式各样的指标，其中包括参观人数与利润最大化。按照这个思路，我们的定义承认，要达成这样的目标，需要进行高效的管理，而经济学可以帮助实现它们。[①] 因为我们视其为经济主体，所以我们的分析应从定义生产函数来描述技术，而不是从经济行为开始。同时，这一生产函数需显示其中生产要素的投入量与产出最大值的关系。博物馆运营最主要的投入是劳动力与资产。对于第一类，除了专业与管理型的劳动力外，我们还可将志愿者纳入其中。第二类投入则包括财政资金、房屋建筑、设备设施以及馆内的藏品本身。

然而，任何有关博物馆的定义都必须考虑到它所具有的多类别产出的生产功能，其中包括保护、展览及研究等。如果我们接受贝克尔（Becker，1965）的论证过程，所有这些产出都可以被视为市场化商品，当它与投入和时间相结合时，可使游客获得理想的商品，如知识、审美体验和/或简单的享受。

我们可以将博物馆的产出分为三类：

（1）收藏：包括对馆藏的鉴定、记录、扩展及保护。

（2）展览：为公民提供纯粹的审美享受和/或娱乐体验，以及教育、培训和研究。

（3）其他服务：这类服务的内容更加广泛和多样化。例如，它包括餐饮和销售。随着博物馆努力向为游客提供更好服务转型，此类服务就应运而生，并由此成为日益重要的资金来源。

这些服务提供的跨界现象受新技术和数字化进程的影响。博物馆（Navarrete and Borowiecki，2016）和其他文化遗产机构，如档案馆（Guccio et al.，2016），正在使用数字技术来帮助它们提供与收藏和展览相关的新服务。博物馆不仅将藏品数字化，还利用新技术拉近自身与公众的距离，改变了保护和展示文化遗产的传统做法。

除了本身的产出之外，博物馆还可能产生重要的外部效益，如城市的吸引力和形象的变化，以便吸引游客，也包括发展集群经济，以便吸引新的公司。由于这些外部性能够使城市成为更好的居住和工作场所，近几十年来，博物馆被视为经济发展的促进机制或机构。做出优秀的安置决策的先决条件是，对文化机构空间位置的决定因素，以及文化设施的固定配置如何影响个人的经济行为有一个清

① 这种经济观点也不乏批评者。例如，卡农·布鲁克斯（Cannon Brookes，1996）认为，这种方法将博物馆定义为提供服务的公司，从而模糊了传统和历史使命。然而，现在的问题可能涉及定义目标函数，而不是笼统地将博物馆视为经济代理人。

晰的认识。[①]

由于大量项目没有达到目标，如英国西布罗姆维奇的公共艺术中心或西班牙瓦伦西亚的艺术科学城，因此，一个批判性的视角可能会从新的福利彩票的角度来解释项目。在某种意义上，这些项目可以被理解为政治赌博游戏，政治家们并不关心游戏的挤出效应（Buettner and Janeb，2016）。无论如何，我们可以增加一种新产出，即博物馆的经济影响（Mairesse and Vanden Eeckaut，2002；Plaze，2010）。

一旦我们采取了经济学方法，就可以利用经济学的主要工具对博物馆进行分析，其中包括理解其需求侧与供给侧，并解释其发生作用的逻辑，如果博物馆实施商业性的经营战略，它们就不一定单独由市场决定。

39.2 博物馆的需求侧

需求侧包括私人和公共部分。私人需求可以被认为是个体效用最大化过程的结果。从这个意义上讲，需求对个体的偏好特别敏感，这种偏好是沿着效用函数加上必须满足的约束条件（限制）得出的。这些限制不仅包括与价格或收入等传统经济变量相关的预算限制，而且包括（更重要的是）时间限制。[②] 大量关于博物馆背景下私人需求的实证研究主要集中在参观者特征和参观率方面。然而，由于新技术的使用，关于参观者的传统定义受到了挑战。现场与网络的参观者的个人背景可能有所不同（Evrard and Krebs，2018），但数字化收藏现在是一种标准的展览方式，博物馆在线收藏的浏览者也应被视为博物馆成就的相关部分。总体而言，至少在中位数年龄段以及女性群体中，随着收入、教育和年龄的增加，到博物馆参观的人会增加（Dickenson，1992；Peterson，Hull and Kern，2000）。在种族出身方面，得到的结果参差不齐（Lewis and Seaman，2004）。还有一些研究引入了博物馆需求的定性决定因素，如藏品质量的积极影响（Luksetich and Partridge，1997）或重复参观（Darnell and Johnson，2001）。尽管比较在线访问者

---

① 就智慧地方与区域政策设计和博物馆与文化产业关系的讨论，请参见 Suarez and Mayor（2017），Plaza and Haarich（2017）。

② 在西班牙，埃尔普拉多的普通票价曾经比一顿巨无霸汉堡还便宜。现在，一般票价是 15 欧元，每天的最后两个小时则免费。

或两种类型参观者的实证研究越来越普遍，但仍然相对缺乏。埃弗拉德和克雷布斯（Evrard and Krebs，2018）利用卢浮宫的数据发现，对博物馆网页的访问并不能代替实际的访问，现场访问和在线访问之间存在很强的互补性。米赫利等人（Mihelj et al.，2019）利用英国参与调查的数据发现了类似的效应，但他们担心，由于这种很强的互补性，在线访问不仅不是文化参与的民主化，可能会复制甚至加剧社会经济群体之间现有所受援助不平等。

最后，还有一个研究领域是估算博物馆的需求函数并讨论价格弹性，目的是了解引入或增加门票费用的影响。总的来说，这些研究得出的结论是，博物馆的需求是价格无弹性的（O'Hagan，1995；Luksetich and Partridge，1997）。由于在许多情况下无法获得关于整个人口的数据，只能获得博物馆参观者的样本数据，因此结果可能会有偏差。普列托·罗德里格斯等人（Prieto-Rodriguez，Romero-Jordan and Sanz-Sanz，2005）使用了具有代表性的整体人口样本来估计需求系统，这个系统将博物馆与其他文化产品聚集在一起。研究发现，如果把电影、戏剧、音乐会、芭蕾和博物馆门票放在一起考虑，其需求会有弹性。

撇开价格弹性不谈，我们应该记住，游客是整个人口中相对较少的部分，因此，政策的方向应该是吸引人们去那些被认为是“优效品”的博物馆，以及其他合法的目标。从这个意义上说，重要的是，政策制定者要认识到，外国游客、国内游客和当地公民会产生完全不同的外部性，很难甚至不可能制定同时满足这三个群体要求的政策。[①] 然而，这些政策是以公众对博物馆的需求为基础的，它包含了外部性的组成部分，包括众所周知的存在价值、期权、遗产、声望和教育价值，其效果可以被视为公共产品。我们也应该强调博物馆作为地方或区域的发展因素。在这种背景下，毕尔巴鄂的古根海姆博物馆可以说是最具代表性的，其他特许经营的博物馆也加入了这个行列。例如，我们引用了出现在不同地区的新卢浮宫博物馆，如阿布扎比（一个发展中的地区）和兰斯（法国的一个受工业危机打击最严重的老矿区和工业区）。公众需求可以通过博物馆的社会价值来体现。一些研究试图衡量特定博物馆的社会价值，特别是使用条件价值评估技术（Martin，1994；Bedate，Herrero and Sanz，2009）。值得注意的是，正如努南（Noonan，2003）所指出的，博物馆的支付意愿低于考古或历史遗址的支付意愿。

---

① 使用追踪技术对文化目的地进行空间管理（Shoval and McKercher，2017），可以帮助这三个群体的一些请求实现兼容。

39.3 博物馆的供给侧

在分析博物馆作为经济主体时，我们特别关注博物馆的生产成本函数以及博物馆的所有权性质。我们已经提到，对于博物馆来说，最准确的测量方法是多种类产出的生产函数，其成本结构类似于其他文化企业，固定成本非常大，而可变成本只占总成本的极小部分。此外，边际成本（即由于访问者增加导致的总成本变化）接近于零。这两个特征（高固定成本和可忽略的边际成本）是其他文化部门所共有的，并且通常因博物馆的数字化而被强化（Navarrete，2013b）。因此，规模经济的存在是可以验证的，虽然对于大型博物馆（以游客数量衡量）而言情况可能发生逆转，使我们看到规模不经济（Jackson，1988）。最后，有经验证据证明，博物馆的技术和规模效率低下（比利时的相关研究参见 Mairesse and Vanden Eeckaut，2002；意大利的相关研究参见 Basso and Funari；西班牙的相关研究参见 Barrio，Herrero and Sanz，2009），尽管当博物馆专注于保护而不是面向参观者或外部目标时，其效率更低（Mairesse and Vanden Eeckaut，2002）。另外，毕晓普和布兰德（Bishop and Brand，2003）认为，技术效率低下与公共赠款和志愿者活动直接相关。

在博物馆运营中，公有制与私有制皆可。在欧洲，由于大部分博物馆所有的藏品起初由教会、王室或贵族提供，因此，公有制形式更为常见。然而在美国，绝大部分的博物馆都是私有的。在这两种情况中，博物馆都是非营利性机构。公有制能给博物馆带来稳定性，但缺乏发展高效管理的动力；私有制虽然可以提高经济效益，却也增加了风险与不确定性。出于趋利避害的目的，一个混合模型诞生了，它将公共和私人管理机构结合在一起，并为博物馆的自主管理提供了更多机会（Schuster，1998；Meier and Frey，2003）。

39.4 博物馆融资

当代博物馆结合多种与其所有权属性无关的收入来源：门票，门票之外的物品销售和公共财政拨款，后者无疑是其最重要的收入来源。在美国，私人捐助者也很重要，[①] 但欧洲的情形则部分如此，尽管欧洲的博物馆也慢慢从公共资助转向私人资助，越来越接近美国模式（Fabrikant，2016）。

随着对参观者及其他潜在客户的关注变得日益重要，新的利润来源已经出现，特别是与销售、修复以及周边产品有关的收入。这些策略都是面向那些不一定会参观博物馆和在参观博物馆的咖啡厅或商店后，才被吸引去参观藏品的人。其他融资的方法还有很多，如租借设施或出借藏品，特别是在出现财务困难时，这种方法就变得越来越重要，并被完全接受为适当的管理惯例。巴黎的毕加索国家博物馆就是这样，它以350万欧元的费用将部分藏品借给了马德里的索菲亚艺术中心。"我要支付扩建项目的费用，所以我需要钱。"博物馆的负责人安妮·巴达萨里（Anne Baldassari）如是说。然而，门票收入与公共拨款仍然是博物馆收入的主要来源。

博物馆门票的存在一度颇受争论。反对收费的各种理由有：首先，收费可能会减少博物馆的参观人数，特别是位于较低社会经济阶层的人群（Anderson，1998）。然而，实验证据并不支持这个假设（Luksetich and Partridge，1997；Bailey and Falconer，1998）。其次，门票收入可能不是增加收入的有效措施，因为它会减少公共拨款或私人捐助（Hughes and Luksetich，1999；Maddison，2004）以及来自诸如博物馆商店与咖啡厅等附属品的销售收入。再次，帕累托最优定价原则是为了让价格与边际成本持平；而由于博物馆特有的成本结构，其边际成本近乎为零，最高效的解决方式就是不收费。当拥挤提高了边际成本（Maddison and Foster，2003），这个解决方式可以与收取费用兼容，[②] 同时也为"当平均成本在不断下降时，最理想的福利解决措施就是公共财政"这样的观点提供了支撑。[③] 最后，博物馆为全体民众带来了广为人知的外部效益，且市场失灵理论启示我们，公共预算融资是一种有效的融资方式。然而，考虑到参观者较其他人受益更多，税收受益原则建议公共财政应与费用相辅相成。

最终，我们得出结论：这两种收入来源（即公共拨款与门票收入）可以并

---

① 耶麦克（Yermack，2017）研究了限制捐赠对美国艺术博物馆的影响。

② 例如，在特展情形下，当博物馆面临边际成本增加和潜在上座率上升的情况时，就会出现拥堵问题。因此，在这种情况下，最好的做法是收取费用，最终可以为博物馆带来利润。无论如何，大多数博物馆都不经常举行特展（例如，超级明星博物馆）。此外，虽然特展增加了参观者的数量，但它们也会干扰展览或永久收藏的参观者数量。

③ 无论如何，应该注意到，当其他经济部门的价格高于其边际成本时，博物馆门票价格应该为正（高于边际成本），以实现资源的帕累托最优配置（Bailey and Falconer，1998）。

存。我们也可以在信息不完全的情况下，用委托代理框架来确定最优融资计划（Prieto-Rodríguez and Fernández-Blanco，2006）。就博物馆这个风险中立的公共机构来说，它扮演着委托人的角色；而风险厌恶的博物馆经理扮演着代理人的角色。委托人与代理人签订合同，并根据合同制定每个可能与报酬相当的方案。[①]代理人将在一系列可采取的措施中选取他/她自己的行为。行为结果既取决于代理人的努力（而这种努力他人未必知晓），也取决于通常被称为“自然状态”的不可控环境因素，同时结果将对两者间的关系带来不确定因素。完成参观人数目标的可能性很大程度上取决于代理人的努力，结果可以用博物馆的参观人数来衡量。也就是说，管理者的经营策略越好，获得良好结果的概率就越大。

委托人的目标是最大化目标函数，该函数正向取决于参观者数量与公共机构对此类参观者的评估，负向取决于拨款数量。代理人，也就是博物馆的管理者，被视作一个官僚，所以他（或她）的效用函数正向取决于博物馆的预算（包括门票与拨款收入），负向取决于他（或她）的努力。因此，在委托人和代理人之间存在利益冲突。一方面，更大程度的努力有助于确保委托人获得更好的结果，但会降低代理人的效用。另一方面，大额支付减少了委托人的利润，但增加了代理人的效用。故签订的合同应兼顾参与者双方的利益。

在这种情况下，委托人应当在代理人同意签订合同的约束条件下设计出尽可能使预期社会利益最大化的合同；也就是说，他（/她）能实现其保留效用。合同可以在信息对称或信息不对称的情况下签订。当信息对称时，公共部门（也就是委托人）了解博物馆管理者（代理人）投入的努力，故合同的条例款项应详述最优票价、拨款幅度以及代理人最优努力。当信息不对称时，代理人可以隐瞒他（或她）的努力，因此不能将其包含在合同条例款项中。然后委托人须在合同中制订一个付款计划，该计划应给代理人提供足够的动力去达到其最佳的努力程度。

如果公共部门知道管理者的努力，最优拨款政策就意味着博物馆预算常数与访客数量无关，这也意味着公共机构应完全保障经理的博物馆预算，在其付出最佳努力程度的情况下为其支付补助，以便让管理者能够获得其保留水平的效用。因此，若预算未完全被门票收入覆盖，公共部门需为博物馆的赤字提供资金。在这种情况下，由于有了售票收入和一定数量的参观者，公共拨款会减少。因为它

① 公共机构的估值可以被认为是一个常数，如果公共部门对不同游客有不同的估值，它会随着游客特征的不同而变化，这就有了允许引入价格歧视的可能性。

使社会预期边际收益（即私人预期边际收益加上社会预期边际价值）与边际成本达到均衡，而由此产生的票价就是帕累托最优定价。当参观产生社会效益时，该最优价格位于需求无弹性的点，并由此为非弹性定价战略提供新的正当理由。最终，管理者的最佳努力水平是帕累托最优，因为在均衡状态下，努力的预期边际收益产品必须等于管理者在预算和努力之间的边际替代率。

在信息不对称的情况下，公共机构在管控管理者的努力方面面临着巨大的困难，并且蒙受着导致公共部门无法利用资助充分保障管理者的道德风险。这是因为他（/她）存在通过减少努力来降低效率的动机。比如，他（/她）可以进行低效的开销或未使其他来源的收益最大化。对于公共机构，最佳选择是以拨款形式为管理者努力水平提供充足动力，并由此实现更高效的管理。在这种情况下，均衡不再是预算和赠款的帕累托最优。然而就价格而言，解决方法仍与在信息对称情况下一样，因此还是帕累托最优的。

总而言之，在信息不对称的情况下，甚至是那些风险厌恶的管理者和风险中性的公共机构，赠款和预算也取决于结果，因为与良好结果相关的较高预算是提高管理者努力水平的主要动力。因此，在任何情况下，将制定票价的权力移交给管理者并非引入适当激励措施的最佳方式。简言之，不应该让博物馆管理者来决定博物馆的门票价格，相反，公共机构必须根据社会价值来调整这些价格，并将赠款作为一种激励机制，以激励管理者更加努力。

参见：

非营利性组织；参与；绩效指标。

本章参考：

Anderson, R. G. W. (1998). Is Charging Economic?. *Journal of Cultural Economics*, 22 (2-3): 179-187.

Bailey, S. and P. Falconer (1998). Charging for Admission to Museums and Galleries. *Journal of Cultural Economics*, 22 (2-3): 167-177.

Barrio, M. J., Herrero, L. C. and J. A. Sanz (2009). Measuring the efficiency of heritage institutions: A case study of a regional system of museums in Spain. *Journal of Cultural Heritage*, 10 (2): 258-268.

Basso, A. and S. Funari (2004). A Quantitative Approach to Evaluate the Relative Efficiency of Museums. *Journal of Cultural Economics*, 28 (3): 195-216.

Becker, G. S. (1965). A Theory of Allocation of Time. *Economic Journal* 75 (299): 493-517.

Bertacchini, E., and Morando, F. (2013). The Future of Museums in the Digital Age: New Models for Access to and Use of Digital Collections. *International Journal of Arts Management*, 15 (2): 60-72.

Bishop, P. and S. Brand (2003). The Efficiency of Museums: A Stochastic Frontier Production Function Approach. *Applied Economics*, 35 (17): 1853-1858.

Borowiecki, K. J., and Castiglione, C. (2014). Cultural Participation and Tourism Flows: An Empirical Investigation of Italian Provinces. *Tourism Economics*, 20 (2): 241-262.

Buettner, T., and Janeba, E. (2016). City competition for the creative class. *Journal of Cultural Economics*, 40 (4): 413-451.

Cannon-Brookes, P. (1996). Cultural-Economic Analyses of Art Museums: A British Curator Viewpoint. In V. Ginsburgh and P. M. Menger (eds.). *Economics of Arts: Selected Essays*, Amsterdam: New Holland, 255-274.

Cellini, R., and Cuccia, T. (2013). Museum and monument attendance and tourism flow: a time series analysis approach. *Applied Economics*, 45 (24): 3473-3482.

Cuccia, T., Monaco, L., and Rizzo, I. (2017). Are Less Public Funds Bad? New Strategies for Art Providers. In V. M. Ateca-Amestoy, V. Ginsburgh, I. Mazza, J. O'Hagan and J. Prieto-Rodriguez (eds.). *Enhancing Participation in the Arts in the EU: Challenges and Methods*. Cham: Springer International Publishing, 357-369.

Darnell, A. and R. Johnson (2001). Repeat Visits to Attractions: A Preliminary Economic Analysis. *Tourism Management*, 22 (2): 119-126.

Dickenson, V. (1992). Museum Visitor Survey: An Overview, 1930-1990. In R. Towse (ed.) (1997). *Cultural Economics: The Arts, The Heritage and the Media Industries*, vol. 1. Cheltenham: Edward Elgar, 272-281.

Evrard, Y., and Krebs, A. (2018). The Authenticity of the Museum Experience in the Digital Age: the Case of the Louvre. *Journal of Cultural Economics*, 42 (3):

353-363.

Fabrikant, G. (2016). European Museums Adapt to the American Way of Giving. *The New York Times*, March 15, www. nytimes. com/2016/03/17/arts/design/european-museums-are-shifting-to-american-way-of-giving. html.

Feldstein, M. (ed.) (1991). *The Economics of Art Museums.* Chicago: University of Chicago Press.

Frey, B. S. (2006). The Economics of Museums. In V. Ginsburgh and D. Throsby (eds.). *Handbook of the Economics of Art and Culture.* Amsterdam: New Holland, 1017-1047.

Frey, B. S. (2019a). Cultural Tourism. In *Economics of Art and Culture.* Cham: Springer International Publishing, 115-120.

Frey, B. S. (2019b). Museums. in *Economics of Art and Culture.* Cham: Springer International Publishing, 77-88.

Ginsburgh, V. and F. Mairesse (1997). Defining a Museum. Suggestions for an Alternative Approach. *Museum Management and Curatorship*, 16 (1): 15-33.

Guccio, C., Lisi, D., Martorana, M., and Mignosa, A. (2017). On the role of cultural participation in tourism destination performance: an assessment using robust conditional efficiency approach. *Journal of Cultural Economics*, 41 (2): 129-154.

Guccio, C., Martorana, M. F., Mazza, I., and Rizzo, I. (2016). Technology and Public Access to Cultural Heritage: The Italian Experience on ICT for Public Historical Archives. In K. J. Borowiecki, N. Forbes and A. Fresa (eds.). *Cultural Heritage in a Changing World.* Cham: Springer International Publishing, 55-75.

Hughes, P. and W. Luksetich (1999). The Relationship among Funding Sources for Art and History Museums. *Nonprofit Management and Leadership*, 10 (1): 21-38.

Jackson, R. (1988). A Museum Cost Function. *Journal of Cultural Economics*, 12 (1): 41-50.

Johnson, P. S. (2003). Museums. In R. Towse (ed.), *A Handbook of Cultural Economics*, 1st edition. Cheltenham: Edward Elgar, 315-320.

Journal of Cultural Economics (1998), 22, 2-3, Special Issue on the Economics of Museums.

Jung, Y. (2015). Diversity Matters: Theoretical Understanding of and Suggestions for the Current Fundraising Practices of Nonprofit Art Museums. *The*

Journal of Arts Management, Law, and Society 45 (4): 255-268.

Lewis, G. and B. A. Seaman (2004). Sexual Orientation and Demand for the Arts. *Social Science Quarterly*, 85 (3): 523-538.

Luksetich, W. A. and M. D. Partridge (1997). Demand Functions for Museum Services. *Applied Economics*, 29 (12): 1553-1559.

Maddison, D. (2004). Causality and Museum Subsidies. *Journal of Cultural Economics*, 28 (2): 89-108.

Maddison, D. and T. Foster (2003). Valuing Congestion Costs in the British Museum. *Oxford Economic Papers*, 55 (1): 173-190.

Mairesse, F. and P. Vanden Eeckaut (2002). Museums Assessment and FDH Technology: Towards a Global Approach. *Journal of Cultural Economics*, 26 (4): 261-286.

Martin, F. (1994). Determining the Size of Museum Subsidies. *Journal of Cultural Economics*, 18 (4): 255-270.

Meier, S. and B. Frey (2003). Private Faces in Public Places: The Case of a Private Art Museum in Europe. *Cultural Economics*, 3 (3): 1-16.

Mihelj, S., Leguina, A., and Downey, J. (2019). Culture is Digital: Cultural Participation, Diversity and the Digital Divide. *New Media & Society*, forthcoming.

Montias, J. M. (1973). Are Museums Betraying the Public's Trust?. *Museum News*, 51, May/June, 25-31

Navarrete, T. (2013a). Digital Cultural Heritage. In I. Rizzo & A. Mignosa (eds.). *Handbook on the Economics of Cultural Heritage*. Cheltenham, UK: Edward Elgar, 251-271.

Navarrete, T. (2013b). Museums. In R. Towse and C. Handke (Eds.). *Handbook on the Digital Creative Economy*. Cheltenham, UK: Edward Elgar, 330-343.

Navarrete, T., and Borowiecki, K. J. (2016). Changes in Cultural Consumption: Ethnographic collections in Wikipedia. *Cultural Trends*, 25 (4): 233-248.

Noonan, D. (2003). Contingent Valuation and Cultural Resources: A Meta-Analytic Review of the Literature. *Journal of Cultural Economics*, 27 (3-4): 159-176.

O'Hagan, J. W. (1995). National Museums: To Charge or Not To Charge? . *Journal of Cultural Economics*, 19 (1): 33-47.

Peacock, A. T. and C. Godfrey (1974). The Economics of Museums and Galleries. *Lloyd Bank Review*, 111, *January*, 17-28. Reprinted in R. Towse (1997). *Cultural Economics: The Arts, the Heritage and the Media Industries.* Cheltenham: Edward Elgar, 364-375.

Peterson, R. A., P. C. Hull and R. M. Kern (2000). Age and Arts Participation: 1982 - 1997. Research Division Report # 42, Washington, D. C.: National Endowment for the Arts.

Plaza, B. (2010). Valuing museums as economic engines: Willingness to pay or discounting of cash-flows? . *Journal of Cultural Heritage*, 11 (2): 155-162.

Plaza, B., and Haarich, S. N. (2017). Arts, Culture and Creativity as Drivers for Territorial Development, Innovation and Competitiveness. In V. M. Ateca - Amestoy, V. Ginsburgh, I. Mazza, J. O'Hagan and J. Prieto-Rodriguez (eds.). *Enhancing Participation in the Arts in the EU: Challenges and Methods.* Cham: Springer International Publishing, 371-388.

Prieto-Rodríguez, J. and V. Fernández-Blanco (2006). Optimal pricing and grant policies for museums. Journal of Cultural *Economics*, 30 (3): 169-181.

Prieto-Rodríguez, J., D. Romero-Jordán and J. F. Sanz-Sanz (2005). Is a Tax Cut on Cultural Goods Consumption Actually Desirable? A Microsimulation Analysis Applied to Spain. *Fiscal Studies*, 26 (4): 549-575.

Schuster, M. (1998). Neither Public Nor Private: The Hybridization of Museums. *Journal of Cultural Economics*, 22 (2-3): 127-150.

Shoval, N., and McKercher, B. (2017). Implementation of Tracking Technologies for Temporal and Spatial Management of Cultural Destinations: Hong Kong as an Example. In V. M. Ateca-Amestoy, V. Ginsburgh, I. Mazza, J. O'Hagan & J. Prieto-Rodriguez (eds.). *Enhancing Participation in the Arts in the EU: Challenges and Methods.* Cham: Springer International Publishing, 281-294.

Suarez, P., and Mayor, M. (2017). A Geographical Approach to 'Smart' Location of Museums. In V. M. Ateca-Amestoy, V. Ginsburgh, I. Mazza, J. O'Hagan & J. Prieto-Rodriguez (eds.). *Enhancing Participation in the Arts in the EU: Challenges and Methods.* Cham: Springer International Publishing, 191-198.

Yermack, D. (2017). Donor governance and financial management in prominent US art museums. *Journal of Cultural Economics*, 41 (3): 215-235.

延伸阅读：

关于博物馆经济的讨论，参见 Peacock and Godfrey (1974), Feldstein (1991), Johnson (2003), Frey (2006), Frey (2019b), 以及《文化经济学杂志》(1998) 的博物馆经济学特刊。关于博物馆的经济影响和社会价值的更专门的论述，参见 Martin (1994), Bedate et al. (2009), Plaza (2010)。博物馆需求的讨论，参见 Luksetich and Partridge (1997), Dickenson (1992), O'Hagan (1995)。关于旅游流量和博物馆需求之间的联系，参见 Cellini and Cuccia (2013), Borowiecki and Castiglione (2014), Guccio et al. (2017), Frey (2019a)。生产和成本函数的估算，参见 Jackson (1988), Bishop and Brand (2003), Barrio et al. (2009)。关于博物馆融资的专业讨论，参见 Hughes and Luksetich (1999), Maddison and Foster (2003), Meier and Frey (2003), Prieto - Rodríguez and Fernández-Blanco (2006), Jung (2015), Cuccia et al. (2017), Yermack (2017)。数字化对博物馆的不同影响的研究，参见 Navarrete (2013a), Bertacchini and Morando (2013)。

40 音乐产业

克里斯蒂安·汉德克（Christian Handke）

音乐产业是文化产业的核心产业之一，它通过复杂的媒介基础设施传播文化产品。学术界几乎讨论了音乐行业所有涉及文化经济学的中心话题——从资助创意的适当方式，商业成功和需求的决定因素，音乐评估的复杂过程，到音乐产业的产业组织。近年来，经济学家越来越重视音乐产业，技术变革成为相关文献无处不在的主题。除了讨论音乐产业的基本特征外，本章的主要内容是技术变革所带来的挑战性课题。

40.1 基本特征

本章主要关注录制音乐的主要市场，在此市场，终端用户获得拷贝或拷贝的访问权。这个狭义上的音乐产业与其他音乐作品在营销方式之间存在明显的联系——通过现场表演、向商业用户发放许可证或销售商品——但本章仅涵盖录制音乐主要市场的经济特征。

文化经济学提出了文化产业（如音乐产业）的诸多具体特征。音乐唱片具有公共物品属性，其市场价值不能完全反映社会总价值；它还具有良好的体验属性（Nelson，1970），大多数用户在信息不完整的情况下做出选择。对特定音乐类型的偏好会受到类似作品的先前消费和学习（通常被称为品味形成）以及复杂社会互动的影响，因为用户会处理来自其他方面的质量信号，从而激发自己的选择。此外，创作音乐作品可以带来非金钱上的回报，也会从本质上激发内在动机。①

在文化领域，录制音乐往往是一种“简单的创意产品”（Caves，2000），通常比电影、电视节目和许多电子游戏更便宜。低成本的创作和创作的内在动机有助于解释音乐产业中广泛的产品差异：每年确实有成千上万的新歌和专辑发行，供应的多样性远远超过了即使是最贪婪和寻求多样化的用户的搜索或消费能力。此外，音乐比许多其他文化产品更容易跨越文化边界，比如那些更基于语言的产品，如文学。音乐产业作为“全球本土化”产业有着悠久的历史，跨国公司在多个地区销售几乎相同的产品，但也投资创作更具本地吸引力的作品（Dolfsma，2000）。此外，对于录制音乐，重复消费是常态。与欣赏许多电影或文学作品相比，个人对特定音乐作品的欣赏甚至在几次重复之后都有增加的趋势（Lacher and Mizerski，1994）。与此同时，用户对音乐的多样性表现出了很高的品味。大多数用户在每年或每月都会听不同的音乐作品。

总的来说，录制音乐市场是复杂的，它有许多供应商，创作者的进入门槛相对较低，产品差异很大，许多用户在其消费计划中挑选和组合许多产品。在数字化过程中，这点就更为明显。创作和传播音乐的成本已经下降。作品数量众多，用户在产品搜索中几乎没有技术限制，而且往往可以取样。更重要的是，音乐产业已经经历财务状况和结构的重大变化。

40.2 起 伏

20 世纪音乐产业经历了几次繁荣和衰退，而技术都是造成这种起伏的重要原因（Peterson and Berger，1975；Tschmuck，2006；Handke，2010）。

根据国际唱片业协会（IFPI，2017，2019）所提供的广为引用的数据，全球唱片市场在 1999 年达到顶峰，达到近 240 亿美元（名义贸易价值，不包括同步和表演权的收入），然后跌至 2014 年的 120 亿美元。即使包括来自同步和表演权收入的增加，按通货膨胀调整后的数字计算，这相当于音乐行业收入的一半，而

① 鲍莫尔的“成本病”是一个不那么突出的问题，这是因为创作的内在动机以及录制音乐的生产和传播不像传统的表演或视觉艺术那样劳动密集。

且这种模式在大多数国家都相当一致。这与未经授权传播数字拷贝（例如，采用CD刻录机，尤其是文件共享）的巧合是惊人的。然而，在大量关于这个主题的实证文献中，对于未经授权数字复制多大程度能够解释录音制品销量的下降仍然存在争议。[①]

2014年之后，录音制品的主要市场再次扩大——按通货膨胀调整后的价格计算——在2018年达到160亿美元。这种增长几乎完全来自YouTube、Spotify、Deezer或Tidal等音乐流媒体服务带来的收入，这些服务在2018年的收入略低于90亿美元。[②] 一个重要的问题是，授权的流媒体服务通过提供比非法来源更好的价值，在多大程度上改变了盗版问题（Danaher et al.，2010）；另一个问题是，流媒体服务在多大程度上补充或替代了其他音乐销售（Aguiar and Martens，2016）。无论在什么情况下，支付给版权所有者按流量或观看量的费用都微不足道，这可能是由于占主导地位的互联网平台的市场力量，或因为定价受到来自未经授权的在线音乐竞争的限制（Handke，2015）。

录音商业价值的起伏受到了很多关注，但它们并没有说明全部情况。尽管1999—2014年音乐行业收入大幅下降，但唱片供给数量似乎有所增加，质量也有所提高。旧作品比过去更容易在网上找到。与20世纪90年代相比，每年发行的新音乐要多得多，当然，当时音乐产业收入要高得多（Handke，2012；Waldfogel，2012）。如今所发行作品的质量似乎也没有受到影响。在有相关数据的地方，录制音乐的平均收听时间大大增加了（Handke，2012）。就用户评价而言，新音乐似乎最起码与以前一样具有吸引力（Aguiar and Waldfogel，2016；Waldfogel，2017），数字化似乎使音乐产业更具生产力。随着数字技术的发展，录制与传播音乐的成本下降，音乐行业的超常利润随着激烈竞争而消失，这是可行的。

40.3 功能和组织

有很多新奇的方法来组织录制音乐的生产和商业化。[③] 物理载体上的传统音

① Handke（2011），Liebowitz（2013），Watson et al.（2015）。

② 在实体唱片方面，自2006年以来，只有黑胶唱片的销售收入有所增长，但只占总销售收入的很小部分。

③ 尽管音乐具有公共产品的特点，但还是有足够丰富的选择来营销音乐，相关论述可参见Varian（2005）。

乐市场（如CD）最近在收入方面已被所谓的数字音乐市场所超越。在数字音乐市场中，终端用户通过互联网获取内容。在线音乐商业化的主要模式也发生了变化——从下载铃声到流媒体和订阅。许多基于互联网的音乐公司随时会出现，但常常又会很快消失了。数字音乐市场是否会稳定下来，何时稳定下来，仍有待观察。在这种情况下，很难描述音乐行业的任何典型组织。这里试图确定仍然存续的普遍现象。为此，我们按照音乐行业的主要功能进行排序，并描述了经常执行这些功能的各种组织。

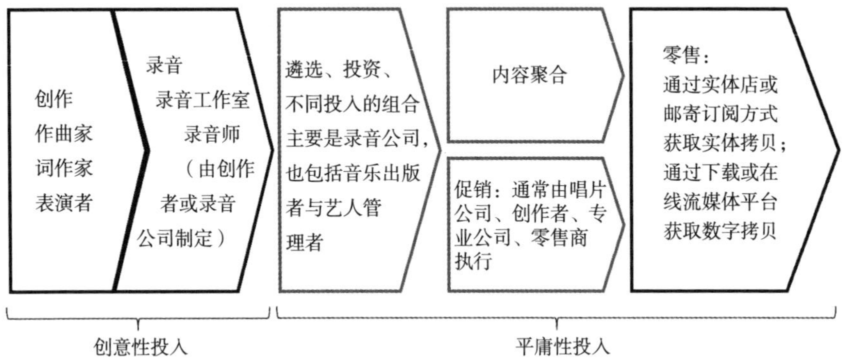

图 40-1　音乐产业价值链的主要方面

图 40-1 描述了音乐产业价值链的主要方面，生产必不可少的阶段用粗线条表示，价值链的可选部分用细线条表示。凯夫斯（Caves，2000）区分了“创意性投入”和“平庸性投入”。前者的提供者至少在某种程度上具有内在动机；后者将完成产品提供给消费者，并被合理地理解为传统意义上追求金钱回报最大化的组织。创意性投入往往由小型灵活的机构组织；平庸性投入通常通过相对稳定的大型机构来组织。音乐产业面临的一个重要挑战是，如何在联合制作过程中协调各方的动机。

音乐产业的首要功能是创造新的、有价值的录音。相当多的人尝试作曲或成为录音艺术家，但只有极少数人能由此获得可观的收入。[①] 今天，个体创作者原则上可以在互联网上轻松地向公众提供音乐作品。实际上，成功的创作者几乎总是与唱片公司或在线音乐零售平台等专业中介合作。

---

① 在创作者中，作曲家（以及词曲作者）与表演者/录音艺术家之间存在一种贸易上的区别，这种区别适用于会计流程，对于具体录音来说，作曲家和表演者都是同一个人。

创作者通常将大多数与商业相关的版权卖给出版商（获得作曲权）和唱片公司（获得录音权）。作为回报，出版商和唱片公司可能会帮助他们支付创作成本。他们通常对唱片的营销有贡献，并且可能在内部处理一些简单的事务。唱片公司在音乐产业价值链上扮演着协调各方的重要角色。音乐创作者与中间商之间的合同细节是一个需要更多关注的领域（Towse，2013；2017）。

在传统音乐产业中，通过销售唱片，生产的某些方面就是制造过程：有冲压厂、卡车和实体店。这需要专业知识来预测需求，并与零售商沟通，以便在正确的时间将正确的产品送到正确的地点。在数字音乐市场中，复制和传播的边际成本要低得多，并且与零售业趋同（这就是复制和发行没有出现在图 40-1 中的原因）。如果网络零售的趋势持续下去，整个音乐行业都将遵循信息服务的逻辑，而复制和传播的边际成本就可以忽略不计。

出版商和唱片公司往往有许多签约创作者，并且可以利用规模和范围经济效益。尽管如此，即便是这些中介机构，也经常与内容聚合商打交道，这些内容聚合商聚合了大量的曲目，并设定了标准条款，以降低复杂市场中的交易成本。一个例子是所谓的版权集体组织版权管理组织［集体著作权组织（CMO），如德国音乐版权管理组织（GEMA）或美国作曲家协会（ASCAP）］，它们通常是国家垄断运营，如录音作品的许可（Handke and Towse，2007；Handke，2014）。其他跨多个区域运营的内容聚合商还有 ICE Services 和 Merlin music，后者是一家代理许多独立唱片公司的版权代理机构。Spotify 或 YouTube 等在线平台也遵循类似的标准化逻辑，它们联合向终端用户推销大量曲目，而针对版权所有者和音乐用户的条款则较为严苛（Handke，2016）。

此外，刻意努力吸引潜在用户注意力是音乐行业的核心活动。传统上，提升关注度的资源历来是唱片公司的一项重要资产。社交媒体提供了低成本接触以及与用户互动的新机会。很难说究竟是唱片公司、新组织，还是创作者自己最适合利用这些机会。此外，互联网音乐平台的推荐系统也是影响用户的有效手段，平台可能有动机利用这个优势，如出售推荐排名，类似于过去电台臭名昭著的“买榜”（payola）的做法（Coase，1979；Bhattacharjee et al.，2006a）。

最后，零售商运营基础设施（包括支付系统）使最终用户可以获得音乐录音。目前，音乐通常可以通过广告资助的在线平台（YouTube 或 Spotify free）免费提供给终端用户，或者用户通过较少的广告、更高的音质和其他特权（如 Spotify Premium、Deezer）购买订阅服务。在线下，零售分散于专门商店和由各种机构经营的其他零售商店。在线上，像 iTunes 商店或流媒体等平台则是高度地整合在少数几个机构手中，这些机构利用网络效应，根据用户数据提供推荐系统等附加服务。随着在线零售平台取代音乐行业其他中介机构的职能，行业也可能会出现垂直整合的趋势。

40.4 经济学术文献中的主题与趋势

在过去的几十年里，经济学、管理学和商学等学科的研究人员越来越关注音乐产业。图 40-2 和图 40-3 以斯高帕斯（Scopus）学术数据库为基础来说明，该数据库涵盖相当全面的著名学术出版物。图 40-2 显示了该数据库商业和经济类期刊文章的总数，而这些文章显著地使用了“music industr *”、“record * industr *”或“phonogra * industr *”等词根。只考虑文章标题、摘要和关键词，总共有 355 篇期刊文章。① 为了控制随着时间推移对数据库研究输出的一般扩展，请参见图 40-3 所绘制的这些文章占所有包含定冠词“the”的研究文章的份额。这两个图都显示出上升趋势。令人惊讶的是，人们对音乐产业的兴趣明显增加，但是音乐产业收入及其对传统经济增长评估的贡献却下降了（1999 年以后）。

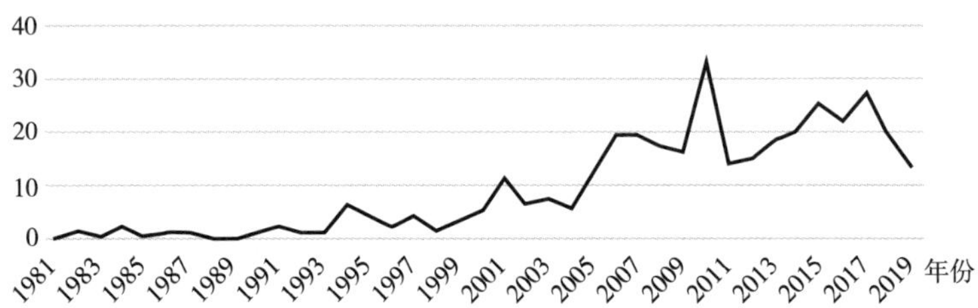

图 40-2 关于音乐产业的期刊文章

注：搜索查询：标题—摘要—关键词（“music industr *”、“record * industr *”或“phonogra * industr *”）；文本类型（文章）；限制主题（“商业”“经济学”）。

① 所有数据收集于 2019 年 4 月 15 日至 4 月 30 日之间。我们必须依靠 Scopus 将文章按研究领域分类。许多文章被分为多个研究领域。

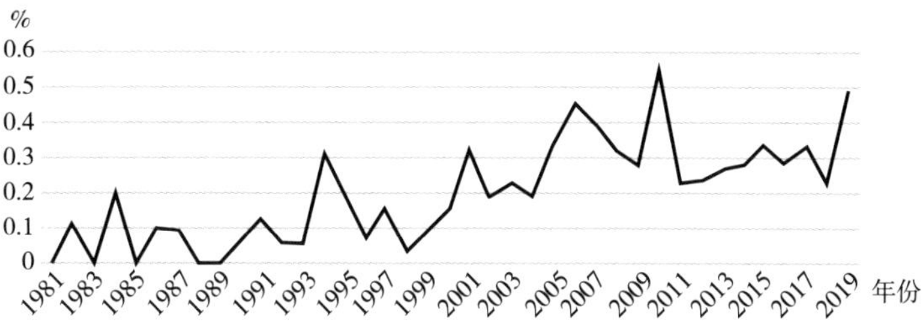

图 40-3　关于音乐产业的期刊文章几乎占所有经济和商业期刊文章的 1‰

注：图 40-2 所示的绝对数除以有定冠词“the”作为总数代表的期刊文章总数；除数的附加搜索查询：标题—摘要—关键词（“music industr＊”、“record＊ industr＊”或“phonogra＊industr＊”）；文本类型（文章）；限制主题（“商业”“经济学”）。

表 40-1　六种最常出现的期刊及其有关音乐产业的文章数量

期刊	文章数量（篇）	占总份额（%）
文化经济学杂志	22	6.2
管理决策	14	3.9
信息经济学与政策	12	3.4
创意产业杂志	11	3.1
媒体商业研究杂志	6	1.7
产业组织评论	6	1.7

文献分散在多种期刊和不同学术学科的组合中，见表 40-1。《文化经济学杂志》是发表有关音乐产业文章最多的杂志。

识别音乐产业经济文献中主要主题的有效方法是检查有多少文章使用了与特定主题相关的术语。表 40-2 提供了上述语料库的信息。我们选择 5 个一阶主题，其中大部分都有几个子主题。涵盖数字化是一个特别的挑战，因为数字信息通信技术是一种多用途技术，几乎所有相关文章都关注特定方面。因此，我们还使用了数字化的 5 个子主题（5a 到 5e）。[①] 总的来说，这些数字为音乐产业相关的学术期刊文章覆盖率提供了有用的指示。然而，认为这些主题是明显区分的观点是

① 显然，人们可以对布尔搜索项的选择争论不休，我们不能排除在这篇文献中经常涉及的其他主题。但是，我们还使用 atlas. ti 检查了语料库的字数，并没有发现重大遗漏的迹象。此外，几乎 95%的文章都有一个或多个表 40-2 中包含的主题搜索词。

错误的。关于这些主题的文章集有大量的重叠，并且被引用最多的论文通常跨越多个主题。

表 40-2 关于音乐产业的经济和商业/管理文章（按主题排序）(Scopus)

主题	文章（篇）	份额（%）	第一篇文章发表的年份	所有文章的平均年龄[1]	搜索条件[2]
所有	355	100	1970	9.5	
1 多样性	49	13.8	1986	8.3	多样性＊
2 商业模式与企业家精神	126	35.5	1991	6.9	
商业模式	71	20.0	2000	5.9	“商业＊ 模式＊”
企业家精神	84	23.7	1991	7.2	企业家＊
3 竞争与产业结构	179	50.4	1982	8.3	
竞争	146	41.1	1982	8.8	竞争＊，竞争对手＊，垄断＊，“市场力量”，垄断＊，卡特尔＊
产业或市场结构	32	9.0	1994	9.3	“行业＊结构＊”、“市场＊结构＊”
超级明星	40	11.3	1994	9.2	明星＊
长尾[3]	40	11.3	2008	4.8	“长-尾巴”，“长尾巴”，“长尾巴”
4 创新和技术变革	190	53.5	1986	7.6	
创新	179	50.4	1986	7.6	创新（innovate）＊
技术变革	47	13.2	1990	7.3	“技术变革＊”
5 数字化	253	71.3	1987	7.6	
互联网	214	60.3	1998	7.7	互联网，在线
数字	201	56.6	1987	7.3	数字＊
5a 数字零售	100.	28.2	1999	6.7	

续表

主题	文章（篇）	份额（%）	第一篇文章发表的年份	所有文章的平均年龄(1)	搜索条件(2)
流媒体	42	11.8	2000	4.8	流＊
电子商务	77	21.7	1999	7.2	iTunes，Spotify，deezer，subscription＊，ereting，“电子零售”，电子商务，“电子商务”，“数字销售”，“数字市场”，“在线销售”，“互联网销售”
5b 版权和未经授权的复制	214	60.3	1984	8.2	
未经授权的复制	178	50.1	1990	7.8	复制＊，盗版＊，P2P，同行，文件分享 ＊，文件-分享＊，文件 分享
版权	147	41.4	1984	8.6	版权＊
数字版权管理	55	15.5	2000	7.2	“＊权利＊管理”，DRM，“保护措施”，“复制＊保护＊”，TPM
5c 社交媒体	46	13.0	2008	4.2	“社交媒体”，facebook，twitter，youtube，Instagram，snapchat，soundcloud，bandcamp，vine，periscope，musically，myspace，“last . fm”
5 d 众筹	7	2.0	2014	1.7	众筹 ＊
5 e 区块链	3.	0.8	2017	0.7	区块链＊
以上皆非	19	5.4	1970	15.2	所有附加搜索词除外

注：初始搜索查询：TITLE-ABS-KEY（“music industr＊”或“record＊ industr＊”或“phonogra＊ industr＊”）和 DOCTYPE（ar）和 LIMIT-TO（SUBJAREA，“BUSI”）或 LIMIT-TO（SUBJAREA，“ECON”）。

（1）在 2019 年，直到 2019 年 4 月 30 日。

（2）与或有关的；一阶主题包含子主题的所有搜索项。

（3）也是数字化的一个分支。

40.4.1 多样性

音乐产业由少数几个主要中介机构和大量的小公司组成，甚至还有更分散的创意性投入。[①] 从20世纪80年代到21世纪初，音乐制作人的多样性以及音乐生产和消费的多样性一直是音乐产业社会学研究的主导性话题，通常与产业结构相结合（Rothenbuhler et al.，1982；Lopes，1992；Peterson and Berger，1996）。这些问题在最近的经济学文献中没有那么重要。然而，音乐作品的多样性、质量与技术变革以及版权的福利经济评估高度相关。

40.4.2 商业模式与企业家精神

商业模式和企业家精神是与战略管理、组织创新和适应（变化）商业环境有关的各种主题。它们通常与其他主题结合在一起讨论。例如，奥斯特赖赫·辛格和萨尔曼松（Oestreicher-Singer and Zalmanson，2013）关于音乐产业商业模式、社交媒体和在线零售的讨论，梅森和斯普林（Mason and Spring，2011）关于商业模式和技术变革的研究，或者威尔逊和斯托克斯（Wilson and Stokes，2005）关于音乐产业的文化企业家精神的讨论。

40.4.3 竞争与产业结构

这个主题更关注整个行业而不是单个公司，并且与多样性密切相关。关于竞争和音乐产业结构的论文，主要论述了技术变革具体的影响。在过去，许多文章提出数字化往往会颠覆现有的大公司，促进进入和竞争（Alexander，2002；Bockstedt et al.，2006）。在创作者层面，明星效应是文化经济学和音乐创作者成功研究的经典课题（Chung and Cox，1994；Hamlen，1994）。近年来，许多研究已经验证了长尾假说，即由于在线存储和搜索成本较低，对创意作品的需求将不像线下那样集中于少数“热门作品”（Gaffney and Rafferty，2009；Dewan and Ramaprasad，2012），经验调查已经产生了微妙的结果（Bhattacharjee et al.，2007；Dewan and Ramaprasad，2014）。但在写这篇文章的时候，还不清楚音乐产业在数字化过程中是否越来越集中。

---

① 对独立音乐公司和大型音乐公司的文章进行识别——这是唱片行业中不同规模的公司的传统表达方式——并没有起作用，因为这两个词的任何派生版本在文章中经常出现太多不相关的含义。

40.4.4 创新和技术变革

将这个话题与数字化分开讨论没有什么意义。原则上，创新和技术变革可以有其他含义，这些术语与创新经济学专业化相关。然而在实践中，几乎所有的文章都讨论数字化（Handke，2006；Moreau，2013）。

40.4.5 数字化总体

有超过70%的音乐行业文章使用“互联网”或“数字”概念。数字化是所有文献的关键词。数字信息与通信技术的多用途具有许多不同的方面，它们实际上从未作为整体被讨论过。因此，我们也分别报告了不同的方面。

40.4.6 数字零售

令人惊讶的是，关于授权的数字零售比未经授权的复制传播的文章要少得多。这可能是由于搜索词的可用性，或许也反映了唱片数字市场的奇怪发展，未经授权的传播服务在一段时间内，如早期的 Napster，在技术上比正规音乐行业提供给客户的服务都要高效得多。关于数字零售的高引用论文包括托梅斯（Thomes，2013）关于产业结构和盗版转移的正式理论文章，以及维尔默特和帕皮尔（Wlömert and Papies，2016）关于 Spotify 和音乐产业收入的实证论文。目前在线零售商提供额外的服务，如推荐系统和用户相互交流的方式。它们还收集、分析关于音乐用户的大量信息（大数据），将其视为一种有价值的商品，认为值得更多的关注。此外，关于互联网平台潜在市场力量这一话题存在激烈的争论。处理在线零售平台的一个新的理论框架是双边/多边平台理论（Armstrong，2006；Rysman，2009；Thomes，2013）。

40.4.7 未经授权的复制、版权和数字版权管理

大多数文章都突出与此主题相关的术语。这些文献主要包括建立和衡量所谓的在线盗版对唱片业收入的因果影响，有关文献综述请参见 Towse et al.（2008）或 Watson et al.（2015）；有些研究讨论版权强制措施的后果（Danaher and Smith，2014；Bhattacharjee et al.，2006b；Adermon and Liang，2016）。截至目前，可负担的授权流媒体服务似乎更能有效地遏制未经授权的复制（Aguiar and Waldfogel，2018），但给创作者和版权持有人带来的收入并不高。较少有研究致力于提出替代解决方案，但汉德克等人（Handke et al.，2016）是个例外，他们讨论复制征

税问题。无论如何，从公共版权政策的福利经济学角度来看，至关重要的是要考虑用户的立场（Rob and Waldfogel，2006），并考虑其对新的有价值的音乐供应的影响（Handke，2012；Waldfogel，2017）。

40.4.8 社交媒体

由于音乐的体验属性，新的音乐信息收集和交流模式可以大大提高效率（Gaffney and Rafferty，2009；Dewan and Ramaprasad，2014；Saboo et al.，2016）。此外，从文化经济学的角度来看，参与创意活动的内在动机有助于更好地解释社交媒体在音乐评价中的作用，以及音乐的非商业供应（用户生成的内容）。但是我们很难找到任何关于这些问题和音乐产业的经济学文献。

40.4.9 众筹和区块链

最后，在撰写本书时，有几篇文章讨论了新近出现的问题。众筹是一种从公众那里筹集前期资金的方式（Gamble et al.，2017；Galuszka and Bystrov，2014；以及本人撰写的众筹条目）；最近也开始出现关于区块链技术应用的文章（O'Dair and Owen，2019），这项技术可能会被用于音乐行业的各种交易，创建作品注册表，（所谓的）智能许可和使用监控，（微）支付和执行版权。区块链技术能否塑造音乐产业的未来，甚至能否建立起在数字化早期就曾被期待但迄今未能实现的无摩擦、高度竞争的市场，仍有待观察。

40.5 总结与展望

颇为吊诡的是，音乐行业财务状况恶化，经济学家对音乐行业的兴趣却有所增加。相关研究文献的中心主题是数字化过程中的技术变革。在某些方面，研究已全面展开，它从对更具竞争力和效率的在线市场的愿景，转变为对数字零售商市场力量的担忧，对创作者和传统行业部门艰难处境的担忧，现在又演变为对区块链技术的新希望。

对音乐产业的实证研究得出了一些令人困惑的结果。尽管音乐行业收入远低于过去，但所有迹象都表明，新音乐供应的种类和质量并没有受到影响。尽管音乐产业的成本在下降，数字化也产生了初步的长尾效应，但当代音乐产业似乎仍由超级明星和集权化的中介机构（除了剩下的几大唱片公司外，还有在线平台）主导。然而，音乐产业最令人费解的地方在于，它的组织方式千变万化。

对于任何从事音乐行业的人来说，这都是一个激动人心且充满挑战的时代，人们迫切需要适用新的见解。与此同时，事情发展得如此之快，任何人（包括学术研究人员）都很难跟上。专业音乐产业和用户生成活动之间的界限比以往任何时候都更加模糊。版权制度从一个版本到另一个版本——例如，增加互联网平台对欧盟用户未经授权复制的责任。众筹和区块链技术被誉为解决长期挑战的新方法。大数据和人工智能甚至导致人类劳动在创造音乐过程中的主导地位（Peukert，2018）。在这种情况下，文化经济学家需要与时代同步，他们关于文化产业特性的专业知识应该是非常宝贵的。

参见：

创意产业；文化产业的数字化；音乐出版；数字盗版。

本章参考：

Adermon，Adrian and Che-Yuan Liang（2014）. Piracy and music sales：The effects of an anti-piracy law. *Journal of Economic Behavior and Organization*，105：90-106.

Aguiar，Luis and Bertin Martens（2016）. Digital music consumption on the internet：evidence from clickstream data. *Information Economics and Policy*，34：27-43.

Aguiar，Luis and Joel Waldfogel（2016）. Even the losers get lucky sometimes：New products and the evolution of music quality since Napster. *Information Economics and Policy*，34：1-15.

Aguiar，Luis and Joel Waldfogel（2018）. As streaming reaches flood stage，does it stimulate or depress music sales？. *International Journal of Industrial Organization*，57：278-307.

Alexander，Peter J.（2002）. Peer-to-peer file sharing：The case of the music recording industry. *Review of Industrial Organization*，20（2）：151-161.

Armstrong, Mark (2006). Competition in two - sided markets. *The RAND Journal of Economics*, 37 (3): 668-691.

Bhattacharjee, Sudip, Ram D. Gopal, Kaveepan Lertwachara and James R. Marsden (2006a). Whatever happened to payola? An empirical analysis of online music sharing. *Decision Support Systems*, 42 (1): 104-120.

Bhattacharjee, Sudip, Ram D. Gopal, Kaveepan Lertwachara, James R. Marsden, Rahul Telang (2007). The effect of digital sharing technologies on music markets: A survival analysis of albums on ranking charts. *Management Science*, 53 (9): 1359-1374.

Bhattacharjee, Sudip, Ram D. Gopal, Kaveepan Lertwachara and James R. Marsden (2006b). Impact of legal threats on online music sharing activity: An analysis of music industry legal actions. *The Journal of Law and Economics*, 49 (1): 91-114.

Bockstedt, Jesse C., Robert J. Kauffman and Frederick J. Riggins (2006). The move to artist-led on-line music distribution: a theory-based assessment and prospects for structural changes in the digital music market. *International Journal of Electronic Commerce*, 10 (3): 7-38.

Caves, Richard E. (2000). *Creative industries: Contracts between art and commerce.* Cambridge MA: Harvard University Press.

Chung, Kee H. and Raymond A. K. Cox (1994). A stochastic model of superstardom: An application of the Yule distribution. *Review of Economics and Statistics*, 76 (4): 771-775.

Coase, Ronald H. (1979). Payola in radio and television broadcasting. *The Journal of Law and Economics*, 22 (2): 269-328.

Danaher, Brett and Michael D. Smith (2014). Gone in 60 seconds: The impact of the Megaupload shutdown on movie sales. *International Journal of Industrial Organization*, 33: 1-8.

Danaher, Brett, Samita Dhanasobhon, Michael D. Smith and Rahul Telang (2010). Converting pirates without cannibalizing purchasers: The impact of digital distribution on physical sales and internet piracy. *Marketing Science*, 29 (6): 1138-1151.

Dewan, Sanjeev and Jui Ramaprasad (2012). Music blogging, online sampling, and the long tail. *Information Systems Research*, 23 (3): 1056-1067.

Dewan, Sanjeev and Jui Ramaprasad (2014). Social media, traditional media, and music sales. *MIS Quarterly*, 38 (1): 101-121.

Dolfsma, Willem (2000). How will the music industry weather the globalization storm? . *First Monday*, 5 (5).

Gaffney, Michael and Pauline Rafferty (2009). Making the long tail visible: social networking sites and independent music discovery. *Program*, 43 (4): 375-391.

Galuszka, Patryk and Victor Bystrov (2014). Crowdfunding: A case study of a new model of financing music production. *Journal of Internet Commerce*, 13 (3-4): 233-252.

Gamble, Jordan R. , Michael Brennan and Rodney McAdam (2017). A rewarding experience? Exploring how crowdfunding is affecting music industry business models. *Journal of Business Research*, 70: 25-36.

Hamlen Jr, William A. (1994). Variety and superstardom in popular music. *Economic Inquiry*, 32 (3): 395-406.

Handke, C. (2015). Digitization and Competition in Copyright Industries: One Step Forward and Two Steps Back? . *Homo Oeconomicus*, 32 (2): 209-236.

Handke, Christian (2006). Plain Destruction or Creative Destruction? Copyright Erosion and the Evolution of the Record Industry. *Review of Economic Research on Copyright Issues*, 3 (2): 29-51.

Handke, Christian (2010). *The Creative Destruction of Copyright-Innovation in the Record Industry and Digital Copying*. Doctoral dissertation, Erasmus University Rotterdam.

Online: http: //ssrn. com/abstract=163034.

Handke, Christian (2011). *Economic effect of copyright: The empirical evidence so far*. Report for the National Academies of the Sciences, Washington D. C. , USA.

Handke, Christian (2012). Digital copying and the supply of sound recordings. *Information Economics and Policy*, 24 (1): 15-29.

Handke, Christian (2014). The economics of collective copyright management. In Watt, Richard (ed.). *Handbook of the Economics of Copyright*. Cheltenham: Edward Elgar, 179-204.

Handke, Christian (2016). *Joint Copyrights Management by Collecting Societies and Online Platforms: An Economic Analysis*. Working paper available at

SSRN 2616442.

Handke, Christian and Ruth Towse (2007). Economics of copyright collecting societies. *International Review of Intellectual Property and Competition Law*, 38 (8): 937-957.

Handke, Christian, Bodó Balazs and Joan-Josep Vallbé (2016). Going means trouble and staying makes it double: the value of licensing recorded music online. *Journal of Cultural Economics*, 40 (3): 227-259.

Harrison, Ann (2017). *Music: The Business*. London: Virgin.

Herstand, Ari (2016). *How to Make it in the New Music Business: Practical Tips on Building a Loyal Following and Making a Living as a Musician.* London: Liveright Publishing.

IFPI / International Federation of the Phonographic Industry (2019). *Global Music Report*. London: IFPI. Online https: //www. ifpi. org/downloads/GMR2019. pdf.

Krueger, Alan (2019). *Rockonomics: What the Music Industry Can Teach Us About Economics (and Our Future)*. London: John Murray.

Lacher, Kathleen T. and Richard Mizerski (1994). An exploratory study of the responses and relationships involved in the evaluation of, and in the intention to purchase new rock music. *Journal of Consumer Research*, 21 (2): 366-380.

Liebowitz, Stan (2013). Internet piracy: the estimated impact on sales. In Ruth Towse and Christian Handke (eds.). *Handbook on the Digital Creative Economy*, Cheltenham: Edward Elgar, 262-273.

Lopes, Paul D. (1992). Innovation and diversity in the popular music industry, 1969 to 1990. *American Sociological Review*, 57 (1): 56-71.

Mason, Katy and Martin Spring (2011). The sites and practices of business models. *Industrial Marketing Management*, 40 (6): 1032-1041.

Moreau, Francois (2013). The Disruptive Nature of Digitization: The Case of the Recorded Music Industry. *International Journal of Arts Management*, 15 (2): 18-31.

Nelson, Phillip (1970). Information and consumer behavior. *Journal of Political Economy*, 78 (2): 311-329.

O' Dair, Marcus and Robyn Owen (2019). Monetizing new music ventures through blockchain: Four possible futures? . *International Journal of Entrepreneurship and Innovation*. Pre - print online: https: //journals. sagepub. com/doi/pdf/

10. 1177/1465750319829731.

Oestreicher-Singer, Gal and Lior Zalmanson (2013). Content or community? A digital business strategy for content providers in the social age. *MIS Quarterly*, 37 (2): 591-616.

Passman, Donald S. (2015). *All You Need to Know About the Music Business.* New York: Simon and Schuster.

Peterson, Richard A. and David G. Berger (1975). Cycles in symbol production: The case of popular music. *American Sociological Review*, 40 (2): 158-173.

Peterson, Richard A. and David G. Berger (1996). Measuring industry concentration, diversity, and innovation in popular music. *American Sociological Review*, 61 (1): 175-178.

Peukert, Christian (2018). The next wave of digital technological change and the cultural industries. *Journal of Cultural Economics.* Pre-print online: https://link. springer. com/content/pdf/10. 1007%2Fs10824-018-9336-2. pdf.

Rob, Rafael and Joel Waldfogel (2006). Piracy on the high C's: Music downloading, sales displacement, and social welfare in a sample of college students. *The Journal of Law and Economics*, 49 (1): 29-62.

Rothenbuhler, Eric W. and John W. Dimmick (1982). Popular music: Concentration and diversity in the industry, 1974-1980. *Journal of Communication*, 32 (1): 143-149.

Rysman, Marc (2009). The economics of two-sided markets. *Journal of Economic Perspectives*, 23 (3): 125-143.

Saboo, Alok R., V. Kumar and Girish Ramani (2016). Evaluating the impact of social media activities on human brand sales. *International Journal of Research in Marketing*, 33 (3): 524-541.

Thomes, Tim P. (2013). An economic analysis of online streaming music services. *Information Economics and Policy*, 25 (2): 81-91.

Towse, Ruth (2013). The economic effects of digitization on the administration of musical copyrights. *Review of Economic Research on Copyright Issues*, 10 (2): 55-67.

Towse, Ruth (2017). Economics of music publishing: copyright and the market. *Journal of Cultural Economics*, 41 (4): 403-420.

Towse, Ruth, Christian Handke and Paul Stepan (2008). The economics of copyright law: A stocktake of the literature. *Review of Economic Research on Copyright Issues*, 5 (1): 1-22.

Tschmuck, Peter (2006). *Creativity and innovation in the music industry*. Amsterdam: Springer.

Waldfogel, Joel (2012). Copyright protection, technological change, and the quality of new products: Evidence from recorded music since Napster. *The Journal of Law and Economics*, 55 (4): 715-740.

Waldfogel, Joel (2017). How digitization has created a golden age of music, movies, books, and television. *Journal of Economic Perspectives*, 31 (3): 195-214.

Waldfogel, Joel (2018). *Digital Renaissance: What Data and Economics Tell Us about the Future of Popular Culture*. Princeton, NJ: Princeton University Press.

Watson, Steven J., Daniel John Zizzo and Piers Fleming (2015). Determinants of unlawful file sharing: A scoping review. *PLoS one*, 10 (6): e0127921.

Wikström, P. (2013). *The music industry: Music in the cloud*. Polity.

Wilson, Nicholas C. and David Stokes (2005). Managing creativity and innovation: The challenge for cultural entrepreneurs. *Journal of Small Business and Enterprise Development*, 12 (3): 366-378.

Wlömert, Nils and Dominik Papies (2016). On-demand streaming services and music industry revenues—Insights from Spotify's market entry. *International Journal of Research in Marketing*, 33 (2): 314-327.

延伸阅读：

关于音乐产业的经济文献散见于各类文章，许多其他学科也贡献了不少有价值的见解，也有相当多的书籍出版，为从业人员提供了实践的建议。任何想要详细了解音乐行业当前商业实践的人都会发现这些书籍的最新版本十分有用，例如：Passman（2015）；Herstand（2016）；Harrison（2017）。对 20 世纪下半叶音乐产业发展的学术描述，参见 Tschmuck（2006）；其后的发展介绍参见 Wikström（2013）。美国杰出经济学家最近发表的关于音乐产业的出版物包括：Waldfogel（2017；2018）；Krueger（2019）。

41 音乐出版

露丝·陶斯（Ruth Towse）

对音乐出版的经济研究很少，尽管在录音出现之前，音乐出版一直是如今所谓音乐产业的主要组成部分。直到 20 世纪初，印刷乐谱和现场表演收入一直是作曲家、词曲作者和出版商的主要收入来源。如今这些销售收入在音乐出版总收入中所占的比例相对较小，而且因音乐版权许可的转变而黯然失色。这些权利要求适应新的录音技术和后来的广播技术，这些技术极大地扩大了公众接触音乐的渠道，并很快取代了现场表演。这种适应既涉及版权法的修改，也涉及音乐出版商业模式的改变。然而，在 20 世纪初期，这种适应过程是困难的，需要时间做出新的制度安排，以便使出版商、作曲家和歌曲作家获得收入，并能够接受与实施。随着录音工业适应了电子发行，特别是通过流媒体，这种转变一定程度上在 21 世纪得到了回应。值得注意的是，在盗版盛行的情形下，无论是传统音乐出版的不同类型——歌剧、流行歌曲、器乐——还是数字录音和发行，其实在 18、19 世纪就已经泛滥成灾，也几乎被接受为一种生活方式，尽管许多人试图通过更改和执行版权法来遏制它。

然而，也有研究涉及音乐出版，它们通常是历史性的，主要是关于音乐创作的收入（Peacock and Weir，1975；Baumol and Baumol，1994；Scherer，2004）、英国集体授权的发展（Ehrlich，1989）、作曲家与出版商的关系（Montgomery and Threlfall，2007；Drysdale，2013）。学术研究的缺失部分由在线数据的发布和音乐产业中音乐出版与录音的相对收益的讨论所弥补。本章以陶斯（Towse，2017）的研究为基础，该研究利用了这些数据资源和原创研究。

41.1 收入来源

在唱片和录音被广泛采用之前，音乐出版商的收入几乎完全来自印刷乐谱的销售。到19世纪后半叶，人们普遍拥有家庭钢琴，家庭演奏的音乐很受欢迎，也很赚钱（Ehrlich，1976）。早期的歌曲宣传形式是让印刷乐谱的巡回推销员在街角兜售商品，而比较固定的钢琴乐谱的推广方式是在音乐出版商的商店里进行演奏。在18世纪，歌剧提供了供大众使用的印刷乐谱的来源，尽管歌剧乐谱和音乐并不出售。现在，它们通常是由歌剧公司从出版商那里租来的。音乐协会偶尔会举行演出，大部分都是新音乐，到了19世纪中期，音乐厅已经成为流行娱乐场所，表演者通过付费（称为版税）来推广已出版的歌曲，以鼓励家庭娱乐的销售。一些音乐出版商通过广告方式宣传自己的音乐会，或者更确切地说是演出自己出版音乐的音乐会。

到19世纪中期，作者在音乐会和音乐厅（后来在广播）控制其作品现场公开表演的权利已经得到著作权法的承认，这需要发展权利的协作管理，即著作权管理组织（CMO）——通常被称为集体协会——来管理这些权利（Peacock and Weir，1975；Ehrlich，1989）。著作权管理机构如今也在创意产业的其他领域运作，但它们起源于法国的音乐表演实践，后来传播到整个欧洲（如今是全世界）。这些音乐出版机构是作曲家、词曲作者和音乐出版商的协会，它们共同管理公共表演权和机械权，为它们的作品发放许可证和收取版税，并代表会员执行这些权利。

虽然表演权已在英国成文法上存在一段时间了，然而，直到1914年才通过音乐出版商向演出收取版税。尽管法国的音乐作家、作曲家和出版商协会（Société des auteurs，compositeurs et éditeurs de musique，SACEM）整个19世纪都是这样做的，并且从19世纪50年代开始管理英国的法国音乐表演权。然而，英国音乐出版商拒绝行使这个权利，因为他们认为这样做会让表演者却步，因为他们必须为演出付费，而表演者实际上是通过音乐厅、教堂和其他场所的现场表演来宣传其出版的音乐。他们被锁定在销售收入的商业模式，只有当有新的收入形式（包括录音、广播和电影的公共表演和机械权利）可用时才加以调整，才能适应这种商业模式。很大程度上，这就是录音行业20世纪后期面对数字盗版所采用的方法，当它面对获取音乐的新方法时，仍然坚守其销售模式。

录音对音乐出版商的商业模式是一个巨大的威胁。音乐爱好者现在可以通过收听留声机上的专业表演来自娱自乐，而不是像以前那样依靠音乐会、音乐厅或家庭的现场表演而购买印刷乐谱。一旦著作权法引入机械权而适应新技术，尽管集体权协会已经形成，其作用是向录音制作者发放许可和收取版权费，以便作曲家和音乐出版商能够从其录音的使用中获得收益。录制音乐的电台广播也紧随其后，音乐产业和广播公司（如英国的 BBC）之间的关系是相当复杂的（Peacock and Weir，1975）。电视随后也成为使用现场和录制音乐的版税来源。

电影的发明还为音乐出版商提供了新的收入来源，最初是通过音乐的现场表演，如电影伴奏音乐，以及在电影片段之间的时间间隔，通过哈蒙德管风琴（持续很久直至“有声电影”）进行演奏，后来就是与电影同步的音乐。如今，一些音乐出版商专门从事电影、视频、电视节目和游戏视听作品的“制作”，或提供音乐库，收入来源就是所谓的同步权（对机械权的改编）。

表 41-1 显示，2017 年音乐出版收入占全球音乐总收入的近一半，其中表演权是主要来源。随着唱片销量下降，机械版权收入也下降；直接授权包括印刷音乐和同步音乐的销售以及其他重大权利（后者为音乐剧和歌剧的现场表演）。

表 41-1 2017 年音乐版权的全球价值及权利收入占比

全球价值	
录音（唱片公司）（10 亿美元）	16. 55
音乐作者（CMOs）（10 亿美元）	9. 37
音乐出版商直接收入（10 亿美元）	2. 20
总计（10 亿美元）	28. 10
分配比例	
出版商	41%
产品公司	59%
歌曲创作和音乐出版按照权利的收入比 *	
表演权利	67%

续表

全球价值	
机械权	15%
私人复制	3%
直接授权	15%

＊根据佩奇（Will Page）2014 年数据计算，见：www. musicbusinessworldwide. com/250 亿-the best-numberto -to-the-music-business/。

资料来源：www. musicbusinessworldwide. com/the-global-value-of-music-copyright-topped-28bn-in-2017/

表 41-2 显示了英国音乐出版商各种不同收入来源的相对作用。在古典音乐中，销售和雇佣作品出版占收入的 2/3，而在流行音乐（到目前为止最大的部门），机械和现场表演的版税占收入的 3/4。

表 41-2　2012 年英国音乐出版来自各种版权和资源的收入占比（%）

流行音乐	
机械使用费	40
现场表演及广播	36
同步的费用	14
其他（彩铃、网络、散曲）	10
古典音乐	
印刷音乐销售	50
雇佣费用	15
机械版权使用费	12
现场表演及广播	8
同步的费用	5

资料来源：Music Publishers Association（unpublished）

41.2 音乐出版商作为媒介

音乐出版商在音乐作品的各个市场中扮演着中间人的角色，行使作曲家和歌曲作者授予的权利。歌曲和其他形式音乐的创作者对其作品享有版权。歌曲分为两类，歌词作为文学作品，曲调作为音乐作品，但如果文字和音乐是一起写的，就被视为一个共同创作的作品。版权保护作曲家和歌曲作者免受他人未经同意的复制，使其能够控制作品的使用，并与音乐出版商和其他人签订传播合同。然而，并非所有的音乐都会出版。音乐受委托制作并用于视听作品，可能是由作曲家直接与电影或其他类似的制作人签约。

如前所述，出版商的传统商业模式是获取歌曲或其他音乐作品的版权，由专业乐谱打印机进行打印，然后出售或许可乐谱的打印。对于乐团的管弦乐作品和器乐作品，每件乐器都需要根据所涉及的项目进行专门的打印，因为关于乐谱如何谱写已经有惯例（例如，不同的乐器有不同的谱号）；管弦乐部分要为每个乐器打印乐谱，并将总谱提交给指挥；为有管弦乐队伴奏的歌手所创作的合唱和歌剧作品则印有钢琴乐谱，甚至只是作为个人声线的乐谱。其中一些直接卖给业余和专业的表演者，其他的由表演团体购买，或从出版商那里租用；包含许多大型管弦乐作品通常由出版商储存，并为演出而出租。在电脑和软件出现之前，作曲家们用手写方式创作作品，有的只是草图，有的只是钢琴乐谱，这就为那些为乐谱做准备的抄写员带来了工作。今天，许多作曲家和词曲作者可以自己制作、印刷乐谱，这样就把组织印刷的功能从出版的角色中去掉了。因此，音乐出版物现在主要关注的是获取和管理版权以及与音乐用户的交易。

41.3 分支出版

版权是权利管理的基础，但由于它是国内法，必须做出安排以便在不同的司法管辖区也能许可使用和获得版税。在音乐出版领域，这通常是通过与外国分支出版商的合同来完成的，因而会导致版税在各方参与者之间的分成。一个作曲家可能与第一个出版商达成 50∶50 的协议，然后第一个出版商与外国出版商达成 60∶40 的协议（外国出版商再与作曲家达成 60∶40 的协议）。这些被称为“授权”的规定给著作权管理组织的权利管理和产业链交易带来了麻烦，也让追踪应该缴纳的版税变得困难。

41.4 音乐出版合约

在整个 19 世纪到 20 世纪初的英国，音乐出版的标准合同是一次付款就买断所有权利，但同步仍然需要合约，即便作曲家保留表演的权利或归属其本人的那部分表演权，即便是在版税合同成为常态之后（在英国，大约在 20 世纪 20 年代），出版商也常常要求作曲家或词曲作者在版权期限内转让所有权利，以 50∶50 的比例分享在著作权管理机构所登记的表演权版税。目前音乐出版合同的种类繁多：单个歌曲合同要求对作品的版权进行转让；一份独家合同使得作曲家或词曲作者（被称为“作者”）与出版商建立长期合作关系，其中作者同意将所有作品（可能包括佣金）转让给出版商；或者以出版商身份与作者合作出版（Harrison，2011）。这些合同是版税协议，即出版商与作者分享歌曲的收入，并可能提供版税预付款。其他合同并不要求将权利转让给可以通过许可证（如管理合同）充当代理的出版商。无论采用何种类型，出版合同均规定权利从作曲家或词曲作者转移至出版商，以及版权费率、合同期限（它持续多少年）、未来使用费的任何预付款、合同覆盖范围（通常是全球范围）。还有所谓的“360 合同”，它涵盖作曲家、词曲作者或乐队活动的所有方面，包括音乐会、商品等。

作者的版税根据双方达成的协议而有所不同。在美国，所谓的“出版者份额”通常是销售收入的 50%；在 20 世纪 20 年代之前的英国，词作者、作曲家和音乐出版商各占 1/3，但随着美国模式的采用，情况发生了变化。另一个变化是，现在歌曲通常是由作者团队，而不是个人创作的，所以付给词曲作者的报酬必须根据个体的数量和他们之间达成的协议来分配（Osborne，2015）。随着音乐用途的变化，其份额在不同的市场和分支发行协议中可能会不同。

如前所述，表演权是音乐权利中最有价值的，通常被分配或授权给表演权管理组织，如 ASCAP（美国）、GEMA（德国）、JASRAC（日本）、PRS（英国）、SACEM（法国）、STIM（瑞典）等，作曲家、歌曲作者和出版商都属于这些组织。著作权管理组织在其领土内管理权利，并与外国著作权管理组织就相互征收、分享收入和执行权利等事项做出安排。传统上，著作权管理组织采用“一揽子”授权作为其商业模式，这种模式仍在使用，如在英国，BBC（最大的音乐用户）和表演权协会之间即采用这种模式。著作权管理组织颁发的许可证赋予用户在其控制的曲目中表演任何作品的权利，然后根据其作品的使用情况将收入以50∶50的比例分配给作者和出版商。大型用户被要求报告其所执行的工作列表，而小规模使用则由著作权管理组织估计。著作权管理组织普遍采用“一揽子”授权，其目的是降低版权所有者和用户的交易成本。音乐的数字发行使得个人版权管理成为可能，尽管流媒体和出版协议仍倾向于使用“一揽子”授权。

41.5 音乐出版经济的变革

与唱片业相比，数字录音和发行对音乐出版商的影响要小得多，尽管它遭遇了机械使用费的大幅下降，但迄今为止，流媒体收入尚未对此予以补偿（尽管这种趋势正在转变）。根据作者去世后的版权分配制度，音乐出版商持有大量70年的长期资产，虽然大多数作品在首次发行后所产生的收入很少，但有些“超级明星”作品可以有很长的保质期和盈利能力（Towse，2016；2017）。

41.6 产业结构

音乐出版业的集中度不断提高。在19世纪，有成百上千的音乐出版公司，而少数越来越大的公司开始主导市场；到了21世纪，三大唱片公司——索尼ATV（声称处于领导地位，拥有300万版权作品）、环球音乐出版国际集团和华纳音乐集团——构成全球寡头垄断，这些主导集团拥有很多以其品牌经营的出版社与唱片公司，控制着古典、流行、摇滚、爵士等产品目录，并生产音乐，它们已受到各国竞争规制部门和欧洲委员会横向和纵向一体化的审查。规模经济、范围经济以及网络经济显然推动了过去几十年间音乐出版业的合并和收购，其中涉及大量版权资产在所有者之间的转移。尽管如此，仍有一些新机构和小型的独立音乐出版商能够通过与有才华的艺术家签约，向其提供更优质服务，并且在不太流行的小众类型音乐市场存活下来。一个突出的例子就是 Kobalt Music，它采用的商业模式主要是充当行政出版公司，而不是拥有版权，毕竟还是有不少小型的独立出版商。

互联网使音乐出版商受益，因为它降低了投资新作曲家的风险和不确定性，新作曲家的评分记录为潜在市场提供了前期信息。数字出版物消除了印刷和储存印刷版本的成本，使出版商能够向歌曲作者提供更优惠的交易。

41.7 结　论

音乐出版是 19 世纪主要的创意产业之一，在 20 世纪头几十年里，它受到了录音和广播技术的冲击，导致印刷音乐销量的下降。版权法的修改和著作权管理组织的发展，使音乐版权的经营模式从印刷音乐的销售转变为音乐版权的管理。音乐出版不太容易受到数字发行的影响，部分原因是它拥有过去的曲目和较长的版权期限，尽管机械版税随着唱片销量的下降而急剧下降。音乐出版商的主要收入来源是表演权收入。随着各国著作权管理组织集团化的发展，它们为适应流媒体潮流和个人权利管理也发生了重大变化。在 21 世纪，音乐出版业经历了急剧的集中趋势，如今音乐出版业是大型国际寡头公司的一个部分，在它们的全部业务中只占相对较小的部分。

参见：

合同理论和信息产品；创意产业；信息产品；音乐产业；交响乐团；出版。

本章参考：

Baumol, W. , & Baumol, H. (1994). On the economics of musical composition in Mozart's Vienna. *Journal of Cultural Economics*, 18 (3): 171-198.

Cooke, C. (2018). *Dissecting the digital dollar*, 2nd edition. UK Music Managers

Forum.

Drysdale, J. (2013). *Elgar's earnings*. Woodbridge: The Boydell Press.

Ehrlich, C. (1976). *The Piano: a history*, Oxford: Clarendon.

Ehrlich, C. (1989). *Harmonious Alliance. A History of the Performing Right Society*. Oxford: Oxford University Press.

Harrison, A. (2011). *Music: The Business*, 5th edition. Virgin Books.

Montgomery, R., Threlfall, R. (2007). *Music and copyright: The case of Delius and his publishers*. Aldershot and Burlington, VT: Ashgate.

Osborne, R. (2015). That's the joint. The harmonisation of words and music in EU Law. www.academia.edu/19606054/_Thats_the_Joint_The_Harmonisation_of_Words_and_Music_in_EU_Law.

Scherer, F. (2004). *Quarter notes and banknotes*. Princeton. NJ: Princeton University Press.

Towse, R. (2016). Copyright auctions and the asset value of a copyright work. *Review of Economic Research on Copyright Issues*, 13 (2): 83-99.

Towse, R. (2017). Economics of music publishing: copyright and the market. *Journal of Cultural Economics*, 41 (4): 403-420.

延伸阅读：

除了文中引用的作品外，最近很少有关于音乐出版的学术文献。然而，有许多流行的从业人员手册提供了大量关于音乐出版的信息，特别是关于数字化方面的信息，其中库克（Cooke，2018）是一个很好的例子。一个非常易得的供版权用户使用的系列资料库是“歌曲使用指南”（Going for a Song）（www.copyrightuser.org/create/creative-process/Going-for-A-Song/），它解释了版权在歌曲创作和录制过程中的作用。

42 非营利性组织[①]

迪克·纳策（Dick Netzer）

在所有富裕国家，以非营利组织为基础的公司，与营利性公司（包括独立的专业艺术家）和政府一起生产文化产品和提供文化服务。在许多贫穷国家也是如此。非营利性公司被定义为具有正式结构和治理的组织，这些组织在各国之间存在很大差异，但具有以下共同特征：①该组织的管理者不拥有企业，也不拥有可出售给其他公司或个人的经济利益；②任何收入超过支出的盈余都不得被组织管理者挪用，必须以达到本组织既定目的的方式进行再投入。显然，这样的组织不会形成并继续存在，除非组织者和管理者期望并实现一些经济回报，包括对自己提供服务的金钱补偿和消费福利（生产或提供他们想要享受的文化商品和服务，这些商品和服务没有他们的努力就不会产生）、个人地位等非经济奖励。

42.1 非营利组织的动作规则

各国非营利文化企业形成和运作的规则差异很大（Quarter and Mook，2018）。在一些国家，这些规则高度结构化，并将非营利文化企业与其他文化生产实体区别开来，特别是在像美国这样的国家，对非营利性企业的税收优惠是其成功的关键（Alm and Teles，2018）。在另一些国家，其正式性要逊色得多。例如，在爱尔兰，非营利组织可能存在并获得税收优惠，但它们是在没有任何正式法律地位的

① 斯人已逝。本章由希曼修改、扩展和更新，编者在此非常感谢希曼慷慨地承担了这项艰巨而无私的任务，使我们得以保留迪克·纳策（Dick Netzer，1929—2008）所撰写的大部分内容。See also the obituary，Seaman，Bruce A.（2008）. Dick Netzer（1929-2008）. *Journal of Cultural Economics*，32：27-29.

情况下获得的，尽管后者通常是通过注册为公司来获得的，其目的是限制成员的责任（Donoghue et al.，1999）。

税收优惠待遇的影响是复杂的。施马尔贝克（Schmalbeck，2006）发现，免税状态对美国非营利医疗机构和医疗市场的影响是“微不足道的”。非营利公司与政府真正分离的程度在国家内部和国家之间可能存在很大差异。有时从表面上看，非营利公司与政府密切相关，并受政府管辖，与正式隶属于政府的实体几乎没有什么区别；而在其他情况下，政府机构则假装为非营利实体（美国的公共广播公司误导性地宣称自己是一家“私人公司”，但它仅仅是向当地广播电台和电视台提供政府补助金的联邦政府机构）。此外，非营利部门的独特性程度也一直在变化。非营利性部门界限模糊尤其普遍，因为正式的非营利机构参与商业活动的倾向越来越强（Oster，2018），而非营利组织之间的直接竞争也越来越明显（Brown and Slivinski，2018）。

在一些国家，政府文化机构拥有充分的自主权，可以从私人那里筹集资金，因此它们的运作方式与正式的私人非营利组织非常相似。近年来，这种情况在欧洲有所增加（Boorsma，1998；Klaic，1998；Creigh-Tyte，1998）。即使在政府是最昂贵的文化产品和服务的唯一提供者的法国，也有一些政府博物馆由私人公司或协会管理。国立博物馆联合会（Reunion des Musees Nationaux）是一个拥有34家博物馆的政府实体，为收购、展览提供资金，并管理博物馆的商业活动，于1990年被改建为“工商业私营机构”，其目的是增加灵活性，如聘用不享有终身工作保障的专业人士。但它在财政上似乎没有取得成功（Benhamou，1998）。2011年，它与大皇宫（Grand Palais）合并，成为RMN-GP（简称）。舒斯特（Schuster，1998）讨论了近年来发生的其所谓美国博物馆的“混合”现象，即减少了政府和私人非营利博物馆之间的区别。这是对哈特（Hutter，1997）讨论的延伸，哈特讨论了近些年欧洲国家文化实体的准私有化，这通常会增加额外的灵活性，简化政府运营和所有权固有的规则。

尽管降低非营利组织管理的灵活性可能会出现问题，但也会产生有益的影响。耶麦克（Yermack，2017）发现，在美国，捐赠者降低艺术博物馆管理灵活性的做法越来越普遍，这部分是为了应对博物馆财务困境的高发生率，以及人们对博物馆受托人及其管理控制能力薄弱的看法，“捐赠治理”一词指的是对捐赠的限制，以限制管理层的自由裁量权。他发现，有证据表明，这些限制措施稳定了非营利艺术博物馆的状况，部分原因是促使他们减少管理费用，增加项目服务的资源，并保留相对较高的针对博物馆的现金捐赠比例。

在一些富裕国家，非营利性组织的活动有很大部分是为了再分配，这可以追溯到教会而不是政府在救助穷人方面的主要作用。然而，无论是在公开的意图（无论公开的意图是什么）还是在实际效果上，再分配对文化类非营利组织都没有起到重要的作用。因此，文化（和许多其他）非营利组织可以用传统的外部性论证来解释：①私人（具有排他性和竞争性）商品和服务的生产也会产生大量的公共产品；②利润最大化的公司可能按照私人产品产出水平来运作，因此其所提供的公共产品非常少；③民主政府在中位选民基础上做出预算决定，所提供的补贴产生的公共物品产出远低于许多选民所希望并愿意支付的数额；④这些选民可以被识别出来，并被说服为实现目标而捐款。人们通常不相信政府会将捐赠用于此目的，而是用捐款来代替由政府预算提供的资金。政府在这方面得到的信任越少，非营利组织的作用就越大。此外，捐赠者不太可能向利润最大化的企业提供这样的捐赠，因为这些企业的管理者和所有者可以很容易地利用这些捐赠资金来增加利润，而不是生产更多的公共产品。

42.2　非营利形式相关理论

关于非营利形式在艺术中的重要性的“信任”说被广泛接受，但少有文献就此发表评论，部分原因正如汉斯曼（Hansmann，1980）所断言的那样，非营利形式非常适合处理消费者无法评估的交付或所承诺的商品的情况。非营利组织几乎没有利用消费者的动机，因为这样做对管理者没有好处。然而，至少有一种强烈的反对意见。

韦斯特（West，1987）指出，这是委托代理问题的一种形式，市场已经生成了多种解决办法，如使用专业顾问，批评家在艺术中扮演这样的角色。此外，传统观点与经济学家的假设相冲突，即各方的利己行为通常会带来有效的解决方案。接下来，韦斯特转向了常见的主张（Throsby and Withers，1979）：与垄断的营利性公司相比，非营利性公司可能以更低的价格和更高的产出水平来组织生产。如果其社会目标是扩大文化体验，那么将补贴限制于非营利组织似乎是正确的做法。韦斯特质疑了这一结论；除其他观点外，他表明，这只适用于只有单一价格的、非常简单的垄断情形。在完全的价格歧视下，只有营利性公司才能获得社会最优产出。最后，韦斯特指出，几乎所有关于营利性公司补贴的说法都是错误的，对于非营利组织来说也是如此。

赫布伦（Heilbrun，1988）在一篇评论中指出，韦斯特的论点取决于他的断言，即非营利部门的单位成本可能高于营利部门，因为后者的利己行为会导致降低成本以确保有更多利润可供支配。这种情况的部分原因是，管理层将在非营利组织获得更高的报酬。韦斯特反驳认为，由于管理者不能挪用利润，所以他们存在提高工资的动机。董事会很可能会顺应这个情形，而不是采取防范措施。此外，来自政府和私人捐助者的补贴肯定会减少对高单位成本的抵制。这些大多数都是经验论证，但很难用经验来解决。耶麦克（Yermack，2017）发现的关于非营利艺术博物馆的证据至少与韦斯特的担忧是一致的，由于捐赠人限制了博物馆的管理自主权，从而减少了管理费用，改善了项目支出，解决了监督委员会或博物馆管理人员未能充分解决的问题，而这些人被认为享有博物馆控制带来的可观私人利益。

在一篇更加广为人知的文章中，汉斯曼（Hansmann，1986）和其他作者为非营利性文化组织提供了一种更直接的（可能更少利他主义的）解释，涉及表演艺术、博物馆和文化广播（但不是由独立的个体艺术家生产）的生产成本结构，即固定成本相对于可变成本非常高。因此，在大多数情况下，可能无法通过直接用户支付的费用完全收回成本。当然，向潜在客户收取高于低可变成本的费用也是低效的。

例外情况通常是那些可能会持续很长时间的表演或展览，在此期间，每场演出的固定成本是适中的，因此大量客户支付的入场费可以覆盖成本，如在伦敦、纽约或其他地方的商业剧院。价格歧视可能有所帮助，但除非需求曲线形状怪异，否则无法解决问题。传统的基于座位位置的价格歧视的效果是有限的（除非剧院建造者提供了大量糟糕的座位）。此外，传统设计的剧院，价格歧视也受到门票可以转让情况的限制。在营利性的音乐会行业中，已经有不少研究这种类型的价格歧视的更多成功例子（Courty and Pagliero，2012）。鲍尔丁（Baldin，2017）等人通过建模来展示价格歧视在非营利性艺术领域进一步应用的潜力；施泰因贝格和韦斯布罗德（Steinberg and Weisbrod，2005）研究了价格歧视促进非营利组织分配目标的作用。

汉斯曼将个人的捐赠看作一种自愿的价格歧视：这是捐赠者确保表演、展览或文化传播实际发生的方式，通过将其部分消费者剩余交给他们非常喜欢的文化产品的生产者。希曼（Seaman，1985）对美国非营利性表演艺术组织的实证研究检验了这个论点。他发现，门票价格歧视的运行方式符合标准模型的预测，并且是合理有效的，而用捐赠者价格歧视取代门票价格歧视只是部分正确的。然而，数据确实表明，很大比例的个体捐赠者实际上是参与者（Frey and Pommerehne，1989），因此替代的可能性是真实的。在美国，向文化组织提供私人捐赠的很大部分来自个人，而不是公司或基金会（许多类似机构在其捐赠中反映了创建基金会或运营公司的个人偏好）。其他通过捐赠者行为对价格歧视的研究，包括库什纳和金（Kushner and King，1994），他们将表演艺术视为俱乐部商品，并发现慈善捐赠与参加（和购买门票）表演艺术音乐会之间的积极互动。施泰因贝格（Steinberg，2007）通过收取会员费的方式，为艺术之外的更广泛的非营利组织解决了自愿价格歧视的挑战。[①]

对于那些政府在这类文化生产融资中发挥重要作用的国家，富裕参与者的利己动机将不那么重要，事实上，文化企业不太有理由成为非营利企业而非国有企业。如果企业是非政府企业，政府可能会坚持认为生产者是非营利企业。事实上，很少有政府对营利性文化企业给予大量的补贴。一个例外情况是，向电影放映商或制片人提供这种补贴，以鼓励制作和放映本地制作的电影。如此慷慨和可替代的税收抵免为美国做出了贡献，根据电影洛杉矶的一项研究，2016年佐治亚州的故事片产量超过了其他任何地方（包括英国和加利福尼亚）（Hensley，2017），佐治亚州继续在电影和电视行业的位置上排名第一或接近第一（在业界对近期有争议的立法及社会政策有任何不良反应前）。然而，此类补贴和激励措施的总体情形仍然喜忧参半，经济学家基本上仍对此类政策持怀疑态度。这些案例的成功并不明显，这表明，要阻止营利性企业（及其雇员）将收入用作额外利润是很困难的，而且此类补贴的财政成本对于区域经济效益的影响也受到广泛质疑（例如，Luther，2010；Mathis，2012）。

因此，正如索斯比（Throsby，2000）所指出的，如果文化企业为了生存和生产激励组织者的公共产品，除了销售服务的收入以外，还需要捐款和赠品，那么非营利形式是主要的可行企业结构。但是，即使企业结构是由组织者的目标所塑造的，非营利形式本身也会影响文化企业家在其多重目标中做出的选择。

从皮考克和戈弗雷（Peacock and Godfrey，1974）开始，关于博物馆管理者的经济行为就有大量的经济学文献。格兰普也许是对博物馆管理者经济行为批评最激烈的经济学家，他否认了几乎所有博物馆的非营利状态，并这样解释："非营利组织在原则上并不意味着效率低下，即使在实践中确实如此。谨慎使用资

① 有关动态和静态定价问题（包括价格歧视）的扩展回顾，请参见希曼（Seaman，2018）。

源……对艺术博物馆和商业画廊来说应该一样重要。”（Grampp，1996）相反，他将所谓的“经济之恶”（economic sins）概念归因于如下各种原因：尤其是未能利用其大部分的资产（以收藏品的形式），因为其全部时间所展示的只是全部资产的很少部分；没有充分保存和保护藏品，最大限度地减少开放时间，以及经营博物馆的人寻租，等等。但是，只有当管理者的决策很少被负责人（那些真正拥有企业的人）否决，并且他们的任期是安全的，寻租才能蓬勃发展。许多博物馆，无论大小，都是政府博物馆；在政府中，任期的安全和管理决策的隔离是显著的。理论上，对于非营利企业来说，情况不一定如此。

但是（正如格兰普等人指出的那样），非营利博物馆管理者及其负责人——董事会——的倾向和动机通常是非常相似的。两者都从博物馆的非经济管理中获得满足，并且没有理由使博物馆参观者的效用或财务结果最大化，而捐赠和拨款确保后者是令人满意的。然而，最近的研究表明，礼物和赠款并不总是提供缓冲，让博物馆经理及其负责人避免使博物馆参观者效用的最大化，并走向财务更具可持续性。事实上，出售博物馆收藏的作品（“退出”），或与其他博物馆交换作品，以便潜在地提供更好的参观体验，可能会遭到捐赠者的敌意（艺术作品和金钱），这可能会阻止博物馆管理层采取措施，优化其能够展出的藏品（Di Gaetano and Mazza，2017）。

42.3 非营利组织 vs. 国家资助

尽管如此，对博物馆行为持批评态度的经济学家们经常认为，非营利形式而不是国家赞助更有利于经济管理。皮考克（Peacock，1998）将非营利赞助视为国家赞助的替代方案，它可以为管理决策提供更大的灵活性。迪·盖埃塔诺和马扎（Di Gaetano and Mazza，2017）所讨论的入藏问题也是费雷（Frey，1994）特别关注的，他认为，博物馆的节约行为，如从收藏品中出售作品为购买其他作品筹集资金、更好地保护、改善空气控制、延长工作时间，最重要的是，实际上展示了更大比例的收藏品，这需要比欧洲通常情况下更多的独立性，但在美国很普遍。他列举的所有“良好”行为的例子都是美国的非营利博物馆。然而，他认识到：“法定所有权问题并不具有决定性，但重要的是，公共博物馆负责人应获得必要的激励和独立性，以便更自由地利用其支配的资源和可能性。”（Frey，

2000）

一位馆长表示，批评者提出的问题可能在于法律框架，而不是组织形式。他指出，在大陆法系国家，博物馆的藏品通常被视为公共财产，并且“除非在极端情况下，否则是不可剥夺的。在英美法系国家，受托人是指为特定目的而被委托保管物品的人，因此可以设想，藏品是可以被出售的”（Cannon Brookes，1996）。据推测，在大陆法系国家，即使是非营利博物馆也不能出售藏品；而在英美法系国家，即使是政府博物馆也可以自由出售藏品。

虽然受托人可以管理政府和非营利博物馆，以及文化服务的其他生产者、非营利组织和政府机构，可能受到该国法律对其自由裁量权的类似限制，但似乎很明显，非营利地位可能为这类事项提供了更多的灵活性机会。此外，尽管非营利组织的赞助显然为管理者的许多不经济行为提供了空间，但这种空间可能比国家赞助的范围要小。不经济行为往往正是国家提供服务的目的。

文化政策中可能要考虑的一个重要因素是，私人的非营利形式是否会影响政府机构（如艺术委员会）干预艺术市场的战略选择。在 1985 年的一篇论文中，索斯比指出，干预可能发生在两个市场中的一个市场或全部市场，以及这些市场的任何一方：①艺术家是卖方的市场，将艺术家的作品带给消费者（表演艺术制作人、艺术品经销商、当代艺术博物馆）的是买方；②这些公司与最终消费者进行互动的市场。他的结论是，除了一些重要的例外，通常的干预点——给予企业而非艺术家或消费者资助——可能会提高第一类市场的质量和第二类市场的数量。可以想象，国有文化企业可能会承受一定的政治压力，要求它们在其中一个或两个市场中增加数量，而严重依赖非国有资金来源的非营利文化企业可能会更自由地强调质量目标。此外，由于非营利受托人和管理人员的个人报酬（特别是社会地位）具有很大的非货币性成分，因此可以预期，非营利形式将会鼓励强调质量目标。

费雷和波姆雷内（Frey and Pommerehne，1990）研究了剧院制度形式的基本差异的经济后果，比较了商业剧院和受补贴剧院，其中包括非营利性剧院和国家剧院。虽然他们明确地涉及政府补贴，但其分析也适用于私人捐赠。对非营利实体和不直接属于“公共行政”的剧院的主要补贴形式，是一种与产出、投入或价格没有密切关系的一次性补贴，其本质上是为了确保该组织的存在。这种补贴消除了获得任何可见利润的动机，这“通常是通过提高质量，使其超过观众期望的水平，向雇员分配租金，集中精力在‘艺术方面’，并忽视其他可能的收入来源来实现的（Frey and Pommerehne，1990）”。不太常见的是门票补贴，这可能旨在扩大观众规模，但可以很容易地转向质量改善。

相比之下，政府剧院，特别是在欧洲大陆，通常会获得补贴以弥补预期的运营赤字。然而，“实现盈余或减少赤字对剧院没有好处；其隐性税率为100%。此外，未来的补贴也会减少。因此，公共剧院的负责人有强烈的动机不去减少赤字，而是要把赤字增加到预期的水平之上。对这样做的制裁力度很低”（Frey and Pommerehne，1990）。

42.4 非营利组织的文化差异

为什么非营利性文化生产组织在富裕民主国家之间的重要性有所不同？经济学家应该对基于历史上“意外事件”的经济组织中任何制度差异的解释持怀疑态度。如果文化是一种正常的商品，我们就不会期望文化产出的需求与人均收入成反比；相反，我们预计需求将与人均收入呈正相关，可能与趋势线存在相当大的差异。因此，在富裕国家，文化活动产生的公共产品总需求（相对于GDP）大致相似是合理的。这可能是事实，但与民主国家对文化活动的不同资助相一致，而不需要诉诸前工业时代的政治史。一个简单的解释是，中位选民对政府预算规模和构成的看法可能与那些持支持政府文化产品和服务预算的立场的选民的中位数观点大不相同。此外，鉴于各国在政府预算决策结构上的差异（例如，联邦政府和单一制政府国家之间），中位选民模式可能在不同国家以不同的方式运作，国家对文化的财政支持方面也会产生不同的结果。那么，如果各国对与文化生产有关的公共产品的需求相似，那么中位选民模式的结果应该被非营利组织对文化活动的资助差额所抵消。

这种情况的真实程度应受不同国家关于非营利组织的组织和运作方式以及捐赠的税收待遇的影响。在美国，很容易组织税收优惠的非营利实体，以遗赠形式向非营利文化机构捐赠的大部分捐赠者（以美元价值计）的税后成本（截至2001年）仅为捐赠价值的20%左右，而在捐赠者一生中，大多数捐赠的真实价值只有捐赠价值的60%左右（很多例证适用于21世纪初期，但始终会受税法修订而调整，实际上2017年美国税法的变更被广泛视为将减少此类捐赠的税收优惠）。毫不奇怪，与大多数其他富裕国家相比，美国向各种非营利组织提供的个人捐赠占个人收入的比例要高得多，而且就非营利组织在文化生产活动中的相对作用而言，美国（这方面的比较数据可能非常有限）处于其相对作用分布的上限。

城市研究所的国家慈善统计中心（The Urban Institute's National Centre for Charitable Statistics）提供了有关美国非营利部门的大量关键数据。其中有三个结论值得直接引用（McKeever，2018），包括《慈善美国》（*Giving USA*）（2018）的一些发现，还提供了对志愿者劳动的重要贡献的估计（Bania and Leete，2018）。

（1）在美国国税局注册的非营利组织中，501（c）（3）条款所述公共慈善机构在整个非营利部门的收入和支出中所占的比例刚刚超过 3/4（分别为 1.98 万亿美元和 1.84 万亿美元），仅占非营利部门总资产的 2/3（3.67 万亿美元）。

（2）2017 年，个人、基金会和企业的私人捐赠总额达到 4 120 亿美元（Giving USA Foundation，2018），比 2016 年增长 3%（扣除通货膨胀因素后）。根据《慈善美国》（*Giving USA*）（2018）的数据，2017 年慈善捐赠总额连续第四年上升，即使不考虑通货膨胀因素，2017 年也成为私人慈善捐赠最多的一年。

（3）2017 年，估计有 25.1%的美国成年人参与志愿活动，贡献了 88 亿小时。与 2016 年相比，增长了 1.6%。这些时间的价值约为 1 950 亿美元。

如果我们聚焦于非营利部门的一个关键组成部分——博物馆，提供一些基于最近历史视角的分析也很有用。20 世纪末，非营利博物馆约占所有博物馆收入的 70%，政府博物馆（包括华盛顿规模巨大、资金雄厚的联邦政府博物馆）约占 25%，营利性博物馆约占 5%。非营利性博物馆的收入中有非常小的部分（不到 10%）来自政府赠款，约 25%来自“经营收入”（主要是门票收入），其余部分来自投资收入和私人捐赠（American Association of Museums，now the American Alliance of Museums，2000）。

到 2014 年，艺术博物馆馆长协会所做的一项调查（收集 236 个北美非营利组织的 220 个成员的调查回复，其中美国 204 个，加拿大和墨西哥 16 个），专注于美国博物馆联盟为代表的众多类型中较重要的博物馆类型——艺术博物馆，其结果证实除政府之外持续资金来源的重要性，但也反映出加速资金来源多元化的努力，特别是在 2008—2009 年的金融危机之后，各类博物馆都受到了沉重打击。来自各级政府（联邦、州、县和市）的支持占财政收入的 18%，而来自联邦政府的支持仅占 6%，其总额是所有资助的最大单一类别，比重为 21%。同样的比例来自所有私人部门的捐赠，其中 10%来自个人，7%来自基金会和信托，4%来自公司。与之相关的“福利活动”又产生了另外 4%。高校占财政支持总量的

3%。来自门票所“挣得”的收入仅占全部收入的7%（尽管另外7%来自“个人/家庭成员会员”，1%来自企业会员），但其他收入来源值得注意。仅博物馆商店就创造了总营收的8%，另有6%来自设施租金、餐馆和餐饮、教育活动和展览费。

国家艺术基金会（NEA，2012，数据同时来源于城市研究所的国家慈善统计中心）确定了2006—2010年非营利表演艺术和博物馆机构的收入来源，其中各级政府资助仅占6.7%，而38.2%来自所有其他来源的贡献（个人占主导，其占比为20.3%，但也包括基金会和企业）。非营利性艺术行业的经营收入是一个较为宽泛的定义，它远比上述艺术博物馆经营收入重要得多，其占比为40.7%，还包括另外14.4%的利息和捐赠收入。这些结果与之前的数据基本一致，但也有一些有趣的变化。非营利组织的收入占广义表演艺术部门收入的20%，包括大众文化音乐团体，表演艺术公司的推广人、代理商和经理人，以及独立艺术家和表演者（US Census Bureau，2000），这些非营利机构的经营收入早些年会更高，其比重达62%，而如今包括利率和捐赠收入，经营收入的比重只有55.1%。相比之下，来自私人捐赠的比例为32%，略低于后来的38.2%。在这两个时期，政府补助的相对不重要性，仍然是最确定的结果，早期美国统计局提供的数据为6%（US Census Bureau，2001），而美国艺术基金会所提供的数据为6.7%（NEA，2012）。

美国的非商业性广播（被不太准确地称为“公共广播”）致力于新闻和公共事务节目、儿童节目和文化节目，文化节目的费用占总成本的40%（除了电台和网络运营业务）。大多数地方电视台都是由州和地方政府以及它们的大学和学院运营，但几乎所有主要大城市的主要（超高频率）电台都是由非营利公司运营的。然而，尽管包括联邦政府在内的所有政府对公共广播公司（CPB）的资助一直在下降，政府资助的作用要比博物馆和表演艺术的作用重要得多。在21世纪之交，所有政府来源提供了近40%的收入（*Corporation for Public Broadcasting*，2000），但到2017财年，政府资助总额（联邦、州和地方）下降到25.6%，如果加上来自州立大学的“基于税收的”资金，这一比例增加到32.1%（*Corporation for Public Broadcasting*，2017，Table 6）。正如观众/听众经常被告知的那样，认为公共广播服务主要由美国联邦政府提供资金的说法是虚构的。2017财年此类资助仅为14.8%；订阅用户的缴费是资金的最大组成部分，占31.3%；企业和基金会加起来占23.5%。

很难将其他国家关于非营利机构在文化服务生产中的重要性的可比数据汇总

在一起。然而，约翰·霍普金斯大学的非营利部门比较性研究项目已经在各国生成了非营利文化生产相对于国家经济措施的经济重要性的比较数据，这恐怕至今仍然是解决这个问题最全面的努力。① 如表42-1和表42-2所示，在美国，非营利性文化部门的经济重要性相对较小，尽管美国大部分文化部门是以非营利为基础组织的。据推测，这个结果可以用美国整个文化部门——营利和非营利——相对的经济不重要性来解释。应该指出的是，目前为非营利组织制定的国际标准分类方案在一个子行业中将文化、艺术和娱乐结合起来。将娱乐项目包括在内，可以解释似乎反常的结果。例如，表42-2中澳大利亚的数字很高。索斯比（Throsby，1996）明确指出，澳大利亚文化部门的非营利性组成部分非常小。

表42-1　1990年非营利文化娱乐经营支出

国家	占GDP比重	国家	占GDP比重	国家	占GDP比重
法国	0.59	德国	0.26	匈牙利	0.67V
意大利	0.22	日本	0.04	瑞士	1.03
英国	0.98	美国	0.20	平均	0.64

资料来源：Salamon et al.（1999，App. B）. Tables updated to 20 January 2000 downloaded from www.jhu.edu/~cnp/pdf

表42-2　1995年非营利文化娱乐组织的就业情况

国家或地区	在国家或地区非农业就业总人数中所占的百分比（%）
欧盟	0.70
中欧	0.39
日本	0.11
澳大利亚	1.15
美国	0.55

资料来源：表42-1

参见：

博物馆；交响乐团；公共支持；艺术定价；税收优惠。

① 非营利经济活动有一个标准的国际分类方案。这里提到的部门是“文化和娱乐”。

本章参考：

American Association of Museums (2000). 1999 AAM Museum Financial Information, A Report from the National Survey. Washington: AAM.

Benhamou, Francoise (1998). The Contradictions of Desetatisation: Museums in France. In Peter B. Boorsma, Annemoon van Hemel and Niki van der Wielen (eds). *Privatization and Culture: Experiences in the Arts, Heritage and Cultural Industries in Europe*. Dordrecht: Kluwer Academic Publishers, 95-110.

Boorsma, Peter B. (1998). Privatizing the Muse-and all that Jazz. In Peter B. Boorsma, Annemoon van Hemel and Niki van der Wielen (eds). *Privatization and Culture: Experiences in the Arts, Heritage and Cultural Industries in Europe*. Dordrecht: Kluwer Academic Publishers, 23-45.

Cannon-Brookes, Peter (1996). Cultural-Economic Analysis of Art Museums: a British Curator's Viewpoint. In Victor A. Ginsburgh and Pierre-Michel Menger (eds). *Economics of the Arts: Selected Essays*. Amsterdam: Elsevier, 255-274.

Corporation for Public Broadcasting (2000). *Public Broadcasting Revenue*, 1999. Washington: CB.

Creigh-Tyte, Stephen (1998). Mixed Economy and Culture: Britain's Experience. In Peter B. Boorsma, Annemoon van Hemel and Niki van der Wieen (eds). *Privatization and Culture: Experiences in the Arts, Heritage and Cultural Industries in Europe*. Dordrecht: Kluwer Academic Publishers, 183-197.

Donoghue, Freda, Helmut K. Anheier and Lester M. Salamon (1999). *Uncovering the Nonprofit Sector in Ireland: Its Economic Value and Significance*. Baltimore and Dublin: Johns Hopkins University and National College of Ireland.

Frey, Bruno S. (1994). Cultural Economics and Museum Behaviour. *Scottish Journal of Political Economy*, 41 (3): 325-355. Reprinted as For Art's Sake: Open Up the Vaults. in Bruno S. Frey (2000). *Arts & Economics: Analysis & Cultural Policy*. Berlin: Springer, 35-47.

Frey, Bruno S. and Werner W. Pommerehne (1989). *Muses and Markets: Explorations in the Economics of the Arts*. Oxford: Basil Blackwell.

Frey, Bruno S. and Werner W. Pommerehne (1990). A Comparative Institutional Analysis in the Arts: The Theater. In Michael Hechter, Jarl-Dieter Opp and Reinhard

Wippler (eds). *Social Institutions: Their Emergence, Maintenance and Effects.* Berlin: Walter de Gruyter, 171 - 186. Reprinted in Ruth Towse (ed.) (1997). *Cultural Economics: The Arts, the Heritage and the Media Industries, vol. II.* Cheltenham, UK and Lyme, US: Edward Elgar.

Grampp, William (1996). A Colloquy about Art Museums: Economics Engages Museology. In Victor A. Ginsburgh and Pierre-Michel Menger (eds). *Economics of the Arts: Selected Essays. Amsterdam: Elsevier*, 221-254.

Hansmann, Henry B. (1980). The Role of Nonprofit Enterprises. *Yale Law Journal*, 89 (5): 835-901.

Hansmann, Henry B. (1986). Nonprofit Enterprise in the Performing Arts. In Paul J. Di Maggio (ed.), *Nonprofit Enterprise in the Arts: Studies in Mission & Constraint.* New York and Oxford: Oxford University Press.

Heilbrun, James (1988). Nonprofit versus Profit-making Firms: A Comment. Journal of Cultural Economics, 12 (2): 87 - 92. Reprinted in Ruth Towse (ed.) (1997). *Cultural Economics: The Arts, the Heritage and the Media Industries, II.* Cheltenham, UK and Lyme, US: Edward Elgar.

Hutter, Michael (1997). From Public to Private Rights in the Arts Sector. *Boekmancahier*, 32: 170-176.

Klaic, Dragan, (1998). Unlike Airlines and Phone Companies: Performing Arts In Europe. in Peter Boorsma, Annemoon van Hemel and Niki van der Wielen (eds). *Privatization and Culture: Experiences in the Arts, Heritage and Cultural Industries in Europe.* Dordrecht: Kluwer Academic Publishers, 17-82.

Netzer, Dick (2006). Cultural Policy: An American View. In Ginsburgh, V. and D. Throsby (2006). *Handbook of the Economics of Art and Culture.* Amsterdam: North Holland, 1224-1251.

Peacock, Alan (1998). The Economist and Heritage Policy: A Review of the Issues. In Alan Peacock (ed.), *Does the Past have a Future? The Political Economy of Heritage.* London: Institute of Economics Affairs, 1-26.

Peacock, Alan and Christine Godfrey (1974). The Economics of Museums and Galleries. Lloyds Bank Review, 111: 17 - 28. Reprinted in Ruth Towse (ed.) (1997). *Cultural Economics: The Arts, the Heritage and the Media Industries, vol. II.* Cheltenham, UK and Lyme, US: Edward Elgar.

Salamon, Lester M. , Helmut K. Anheier, Regina List, Stefan Toepler, S. Wojciech Sokolowski and Associates (1999). *Global Civil Society: Dimensions of the Profit Sector.* Baltimore, MD: The Johns Hopkins Center for Civil Society Studies.

Schuster, J. Mark (1998). Neither Public Nor Private: The Hybridization of Museums. *Journal of Cultural Economics*, 22 (2-3): 127-150.

Seaman, Bruce A. (1985). Price Discrimination in the Arts, In Virginia Lee Owen and William S. Hendon (eds). *Managerial Economics for the Arts.* Akron, Ohio: Association for Cultural Economics, 47-60. Reprinted in Ruth Towse (ed.) (1997). *Cultural Economics: The Arts, the Heritage and the Media Industries, II.* Cheltenham, UK and Lyme, US: Edward Elgar.

Throsby, C. David and Glenn A. Withers (1979). *The Economics of the Performing Arts.* London and Melbourne: Edward Arnold.

Throsby, David (1985). Intervention Strategies in Arts Markets. In C. Richard Waits, William S. Hendon and Harold Horowitz (eds). *Governments and Culture.* Akron, Ohio: Association for Cultural Economics, 16-28.

Throsby, David (1996). Government Support for the Arts and Culture: The Australian Model. paper contributed to a Forum on Stimulating a Philanthropic Culture for Australia's Creative Future, Museum of Contemporary Art. Sydney, 2 October.

Throsby, David (2000). *Economics and Culture.* Cambridge: Cambridge University Press.

US Census Bureau (2000). 1997 Economic Census, Arts, Recreation, and Entertainment, Geographic Area Series. United States, EC97S71A - US (RV), Washington: USCB.

US Census Bureau (2001). 1997 Economic Census, Arts, Recreation, and Entertainment, Subject Series, Summary. EC97S715-0SM, Washington: USCB.

West, Edwin G. (1987). Nonprofit versus Profit Firms in the Performing Arts. Journal of *Cultural Economics*, 11 (2): 37- 47. Reprinted in Ruth Towse (ed.) (1997). *Cultural Economics: The Arts, the Heritage and the Media Industries, vol. II.* Cheltenham, UK and Lyme, US: Edward Elgar.

West, Edwin G. (1988). Government Grants to Nonprofit Firms: Still Searching for the Rationale. Journal of Cultural Economics, 12 (2): 93-95. Reprinted in Ruth Towse (ed.) (1997). *Cultural Economics: The Arts, the Heritage and the Media*

Industries, *II*. Cheltenham, UK and Lyme, US: Edward Elgar.

延伸阅读：

关于美国文化政策独特性的背景，参见 Netzer（2006）。关于影响非营利表演艺术需求复杂因素的回顾，参见 Seaman（2006）。关于欧洲更广泛定义的“第三部门”的全面介绍，参见 Enjolras et al.（2018）。关于该领域许多顶尖学者讨论非营利组织面临各种问题所采用的处理方法，参见 Seaman and Young（eds.）（2018）。

43 交响乐团

路易斯·赫雷罗-普列托（Luis César Herrero-Prieto）
马法尔达·维加（Mafalda Gómez-Vega）

交响乐团是人类艺术表达历史上最古典的文化机构，因为它们融合了那些享受现场音乐的人的激情和兴奋、演奏音乐的艺术家的才能，以及实际创作它的作曲家的作品，享受它们就是在音乐氛围中去亲近它们。交响乐团也是一种复杂的组织形式，这可以从三个方面来理解：作为文化机构，它们保存和促进过去、现在和未来作曲家的音乐遗产；作为音乐机构，它们存在的理由是进行现场表演，换句话说，就是在观众面前演奏；作为社会机构，交响乐团是管理特定资本和人力资源来生产产品和提供服务的组织，这个过程可以从经济学的角度进行评估和分析。的确，交响乐团的生产链可以总结为如下过程：组织和协调一群使用技术适应性设施（音乐厅和设备）与其他资本要素（仪器本身）的专业人士——音乐家和音乐大师，指挥和客座独奏者——一起演奏经过编排与专门化处理的音乐曲目。所有这一切构成了交响乐团作为组织的禀赋与创造性文化提供物，这显然需要管理、技术制作、存档等相关的更多资源，其重要性取决于与实体的相关性，以及最后生产的满足公众需求的服务（表演）。然而，其产出并不仅仅局限于音乐会或观众的数量，还可以通过音乐曲目质量、多样性以及其他相关（例如，唱片、巡演和教育活动所产生的产品，与乐团声望相关的品牌价值等无形环境，有时甚至是那些引发诸如旅游影响等效应的、作为建筑物的音乐厅）标准来加以衡量。

作为表演艺术的一部分，交响乐团由于其特有的“成本病”问题（Baumol and Bowen，1966），受到作为一门学科的文化经济学的优先关注。然而，如前所述，它们也受到其他关键问题的影响，如有关资金、成本结构和效率分析、典型化需求和交响乐团的质量评价等方面的问题，这也正是本章所关注的内容。

43.1 "成本病"和乐团资助

关于"成本病"影响交响乐团的主要观点在于，它们是过度劳动密集型，考虑资本可替代性降低，生产力几乎没有增长：在给定的音乐作品中，我们不可能加快生产速度，也无法减少劳动力数量。这意味着，每个产品单位的劳动力成本随着时间的推移而持续上升，从而导致与潜在收入之间不可避免的差距，最终导致交响乐团可能出现财务危机。而在其他同类型经济活动中，这种"流行病"通过涨价来解决，对于表演艺术特别是交响乐团而言，这似乎并不是一个有效的解决方案，因为交响乐团有着长时间段（演出季）定价的政策，而且还会有中长期失去观众的危险。这就是为什么这个领域的大多数倡议最终都以非营利组织和公共机构等作为形式，它们或多或少地依赖于公共和私人资助。

许多关于交响乐团的经济文献都将重点放在验证这个问题实际存在的程度上（Felton，1994；Throsby，1996；Dempster，2002），尽管有证据表明，"成本病"并不总是最终的问题，交响乐团也会找到不同的长期平衡这种赤字的方法。成本的真正压力（Flanagan，2012）看起来不是因为音乐家的工资、劳动密集型的工作，而是与音乐节目相关的其他原因（更复杂的曲目、聘请客座独奏者和指挥的成本等），以及运营成本（管理费用、广告、筹款等，最终可能会做调整）的增加，前提是它们不具有显著影响吸引观众的能力。最后，我们还应该思考乐团面临的财务压力是否部分地与经济周期直接相关，这可能导致经济衰退期间公共和私人支持的消减，从而使其在市场上变得更加自给自足，或容易出现艺术赤字。所有这些都取决于其所能获得的支持系统和制度性组织（McGrath et al.，2016）。

解决支出和收入之间差距这个普遍问题的方法在于，了解交响乐团的融资结构，这主要有两个来源：运营收入和非运营收入。其中，运营收入显然来自门票出售，但这可能还包括录音收费（CD、视频、广播等）、流媒体复制品和教育活动；非运营收入包括销售商品、出租场地，最重要的是来自公共补贴和私人赞助。这就产生了两种交响乐团资助模式，其特点是它们或多或少地依赖于自营收入，因此也依赖于公共补贴和私人资助的比例。结果，有各种各样的机构，从美国交响乐团（基本依靠自有资金和私人赞助，因此，广告和融资成本成为关键因素）到所谓的大陆模式（这种模式更为普遍，尽管程度不同，其中乐团往往是公共机构或基金会，它们通过公共部门的资助来维持运营，不管这些部门是国家、地区或本地层级的)。在这种情况下会出现有趣的委托代理冲突，这基本上会影响节目的质量和吸引观众的方式（McGrath et al.，2016)。无论交响乐团采用什么样的机构和融资模式，控制“成本病”和确保交响乐团的长期偿付能力都依赖于三个互补性策略（Flanagan，2012)：①自身收入的增长，在不同的需求弹性下可以使用价格歧视政策而获得更多收入；②遏制开支的增长，探索雇用演员的新方法；③改变曲目，以减少大规模设备的要求，削减任何不影响观众人数长期增长的开支，并通过利用乐团活动产生的效用，以及通过提高赞助收入和促进私人资金来源的多样化，而增加非运营性收入。考虑到所有这些因素，我们不应该忘记教育和经济发展的长期利益，这可以帮助扩大观众数量，并更好地维持乐团自身的收入（Brooks，2006)。

关于筹资的一个有趣的补充问题是，分析外部筹款如何影响交响乐团的运行和质量。布鲁克斯（Brooks，1999）研究了公共补贴是否会对私人捐赠产生挤出效应，或者相反，它们是否会促进赞助，并表明后者只在交响乐团获得认可时才会发生。麦格拉思等（McGrath et al.，2016）提供证据证明，考虑到其公共资助结构，加拿大交响乐团如何更倾向于以更大的艺术赤字为代价控制财政赤字，因为它们在消减支出期间走向更安全、更标准化的曲目，以此通过更多的受众接触来证明公共资助的合法性；而美国乐团则倾向于争取私人资金。卢克塞蒂奇和休斯（Luksetich and Hughes，2008）针对美国交响乐团的研究表明，那些严重依赖门票销售的乐团可能会被迫表演那些简单和受欢迎的节目，以便吸引更多的观众；而州政府的“一揽子”资助则更多地给予那些更具创新性的曲目，尤其是针对那些中小交响乐团。然而，庞贝等人（Pompe et al.，2011）发现，来自门票销售、基金会和地方政府的资金增加了交响乐团演奏非标准曲目的可能性；而坦布里等人（Tamburri et al.，2015）明确指出，与那些更依赖地方政府资金的项目相比，联邦政府提供的更多资金会鼓励更多的创新项目。

43.2 成本结构和效率评估

交响乐团被视为多产品的非营利性企业，其成本结构中有较高的固定成本占比，经常表现为沉没成本（与场地相关的费用、音乐家的工资，甚至包括乐谱和表演权的特许使用费)，因此，无论音乐厅的观众容量和最终观众的实际人数是多少，其服务额外一名观众的边际成本很低。这是一种可与自然垄断相比较的情况，即根据边际成本确定价格的最佳规则，永远无法覆盖平均成本。因此，该机构面临着两种选择：一是为有限的市场制定非常高的价格；二是降低价格并面向更多的观众，以期找到补贴或捐款来弥补资金赤字。兰格（Lange，1984)、卢克塞蒂奇（Luksctich，1995）与费尔顿（Felton，1992）的研究实际上表明，乐团往往倾向于在需求曲线的无弹性部分设置低价格，这间接地提供了另一种策略，即通过选择性提高门票价格的方法来使用价格歧视政策，以显著提高收入。对于表演艺术领域固定成本较高的机构，特别是交响乐团而言（Seaman，1987)，这是一种常见做法，因为总是有可能发现愿意支付更高价值的细分需求和观众。该做法主要基于能见度、声音质量、音乐厅座位位置、参加首映式、大额购买折扣(季票)，或者其他不太常用的方法，比如说服人们加入“××之友”类型的协会，或者动态的价格歧视策略（最后一分钟的门票)。

就市场行为而言，交响乐团作为非营利组织或公共机构，往往不追求最大化利益，而是寻求优化其他目标，如生产水平、质量、声誉，或至少是这些目标的组合。对这些方面的探索之所以有趣，有三个原因：首先，正如我们所说，交响乐团是一个多产品的机构，其表演不局限于音乐会或观众的数量，还实现了其他目的，如教育功能、音乐遗产的保护和社会影响。其次，在确立目标时，委托人和代理人（分别是决策者和管理者）之间往往存在一定的分歧，这往往会影响音乐节目的设计和质量（McGrath et al.，2016；Gómez-Vega and Herrero-Prieto，2018)。最后，了解和证明交响乐团如何实现根据其资源所实现的目标变得越来越重要。从这个意义上讲，我们应该意识到，关于乐团作为体系的效率评价研究尚不多见，或许是由于收集足够的可靠数据存在困难，即考虑到固定设备的刚性，其重点应该放在配置效率研究上。尽管如此，这些研究实例（Luksetich et al.，1997；Hong，2014）仍值得关注，他们试图衡量不同的交响乐团网络在争取资金（筹款功能）以设计和制作音乐节目时的效率。

43.3 参与和典型性需求

在需求和参与方面，交响乐团面临的最大问题似乎是观众的兴趣随着时间的推移而下降（Flanagan，2012；Pompe et al.，2018）。然而，结果可能不是那么令人沮丧，它可能取决于我们使用的测量单位。例如，在西班牙，古典音乐观众的数量在过去15年里有所下降，经济衰退期间音乐会的数量也有所下降，尽管每场音乐会的平均上座率有所增加。此外，尽管听现场音乐的经验很难替代，但还是出现了其他替代产品，如观众流向音乐厅之外的场所，或出现更高质量的录音，所有这些无疑会冲击观看现场表演的观众数量。考虑新技术是否生成转向更便宜产品的平行需求是有趣的，因此应将其视为促成而不是破坏古典音乐需求的因素；同时，它们还为乐团提供了新机会，以便接触音乐厅物理范围之外的更广泛受众（Towse，2014）。在考虑这一点时，我们还应该考虑节庆和乐团巡演，它们在休闲和旅游期间的特殊性或融合性可能也会影响观众数量，这同样也是在传统场馆以外的地方。

然而，回到需求层面，这是一个多产的领域（Seaman，2006），其中大多数研究似乎表明，交响乐团音乐会的需求相对价格而言缺乏弹性，而随着院团规模的缩小，这种弹性将会增加（Lange and Luksetich，1995）。这个结果表明，消费者的偏好存在一定的亲和力和忠诚度，如上所述，这对收入有一定的影响，因为交响乐团可以通过提高价格来增加收入。也有证据表明，相较于其他文化商品而言，其交叉弹性为正，它们可能起到替代消费的作用，如电影或歌剧，尽管后者的影响在质量上很小，并不总是可靠的（Flanagan，2012）。对于收入弹性，其结果更加模糊。泽巴和奥哈根（Zieba and O'Hagan，2013）估计德国交响乐团的收入弹性为1。费尔顿（Felton，1992；1994）也在美国最大的管弦乐团观众的总体研究中发现，其收入弹性大约为1，或略高，但订阅用户的收入弹性不到1。因此，我们可能会怀疑，交响音乐会是否真的可以充当奢侈品，但这最终取决于个体特征，主要是其背景、财富和积累的经验。一个问题涉及交响乐团的制度环境，即还有哪些其他因素可能影响音乐会的上座率。庞贝等人（Pompe et al.，2018）的研究表明，与总体购买者相比，预订票购买者对价格变化更为敏感，聘请新的音乐总监可能会增加预订票的销售。弗拉纳根（Flanagan，2018）表示，更高的营销支出增加了常规演出季音乐会的上座率，但其收益递减，即每场演唱会的上座率都在不断下降。我们也可以考察交响乐团在编排更优质、更丰富音乐作品方面的表现。除了自己的音乐雇员外，客座独奏家或指挥家的出现是否吸引了足够多的观众？邀请顶级表演者和超级明星级指挥家的结果将会怎么样？与提高乐团收入相比，这些行动能证明花费是合理的吗？从福利经济学的角度来看，这些问题的答案可能是合理的，其理由是交响乐团所提供的文化产品是优效品，尽管当目标是交响乐团的财务可持续性时，这个理由往往变得不那么重要。

43.4 评价交响乐团的质量

交响乐团的卓越性问题之所以存在，是因为“成本病”的含义之一可能就是调整预算，降低音乐节目的质量，并遭遇艺术赤字。然而，正如我们刚刚看到的，它也可能对文化政策选择的问题做出回应，目标之一就是确保质量和创新，或者选择不那么严格的日程安排来节约成本和赢得观众。考虑到交响乐团艺术产出的多重性质，评价是一个复杂的问题。我们可以从需求方面进行评价，如观众的数量、音乐厅上座率，甚至观众的满意度；或从供应方面评价音乐曲目的特征。在这方面，有研究通过专家和评论家的意见来探讨质量（Tobias，2004），尽管近年来，通过一系列质量指标来评价音乐节目的研究已经出现。首先是当代性指数（Bertaux et al.，2015），该指数试图量化当代作曲家节目的权重，这些节目被认为在表演方面更复杂，涉及的工作量、乐器的数量以及排练的需要将更多。因此，与古典音乐消费更为标准的偏好相比，这些节目在技术上被认为质量更高，但在观众上座率和收入方面往往承担更大的风险。其次，其他研究使用了常规指数或风险指数作为一个反向版本（inverse version）（Pompe et al.，2011；Tamburri et al.，2015），其目的在于通过作曲家为其他乐团安排好的演奏计划来评价乐团曲目具有多大程度的原创性和创新性。如果他们的作品在一个演出季中演出的次数越多，其节目就越传统；反之亦然。最后，伊图和多米安（Ito and Domian，1987）运用最著名的作曲家这个指标，即国际上最著名的音乐家，考虑到知名度和作曲家的声誉，其素质是毋庸置疑的。这个指数可以分析交响乐团演奏曲目质量的另一个方面，即其声望和认可程度。尽管就需求而言，它们也可以被视为更安全的节目，因为它们几乎不涉及风险，而且通常能确保更多的听众。另外一项总结性研究（Gómez-Vega and Herrero-Prieto，2018）使用DEA（数据包络分析）作为一种数学优化技术，通过合并这三个指标构建一个综合指标，并因此假设技术能力、原创性和传统是曲目质量的三个互补性标准。他们将这种方法应用于西班牙交响乐团，其结果表明，样本质量达到了令人满意的水平，当代性指数和风险指数对实现交响乐团的最高质量做出了最大的贡献。该研究还在综合质量指数与交响乐团管理固有决定因素相关的外部变量，以及周围地理区域的某些社会经济方面之间进行回归分析，试图探索哪些外部驱动因素影响节目安排策略。一个突出的结果是这些变量有助于确保节目的更高质量，如较长的演出季、票价或位于该国首都。对于样本区域的研究发现，乐团的年龄、音乐厅的容量以及文化消费的增加都会对乐团品质产生负面的影响。该区域的人力资本水平也与剧目时代性、创新性程度直接相关，而以最知名作曲家为基础的节目则与人口更密集的地区有关，这些地区的平均人口年龄更高。广义地说，在所有的情况下，这些发现表明交响乐团部分是其环境特征的结果，在某种程度上，它们必须有幸坐落于其所在的位置，才能保障表演的质量和可持续性。只有为数不多的国际知名和被认可的交响乐团不受这些决定性因素的影响，而其策略就像文化经济学中的其他例子一样，必须放在超级明星的分析框架中。

参见：

艺术节；音乐出版；表演艺术；非营利性组织。

本章参考：

Baumol, W. J. , Bowen, W. G. (1966). *Performing arts: The economic dilemma.* New York: The Twentieth Century Fund.

Bertaux, N. , Skeirik, K. and Yi, D. (2015). Art Music and the Economy: the Modernity Index and the Cincinnati Symphony Orchestra, 1895 to 2013. *International Journal of Economics and Business Research*, 9 (4): 376-392.

Brooks, A. (1999). Do Public Subsidies Leverage Private Philanthropy for the Arts? Empirical Evidence on Symphony Orchestras. *Nonprofit and Voluntary Sector Quarterly*, 28 (1): 32-45.

Brooks, A. (2006). Nonprofit firms in the performing arts. In V. A. Ginsburgh and D. Throsby (eds.). *Handbook of the Economics of Art and Culture.* Amsterdam: Elsevier North-Holland, 473-506.

Dempster, D. J. (2002). The Wolf Report and Baumol's Curse: The Economic Health of American Symphony Orchestras in the 1990s and Beyond. *Harmony*, 15: 1-23.

Falck, O. , Fritsch, M. and Heblich, S. (2011). The phantom of the opera: Cultural amenities, human capital, and regional economic growth. *Labour Economics*, 18 (6): 755-766. https: //doi. org/10. 1016/j. labeco. 2011. 06. 004.

Falck, O. , Fritsch, M. , Heblich, S. , and Otto, A. (2018). Music in the air: estimating the social return to cultural amenities. *Journal of Cultural Economics*, 42 (3): 365-391. https: //doi. org/10. 1007/s10824-017-9310-4.

Felton, M. V. (1992). On the Assumed Inelasticity of Demand for the Performing Arts. *Journal of Cultural Economics*, 16 (1): 1-12.

Felton, M. V. (1994). Evidence of the Existence of the Cost Disease in the Performing Arts. *Journal of Cultural Economics*, 18 (4): 301-312.

Flanagan, R. J. (2012). *The perilous life of symphony orchestras: Artistic triumphs and economic challenges*. New York: Yale University Press.

Gómez-Vega, M. and Herrero-Prieto, L. C. (2019). Measuring emotion through quality: evaluating the musical repertoires of Spanish symphony orchestras. *Journal of Cultural Economics*. 2019 (3): 211-245. DOI: https: //doi. org/10. 1007/s10824-018-9337-1.

Hong, J. (2014). Data Envelopment Analysis in the Strategic Management of Youth Orchestras. *The Journal of Arts Management, Law, and Society*, 44: 181-201.

Ito T. and Domian, D. (1987). A Musical Note on the Efficiency Wage Hypothesis. Programmings, Wages and Budgets of American Symphony Orchestras. *Economics Letters*, 25 (1): 95-99.

Lange, M. and Luksetich, W. (1984). Demand Elasticities for Symphony Orchestras. *Journal of Cultural Economics*, 8 (1): 29-48.

Lange, M. and Luksetich, W. (1995). A Simultaneous Model of Symphony Orchestra Behaviour. *Journal of Cultural Economics*, 19 (1): 49-68.

Luksetich, W. and Hughes, P. (1997). Efficiency of Fund-Raising Activities: An Application of Data Envelopment Analysis. *Nonprofit and Voluntary Sector Quarterly*, 26 (1): 73-84.

Luksetich, W. and Hughes, P. (2008). Effects of Subsides on Symphony Orchestra Repertoire. *Economic Faculty - Working Papers*. Paper 4. St. Cloud State University.

McGrath, T. , Legoux, R. and Sénecal, S. (2017). Balancing the score: the financial impact of resource dependence on symphony orchestras. *Journal of Cultural Economics*, 41（4）：421–439.

Pompe, J. , Tamburri, L. and Munn, J.（2011）. Factors That Influence Programming Decisions of US Symphony Orchestras. *Journal of Cultural Economics*, 35（3）：167–184.

Pompe, J. , Tamburri, L. and Munn, J.（2018）. Subscription ticket sales for symphony orchestras：Are flexible subscription tickets sustainable？. *Managerial and Decision Economics*, 39：71–78.

Seaman, B.（1987）. Price Discrimination in the Arts, in William Hendon and Virginia Owens（eds）. *Managerial Economics for the Arts*. Akron, OH：University of Akron Press, 47–60.

Seaman, B.（2006）. Empirical Studies of Demand for the Performing Arts. In V. A. Ginsburgh and D. Throsby（eds.）. *Handbook of the Economics of Art and Culture*. Amsterdam：Elsevier North–Holland, 415–472.

Tamburri, L. , Munn, J. and Pompe, J.（2015）. Repertoire Conventionality in Major US Symphony Orchestras：Factors Influencing Management's Programming Choices. *Managerial and Decision Economics*, 36（2）：97–108.

Throsby, D.（1996）. Economic circumstances of the performing artist：Baumol and Bowen thirty years on. *Journal of Cultural Economics*, 20（3）：225–240.

Tobias, S.（2004）. Quality in the Performing Arts：Aggregating and Rationalizing Expert Opinion. *Journal of Cultural Economics*, 28（2）：109–124.

Towse, R.（2014）. *Advanced Introduction to Cultural Economics*. Elgar Advanced Introductions.

Zieba, M. and O'Hagan, J.（2013）. Demand for Live Orchestral Music—The Case of German Kulturorchester. *Journal of Economics and Statistics*, 233（2）：225–245.

延伸阅读：

关于管弦乐队经济的最全面和最广泛研究来自弗拉纳根（Flanagan，2012），尽管他关注的是美国交响乐团的案例。陶斯（Towse，2014）在关于表演艺术和管弦乐队的章节中，对需要了解的问题以及出现的挑战进行了极其丰富的总结。尽管如此，这项工作不太为人所知的补充是研究其作为经济繁荣的音乐设施，为此我们推荐法尔克等人的作品（Falck et al.，2011；2018）。

44 参 与

维多利亚·阿梅斯托伊（Victoria Ateca-Amestoy）

如今，文化参与不仅只有高雅艺术这种形式，还有其他多种形式。文化边界的开放和数字化都给描述和解释个人参与文化体验的方式和原因提出了重大挑战。本章我们暂不考虑参与方式，而是讨论贝克尔（Becker，1973）的人类行为经济学方法如何成为研究个体参与率和参与强度差异的合适模型。人类通过获得文化产品和服务来满足文化欣赏的需要，这些产品和服务需要与时间、金钱、特定文化资本、社会关系等个人资源相结合。

44.1 引 言

人们以多种方式参与文化体验，他们受到不同动机的驱使，受到不同的个人和社会约束的限制。联合国教科文组织 2009 年《文化统计框架》将文化参与定义为："观众和参与者消费文化产品，参与文化活动和体验（读书、跳舞、参加狂欢节、听广播、参观美术馆）。"这是"文化循环"的最后阶段，这个过程总是以创意行为开始，而以参与结束（UNESCO，2009）。对于某些文化表现形式，这个过程是高度中介化的，如印刷媒体，就需要经过生产、传播、展览、接收或传播等中间阶段。然而，对于其他表现形式，如业余艺术实践，创作和参与是同时进行的，并由同一主体实施。无论如何，参与必须是某种文化表现形式的自愿参与行为（UNESCO，2012）。当个人决定参与时，他们将艺术或文化产品或服务的获取与个人资源结合起来，试图享受愉悦或有意义的体验。参与是一个比消费更广泛的概念，因为人会同意购买文化产品（如一本书），但并不保证阅读和享受它，并且购买文化产品绝不是唯一可以享受负载于物理实体之上无形内容的方式。

文化参与的一个显著特征就是自愿性。然而，文化体验可以从很多角度进行定义，因为它们可以是更被动或主动的，有创造性的而不是接受性的，或者是更具社会性和社群主义的，而不是个人主义和反省的。有些分类根据参与性和创造性程度来区分参与模式（UNESCO，2012）。

传统的代表性文化参与集中表现为表演艺术和文化遗产的参与，但是由于文化边界的开放（不再只是高雅和合法文化的兴趣），以及数字化所带来的中介性体验的扩大，我们很难确定代表性文化参与的范围。这就是为什么只衡量大型文化机构的现场参观人数会遗漏越来越多的内容（de Haan and van der Broek，2012）。

文化参与除了反映个人自由选择（即与自由支配时间所做的事情有关）之外，它还被视为民主社会中的公民权利（United Nations，2009），强调享受文化的人权性质，并认识到共同文化体验的凝聚力。在欧洲，参与与公民权利、促进包容和反思性社会有关（Ateca-Amestoy et al.，2017）。这种文化权利也需要成员国采取积极行动，以确保提供平等获取的机会，从而为艺术活动的公共资助提供新理由。

探索和解释总体参与率的差异，对检查文化参与方面是否存在有效的公平性至关重要。奥哈根（O'Hagan，2017）讨论了描述文化参与平等的不同方法，并讨论了参与率的差异如何显示了文化政策的困难——确保文化的社会代表性，这不仅体现在高雅文化与那些大量受助的文化活动中，也体现在文化参与的方式上。对于公共资助的文化活动，许多人强调独断地转移给社会上最富有的成员，有时忽略了其他考虑，如马斯格雷夫（Musgrave）的棘手概念——优效品，或诸如存在价值和遗赠价值等非使用价值方面。

44.2 参与艺术的微观经济学基础

在贝克尔（1973）提出的经济方法中，家庭被视为生产和享受商品的“工厂”，这是个人效用函数的论证，通常是在家庭内部生产，同时拥有市场商品和个人资源——如时间和技能。这些技能表现为通过时间积累的消费资本，它借由过往正式和非正式教育的投资以及过往消费而增加。文化欣赏（通常是休闲）与其他商品的区别在于所谓的“第一人称标准”（first person criterion）。与作为“食物”的食品可以由他人生产并由个人享用不同，文化欣赏必须由同一个人生产并享用，这意味着它是一个高度时间密集型商品。

文化参与的经济学方法可以用个人资源的差异来解释观察到的参与差异，这种个人资源包括个人和社会的时间、金钱和物质资源以及认知能力。格雷（Gray，2011）的研究显示了个体决策模型如何配置稀缺资源（时间和金钱）、互补因素（个体文化资本、社会资本）与可用性资源，从而使文化欣赏和复合商品（与需求相关，见 Lèvy-Garboua and Montmarquette，2011）的效用最大化。有些参与方式更耗费时间，有些更需要金钱，有些更加社会化，有些则需要更高层次的文化人力资本……资源的可用性解释了个人参与选择的差异。接下来，我们将介绍该模型如何解释文化参与的三个传统维度的差异：现场出席、媒体消费和积极实践。

参加高雅艺术活动，如室内乐音乐会，需要具备理解和享受其意义的能力（通常通过正式教育、特定的艺术教育和早期接触而获得），以及与他人“同步”的欣赏时间（它是高度社会性活动）——这与表演时间保持一致。它需要与其展演地有着合适的距离。此外，个人可能不得不买票，支付交通费用，或最终还要包括照看孩子的费用……这样，为了产生愉快的文化体验，个人将面临不同的影子价格。

如果个人购买唱片或观看流媒体表演，那么她就可以在家欣赏同一场音乐会。在这种情况下，她就需要在家配备设备，如果是流媒体的话，她可以同步演出的时间，或者随时听录音。不过，要想欣赏这场音乐会，需要高度专业化的文化资本。

最后，这个人可以与其他业余音乐家一起演奏。在这种情况下，她需要工具，更重要的是，她需要大量的文化资本，以便熟练和富有成效地进行演绎。此外，个人应该有机会进入专门的社交网络，以找到同行一起演奏。因此，任何类型的文化参与选择的个体差异都可以在贝克尔的框架内得到合理解释。在文化交往中，选择的个体差异可以在贝克尔的框架内合理化。

44.3 文化参与决定因素的实证结果

个体决策模型允许我们推导出不同变量对参与影响的可检验假设。相关文献定期报告的观察结果进一步补充了这些假设。贝克尔的时间分配模型提出了个人决策框架，以分析不同的家庭成员如何分配时间和金钱，从而共同生产和享受愉快的经验，我们称之为“艺术欣赏”模型（Becker，1973）。个人试图满足休闲需求时，会因为产品的全价、自身的资源和其他家庭成员资源的差异而受到约束。这也意味着，观察到的行为差异应归因于资源差异，而不是品味的差异。品味被认为在一段时间内是稳定的，而且个体之间差异不大。所观察到的参与方面的差异也可以是从一种或另一种服务中获得更为愉快体验的生产率差异，这反过来又解释了休闲商品全价的差异。

当使用贝克尔模型时，教育是最重要的变量，这个发现与将教育作为文化参与的唯一最佳预测指标相吻合。特定艺术教育和正式教育都是生产函数的关键投入，决定了个体的技能和消费资本存量。教育水平越高，个人从文化参与中获得的理解与成就感就越高（O'Hagan，2017）。实际上，这已成为参与最重要障碍（缺乏兴趣）的关键因素，而且这在解释高雅文化实践的参与以及强度方面有着更为重要的作用（Willekens and Lievens，2016；Suarez-Fernandez et al.，2019）。人们发现教育的影响在不同国家非常相似，如学者对欧盟 24 个国家的研究。教育也与数字技能相关，因此它对数字文化参与的影响可能更大（Ateca-Amestoy and Castiglione，2016）。

非正式教育和早期社会化程度也被发现对文化参与有积极影响（早期接触艺术有时直接显示出来，有时由父母的教育水平来代表），过去的消费和对艺术的早期接触对高雅艺术的参与至关重要，这符合“消费中学习”观点和理性上瘾模型。首先是因为个人文化资本的累积性，其次是因为文化体验的体验品特征（O'Hagan，2017）。

然而，除了一些关于配偶参与的研究外，其他诸如成人社会化等却鲜有研究（可能是由于缺乏适当的数据）。家庭成员的影响可以在几代人之间或同代人之间发挥作用［关于配偶的研究（Upright，2004，Lazzaro and Frateschi，2017）；关于参与的男性与女性的子样本的结果（Muñiz et al.，2014）；不同于家庭层面所确定的男性和女性子样本的参与结果（Montgomety and Robinson，2010）]。在青少年的视听参与中也发现了同侪效应（cohort effects），即使这可能是一种个人主义的行为（Escardíbul et al.，2013）。一般来说，人们发现社会网络（例如，通常与之共度休闲时间的人数）对参与有积极的影响（Willekens and Lievens，2016）。

可能还有其他因素决定个人文化消费资本，如成为所谓的“创意性工作者”。比利（Bille，2010）检验了创意阶层对休闲活动参与的影响，发现这对休闲文化习惯有着显著影响。

收入决定了文化欣赏的物质来源。很明显，这个变量对参与有积极的影响，但由于某些类型文化产品和服务可能具有“奢侈品”性质（收入弹性高于1），但这个结论并不明确。

自由支配时间的差异也是休闲活动参与差异的主要驱动因素。与其他商品不同，为了产生闲暇，个人必须利用自己的时间生产和消费这种商品。休闲的全部（影子）价格是市场商品的价格和时间的机会成本（不致力于市场工作的时间所放弃的收益，致力于家务劳动的时间的机会成本，等等）的组合。对于社交性文化参与来说，休闲时间必须与他人“同步”，就像最为重要的参与原因之一就是与朋友和家人待在一起。家庭组成的差异，如被抚养成员的存在，可以部分解释所观察到的参与或在不同参与方式之间选择的差异。

劳动状况也决定了时间的可用性。然而，就失业人员而言，他们有很多时间未投入劳动市场，这并不意味着就会更多地参与文化活动。有研究（Willekens and Lievens，2016）发现，在时间可用性和性别差异方面存在如下现象：育儿方面的限制对女性有较强的负面影响，全职工作提高了女性的参与率，而男性则不是这样。

希曼（Seaman，2005）将性别归类为混合因素，这些因素决定了一些人比其他人更有可能参与某些社会活动，此外还包括性取向、种族、民族出身等因素。除了考虑时间机会成本的性别差异外，女性在文化艺术活动中较早社会化，成年女性参与的可能性大于男性，女性参与的强度也较高。

卡梅隆（Cameron，2019）认为种族和民族的影响更成问题。在美国发现的一些差异可以用种族群体的早期社会化特质来解释（NEA，2015）。

文化管理者的担忧之一就是表演艺术观众的老龄化。年龄对参与的影响尚不清楚，可能从数字技能或健康状况等方面部分地捕捉同侪效应。虽然老年人有更多的时间投资于特定文化消费资本，但很明显，有些文化实践在年轻人中更受欢迎。

文化服务的提供地点受到聚集经济的影响，因此，能否参加现场活动（表演艺术和参观）以及能否更深入地参与，这些都取决于居住地是否有相关资源。令人惊讶的是，居住地规模越大，不仅上座率越高，报纸和期刊的购买率也越高，甚至文化内容数字访问率也越高。埃文斯（Evans，2016）讨论了文化参与与提供无障碍文化基础设施和服务之间的鸿沟。当然，个人不只在家乡参与各类文化表现形式。事实上，文化参与不仅是文化旅行者（或文化游客）的热门活动，也是出于其他动机游客的热门活动。

44.4 资料来源和实证方法

虽然有一些文化参与的国际调查（如欧盟收入与生活条件调查的特殊模块，不同版本的欧洲民意调查、拉丁美洲民意调查、世界价值观调查、欧洲社会调查、国际社会调查项目等），研究人员在收集和分析这些数据时遇到不少难题（O'Hagan，2017）。许多证据来自国家调查，正如爱尔兰所做的调查（Ciccercia，2017）指出的，不同国家文化参与的统计代表性是由其独特的价值观和习俗决定的。大多数欧洲国家、美国、加拿大、中国、日本和大多数拉丁美洲国家的官方统计机构都有关于文化参与的专门调查（UNESCO，2012）。

如前所述，联合国教科文组织（UNESCO，2009；2012）提出了一个总体框架和指导方针，以某种方式使测量的内容标准化。为了克服数字化和文化参与边界扩大的挑战，欧盟报告采用所谓 ICET（信息通信/社区/享受和表达/交易）模型——一个针对互联网而作调整后的框架，它承认四种文化参与形式：信息（需求、收集和传播信息）；沟通和社区（就文化问题与他人互动，参与文化社交网络）；享受与表达（欣赏展览、文艺演出等形式的文化表达，从事业余艺术休闲，在线创作内容）；以及交易（购买艺术品和购买或预订演出门票）。然而，在关于文化参与的国家调查中仍然很难找到这个框架的执行情况。

时间使用调查的分析可以找到衡量和描述文化参与的其他方法（如美国时间使用调查）。由于时间是文化欣赏的战略补充资源，它们可以成为有关文化参与的宝贵信息来源。

研究文化参与的一个全新的近似方法是使用用户生成的数据，包括来自数字交易的信息，如票务、社交网络内容或数字流量。目前，有分析显示，通过调查具有代表性的人口样本得到的结论与在线分析得到的结果之间没有太大的差异（Hanquinet et al.，2019）。

在如何衡量参与程度以及包括哪些解释变量方面，现有的数据最大限度地决定了哪些是可以解释的内容。在估计参与模型时存在不少经验上的挑战，下面我们将对其中的两个进行评论，并介绍若干计量经济学策略。

第一个挑战是脱离接触（disengagement）和如何处理某些艺术实践参与率非常低的现象。一些研究区分了“感兴趣的非参与者”和“真正脱离接触者”（NEA，2015）。这意味着存在两个不同的亚类：第一种是由愿意参与的个人构成。如果他们所面临的资源约束有所缓解（比如说，如果他们有更多的钱，如果价格低，有更多的休闲时间，等等），那么他们能够观察到的结果就是效用最大化过程，借此他们能够找到角落解（corner solution）。第二种是由选择为零且为真正的非参与者构成。这种不可观察的异质性常常通过估计某些潜在类别模型（如有限混合模型）来处理。有一些常规研究表明，某些变量决定品味，不管其他变量是否与资源的可用性有关，或决定参与的频率（Suarez-Fernandez et al.，2019）。

第二个挑战与不同参与方式之间可能存在互补或替代性有关，特别是在数字参与与传统现场参与之间。对于数字替代品之间同类相食还是创造市场的竞争假说，仍然很难找到支持的证据（Mihelj et al.，2019），或者我们也很难确定它们在哪些方面有所不同，或对哪些群体（如年轻观众）更有吸引力（Evrand and Krebs，2018）。

44.5 若干热点话题和讨论的回顾

人们越来越有兴趣进一步了解参与的驱动因素和障碍（NEA，2015），以及更好地理解个人和整体层面文化参与的结果。博尼特和内里耶（Bonet and Négrier，2018）提出了不同的文化政策范式，并确定了社会、技术和政治原因，以理解参与的当代维度，并解释总体差异。只有了解这些障碍，政策制定者才能设计出有效的政策来增加和扩大文化参与。普遍报道的障碍是与低教育水平相关的兴趣缺失，当然也包括参与困难。对于参与的结果，需要更多的研究来确定因果效应。积极的结果包括文化参与对健康、幸福和儿童认知能力的影响（Cabane et al.，2016），以及对社会适应力、公民参与和弱势群体的参与和包容的影响。对于有些人来说，这意味着艺术和文化的工具化被视为解决社会挑战的手段。然而，否认文化参与的强大变革作用意味着集体资源的滥用，在个体层面，这意味着没有考虑到许多参与者不受艺术内在享受价值驱动，而朋友和家庭成员的社交成为最常见的艺术参与动机（NEA，2015）。

参见：

文化多样性；需求；评级、评论和推荐。

本章参考：

Ateca-Amestoy，V.，Ginsburgh，V.，Mazza，I.，O'Hagan，J.，& J. Prieto-Rodriguez（eds.）（2017）. *Enhancing Participation in the Arts in the EU：Challenges and Methods*. Springer.

Ateca-Amestoy，V. & C. Castiglione（2016）. *The consumption of cultural goods through the internet. How is it affected by the digital divide?* . ACEI Working Paper Series AWP-04-2016.

Bille，T.（2010）. Cool，funky and creative? The creative class and preferences for leisure and culture. *International Journal of Cultural Policy*，16（4）：466-496.

Bonet，L. & E. Negrier，（2018）. The Participatory Turn in Cultural Policy：Paradigms，Models，Contexts. *Poetics*，66：64-73.

Becker，G. S.（1973）. *The economic approach to human behavior*. University of Chicago Press.

Cabane，C.，Hille，A.，& M. Lechner（2016）. Mozart or Pelé? The effects of adolescents' participation in music and sports. *Labour Economics*，41：90-103.

Cameron，S.（2019）. *A Research Agenda for Cultural Economics*. Edward Elgar.

Ciccercia，A.（2017）. Measuring Cultural Participation in Italy. In Ateca-Amestoy，V.，Ginsburgh，V.，Mazza，I.，O'Hagan，J.，& J. Prieto-Rodriguez（eds.）. *Enhancing Participation in the Arts in the EU：Challenges and Methods*. Springer.

European Commission (2012). in European Statistical System Network on Culture (ESS-net) Final Report. Eurostat, Luxemburg.

Escardíbul, J. O., Mora, T., & A. Villarroya. (2013). Peer effects on youth screen media consumption in Catalonia (Spain). *Journal of Cultural Economics*, 37 (2): 185-201.

European Statistical System Network on Culture (ESS-net) (2012). *Final Report.* Eurostat, Luxemburg.

Evans, G. (2016). Participation and Provision in Arts & Culture- Bridging the Divide. *Cultural Trends*, 25 (1): 2-20.

Evrand, Y. & A. Krebs. (2018). The authenticity of the museum experience in the digital age: the case of the Louvre. *Journal of Cultural Economics*, 42: 353-363.

Falk, M. and T. Katz-Gerro. (2016). Cultural participation in Europe: Can we identify common determinants? *Journal of Cultural Economics*, 40 (2): 127-162.

Gray, C. M. (2011). "Participation". In Towse, R. (ed.). *A handbook of cultural economics*, 2nd edition. Edward Elgar Publishing.

Hanquinet, L., O'Brien, D., & M. Taylor (2019). The coming crisis of cultural engagement? Measurement, methods, and the nuances of niche activities. *Cultural Trends*, DOI: 10.1080/09548963.2019.1617941.

Lazzaro, E., & C. Frateschi. (2017). Couples' arts participation: assessing individual and joint time use. *Journal of Cultural Economics*, 41 (1): 47-69.

Lévy-Garboua, L. and C. Montmarquette (2011). Demand. In R. Towse (ed.) *A Handbook of Cultural Economics.* Cheltenham, UK and Northampton, USA: Edward Elqar: 177-189.

Mihelj, S., Leguina, A., & Downey, J. (2019). Culture is digital: Cultural participation, diversity and the digital divide. *New Media & Society*, Online-first. DOI: 1461444818822816.

Montgomery, S. S., & M. D. Robinson (2010). Empirical evidence of the effects of marriage on male and female attendance at sports and arts. *Social Science Quarterly*, 91 (1): 99-116.

Muñiz, C., Rodríguez, P., & M. J. Suárez (2014). Sports and cultural habits by gender: An application using count data models. *Economic Modelling*, 36: 288-297.

National Endowment for the Arts (2015). *When going gets tough: Barriers and Motivations Affecting Arts Attendance.* NEA Research Report #59. Washington.

O'Hagan, J. (2017). Attendance at/Participation in the Arts by Educational Level. Evidence and Issues. In Ateca-Amestoy, V., Ginsburgh, V., Mazza, I., O'Hagan, J., & J. Prieto-Rodriguez (eds.). *Enhancing Participation in the Arts in the EU: Challenges and Methods.* Springer.

Peuckert, C. (2019). Flexible Digital Supply Behavior. In Cameron, S. (ed.). *A Research Agenda for Cultural Economics.* Edward Elgar.

Seaman, B. A. (2005). *Attendance and public participation in the performing arts: A review of the empirical literature.* Andrew Young School of Policy Studies. Research Paper Series, 06-25.

Snowball, J. (2019). Government Policy. InCameron, S. (ed.). *A Research Agenda for Cultural Economics.* Edward Elgar.

Suarez-Fernandez, S., Perez-Villadoniga, M. J., & J. Prieto-Rodriguez (2019). The changing role of education as we move from popular to highbrow culture. *Journal of Cultural Economics*, forthcoming (DOI TBA).

UNESCO (2009). *The 2009 UNESCO Framework for Cultural Statistics.* UNESCO Institute of Statistics, Montreal.

UNESCO (2012). *Measuring Cultural Participation.* 2009 Framework for Cultural Statistics Handbook #2. UNESCO Institute of Statistics, Montreal.

United Nations (2009). *Right of everyone to take part in cultural life* (art. 15, para. 1 (a), of the International Covenant on Economic, Social and Cultural Rights). General comment No. 21. Committee on Economic, Social and Cultural Rights, 43th session, United Nations.

Upright, C. B. (2004). Social capital and cultural participation: spousal influences on attendance at arts events. *Poetics*, 32 (2): 129-143.

Willekens, M., & J. Lievens. (2016). Who participates and how much? Explaining non-attendance and the frequency of attending arts and heritage activities. *Poetics*, 56: 50-63.

延伸阅读：

关于文化参与统计的全面观点，详见 ESS net（2012），UNESCO（2012）。有关开放性问题的回顾和深入研究，以便更好地理解文化参与，请参见 Cameron（2019），特别是如下两组研究的具体章节：Cameron；Peukert and Snowball。可通过国家艺术和文化数据档案（NADAC）（https：//www.icpsr.umich.edu/icpsrweb/NADAC/）访问不同版本公众参与艺术调查的微观数据。通过不同数据源所概述的欧洲国家文化参与，请参见《欧洲文化政策和趋势简编》（https：//www.culturalpolices.net/web/Cultural-participation.php）。

45 绩效指标

特里尔塞·纳弗雷特（Tricel Navarrete）

绩效指标用于监控实施预期目标的过程中无法用直接指标观察到的概念。它们被设计成相关可量化值的组合，这些值可以及时进行跟踪，从而给出给定行为的部分度量。例如，绩效指标可以通过衡量商业部门的盈利能力来报告有效性。相比之下，艺术和文化机构以及其他非营利部门通过特殊的法律和财务结构来支持与提供无形服务（如文化体验、教育、健康或可持续性）和推进与社会价值相关的组织目标（Forbes，1998）。此外，提供的服务可能具有公益性，可能是自然垄断，可能因信息不对称而遭受社会较低水平的消费（或生产），并可能接受公共补贴或公共供给，这些都需要不同的方法，而非简单的投资—管理责任制。因此，绩效指标衡量有效性是不容易定义的，如果要制定的话，可能无法表明组织是否在其生产力的最优水平运行，即运行是高效的（Peacock，2003）。

绩效指标的目的是通过评价机会成本来支持资源分配的决策。文化部门的绩效指标常常对文化政策的变化做出反应。舒斯特（Schuster，1997）注意到三个典型时期：20 世纪 60 年代，提出社会指标的概念，作为经济指标的补充；80 年代，注意力转向编制该部门的规模和活动的清单；90 年代，着眼于监督公共资金使用的问责制管理，推动了绩效指标的设计和使用。我们可以在艺术和文化领域绩效指标发展中增加两个额外的转折点。其一，2003 年联合国教科文组织承认非物质文化遗产一定程度上也包括数字遗产，因而有必要修订指标。① 2009 年联合国教科文组织出版的《文化统计框架》就反映了这种努力。其二，随着我

① 联合国教科文组织于 2003 年通过《保存数字遗产宪章》，首次承认数字遗产，并将数字化生产、信息获取、保存研究和创造性表达确定为新文化遗产的一部分。2015 年，联合国教科文组织《关于保存和获取包括数字遗产在内的文献遗产的建议书》承认文化文献信息是所有档案馆、图书馆和博物馆收藏的核心。这些收藏越来越数字化，使得新的服务和消费形式得以出现。

们接近2020年，数字化指标增加使定量测量更适合艺术和文化，特别是创意产业，有关新的度量和绩效指标的探索也在进行当中。

我们可根据其功能将绩效指标分为三种主要类型：用于内部质量改进（形成性评价的绩效指标）；用于外部责任制（总结性评价的绩效指标）；仅用于描述性目的（描述性绩效指标），以了解特定的调查领域。以下我们描述每种类型的绩效指标，并提供若干实例。

45.1 形成性评价的绩效指标

这种类型的绩效指标用于：①内部质量评价；②响应特定的内部政策决策过程；③记录内部绩效；④提高所执行工作的质量，其目的是做出改变。这些绩效指标是根据组织的特定目标、构成和历史量身定制的，可能并不总是与其他组织的保持一致。为形成性评价而创建的绩效指标类型也可以称为微观指标（Madden，2005）。一般来说，组织开发一套关键的绩效指标，并对其进行选择和定义，以支持管理部门监控与活动、组织单元或期望目标相关的具体因素。这些指标被称为关键绩效指标（KPIs），它们与组织的战略相一致。

例如，像博物馆这样的机构，可能想要生产大量扫描材料以供在线出版，其目标是增加研究机会，减少用户损坏或盗窃原件的风险，并降低每次扫描的价格。在这种情况下，流程的质量取决于图像捕获对象相关部分的能力以及文件名的正确性，而其审核是在生产链中自动进行的，当然包括一些手动的质量控制。这样的机构将开发一套绩效指标，记录每次无错误扫描的价格，以及消费者随时间推移而请求扫描的数量。相比之下，另一家机构可能会考虑使用最高质量的标准（如颜色、清晰度、光线或背景）和文件格式来评估手动拍摄对象的质量，不太关注规模经济，而是专注于自定义成像。这些例子表明，虽然两个机构可以有相似的目标（即创建可访问、高质量的数字馆藏品的图像），但它们可能采用不同的评估方法，使用不同的绩效指标。我们再举一个博物馆的例子，产出质量可以报告为年度捐赠者数量和资金额度，以便能够进行一定数量的收购；而另一家博物馆可以决定完全停止收购，而专注于归还藏品，然后就如何使用私人资金实现这个目标进行报告。

使用最广泛的指标是衡量资源的提供和成本，其次是服务提供的指标。这些指标可以反映针对特定目标，分配资源的内部效率问题，如在特定时间内提供特定服务所需的工作人员人数。

相反，衡量结果的方法设计起来并不简单，而且会产生方法论问题，因为它们会受到艺术和文化机构无法控制因素的深刻影响。例如，一个有效的卫生保健系统是通过改善健康状况的能力（例如，降低新生儿死亡率）来衡量的，而艺术和文化服务的有效性则不那么容易表达。此外，还必须考虑到深刻影响结果的因素，如当地的社会和经济情况。

越来越多的艺术和文化机构被要求阐明价值主张或证明所提供服务的影响。很少有机构跟踪消费者（重复访问），大多数机构所报告的都是一般消费者，记录其构成或参与者的变化具有挑战性，门票销售额被用作艺术质量的间接指标。

当需要进行机构之间的比较时，就可以在绩效指标中实现一定程度的统一，最终使形成性评价成为总结性评价的一部分。图书馆绩效指标就是如此，它是从内部工作流程发展而来的，并在国际范围内实现了标准化（参见 ISO 11620 信息和文档——图书馆绩效指标）（ISO，2014）。这类国际标准旨在认可“使用图书馆服务质量的绩效指标，并传播如何进行绩效评估的知识”。对于博物馆来说，在统计数据的收集方面也有一个国际标准（ISO 18461 国际博物馆统计）（ISO，2016），而这方面绩效指标的国际标准正在制定过程中（ISO 21246 信息和文件—博物馆的关键指标）（ISO，即将发布①）。

45.2 总结性评价的绩效指标

此类绩效指标的设计目的是验证绩效，主要是通过与设定基准或期望的服务质量进行比较来验证外部责任，或验证是否符合特定法规。文化委员会等政府机构和联合国教科文组织等国际组织设计了用于外部问责的绩效指标。这些机构利用现有数据来回答它们的政策问题，但也可以开发工具收集所需数据。这些指标专门用来捕捉特定类型的文化的绩效，如音乐；或不同类型机构，如博物馆（“中观指标”）；或用于整个行业的国家或地区比较（“宏观指标”）。

联合国教科文组织的《文化促进发展指标》（Culture for Development

① 该标准已于 2019 年 11 月发布，详见 https://www.iso.org/standard/70231.html。—译者注。

Indicators，CDIS）描述了一套涵盖7个政策维度、22个定性和定量指标的指标体系，以反映文化在发展中的作用。文化可能产生如下影响：①经济的发展进程，以其对GDP、就业和家庭支出的贡献来衡量；②教育方面，以教育及专业训练的类型来衡量；③治理方面，以政策、基础设施和公民社会为衡量标准；④社会方面，以参与、身份建构和信任为衡量标准；⑤性别方面，以公平程度来衡量；⑥传播方面，以言论自由、互联网使用和媒体内容多样性为衡量标准；⑦遗产方面，以遗产的可持续性为衡量标准（UNESCO，2014）。

具体运用外部问责的绩效指标时遇到了一些问题。舒斯特（1997）注意到，当与经济回报挂钩时，绩效指标对行为就有非常强大的支配作用，文化机构可能希望控制结果，以获得更大的利益。当经理们选择在方便的时候引用或忽略指标，我们就能进一步观察到这种机会主义战略行为。另外一个问题是，我们很难用相同的方法来报告各个不同机构的绩效，因为这可能会导致比较结果的偏差。这是因为机构可能追求不同的目标（响应其组织使命），可能有不同的需求（例如，音像博物馆与历史博物馆在提供服务时，其支出会有所不同），可能有不同的成本（例如，组织大小或位置），可能受益于资源使用不同级别的管理能力，或者可能只是测量存在错误（因为组织为自身利益操纵结果）。

45.3 描述性绩效指标

用于监控行为的描述性绩效指标并不针对某个组织或计划，而是用于跟踪更长时间段内的变化。例如，衡量一个地区的博物馆数量与该地区人口的关系，就可以衡量文化基础设施的便利性或提供服务的公平性；同样，参与文化活动的人口比例可以作为文化活力或社会参与的指标，每个访客对应的志愿者数量可以作为经济影响或社区参与的指标。

45.4 挑　战

指标编制面临三个主要挑战：定义和概念的解释性、数据的可得性和质量以及不断变化的需求。

45.4.1 定义

所有指标都是只能为概念提供一个近似的数值度量，这通常是通过一组绩效指标来实现的。因此，绩效指标非常容易受到指导它们的定义的影响（Madden，2005）。通过选择某些绩效指标，就不可避免地造成：某些方面可能变得可见，而其他方面可能被边缘化。以博物馆为例，使用参观次数作为展览质量的指标，就排除了引用策展研究的出版物次数。绩效指标是“概念技术”，它决定讨论哪些问题以及如何讨论。

绩效指标的目的是通过与战略愿景或法规进行比较来衡量和监控行为，但它们无法解释为什么会得出这样的结果。这是分析人员解释数据的作用（具体方法通常包括比率、关系、聚类分析、回归分析、数据包络分析和创建复合指标）。绩效指标的选择至关重要，分析的透明度也很重要。当为抽象的、异质的概念设计度量标准时，这一点尤其值得注意，因为量化的概念是模糊的，如服务质量。通常，人们会设计出代理或替代指标，如基于节目的新颖性或艺术家的声望和认可程度来量化质量（Gomez-Vega and Herrero-Prieto，2019）。

由于绩效指标的基础是定量指标，相关术语定义的差异可能为此带来挑战。关于“博物馆”的定义就是如此，有些国家的博物馆可能包括只按预约开放的机构，而其他国家还包括全年定期开放的机构。所有国家的定义都是对国际博物馆协会（ICOM）官方定义的解释，这使得大型统计中心的工作非常有价值，这些统计中心能够尽可能地实现均质化，就像欧盟统计局那样。

45.4.2 数据可得性和质量

绩效指标是“位于文化数据产生和文化现象分析之间的联系”（Madden，2005）。也就是说，收集数据要考虑到所分析的内容以及对所提供服务的了解。然而，由于数据收集的成本，有一种倾向是将重点放在现成的指标（如音乐会门票或流媒体销售数量），而忽略不太容易量化的现象（如参加业余合唱团）。最困难的指标之一就是服务质量，这使得几乎不可能真正地评估效率。数据质量也是一个重要的问题，其中的结果可能反映了收集和分析过程，而不是所评估的服务。

数据可得性可能受到政策优先等级变化的影响，它可能扩大、改变或减少多年收集的数据，或者因收集数据资金发生变故而难以进行及时分析。在荷兰，由于预算削减，国家统计局（CBS）已停止收集有关档案的数据；在编写本报告时，尚无任何其他国家或机构采用这个办法。另一方面，博物馆的数据已经精减，并与国家博物馆协会（NVM）合作收集。数字技术越来越多地允许所有交易自动化生成日志，但这些日志通常是私有的，很少用于公共分析或学术研究。

收集数据需要投入、系统的工作和长远的眼光，而这些并非总是可用的。例如，欧洲博物馆统计组（EGMUS）关于现有博物馆的数据显示了不同国家、不同年份所报告活动的差异。除了在统计处（或其他负责机构）工作的个人的努力外，收集高质量的数据还需要资源和政策指引，以指导记录和调查的经常性编制和分析。

事实上，日益数字化的生活方式使得大量交易的记录成为可能，这很可能为艺术和文化活动提供全面的分析，直至最终的相关性分析。例如，统计部门正与电信公司合作，购买某个地区旅游团行为的数据集。然而，应用新出现大数据的挑战在于保护隐私的规则和法规，以及数据获取和分析的成本，尤其是当私人公司（如谷歌）持有数据时。

45.4.3 需求变化

随着基于证据制定政策需求的出现，新的指标需要新的数据来源。例如，联合国教科文组织的可持续发展目标，假设文化在经济、社会和个人资本发展中发挥关键作用。此外，新的文化生产和消费形式正在出现，这为艺术和文化生态系统提供了新的视角，这就要求政策制定者和机构设计新的绩效指标，以更好地满足需求。

鉴于教育领域有一个更强大的收集系统，如考虑教育程度（计算补考、退学率和升学率）及就业和收入收益，到目前为止，文化指标仍然只是群体的快照，即使它们也会跨越时间跟踪，但是由于缺乏对数字消费跟踪机制（如在线消费或数字销售）的分析，目前关于文化参与的现有数据无法估计艺术和文化投入的经济诱因（以个人达到一定程度参与的私人和公共成本和收益来衡量），这是教育领域的既定标准（OECD，2018）。随着可持续发展目标和创意产业在经济中的地位日益突出，这个地位可能会改变。

45.5 政策影响

绩效指标的产生与其解释之间有着复杂的关系，前者一般是为了满足后者（政策分析）的需要（Madden，2005；Bonet，2004）。绩效指标实际上是一种强有力的变革工具，因为它们能够反映和解释决定因素。文化艺术领域的委托代理关系极其复杂。政府提供资金和法规，并需要绩效指标来协助问责和未来的政策决策。实际上，统计信息支持绩效指标的价值取决于收集数据的相关性、可比性和可持续性（同质数据系列）（Bonet，2004）。

艺术和文化部门绩效指标的发展受益于跨部门和跨时期评估服务的政策实践。虽然教育和卫生部门的绩效指标是系统性的，但艺术和文化部门所提供的指标仍然是临时性的，并没有进行区域内或跨时间的整体处理。[①] 为什么艺术和文化部门的绩效指标落后于其他部门，如卫生或教育部门？舒斯特（Schuster，1997）提出了三个主要原因：决策者依赖于生产者的评价，并相应地分配资金；评价成本高，资源稀缺（支付评价费用将减少可用资金）；不欢迎负面评价。

重要的是要记住，“没有‘文化机构绩效’这样的东西”，但绩效指标就是要提供被评估领域的定量方法，即便它并不能代表艺术和文化机构的全部（Pignataro，2011）。同样，绩效指标不应在其解释中加以规定，而应作为进一步反映服务质量或实现政策目标能力的工具。

参见：

非营利性组织；政治经济学；公共支持。

本章参考：

Arah，Onyebuchi，et al.（2006）. A conceptual framework for the OECD Health

① 卫生保健所关注的重点是服务提供者（健康预防、促进和保护），而卫生系统的概念范围更广，包括非卫生保健因素，如生活方式、消费者的社会经济背景或人类生物学（Arah et al.，2006）。

Care Quality Indicators Project. *International Journal for Quality in Health Care*, 18 (1): 5-13.

Bonet, Lluis (2004). Reflexiones a Propósito de Indicadores y Estadísticas Culturales. *Boletín GC: Gestión Cultural No. 7: Indicadores y Estadísticas Culturales.*

Forbes, Daniel (1998). Measuring the Unmeasurable: Empirical Studies of Nonprofit Organisation Effectiveness from 1977 to 1997. *Nonprofit and Voluntary Sector Quarterly*, 27 (2): 183-202.

Gómez-Vega, Mafalda and Herrero-Prieto, Luis (2019). Measuring emotions through quality: evaluating the musical repertoires of Spanish symphony orchestras. *Journal of Cultural Economics*, 43 (2): 211-245.

ISO (International Organisation for Standardisation) (2014). *ISO* 11620: 2014. Third Edition. ISO/TC 46/ SC 8, Information Science, Quality Statistics and Performance Evaluation. ICS 01. 140. 20 ISO: Geneva.

ISO (2016). *ISO* 18461: 2016. ISO/TC 46/ SC 8, Information Science, Quality Statistics and Performance Evaluation. ICS 01. 140. 20. ISO: Geneva.

ISO (Forthcoming). *ISO/DIS* 21246. ISO/TC 46/SC 8, Information Science, Quality Statistics and Performance Evaluation. ISO: Geneva.

Madden, Christopher (2005). Indicators for Arts and Cultural Policy: A Global Perspective. *Cultural Trends*, 14 (55): 217-247.

OECD (Organisation for Economic Co-operation and Development) (2018). *Education at a Glance, OECD indicators.* OECD: Paris.

Peacock, Alan (2003). Performance Indicators and Cultural Policy. *Economia della cultura.* Associazione per l'Economia della Cultura/AEC, Bologna.

Pignataro, Giacomo (2011). Performance indicators. In Towse (ed.). *A Handbook of Cultural Economics*, Second Edition. Cheltenham: Edward Elgar, 332-338.

Sacco, Luigi, Guido Ferilli and Giorgio Tavano (2018). From Culture 1.0 to Culture 3.0: Three Socio-Technical regimes of social and economic value creation through culture, and their impact on European cohesion policies. *Sustainability*, 10: 3923.

Schuster, Mark (1997). The Performance of Performance Indicators in the Arts. *Nonprofit Management and Leadership*, 7 (3): 253-269.

Srakar, Andrej, Vesna čopič and Miroslav Verbič (2018). European cultural statistics in a comparative perspective: index of economic and social condition of culture for the EU countries. *Journal of Cultural Economics*, 42 (2): 163–199.

UNESCO (United Nations Educational, Scientific and Cultural Organisation) (2014). *Culture for development indicators*, *Methodology manual.* UNESCO: Paris.

延伸阅读：

关于卫生或教育部门绩效指标的文献，比关于艺术和文化部门的要丰富得多。然而，马登（Madden，2006）提供了世纪之交学术界就绩效指标及其相关问题的有用的全球性概览。有关方法论的讨论，请参见 Srakar and Verbič (2018)，他们提供了一个经济学家构造文化指数方法的例证，该指数是用于公共融资、文化教育、文化领域私人融资的综合指标。萨科、费里利和塔瓦诺（Sacco，Ferilli and Tavano，2018）建议将现有指标应用于文化参与影响的 8 个领域：创新、福利和文化福利、可持续性、社会凝聚力、企业家精神、终身学习、软实力和地方身份。

46 表演艺术

露丝·陶斯（Ruth Towse）

“表演艺术”涵盖广泛的现场艺术形式，文化经济学只研究其中的部分内容。虽然文化经济学讨论了管弦乐、歌剧、芭蕾舞和话剧等，但是尚未涉及马戏、木偶戏和哑剧等现场表演艺术。流行音乐一直置于音乐产业的研究范畴，并被视为现场表演与音像工业的结合体。流行音乐也曾被提及，但总的来说，文化经济学中关于表演艺术的研究集中在以建筑为基础的、受资助艺术机构的表演上，包括最近几年将现场活动以数字化方式传输给影院或其他访问方式。在某些情况下，前文提到的艺术组织可能是汇集了许多不同表演的节庆，或者是专注于某种艺术形式的街区——如戏剧节，或者是将表演艺术与艺术展览、演讲等其他活动相结合的节庆。节庆已经越来越受到观众和推广者的欢迎。

由于鲍莫尔和鲍温（Baumol and Bowen，1966）的著作，表演艺术在文化经济学的发展中扮演着重要的角色，为学科研究奠定了理论和实证框架。这个学科最初是关于表演艺术，后来扩展到更广泛的主题。它们对表演艺术成本上升的关注为后来文化经济学的许多主题提供了灵感。这些分析的主要特点是，由于表演剧目的内在要求，经济发展中的技术进步给艺术（“停滞”的部门）带来的生产力增长十分有限，而且由于它也是劳动密集型的，受到来自经济中“有活力的”其他部门（在这些部门中，工人的工资更高）的成本压力。这些综合效应推高了现场表演艺术的成本，在没有补贴或赞助等抵消效应的情况下，艺术的价格必然上涨，从而减少那些负担不起的人的需求和接触机会；或者，质量可能会因为削减成本而受到影响（即“艺术赤字”）。数字技术增加了表演艺术的观众，但初始制作的成本仍可能上升，尤其是数字发行可能需要更高质量的艺术家、布景和服装。

所有艺术形式的现场表演都有一些共同的特点：生产需要投入各种高技能的

专业劳动力，这些劳动力要在特定时间和预先公布的特定地点传递给观众。一旦幕布拉开，观众的规模就会固定，在现场艺术数字化传输出现之前，没有办法通过采取任何措施增售门票来提高收入。对于已经研究过的艺术形式来说，演出的地点一般是专门建造的剧院或音乐厅，通常是一座历史悠久的建筑，它的观众规模有限，这两个特点导致每位观众和每次演出的成本上升。从传统上讲，受资助的表演艺术很少采用流行音乐会（通常在大型场馆举办）广泛使用的视听媒体系统。但现场表演数字化的发展开始改变这些特征，并对表演艺术的财务方面产生重要影响，本章随后会讨论这个问题。因此，本章从广义上讨论表演艺术的生产和财务，以及影响供求关系技术变革的方方面面。

46.1 生产函数

生产函数能够将活动的产出与用于生产该活动的投入量联系起来，投入的生产要素越多，产出的数量就越多。因此，在任何经济活动中生产函数可以用于建立这种关系，包括表演艺术。每场演出都需要资本的投入，包括场地（剧场、音乐厅等）、为演出提供的设施，如舞台、前台和后台的服务以及劳动力等，也包括演员和其他工作人员；场地的位置对于某些演出也可能很重要。场地内的技术状况在短期内被视为确定的，但从长远来看，它可能会改善设施，从而提高投入的生产力。同样，场馆工作人员，包括演员的人力资本技能，也可能随着时间的推移而提高生产力，如通过减少达到特定演出质量水平的彩排次数。

生产力是每单位投入产出的衡量标准。劳动投入以工作时数或就业人数计量，可分为艺术劳动和非艺术劳动、演员和舞台工作人员等不同的类别。尽管可以用数量来计量具体项目，但资本通常是以价值计量的。生产力通常侧重于每单位劳动的产出价值。

资本和劳动力可以互为补充，也可以互为替代。当劳动使用适当数量的资本时，劳动被认为更有生产力，在这种情况下，两者是互补的；它们也可能是替代品，例如，数字技术使灯光系统能够由计算机控制而不是手动控制，预先录制的音乐替代了演奏者现场演奏的音乐。这些关系对鲍莫尔关于表演艺术“成本病”的预测至关重要。

46.2 固定系数和鲍莫尔的“成本病”

替代意味着在技术上可以选择不同的资本和劳动力组合来产生给定数量的产出，这种选择在经济方面是由相对投入价格决定的：如果工资增加，劳动力就会变得更加昂贵；如果资本可以被替代，那么将会抵消增加的生产成本。支持鲍莫尔“成本病”的理论基础是，这种灵活性并不存在；相反，资本和劳动力的组合，特别是特定类型的劳动力，是由所执行的工作确定的。典型的例子是弦乐四重奏：它需要四名演奏者（当然包括所用的乐器，虽然不经常被提及）来演奏特定作品——《海顿四重奏》，现在的演奏时间要和首次演奏时的时间相同，演出的生产函数就是固定的系数。这同样适用于莎士比亚的戏剧和莫扎特的歌剧。因此，根据这些约定条件，生产力就无法提高。

鲍莫尔（1967）将表演艺术称为充满活力经济体中的“停滞”的部门并进行建模，由于采用了越来越多的资本密集型生产方式，经济体的生产力正在增长。假设劳动力市场是一个整体（如鲍莫尔所做的那样），更高的生产力提高了整体经济的工资水平，包括那些从事演艺工作的人。即使表演者的工资增长率与其他人的不同，最终随着生活成本的上升，存活下来的扮演者也会越来越少，而他们本可以轻松改变职业。因此，他们将会离开停滞的部门，而艺术机构必须支付现行工资水平来留住他们。为了保持表演艺术供应的质量和数量，成本必须上升，价格的上涨将转嫁给观众。表演艺术票价的增长率必然会高于其他商品及服务的价格增长率，通常有两个原因：第一，工资率没有伴随着生产力的增长而提高；第二，表演艺术的劳动密集性质导致法定工资比其他经济领域的工资要高得多。鲍莫尔解释说，这些不可避免的力量将导致艺术组织财务出现“收入差”（income gap），没有外部支持将会导致“艺术赤字”。因此，需要由公共部门或私人慈善机构提供资助，以确保表演艺术能够有数量和质量地生存。

46.3 产出的衡量

数量和质量问题直接导致如何衡量的问题。就质量而言，鲍莫尔认为它与维持“经典”剧目（如管弦乐队、弦乐四重奏、歌剧和芭蕾舞、剧场等伟大作品）的表演有关。这就提出了一个问题：规模较小的演出剧目或室内乐团演奏不同的曲目（如巴洛克音乐），其质量是否较低。这显然是一个主观的问题，经济学家或许还不够专业。然而，重要的是，这就是鲍莫尔在“成本病”理论中所设定的标准。

适应“客观”分析的关键是如何衡量数量：它是否应该是某部作品的表演次数、完成的作品数量（甚至是完成新作品的数量）或观看演出的人数和类型（新观众、弱势群体，等等），这是与公共资助机构所使用的绩效指标有关的主题，这些绩效指标的目的是监督这些受助艺术机构实现目标的情况。显然，每一种产出指标都将产生不同的生产力效果。生产成本（即作品的展示）可以根据每场演出的地点、演出场地的座位或每位参与者来计算，每个都会有所不同（而且资助机构也可能想计算每个参与者的补贴金额）。选择是由环境决定的，然而，这种选择可能决定了“成本病”的有效性，正如我们下面关于技术的讨论所表明的那样。

46.4 技术的影响

数字技术的引入和使用对那些观众数量局限于场馆容量的表演艺术造成了影响。我们能提供更多的演出，如每天安排两场演出就能分摊固定成本（如布景、服装和排练时间等），但是对于有些艺术形式而言，同一批表演者不能同时进行多场演出（歌剧和芭蕾都是很好的例子），因此必须雇用额外的表演者。然而这些都随着技术的发展而发生改变：数字技术使得不在场的人可以通过录音、电视或电影，以及现在的在线实时数字传输来观看演出。如今我们可以在自己家里听到或看到来自世界各地的表演。这意味着“消费者”的数量远远超过了参与现场演出的人数，如果将其作为衡量产出的标准，那么生产力肯定会大幅提高。有些评论家提出这样是否会削弱质量的问题，不容置疑的是，这深刻地影响到一个在文化经济学中还有待详细探讨的问题——表演艺术的财务。

46.5 需求和参与

在探讨财务之前，本节先简要讨论表演艺术的需求和参与。如上所述，20世纪60年代关于“成本病”的观点预测，随着物价的上涨，观众数量会下降，在随后的几十年里，许多国家都有这样的经历。部分价格效应会被强烈的、可能会让人上瘾的艺术品位所冲淡，这使得需求缺乏弹性，而收入正弹性也随着收入增加而减弱。即便如此，观众数据显示，参与程度有所下降。有些表演艺术只吸引了人口的很小部分——歌剧和芭蕾舞在许多国家都是最低的，远远低于成人人口的10%。不过，这些数据主要是指买票的现场观看，那些通过购买DVD或收听广播观看演出的人，必须以其他不涉及现场表演数据的方式被识别出来。有趣的是，新的数字传播方式也使艺术机构能够收取其他费用：你可以花大价钱在你附近的电影院观看大都会歌剧院的现场表演。

46.6 表演艺术的财务

如前所述，“成本病”预示着，为了避免“艺术赤字”——表演艺术质量和数量的下降，其“收入差距”将不得不通过某种形式的“补助金”来填补。对于许多欧洲艺术机构来说，这仅仅意味着拥有和管理表演场地的政府当局必须为其花费更多的公共预算，然而在美国、英国和其他拥有类似模式的国家，这意味着更多的公共补贴或私人资金用于私人运营的非营利性演艺机构。这对有些国家（以及某些经济学家）来说是难以接受的，他们认为表演艺术只是由可以支付更高价格、收入高于平均水平的少数精英阶层所享受。即使有了补贴，价格也永远不可能低到足以吸引所有的人，即使能够如此，传统场地座位容量也不可避免地限制可以容纳的人数。此外，有证据显示，无论价格多么低廉，许多人就是不愿走进这些场馆。如今，数字化已经改变了这一点，伴随着新技术成长起来的新一代年轻人似乎更愿意以新的方式体验表演艺术，不仅体验方式不同，而且价格也更便宜，甚至免费。艺术参与的相关研究能够显示观众的规模和构成是否发生了根本性变化。在供应方面，成本上升趋势仍可能存在；与生产作品的固定成本或沉没成本相关的“成本病”并未得到缓解，但其有害影响可能会被不断增加的需求所抵消，因为可以利用新技术以固定的表演成本来覆盖更多的付费观众，就像大众媒体那样，以更低的边际成本和价格传播给更多、更广泛的观众。

46.7 数字技术的影响

在所谓的“直播影院”中，现场表演被实时拍摄并以流媒体方式传输到当地电影院，也可以按需作为录像进行访问。2006 年，纽约大都会歌剧院凭借其节目“大都会歌剧院直播”（the Met Live）开启了新征程，将其演出实时“广播”到电影院，随后世界各地其他领先的国际歌剧、芭蕾舞和戏剧公司相继仿效。截至 2012 年，有关大都会直播的报道称，全球已有超过 300 万观众观看了它的作品。同样，管弦音乐会和其他音乐活动也可以下载。例如，通过 BBC iPlayer 和柏林爱乐乐团的“数字音乐厅”，就可以在电视、电脑、平板电脑或智能手机上访问流媒体音乐会。然而，鲜有这方面的经济研究。一个值得注意的例外是巴赫希和索斯比的研究（Bakhshi and Throsby，2014），他们通过英国国家剧院直播（NT Live）项目，分析了观众的付费意愿和需求弹性的衡量标准。

对于艺术管理者和政策制定者来说，一个重要的问题是“蚕食”(cannibalisation)，即数字发行是否鼓励观众前往剧院（或其他场所），或者观众是否更喜欢“数字”版本，换句话说，两者是互补的还是替代的。电影院直播表演似乎跨越了剧院内体验和纯数字“在家”体验之间的界限：直播影院的观众鼓掌（即使他们没有亲见表演者）表明他们参与到了活动的“活跃度”中。文化经济学需要在这方面进行更多的研究，以了解这些发展对表演艺术供求的经济和文化影响。

参见：

直播影院；交响乐团；参与；剧院。

本章参考：

Bakhshi, H. , and Throsby, D. (2014). Digital Complements or Substitutes? A Quasi - Field Experiment from the Royal National Theatre. *Journal of Cultural Economics*, 38 (1): 1-8.

Baumol, W. (1967). Macroeconomics of Unbalanced Growth: the Anatomy of Urban Crisis. *American Economic Review*, 50 (2): 415-426.

Baumol, W. and Bowen, W. (1966). *Performing Arts: the Economic Dilemma*. The Twentieth Century Fund: Hartford, Conn.

Baumol, W. and Bowen, W. (1996). The 30th Anniversary of The Performing Arts: An Economic Dilemma. *Journal of Cultural Economics*, 20 (3).

Towse, R. (2019). *A Textbook of Cultural Economics*, 2nd edition. Cambridge: Cambridge University Press.

延伸阅读：

笔者所著《文化经济学教科书》(*Textbook of Cultural Economics*) (Towse, 2019) 对本章涉及的所有主题进行了更深入的分析。该书“直播影院”一章对这一主题有着深入的研究。

47 平　台

玛雅·波瓦莱（Maya Bacache-Beauvallet）
马克·布尔罗（Marc Bourreau）

一个13岁的女孩正在写故事。这不是她的日记，她的姐姐也不会是唯一的读者，因为她正在写一本小说，并把它贴在FanFiction上。一位音乐家在地铁里弹吉他，但他并不是等着制作人找上门来——他在Kickstarter上筹集首张专辑所需资金。一位老人即将离开一场音乐会，他在自己的Facebook账户上发布音乐会的照片，并向朋友和家人推荐这场音乐会。平台在日常生活中无处不在，它们颠覆了音乐、电影、书籍、视频游戏、表演艺术等文化产业的传统价值链。我们首先定义了平台的概念，并解释了平台的发展是如何影响文化产业价值链的。其次，我们从价格策略和非价格策略两个方面讨论平台作用增强所带来的商业模式变化。

47.1 什么是文化平台

47.1.1 什么是平台

FanFiction、Kickstarter和Facebook都是在线平台的例子，更确切地说，是多边平台。多边平台在文化产业中日益凸显，在其他许多产业中亦是如此，而且平台的多边数量、业务模式的性质等方面也各不相同。

例如，诸如Visa或MasterCard之类的支付卡系统就是双边平台，可以使持卡人和商家直接进行互动。像Facebook这样的社交网络，可以视为单边平台（围绕用户群的互动）或多边平台（用户之间互动的同时，也包括与广告商和第三方内容提供商的互动)。像 eBay 这样的电子商务市场就是双边平台，允许买卖双方交易各种各样的产品。报纸也是双边平台，向双方出售不同的产品（即向读者出售新闻，向广告商出售广告空间)。而在 Kickstarter 等众筹平台上，项目所有者和支持者围绕产品（即项目的资金）进行互动。

虽然关于多边平台的经济文献已有 15 年的历史，但对多边平台的定义仍缺乏明确的共识。[①] 我们提出了以下定义，这与许多作者［例如，Armstrong (2006)，Evans (2008)，Rysman (2009)，Katz and Sallet (2018)］提出的定义非常接近。

定义 1：多边平台是促进不同用户组之间直接互动的中介，并在这些用户组之间或内部呈现网络效应。

在这个定义中，多边平台的显著特征就是存在网络效应。当给定机构的加入和/或使用该平台的价值，取决于其加入和/或使用该平台的组中的其他机构的数量时，就存在组内或直接网络效应。当给定机构的加入和/或使用平台的价值，取决于其他加入和/或使用平台的组中的机构的数量时，就会出现跨组或间接网络效应。网络效应可以是积极的，也可以是消极的。例如，广告通常被消费者视为令人讨厌的东西，因此在 YouTube 这样的多边平台上，广告商对消费者有负面的跨组网络效应。相比之下，广告商更看重平台上的观众数量（或“眼球”)，这意味着观众对广告商的跨群体网络效应是积极的。

这个定义的极限情况是一个单边平台，其展示（直接）网络效应只存在于其仅有的一组用户中。单边平台的一个例子是像 Facebook 这样的社交媒体，没有广告和第三方内容提供商。在这样一个平台上，就像早期的 Facebook 一样，用户之间会进行互动，并且会因直接的网络效应而重视他人的参与。

一个多边化的平台有两个主要的条件是可持续的，或者这种类型的商业模式是有利可图的，如果一个公司采用：

(1) 多边平台必须通过降低不同用户组之间的交易成本来创造价值。如果平台不能降低交易成本，那么它将是无效的，并且很快就会从市场中消失，因为用户会发现直接在平台外部进行互动更有效。

(2) 多边平台应该对其不同的用户组有一定的市场支配力。市场力量指的是平台设定不同于完全竞争条件下的价格的能力。特别是市场力量使平台能够向每一方收取不同的价格，从而以某种方式允许各方“参与进来”。用罗歇和悌若

① 早期的贡献归功于 Caillaud and Jullien (2003)，Rochet and Tirole (2003；2006)，Armstrong (2006)。

尔（Rochet and Tirole，2006）的话来说，价格结构对多边平台很重要，而不仅仅是价格水平，因此平台有能力扭曲价格，从而影响参与或使用。例如，像 YouTube 这样的平台为了吸引观众而免费提供内容，并向广告商收取高于成本的费用。同样的市场力量条件也适用于旨在吸引用户的非价格策略。

文化产业平台的例子包括：内容分发平台，如 YouTube（视频），Steam（视频游戏），Amazon KDP（电子书）和 Instagram Live video（表演艺术的直播）；众筹平台，如 Kickstarter 或 Indiegogo；以及视频游戏机，如 PlayStation 或 XBOX。更具体地说，游戏机是双边平台，允许消费者和游戏开发商之间的互动，其特点是跨组网络效应。数量更多、质量更高的游戏使游戏机对消费者更有吸引力。[①] 相反，更大的用户基数鼓励游戏开发者为主机提供新游戏。电子游戏平台也表现出组内网络效应：用户可以共享建议、推荐，并可用于多人游戏，这使得拥有更多用户的游戏平台对消费者更具吸引力。

虽然文化产业中的许多平台在定义 1 的意义上是多边的，但有些平台并不完全符合这个定义。例如，Netflix 从内容所有者那里购买电影和电视节目的版权，通常以固定的金额和有限的期限购买，然后向终端消费者出售其电影流媒体服务的使用权，并收取订阅费。在这种情况下，内容制作方和消费者之间没有直接的互动，制作方甚至不知道节目在 Netflix 上的观众（他们有时会抱怨）。继哈吉乌和赖特（Hagiu and Wright，2015a）之后，我们还定义了第二种平台——转售平台。

定义 2：转售平台是指从独立供应商处购买产品或服务，再转售给消费者（可能需要重新设计），其向消费者出售的产品或服务具有网络效应。

转售平台的例子包括：流媒体平台，如电影和电视节目的 Netflix 或 Amazon Prime Video；Apple Music 或音乐的付费版本 Spotify；内容商店，如 iTunes Store 等。例如，Apple Music 从唱片公司购买音乐版权，然后将这些音乐版权捆绑销售给消费者，收取订阅费。该服务显示出网络效应，因为更多用户可以让它向用户提供更好的推荐，从而使该服务对用户更具吸引力。

在本章的其余部分，我们将平台称为多边平台或转售平台。值得注意的是，诚如哈吉乌和赖特（Hagiu and Wright，2015a）所言，作为一个多边平台或转售平台，更多的是商业模式的选择，而不是行业或公司的内在特征。此外，平台可

---

① 科尔特斯和利德曼（Corts and Liederman，2009）的研究表明，额外的热门游戏增加了主机销量，是普通质量的游戏的 7 倍。

以实现这两种业务模型。例如，Amazon 同时提供了转售平台和多边平台（市场）。

最后我们必须强调的是，当平台之间存在竞争，用户可能是单宿主或多宿主时，即他们是否加入和/或只使用一个平台（单宿主），或一个以上的特定市场上（多宿主）的时候，这种特性就具有重要意义。用户决定是单宿主还是多宿主，首先取决于加入或使用平台的具体成本（包括切换成本），其次取决于平台之间的差异。例如，对于内容平台（音乐、书籍、电影等）而言，消费者选择多宿主而不是单宿主的动机，既取决于平台的价格，也取决于平台提供的内容之间的重叠程度。在单宿主和多宿主之间的选择也会受到平台策略的影响：平台可能通过奖励计划和声誉系统等方式，鼓励某一方选择作为单宿主，或者与这一方的参与者达成排他性协议。

在许多广告商支持的平台上，我们观察到双方都有多宿主：许多消费者阅读不同的报纸或收看不同的电视频道，而由于广告商都跟随“眼球”，他们也倾向于多宿主。相比之下，消费者在 Spotify 等音乐流媒体平台或视频游戏机上使用单宿主模式，因为这些市场上的竞争平台提供的内容有很大程度的重叠。①

47.1.2 高度的异质性

所有平台都符合前面的特性，并共享这些公共特性。尽管如此，平台也表现出多种多样的特点：它们在许多不同的行业中发展；它们有不同的商业模式；它们在多边的数量、网络效应的性质和程度以及经营市场的数量上也有所不同。

一些作者试图对多边平台进行分类，以突出迥异平台之间的共同特征。菲利斯特鲁基等人（Filistrucchi et al.，2014）区分了非交易平台（不同方之间没有交易）和交易平台（交易存在且可见）。例如，FanFiction 是一个非交易平台，而视频游戏机是交易平台。席夫（Schiff，2003）区分了提供匹配服务的平台，与只充当中介而不提供任何附加值的平台。众筹平台是匹配的平台，而法国书评平台 Babelio 则提供特定的评级和文学评论服务。埃文斯和施马伦塞（Evans and Schmalensee，2008）将平台分为四种类型：促进买卖双方进行商品或服务交易的“交换”平台；将广告商、内容制作商和观众聚集在一起的“广告商支持的媒体平台”；与支付系统相对应的“交易系统”；向开发人员提供服务（如软件开发

---

① 德登格尔（Derdenger，2014）的研究表明，只有不到 5%的游戏玩家拥有 2 台（或更多）同一代游戏机。

工具包）并允许用户在平台上运行软件应用程序的“软件平台”。文化产业的大多数平台要么是广告支持的平台（例如，YouTube），要么是交流平台（例如，Steam）。而视频游戏机是软件平台。

47.1.3 平台对文化产业价值链的影响

数字化和平台革命正在颠覆文化产业价值链（演艺、图书、音乐、电影、电子游戏等，从创作、生产到文化产品的分销和消费）。[①]

Quotev 或 FanFiction 等同人小说平台修改了创作过程并促进了内容创新。在线平台，如 BandLab（音乐）和 Artella（动画电影、视频游戏），在创作阶段促进了艺术家之间的合作。Kickstarter 或 Gofundme 等众筹平台允许为小型文化项目提供融资。

数字平台也大大降低了艺术家的分销成本。YouTube 使视频的大规模传播成为可能。一个音乐艺术家可以让她的音乐在 iTunes 或 Spotify 上以非常低的成本播放。作者可以很容易地将手稿上传到亚马逊 Kindle Direct Publishing 网站。小众电影可以在 Netflix 或 Amazon Prime Video 等流媒体平台上发行，并面向全球观众。

最后，平台针对文化商品的推荐和评级系统，在用户之间产生直接的网络效应。[②] 社交媒体平台的发展要求对促销体系进行全面改革。如今，在推广文化产品方面，Facebook 扮演着比传统批评家更具决定性的角色。换句话说，主动的受众已经取代了被动的消费者。

所有这些趋势的结果是，以前无法面世的艺术家，现在可以显山露水；以前没有资金的项目，现在可以接触到观众。这就解释了为什么文化领域出现了长尾产品。

47.2 文化产业的平台商业模式

文化产业中的平台与竞争对手展开竞争，例如，YouTube 与 Dailymotion、

① 有关数字化对媒体行业影响的综合分析，见 Waldfogel（2017）。

② 参见保罗·贝勒夫拉姆（Paul Belleflamme）和马丁·佩茨（Martin Peitz）所撰写的本书“评级、评论和推荐”条目。

Steam 与 Epic Games、Netflix 与 Amazon Prime Video、Spotify 与 Apple Music 和 Deezer 等。因此，平台必须实施各种策略来吸引用户，并在竞争环境中维持其业务模式。战略决策涉及平台多边的不同价格，也涉及非价格策略，如在创新方面投资多少或参与多边的几边。

47.2.1 定价策略

平台做出的首个关键选择是定价。价格可以是不同的类型：一些平台收取订阅费（如 Netflix），其他平台收取使用费用（如广告商向 YouTube 支付使用费），等等。由于参与平台的多边群体之间存在直接和间接的网络效应，因此，设计平台业务的定价策略可能具有挑战性。与传统市场相反，平台不应该只根据边际成本和价格弹性来定价，网络效应也很重要。我们经常观察到，多边平台在不同的边设置了不对称或扭曲的价格：在 YouTube 上，消费者可以免费加入，而广告商则需为广告空间付费；游戏机制造商以低于成本的价格向消费者出售硬件，并向游戏开发商收取游戏销售版税；Amazon KDP 向自助出版的作者收取 30%的版税，但不向读者收取电子书价格之外的额外费用等。

在定价决策时，平台必须考虑跨组（间接）网络效应。的确，平台一边的价格通过跨组网络效应，不仅影响这一边的需求，还会影响另一边的需求。例如，为游戏机设定一个较低的价格，将会引发消费者对这款游戏机的更高需求，但也会吸引大量游戏开发商，因为它们预计自己的游戏可能会有很大的潜在销量。一般来说，垄断平台可能对另外多方产生最大网络效应的一方设置较低的价格（Armstrong, 2006）。在最极端的情况下，该平台可以有效地将一边［“亏损领先”（loss-leading）侧］价格设定低于边际成本，甚至免费提供其产品或服务，以吸引大量用户，并在另外一边（“盈利”侧）将其货币化。因此，非对称定价解决了“先有鸡还是先有蛋”的问题，即一方的用户（如游戏开发者）在没有另一方用户（如消费者）的情况下是不会参与的，反之亦然。通过给定极低的价格吸引亏损领先的一方，该平台使其服务对其他（盈利）方有价值，并确保它们的参与。

竞争降低了平台的加价收费幅度，可能也提高了价格的偏斜度。这是因为与垄断情形相比，平台需要通过竞争来吸引消费者：对于给定的平台，一边降低价格不仅会吸引新用户，也会吸引竞争平台的用户，使平台在其他边更具吸引力，从而损害竞争对手。用户是单宿主还是多宿主，也会影响平台竞争。一个特殊情况是“竞争瓶颈”（Armstrong, 2006），当一组用户为单宿主（如电子游戏机的购买者)，而另一组用户为多宿主（如游戏开发者）时，就会出现这种情况。平台可以充当垄断者，在多宿主的一边设置高价，而在另一边进行激烈竞争，以吸引单宿主消费者。

多边平台也可以利用价格歧视来吸引能够对另一边产生最大跨群体网络效应的一边用户。例如，在视频游戏行业，游戏机制造商向最受欢迎的游戏开发商提供有吸引力的版税优惠。

47.2.2 非价格策略

平台还必须做出非价格决策。对于文化产业平台来说，最重要的决定是在创新上投入多少。创新的质量和速度是吸引用户的关键。例如，在视频游戏行业，制造商加大投入以提高处理速度、图像质量、游戏体验等。Netflix 或 Spotify 等流媒体平台投资于推荐系统，为用户提供高质量的体验，并与竞争对手区分开来。优质投资的回报可以通过跨组网络效应得到放大：平台一方提高了服务质量，不仅刺激了这一方的需求，也通过跨群体网络效应促进了另一方的需求。

平台还需要做出定义其业务模型的其他重要决策。特别是，平台必须决定吸引多少方，并决定平台的设计，以及如何规范参与和互动（Hagiu，2014）。

一个关键的决定涉及吸引的人数。例如，Facebook 一开始是一个单边平台，用户可以在朋友之间分享信息，后来发展成为有广告商和第三方内容提供商（如游戏开发者）的多边平台。相比之下，视频游戏机通常不对广告商开放，只容许消费者与游戏开发商之间进行互动。利益最大化的边数取决于候选新边所产生的间接网络效应的性质。换句话说，各边之间可能存在利益冲突，而开放新边可能涉及平台的权衡。例如，在视频游戏机平台，消费者会受到广告的负面影响，有些人可能会决定退出（或停止使用）这个平台。

与其他平台一样，文化平台也必须决定要实现的功能和特性。与非对称定价类似，平台可以选择在一边引入给定的功能，而在另一边不引入。例如，评级通常对观众开放，但对艺术家不开放。一个给定的功能也可能在一边产生价值，而损害另一边，在这种情况下，平台不得不权衡各方的利益。例如，在广告商支持的平台上，使广告更加突出的功能会取悦广告商，但会令消费者生厌。

最后，平台规范了平台内部的参与以及各方之间的互动。当一方的低质量用户进入可能会降低另一方的平台价值（造成负面的跨群体网络效应）时，规范参与是有意义的。例如，在视频游戏机市场，高质量游戏的出现刺激了游戏机的销售；而低质量游戏的进入可能会损害游戏机的声誉，进而影响销售。因此，游戏机制造商采取了质量控制措施，避免低质量游戏的进入。[①]

平台也可能希望规范各方之间的相互作用。例如，在众筹平台上，由于道德风险问题，消费者可能会承诺资助一个项目，当发现其他人正在资助该项目时，就会退出交易。另一方面，艺术家可能会推出项目来测试观众，但最终会放弃推出产品，即使是有了资金。为了避免这种逃避行为，众筹平台适当地设计价格结构，根据项目数量设定固定的价格和可变的份额。

47.3 结论：竞争与公共政策

平台在文化产业中的突出作用给公共政策带来了诸多挑战。特别是平台可能会对文化多样性产生影响。对此，可参见本手册的“评级、评论和推荐”条目，该条目讨论了平台用户对文化产品的推荐和评级如何影响多样性。

此外，文化产品数量的增加意味着消费者注意力正在成为一种稀缺的经济资源。平台制定策略（例如，通过推荐）引导消费者关注特定的内容。在 Spotify 这样的流媒体平台上，这可能会增强该平台相对于内容所有者的市场力量。[②] 这也可能增加消费者对平台的使用，从而为另一方带来价值，即广告商争夺消费者的注意力。[③] 流媒体平台（如 Spotify）提高文化产品的可用性，但也能转移消费者注意力：一方面，它们促成了著名艺术家和新生艺术家之间的公平竞争；另一方面，通过选择促销哪个歌曲和艺术家，从而给予较少数（很可能是成名艺术家）决定性优势。因此，虽然平台和数字化降低了文化产业当中新艺术家的进入壁垒，但平台的市场影响力可能会增加对同一艺术家的知名度或成功的障碍。

---

① 雅达利（Atari）在 20 世纪 80 年代失去了领先地位，部分原因是它允许质量不佳游戏的进入，这损害了它作为优质游戏平台的声誉。

② 布尔罗和高丁（Bourreau and Gaudin，2018）分析了流媒体平台何时可以使用个性化推荐系统，将消费者从一个内容提供商引导到另一个内容提供商。其分析表明，使用从战略上偏向廉价内容的推荐系统，可以使平台减少向内容提供商支付的版税。

③ 阿吉亚尔和瓦尔德福格尔（Aguiar and Waldfogel，2018）发现了显著的影响：被添加到 Spotify 的“今日热门歌曲”中，将使流量增加 2 000 万，价值约 7.7 万美元。

参见：

文化产业的数字化；评级、评论和推荐；视频游戏行业。

本章参考：

Aguiar, Luis, Joel Waldfogel (2018). Platforms, Promotion, and Product Discovery: Evidence from Spotify Playlists. NBER Working Paper No. 2471.

Anderson, Simon P., Jean J. Gabzewicz (2006). The Media and Advertising: A Tale of Two-Sided Markets. In Victor A. Ginsburgh and David Throsby (eds.). *Handbook of the Economics of Art and Culture*, Volume I, chap, 18. Boston: Elsevier.

Armstrong, Mark (2006). Competition in two-sided markets. *The Rand Journal of Economics*, 37 (3): 668-691.

Bourreau, Marc, Germain Gaudin (2018). Streaming Platform and Strategic Recommendation Bias. CESifo Working Paper No. 7390.

Caillaud, Bernard, Bruno Jullien (2003). Chicken & Egg: Competition Among Intermediation Service Providers. *The Rand Journal of Economics*, 34: 309-328.

Corts, Kenneth S., Mara Lederman (2009). Software exclusivity and the scope of indirect network effects in the U. S. home video game market. *International Journal of Industrial Organization*, 27: 121-136.

Derdenger, Timothy (2014). Technological Tying and the Intensity of Competition: An Empirical Analysis of the Video Game Industry. *Quantitative Marketing and Economics*, 12: 127-165.

Evans, David (2008). Competition and Regulatory Policy for Multi-Sided Platforms with Applications to the Web Economy. Mimeo.

Evans, David, Schmalensee, Richard (2008). Markets with two-sided platforms. *Issues in Competition Law and Policy*.

Filistrucchi, Lapo, Geradin, et al (2014). Market definition in two-sided markets: Theory and practice. *Journal of Competition Law and Economics*, 10 (2): 293-339.

Hagiu, Andrei (2014). Strategic Decisions for Multisided Platforms. *MIT Sloan Management Review*, 55 (2): 71-80.

Hagiu, Andrei, Julian Wright (2015a). Marketplace or Reseller? . *Management Science*, 61 (1): 184-203.

Hagiu, Andrei, Julian Wright (2015b). Multi-Sided Platforms. *International Journal of Industrial Organization*, 43: 162-174.

Katz, Michael, Jonathan Sallet (2018). Multisided Platforms and Antitrust Enforcement. *Yale Law Journal*, 127 (7).

Rochet, Jean-Charles, Jean Tirole (2003). Platform Competition in Two-Sided Markets. *Journal of the European Economic Association*, 1: 990-1029.

Rochet, Jean-Charles, Jean Tirole (2006). Two-Sided Markets: A Progress Report. *The Rand Journal of Economics*, 35 (3): 645-667.

Rysman, Mark (2009). The Economics of Two-Sided Markets. *Journal of Economic Perspectives*, 23 (3): 125-143.

Schiff, Aaron (2003). Open and closed systems of two-sided networks. *Information Economics and Policy*, 15: 425-442.

Waldfogel, Joel (2017). How Digitization Has Created a Golden Age of Music, Movies, Books, and Television. *Journal of Economic Perspectives*, 31 (3): 195-214.

Waldfogel, Joel, Imke Reimers (2015). Storming the Gatekeepers: Digital Disintermediation in the Market for Books. *Information Economics and Policy*, 31: 47-58.

延伸阅读:

《经济与管理战略》杂志出版过特刊（2019 年第 28 卷第 1 期），主题就是平台经济学。关于平台的一般性的分析和定义，参见 Hagiu and Wright（2015a）。平台市场的竞争问题，参见 Rochet and Tiole（2003）。文化产业中平台的影响，参见 Anderson and Gabzewicz（2006），Waldfogel（2017）。

48 政治经济学

伊西多罗·马扎（Isidoro Mazza）

关于文化政策，我们可以从不同的角度进行分析。福利经济学的规范方法将公共干预解释为解决效率低下和/或不公平的方法。然后，政策就会出现，仿佛它们是由追求最大化社会福利的规划者设计和实施的。这种主要依靠帕累托最优原则的方法并不实际，但为评价公共部门的结果提供了基准。它排除了导致这种结果的集体决策和政策执行过程，而分析这个过程是复制或改进政策的基础。为此，我们必须研究制度体系，其中涉及诸多行动者（如选民、有组织的团体、政治家、政党或官僚）影响决策的复杂组织关系。这是新兴的政治经济学文献所涉及的领域，当我们考虑到政府对政治经济学的存在和发展的突出作用时，它与文化部门的相关性是显而易见的。本章简要说明了政治经济分析如何有助于理解和评估文化政策，及其如何对那些迄今为止很少探讨的问题提供有用的见解。①

48.1 什么是政治经济学

政治经济学有着不同的且不断演变的含义。作为研究领域，它将政治科学和经济学联系起来。作为方法论，它属于“公共选择”的范畴，可以定义为政治决策，或“非市场”决策的经济分析（Mueller，2003）。这种方法的基本假设是

① 对文化部门的政治经济分析的早期贡献参见 Peacock（1998）和 Frey（2000）。艺术和文化的政治经济学的精辟表述参见 van der Ploeg（2006），Peacock and Rizzo（2008）。

理性的个人主义。在公共部门，人们被认为是自私的，并将自己的目标最大化，这与在市场上没有什么不同。因此，除非有激励或者受到体制约束（宪政、规范选举和政府组成的法律、政治实体之间的权力分立、司法制度的监督），否则公共代理人就会履行私人利益而非公共利益。然而，正如我们将在下面看到的，这种政治经济学观点在该领域发展过程中的作用十分有限。早期的政治经济学方法作为寻求确定最优标准来汇总集体偏好而出现，它的发展始于布莱克（Black，1948a；1948b）关于多数统治原则的开创性著作，阿罗（Arrow，1951）关于公理化社会选择功能的著作，以及布坎南和图洛克（Buchanan and Tullock，1962）关于宪政设计的著作。从这个规范性开端开始，分析越来越倾向于采用实证方法。在所调查的众多问题中，着重关注政治竞争模型——研究政治竞争的影响，特别是对再分配和财政稳定的影响，利益集团对决策的影响，以及官僚在政府性产出与委员会决策中的作用。

相关分析的一个主要方面是，政治决策过程的所有步骤都存在信息不对称：从作为民主根源的投票到选举竞争；从政府决策到政策执行。公共部门呈现出相互重叠的委托—代理关系的复合系统，其中代理人从委托人未知信息中获取租金。根据这种推理，政府可以被认为是公众代理人，同时也是官僚代理人的委托人。垂直和水平连接的不同层级（地方）政府和官僚机构的存在，以及联合政府的出现，使情况更加复杂化。此外，政治经济学在许多不同的研究领域得到发展，其中行为和体制方面的影响可能是最重要的。

行为政治经济学承认个人可能会有非标准的偏好，通过这种方式衔接政治经济学和心理学（Schnellenbach and Schubert，2015）。这种调整远非边际，因为它放松了正统经济学分析的两个基本假设：偏好的合理性和稳定性。[①] 最近的系列研究为解释先前分析未能解决的现象提供了行为基础。其中一个观点涉及投票动机。众所周知的“选民悖论”认为，如果投票纯粹是工具性的，那么理性的个人就不应该投票。其原因是，一张投票对最终投票结果的预期影响可以忽略不计，因此该投票的预期收益（即选出首选的候选人）低于其成本。这个结果显然与现实相矛盾，并从根本上瓦解了选举经济分析的基础。事实上，如果我们不知道人们为什么投票，那么我们就无法预测他们如何投票。大量文献（Feddersen，2004；Bendor et al.，2011）探索了解决这个问题的不同方法。一种

① 然而，有些行为模型只是部分地采用这场革命的成果，将认知偏见纳入了新古典经济学所使用的标准效用函数。相反，其他模型试图“实际解释（而不是假设）标准模型的动机和其他心理信息的扩展”（Schnellenbach and Schubert，2015）。

行为解释是，投票可能不是工具性的，而是表达性的：人们会通过投票的象征性意义来表达偏好（Hillman，2010；Hamlin and Jennings，2011）。投票将是表达行为的一部分，展示人们对自己的看法及其道德和身份。

行为政治经济学也有助于调和理论与现实生活所观察到的合作。事实上，经济学的一个共同原则是，个人将在公共产品的提供方面存在“搭便车”行为。奥尔森（Olson，1965）在集体行动分析中警告说，当一个行动的收益是集体的，而成本是私人的时，个人不会为共同利益而组织和合作，他们会选择“搭便车”。这已经成为政治经济学的一个共同原则，也是解释利益集团不成比例的政治权力的关键。同样，在我们经常面临的囚徒困境中，不合作也是最主要的策略。然而，我们确实观察到该理论预测的更多合作。最近的行为研究表明，人们可能通过相互作用触发的情感联系机制，内生地产生社会偏好（Bault et al.，2017）。这种机制有神经生物学和实验支持，在政治经济环境中提供了许多有趣的协作性结果，在这种环境中，传统的二分法——政府—市场被一个包括社区在内的更包容和更关联的系统所取代。

近期另一个主要进展是关于制度的分析，它将政治经济学和政治社会学联系起来。制度传统上在政治经济中扮演着重要的角色。一个共识是，它们代表了一种规范体系，避免了政治屈从于政客和官僚的心血来潮。事实上，虽然不同政策结果的信息是公共产品，但其获取成本是私人的，而且相当高，由于评估公共政策的内在困难，我们预计“搭便车”将阻碍人们获得信息。此外，正如我们所看到的，如果投票是有用的，那么关于政治的信息将毫无用处。因此，市民被推测为对政治的“理性无知”（Downs，1957）。如果公民没有信息来监督和评估政客和官僚的活动，就不能通过投票来奖励或惩罚无能或低效的政府。然后，宪制可能会拯救民主制度。对公众直接控制的缺乏可以被限制公民自治的政治制度所取代，如总统和议会之间的权力分立，不同政治机构之间的制衡和司法监督。制度质量在不同程度上保证了公共部门的运作，也保证了市场的运作。越来越多有影响力的文献强调制度对市场和非市场部门正常运作的重要性。有证据表明，制度是经济发展的主要驱动力（Acemoglu and Robinson，2005；Tabellini，2010）。政治经济学分析的一个局限是，它通常认为制度是外生的。接下来的挑战是了解它们是如何产生和改革的。

综上所述，从前面的讨论中我们可以确定地说，政治经济学现在包含几种方法，从更广泛的观点来看，它可以被定义为“应用于政治行为和制度分析的经济学方法论”（Weingast and Wittman，2006）。[1] 在文化经济学方面，我们注意到政治经济学研究的数量与前版《文化经济学手册》相比有了显著的增加。然而，如果我们考虑到政治经济学的潜在影响，这部分研究涉及的问题仍然相对较少。在此，我们将对其中的部分内容进行综述，并对今后的研究提出若干建议。

48.2 偏好的集合：直接民主

48.2.1 委员会的决策

政治经济学最重要的贡献之一就发生在这个领域的起始阶段，即中位选民定理。简单多数是委员会广泛使用的决策规则，因为它允许最低票数通过提案，从而避免了自相矛盾（少数）提案的通过。然而，多数规则提出了不稳定的多数（循环）问题，如德·孔多尔塞（de Condorcet，1985）所述。[2] 多数决定原则的内在“弱点”在于，它没有揭示选民偏好的强度。布莱克（Black，1948a）解决了这个问题，他发现，如果所有选民的偏好都是单峰值（只有一个最优值），并且按照政治维度排序，多数决定原则将决定唯一的结果。获胜的方案将是中位投票人评价最高的方案，即其优先替代方案在每个选民所评估的所有替代方案的分布中居于中位。这个结果对相关研究产生了巨大影响，因为它提供了一个简单的解决方案：了解偏好的分布，我们就可以很容易地按照多数决定原则预测结果。中位选民定理的成功还来自以下事实，即在基于某些具体和限制性的假设，以及引入空间竞争的情况下，它被用来决定代议制民主选举竞争的结果。如果我们放松对任何选民的单一峰值偏好或一维问题的假设，我们就可以循环下去。撇开第一个假设（与个人拥有凸无差异曲线假设相一致），第二个假设是高度限制性的，因为它假设委员会成员只就一个问题投票——表明更喜欢还是更不喜欢。一般来说，选择是针对不同问题做出的，就像国家彩票基金必须决定如何将资源分

---

① 穆勒（Mueller，2003）对这个领域进行了一次基础性调查。对最新进展的详尽回顾，参见 Weingast and Wittman（2006）。有关政治经济学的新制度途径及其对发展理论的启示，参见 Acemoglu and Robinson（2005）。对理论模型的全面考察，参见 Persson and Tabellini（2016）。

② 假设我们必须使用简单多数原则，在一个三人委员会分配一笔固定的款项，如 100 欧元。两个人的协议（例如，1 和 2 之间分别分配 50/50）总会被排除在外的个人所提议的替代性多数方案（1 和 3 之间 55/45，然后 2 和 3 之间 50/50，……）所取代，然后不断反复。

配给不同的文化项目那样。这个问题可以通过使用集合偏好的大量程序来解决（Holler and Mazza，2013），这些程序的规范性和实证性是可以通过社会选择分析来调查的。然而，令人遗憾的是，它没有应用于改善我们对资助文化的私营和公共机构委员会决策的理解。今后的分析可以阐明它们所采取的程序可能对资金分配产生的影响。

48.2.2 公投

公投通常被认为是显示公众偏好的最佳方式。通过培养包容性，直接民主降低了政治家、公职人员和强大利益集团的信息租金，并改善了政府的问责制。阿萨特林和德维特（Asatryan and de Witte，2015）利用 2 000 个巴伐利亚州自治市的数据发现，更直接的民主活动确实与更高的政府效率有关。费雷和波姆雷内（Frey and Pommerehne，1995）的研究表明，在文化决策中使用这个工具，如在艺术的公共获取方面，即使涉及大量的公众，也足以保证公共决策的质量。公投也可能代表了一种绕过专家精英可能强加于社会的家长式监管约束的集体偏好。然而，在大多数国家，公投并不常见，这可能是由于其高昂的成本。在一个足够分散的联邦制国家，就可以部分降低成本。尽管如此，出于如下几个原因，我们应该谨慎地接受所谓直接民主的优越性，并接受公投方法。第一，舒尔茨和乌斯普伦（Schulze and Ursprung，2000）在调查了一场关于公众对苏黎世歌剧院支持度的公投后发现，影响全民投票支持率的变量，就是那些影响代议制民主国家对艺术的公众支持的变量：选民的偏好反映在代议制民主制度的文化政策中，与直接民主制度的文化政策相同。第二，公投的问题结构可能会对结果产生影响。第三，直接民主并不能避免特殊利益集团或社会网络对选举结果的影响，其影响程度甚至超过代议制民主。第四，公投结果可能会有偏见，过度代表公众的偏好。通过审查 2009 年在瑞士圣加仑州（St. Gallen）举行的关于地方剧院公共资助的公投，霍弗（Hofer，2019）发现，选民平均来说比普通人口更富有，受教育程度更高，年龄也更大。所有这些特点都是支持全民投票的积极因素。第五，公民投票的结果与其执行之间缺乏政治过滤，可能会产生危险的后果。在代议制民主政体中，由于存在制度约束（政府的形成、政府与议会之间的制衡、官僚主义倾向等），一个支持潜在灾难性政策的政党在选举中的胜利并不会立即决定该政策。如果公投结果具有宪法约束力，那么其情况可能并非如此。此外，行为政治经济学表明，选民可能会系统性地偏离理性预期，并自愿决定持有非理性信念（Caplan，2006），这强化了公投是比选举更危险的决策工具的信念。

48.3　代议制民主的政策

48.3.1　选举竞争

对选举中政党间竞争的分析被认为起源于唐斯（Downs，1957）的开创性著作。他的模型利用布莱克（Black，1948a）的中位选民定理，复制了单峰偏好和线性的政治空间的假设，并增加了进一步的限制性假设：①政党只对赢得选举感兴趣（没有意识形态的条件）；②所有人都投票；③非常了解政党的政策；④投票选出最理想的政策（使投票具有完全的决定性）。当使用两个候选人（或两个政党）竞争选票的空间模型时，唐斯发现，两党在选择中位选民喜欢的政策时将趋于一致。[①] 因为它的分析十分简单，更重要的是，因为它导致了一个独特的均衡政策。唐斯的选举竞争模型即使在近期仍有广泛的传播，而其他复杂而有影响力的模型仍然建立在类似的分析框架上。[②]然而，假设单一的政治维度，所有人都投票，意识形态是无关紧要的，并广泛覆盖所有政治平台，其结果让人严重怀疑该模型的经验相关性及其预测政策的能力，并导致许多学者概括或寻找替代模型（Ansolabehere，2006）。

选举竞争的模式有很多，根据不同的假设，我们可以推出候选人采用不同策略来赢得选举。选举的重要方面是不确定性和意识形态，两者在唐斯的模型中都不存在。选民可能不确定候选人的能力和/或纲领，候选人可能不确定选民的喜好。概率投票模型研究的是后者（Duggan，2006）。例如，假设现任政府试图通过瞄准公共支出来获得支持，在这些模型中，候选人 A 提出的支出政策比候选人 B 的政策更有利于某个群体，这并不一定能获得该群体的选票。原因是候选人 A 不确定选民对其特殊性（如党派和/或意识形态）的偏好。概率投票模型会推测，在这种情况下，候选人 A 被该组成员投票的概率会增加。因此，我们可以直观地看到，候选人如果想要获得最大的获胜概率，就会把目标锁定在具有相同偏

① 值得注意的是霍特林所得出结果的相近性，即便当时现代政治经济学尚未发展："共和党和民主党之间的选票竞争不会让问题更加清晰，而是采用两个选民可能选择的对比强烈的立场。相反，两党都努力使自己的政纲尽可能地与对方相似。任何激进的背离都将失去许多选票……真正的分歧即使存在，也会随着时间的推移而逐渐消失。"（Hotelling，1929）

② 对文化部门采用这种模式的早期贡献，参见 Withers（1979）。

好的群体（如特殊利益集团），因为他们的投票不确定性比其他群体要小。此外，如果意识形态很重要，每个候选人将针对党派意见温和的目标群体（所谓的“摇摆”选民），因为它将很难与对候选人有强烈偏见的选民达成共识，而且尝试吸引那些已经成为候选人的人是无用的。这个假设令人费解，因为它与人们普遍认为的候选人会选择支持自己的观点相悖。

有几项研究试图验证，现任政客的支出目标到底是忠诚的选民还是摇摆不定的选民。实证结果是模糊的，因为他们可能受到其他制度因素的影响，如政党纪律和选举规则。在多数代表体制下，政党将赢得的席位数量最大化，预计政府会为摇摆选民投入更多资金。相比之下，在比例代表制下，政党可能会将选票最大化，并将更多的资源分配给忠诚的选区，以确保获得相对较多的选票。古奇欧和马扎（Guccio and Mazza，2012）的研究支持后一种假设，他们通过研究西西里大区政府（通过比例选举产生）1992—2002 年为西西里岛的 9 个省分配文化遗产保护资源发现，资金的分配受到各省政治特征的影响，如对主要政党的忠诚度、在该省选举出的地区政治代表的人数，以及在该省选出大区秘书等因素。努南（Noonan，2007）还发现，接管政府的政治定位影响了 1969—2002 年美国国家艺术机构的资金分配。事实上，政党对国家治理的控制，对机构拨款产生了积极的影响。

在选举竞争中，支出的时机也很重要。如果选民没有详细阐述理性预期，当他们看到受公共支出资助部门的经济改善时，就可能会奖励现任政府，而没有充分意识到这将意味着未来公共支出的减少和/或更高的税收。因此，如果公共支出被用于政治机会主义，我们就会预期政治经济的循环：选举临近时支出增加（或减税），选举后支出减少（或增税）。贝尼托等（Benito et al.，2013）以穆尔西亚（Murcia）1995—2008 年的市政选举为例，寻找文化支出政治预算循环的证据，作为进一步证明支出是出于政治动机的证据，他们发现，当选举预期接近时，这种循环会更明显。然而，这个结果并没有得到其他研究的证实。达勒·诺加雷和加利齐（Dalle Nogare and Galizzi，2011）使用意大利 106 个城市 1998—2005 年的文化支出数据，发现文化支出在选举年实际上减少了。盖茨纳（Getzner，2002）考察了 1967—1998 年奥地利的公共文化支出，发现没有证据表明文化支出存在选举周期。此外，文化支出不受在任者意识形态的影响，也不被用于获取政治共识。相比之下，波特拉夫克（Potrafke，2013）则发现，文化支出与意识形态是相关的。他发现，在德国两个不同城市的两次公投中，有左翼倾向的地区反对为建造或扩建两个音乐厅提供资金。德·维特和盖斯（de Witte and Geys，2011）在2007年对佛兰德斯（Flanders）290个城市图书馆的效率进行了调查，发现左翼政府更倾向于最大化发挥图书馆服务潜力。这些结果的模棱两可颇为令人不安。撇开政治经济循环的理论基础不谈（上述文献并没有涉及这些理论基础），对结果的显著差异的一种解释可能是，上述研究提到的国家可能具有不同的制度、社会和经济背景。例如，市政府财政权力（征税和支出的权力）可能不同。另一个更普遍的缺点是，文化支出的政治重要性很难确定。注重文化支出以赢得选举的市政府认为，文化服务比其他市政服务更能吸引选民。另一种可能是，文化支出是其他类别支出（如教育）的补充（或替代），在这种情况下，它不一定就是选民的突出问题。

48.3.2 特殊利益政治

公共政策是利益冲突的产物。然而，我们并不期望所有利益都能在政治舞台上被平等地代表。我们讨论了人们对政治无知的原因。然而，当政策能够为以共同利益为特征的小群体产生巨大的选择性利益时，就有足够的激励动力，进而克服组织的交易成本来影响决策（Olson，1965）。这些好处虽然对一个有限的群体来说是相当可观的，但还不足以引起纳税人有组织的反对，因为他们个人只是为利益集团获得好处中的极小部分埋单。相比之下，由于组织和决策成本高，而且有可能出现“搭便车”现象，大型组织应该没有组织施压行为的动机。关于游说对福利的影响，政治经济学文献提出了截然不同的观点。芝加哥学派认为，制度促进了政治体系的竞争和透明度，游说团体之间的竞争将约束政策制定，并带来有效的结果。相反，弗吉尼亚学派强调，私人代理人在寻租活动中浪费资源，政策制定者选择低效的再分配方式，以掩盖向强大利益集团转移的现象。在过去的20年里，大量的文献调查了寻租和有组织的团体对政治结果的影响，放松了对选民完全无知的假设，但纳入了不对称的信息，并引入了不同的影响工具。①

文化产品具有特殊性，可能有利于特殊政治利益的实现。艺术领域的财富转移可以被伪装成某种为社会所接受的东西。此外，公众可能对艺术领域的公共支出所产生文化价值的评价缺乏具体的认知。格兰普（Grampp，1989）提供的实证证据表明，美国和英国的艺术组织确实游说政府提供补贴。然而，我们对艺术

---

① 寻租模型和利益集团模型研究的问题相似，但其分析框架不同。寻租模式通常始于源于管制的可竞争租金的存在，其重点是寻租的社会成本。利益集团模型考虑立法者的利益最大化问题。随后的几项研究调查了利益集团的活动如何影响决策者的目标函数。这样，政策在模型中是内生的，取决于制度假设（参见Persson and Tabellini，2016）。

游说知之甚少。政府是否游说联合国教科文组织的世界遗产名录，这个问题在新闻中引起了激烈的争论，但却很少有严肃的研究。虽然有充分的证据表明它的存在，但我们仍然需要实证研究来了解这种现象的特点和程度。这种调查也可能会对旅游文化活动的本地化产生兴趣（例如，年度文化之都或宣言）。

48.3.3 政府产出的供给

公共部门复杂的治理体系使政策制定过程的分析变得复杂。在评估政策的结果时，我们也应该注意那些政府官员（官僚）可能对影响政策结果的决策有很大自主权的情况。把权力下放给官僚是可以解释的，官僚的信息优势以及他们通过向立法者提交提案来启动政策制定过程的权力可能导致对公共政策结果的政治控制的丧失。[①] 官僚主义倾向的风险也会影响文化政策。关于公共干预的其他领域，文化政策在确定干预的内容和范围等方面面临更多的困难。例如，我们很难明确要支持的视觉艺术和表演艺术种类的定义。因此，专家在公共和私营部门都发挥了“看门人”的基本作用。自由市场的缺失使得艺术市场缺乏竞争力。然后，专家可能会凭借其“看门人”权力来收取租金。[②]

以类似的方式识别文化遗产的标准和干预的类型并没有统一的定义。皮考克和费雷（Peacock，1994；Frey，2000）对专家在决策过程中起主导作用的风险提出了警告，认为这可能会产生脱离公众偏好的精英主义政策，或不考虑私人成本而倾向于保护的政策（Grampp，1996；Fedeli and Santoni，2006）。为了缩小文化政策与民众偏好之间的差距，皮考克（Peacock，1994）建议提高公众对政策制定的参与程度，如允许文化机构成员在执行文化政策的公共机构中选举代表。根据这个建议，今后的研究应以调查文化部门中政府和公共机构之间的代理关系为方向。[③]

① 除了立法者缺乏时间和/或跟进单个政策的执行所需的专业知识外，还有策略性的原因，如立法者希望把失败的责任推卸给官僚。

② 专家可以展开竞争，以便被任命为机构的“看门人”，相关证明参见 Mossetto（1994），其研究表明，文化机构的质量认证有助于形成经济租金，从而有助于寻租活动。

③ 这种保守主义者和学术偏见可能有助于抵消地方政府对优秀文化遗产的政治经济偏见。马托拉纳（Martorana et al.，2019）指出，由于后者比与当地相关的遗产更能吸引旅游和来自媒体的外部关注，地方政府可以选择次优的资源配置，以支持更有声望的文化遗产。

48.4 结 语

本章试图强调政治经济如何有助于分析文化部门及其政策制定。在文化经济学中采用政治经济学方法的情况越来越多，尽管调查问题的数量仍然有限。在此，我们提请读者注意两个被过分忽视的问题。文化作为软实力工具的解释越来越受到关注，这对文化产业以及恢复文化遗产的辩论而言至关重要。这里所描述的政治经济学方法似乎很好地阐明了我们对软实力的形式和效力的理解。另一个没有得到充分研究的主题是艺术部门的政治经济学。公共博物馆的活动越来越依赖于私人投资者的支持，这些合作可能会对这些机构的效率和行为产生影响，并对市场产生溢出效应，因而值得研究。

参见：

公共支持；文化遗产监管；绩效指标。

本章参考：

Acemoglu, D., Robinson, J. A. (2005). *Economic origins of dictatorship and democracy*. Cambridge: Cambridge University Press.

Ansolabehere, S. (2006). Voters, candidates, and parties. In Weingast, B. R. and D. A. Wittman (eds.) (2006). *The Oxford Handbook of Political Economy*. New York: Oxford University Press, 29-49.

Arrow, K. J. (1951): *Social Choice and Individual Values*. New York: John Wiley and Sons.

Asatryan, Z., De Witte, K. (2015). Direct democracy and local government efficiency. *European Journal of Political Economy*, 39: 58-66.

Bault, N., Fahrenfort, J. J., Pelloux, B., et al. (2017). An affective social tie mechanism: Theory, evidence, and implications. *Journal of Economic Psychology*, 61:

152–175.

Bendor, J. , Diermeier D. , Ting M. (2011). *A behavioral Theory of Elections*. Princeton: Princeton University Press.

Benito, B. , Bastida, F. , Vicente, C. (2013). Municipal elections and cultural expenditure. *Journal of Cultural Economics*, 37 (1): 3–32.

Black, D. (1948a). On the rationale of group decision making, *Journal of Political Economy*, 56: 23–34.

Black, D. (1948b). The decisions of a committee using a special majority. *Econometrica*, 16: 245–261.

Buchanan, J. M. , Tullock, G. (1962). *The Calculus of Consent. Logical Foundations of Constitutional Democracy*, Ann Arbor: University of Michigan Press.

Caplan, B. (2006). *The myth of the rational voter: why democracies choose bad policies*. Princeton: Princeton University Press.

Dalle Nogare, C. , M. Galizzi (2011). The political economy of cultural spending: evidence from Italian cities. *Journal of Cultural Economics*, 35: 203–231.

de Condorcet, N. (1785). *Essai sur l' application de l' analyse à la probabilité des décisions rendues à la pluraliste des Voix*. Paris.

de Witte, K. , & Geys, B. (2011). Evaluating efficient public good provision: Theory and evidence from a generalised conditional efficiency model for public libraries. *Journal of Urban Economics*, 69 (3): 319–327.

Downs, A. (1957). *An Economic Theory of Democracy*. New York: Harper & Row.

Duggan, J. (2006). Candidate objectives and electoral equilibrium. In Weingast, B. R. and Wittman D. A. (eds.) (2006). *New York: The Oxford Handbook of Political Economy*. New York: Oxford University Press, 64–83.

Feddersen, T. J. (2004). Rational choice theory and the paradox of not voting. *Journal of Economic Perspectives*, 18 (1): 99–112.

Fedeli, S. , Santoni, M. (2006). The government's choice of bureaucratic organisation: An application to Italian state museums. *Journal of Cultural Economics*, 30 (1): 41–72.

Frey, B. (2000). *Arts & Economics. Analysis & Cultural Policy*, Berlin: Springer–Verlag.

Frey, B., Pommerehne, W. W. (1995). Public Support for the Arts in a Direct Democracy. reprinted in B. Frey (2000). *Arts & Economics. Analysis & Cultural Policy*. Berlin: Springer-Verlag, 115-129.

Getzner, M. (2002). Determinants of public cultural expenditures: An explanatory time series analysis for Austria. *Journal of Cultural Economics*, 26: 287-306.

Grampp, W. D. (1989). Rent-seeking in arts policy. *Public Choice*, 60: 113-121.

Grampp, W. D. (1996). A Colloquy about Art Museums: Economics engages Museology. In V. A. Ginsburgh and P.-M. Menger (eds.). *Economics of the Arts. Selected Essays*. Amsterdam: Elsevier, 221-254.

Hamlin, A., Jennings, C. (2011). Expressive political behaviour: Foundations, scope and implications. *British Journal of Political Science*, 41 (3): 645-670.

Hillman, A. L. (2010). Expressive behavior in economics and politics. *European Journal of Political Economy*, 26 (4): 403-418.

Hofer, K. E. (2019) Estimating preferences for the performing arts from referendum votes. *Journal of Cultural Economics*, forthcoming.

Holler, M. J., & Mazza, I. (2013). Cultural heritage: public decision-making and implementation. In *Handbook on the economics of cultural heritage*. Cheltenham: Edward Elgar, 17-36.

Hotelling, H. (1929). Stability in competition. *The Economic Journal*, 39 (153): 41-57.

Krebs, S., Pommerehne, W. W. (1995). Politico-Economic Interactions of German Public Performing Arts Institutions. *Journal of Cultural Economics*, 19: 17-32.

Martorana, M., Mazza, I., Mignosa, A, et al. (2019). The Economics of Heritage: Some Implications of Devolution. In *Advances in Local Public Economics*. Singapore: Springer, 249-260.

Mossetto, G. (1994). Cultural institutions and value formation on the art market: A rent-seeking approach. *Public Choice*, 81: 125-135.

Mueller, D. C. (2003). *Public Choice III*. New York: Cambridge University Press.

Noonan, D. S. (2007). Fiscal pressures, institutional context, and constituents: a dynamic model of states' arts agency appropriations. *Journal of Cultural Economics*, 31 (4): 293-310.

Olson, M. (1965). *The Logic of Collective Action: Public Goods and the Theory of Groups*. Cambridge, MA: Harvard University Press.

Peacock, A. (1994). The design and operation of public funding of the arts: an economist's view. In Peacock A. and Rizzo I. (eds). *Cultural economics and cultural policies*. Dordrecht: Kluwer, 167-184.

Peacock, A. (1998) (ed.). *Does the Past have a Future? The Political Economy of Heritage*. Institute of Economic Affairs, London.

Peacock, A., Rizzo I. (2008). *The Heritage Game*. Oxford: Oxford University Press.

Persson, T., Tabellini, G. (2016). *Political economics*. Cambridge, MA: MIT Press.

Potrafke, N. (2013). Evidence on the political principal-agent problem from voting on public finance for concert halls. *Constitutional Political Economy*, 24 (3): 215-238.

Schnellenbach, J., Schubert, C. (2015). Behavioral political economy: A survey. *European Journal of Political Economy*, 40: 395-417.

Schulze, G. G., Ursprung, H. W. (2000). La donna e mobile-or is she? Voter preferences and public support for the performing arts. *Public Choice*, 102 (1-2): 129-147.

Tabellini, G. (2010). Culture and institutions: economic development in the regions of Europe. *Journal of the European Economic Association*, 8 (4): 677-716.

van der Ploeg, F. (2006). The making of cultural policy: a European perspective. In V. A. Ginsburgh and D. Throsby (eds). *Handbook of the Economics of Art and Culture*. Amsterdam: North Holland, 1183-1221.

Weingast, B. R., D. A. Wittman (eds.) (2006). *The Oxford Handbook of Political Economy*. New York: Oxford University Press.

Withers, G. (1979). Private demand for public subsidies: an econometric study of cultural support in Australia. *Journal of Cultural Economics*, 3: 53-61.

延伸阅读：

关于政治经济学的调查，参见 Persson and Tabellini（2016）。对文化政策的影响，参见 van der Ploig（2006）。遗产决策的政治经济学研究，参见 Peacock and Rizzo（2008），Holler and Mazza（2013）。

49 艺术定价

迈克尔·拉什顿（Michael Rushton）

本章为艺术组织的现场表演、博物馆展览、节庆等的价格制定提供通则。为独特的视觉艺术产品定价的问题，则在其他章节进行讨论。

艺术组织面临的问题是如何设定价格，以尽可能多地获取活动产生的剩余。如果艺术策划者只卖一种单次入场的普通票，则他将价格定在边际收益等于边际成本处即可实现收益最大化（边际收益定义为通过降价增加 1 张票的需求所带来的收益；边际成本指新增 1 名观众所产生的成本，在不考虑排他性的场所中，边际成本几乎为 0）。然而大多数的艺术组织有着更复杂的定价体系，这些将作为本章的讨论内容。

具体地说，艺术提供者试图利用这样一个事实，即其客户在支付入场费方面存在差异。一些潜在客户对价格高度敏感（我将这些客户称为边际客户）；而另一些潜在客户的需求缺乏弹性，支付意愿较高（我将这些客户称为强度客户，strong customers）。实践中，这意味着要找到一种方式，为价格高度敏感的“边际客户”提供更低的价格，同时对那些强度客户收取更高的价格。这些做法通常被称为“价格歧视”。在完全竞争的市场上，销售商品的公司必须按照给定的价格定价，因此不能使用价格歧视。但这种情况在艺术中是罕见的，因为每一场表演、展览或节庆都有其独特性。

49.1 直接价格歧视

价格歧视可以通过两种方式实现。一种方式是向不同的客户群体收取不同的价格，这样艺术组织可以很容易识别出每个客户所属的群体，这就是所谓的直接价格歧视，又叫三级价格歧视。一个常见的例子是演出或博物馆，它给学生或特定年龄以上的人票价折扣。这种做法只有在没有套利的情况下才能有效：学生们不能购买廉价票并将其转售给那些没有资格享受折扣的人。

举个例子，假设一个艺术组织出售一项活动的普通入场券，并且寻求最大化利润（非营利公司将在下面讨论）。假设公司允许增加一名观众的边际成本是不变的，并且目前没有容量限制，换句话说，场地足够大，即使以非常低的门票价格，也能容纳所有潜在的观众；在这种情况下，其边际成本几乎为零。有两种类型的消费者：边际消费者，对价格高度敏感；强度消费者，他们特别喜欢这类活动，对价格的敏感度相对较低（下面的所有例子都可以扩展到两种以上的客户，但只考虑两种类型的客户使论述变得简单）。

第一条经验法则是，组织将通过设定价格使每个群体的"边际收入"——即从该群体获得的收入因价格小幅下降而发生的变化——等于边际成本，从而实现利润最大化。换句话说，这就像是在销售两种完全不同的产品，遵循通常的利润最大化定价规则，即在边际收入等于边际成本的情况下，确定价格和相关的销售量。如上所述，其前提是人们不能以较低的价格购买门票，并将其转售给那些较高价格的潜在客户。如果边际消费者是学生，我们就不能让学生买票转售给非学生。出版商可以在不同国家为同一本书设定不同的价格，只要在一个国家卖得便宜，在另一个国家由于负担的运输成本足够高卖得贵，但是这样做是没有利润的。

现在假设实际上有一个容量限制——场馆里只有这么多座位，这样按照上面的规则定价会导致需求过剩。第二条经验法则是，票价应同时符合以下两个条件：①一组的边际收入等于另一组的边际收入；②按这两种价格计算的入场总需求量等于场馆的容量。如果我们满足条件②，但是一组的边际收入（如边际消费者）高于另一组的边际收入（如强度消费者），将降低边际消费者的价格，卖给他们更多的门票，提高强度消费者的价格，卖给他们更少的门票，同时保持总需求不变（场馆的容量）；因为从边际消费者那里获得的边际收入超过了从强度消费者那里获得收入的损失，所以从前者那里增加的收入超过了后者那里遭受的收入损失。

49.2 间接价格歧视

第二种价格歧视方法被称为“间接价格歧视”或“二级价格歧视”，它包括向所有潜在客户提供不同形式的门票和补充商品打包的价格目录，打包售卖并允许客户根据所选项目有效地进行自我分类。例如，博物馆对一般入场券收取一种价格，对特展收取额外的价格，顾客可以选择看，也可以选择不看。这方面还有其他许多应用方式。

49.3 两部制定价

假设该组织可以收取一般的入场费用 T 和场馆内额外商品费用 P，这些额外的商品被假定以恒定的边际成本 MC 来供应（假设与一般入场费相关的边际成本为零）。在艺术领域有很多这样的例子：博物馆可能会为特展收取额外的费用；在博物馆、表演艺术场地或戏院内，可能会有茶点或纪念品出售；一家公司可能会出售用于阅读的电子书或收听下载音乐录音的硬件，以及实际的文学或音乐内容；或者，以一篇关于该主题的开创性论文（Oi，1971）的例子来说，游乐园可以收取入场费和每次乘坐的额外费用。

首先，设想一个简单的例子，消费者可能在支付一般入场费的意愿上有所不同，但没有明确的方法根据他们对“游乐设施”（继续以游乐园为例）的需求对消费者进行分类。那么，利润最大化策略为：①设置 P_1 每次乘坐的价格，即等于其边际成本，②设置 T，使得给定 P 的选择，入场费 T 的边际收入均为零。其理由大致如下：首先，我们知道，P 越高，普通入场的需求就越低（如夜总会，如果顾客愿意支付的入场费越低，那么进入后的酒水就越贵；顾客愿意为电子书阅读器支付的价格越低，那么书籍下载就越贵）。如果 P 高于每次乘坐的边际成本，就会损失消费者剩余；如果每次乘坐的价格为 5 美元，但边际成本只有 2 美元，则顾客就会离开，考虑到顾客已乘坐游乐设施的数量以及边际效用的递减，那么再增加一次乘坐的保留定价，就会降至 5 美元以下。但只要保留价格仍然高于2美元，允许更多的客户乘坐是有效率的；客户从最后一次乘坐所获得的收益，将超过游乐园提供最后一次服务所需的成本。但只要预订价格仍高于2美元，允许更多的游乐设施将是有效率的；客户从最后一次使用游乐设施所获得的收益，将超过游乐园提供上次使用的成本。如果该游乐园将每次乘坐的价格 P 降低到2美元，它就可以通过收取更高的入场费 T 来弥补“乘坐收入”可能损失的部分。最好是从乘坐当中创造最大的剩余，并通过一般入场费来获取剩余。因此，效仿大井（Oi）的做法，迪斯尼乐园收取高额入场费，一旦进入，就可以免费乘坐。博物馆收取一般入场费，但一般展览中的每个展厅就不收取额外费用（“特展”是不同的情况，下面将讨论）。

这种模式适用于直接价格歧视。机构可能希望为学生或高年级学生设置较低的 T，遵循前面描述的直接价格歧视规则设置 T 的价格（一般来说，本章讨论的不同价格歧视手段并不相互排斥，我们观察到许多艺术公司同时采用这些手段）。但情况仍将是，所有团体都将被收取相同的每次乘车费用 P。

现在假设消费者“乘坐”的偏好因人而异，但我们无法知道（就像我们对直接价格歧视所做的那样）是否有特定的个人是热衷于乘坐，还是很快就会厌倦。在这种情况下，公司将通过以下方式修改两部制定价规则：如果经验表明，边际客户对“乘坐”有强烈的（相对于其他人）偏好，则将 P 设置为比标准情况下的更低，并通过增加 T 来捕捉相关消费者剩余的增加；如果边际客户对乘坐的偏好较低（相对于其他人），则将 P 设置为略高于标准情况下的 P，这就需要将 T 设置得更低。对此的直觉描述如下：假设第一种情况，对价格敏感的游客对乘坐有很高的偏好，那么，为其乘坐提供补贴就是将其带进场所的一种方式。该机构不需要担心失去太多强度客户，因为他们极其重视一般入场券，却无论如何对乘坐的需求都很低。当我们观察到游乐园一般入场费很高，但乘坐却是免费的，即使每次乘坐的边际成本为正，很可能是边际消费者对多次乘坐的偏好很高。对公司来说，提供免费乘坐服务并不是那么昂贵，因为只有边际消费者才会从开业到关门尽情享用免费乘坐。

现在来考虑一下相反的情况，强度客户比边际消费者对设施有更大的需求。然后，组织可以通过较低的一般入场费 T 来吸引边际消费者进入场馆，并通过收取他们所享受游乐设施的费用来获取普通客户的高盈余。这个例子解释了为什么外行人常问道：“为什么电影院的爆米花那么贵？”事实证明，与那些经常去电影院看电影的人相比，边际的、不经常去电影院看电影的人买的爆米花更少。因此，影院所有者降低门票价格（以边际的、支付意愿低的消费者填补原本将空置的座位），通过从强度客户那里销售爆米花来赚取高额利润是有道理的（Gil and Hartmann，2009）。

49.4 捆绑销售

假设有商品 X 不一定是与艺术相关的商品，对价格敏感的边缘艺术消费者对其有一定的需求，但艺术的一般购买者几乎没有什么兴趣。那么艺术组织可能通过提供给所有购票者关于商品 X 的特殊折扣，实行有效的价格歧视。这将有助于吸引边缘消费者进入艺术场所，但不必为平均价格无弹性的参与者提供任何形式的折扣，这些参与者不会有兴趣以补贴价格行使其购买 X 的权利。这种做法被称为“捆绑”。以伦敦西区的一家剧院为例，它可能会收取高昂的票价，因为一般剧院观众都会支付高昂的票价，并提供一个“捆绑包”，包括剧院门票、观光巴士门票以及档次适中餐厅的晚餐，其中捆绑包的价格明显低于单独购买所有三种商品的价格（尽管仍高于成本）。在这里，边际顾客是游客，可能在预算紧张的情况下，城市里有许多不同东西来争夺其有限的时间，他们可能不愿意为戏票付全价，但会发现这个捆绑套餐是一个有吸引力的选择。剧院能够吸引生意，而不需要降低伦敦居民购买普通非捆绑式门票的价格。

49.5 异质性质量

艺术组织可以为不同特点和质量的客户体验收取不同的价格。例如，优先座位或优先演出时间的票价可以比低质量的座位或在一天或一周的低需求时段演出的票价更高。出版商提供不同版本的书籍：精装书具有更持久的装订和即时可用的优点，而平装本的缺点则是不太耐久的装订和发行延迟（通常至少一年）。上层阳台上的座位、平装版本的小说，吸引边际的、对价格敏感的消费者；而优质座位、立即可用的精装书定价较高，强度消费者会愿意支付更高的价格以获得最高的质量。

艺术组织面临的挑战是，确保质量差异相对于价格差异足够大，以避免让太多的消费者选择低质量/低价的替代品。虽然为低质量版本收取的价格尽可能接近边际客户的支付意愿是有价值的，但一般来说，高质量版本的价格小于高需求客户的最大支付意愿，以避免他们转向低价的选择。张（Cheung，1977）补充说，高质量的座位也可能会“定低价”，以防止它们未能售出，随后被那些购买了质量较低座位的人偷偷溜过引座员，进入空出的优质座位。

一项有趣的实证研究涉及百老汇剧院的门票，以及可以在纽约指定的销售点现场购买的半价演出门票。演出当天的门票“质量”较低，这意味着在演出当天是否有门票实际上是不确定的，而且在获得这些门票时（故意的）的也极有可能存在不便之处（故意为之）——他们不能在网上购买或通过电话订票，即使这样购买对于剧院更方便，因为以这种方式可以购买常规票。菲利普·莱斯利（Philip Leslie，2004）利用销售数据发现，剧院没有进行利润最大化定价，因为当天演出门票的折扣太高——高价格差加上相对较小的“质量”差异，导致强度客户过多地转向购买打折门票。莱斯利建议，当天的门票打折约30%对剧院来说更有利可图。关于价格折扣的时机也可参见库尔蒂（Courty，2003a；2003b）的两篇文章。

49.6 数量折扣

对于博物馆来说，为家庭提供单日票或会员套票乃司空见惯，这些票的人均费用低于对单个人收取的费用，这明显承认单个人与有孩子的家庭之间支付意愿的差异。

此外，在参加活动的数量上也有折扣：节庆提供不同的表演，购买的活动越多，每项活动的平均成本越低；表演艺术机构提供季票；博物馆还提供会员制，这降低了每次参观的价格。对个人而言，边际效益递减出现在两个层面上。以歌剧演出季为例，就有单场歌剧门票和季票的选择。一个演出季看的歌剧越多，多看一场的边际效益就越低。这种推理同样适用于购买橘子或衬衫。此外，如果一个人要单独购买歌剧的票，他会首先选择那一季他最喜欢的歌剧的票。如果他在这个演出季购买第二部歌剧的票，那么这将是不那么受欢迎的歌剧，所以这张票的保留价格会更低。

具体而言，如果艺术提供者所提供产品的每次额外访问的边际成本接近于零，那么将节目单或无限制访问的会员资格或订阅选项作为菜单的一部分免费提供是有效的。其基本原理与上述对两部制定价的分析相呼应：对于会员而言，每增加一次访问的费用将至少在边际上阻止若干访问，而这些零边际成本的访问将产生剩余。不对额外访问收取费用，艺术公司可以从会员或订阅用户的边际访问中获取剩余。这种模式很常见：具有无限访问权限的博物馆会员资格，诸如 Netflix 或 Spotify 等流媒体服务以及针对订阅者的无限制和零价格流媒体，以及在线杂志和报纸订阅。

49.7 当利润不是唯一目标时的定价

假设一个博物馆或管弦乐队是由国家或非营利组织管理的，定价是如何偏离上述利润最大化规则的呢？有可能是价格根本没有变化，通过博物馆入场券或音乐会门票获得最大化收益，并将收益用于教育项目，这最有可能实现向服务不足的社区推广的目标。

另一方面，假设目标只是增加博物馆或音乐会的上座率。首先要注意的是，利润最大化公司使用的价格歧视手段已经有利于那些支付意愿较低的人，在需求通常较低的情况下，可以在一周中的某些时刻或某几天获得折扣；他们还可以低费率获得“基本”入场券，而无须支付特展或乐团黄金位置的额外费用，但是国有或非营利的艺术组织可能会进一步增加基本产品的折扣，以达到广泛传播艺术的目标。

价格折扣是否会延伸到收取低于边际成本的价格的基本入场费？我们可以想象几种可能性：大幅折扣价格的目标客户愿意支付高于边际成本的价格，但这是一种将消费者剩余转移给本人的手段；或者，目标客户的支付意愿低于边际成本，但是这里有两个假设条件：消费者的消费具有正外部性，或现在的消费会改变未来的偏好和支付意愿。如果这些因素都不存在，就很难证明低于边际成本的价格是合理的。

49.8 定价的新方向

由于在线交易和数据管理技术变革带来的可能性，艺术组织可以继续试验新的定价方法。例如，音乐会门票现在可以通过网上拍卖出售（Halcoussis and Mathews，2007）。而且，由于体育特许经营方式在整个赛季采用浮动定价的方法（Kemper and Breuer，2016），价格会根据特定比赛需求的变化而调整，我们可能也会开始看到艺术现场表演的门票出现同样的情况（Labaronne and Slembick，2015；Seaman，2018）。这种做法被称为“动态定价”，它利用演出前一段时间内门票需求的信息作为一种纠错方法来向上或向下调整价格。航空公司和酒店的类似定价早已司空见惯，这与演艺机构的相似之处在于，空座位代表着永远无法挽回的收入机会；特定航班上的座位，特定晚上的酒店房间，以及特定日期的剧院座位，某种意义上都是“完全易腐性商品”，公司不能将其作为库存留作日后转售。

即便如此，艺术也有些不同。如果对航班或酒店在特定夜晚的需求较低，降价可能会吸引边际客户，但不会向客户发出任何关于航班或酒店房间质量的信号。即使是一支在令人失望的赛季中途降价的运动队，也没有透露任何关于球队质量的信息，因为它在球场上的表现将在媒体上得到很好的记录，任何潜在的观众至少对此有所了解。但是艺术是一种“体验品”，艺术消费者对任何关于好产品的预先质量信息都很敏感——这部小说获得好评了吗？这部戏剧作品产生正面的“口碑”了吗？面对滞后的门票需求，降价至少有可能向潜在的买家发出信号，表明演出不是特别好，因此可能会对需求产生反常影响，警告顾客走开，而不是吸引他们。

参见：

福利经济学的应用；需求；生产成本。

本章参考:

Adams, William James, Janet L. Yellen (1976). Commodity Bundling and the Burden of Monopoly. *Quarterly Journal of Economics*, 90: 475-498.

Ansari, Asim, S. Siddarth, Charles B. Weinberg (1996). Pricing a Bundle of Products or Services: The Case of Nonprofits. *Journal of Marketing Research*, 33: 86-93.

Cheung, Steven N. S. (1977). Why are Better Seats "Underpriced". *Economic Inquiry*, 15: 513-522.

Clerides, Sofronis K. (2002). Book Value: Intertemporal Pricing and Quality Discrimination in the US Market for Books. *International Journal of Industrial Organization*, 20: 1385-1408.

Connolly, Marie, Alan B. Kreuger (2006). Rockonomics: The Economics of Popular Music. In V. A. Ginsburgh and D. Throsby (eds). *Handbook of the Economics of Art and Culture*. Amsterdam: North-Holland, 667-719.

Courty, Pascal (2000). An Economic Guide to Ticket Pricing in the Entertainment Industry. *Recherches Économiques de Louvain*, 66: 167-192.

Courty, Pascal (2003a). Ticket Pricing under Demand Uncertainty. *Journal of Law and Economics*, 46: 627-652.

Courty, Pascal (2003b). Some Economics of Ticket Resale. *Journal of Economic Perspectives*, 17: 85-97.

Courty, Pascal, Mario Pagliero (2012). The Impact of Price Discrimination on Revenue: Evidence from the Concert Industry. *Review of Economics and Statistics*, 94: 359-369.

Cowell, Ben (2007). Measuring the Impact of Free Admission. *Cultural Trends*, 16: 203-224.

Currim, Imran S., Charles B. Weinberg, Dick R. Wittick (1981). Design of Subscription Programs for a Performing Arts Series. *Journal of Consumer Research*, 8: 67-75.

Gil, Ricard, Wesley R. Hartmann (2009). Empirical Analysis of Metering Price Discrimination: Evidence from Concession Sales at Movie Theatres. *Marketing Science*, 28: 1046-1062.

Halcoussis, Dennis, Timothy Mathews (2007). eBay Auctions for *Third Eye Blind*

Concert Tickets. *Journal of Cultural Economics*, 31: 65–78.

Kemper, Christoph, Christoph Breuer (2016). How Efficient is Dynamic Pricing for Sports Teams? Designing a Dynamic Pricing Model for Bayern Munich. *International Journal of Sport Finance*, 11: 4–25.

Labaronne, Leticia, Tilman Slembeck (2015). Dynamic Pricing in Subsidized Performing Arts. *International Journal of Nonprofit and Voluntary Sector Marketing*, 20: 122–136.

Leslie, Phillip (2004). Price Discrimination in Broadway Theater. *Rand Journal of Economics*, 35: 520–541.

Leslie, Phillip, Alan Sorenson (2014). Resale and Rent – Seeking: An Application to Ticket Markets. *Review of Economic Studies*, 81: 266–300.

Maddison, David, Terry Foster (2003). Valuing Congestion Costs in the British Museum. *Oxford Economic Papers*, 55: 173–190.

Mortimer, Julie Holland (2007). Price Discrimination, Copyright Law, and Technological Innovation: Evidence from the Introduction of DVDs. *Quarterly Journal of Economics*, 122: 1307–1350.

Oi, Walter Y. (1971). A Disneyland Dilemma: Two–part Tariffs for a Mickey Mouse Monopoly. *Quarterly Journal of Economics*, 85: 77–96.

Prieto–Rodríguez, Juan, Victor Fernández–Blanco (2006). Optimal Pricing and Grant Policies for Museums. *Journal of Cultural Economics*, 30: 169–181.

Ravanas, Phillippe (2008). Hitting a High Note: The Chicago Symphony Orchestra Reverses a Decade of Decline with new Programs, New Services, and New Prices. *International Journal of Arts Management*, 10: 68–87.

Rentschler, Ruth, Anne – Marie Hede, Tabitha R. White (2007). Museum Pricing: Challenges to Theory Development and Practice. *International Journal of Nonprofit and Voluntary Sector Marketing*, 12: 163–173.

Rosen, Sherwin, Andrew M. Rosenfield (1997). Ticket Pricing. *Journal of Law and Economics*, 40: 351–376.

Rushton, Michael (2015). *Strategic Pricing for the Arts*. London: Routledge.

Rushton, Michael (2016). Touts Out? The Waterson Review on Secondary Ticketing. *Cultural Trends*, 25: 287–290.

Rushton, Michael (2017). Should Public and Nonprofit Museums Have Free

Admission? A Defence of the Membership Model. *Museum Management and Curatorship*, 32: 200-209.

Seaman, Bruce (2018). Static and Dynamic Pricing Strategies: How Unique for Nonprofits? . In B. A. Seaman and D. R. Yopung (eds.). *Handbook of Research on Nonprofit Economics and Management*. Abingdon, UK: Edward Elgar, 199-224.

Shiller, Ben, Joel Waldfogel (2011). Music for a Song: An Empirical Look at Uniform Song Pricing and its Alternatives. *Journal of Industrial Economics*, 59: 630-660.

Shy, Oz (2008). *How to Price*. Cambridge, UK: Cambridge University Press.

Steinberg, Richard, Burton A. Weisbrod (1998). Pricing and Rationing by Nonprofit Organizations with Distributional Objectives. In B. Weisbrod (ed.). *To Profit or Not to Profit*. Cambridge, UK: Cambridge University Press, 65-82.

Steinberg, Richard, Burton A. Weisbrod (2005). Nonprofits with Distributional Objectives: Price Discrimination and Corner Solutions. *Journal of Public Economics*, 89: 2205-2030.

延伸阅读：

关于定价的综合性文本（虽然相当技术性），参见 Shy（2008）。关于艺术定价的简短文本（但技术性要少得多），参见 Rushton（2015）。关于门票定价的调查，参见 Courty（2000）。关于不同程度的质量和价格歧视，门票部分参见 Rosen and Rosenfield（1997），书籍部分参见 Clerides（2002），VHS 和 DVD 版本的电影部分参见 Mortimer（2007）。关于捆绑和订阅，请参阅 Adams and Yellen（1976），Ansari et al.（1996），Currim et al.（1981），Ravanas（2008）。关于流行音乐表演者何时会使用价格歧视，参见 Connolly and Kreuger（2006），Courty and Pagliero（2012）。关于在线音乐下载的价格歧视，参见 Shiller and Waldfogel（2011）。关于门票存在二级市场时的定价策略，参见 Leslie and Sorenson（2014），Courty（2003a；2003b），Rushton（2016）。博物馆定价，参见 Cowell（2007），Prieto-Rodríguez and Fernάndez-Blanco（2006），Rentscher et al.（2007），Rushton（2017）。关于顾客愿意付钱以减少拥挤时的最优博物馆定价，参见 Maddison and Foster（2003）。关于分配目标时偏离利润最大化定价的问题，参见 Steinberg and Weisbrod（1998；2005）。

50 公共支持

布鲁诺·S. 费雷（Bruno S. Frey）

当文化经济学家研究艺术的公共支持时，他们往往将问题一分为二：一个是实证性问题，即分析政府支持的程度；另一个是规范性问题，即艺术是否应该得到公共支持，如果是，那么应该在多大程度上得到公共支持。在第二种情况下，文化经济学家希望告知公众适当的政策，提高艺术福利的公共政策。

50.1 政府应当如何支持艺术

纵观历史，各国政府一直高度参与艺术活动。表 50-1 概述了 2007 年与 2017 年各国对艺术的直接公共开支。

表 50-1 2007 年和 2017 年各国政府对艺术的支持

人均直接支出，欧元

国家（地区）	2007 年	2017 年
欧盟 28 国	1.1	1.0
比利时	1.0	1.0
德国	0.9	0.9
爱尔兰	1.0	0.8
希腊	0.3	0.3
西班牙	1.7	1.1

续表

国家（地区）	2007 年	2017 年
法国	1.3	1.2
意大利	0.8	0.6
奥地利	1.4	1.1
芬兰	1.0	1.0
瑞典	1.1	1.0
英国	0.9	0.6
挪威	1.1	1.3
瑞士	1.2	1.2

资料来源：Eurostat（2019）. General government expenditure by function，retrieved 24 March 2019 from https：//ec. europa. eu/eurostat/web/products-datasets/product？code=gov_ 10a_ exp

我们应当非常谨慎地解读表 50-1，因为将什么看作“艺术支出”，什么是“政府”所管辖的领域，在所列国家之间的差异相当大。虽然如此，表 50-1 展示出各国在艺术领域直接公共开支方面的不同。与表中所示的其他国家相比，希腊的支出要少得多，而西班牙、法国、挪威和瑞士则要多得多。公共支持的来源也大不相同。例如，爱尔兰 2015 年政府文化服务总支出的 50%来自中央政府。而挪威的相应比例为 57%；德国的相应比例仅为 15%，大部分都来自各州和市政当局（2015 年分别为 40%和 45%）。各国之间私人资助艺术程度的差异也很大。

重要的是，我们要意识到对艺术的大部分公共支持实际上是通过所谓的“税收减免”间接提供的。个人和公司对艺术的捐赠可以免税。因此，适用（边际）税率越高，艺术捐赠的成本就越低。事实上，人们已经发现，税率的降低会导致对艺术的捐献减少。各国对艺术的税收支出程度差异很大，往往取决于很多条件。也正因为如此，我们没办法明确显示其规模，但大多数文化经济学家认为，这是相当可观的，而且往往比直接支出规模大（如美国）。

这两种不同类型的支出之间有一个基本区别。在直接支出情形下，关于其规模和接收者的选择是在政治部门进行的，通常由政府官僚机构来决策。在税收支出情形下，这些资助决定则被委托给个人或企业，这或许会导致受助艺术规模和类型的差异。

许多发达经济体都有宪法规定来支持艺术。必要时，这些规则必须是通用的。对于艺术的影响极大程度上取决于政客和公职人员怎样去运作它们。有充分的证据表明，他们更愿意支持提供那些广为接受的艺术的、成熟的文化机构，如歌剧院表演威尔第（Verdi）、莫扎特（Mozart）、普契尼（Puccini）或罗西尼（Rossini）的流行古典作品。相比之下，更具有争议性和实验性的艺术难以得到公共支持，因为依赖公众舆论和想要连任的公共决策者会避免这种艺术可能引发的丑闻。通过税收支出提供的间接资助较少受到这种压力的影响，并可能带来对更大范围艺术活动的支持。

50.2 政府应该支持艺术吗

文化经济学花了更多精力去关注一个问题——支持艺术的理论基础究竟应该是什么？该分析基于福利经济学理论，重点关注私人市场是否错配了艺术领域的资源，特别是如果让价格体系来决定，为什么提供的艺术产品和服务太少。因此，区分需求和供给是有用的。

50.2.1 需求侧的市场失灵

根据福利经济学，如果市场不能反映出个人对艺术的全部偏好，那么艺术供给就会过少。以下类型的需求没有全部或仅有部分反映在市场中。

（1）生产和消费的外部效益。提供艺术活动，可能对未参与生产过程的个人和公司带来好处或积极的外部影响。他们获得了自己并未付费的利益，这是艺术市场的生产者没有考虑到的。同样，艺术生产的部分收益可能会流向那些不为此类消费付费的个人和公司，从而不会影响艺术品市场的生产决策。在这两种情况下，与社会最优的产量相比，产量都太小了。

（2）非市场需求。人们可能很看重参观艺术作品的机会，但事实上，他们从来没有花钱真正去参加。人们甚至可能一开始就知道，自己从来不会参加艺术创作，但他们重视相应活动的存在。有些人本身可能不看重艺术，但把它看成是对后代的遗产。在很多情况下，艺术生产与国家认同、声望和社会凝聚力密切相关，例如，著名的歌剧院、剧院、管弦乐队和博物馆。艺术创作也可以促进自由和广义的教育，并导致参与者之间的社会进步。（一些）艺术的实验性质可能会促进社会不同部门的创新和冒险。在所有这些情况下，艺术品生产者并没有（完全）获得其所创造利益的金钱回报。因此，他们有时根本无法提供相应的文化活动，或者只能提供比社会最优规模更小的文化活动。

（3）艺术作为公共产品。艺术可能具有集体属性，也就是说，没有人（包括那些不付钱的人）可以被排除在外，而且一个人的消费不会减少其他人的消费。这种情况可能适用于整个文化，也可能只适用于文化的某些部分（例如，文化城市的美丽可能被许多人享用，而不必为此单独付钱）。相比之下，歌剧院或博物馆所提供的文化消费不是公共物品，因为不付钱的人可能被排除在外。而且在这些情况下，消费是具有竞争性的：坐在座位上的人，或者参观博物馆的人占据了空间，这些空间就不能供他人使用了。但是，如果艺术是一种公共产品，那么供应商的努力并没有得到完全的补偿，供给就会低于社会最优水平。

并非所有由艺术引起的溢出效应都构成了市场失灵。这尤其适用于艺术支出所产生的乘数效应，他们增加了对其他经济活动的需求，如酒店、餐馆或旅游服务，从而通过价格体系来发挥作用，而不会造成资源错配。

因此，许多关于文化活动（如音乐节或特展）的“影响效应”研究都是在衡量文化活动引发的额外经济活动，但这些并不能作为政府支持艺术的正当理由。此外，这些研究常常被误解，因为它们衡量的是所创造的额外营业额，而不是附加价值；他们也倾向于忽略现有的替代方案，也就是说，体育活动而不是前面（上文）所考虑的文化活动，是否无法产生更多的经济活动。

在需求方面，可能会提出除政府支持艺术效率之外的进一步论据。特别重要的有：

（1）优效品。从社会的角度来看，有些文化活动被描述为需要提供比单个消费者希望在市场上购买数量更多的东西。根据这种观点，不应接受消费者偏好，政治决策者必须根据“内在”价值来决定提供多少此类文化产品。显然，优效品概念与经济学的基本观念相冲突，即消费者最清楚什么是适合自己的。

（2）信息不充分。消费者往往对艺术品的供应情况知之甚少，这个事实常常被用来为政府干预的合法性作辩护。虽然人们当然不会完全了解情况，但是有必要面对这样一个问题：消费者有限的信息，是否是他对艺术没有兴趣的理性后果？

（3）非理性。当个体参与文化领域活动时，他们可能特别容易受到行为异常和悖论的困扰，因为这个领域没有简单明确的定义或分类。有人可能会认为个人因此低估了文化提供的效用。所以，政府应该支持艺术来弥补需求的不足。

（4）收入分配。文化消费应向社会各阶层开放，不应只为富人保留。因此，政府应该支持艺术，使得支付不起的人同样可以消费。

50.2.2　供给侧的市场失灵

艺术的供给可能有四大主要方面偏离运作良好的理想市场状态。

（1）不充分竞争。许多文化产品和服务市场具有垄断特征，与竞争对手相比，这些垄断者以高于边际成本的价格提供更少量的产品。政府可能通过支持额外供应来纠正这种市场失灵。但是，这个论点并不适用于所有艺术领域。因此，艺术品拍卖是极接近完全竞争市场的一个例子。

（2）成本下降。艺术供应可能会受到规模收益增加的影响，这意味着可以以较低的平均成本生产更多数量的艺术品。在这种情况下，边际成本低于平均成本。有效定价的条件，即价格等于边际成本，会产生损失。如果政府想要实行边际成本定价，就必须通过覆盖边际成本和平均成本之间的差异来支持供应商。

（3）生产力滞后。现场表演艺术的供应商受到持续的成本压力。他们发现，提高劳动生产率即便不是不可能，也是很困难的，却不得不承担与其他经济部门类似的工资涨幅，其结果是赤字的不断增长。长远来说，只有政府弥补赤字，表演艺术才能持续下去。

（4）低收入。平均而言，艺术家往往比其他社会成员更穷。因此，平等主义的论点可能成为政府支持文化部门活跃人士的理由。

50.3　相反的论点

一些致力于自由市场理念的文化经济学家仍然不相信从需求和供给方面所讨论的市场失灵在一定程度上确实存在。据称，外部效应很小，甚至不存在，或者至少不会比其他经济领域产生的效应大。这个论点有些道理，确实有可能在经济活动中确证外部影响。然而，大多数文化经济学家基于理论和经验的考虑，相信文化活动比其他地方产生更广泛和更重要的正外部性。

文化需求的不均衡分布也受到质疑。有人认为，在某些情况下，经验也提供证明政府对艺术的支持往往适得其反。高收入者是文化服务的主要消费者，也是政府支持的主要受益者，这可以通过高强度补贴的欧洲歌剧院来举例说明。这些歌剧院的主要观众是高收入人群，或年纪较轻的人（学生），他们的后半生会享有高于平均水平的收入（即终生收入高于平均水平的人）。虽然这个论点与事实相符，但其相关性不应该被高估。艺术品和服务肯定不是只有富人消费的，尤其是许多文化消费需要相当长的时间（例如，一场歌剧演出需要一整晚）。但时间的机会成本对于高收入人群来说更为昂贵，一般来说，受益于公共资助艺术的不是最富有的人群，而是有足够时间消费的（上层）中产阶级。

关于文化供给方面的不良分配效应，有人认为，政府的支持往往倾向于那些成功因而也更富有的艺术家。这确实适用于某些形式的政府支持。以歌剧院为例，政府所发放的高额补贴有助于提高最成功的歌手和艺术大师本来已经很高的收入，但是要概括这个观察结果是不可能的。政府资助的很大部分流向那些终生收入很低甚至非常低的艺术家，因此能让他们朝着理想的方向发展。

关于成本下降和文化供给的生产力滞后，有人声称，这些问题也存在于其他许多经济领域，可以通过适当的措施加以克服。特别是，收入可以通过引入价格来提高，这些价格可以捕获文化活动给消费者带来的租金。因此，价格差异化使得能够为租金高的超边际文化消费者设定高价格，同时仍然为边际消费者设定与成本相等的价格。受“成本病”影响的文化供应商有不同的提高生产率的可能性。其他方法包括，通过引入更多的资本密集型生产、通过技术手段替代演员、选择演员数量较少的演出或者一个名角来提高生产力。显然，一个特定的表演艺术供应商，在不降低表演质量的情况下，这样做的可能性是非常有限的，因为保守的人可能不喜欢这种方法。此外，现代技术手段的采用也可能影响传统观众的感知和接受，这迫使导演在采用这些新方法时要格外小心（如现代歌剧，雅纳切克的《狡猾的小狐狸》）。同时，由于间接影响，现场表演艺术的生产力可能会增加。举例来说，由于旅行条件的改善，演员或歌手可以在比以前更多的场合演出，这提高了他（或她）的整体生产率。还应该指出的是，生产力滞后仅适用于现场表演艺术，如果有的话，则更不适用于通过电视、广播、录像或电影播放的其他形式的表演艺术。事实上，其他形式极大地提升了艺术生产力，因为现场表演可以在很少甚至有时为零的成本下扩展到广大观众，有时甚至可以向数百万人播放。

面临着与收入相比成本更高的文化生产商有几种避免亏损的可能性，如可以通过附属活动来增加收入，如经营商店（在文化场所内部和室外）、自助餐厅和饭店、出租场所用于其他活动，以及寻求私人和企业赞助商的支持。许多艺术机构已经证明，通过这些方式可以产生大量收入。但不应忽视的是，由于多种原因，这种可能性是非常有限的。其中一个原因是，许多艺术机构没有足够空间来从事这种营利活动，最重要的是，其魅力不足以吸引足够的游客和赞助商。很多地方性供应商都是如此，尽管他们一直在创造有价值的艺术品。另一个原因是，这种以利润为导向的活动可能会威胁艺术的内容和质量。文化生产者不应该忽视他们的立场，他们不应该试图成为“娱乐者”，尤其是可能会在与成熟娱乐业的竞争中落败。这种危险是真实存在的。比如，一些博物馆在这个方向上走得很远，不断地尝试推出艺术质量可疑的“重磅炸弹”（blockbuster）展览。文化供应商的盈利潜力也是有限的，因为它可能因此失去其非营利性的地位。最明显的是，这种情况适用于那些已经超出传统范畴的博物馆商店，如大型购物中心的博物馆商店，如果失去非营利性的地位，它们将需要缴纳许多附加税，捐款将不再免税。这两种后果都将威胁到许多（如果不是大多数）文化提供者的生存，因此将产生适得其反的影响。显然，如果美国的“私人”歌剧院和博物馆不再被列为“非营利”机构，捐款将大幅下降，这会导致它们难以生存。

50.4　比较的观点

即使在理论上和经验上已经确定了艺术的市场失灵，但它们充其量只是公共支持合法性的初步论据。必须考虑到，政府干预也可能失败。政治经济学（公共选择）讨论了在政治过程中做出的决定可能系统地偏离公众偏好的许多原因。最重要的是，政治家的动机是需要连任，而不是直接激励他们提供福利最大化的文化政策。由于选举每四年或五年才举行一次，因此选民对其控制并不充分。他们倾向于发展成为自己的政治阶层，并在很大程度上根据自己的品位来决定文化的支持程度和方式。政府失灵也是由公共官僚机构的行为引起的，由于它的信息优势，它有很大的自由裁量权来实施其所喜好的文化政策。同时，政治家和公职人员都受到压力集团的影响。因此，他们往往倾向于那些组织良好的文化供应商，而这在大多数情况下可以归结为，把资金集中在少数大型、成熟的文化供应商手中（如歌剧院、国家剧院和管弦乐队）。相反，新的、非正统的和实验性的艺术供应商会发现，自己很难获得太多的公共资助，这往往会妨碍艺术的创造力。

为了获得较客观的看法，必须在文化问题上比较市场失灵和政府失灵的程度。

50.5 支持和反对艺术公共支持的宪政问题

到目前为止，支持或反对艺术公共支持的论点分别以市场失灵和政府失灵的概念为依据。但是可以说，世界是不完美的。因此，与理想情况相比，失灵的想法是没有意义的，因为整个经济和社会都是由失灵主导的。根据这个观点，文化部门在多大程度上偏离了理想的市场或政治条件是没有意义的，因为几乎所有的社会部门很大程度上都存在偏离。一个更有用的方法是直接比较各个部门。那么，问题就在于文化部门是否比其他部门受到更多或更少的公共支持，以及这种支持是否改善了人口状况。问题的第一部分很容易回答：文化部门得到了政府的大力支持，但与农业、教育、交通或国防等其他部门相比，文化部门的支持规模却微不足道。问题的第二部分却不能直接得到回答，至少只要大家同意不存在集体社会福利职能这种东西，这种职能将使我们能够评价和比较各个部门的表现。虽然这种评价不可能以经验相关的方式进行，但是可以通过移到宪政层次分析来成功地处理这个问题。对某个部门的公共支持必须经过公认的决策程序。在民主国家，这种支持必须得到公民的认可。在代议制民主国家，正式选举产生的议会和政府所做的决定虽然不是完美的，却是合法的。在通过全民公投（如在美国各州，以及澳大利亚和瑞士）直接参与民主的民主国家，对特定主张的投票结果以及对艺术的相应支持水平被认为是合法的。

实证研究表明，如果要求公民参与公投，公民们很愿意用大量的资金支持艺术。人们有时担心，公众无法判断与文化有关的问题，因此会拒绝以公共手段支持艺术，这种担心是毫无道理的。就这两种民主类型而言，必须假定在政治进程中就艺术和其他部门的支持所作出的任何决定都能实现人民的愿望。相反，当民主进程受到侵犯，或当决策进程以专制或独裁的方式进行时，公众对艺术（或就此而言，对任何其他部门）的支持并不反映人民的意愿。在这种情况下，所支持的艺术就符合了当权者所认为的“艺术”。只有在具有深厚文化底蕴的统治者（文艺复兴时期意大利的美第奇就是一个例子）的情况下，公共支持的艺术才会具有持久的价值。在另外一种情况下，为专制统治者的利益而创作的“艺术家”活动得到了促进。

关于艺术的公共支持的一个重要的宪政决定，是指决策是集中的还是在联邦政府的体系中进行的。在后一种情况下，艺术品供应商不只依赖于一个公共机构，而是可以在几个公共资助者身上尝试他们的想法，这提高了艺术的创新性可能性和动力。

参见：

福利经济学的应用；税收优惠；福利经济学

本章参考：

Benhamou, Françoise (2004). *L' Économie de la Culture*, (5th edition). Paris: La Découverte.

Cowen, Tyler (1998). *In Praise of Commercial Culture.* Cambridge, MA: Harvard University Press.

Frey, Bruno S. (2003). *Arts & Economics: Analysis & Cultural Policy*, (2nd edition). Berlin and Heidelberg: Springer-Verlag.

Frey, Bruno S. and Werner W. Pommerehne (1990). *Muses and Markets: Explorations in the Economics of the Arts.* Oxford: Blackwell.

Frey, Bruno S. and Werner W. Pommerehne (1995). Public Expenditure on the Arts and Direct Democracy: The Use of Referenda in Switzerland. *The European Journal of Cultural Policy*, 2 (1): 55-65.

Fullerton, Don (1991). On Justifications for Public Support of the Arts. *Journal of Cultural Economics*, 15 (2): 67-82.

Grampp, William D. (1989). *Pricing the Priceless. Art, Artists and Economics.* New York: Basic Books.

Heilbrun, James and Charles M. Gray (2001). *The Economics of Art and Culture*, (2nd edition). Cambridge: Cambridge University Press.

Hutter, Michael and David Throsby (eds.) (2011). *Beyond Price: Value in Culture, Economics, and the Arts* (1st paperback edition). New York: Cambridge University Press.

Last, Anne-Kathrin and Heike Wetzel (2011). Baumol's Cost Disease,

Efficiency, and Productivity in the Performing Arts: An Analysis of German Public Theaters. *Journal of Cultural Economics*, 35 (3): 185-201.

O'Hagan, John W. (1998). *The State and the Arts: An Analysis of Key Economic Policy Issues in Europe and the United States*. Cheltenham, UK: Edward Elgar.

Schulze, Günther G. and Heinrich W. Ursprung (2000). La Donna e Mobile-or is She? Voter Preferences and Public Support for the Performing Arts. *Public Choice*, 102 (1-2): 129-147.

Schuster, Mark J. (1998). Neither Public Nor Private: The Hybridization of Museums. *Journal of Cultural Economics*, 22 (2): 127-150.

Singh, J. P. (2011). *Globalized Arts: The Entertainment Economy and Cultural Identity*. New York: Columbia University Press.

Throsby, David (2001). *Economics and Culture*. Cambridge: Cambridge University Press.

Throsby, David (2010). *The Economics of Cultural Policy*. Cambridge: Cambridge University Press.

Towse, Ruth (2010). *A Textbook of Cultural Economics*. Cambridge: Cambridge University Press.

Towse, Ruth (2014). *Advanced Introduction to Cultural Economics*. Cheltenham: Edward Elgar.

延伸阅读：

本文部分基于费雷（Frey，2003）所著著作的第 7 章。文化政策经济学的一般性讨论，参见 Towse（2010；2014），Throsby（2010），Benhamou（2004），Frey and Pommerehne（1990）。反对对艺术的直接公共支持的论点，参见 Grampp（1989），Cowen（1998）。即使他们不亲自参与艺术，公民也准备支持艺术，相关证据参见 Frey and Pommerehne（1995），Schulze and Ursprung（2000）。

51 出 版

特里尔塞·纳弗雷特（Tricel Navarrete）

采用新技术可能会破坏市场结构，导致过时工序（如抄写劳动）的消亡，或最终产生新业态（如免费出版众包百科全书）。就出版业而言，由于信息和通信技术及互联网的普遍使用，目前所观察到出版业的变化使我们想起15至18世纪出版业的变化，当时的技术变化引起新的市场参与者、产品服务以及消费习惯的出现。虽然出版商受益于规模经济和成本大幅降低，但仍没有实现这个行业的转型。此外，尽管作者和读者似乎欢迎数字图书馆和按需印刷，认为这代表着挣脱垄断中介机构的解放，但我们认为，与过去一样，新的中介机构正在适应自己"看门人"的角色。

51.1 出版简史

书籍生产已有千年的历史。公元8、9世纪，爱尔兰的修道院是手抄本的生产中心，随后，10世纪，西班牙控制了欧洲30%的图书市场。虽然书籍的生产和消费由修道院控制，但古腾堡的印刷机使文艺复兴时期图书市场规模得以扩大。15世纪，欧洲发生了将活字印刷作为关键技术的创新。需要注意的是，打印机在不断发展。18世纪以前，大多数出版商都自己印刷。17世纪，荷兰人威廉·布劳（Willam Blaeu）改进了木制印刷机的设计，引进了更为大型的印刷机来印刷地图。因为打字需要不同于图像印刷使用的印刷机，布劳的公司在阿姆斯特丹有9台打字机和6台以上雕版印刷机。在19世纪早期，斯坦霍普（Stanhope）的手动铁压机产量翻了一番，科宁（Koening）的蒸汽压机产量翻了两番（Briggs and Burke，2009）。

这些技术变革需要大量的经济和人力资本，因此出现了不少生产性集群。15世纪时，威尼斯是印刷书籍的中心，占欧洲市场的27%，约有500家印刷商，印制了15 000本以上的书籍和1 800万册的拷贝本。反对技术改革限制了威尼斯的多元文化市场，使得生产分散在欧洲各地，最终集中在巴塞尔和日内瓦。16世纪，瑞士的人均图书产量最高。17世纪，阿姆斯特丹紧随其后，有270多家书商和印刷商，占图书产量的8.5%，此外还有印刷地图、艺术品和报纸等新兴类型。法国启蒙运动很可能是推动18世纪晚期法国书籍生产和消费的背后力量。18世纪，伦敦依然紧随法国，成为书籍生产中心，占欧洲图书市场的23%；瑞典实施了强有力的扫盲政策，引发了“印刷业的爆炸”（Buringh and van Zanden，2009；Briggs and Burke，2009）。

出版行业的发展需要组织结构的调整。中世纪晚期，虽然书商与印刷、出版、销售和出借书籍有关（Mackenzie Owen，2007），但出版社的出现使印刷和销售得以分离。此外，出版商还聘请作者提供适销对路的内容，就像大卫·休谟（David Hume）因其历史性著作而非哲学著作而获得报酬，或者卡斯帕·巴莱斯（Caspar Barlaeus）受埃尔泽维尔（Elzevir）家族聘请，任其出版社首位学术编辑一样。从早期开始，人们就观察到“赢家通吃”现象，即少数受欢迎的作者或版本会交叉补贴那些不太知名的出版物。

尽管会带来额外的技术挑战，但图像和文本一样重要。音乐出版就是很好的例子。在15世纪，音乐相关的印刷通常局限于礼拜用书页面中的红色五线谱，这些五线谱后来用手工填满所需要的音符。其原因是，尽管礼拜仪式的文本是固定的，可以在修道院之间共享，但音乐传统在各地并不相同。因此，印刷商省略了音乐细节，以避免限制其市场销售。只打印线条也更便宜：打印纸条再叠加一条员工线（staff line）需要两次印模（impressions），使成本翻倍。1480年，一个早期的例子（布雷维斯文法，Brevis grammatica）恰恰相反：只有打印音符和谱号，以便手动绘制线条。威尼斯出版商（奥塔维亚诺·彼得鲁奇，Ottaviano Pefrucci）开发了三阶段印刷过程（首先是音符，然后是线条，最后是文本、首字母、签名和页码），这刺激了复调音乐的市场。1498年，他获得了在威尼斯共和国境内为声乐、管风琴、琵琶印刷和销售乐谱的独家权利。半个世纪后，巴黎印刷商皮埃尔·阿塔南特（Pierre Attaingnant）在一次性印刷中发展出新的音乐印刷。他的印刷技术和音乐曲目被广泛复制。音乐印刷在安特卫普的泰尔曼·苏萨托（Tylman Susato）的出版物中蓬勃发展，其中包括1543—1561年的60本音乐书籍，之后克里斯托费尔·普兰廷（Christoffel Plantijn）也加入其中。在安特卫普（Antwerp）的普兰丁·莫瑞图斯（Plantin-Moretus）打印机（目前是一家博物馆，2005 年被列为世界遗产）的记录中，使用活字印刷音乐似乎遵循了同样的文本原则。在后来的几个世纪里，随着打印机和乐谱的发展，为印刷所准备印版的复杂性也随之提高，通常需要将单个元素分解，以便将来重复使用。这是一个劳动密集的程序（Boorman et al.，2001）。另一种选择则是图像打印。

中世纪和文艺复兴早期的音乐理论书籍有把音乐和算术概念联系起来的图表，对于这些图表来说，木刻是最合适的。一位木雕工人被雇来为图书印刷制作图像，这需要相当的技巧，而且常常简化了乐谱线上白色音符的标示。据估计，欧洲 75 个城镇的 225 家印刷厂印刷了 300 多部音乐理论著作和 600 多个版本，其中有些在 63 年间印刷了 40 版。早在 1446 年，金属板上的版画就开始流传。直到 18 世纪，使用蚀刻（酸腐蚀铜板）的音乐出版都不太常见，而雕刻（手工雕刻）在 20 世纪 90 年代中期还广泛用于乐谱印刷。最终，专业的版画公司发展具有最佳易读性和版式设计的签名艺术。比如，来自莱比锡的卡尔·戈特利布·罗德尔（Carl Gottlieb Röder）印刷公司展示了来自伦敦、圣彼得堡和拉丁美洲出版商的音乐出版物。该公司还使用平版印刷机，使产量从每分钟 30 张增加到 300 张（Boorman et al.，2001）。

音乐出版并不总是过时的，据估计，18 世纪之后，由于刻版音乐的兴起和乐谱的普及，音乐产量有了显著的增长。考虑到 1550 年每年出版 80 部音乐作品，布尔曼等人（Boorman et al.，2001）估计，音乐出版物 1700 年增加到 150 种，1750 年增加到 300 种，1800 年增加到 1 000 种，1850 年增加到 10 000 种，1910 年达到 50 000 种的高峰。与其他标志性材料一样，印刷音乐所采用的其他技术包括平版印刷（类似蚀刻，但用石头）、摄影转印、模板和干式转移以及摄影，而音乐印刷使用铅字，最终导致音乐打字机的发明（Boorman et al.，2001）。商业录音和日益突出的数字录音是纸质音乐出版下降的原因所在。

相反，在 20 世纪末，音乐刻录软件如 Sibelius 和 Finale（专利软件）、MuseScore 和 LilyPond（开源软件）以及开放计划 MusicXML 和 MEI（音乐编码计划）的使用激增。音乐表现也可以是基于音频的，在 MP3（MPEG-1 或 MPEG-2 音频层 III）等编码格式中，已经有了稳定的发展（Orio，2006）。毫不奇怪，音乐出版越来越多地与多媒体显示和数据处理、分销平台和在线存储联系在一起。

这段简短的印刷史强调了一个重要转变，即从手工制作用于修道院图书馆内知识转移的手稿，到发展多样化和赢利的机械（音乐）出版业，再到最近使用数字技术进行内容生产、发行和消费可能性的探索。以下我们将从生产和消费两个角度来讨论出版业。

51.2 生 产

出版与书籍有关，一般分为商业、教育或专业书籍，以及各种其他印刷材料，如期刊、报纸、杂志和教育出版物。最近，社交媒体催生了新的出版形式，如网站和博客。事实上，出版业很大部分收入来自数字出版物，包括电子书、平板电脑应用程序，或特殊的社交媒体内容（Wikström and Johansson，2016）。图书生产大致包括内容创作和获取、内容选择和处理、内容转换、发行以及营销和推广（Picard，2011）。奖品、作者声誉、书评和口碑等传统质量信号都逐渐有了数字化变体，使得图书市场相对更加透明（Canoy，et al.，2006）。

世界各地的图书产量持续增长，而不同国家的差异与经济繁荣程度、人口教育水平或人口密度有关。卡努伊等人（Canoy et al.，2006）以人均国内生产总值为基础，分析1975—1999年按国别划分的年度书籍产量，发现收入增加导致销量增加，但在人均收入较低的国家发现的正相关性不如人均收入较高的国家强（美国的产量与希腊相似）。人口受教育年限较低国家的图书产量明显较低，而受教育程度较高的国家与图书产量的相关性也不强（澳大利亚、加拿大、法国、日本和美国的图书产量相当低），人口密度与图书产量大小也没有任何关系。

出版业的主要特点是需求不确定，一半的购买行为是随机性购买（spontaneous purchases），生产成本高，边际成本小，盈利周期短，具有较大的内容差异（或横向差异）和质量差异（或纵向差异）（Canoy，et al.，2006）。该行业的自由进入导致生产链各个环节都有大量的竞争对手，它们在生产的持续增长中寻求利润。尽管如此，该行业仍由几家大型出版社主导。过去十年出版业的合并主要归因于新的数字化制作流程，其商业模式很大程度上依赖于广告费，发行内容日益个性化，并以低发行成本（接近零）提供内容（Wikström and Johansson，2016）。

与音乐、电影和游戏出版类似，图书出版收入的35%以上来自旧出版物，而70%的图书不会为作者赚取额外利润。对于一般商业书籍，印刷成本可分为制造成本（10%）、发行成本（8%）、营销成本（7.5%）、出版商管理费用（8%）、作者份额（10%）、零售商店折扣（47%）、回收成本（3.5%）和出版商利润（6%）（Vogel，2007）。

作家的收入因题材而异，电视剧收入远远高于其他题材，其次是戏剧或电影、互联网、学术或教育内容，翻译收入最低（Towse，2019）。想要在图书销售利润中拿到更多分成的作者，将考虑自助出版。自助出版进一步降低了新作家的进入壁垒，承诺在内容和质量上实现更大的多样性，并拓展更广阔、更丰富的市场（Wikström and Johansson，2016）。自助出版的作者占据电子书市场30%~40%的份额（Towse，2019）。据估计，2011年美国有23.5万本电子版和印刷版图书为自助出版，其中2010年首次出版的《50度灰》（*Fifty Shades of Grey*）非常成功，2011年以电子书的形式发行，到2012年销量超过6 500万次（Wikström and Johansson，2016）。然而，尽管作者和出版商可能会避开跨国出版社，但他们仍可能以Amazon或Apple Books等跨国在线平台发行图书，以便接触消费者。

相应地，消费者可能会被“锁定”在平台的硬件上，如亚马逊的Kindle以及之前购买的书籍。自21世纪首台电子阅读器问世以来，技术竞争带来了一系列创新，从而改善了显示器的质量、电池寿命和设备的总体外观和感觉。然而，智能手机技术的竞争已转移至便携式屏幕设备市场，导致市场上各种电子阅读器的融合（Benghozi and Salvador，2015）。技术供应商、数字平台和图书出版商均参与了电子阅读器的技术创新，这证明了市场的复杂性。

因为机械印刷导致了书籍的普及，16世纪和17世纪的精英作家选择通过手抄本来分发作品，同时也避免了宗教、道德和政治审查（Briggs and Burke，2009）。同样，21世纪的作家可以选择通过知名出版社来发行作品，以获得声誉并减少被非法复制的风险。

非法复制对数字技术来说并不新鲜。版权最初是在18世纪的伦敦被提议用来保护作家的，但是数字拷贝的制作和在线分发的便利引发了新的担忧。有证据表明，消费者选择通过影子图书馆（shadow libraries）获取图书，以应对糟糕的图书市场发行。使用同行制作的在线图书馆较多的国家，其本地市场内容的多样性较低（Bodo and Lakatos，2012；Bodo，2018）。在线图书馆（和在线档案）使将纸质出版物的法律框架应用到数字领域所面临的挑战日益凸显。在数字领域，“出版物”可能与其他在线功能相关联，如搜索、索引和托管。

教育和专业出版是一个特殊的市场，因为消费可以根据学校人口的规模来预测，并且经常以数字形式重新打包为“一揽子”许可服务（Vogel，2007）。在荷兰，所有13所大学、国家图书馆和荷兰研究委员会都签署了《国家开放科学计划》，旨在到 2020 年全面获得公共资助的研究成果。且已与 Springer、Sage、Elsevier、Wiley、美国化学学会、Taylor&Francis 和牛津大学出版社（VSNU，2018）达成协议。特别是在某些学科，如信息科学，大多数期刊只以数字形式出版。

欧洲图书出版统计数据显示，学术图书销售收入占比略有下降，从 2013 年的 19.5%降至 2017 年的 18.5%。不过，教育图书销售收入占比从 2013 年的 18.8%增至 2016 年的 21.2%。尽管如此，近一半的销售收入来源于价值超过 1 000 万欧元的消费类商业图书（FEP，2018）。欧盟统计局的报告显示，图书出版业增加值从 2011 年的 9 837 万欧元增至 2013 年的 9 690 万欧元（Eurostat，2016）。正如卡努伊等人（2006）指出的那样，“图书市场似乎在一个方面（生产）蓬勃发展，但在另一个方面（阅读）则有些萎靡”（Canoy，et al.，2006）。

51.3 消　费

阅读使终身学习成为可能，并增加了人们积极参与社会和经济生活的机会。阅读与受教育程度有关；特别是高等教育程度与阅读习惯有显著的关系。卢森堡是受教育程度差异最小的国家（Eurostat，2016）。联合国教科文组织统计研究所报告称，全球 86%的成年人（15 岁及以上）拥有基本的读写技能，15~24 岁的青年识字率较高（91.4%），妇女识字率较低（83%）（UNESCO，2017）。

最近，联合国教科文组织将扫盲重新定义为“利用与不同语境相关的印刷和书面材料，识别、理解、解释、创造、交流和计算的能力”①。越来越多的识字技能必须辅之以信息和通信技术技能，以使消费者能够发挥数字识字的作用。例如，使用软件程序，复制、粘贴、移动或下载文件，并最终编写计算机程序。目前，联合国教科文组织的可持续发展目标 IV 旨在确保到 2030 年，所有青年和相当大比例的成人都能识字和计算。

尽管有这些目标，但统计数据显示，阅读量呈下降趋势。例如，芬兰报告称，过去 12 个月内至少读过一本书的人口，从 2007 年的 79.3%下降到 2011 年

① http：//uis. unesco. org/en/blog/meet- sdg - 4 - data - measuring - youth - and - adult - literacy - and - numeracy.

的 72.7%。同样，奥地利、保加利亚和西班牙同期分别从 74.8%降至 73%、52.1%降至 48.2%、60.8%降至 58%。只有德国报告从 72.8%增加到 75.3%（Eurostat，2016）。阅读量的明显减少可能与更多地使用互联网获取信息，取代书籍和百科全书作为参考资料，以及传统纸质书（包括电子书）以外的其他文献来源有关。有关文化活动时间的人口调查尚未适应不断变化的文化消费模式。

在荷兰，购书数量从 2005 年的 4 760 万本减少至 2015 年的 3 900 万本（包括 2010 年的电子书），同期销售点从 1 462 个增加到 1 525 个。同样，图书馆借阅量也从 2005 年的 1.325 亿册，下降到 2015 年的 0.797 亿册，降幅达 41%。一个流行的图书馆应用程序（VakantieBieb）刺激了电子书借阅，2016 年，电子书借阅翻了一番，达到 470 万笔。

图书消费具有价格弹性，但畅销书除外，因为可替代的图书种类繁多。图书消费也具有收入弹性，因此购买增长是收入增加的反映。2018 年，荷兰电子书的平均价格为 8.95 欧元，与 2018 年定价为 13.10 欧元的印刷图书（或 p-book）相比，下降了 32%。① 然而，并不是所有购买的或借阅的书都被阅读过。荷兰消费者报告称，72%的购书和 64%的借书是会被阅读的，而 Kobo 网上书店报告称，60%的电子书从未被打开过。②

各国政府都可以制定固定图书价格协议，由出版商“固定”零售图书价格，“目的是将价格提高或保持在竞争市场价格的水平之上，以激励出版商和书店扩大图书供应范围。它强调非价格（获取，更多选择），而非价格竞争”（Towse，2019）。通过固定零售价格，出版商有动力生产更多的图书，其中较受欢迎的图书可用来交叉补贴较不受欢迎的图书，从而增加产品的整体多样性。反过来，书店通过向消费者提供与书店规模无关的平均价格，从而增加市场上公司的多样性。尽管存在这些论点，但经验证据未能将固定图书价格政策与更大的市场多样性联系起来。如前所述，这可能是因为市场的相对透明度。阿根廷、奥地利、德国、希腊、以色列、意大利、日本、黎巴嫩、墨西哥、荷兰、挪威、葡萄牙、斯洛文尼亚、韩国和西班牙有固定的图书价格协议，而芬兰、瑞典、爱尔兰和英国则放开了图书价格。网上消费者可能会注意到同一本书在亚马逊上的定价不同。例如，在线消费者可能会注意到，同一本书在 amazon.nl 和 amazon.uk 上的定价不同。

---

① https：//www.leesmonitor.nu/nl/boekenvak#prijs-e-boek-daalt.

② https：//www.leesmonitor.nu/nl/boekenvak#prijs-e-boek-daalt.

全球市场进一步突出了各国增值税的差异，进而影响了网上消费者的选择。例如，降低文化服务业增值税是政府刺激消费的一种间接补贴形式。补贴的多少取决于消费者：购买的越多，补贴就越多。因此，降低增值税税率意味着政府收入的减少，而政府收入本来可以直接补贴给所需的文化产品（如教育性材料，因为所有书籍都享受相同的增值税税率）、文化服务机构（如公有或公营机构）或消费者（如青年或女性读者）。跨国比较的证据表明，出版商不会以降价方式让降低的成本惠及消费者。然而，书籍的零售价确实会影响消费（Borowiecki and Navarrete, 2018）。

政府通过提供图书馆来刺激阅读和获取书籍。根据在线计算机图书馆中心（OCLC，2003）的一份报告，全球约有100万个图书馆，藏书超过160亿册（公共图书馆4.5亿册，学校图书馆3.7亿册，大学图书馆3.5亿册，特殊图书馆3.2亿册，国家图书馆0.9亿册）。根据萨拉乌恩（Salaün，2013）的研究，图书馆有两个重要作用。首先，公共馆藏受益于网络效应，因为公共图书馆的馆藏越大，其消费者受益就越多。去一个大型图书馆寻找“世界上所有的内容”，比去不同小型图书馆寻找想要的书更有效。图书馆汇集资源，分享馆藏、组织、编目、索引和交叉引用馆藏，促进馆际互借制度。通过这种方式，在线服务（如Google）可以共享图书馆所扮演的角色，即组织和向用户提供大量信息内容的功能。

图书馆的第二个重要作用是提供一个可持续的信息库，这是它们从其他互联网信息服务中脱颖而出的关键。图书馆收集、组织和开放藏书，同时也保护藏书，使后人也能利用过去人们的智慧成果。

51.4 结 语

古腾堡印刷机的出现导致了图书价格的下降和图书市场的爆炸式增长，通过数字出版的形式，图书产量将继续扩大。当代读者可以同情一位1550年的威尼斯作家，他沮丧地说：“书太多了，我们甚至没有时间去阅读标题。”（Briggs and Burke, 2009）作为间接而长期的影响，出版文本的增加导致了人口识字率的增加（Buringh and van Zanden, 2009）。数字技术和利用互联网传播内容可能会进一步消除文盲，尽管不一定采用书本形式，也可能不是通过文本形式。视频正成为知识转移的首选在线形式，而视频游戏和虚拟现实越来越多地被用作教育辅助工具。数字读写技能似乎一触即发。

出版业是创意产业的一部分，它生产私人物品（供购买的书籍）和公共物品（可以转让的非竞争性和非排他性信息）。出版业也是 GDP 的重要贡献者，书籍已被证明是有利可图的奢侈品。书籍也是文学、音乐等核心创意艺术形式的载体。因此，政府的作用是在一个健康且有利可图的市场上平衡各类干预措施，以纠正与文化产品的次优生产（或消费）有关的市场失灵，同时提升人民的识字能力。

参见：

生产成本；需求；音乐出版；平台。

本章参考：

Benghozi P. -J. , Salvador E. (2015). Technological competition: a path towards commoditization or differentiation? Some evidence from a comparison of e-book readers. *Systèmes d'Information et Management* (*SIM*), 20 (3): 97-135.

Bodo, Balázs (2018). Library Genesis in Numbers: Mapping the Underground Flow of Knowledge. In Karaganis (ed.). *Shadow Libraries. Access to knowledge in global higher education*. The MIT Press, 53-78.

Bodo, Balázs and Zoltán Lakatos (2012). Theatrical Distribution and P2P Movies Piracy: A Survey of P2P Networks in Hungary Using Transactional Data. *International Journal of Communication*, 6: 413-445.

Boorman, Stanley, Eleanor Selfridge - Field and Donald Krummel (2001). Printing and publishing of music. in *Dictionary of Music and Musicians. Grove Music Online*. Oxford: Oxford University Press.

Borowiecki, Karol and Trilce Navarrete (2018). Fiscal and economic aspects of book consumption in the European Union. *Journal of Cultural Economics*, 42 (2): 309-339.

Briggs, Asa and Peter Burke (2009). *A Social History of The Media. From*

Gutenberg to the Internet. Third edition. Cambridge: Polity Press.

Burningh, Eltjo and Jan van Zanden (2009). Charting the "Rise of the West": Manuscripts and Printed Books in Europe, A Long-Term Perspective from the Sixth through Eighteenth Centuries. *The Journal of Economic History*, 69 (2): 409-445.

Canoy, Marcel, Jan van Ours, and Frederick van der Ploeg (2006). The Economics of Books. In Ginsburgh and Throsby (eds.). *Handbook of the Economics of Art and Culture*, *Volume* 1. Amsterdam: Elsevier, 721-761.

Eurostat (2016). *Cultural Statistics*. Belgium: Eurostat.

FEP (Federation of European Publishers) (2018). *European Book Publishing Statistics*. Brussels: FEP.

Mackenzie Owen, John (2007). *The Scientific Article in the Age of Digitisation*. Dordrecht: Springer.

Orio, Nicola (2006). Music Retrieval: A Tutorial Review. *Foundations and Trends in Information Retrieval*, 1 (1): 1-90.

Picard, Richard (2011). *The Economics and Financing of Media Companies*. New York: Fordham University Press.

Salaün, Jean-Michel (2013). The immeasurable economics of libraries. in Rizzo and Mignosa (eds.). *Handbook on the Economics of Cultural Heritage*. Cheltenham: Edward Elgar, 290-305.

Towse, Ruth (2019). *A Textbook of Cultural Economics*. Cambridge: Cambridge University Press.

UNESCO (2017). *Literacy Rates Continue to Rise from One Generation to the Next*. Fact Sheet No. 45. FS/2017/LIT/45. Montreal: UNESCO Institute for Statistics.

Vogel, Harold (2007). *Entertainment Industry Economics: A Guide for Financial Analysis*. Cambridge: Cambridge University Press.

VSNU (Vereniging van Universiteiten) (2018). *Roadmap open access* 2018-2020. The Hague: VSNU.

Wikström, Patrik and Annette Johansson (2013). Publishing. In Towse and Handke (eds.). *Handbook on the Digital Creative Economy*. Cheltenham: Edward Elgar, 444-352.

延伸阅读:

关于出版产业的深入研究，请参见 Canoy et al.（2006）.

52 评级、评论和推荐

保罗·贝勒夫拉姆（Paul Belleflamme）
马丁·佩茨（Martin Peitz）

在阅读本章之前，你不可能知晓它是有趣的、有教育意义的，还是有娱乐性的（即使你熟悉作者以前的作品）。本章就是经济学家所说的“体验品”，一种在实际消费之前无法确定其品质的产品。由于这种不确定性，你可能决定不读本章，而将时间另作他用。预料到这个风险，本手册的编辑和出版商已经采取了一些策略，以免失去你这个客户。首先，他们鼓励以前的读者对手册的内容进行评价和评论，希望提高平均评价和正面评价，能让你推断出本章的质量很高或很适合你的趣味。而且，你可能不是偶然碰到本章的；事实上，你可能是被推荐系统引荐来的，它使用算法来推断你可能会喜欢它（根据你过去在不同网站上的搜索，与你有共同兴趣或特征的读者的行为，以及手册的普及程度）。

一般来说，文化产品的潜在消费者喜欢评级、评论和推荐，因为他们在评估文化产品质量以及是否符合其品味等方面时，会产生机会成本。事实上，只要文化商品存在，消费者就依赖过往消费者的行为，以便做出更明智的决定。然而，数字技术和互联网极大地改变了评级、评论和推荐系统（以下简称“3R 系统”）在文化产品中的作用。它们主要通过三种方式来实现，我们将在本章对此进行探讨。首先，数字平台以前所未有的规模发展了 3R 系统，成为引导文化产品消费的主要中介。其次，3R 系统已经成为竞争平台的战略工具。最后，3R 系统对消费者选择的影响越来越大，从而影响了文化多样性。

52.1 数字平台和3R系统

我们将平台定义为核心任务是实现用户之间互动并从中产生价值的企业（Belleframme and Peitz，2018a）。由于互联网和数字技术有助于降低交易成本，现在大多数平台都是在线运行的，因此被称为“数字平台”。提供和分销文化产品的主要数字平台包括Netflix、Hulu、Amazon Prime Video（电影、电视节目），Spotify、Apple Music、Pandora、Deezer、Tide（音乐），Steam、Epic Games（游戏），Amazon KDP、Apple iBook（电子书），Facebook、YouTube、Periscope、Instagram Live Video（表演直播艺术）。数字平台也存在于其他文化商品的推广和传播中，如绘画、雕塑或工艺品（例如，ARTWEZARARD、欧盟数字展览）；然而，由于这些商品的消费缺乏可扩展性，这些平台就不那么突出了。

随着数字平台逐渐成为文化商品消费的主要载体，在处理文化商品所带来的信息不对称和匹配问题上，数字平台往往比传统文化中介（如标签、批评家、专业媒体）更为突出。平台可以集成传统文化中介服务（例如，亚马逊上的产品会显示来自专业评论家的引用），让平台用户充当专家的角色（例如，Spotify会创建非常受欢迎的推荐列表）。与传统做法（例如，公告牌百强单曲榜）一样，平台也会汇总过去的消费决策，提供无条件的推荐（例如，Spotify通过算法播放列表Top50，突出显示最受欢迎的歌曲）。[①] 然而，在许多数字平台上，消费者可以从其他消费者的评论和评级中获得更有价值、更细化的信息。然后平台扮演以下两个角色：首先，它们邀请消费者评估各种已被证明成功或受他人欢迎的商品，并组织消费者进行信息交换。由于信息是由消费者提供和获取的，因此评级和评论是平台信息拉动式策略的一部分。其次，大多数平台还通过向特定买家提出建议来实施信息推送战略；最后，可能基于消费者的特征和观察到的行为以及商品的受欢迎程度和特点来提建议。重要的是，数字平台利用信息拉动和信息推送策略之间的相互依赖性，使用评级和评论作为推荐算法的输入。因此，3R系

① 正如阿吉亚尔和瓦尔德福格尔（Aguiar and Waldfogel，2018）所说，一首歌曲被Spotify放到精选或非精选播放列表上，会对播放次数产生很大影响。

统的效率随可以收集的关于用户及其交易数据的数量、种类和速度的增加而提高。① 如此庞大的数据量和多样性也让数字平台相对于传统推荐机构有了另一个优势：它们能够进行个性化推荐和评级，从而更好地迎合多样化的受众。②

当然，3R 系统只有在包含相关信息的情况下才能帮助消费者。就评级和评论而言，其信息量可能有限，决定是由其提供者（即文化商品消费者）做出的。首先，消费者可能会留下嘈杂的评级和评论（因为他们无法理解被问及的问题，并将评估建立在不相干的经验上，或者因为他们有独特的品位）。其次，一些伪装的消费者可能有战略动机来扭曲评估并发布"虚假评论"；特别是，作者、出版商或供应商可能操纵评论，以促进其产品的销售（和/或降低竞争产品的销售）。③ 再次，由于所谓的"非对称羊群行为"，消费者可能更倾向于留下正面反馈，而不是负面反馈。例如，穆奇尼克等人（Muchnik，Sinan and Taylor，2013）的研究表明，早期的正面评价会使以后的正面评价增加 32%的可能性。④ 最后，消费者从评级和评论中学习的能力可能会受到另一种行为偏差的阻碍，这种行为偏差导致消费者将相关信息视为来自其他用户之外的独立来源；由于这种"相关性忽视"（correlation-neglect），消费者可能没有意识到，其所观察到的评级依赖于从早期评级所检索到的信息，因此过于看重早期评级。⑤

目前尚不清楚数字平台对信息评级和评论的态度。一方面，更翔实的排名和评论往往会使平台更有吸引力。例如，平台可能想要对抗误差和操纵。另一方面，营利性平台可以通过牺牲信息真实性（例如，通过影响商品的总排名，或者通过改变单个评论的排序和显示）来增加收入。出于同样的原因，数字平台可能会发现扭曲推荐系统或降低信息量是有利可图的。例如，正如布尔罗和高丁

---

① 举个例子，据估计，Netflix 的用户（截至 2018 年 7 月，全球有 1.3 亿用户）每天提供约 400 万个评级和约 300 万个搜索。Netflix 还会跟踪用户的行为：他们看什么、何时（哪一天和什么时间）、哪里（邮编）、如何（哪种设备）、完成率、观看模式（暂停、倒带或快进）、浏览和滚动行为。结合这些数据与内容细分类别（类型、时间、心情、情节结果等），Netflix 可以提出影响 3/4 用户行为的建议（Jenkins，2016；Bulygo，2018）。

② Netflix 的首席产品官格雷格·彼得斯（Greg Peters）在 2018 年表示："本质上，我们为 Netflix 创建了 3 亿个不同的版本。"（Roettgers，2018）

③ 这类操作的传闻性证据来自亚马逊（Amazon. ca）书评人真实身份的意外披露。这些评论中似乎有很多是由对图书销售感兴趣的人写的，即出版商、作者自己或其亲戚和朋友（Harmon，2004）。梅兹林（Mayzlin，2006）还解释了音乐行业如何雇用专业市场营销人员在粉丝网站和在线聊天室发布对新专辑的好评。

④ 关于前三点的详细讨论，参见 Belleflamme and Peitz（2018b）。

⑤ 关于实验设置被忽略的相关证据，参见 Enke and Zimmermann（2019）。

(Bourreau and Gaudin，2018) 所建议的那样，一个向文化产品生产者支付版税的数字平台，可能更倾向于推荐低版税产品，从而提高低版税产品的销量。①

52.2 3R 系统的战略用途

即使 3R 系统的主要功能是解决文化商品固有的信息不对称和信息匹配问题，数字平台也出于战略原因部署这些系统。通过 3R 系统，利用网络效应和定制其生产的文化产品，数字平台可能会找到有效的方法留住消费者，甚至在竞争日益激烈的文化市场中获得更多份额。让我们来研究一下这是如何做到的。

回顾一下，平台的核心任务是促进用户之间的互动并从中创造价值。价值创造主要是通过对平台用户相互作用产生的网络效应的主动管理。积极的网络效应产生了，因为更多用户在平台上互动，对每个参与互动的用户来说就更有价值。这里我们想说的是，3R 系统有助于产生积极的网络效应，更准确地说，3R 系统可以产生自我强化机制：当平台吸引更多用户时，它会收集更多的评级和评论，并监控更多的交易；因此，该平台可以分析更大、更丰富的数据集，从而使评论和评级更富有信息，使推荐更个性化、更精确；平台变得更有吸引力，用户基数也会增长。总之，更多的用户吸引更多的用户。

然而，将这种正反馈回路转变为竞争优势的一个条件是，网络效应是针对特定平台的。也就是说，只有平台用户才能从 3R 系统的质量提升中受益（否则，平台将无法占有通过改进 3R 系统所创造的价值）。推荐系统当然也是如此，因为推荐很大程度上是基于消费者自己的行为。例如，你在流媒体平台上收听的曲目越多，平台推荐系统向你推荐的匹配度就越好，因为它的算法将更准确地代表你的口味。至于评级和评论，无论文化产品消费者是否在特定平台上购买，都经常可以看到它们，但研究表明，消费者往往只会在其完成购买的平台上注意评级

---

① 布尔罗和高丁（Bourreau and Gaudin，2018）以在线广播平台 Pandora 为例，该平台根据音乐的所有权来操纵推荐算法，从而影响音乐播放的频率；他们还指出，电影流媒体平台涉嫌将个性化推荐偏向自己的作品。西萨里奥（Sisario，2017）报告称，Spotify 倾向为其受欢迎播放列表提供来自收取较低版权费的艺术家的歌曲。

和评论。[1] 这表明，评级和评价系统产生的网络效应往往也是产生于“特定平台的”。

数字平台利用其3R系统获得竞争优势的另一种方式是，利用这些系统生成的大量数据来制作自己的内容，并将其提供给最合适的受众。正如史密斯和泰朗（Smith and Telang，2018）所解释的，“数字娱乐平台所维护的丰富数据可以孕育更多的创意自由，而不是更少。这些平台不必只关注那些具有大众吸引力的产品，而是可以利用独特内容的机会，因为它们可以将内容直接交付给最佳受众”。

平台特定的网络效应和内容定制共同为文化产品消费者带来了转换成本：一旦他们订阅了特定的数字平台，往往会留在该平台上，因为转换平台意味着失去一系列好处（定制的内容、有用的建议、内容丰富的收视率和评论、精选播放列表、与志同道合用户的社交互动，等等）。在当前消费者在跨数字平台移植数据方面面临困难的背景下，转换成本使得平台能够提高消费者的忠诚度，并更好地争夺其注意力，而这正是文化市场上最终的稀缺资源。

52.3 3R系统和文化商品多样性

大多数文化产品市场的销售分布存在严重偏差，因为数量有限的产品（通常是几百种）占了大部分的销售，而绝大多数的产品（构成销售的尾部）只占很少的销售份额。布伦若尔弗松等人（Brynjolfsson，Hu and Smith，2006）认为，与传统的线下市场相比，在线市场有更长的长尾。供应方面的一种驱动力来自较低的库存和分销成本，这使得拥有“虚拟货架空间”的在线供应商能够比实体店访问更广泛的商品种类。另外，还有一种机制有助于增加文化商品的种类：在线市场加强了利基产品（例如，按需印刷书籍）的（再）生产，以及用户生成内容的生产。在需求方面，3R系统（连同搜索和采样工具）有潜力使消费者意识到并关注供应的增加。然而，意识和注意力只是消费的必要条件，但不是充分条件。因此，人们感兴趣的问题是，3R系统是否也会引导用户去消费这些增加了的供应，从而使长尾变得更厚（利基产品的销售将会增加）。

---

① 关于书评对亚马逊和巴诺（当时美国两大在线书店）销售模式的影响的分析，参见 Chevalier and Mayzlin（2006）。

首先请注意的是，有几个在3R系统之外的原因解释了为什么消费者可能不去消费这些增加的品种：如信息过载（更多的种类会加重消费者的认知负担，从而阻止其做出最佳决策）、不完全信息（更多的多样性和可识别性的不对称性，使得不完全信息问题更加严重）、羊群效应（面对更多的体验商品，消费者可能会放弃个人偏好，而倾向于根据商品流行程度进行推断）和合规性（关心自己社会地位的消费者，可能会遵从其他消费者的选择，而不是遵循自己的品位）。[①]

3R系统如何改变现状？如果对推荐机制进行定制（以及对评级和评论进行定制）能够减轻信息过载或不完整所造成的问题，这就是合理的。如前所述，随着数字平台积累了大量消费者数据，它们可以改进算法，从而让消费者接触到与其直接相关的有限信息。比如Spotify的“每周发现”（Discover Weekly）播放列表，它会为每个用户提供一套个性化的推荐。然而，3R系统与消费者模仿行为（由于羊群效应和/或合规性）之间的相互作用更难评估。一方面，3R系统报告的商品受欢迎程度可能会导致销量更加集中，那些“畅销书”或“大片”会变得更加受欢迎。另一方面，推荐系统所固有的定向搜索可能会降低消费者的搜索成本，使他们更愿意搜索已经知道和喜欢的文化产品以外的内容。重要的是，这两种动机的相对分量根据3R系统的设计方式而变化。正如波伊克特（Peukert，2018）所解释的，使用“协同过滤”的推荐系统，基于消费者评分和过往消费行为来进行推荐；因此，这些系统无法推荐从未被消费过或从未被评级过的文化产品，这往往会使销量更加集中。为了抵消这种趋势，混合系统还考虑了其他信息来源，人为地夸大了最新生产商品的重要性。此外，最新一代3R系统不仅个性化了推荐内容，而且还个性化了它们的外观。[②]

研究表明，如果消费者群体具有口味异质性的特征，那么提供个性化推荐的3R系统可能会导致消费者群体的长尾变得更厚，这意味着在引入推荐系统后，不受欢迎的产品将获得更大的销售份额（Tucker and Zhang，2011）。最近的两个实证分析都证实了这个猜想。[③] 霍萨纳加尔等人（Hosanagar et al.，2014）的研究表明，个性化推荐会促使消费者扩大兴趣。克雷奇梅尔和波伊克特（Kretschmer and Peukert，2018）研究了YouTube的推荐机制如何影响消费者通过

---

① 具体解释见Bourreau，Maillard and Moreau（2015）。

② 作为说明，波伊克特（Peukert，2018）引用了Netflix工程师的话：“如果我们展示包含马特·达蒙和明妮·德瑞弗的作品，那些看了许多浪漫电影的会员可能会对《心灵捕手》感兴趣；然而，如果我们展示包含著名喜剧演员罗宾·威廉姆斯的作品，看过很多喜剧作品的会员会被这样的作品所吸引。”

③ 关于早期实证文献的回顾（2008—2012年），请参见Bourreau，Maillard and Moreau（2015）。

其他渠道获得多样性音乐的行为，其研究表明，这些推荐对新艺人的歌曲销量的促进作用要高于知名艺人。一个可能的结果是，更多的利基产品将被投放到市场上，市场上的产品种类将增加。

我们通过提及另外两个可能影响消费文化产品多样性的因素来结束讨论，这两个因素与 3R 系统有间接的联系。首先，除了开发 3R 系统外，数字平台还引入了可能影响消费者行为的新定价方案，特别是流媒体平台用户通常支付统一费率而不受限制地访问巨大的内容库。与按次付费模式相比，订阅机制大大降低了消费者尝试新商品的成本。[①] 因此，人们期望转向流媒体能够增加新文化产品的发现。达塔等人（Datta，Knox and Bronnenberg，2018）从实证的角度证实了这个猜想：流媒体的采用大大提高了音乐消费的数量和多样性。

其次，如前所述，消费者在数字平台上的行为所产生的数据量和种类（消费什么、如何消费以及如何应对其所产生的评级、评论和建议，等等），让平台生产的文化产品与功能对特定消费者而言更具有吸引力。问题仍然是，如此大规模的定制是否减少或增加了文化产品多样性。史密斯和泰朗（Smith and Telang，2018）赞同后者：根据他们的估计，Netflix 制作的热门节目吸引的观众比传统电视网络制作的相应节目要少。他们认为这并不是 Netflix 未能覆盖其消费者的迹象，而是 Netflix 的战略恰恰是通过扩大观众的选择范围，为他们提供迎合各种口味的电影和电视剧来满足其需求。

52.4 结　论

3R 系统（评级、评论和推荐）在缓解文化产品带来的信息不对称和信息匹配问题方面发挥着关键作用。我们在本章中已经解释了数字平台是如何深刻地改变这个角色：通过将 3R 系统发展到前所未有的规模，并将其转变为战略工具，数字平台显著地影响了文化多样性。

① 在打击盗版方面，3R 系统与统一费率相结合，可能比按次付费方案更有效，因为它们带来了较低的采样成本。关于盗版环境下的采样，参见 Peitz and Waelbroeck（2006）。

参见：

文化的多样性；需求；谷歌趋势数据；平台。

本章参考：

Aguiar, Luis and Joel Waldfogel (2018). Platforms, Promotion, and Product Discovery: Evidence from Spotify Playlists. NBER Working Paper No. 24713.

Belleflamme, Paul and Martin Peitz (2018a). Platforms and Network Effects. In Luis Corchon and Marco Marini (eds.). *Handbook of Game Theory and Industrial Organization*, vol. II. Edward Elgar, 286-317.

Belleflamme, Paul and Martin Peitz (2018b). Inside the Engine Room of Digital Platforms: Reviews, Ratings and Recommendations. In Ganuza, Juan Jose and Gerard Llobet (eds). *Economic Ananalysis of the Digital Revolution.* FUNCAS Social and Economic Studies 5. Madrid: Funcas.

Bourreau, Marc and Germain Gaudin (2018). Streaming Platform and Strategic Recommendation Bias. Available from https://ssrn.com/abstract=3290617.

Bourreau, Marc, Sisley Maillard and François Moreau (2015). Une analyse économique du phénomène de la longue traîne dans les industries culturelles. *Revue française d'économie* XXX, 179-216.

Brynjolfsson, Erik, Yu (Jeffrey) Hu and Michael D. Smith (2006). From Niches to Riches: The Anatomy of the Long Tail. *MIT Sloan Management Review*, 47 (4): 67-71.

Bulygo, Zach (2018). How Netflix Uses Analytics To Select Movies, Create Content, and Make Multimillion Dollar Decisions. *Neil Patel Blog*. Available from https://neilpatel.com/blog/how-netflix-uses-analytics/.

Chevalier, Judith A. and Dina Mayzlin (2006). The Effect of Word of Mouth on Sales: Online Book Reviews. *Journal of Marketing Research*, 43: 345-354.

Datta, Hannes, George Knox and Bart J. Bronnenberg (2018). Changing their Tune: How Consumers' Adoption of Online Streaming Affects Music Consumption and Discovery. *Marketing Science*, 37 (1): 5-21.

Enke, Benjamin and Florian Zimmermann (2019). Correlation Neglect in Belief

Formation. *Review of Economic Studies* 86 (1): 313-332.

Harmon, Amy (2004). Amazon Glitch Unmasks War of Reviewers. *The New York Times*, February 14 2004. Available from https: //www. nytimes. com/2004/02/14/us/amazon-glitch-unmasks-war-of-reviewers. html.

Hosanagar, Kartik, Daniel M. Fleder, Dokyun Lee and Andreas Buja, A. (2014). Will the Global Village Fracture into Tribes? Recommender Systems and their Effects on Consumer Fragmentation. *Management Science*, 60 (4): 805-823.

Jenkins Tricia (2016). Netflix's Geek-Chic: How one Company Leveraged its Big Data to Change the Entertainment Industry. *Jump Cut: A Review of Contemporary Media*, (57). Available from https: //www. ejumpcut. org/archive/jc57. 2016/-JenkinsNetflix/text. html.

Kretschmer, Tobias and Christian Peukert (2018). Video Killed the Radio Star? Online Music Videos and Recorded Music Sales. CEP Discussion Paper No. 1265. Available from https: //ssrn. com/abstract=2425386.

Mayzlin, Dina (2006). Promotional Chat on the Internet. *Marketing Science*, 25 (2): 155-163.

Muchnik, Lev, Aral Sinan and Sean J. Taylor (2013). Social Influence Bias: A Randomized Experiment. *Science*, 341: 647-651.

Peitz, Martin and Patrick Waelbroeck (2006). Why the Music Industry May Gain from Free Downloading—the Role of Sampling. *International Journal of Industrial Organization*, 24 (5): 907-913.

Peukert, Christian (2018). The Next Wave of Digital Technological Change and the Cultural Industries. *Journal of Cultural Economics*, 43 (2): 189-210

Roettgers, Janko (2018). Netflix's Drama 'Dark' May Be From Germany, but 90% of Its Viewers Are Not'. Variety, March 6 2018. Available from https: //variety. com/2018/digital/news/netflix-dark-international-audience-1202719270/.

Sisario, Ben (2017). While Some Cry 'Fake,' Spotify Sees No Need to Apologize. *The New York Times*, July 14, 207. Available from https: //www. nytimes. com/2017/07/14/business/media/while-some-cry-fake-spotify-sees-no-need-to-apologize. html.

Smith, Michael D. and Rahul Telang (2018). Data Can Enhance Creative Projects — Just Look at Netflix. *Harvard Business Review*, January 23 2018. Available from https：//hbr. org/2018/01/data-can-enhance-creative-projects-just-look-at-netflix.

Tadelis，Steve（2016）. Reputation and feedback systems in online platform markets. *Annual Review of Economics*，8：321-340.

Tucker，Catherine and Juanjuan Zhang（2011）. How Does Popularity Information Affect Choices? Theory and a Field Experiment. *Management Science*，57：828-842.

延伸阅读：

关于评级系统的讨论，参见 Tadelis（2016）。3R 系统的经济学研究，特别是平台的设计决策，参见 Belleflamme and Peitz（2018b）。音乐流媒体背景下关于消费者行为的有价值的见解，参见 Aguiar and Waldfogel（2018）；Datta，Knox，and Bronnenberg（2018）。

53 文化遗产监管

伊尔德·里索（Ilde Rizzo）

一般来说，规制可以定义为政府的非货币性干预，其目的通常是根据政府的政策目标限制或修正经济主体的活动。“然而，在这个领域里，规制太少或太多同样有害。当这些规制太紧、考虑不周、太多或不连贯时，就会使创业、海外贸易或遵守基本行政程序……变得困难。不平衡或不成比例的规制可能会导致组织绩效损失、行政裁量权过大，以致无法做出决定或执行规则，甚至对腐败行为也是如此。”（OECD，2018）

上述声明很好地描述了所有政策领域的规制“风貌”（lights and shadows），就规制的设计和实施而言，文化部门似乎也不例外。本章探讨与文化部门有关的问题。由于文化领域的活动范围中有许多不同的经济问题，并非所有这些问题都能在此得到解决，因此，本章的分析主要集中在与建筑遗产相关的问题上，监管在这个领域比在其他文化领域发挥了更大的作用。

政府干预的经济基础依赖于市场失灵理论。传递给子孙后代、改善教育、加强社区意识和认同感、提高国家威望、旅游业对地方发展的积极影响，这些都是一些无法通过市场来提供的利益，因此需要采取公共行动，以避免供给不足。还有一些情况下，出于公平的原因需要政府干预，以增加遗产的可接近性，减少社会和经济障碍（Pignataro and Rizzo，即将出版）。

市场失灵在遗产领域的存在得到了广泛的认同，而政府行为的范围和模式是有争议的，并且是一个处于争论当中的问题，更不用说政府干预也可能失败，且不一定能确保效率（Frey，2011；Towse，2010）。

政府干预遵循不同的模式，根据经济和体制环境，运用监管、直接支出和间接支出等多种方式的组合。本哈穆（Benhamou，2013）提供了遗产领域可能的替代干预模式的若干类型：补贴与监管、激励与强制规则、直接与间接支持、地方与国家、全球干预，并暗示紧张关系可能源于利益冲突。

本章研究建筑遗产监管，重点放在遗产监管的实证分析、集体决策的特征以及对经济和政策的影响。①

53.1 监管工具

在遗产方面，政府政策的目标在于保存和强化遗产保护。根据这些政策目标，一方面从数量和质量两个角度，利用监管来控制遗产存量，以便保护那些社会价值高于私人价值的建筑物或区域；另一方面，促进遗产对当地可持续发展的贡献，确保只实施兼容性使用。这些目标之间的权衡几乎是不可避免的，必须通过公共决策过程来解决。②

遗产的一个特殊特征是，其恶化或破坏不能像当代艺术作品那样，通过创造新的文化资本来弥补，因此需要进行保护，以满足目前的需要，同时又不损害满足未来的需要（Rizzo and Throsby，2006）。从后一种角度来看，在宏观层面上，监管可以成为可持续旅游政策的有用工具，以保护遗产免受大众旅游所致的拥堵。许多热门文化景点已经有了管理和监控系统，如定时售票或差别定价，以应对游客的压力。这对新兴旅游目的地来说尤其具有挑战性，因为那里的旅游业在没有明确监管的情况下快速增长（World Tourism Organization，2018）。③

遗产监管包括不同类型的政策：确定具有历史重要性的建筑物、遗址或区域；指定重要性等级；对影响遗产的土地使用施加限制和定义；制定对各种保护方式进行约束的规则（规则还可包括各级专业人员在遗产保护领域开展工作的要求）。这些行动通常由中央和地方政府进行（Peacock and Rizzo，2018）。

遗产名录是遗产领域的主要监管工具。④ 编制遗产名录意味着收集、组织和交流信息，以识别和认证遗产，因此，它可以成为有关文化遗产社会价值的重要

---

① 实证分析批判了基于福利经济学的市场失灵规制的规范理论，其经典的参考文献是 Noll（1989）。

② 技术可能为这种权衡提供解决方案。例如，实际参观有退化和变质问题的遗址，可以用“虚拟”参观来代替。

③ 世界旅游组织针对 69 个国家所进行的一项调查显示，监管对文化旅游政策并不重要（World Tourism Organization，2018）。

④ 遗产名录有一个非常广泛的含义，包含几种形式，如时间表、库存、清单、分类、调查、登记、记录、铭文和其他，不同的国家和地区会有所不同（Schuster，2006）。

信息来源。实际上，遗产名录还与其他政策行为相关联。建筑物的所有人通常受到各种限制和规定：建筑物的转让或拆除、影响建筑物的土地使用、进行维修或修复的道路、建筑物的使用以及公众的出入。因此，一方面，法规限制了财产权的行使：业主有义务遵守规定，不遵守规定将受到惩罚。另一方面，这种规定也可能使其有资格获得各种形式的政府支持，如补贴或税收优惠，以补偿业主在保护和争取不对建筑物商业化运营方面所做出的努力，其程度因国家而异。但这种互补性也存在一个反常效果，它可能会产生一种动机，即申请过度保护以获得政府支持（Benhamou，2011）。

从操作的角度来看，遗产领域的监管与其他政府工具相比具有一定的优势。它的采用或废止所需的时间比其他形式的公共干预所需的时间要短，因此，它允许更及时地采取公共行动。事实上，为了应付快速决策的必要性，如防止拆除建筑物，政策的灵活性对遗产保护而言非常重要。

传统的“命令和控制”的规制方法可以从行为经济学的基础上提出质疑，这意味着在公共政策中广泛应用心理学观点，旨在通过“疏导”（nudging）来改变人们的行为，即不强制或禁止，而是改变“选择架构”（Thaler and Sunstein，2008）。[①] 例如，心理学研究表明，“社会比较”可以驱动行为，个人的行为可能与他人的行为有关，他们可能对他人如何看待自己的行为敏感，从而诱发支持环保的行为（Congdon et al.，2011）。[②] 在许多情况下，“疏导”与其他政策工具协同工作，这使得个人更容易利用现有的有利项目（Benartzi et al.，2017）。遗产管理的有些理由可能是有趣的。例如，共享文化遗产的“意识”以及有关文化遗产使用的社会规范和习惯，可能是在修复计划管理中培养支持遗产行为的有效手段。这也有助于提高业主从修复质量方面对邻居行为的了解程度（例如，发送定期通讯、举办会议，以促进相关方之间的沟通，或宣传最佳做法）。这种效果可能是有利的，因为位于历史街区（具有丰富身份感的区域）的旧建筑物所有者，可能会因为属于同一历史街区而感到自己是同一个群体的一部分。[③]

---

① 切蒂（Chetty，2015）概述了行为经济学对公共政策的三个贡献：新的政策工具；更好地预测现有政策的影响；新的福利含义。在政策层面，有些国家（如英国、美国、澳大利亚、德国、荷兰和新加坡）成立了行为研究小组，利用心理学和行为经济学的研究成果制定更有效的政府政策。

② 对居民能源消耗的实地实验发现，向个人提供其能源消耗与邻居相比的信息，可以减少消耗，而且当人们的反应被公开时，个人更有可能响应节约能源的呼吁（Allcott and Mullainathan，2010）。

③ 有证据表明，人们更倾向于与自己所在群体的人合作，而不是与不属于自己群体的人合作（Meyer，2006）。

53.2 决策过程

文化遗产政策是一个决策过程的结果，涉及多个参与者。政治代表、遗产机构或官僚机构在供给方面发挥作用，而公众、压力团体、专业协会则在需求方面较为活跃（Holler and Mazza，2013）。根据委托代理范式，这个过程的特点就是信息不对称（Mazza，2011）。[①]

在遗产领域，由于涉及较高的专业知识水平，信息不对称比其他政策领域更为严重。监管部门的规模在事前并没有明晰界定，这是因为认定什么是遗产并非易事，特别是涉及小型遗产时，很大程度上是基于政府所聘请专家的自由裁量来评估。因此，参与这种决策的专家类型（考古学家、艺术史学家、建筑师、城市规划师等），对于确定文化遗产存量的规模和构成具有重要意义。关于干预的范围和类型以及保护类型的优先次序，可能会出现不同的观点（Peacock，1994）。[②]此外，监管机构的专业知识也会影响文化遗产保护的选择，因为文化遗产是一种创新的再利用形式，从更广泛的角度来看，它还会影响过去的保护与当代建筑推广之间的平衡。遗产政策是偏向未来还是过去，这依赖于一个广泛而公认的假设，即未来几代人的偏好与现在几代人的偏好相似，这也与专家所接受的培训相似。[③]

因为从业人员声称每项遗产都是独一无二的，所以保护所采用的技术标准通常会受到质疑，保护工作应逐项进行。事实上，保护本身是一个宽泛的概念，它涵盖了“保护遗址或遗迹的所有方面，以保留其文化意义。它包括维护，并可根据文物的重要性和有关情况，涉及保存、恢复、重建或改建或其任意组合”（World Bank，1994）。同时，指定一栋建筑物或一个区域，也可能是个人和社区寻租行为的结果。在某种程度上，进入遗产名录不仅会带来负面影响，如受到约

---

① 政治决策者既是社会的代理人，也是官僚机构的负责人。公共利益的实现在很大程度上取决于公共利益主体所受到的激励和约束。

② 皮考克（Peacock，2013）以亚当·斯密在爱丁堡的故居为例，说明有影响力专家的意见如何在公共部门的不同目标和优先级之间产生冲突。

③ 心理学证据表明，决策有系统性的偏差，如投影偏差——他们希望未来的偏好与现在的偏好具有相近性。也就是说，选择一个熟悉的选项将简化复杂的决策，选择回避（即完全避免选择）可能支持默认行为（Della Vigna，2019）。

束和列入被管理对象；也会带来好处，如补贴、税收优惠或其他形式的政府支持（Noonan and Krupka，2010）。

基于上述考虑，监管的范围和力度似乎更多的是公共决策过程的内生产物，而不仅仅是遗产领域的政策工具。就此而言，在许多国家，监管机构享有的自由裁量权与扩大遗产概念的趋势结合起来就不无道理：遗产名录庞大，且全球范围内不断增长，而除名的情况很少发生。

上述考虑假设监管机构/专家决策的主要驱动因素，与同行间的自动参考、威望和声誉或与专业知识相关的任何其他方面有关。然而，决策可能产生相反的结果，这在文化经济学中迄今为止尚未引起注意。例如，有影响力的压力团体在城市规划方面所采取的行动可能会导致指定地区的缺失，或是重要程度降低，或是允许改造历史群落，这不仅涉及经济和社会影响，而且涉及公共行动的完整性（Chiodelli，2018）。

认识到监管的重要性以及决策过程运作有关的缺陷，需要加强衡量和评估遗产监管活动的努力，以减少监管机构所享有的不对称信息，从而增强其可问责性，并改善监管的“质量”。[①] 文化领域通常出现的测量问题（van der Ploeg，2006）在遗产管理案例中有所凸显。当人们想要衡量监管的时候，监管的概念却是难以捉摸的，因为它是一种非货币形式的干预，因此并不计入公共预算。此外，由于受到体制背景的影响，数据的可靠性和可比性较低。尽管文献十分关注如何定义与衡量文化遗产机构的产出以及绩效评估，但遗产监管研究却很少关注这个问题。[②] 菲诺曹罗等人（Finocchiaro，et al.，2011）的研究表明，在西西里地区遗产办公室——一间由专家管理并负责遗产保护的办公室，其运行的平均效率水平低，这主要受到遗产所有者和政治变量的影响，而管理变量（如区域遗产办公室主任的资历）没有显著影响。[③]

最近，许多人认为，问责制和监督的改进是克服文化政策特有信息不对称问题的一个颇有前途的研究领域（Cameron，2019）。

在国际层面，对改善监管机构问责制和监管质量的关注，主要集中在具有重

① 监管“质量”这一概念包括过程和结果。前者指的是根据协商、透明、可问责和有证据的原则，制定和执行法规的方式。后者关系到结果，即监管是否有效、高效、连贯和简单（OECD，2018）。

② 文化遗产机构绩效衡量的方法和实证研究综述，参见 Fernandez et al.（2013）。

③ 从另一个角度，古奇欧等（Guccio et al.，2014）的研究表明，在意大利，决策过程的专业化特征消极地影响与保护相关的公共采购效率；遗产监管部门的平均效率不及非专业部门，特别是在最终成本的控制方面。

大经济意义的经济部门，如公共事业或金融市场（OECD，2018）。事前监管影响评估（RIA）、制定法规时的利益相关者参与和事后评估，是公认的建立质量监管的传统“支柱”。

然而，评估文化遗产监管行为可以从文化价值和经济价值的共存中得出有用的提示，而不必忽视该领域的具体特征。例如，对于监管影响评估，建议将成本和效益分析包括在内，以考虑监管的福利影响，经济、社会和环境影响，以及随时间变化的分配影响（OECD，2017）。然而，在文化经济学中，有关成本和效益分析是否充分是有争议的，因为文化价值要与经济价值分开，不能仅用货币来评估，而评估遗产多维价值的严格方法仍处于探索的初级阶段（Throsby，2013）。

利益相关者参与制定监管制度有助于使监管更加以需求为导向，并确保公民和企业感觉自己参与了决策过程，从而接受监管。简单的数字工具，如数字公共咨询或虚拟会议，可能有助于实现这个目的。此外，数字技术在减少信息不对称和提高决策过程透明度方面，可能产生更广泛的潜在有益影响。

经济文献越来越关注透明度在政府绩效、可问责性和廉洁以及促进公众对公共机构的信任等方面的作用，而实证分析总体表明，这些联系很大程度上是积极的（虽然并不总是如此），并取决于具体的环境。[①] 对于遗产监管，目前还没有具体的证据，但值得关注的是，究竟应该生成什么样的信息，如何以及由谁来减少信息的不对称，并提高遗产监管政策的可问责性。事实上，可问责性需要明确的目标和可靠、及时的数据，而且这些数据的可获得性可能因体制设置和政府内部组织的特点而有所不同。然而，网络信息的有效性不能被认为是理所当然的，它在很大程度上取决于用来呈现信息的格式及其复杂程度，因为注意力是有限的资源。[②]

53.3 经济影响

遗产监管不能仅仅被视为技术问题，因为它影响到财产权以及将文化遗产用于私人和集体目的的可能性。

---

① 相关综述参见 Cucciniello et al.（2017）。

② 心理学研究表明，格式很重要，它会导致对复杂信息的忽视（Della Vigna，2009）。

有关建筑被列入遗产名录，对指定建筑物价值及周围物业价值影响的经验证据，取决于所受限制，以及可获得的财务利益（如津贴或各种形式的减税），其结果不尽相同（Benhamou，2013）。

在更广泛的层面上，人们对文化遗产功能的认识随着时间的推移而变化：人们认识到其“内在”价值（文化遗产本身）的重要性，同时越来越重视加强它对经济和社会发展的影响，城市再生和旅游业通常被认为是最重要的因素。

文化遗产的经济影响受到监管力度的影响，也就是说，遗产的概念可能会扩展到次要的手工艺品，并受到允许用于考古遗址或历史建筑的兼容用途的影响。

监管机构采取的立场影响到被监管机构以及整个社会所承受的成本。成本包括与监管行为（许可、授权、拆除令、标准等的发布和监督的有效实施）相关的行政和官僚成本，以及对所有受监管主体（无论是私人的还是公共的）施加的合规成本。其中有些费用是可以提前预见的，因为它们与保护本身密切相关，如为了确保质量而使用特殊材料的要求、合格的操作人员等。另外一些则由于监管机构的自由裁量决定而存在高度不确定性。例如，遗产监管机构可能不允许城市规划的调整（包括内部修改以兼容使用），即便这种调整受到城市规划的许可，其结果是，大量潜在利益丧失，公私合作可能受到不利影响。

文物保护法规涉及的总成本之大，令人对相关保护项目的可持续性产生怀疑：保守主义的监管立场可能会“挤出”私人投资，导致遗产保护不力，并对公共支出造成相当大的压力。因此，保护遗产的目标可能无法实现。

遗产所有者对监管的反应可能会引发类似的结果。一方面，受到限制和相关成本的威胁，业主可能会加速重新开发，这对遗产存量会产生负面影响（Turnbull，2002）。另一方面，如果费用太高，业主可能会决定不遵守规则，前提是被发现的风险很低；如果是那些定义很广的法规，其监管行为需要配置大量资源，这种情形就很可能发生。“疏导”（见上文）可能会为解决此类问题提供有用的见解。

监管政策的目标，即文物保护，实际上可能会因监管本身的过度扩张而受到威胁。因此，需要引入机会成本概念来推动决策过程。

53.4　政策影响

基于上述考虑，有必要简要概述若干可供社会使用的可能的体制机制，以限制监管者的自由裁量权，并提高公众对政治决策过程的参与。这个问题是关键的，同时也是有争议的：虽然人们普遍认为纳税人有权像其他政策制定者那样主张影响遗产的公共决策，但公共决策过程也确实需要专门知识和专家，这些决定不能完全交由纳税人选择。

我们面临的问题——需要治理结构来限制监管者的自由裁量范围——是一般监管的共同问题，由于选择受到“国家制度禀赋”的限制，因此无法提供统一的解决方案（Levy and Spiller，1996）。体制在遗产领域也很重要，可以设想各种手段来限制监管机构的自由裁量范围。

权力下放通常被视为改善政治参与和加强政府问责的一种手段。在遗产领域，由于区域/地方社区与遗产之间的密切联系，权力下放的积极作用似乎更大（Rizzo and Throsby，2006）。然而，如果没有在监管决策过程中引入足够的激励机制，权力下放本身是不够的（Rizzo and Towse，2002）。

不同的制度特征产生了不同的激励机制。在政府驱动的体制中（如意大利），决策是由官僚机构执行的，决策过程不像在独立机构运作（如英国这样的一臂之距体系）的那样，“以需求为导向”（Mazza and Holler，2013）。其结果是，公民和志愿组织的参与可能会得到加强，公众对监管机构决定的监督也会得到改善。然而，霍勒和马扎（Holler and Mazza，2013）认为，一臂之距原则可能不会在所有国家以相同的方式执行，因为文化影响到宪政和公共主体的行为。

最后，在地方层级采用监管机构与参与保护活动的人（建筑师、建筑公司、工程师等）共同商定的实践守则或指导方针，以便做出事先承诺，减少与保护投入有关的不确定性，可能是有益的。或许还需要扩大对遗产监管者的专业培训范围，以应对保护过去遗产和当代遗产之间取舍的挑战。

53.5 国际维度

在国际上，遗产监管也很普遍，稍加修订，一国所发生的问题也适用于其他国家。

国际级别的建筑遗产规制主要包括非强制执行的指令（章程、业务守则、指引等，这些经协议实施，而不涉及责罚），以及列入联合国教科文组织世界遗产名录（WHL）等。[①] 正如皮考克和里佐（Peacock and Rizzo，2008）所提出的，由于遗产专家的参与程度相当高，随着时间的推移，就相同主题发布的公约、宪章、建议的清单将大大增加；每个组织似乎都有兴趣追求各自的目标，而不太注意各方行动之间的协调。

随着国际社会对遗产保护重视程度的提高，联合国教科文组织世界遗产名录中的遗产数量也在不断增加。然而，这并不能确保作为全球公共产品的文化遗产的保护目标就能实现：列入该名单更能代表国家利益，而不是全球利益，而且保护对象的扩大有可能基于有问题的选择标准（Frey and Steiner，2013）。贫困国家也可能出现可持续性问题，因为保护全球遗产的机会成本很高，而联合国教科文组织并没有为此提供重大财政支持。因此，不论世界遗产名录是否有效促进了旅游业与当地经济的发展，这都是一个开放且有争议的问题（Noonan and Rizzo，2017）。与此同时，通过将注意力集中在指定建筑或区域，该名录很可能产生对其他遗产不利的“置换效应”，尤其是在权力下放的情况下，地方政府可能会对旅游业带来的经济效益更感兴趣（Martorana et al.，2019）。

此外，有些国家亦制定法规，限制艺术品的国际流通，以维护国家认同和声誉，并保障后人的利益。然而，这种政策工具的有效性是一个悬而未决的问题（Giardina and Rizzo，1994）。如果大范围地限制艺术作品出口的，可能会导致收藏家和（或）经销商离开正式市场，以非法方式进行交易，而被发现和惩罚的风险很低，因为有效的监测成本太高。因此，限制往往是无效的，同时可能对艺术市场产生负面的经济影响。

---

① 这种形式的监管被索斯比（Throsby，1997）定义为软监管，以区别于硬监管。

53.6 结 语

一个普遍的争论来自如下分析：遗产监管的范围和强度在所有情况下都无法得到规范性证明，因为它们往往是公共决策过程的内生性产物。什么是文化遗产，什么应该保护，都会随时间的推移而有所不同，其关键取决于专家，因为他们的知识和专业训练使其享有信息优势。如果遗产监管机构采取“保护主义者”的立场，即扩大具有历史重要性的建筑物或区域的名单，而保护法令禁止兼容用途的修改，那么遗产的保护实际上可能受到威胁。广泛的监管将阻碍私人对遗产的投资，并对公共资金施加不可持续的压力。因此，十分有必要引入机会成本概念来推动决策过程论证。同时，不妨扩大对监管机构的专业培训范围，以减少倾向过去而不是未来的有偏见的遗产政策。

由于解决办法受到进行规制的具体体制框架的限制，没有唯一的解决方案可以实现在不同治理结构中限制遗产监管机构自由裁量的范围。通过协商和审查程序以及监管评估，以促进公众更多地参与决策和改进信息，是这里所建议的手段。数字技术如果得到妥善实施，可能在减少信息不对称和提高决策过程透明度方面产生广泛的、潜在的、有益的影响。为了使监管更加以需求为导向，更加具有可问责性，一臂之距制度似乎更为有效。

参见：

遗产；政治经济学；绩效指标。

本章参考：

Allcott, Hunt and Sendhil Mullainathan (2010). Behavior and energy policy. *Science*, 327 (5970): 1204-1205.

Benartzi, Shlomo, Beshears, John, Milkman, Katherine L., Sunstein, Cass, Thaler, Richard, Shankar, Maya, Tucker-Ray, Will, Congdon, William J. and

Galing Seven (2017). Should governments invest more in nudging? . *Psychological science*, 28 (8): 1041-1055.

Benhamou, Françoise (2013). Public intervention for cultural heritage: normative issues and tools. In Rizzo, Ilde and Anna Mignosa (eds.). *Handbook on the Economics of Cultural Heritage*. Cheltenham, UK and Northampton, MA, USA: Edward Elgar, 3-16.

Benhamou, Françoise (2011). Heritage. In Towse, Ruth (ed.). *A handbook of cultural economics*. Cheltenham, UK and Northampton, MA, USA: Edward Elgar, 229-235.

Cameron Samuel (2019). Contemporary challenges to cultural economics. In S. Cameron (ed.) *A research agenda for cultural economics*. Cheltenham, UK and Northampton, MA, USA: Edward Elgar, 21-40.

Chetty, Raj (2015). Behavioral economics and public policy: A pragmatic perspective. *American Economic Review*, 105 (5): 1-33.

Chiodelli, Francesco (2018). The illicit side of urban development: Corruption and organised crime in the field of urban planning. *Urban Studies*, 56 (8): 1611-1627.

Congdon, William J., Kling, Jeffrey R. and Sendhil Mullainathan (2011). *Policy and choice: Public finance through the lens of behavioral economics*. Washington D. C.: Brookings Institution Press.

Cucciniello, Maria, Porumbescu, Gregory and Stephan Grimmelikhuijsen (2017). 25 Years of Transparency Research: Evidence and Future Directions. *Public Administration Review*, 77 (1): 32-44.

Della Vigna, Stefano (2009). Psychology and Economics: Evidence from the Field. *Journal of Economic Literature*, 47 (2): 315-372.

Fernández-Blanco, Victor, Herrero, Luis C. and Juan Prieto-Rodríguez (2013). Performance of cultural heritage institutions. In Rizzo, Ilde and Anna Mignosa (eds.). *Handbook on the Economics of Cultural Heritage*. Cheltenham, UK and Northampton, MA, USA: Edward Elgar, 470-488.

Finocchiaro Castro, Massimo, Guccio Calogero and Ilde Rizzo (2011). Public intervention on heritage conservation and determinants of heritage authorities' performance: A semi-parametric analysis. *International Tax and Public Finance*, 18

(1): 1-16.

Frey, Bruno (2011). Public support. In Towse, Ruth (ed.). *A handbook of cultural economics*, Cheltenham. UK and Northampton, MA, USA: Edward Elgar, 370-377.

Frey, Bruno and Lass Steiner (2013). World Heritage List. In Rizzo, Ilde and Anna Mignosa (eds.). *Handbook on the Economics of Cultural Heritage*. Cheltenham, UK and Northampton, MA, USA: Edward Elgar, 171-186.

Giardina, Emilio and Ilde Rizzo (1994). Regulation in the Cultural Sector. In Peacock Alan and Ilde Rizzo (eds.). *Cultural Economics and Cultural Policies*. Dordrecht: Kluwer, 125-142.

Guccio, Calogero, Pignataro, Giacomo and Rizzo, Ilde (2014). Evaluating the efficiency of public procurement contracts for cultural heritage conservation works in Italy. *Journal of Cultural Economics*, 38 (1): 43-70.

Holler, Manfred and Mazza Isidoro (2013). Cultural heritage: public decision-making and implementation. In Rizzo, Ilde and Anna Mignosa (eds.). *Handbook on the Economics of Cultural Heritage*. Cheltenham, UK and Northampton, MA, USA: Edward Elgar, 17-36.

Levy Brian and Pablo T. Spiller (eds.) (1996). *Regulations, Institutions and Commitment*. Cambridge: Cambridge University Press.

Lichfield, Nathaniel (1988). *Economics in Urban Conservation*. Cambridge: Cambridge University Press.

Martorana, Marco, Mazza, Isidoro, Mignosa, Anna e Ilde Rizzo (2019). The Economics of Heritage: Some Implications of Devolution. In Kunizaki, Minoru, Nakamura, Kazuyuki, Sugahara, Kota and Mitsuyoshi Yanagihara (eds.). *Advances in Local Public Economics—Theoretical and Empirical Studies*. Singapore: Springer International Publishing, 249- 260.

Mazza (2011). Public choice. In Towse, Ruth (ed.). *A handbook of cultural economics*. Cheltenham, UK and Northampton, MA, USA: Edward Elgar, 362-369.

Meier, Stephen (2006). *A survey of economic theories and field evidence on pro-social behaviour*. Federal Reserve Bank of Boston Research Paper Series Working Papers, 06-6.

Noll, Roger G. (1989). Economic Perspectives on the Politics of Regulation. In

Schmalensee Richard and Robert D. Willig (eds.). *Handbook of Industrial Organization*, Volume II. Amsterdam: Elsevier, 1254-1287.

Noonan, Douglas and Douglas J. Krupka (2010). Determinants of Historic and Cultural Landmark Designation: Why We Preserve What We Preserve. *Journal of Cultural Economics*, 34 (1): 1-26.

Noonan, Douglas and Ilde Rizzo (2017). Economics of cultural tourism: issues and perspectives. *Journal of Cultural Economics*, 41 (2): 95-107.

OECD (2017). *Government at a glance*. Paris: OECD Publishing.

OECD (2018). *Regulatory Policy Outlook*. Paris: OECD Publishing.

Peacock, Alan (1994). *A Future for the Past: The Political Economy of Heritage*. Edinburgh: The David Hume Institute.

Peacock, Alan (2013). Adam Smith has returned to live in Edinburgh: a case study. In Rizzo, Ilde and Anna Mignosa (eds.). *Handbook on the Economics of Cultural Heritage*. Cheltenham, UK and Northampton, MA, USA: Edward Elgar, 491-498.

Peacock, Alan and Ilde Rizzo (2008). *The Heritage Game. Economics, Policy and Practice*. Oxford: Oxford University Press.

Pignataro, Giacomo and Ilde Rizzo (forthcoming). Conservation of historical buildings: the rehabilitation of the Benedettini Monastery in Catania. In Bille, Trine, Mignosa, Anna and Bille Trine (eds.). *Teaching cultural economics*. Cheltenham, UK and Northampton, MA, USA: Edward Elgar.

van der Ploeg, Rick (2006). The Making of Cultural Policy: A European Perspective. In Ginsburgh, Victor and David Throsby (eds.). *Handbook of the Economics of Art and Culture*. Amsterdam: North Holland, 1183-1224.

Rizzo, Ilde and David Throsby (2006). Cultural heritage: economic analysis and public policy. In Ginsburgh Victor A. and David Throsby (eds.). *Handbook of the Economics of Art and Culture*. Amsterdam: North Holland, 983-1016.

Rizzo Ilde and Ruth Towse (eds.) (2002). *The Economics of the Heritage: A Study in the Political Economy of Culture in Sicily*. Cheltenham, UK and Northampton, MA, USA: Edward Elgar.

Schuster, Mark J. (2004). Making a List: Information as a Tool of Historic Preservation. In Ginsburgh, Victor A. (ed.). *Economics of Art and Culture*.

Amsterdam: Elsevier, 221-240.

Thaler, Richard H. and Cass R. Sunstein. (2008). *Nudge: Improving decisions about health, wealth, and happiness.* New Haven, CT and London: Yale University Press.

Throsby, David (1997). Seven Questions in the Economics of Cultural Heritage. In Hutter Michael and Ilde Rizzo (eds.). *Economic Perspectives of Cultural Heritage.* London: Macmillan, 13-30.

Throsby, David (2013). Assessment of value in heritage regulation. In Rizzo, Ilde and Anna Mignosa (eds.). *Handbook on the Economics of Cultural Heritage.* Cheltenham, UK and Northampton, MA, USA: Edward Elgar, 456-469.

Towse, R. (2010). *A textbook of cultural economics.* Cambridge: Cambridge University Press.

Turnbull, Geoffrey K. (2002). Land Development under the Threat of Taking. *Southern Economic Journal*, 69 (2): 290-308.

World Tourism Organization (2018). *Tourism and culture synergies.* Madrid: UNWTO, DOI: https://doi.org/10.18111/9789284418978.

World Bank (1994). *Cultural Heritage in Environmental Assessment.* EA Sourcebook Update, n. 8, http://siteresources.worldbank.org/INTSAFEPOL/1142947-1116497775013/20507410/Update8CulturalHeritageInEASeptember 1994.pdf.

延伸阅读：

由于保护涉及技术、艺术和建筑等多个方面，遗产监管引发了跨学科的问题。关于不同类型的“保护”的意义以及经济和技术含义的经典文献，请参见Lichfield, Nathaniel (1988)。欧盟所资助的项目——欧洲文化遗产数量统计(CHCfE) (blogs.encatc.org/culturalheritagecountsforeurope/outcomes/)，创办于2013年，于2015年结项，它提供了基于实证和案例研究的多学科概述，涉及欧盟遗产保护实践和政策在经济、社会、文化和环境等方面的影响。欧盟国家在文化领域的立法和政策的比较性观点，由《文化政策汇编》所提供(www.culturalpolicies.net/web/index.php)。从更具操作性的角度来看，在国际层面，国际遗产管理委员会的报告《世界文化遗产影响评估指南》（https：//www. icomos. org/world_ heritage/HIA_ 20110201. pdf）提供了影响评估的指导方针。在国家层面，有证据表明监管影响评估已被应用于遗产领域，如英国文化、媒体和体育部（Department of Culture，Media and Sports）的《21 世纪遗产保护：“监管影响评估”》（http：//www. culture. gov. uk/images/consultations/hrp_ria. pdf）和澳大利亚维多利亚州环境、土地、水资源规划部的“监管影响声明”（https：//www. heritage. vic. gov. au/ation/heritregulations）。《英国遗产报告：保护原则、政策和指导》很好地反映了遗产保护的设计和实施问题（www. englishheritage. org. uk/upload/pdf/Conservation_ Principles_ Policies_ and_ Guidance_ April08_ Web. pdf? 1265123076），它也提供了通过广泛讨论和协商确立软监管的例子，为保护决策和历史环境的可持续管理提供支持。《遗产统计2018》提供了历史环境保护的数据和指标，以及关于遗产、经济和社会之间联系的定性信息和详细证据（https：//historicengland. org. uk/research/heritage - counts）。

54 超级明星

冈瑟·舒尔茨（Günther G. Schulze）

是什么使明星成为明星？为什么麦当娜（Madonna）、杰斯（Jay-Z）或者汤姆·克鲁斯（Tom Cruise）如此富有？这种竞争模型的简易模式告诉我们，人们根据他们的（边际）生产力获得报酬。这就意味着，鉴于一般作家或演员与斯蒂芬·金（Stephen King）或肖恩·康纳利（Sean Connery）之间的巨大收入差距，明星的才华与那些紧随其后但不享有明星地位的人之间必然存在巨大差距。如果你同意我的看法，即“小甜甜”布兰妮（Britney Spears）的才华与你们当地音乐俱乐部的歌手相差无几，那么，超级明星现象肯定有比简单的竞争模式所能描述的更多东西。

下面我们将分三步进行研究。首先介绍关于超级明星存在的理论论据。其次，讨论关于艺术的实证证据。最后，讨论随着数字化程度的提高，明星现象是如何变化的。虽然明星现象并不仅局限于文化领域——律所、医生、经理、学者，当然还有运动员，都有明星人物——但我们现在关注的重点是艺术领域的超级明星。

54.1 理论概念

舍温·罗森（Sherwin Rosen）在其影响深远的论文《超级明星的经济学》（*The Economics of Superstars*）中阐释了才能上微小的差距是如何转化为收入上巨大的不同的。其根本原因在于需求侧不同质量（否则就是“相同”服务）之间的不完全可替代性，以及生产技术允许共同消费。他首先承认，狭义服务的不同质量（比如，某场贝多芬音乐演奏会）是不可被完全替代的消费品：人们理智地偏爱数量较少的高质量服务，而不是享受中等水平的更多服务。[①] 事实上对许多服务（如医疗服务）来说，单单这种较高支付意愿就会导致薪酬差异。这就解释了将质量转化为收入函数的凸性。[②] 然而，只有考虑到消费技术时，明星和其他才华稍为逊色的同行们之间巨大的收入差距才能得到解释。例如，一场古典音乐会的公开表演展示了其俱乐部产品的特征——随着观众人数的增加，单位成本降低。在某些时候，由于在中等音乐厅办古典音乐会比在露天足球场要更令人愉悦，所以就会出现拥挤成本。这些拥挤成本限制最优观众规模，因此导致非退化市场均衡（non-degenerate market equilibria）（不止一个供应商）。当然，高质量的艺术要求更高的价格和更好的观众，从而获得更高的收入。“封装表演”（canned performances），如 CD、电视节目、书籍、录音带还有电影，是不存在这种拥挤性的。按照罗森的假设，这导致了最好的那位艺术家（或那个艺术家群体）服务于整个市场。潜在的市场准入限制了艺术家的市场势力，但由于她明显地优于其后一位，因而所享有的经济租金带来的价格要比最接近的竞争对手进入市场所需的价格高。这种质量差异可能很小，虽然它必须易于察觉；它在生产中通过规模经济发挥杠杆作用，使租金总额变得非常大。罗森用一个简单的模型得出一个强有力的观点；考虑到其论点非常简单明了，他留下了许多重要的内容供他人探索。他故意无视产品的差异化，因为他非常狭隘地定义竞争市场，而且并不像兰卡斯特（à la Lancaster）或者迪克西特-斯蒂格利茨（Dixit-Stiglitz）那样采用垄断的竞争模式。[③] 就像他的模型预测的，不管是男性还是女性，电影明星都远远不止两三个，摇滚乐队的超级明星更是不在少数。不同的品味或对多样性的热爱，成了明星力量的重要限制，除此之外，还有其他竞争者进入的威胁。另外，他也没有解释为什么人们更加喜欢一场超级明星的演出，而不是一系列质量

---

① 作为一种方便的建模技巧，他假设从特定服务 y 所获得的效用是每单位产出 z 和数量 n 的质量的乘积，$y=nz$，因此采用了一种平滑的数量—质量替代技术（相对于效率单位中的劳动概念）。这使得他能够为 y 的单一市场使用竞争框架，而不是对不同质量产品垄断竞争进行建模。不完全可替代性是通过单位数量消费的固定成本引入的，这导致消费者倾向于将成本最小化，选择较少的高质量服务（而不是更多的低质量服务），因为这降低了固定成本。关于迪克西特-斯蒂格利茨（Dixit-Stiglitz）艺术多样性模型，参见 Hamlen（1994）。

② 罗森（1981）写道：“听一群平庸的歌手唱歌，加起来也算不得一场出色的演出。如果一个外科医生在挽救生命方面比同事多出 10%的成功率，大多数人愿意为他的服务支付超过 10%的溢价。”尚帕尔诺（Champarnaud，2014）认为，不同才艺的艺术家与不同鉴赏力的消费者之间的匹配，在一定的情况下，可能会导致凸而非凹的价格与人才关系。

③ 参见 Rosen（1981），Rosen（1983）。

略低的表演，而仅仅只是假设而已。最后，他也没有解释超级明星的出现，而是假设艺术家们在质量方面有一个既定且可观察的分布。阿德勒（Adler，1985）和麦克唐纳（MacDonald，1988）填补了某些空白。

麦克唐纳（MacDonald，1988）提供了罗森模型的动态版本。在一个两阶段随机模型中，表演者决定是否表演，一旦表演显示质量（不管好坏），就可以被所有感兴趣的人观察到。由于每个艺术家的成果都是具有相关性的，所以第一阶段的评论对第二阶段的表现具有预测能力。这种知识积累导致了稳定状态下的市场细分：那些在第一阶段评价不好的人，会选择外部的替代性职业；而那些在第一阶段表现良好的人，就控制着比新人更大的消费群体，有着更高的价格，因为消费者在质量方面面临较小的风险，并愿意为此付出代价。这些艺术家在第二阶段比第一阶段的收入有了大幅提高——他们就成了明星。

摩西·阿德勒（Moshe Adler）在其文章《明星与天才》中将学习过程描述为理解明星现象的关键。学习艺术是如此重要，因为艺术消费在边际效用上是积极成瘾的，艺术消费的边际效用随着欣赏艺术能力的增加而增加，这是过去艺术消费的功能（Stigler and Becker，1977）：你了解得越多，就越欣赏它。在消费艺术的过程中，"消费资本"的积累使得艺术消费的边际效用随着时间的推移而增加。① 这种学习过程并不是指学习一般的艺术，而是指具体的艺术形式，甚至是艺术家。通过消费该艺术家所提供的艺术服务，并与其他粉丝讨论，建立起对于特定艺术家的消费资本，后者产生了积极的网络外部性，因为寻找与特定艺术家进行互动的人的成本很高。② 这就解释了明星的存在：明星之所以诞生，是因为与其他任何可能具有同等（甚至更高）才华的艺术家相比，最初碰巧有更多（略多）的人认识这位艺术家，并就他/她有着更多的交流。如果这位艺术家的消费资本迅速增加，他/她就会滚雪球般快速成为一个明星。③ 因此，与罗森相

① 这个观点可以追溯到阿尔弗雷德·马歇尔，他写道："因此，（边际效用递减）法则也不例外，一个人听的好音乐越多，他对音乐的品位就越强。"有大量的经验证据证明这种成瘾效应。例如，参见 Smith（1998）。

② 该机制类似于使用文字处理器和其他计算机程序的正网络外部性，随着文件交换、故障排除等变得更容易，用户基数越大，这些外部性的价值就越高；同样，社交媒体网络和约会应用程序的效用也随着潜在（会话性）伴侣数量的增加而增加。

③ 泰尔维奥（Terviö，2009）的研究表明，如果发现人才的成本很高，企业将不会寻找那些满足于——平庸的——薪酬过高的现有人才。"超级明星"是由人才发现过程创造出来的，而不是由人才稀缺造成的。

反，阿德勒认为最初的知名度而非才华对创造超级明星起着决定性作用。①

这两个概念对效率的界定也有所不同。在罗森的模型中，明星市场是高效的，因为那些拥有相同或者更高才华的艺术家可以进入市场并确立自己的明星地位。在阿德勒的模型中，更高才华的艺术家可能无法从现有享有更高知名度的明星那里吸引消费者，这成了他们成为超级明星的障碍（Adler，2006）。

伯格汉斯和格鲁特（Borghans and Groot，1998）认为，超级明星的收入超过了其边际的福利贡献，这是因为超级明星由于处于“最优”地位而拥有垄断权，却以牺牲其他艺术家为代价。效率低下也可能是由于潜在的超级明星的寻租行为，他们试图捕获明星的租金而导致租金耗散。弗兰克和库克（Frank and Cook，1995）认为，明星的薪水会引发艺术家寻求成为明星的行为，这些艺术家无视其他教育和职业，最终导致与其他行业相比，其薪酬水平最终不高。阿德勒（Adler，2006）指出，艺术家也从艺术家身份那里获得了精神收益，这使得作为艺术家与其他职业之间的纯粹货币比较是不完整的。里希特和施奈德（Richter and Schneider，1999）认为，可能会出现低效率，因为超级明星享受消费的外部性——受欢迎程度——具有经济价值（例如，以商业合同的形式），并且表演的组织具有自然垄断的特征。

54.2　经验证据

哈姆伦（Hamlen，1991；1994）通过对 1955—1987 年 115 位歌手的样本，试图找出美国歌坛的超级明星效应。罗森（Rosen，1981）意义上的明星现象要求，“人才的微小差异在收入的巨大差异中被放大，而接近量变顶端的地方，收入—人才梯度急剧增大”，因此实证分析需要一个可量化的“人才”概念。哈姆伦使用了关于声音的和内容的数据，这个概念来自关于声音的技术文献，它度量了“深度”和“丰富性”（Hamlen，1991）。他研究唱片总销量（Hamlen，1991）和热门单曲、热门专辑（Hamlen，1994）测量的质量以及其他的歌手属性，如歌手性别、种族、首次推出单曲或专辑的年份、是否有出现在电影中、是否属于知

① 超级明星可能具有文化差异性，这就提出了一个问题：明星的影响力如何受到全球化的影响（Adler，2006）。

名乐队、是否自己写歌，等等。在他的第二篇论文中，他结合了这样一个事实："低端"单曲市场的成功可能会成为高品质的信号，为消费者在"高端"专辑市场中的选择提供信息。①

尽管以声音质量来衡量的才能会增加唱片销售，但是哈姆伦（Hamlen，1991；1994）并没有发现放大效应。对人才的奖励远远低于人才差距的比例，因此他无法确定罗森意义上的超级明星现象。低端的单曲市场是专辑市场的过滤器，这与麦克唐纳关于多阶段信息累积过程的想法是一致的。虽然在单曲市场中声音质量是很重要的，但在专辑市场就显得无足轻重了，在单曲市场成功就是一个质量指标。歌手除了声音之外的其他特质，如性别、种族、在电影中的露面、属于优秀乐队，也都影响着成功。这已经表明，成功的因素不仅仅是天赋。

钟和考克斯（Chung and Cox，1994）的研究表明，1958—1989 年的黄金唱片遵循特定的尤尔分布（Yule distribution），

$$f(i) = l/i(i+1), \quad \Sigma f(i) = 1$$

$f(i)$ 是获得 i 金曲表演者的份额（$i=1, \cdots, \infty$）。尤尔分布总体上描述了各种社会学、生物学和经济学现象，如收入分配、城市人口分布、科学家论文数量等。潜在的购买概率可以被描述为一个连续的购买过程：首先，一个消费者跟着另一个人购买了一张唱片，然后，两个消费者购买不同的唱片，如此循环往复。每一轮唱片的选择遵循着两个假设：①第 $k+1$ 个消费者购买一张已经被 i 选择唱片的可能性，与之前 k 个消费者中的 i 成正比；②第 $k+1$ 个消费者选择了之前 k 个消费者都没有购买的唱片，是一个小概率事件。假设②代表了阿德勒（Adler，1985）的雪球效应。由于观察到的金曲分布与包含这种雪球效应的随机过程的结果一致，作者得出结论：超级明星现象仅仅是一种概率机制的结果，并因此预言，"艺术的产出将集中在少数几个幸运的个体手中"（Chung and Cox，1994）。在他们的解释中，超级明星的出现并不必须有天赋差异，而是最初缺乏用户群以致难以持续巩固其地位。这支持了阿德勒关于超级明星出现的想法。贾尔斯（Giles，2006）计算了 1955—2003 年美国榜单上排名第一的热门单曲的寿命，以及每个歌手登上榜首的热门单曲的数量。与钟和考克斯相反，他没有发现他两项关于成功的测量结果是遵循尤尔—西蒙分布的。斯皮尔迪克和沃内韦尔德（Spierdijk and Voorneveld，2009）认为上述两个成果都只测试了一个特殊的尤尔分布（当 $\rho=1$），这在经济上是不可信的，并且他们使用的测试（拟合优度）

① 单曲的发行通常先于专辑市场的发行（尽管成熟明星有时会回到单曲市场）。

（χ^2 goodness-of-fi）不适合超级明星现象。使用钟和考克斯以及贾尔斯的三个数据集，并应用参数引导更好的评估技术和更强大的测试，[①] 他们发现只有针对较低的分数位，尤尔分布才接近于经验分布。总的来说，他们否认了尤尔分布，因为它的上尾太重了。广义上的尤尔分布会导致更好的拟合。

菲利蒙等人（Filimon et al.，2011）间接检验了这两种超级明星理论。他们分析了在巴斯克和加泰罗尼亚地区引入的旨在增加当地媒体艺术（和语言）内容的地方语言政策。根据罗森的说法，这不会对 CD 的销售产生任何影响，因为人才的分配是不变的；根据阿德勒的说法，这应该会增加销量，因为通过这个措施，本地艺术家的受欢迎程度提高了，而顶级艺术家的受欢迎程度保持不变。顶级艺术家的音乐消费效用保持不变，而本土音乐的消费效用比以前更高。他们发现，在加泰罗尼亚地区，整体音乐销量增加，并将此解释为对阿德勒理论的支持。

这种经验方法未能为超级明星现象提供确凿的证据。在哈姆伦的方法中，声音的谐波含量是否是非古典乐歌手（摇滚、民谣等）的艺术价值衡量标准是不确定的。魅力、性感、歌词的内容以及舞台表演，也都是歌手成功的重要因素，[②] 并且很难衡量孰轻孰重。因此，哈姆伦的方法受到被忽略的变量偏差的干扰。钟和考克斯研究的巧合结果，并未告诉我们消费者选择的根本原因，结果可能与纯粹的强化概率机制相一致，但这个事实并不能严格证明它在起作用。观察到的结果也可以解释为，对消费者认为是最高质量东西的偏爱，以及对多样化和不同口味的某种偏爱。[③] 菲利蒙等人的分析最多可以为超级明星理论提供间接证据；他们的发现在观测上相当于一个具有差异化商品和高搜索成本（没有基于用户的知名度影响）的模型：平均搜索成本的降低将增加总体消费。

检验罗森理论的主要困难是，如何正确地衡量艺术品质。然而，明星并不局限于艺术，而是在体育和其他领域扮演着重要的角色。在体育运动中，这些经验

---

① 他们使用离散的 Anderson-Darling 和离散的 Kolmogorov-Smirnov 检验，与 ML 和 MM 估计一并使用。

② 鲍勃·迪伦的成功证明了歌手的成功不仅要拥有一副美妙的嗓音，如下歌手都是如此：布兰妮·斯皮尔斯、辣妹组合、AC/DC 乐队。

③ 克雷恩和托利松（Crain and Tollison，2002）认为，如果获得的消费资本（非明星）较低且时间较长，而且个人与同伴就明星与非明星话题相比较而言更容易沟通，特别是消费者是年轻人，那么，将消费从非明星转换为明星的概率更大。如果时间偏好率更高，转换的可能性就更小。其分析表明，对年轻人而言，明星的集中程度更高，但时间偏好相关指标得出的证据并不一致。他们展示了收入分配偏斜度的决定因素，但没有检验超级明星理论（由于很难衡量艺术质量，他们声称超级明星理论是不可检验的）。

性问题并不严重，因为质量更容易衡量。“软技能”（如魅力、长相或歌词）在这方面的作用较小；绩效可以用英寸、毫秒或目标来度量，并且可以随时获得全面的统计数据。因此，体育明星现象的实证分析更有希望（Lucifora and Simmons，2003）。在对德国足球联赛的分析中，莱曼和舒尔茨（Lehmann and Schulze，2008）测试了包括多种性能参数的罗森理论，以及通过包括球员媒体表现那部分变量（这并未由其球场上的表现来解释）的阿德勒—麦克唐纳（Adler-MacDonald）理论。阿德勒的个人互动对艺术家特定消费资本获取的重要性，和麦克唐纳的信息积累过程的观点，指向了大众传媒的信息获取，因而也是消费资本的重要作用。因此，媒体表现应该包括在超级明星的实证分析中。作者强调分位数回归方法是人才收入梯度的凸性，媒体表现的作用对收入分配的上尾部尤为重要。然而，他们未能找到证据表明足球明星的表现或媒体表现的差异转化成的收入超比例的差异。

54.3 数字时代的明星

54.3.1 票价与唱片销售的对比

克鲁格（2005）分析了摇滚音乐会门票价格飞涨的原因。[①] 此外，他还测试了随着消费电子产品和互联网变得无所不在，从而增加了有效受众规模，明星的回报是否有所增加。在《滚石摇滚百科全书》（*Rolling Stones Encyclopedia of Rock & Roll*）中，他用艺术家/乐队的空间来衡量超级明星的力量。他发现，明星效应很大，而且还在不断增加，但它们无法解释票价飙升的原因。相反，音乐非法下载的增加使音乐会上座率与唱片销售脱钩，因此，为了增加上座率和唱片销售而保持低票价不再有意义。

54.3.2 明星与长尾现象

艺术产品（CD、MP3、电子书）的数字化和艺术产品在线销售的增长如何改变了超级明星现象？这个问题引起了相当大的争论。超级明星理论的支持者认

① 1996—2003 年，票价上涨了 82%，而 CPI 上涨了 17%。

为，随着市场效率的提高、搜索成本的下降和透明度的提高，识别和获得最高质量的产品变得更加容易，“赢者通吃”效应已经增强（Frank and Cook，1995）。相反，长尾理论的支持者（Anderson，2004；2006）认为，需求从最受欢迎的产品（头部）转向利基产品（尾部）有三个原因：首先，生产成本的下降导致产品种类增多。其次，数字产品的物理存储容量限制消失，在线交易的物理产品（与实体店相比）的存储容量也大大降低，这使得利基产品在经济上具有可持续性。最后，新的数字信息渠道（社交媒体渠道，如 Facebook 群组或 YouTube 频道、博客、在线论坛等）的出现迎合了特定的利基利益，使消费者更容易找到理想品种（Peltier，2016）。也有学者的研究（Weeds，2012）表明，超级明星和长尾现象可以共存。

经验证据一直没有定论。[①] 布伦若尔弗松等人（Brynjolfsson et al.，2003；2010）发现，美国图书销售的集中度在 21 世纪头十年有所下降。布尼等人（Bounie et al.，2010）的研究表明，法国的在线图书销售不如线下销售集中。班戈齐和本哈穆（Benghozi and Benhamou，2010）没有发现长尾效应对音乐的显著影响。而佩尔蒂耶尔和莫罗（Peltier and Moreau，2012）的研究表明，法国的图书销售在一定程度上从畅销书转向了中等销售书籍。布尔罗等人（Bourreau et al.，2013）发现，法国唱片公司为了应对数字化而扩大其曲目，曲目销量增加，但单曲销量减少，因而其总销量并没有增加。克雷恩和托利松（Crain and Tollisson，2002）以美国音乐产业为例，展示了自 20 世纪 70 年代以来超级明星效应的增长。巴塔查尔吉等人（Bhattacharjee et al.，2007）的研究表明，P2P 共享文件激增后，美国排行榜上专辑的平均存活时间有所下降，但明星专辑的存活时间没有下降。因此，数字化并没有削弱超级明星的力量。

奥达尼尼和努涅斯（Ordanini and Nunes，2016）考虑了三大技术变化——从模拟到数字录制（CD），从静态到移动音频文件（MP3），从非法的文件共享到合法的 DRM 在线音乐销售（如 iTunes）。他们分析了美国公告牌百强单曲榜，并调查了研究的时间段内人们对单支歌曲和单个艺术家的关注程度是否出现集中现象。他们对技术变化对超级明星和长尾现象的影响产生了微妙的看法，这取决于时间周期（即技术变化）和超级明星定义（前 100 名与前 10 名）。总的来说，他们发现了从更多超级明星（艺术家）的更少热门单曲到更少超级明星的更多热门歌曲的转变。综上所述，新兴的图景仍然非常复杂，结果取决于国家、艺术

---

① 关于文化背景下相关贡献的调查，参见 Peltier et al.（2016）。

形式（书籍、音乐）、时间跨度和产品（例如，专辑 vs 单曲、漫画 vs 小说）。

54.3.3 网络超级明星——凯莉·詹娜（Kylie Jenner）现象

数字化不仅改变了现有明星的商业模式，也创造了没有互联网就不会存在的明星——互联网超级明星。一个突出的例子是 YouTube 上的“网红”（influencers），他们的收入分配非常不平衡，大多数“网红”赚的钱很少，有些人变得非常富有（Bartel，2018；Eror，2018）。成功的关键是建立粉丝群——这需要有吸引力的内容——这些内容可以直接通过 YouTube 或付费产品广告获得回报;① 网红可以通过线下的名人（如歌手、运动员等），也可以完全通过在线方式，吸引受众。网红及其追随者进行准社会互动，并将网红视为榜样和顾问（Horton and Wohl，1956；Lueck，2015；Rasmussen，2018）。社交媒体的网红女王是凯莉·詹娜，她在 21 岁的时候就成了亿万富翁。利用流行节目“跟上卡戴珊”（Keeping up with the Kardashians）”的受欢迎程度，她通过社交媒体来创建一个关于亲密和友谊的幻觉，树立了一个榜样，并吸引了大量敏感的观众。这让她不仅可以出售自己的品牌，还可以最有效地代言其他品牌，迅速成长为社交媒体的超级明星。②

当然，詹娜并不是罗森心目中的超级明星。

参见：

音乐产业；批评；全球贸易。

本章参考：

Adler，Moshe（1985）. Stardom and Talent. *American Economic Review*，75：208-212.

Adler，Moshe（2006）. Stardom and Talent. In Victor Ginsburgh and David

① https：//influencermarketinghub. com/how-much-do-youtubers-make/ and https：//www. mic. com/articles/192799/how-much-money-do-influencers-actually-make（accessed 12. June 2019）.

② https：//www. youtube. com/watch？ v = IwUStSSx3gU，https：//www. youtube. com/watch？ v = _L4JNftstL0，https：//www. youtube. com/watch？ v=1MszqmROsEA.

Throsby (eds.). *Handbook of the Economics of Art and Culture*, Vol. I, ch. 25, 895-906.

Anderson, Chris (2004). The long tail. *Wired Magazine*, 12 (10): 170-177.

Anderson, Chris (2006). *The long tail.* New York: Hyperion Press.

Bärtel, Mathias (2018). YouTube channels uploads and views: A statistical analysis of the past 10 years. *Convergence: The International Journal of Research into New Media Technologies*, 24 (1), 16-32.

Benghozi, Pierre-Jean andFrançoise Benhamou (2010). The long tail: Myth or reality?. *International Journal of Art Management*, 12 (3): 43-53.

Bhattacharjee, Sudip, Ram Gopal, Kaveepan Lertwachara, James Marsden and Rahul Telang (2007). The effect of digital sharing technologies on music markets: A survival analysis of albums on ranking charts. *Management Science*, 53 (9): 1359-1374.

Borghans, Lex and Loek Groot (1998). Superstardom and monopolistic power: Why media stars earn more than their marginal contribution to welfare. *Journal of Institutional and Theoretical Economics/ Zeitschrift für die gesamte Staatswissenschaft*, 154 (3): 546-571.

Bounie, David, Bora Eang and Patrick Waelbroeck (2010). Marché Internet et réseaux physiques: comparaison des ventes de livres en France. *Revue d' Economie Politique*, 120 (1): 141-162.

Bourreau, Marc, Michel Gensollen, François Moreau and Patrick Waelbroeck (2013). 'Selling less of more?' The impact of digitization on record companies. *Journal of Cultural Economics*, 37: 327-346.

Brynjolfsson, Erik, Yu Hu and Michael Smith (2003). Consumer surplus in the digital economy: Estimating the value of increased product variety at online booksellers. *Management Science*, 49 (11): 1580-1596.

Brynjolfsson, Erik, Yu Hu and Michael Smith (2010). *The longer tail: The changing shape of Amazon' s sales distribution curve*, Working Paper. Available at http://ssrn.com/abstract=1679991. Accessed 12. June 2019.

Champarnaud, Luc (2014). Prices for superstars can flatten out. *Journal of Cultural Economics*, 38: 369-384.

Chung, Kee and Raymond Cox (1994). A Stochastic Model of Superstardom: An

Application of the Yule Distribution. *Review of Economics and Statistics*, 76: 771–775.

Crain, Mark and Robert Tollison (2002). Consumer Choice and the Popular Music Industry: A Test of the Superstar Theory. *Empirica*, 29: 1–9.

Eror, Alex (2018/2019). Just How Much Money Do "Influencer" Make?. *Highsnobiety*, 18th June 2018, www. highsnobiety. com/p/how-much-do-influencers-make/ (accessed 12th June 2019).

Frank, Robert and P. Cook (1995). *The Winner-Take-All Society*. New York: The Free Press.

Giles, David (2006). Superstardom in the US Popular Music Industry Revisited. *Economics Letters*, 92: 68–74.

Hamlen, William (1991). Superstardom in Popular Music: Empirical Evidence. *Review of Economics and Statistics*, 73: 729–733.

Hamlen, William (1994). Variety and Superstardom in Popular Music. *Economic Inquiry*, 32, 395–406.

Horton, Donald and Richard Wohl (1956). Mass Communication and Para-Social Interaction: Observations on Intimacy at a Distance. *Psychiatry*, 19 (3), online at https: //doi. org/10. 1080/00332747. 1956. 11023049.

Krueger, Alan (2005). The Economics of Real Superstars: The Market for Rock Concerts in the Material World. *Journal of Labor Economics*, 23 (1): 1–30.

Lehmann, Erik and Günther Schulze (2008). What Does It Take to be a Star? — he Role of Performance and the Media for German Soccer Players. *Applied Economics Quarterly*, 54 (1): 59–70.

Lueck, Jennifer (2015). Friend-zone with benefits: The parasocial advertising of Kim Kardashian. *Journal of Marketing Communications*, 21 (2): 91–109.

Lucifora, C. and Simmons, R. (2003). Superstar Effects in Sports: Evidence from Italian Soccer. *Journal of Sports Economics*, 4: 35–55.

MacDonald, Glenn (1988). The Economics of Rising Stars. *American Economic Review*, 78: 155–166.

Marshall, Alfred ([1891] 1962). *Principles of Economics*. London: Macmillan.

Peltier, Stéphanie, Françoise Benhamou and Mamoudou Toure (2016). Does the long tail really favor small publishers?. *Journal of Cultural Economics*, 40: 393–412.

Peltier, Stéphanie and François Moreau (2012). Internet and the "long tail versus superstar effect" debate: Evidence from the French book market. *Applied Economics Letters*, 19 (8): 711–715.

Rasmussen, Leslie (2018). Parasocial Interaction in the Digital Age: An Examination of Relationship Building and the Effectiveness of YouTube Celebrities. *The Journal of Social Media in Society*, 7 (1): 280–294.

Richter, Wolfram and Kerstin Schneider (1999). Competition for Stars and Audiences: An Analysis of Alternative Institutional Settings. *European Journal of Political Economy*, 15: 101–121.

Rosen, Sherwin (1981). The Economics of Superstars. *American Economic Review*, 71: 845–858.

Rosen, Sherwin (1983). The Economics of Superstars: Reply. *American Economic Review*, 73: 460–462.

Smith, Thomas (1998). The Addiction to Culture. paper presented on the biannual meeting of the Association for Cultural Economics International in Barcelona, 14–17 June 1998; also part of 'Two Essays on the Economics of The Arts: The Demand for Culture and the Occupational Mobility of Artists', unpublished doctoral dissertation, University of Chicago.

Spierdijk, Laura and Mark Voorneveld (2009). Superstars without Talent? The Yule Distribution Controversy. *Review of Economics and Statistics*, 91 (3): 648–652.

Stigler, George and Gary Becker (1977). De Gustibus Non Est Disputandum. *American Economic Review*, 67: 76–90.

Terviö, Marko (2009). Superstars and Mediocrities: Market Failure in the Discovery of Talent. *Review of Economic Studies*, 76: 829–850.

Weeds, Helen (2012). Superstars and the long tail: The impact of technology on market structure in media industries. *Information Economics and Policy*, 24 (1): 60–68.

延伸阅读：

延伸阅读，建议参见 Rosen（1981），Adler（1985）。

55 税收优惠

约翰·奥哈根（John O' Hagan）

“就像大多数的罪恶一样，税收减免更容易被谴责而不是受到抵制……现在看来，税收支出很可能在今年（美国）大选中发挥核心作用”（*Economist*，2012）。

“我很有钱，也很慷慨。在一家美国投资银行诸多客户身上敲诈整整一辈子之后，我成了艺术的赞助人。我的会计师批准。一次适时的捐赠，可帮我将税率降至个位数。事情就是这样的。你——我说的你，指的是其他富裕和贫穷的纳税人——必须提供无限的补贴，以匹配我的慷慨。”（Stephens，2012）

以上所摘取的是2012年英美围绕税收支出问题激烈辩论的热点言论。[①] 原因是当时两国均建议修订支持捐赠/遗赠的税收措施，其中也包括艺术。

自20世纪初以来，其中的有些措施已经成为美国政府艺术政策的基石，至今仍然如此。有些欧洲国家也存在类似措施，尽管规模较小，但就像美国一样，也不时会引起争论。

许多人仍然强烈呼吁在欧洲实行更多的美国式税收政策。然而，有不少人就美国慈善捐赠方面的税收政策提出了尖锐的批评，其中最权威、最全面的仍然是费尔德、奥黑尔和舒斯特（Feld，O' Hare and Schuster，1983）的批评。然而，如今美国那些参与艺术政策制定的人也会质疑慈善捐款扣除作为将公共资金引导到艺术领域的一种手段。特别是魏尔（Weil，1991）在一篇十分具有说服力的文章中为此进行辩护，而不主张直接政府拨款，并哀叹美国税收变化导致税收激励规模的缩小。西蒙（Simon，1987）在对美国非营利组织税收待遇进行综述时，也为税收优惠而不是政府拨款进行辩护。

---

① 本章主要参考 O' Hagan（2012）。

在欧洲，还有其他用于艺术的税收支出，虽然这些支出的规模比美国的慈善捐款要小得多，也更难以捉摸，但欧洲艺术界对此强力捍卫，因为它确实重要。有几个欧洲国家对慈善捐款有税收减免，对艺术还有其他税收减免。不过，主要政策似乎与增值税（VAT）优惠有关，其中的变化受到广泛的公众辩论。此外，适用于非营利组织的重要财产税豁免在欧洲和美国都很普遍。

这些税收的具体措施究竟是什么？这些措施对纳税人的成本是多少？与直接补贴相比，税收措施有哪些优点/缺点？本章将简要介绍这些问题。

下面首先概述欧洲和美国针对艺术的主要税收优惠的范围和性质，其目的不是记录这些优惠的细节，而是确定存在大规模税收优惠的事实，而且就美国的艺术资助而言，直接补贴就相形见绌。而直接补贴在欧洲的规模相当大。税收优惠涉及三种不同的情况：慈善（现金）捐款扣除、增值税和艺术家收入的征税。① 到目前为止，这些都是此类优惠所造成税收损失的原因，而且也都引发了有趣的经济问题。其次，将讨论为什么税收支出通常不像直接拨款/补贴那样被视为纳税人的成本。再次，我们遵循两个标准（国家干预和效率）讨论税收支出与直接资助艺术的优缺点。最后是本章的结束语。

55.1 税收优惠的范围和性质

55.1.1 慈善捐款扣除

减税明显改变了针对艺术的慈善捐赠的价格。具体地说，税收减免可减少他/她将固定数额的款项转拨给艺术机构的净成本，从而可诱使捐助者提供比没有税收优惠时更多的资金。例如，如果捐赠者想在免税之前给博物馆捐款 500 欧元，假设边际税率为 50%，那么税收减免就有双重效果：首先，减税后的捐赠成本就只有 250 欧元；其次，这引发了关联反应，特别是捐赠者会增加初始捐赠。如果捐赠者将捐赠额增至 1 000 欧元，那么净成本将为 500 欧元，与个人在享受税收优惠前愿意捐赠的金额相同。这种诱导捐赠的规模是相对于艺术捐赠的价格弹性。当然，这取决于捐赠者是否知道边际税率，而边际税率又取决于捐赠者的总收入。

① 慈善实物捐助和财产税豁免是其他重要的减免方式，此处没有涉及（O' Hagan 2012）。

慈善捐款扣除还需注意如下几个要点。首先，税收支出通常取决于捐赠者的边际税率，从那些不交纳个人所得税的零税率到最高税率，乘以最高收入者的捐赠价值（为便于说明，我们假定最高税率是50%）。因此，一个人的边际税率越高，国家对捐赠的补贴就越多：那些税率为0的捐助者，如果捐赠500欧元的话，那么国家所承担的成本为0；如果捐助者的边际税率为50%，那么捐助者只需支付250欧元，国家支付其余的250欧元。其次，法律对扣除的限制有所不同。该制度必须有一个“偏爱”机构分类，而这个分类将对税收激励的程度产生巨大影响。再次，税收减免的程度也很关键，原则上从0到捐赠金额的100%不等。因此，决定哪些机构可以受惠以及捐赠可获多少税款扣除，是税收计划的关键特征。最后，减免只适用于针对机构（无论是永久性的还是临时性的）的捐赠，而不适用于针对个人的捐赠。

美国的联邦所得税法规定了艺术的三项重要的所得税支出：个人慈善所得税的扣除，公司所得税的扣除，以及放弃财产赠予的资本利得税。慈善捐款占税收支出的绝大部分，是美国联邦政府对艺术间接支持的基石。这也是本章唯一要讨论的内容（O'Hagan，2012）。[①]

慈善捐款也占了美国艺术总资金的大部分。例如，它是通过国家艺术基金（National Endowment for the Arts）——美国联邦政府向艺术提供补贴的主要渠道——所发放联邦直接资助的10~15倍。此外，此项税收支出的相对重要性似乎大大增加（Feld，2008）。[②]

欧洲的情况则截然不同。从现有证据来看，与慈善捐款扣除相关的税收支出似乎很小（Schuster，1986；*Economist*，2012），其主要的原因是，欧洲将慈善捐款视为高普通税率的功能，而不是视为预期在税收之外所缴纳的款项。

无论欧洲主要国家和美国的运作系统有何不同，它们都不太可能解释后者所产生的更大的领受率（take-up）以及因此而产生的税收支出。“实践中的差异肯定更多的是由于（欧洲）国家公共部门的相对重要性，面对如此大量的公共支持，私人就缺乏主动性，以及对艺术的支持。”（Schuster，1986）这当然是一个合理的论点。

---

① 由于将艺术、文化和人文科学归为一类，因此很难获得有关艺术捐赠的数据。就慈善捐款总额而言，大约76%来自个人，12%来自基金会，8%来自遗产，4%来自公司（Schuster，1986）。因此，总体情况是清晰的，个人捐赠占主导地位。

② 有关税收支出的一般讨论，请参见Barrios et al.（2016）。

55.1.2 增值税（VAT）

欧洲的主要有效税收优惠是对艺术部门产品的消费实行增值税优惠，但似乎很少估计这项税收优惠的成本。这是一项特别惠及表演艺术的税项减免，因为它通常适用于所有表演艺术团体的产出，而不只是受公共资助的机构（这些机构获得大量的直接公共资助）。

欧盟国家之间在标准税率与适用于艺术部门的税率方面存在很大差别。标准税率的水平很重要，因为要计算的是较低税率与之相应的税项支出。与减免有关的税款可能会非常庞大，因为这相当于演艺机构（不单是非营利机构）票房收入的15%~20%。这是假设如果表演艺术行业征收增值税，其上座率不会大幅下降。如前所述，增值税率的降低适用于所有艺术机构，这使得它成为非专门性的筹资手段。

另一个关键问题是，谁将从增值税优惠中受益？是服务的消费者还是生产者，抑或两者共享利益？通常假设增值税以较高价格的形式完全转嫁给消费者，因此消费者支付成本，并从增值税相关优惠中受益。不过这需要资格审查。如果消费者被全额收取增值税，那么消费者面临的价格上涨可能会导致服务需求的下降，随后生产者也会蒙受损失。此外，如果增值税税率下降，也不能保证价格会下降，因为机构可能会决定提高边际收入，而不是将收益转让给消费者。事实上，对于非营利性机构来说，减少增值税将降低生产成本，使其在与其他征收增值税的消费品和服务生产商的竞争时保有竞争力，这就会降低其提高效率的动机。

55.1.3 艺术家收入的征税

在这个标题下出现了几个问题。首先，艺术家的收入是否应该在所得税和社会保障税方面与其他纳税人区别对待？其次，是否对与艺术家有关业务的费用进行不同的处理？最后是艺术家向艺术机构赠送/遗赠的税务处理问题。我们只讨论第一个问题（关于其他问题的讨论，见 O'Hagan，2012）。

有一个欧洲国家，即爱尔兰，竟然完全免除创意艺术家收入的所得税。这项措施是1969年实施的，据估计，该计划每年所需的费用约等于艺术委员会预算总额的13%，是直接拨款给个别艺术家费用总额的两倍。（O'Hagan and Duffy，1988）这项税收条款受到强烈的批评（Schuster，1986），并在最近几年进行了重大修改。

55.2 税收减免也费钱[①]

奇怪的是，如此多的人仍然不把成本（即税收支出）与艺术相关税收优惠联系起来，而且如此多的政府仍然很少有关于各种艺术税收优惠确切成本的数据。这是为什么呢？

首先，一般的税收支出分析，特别是将其列入预算程序，是最近才提出的，如今还有不少国家未将其正式列入预算账户，因此不像其他税收措施那样受到严格审查。这部分地是因为我们很难估计这些不同的税收支出，其原因不仅在于数据，而且这种估计取决于分析师对关键参与者的行为假设。[②] 尽管如此，就一般税收支出而言，人们如今对纳税人的成本有了更多的了解，并正在研究许多限制其范围和成本的建议（Baneman et al.，2011；Barrios et al.，2016）。

其次，关于艺术，有人认为主要的税收减免——慈善捐赠扣除——根本不涉及税收支出，其理由是用于慈善事业（这是艺术捐赠的分类方式）的收入不能用于个人消费，而是对所有人的消费，因此不能对个体征税。然而，在经济学界或法律界，似乎很少有人支持这个观点。

再次，税收支出很少专门针对艺术，而是针对更广的目标群体。比如美国的慈善机构，其中艺术只占很小的一部分。即使可以估算该部门的税收支出，也不太可能估计每个子项的支出，因此不可能受到公众的审查。

最后，可能正是税收支出的模糊性，消除了对其进行量化的压力。国家对当地富人捐赠给当地博物馆的贡献，从来不会被个人或博物馆视为贡献。正是这种晦涩为费尔德（Feld）等人的研究提供了动力，因为他们认为这是艺术税收减免制度的主要缺陷，这让其远离艺术管理者、学者和公众等的意识。这是斯蒂芬斯（Stephens，2012）在本章开篇的引用中就辨明的情形。

无论与税收政策相关的税收支出有何争议，显而易见的是，这些税收优惠受到艺术界的高度评价（至少从有人提议废除时的反应来判断），其中每一次减免都会让艺术部门受益，尽管我们很难量化这些隐性资助的确切规模。一个相关的

---

① 另见 Barrios et al.（2016）。

② 例如，如果取消了剧院门票零增值税的税收优惠，那么对于价格上涨所导致的上座率水平将做出什么假设呢？如果说下降了 50%，那么是否根据征税前后的上座率来计算放弃的税收？

观点是，即使隐性资助可以准确地计算，艺术界很大程度上也会拒绝用直接和明确的补贴来替代，理由是，谁也无法保证，一旦废除税收减免，随后政府不会违背承诺——将其完全替换为直接补贴。

55.3 哪种援助：直接资助或税收支出

如前所述，在欧洲和美国，将与艺术部门的政策和实践划分开来的一个问题就是，直接资助与税收支出的相对优缺点。这场辩论主要是关于政府干预及其效率（Netzer，1978；O'Hagan，2012；Schuster，1986）。[①]

55.3.1 国家干预

人们一直担心的是，任何意义上的直接公共资助，都将以对艺术部门艺术和专业方面有关的决定进行广泛政治干预为代价。正如一位评论员谈及美国时所言："人们直接从 HL 门肯（HL Mencken）画廊走出来，就能了解那些庸俗的立法者和民选官员的担忧，他们试图审查前卫艺术的项目选择，对淫秽和颠覆性内容进行迫害，并且通常倾向那些平淡而平庸的作品，而非更喜欢令人兴奋和杰出的作品。"（Netzer，1978）

分配公共款项时，不可避免地会受到政府的干预。各国政府必须在申请者之间做出选择，因为对资金的需求将永远超过所提供的资源。如果没有设定最低财务要求，任何政府都不愿发放资助。此外，资助机构最好制定与所补贴艺术的类型和/或位置有关的条件。例如，可能规定，一定比例的资金应该分配给实验性剧作家、艺术家或戏剧团体，或者与少数族裔利益相关的内容。也可能规定，交响乐团为学校或公共场所举办免费音乐会，作为其资助职责的一部分。如果最初设立的理由与此类目标相关，则这可能是完全合理的。因此，尽管这样说可能会使艺术界人士感到厌恶，但如果要实现原始资金设立的目标，则政府对决策的影响可能是必要的。

这对资助和税收减免的影响如何？减税/支出倡导者认为，与直接资助相比，此类资助确保政府影响较小。后者据称可以使一个国家/地区的文化发展受到相

① 同样，就资金安全性而言，由于篇幅所限，这里不展开讨论。

对较少的公职或半公职人员的影响，而提供税收优惠以鼓励私人为艺术做出更多贡献，可以就哪种艺术形式将被推广以及推广多少，有着更广泛基础的、更“民主”的选择。换句话说，税收支出的决定是由各种各样的捐助者做出的，而一个艺术理事会或政府部门就只能反映出一套观点。

但是，实际情况比上面所暗示的要复杂得多。首先，艺术委员会和艺术政府部门受到了广泛的游说和公众审查，因此，认为它们在做出决策时没有参考民众的观点，这完全是一种误导。其次，与艺术理事会和政府部门的官员以及专家顾问相比，选择哪种艺术形式进行补贴的私营公司和个人，在决定哪些机构值得公共支持方面的“资格”要差得多。此外，美国的经验表明，与国家机构相比，私人捐助者通常会有更多干涉，并且在他们看来，可能更加庸俗（Netzer，1978；*Economist*，2012）。在这方面，对税收支出最严重的批评是，做出此类决定的人主要来自社会上层，而正是他们决定了生产什么。最后，如上所述，政府通常会为特定目的提供资助，如表演更多法国年轻作曲家的作品，为此，直接补贴而不是税收支出更合适。诚然，税收立法可按照允许政府追求特定目标的方式来制定，但是由于行政原因，其范围是有限的（Schuster，1986）。因此，总的来说，很难断定哪种形式的国家资助会导致对艺术领域最不希望的干扰。

55.3.2 效率

关于效率的讨论主要有以下几个论据。首先，有人断言，税收支出消除了许多不必要的行政费用，如艺术委员会员工的工资。因此，如果使用税收支出而不是拨款，政府的劳动力和其他直接支出可能会保持在最低水平。然而，转向税收支出可能会增加总体运营成本，因为后者提供了激励人们聘请律师和投资顾问，为他们提供减税的可能性。此外，纳税申请必须由政府官员处理，艺术机构的工作人员可能会花费非常多的时间“争取”有钱的潜在捐赠者，这对有关机构来说是非常昂贵的。税收支出系统是否能够以比政府拨款机构更低的成本将等量的资金转移给艺术团体还有待证明。

第二个有关效率的论据是，直接拨款不仅会导致受助的艺术行业的结构僵化，从而阻碍创新；也会通过继续将资金注入老牌公司，阻碍新公司的进入。这一论据很有道理，当大量公共资金几乎是永久性地承诺给基本固定的机构时，问题就会出现，税收补助和国家直接拨款也常常出现类似的情形。这种情况可能会导致受助机构产生浪费性支出，并降低它们最大化其他收入来源的动机（例如，或许可以通过更好的广告和/或通过尝试不同的价格来增加票房收入）。其困难之处在于，受助机构往往不只是期望艺委会/部的拨款会持续下去，而且还会逐年增加，并在此基础上规划经费和活动。因此，通常的情况是，资助机构“或多或少是不情愿地支持许多组织，因为担心撤销公共支持可能会导致破产”。因此，它们“被锁定在许多现有的受助人身上，就像受助人被锁定在资助者身上一样”（Netzer，1978）。

在预算固定或增长缓慢的情况下，上述情况显然意味着资助机构支持新申请者和/或资助新举措的能力有限。因此，资助机构的创新作用可能会被削弱：在这个过程中，它可能会失去很多精神宗旨，最终，它存在的理由可能会受到挑战。

可能的情况是，税收支出会涉及较少的僵化和低效。与政府官僚相比，私人捐赠者更有可能坚持将成本降至最低，而且他们可能为适应品味变化等原因而更换资助。然而，这也存在问题。

首先，如前所述，政府对私人捐赠者如何花钱能施加的控制非常有限，尽管政府“承担”了相当部分捐款成本。接受资助的机构应该“有效”地使用资金，但“错误”的机构接受了公共资金：其错误之处在于，这些机构不是公共资助的优先事项——即使正确的机构接受了资金，它们也可能在利用这笔资金购买/生产“错误的”投入和/或产出，以回应税收的激励。如果投入和产出均不正确，那么其将投入转化为产出的效率就变得无关紧要。其次，大公司和富有的个人也可能被“锁定”在他们的受助人身上，因为他们中的许多人可能担心突然撤资所带来的负面宣传。

55.4 结　语

综上所述，我们大致可以得出如下几点结论。

首先，很明显，税收优惠是艺术政策的重要组成部分，不仅在美国如此，在欧洲也是如此。[①]

其次，个人慈善捐赠税收减免是美国艺术税收政策最重要的环节，这并不一

① 这项研究的一个有趣的扩展是，研究与其他主要大区（如中国、印度和拉丁美洲）艺术有关的税收政策。

定在法律方面带来更多的税收优惠，而是因为更多的人利用自己的税收减免。原因在于，在欧洲，人们认为国家（以及他们较高的税收水平）有责任为那些美国留给私人自愿捐款而举办的活动提供资金。

再次，与增值税相关的税收优惠可能是欧洲最重要的，至少从减免的税收方面是如此。这个减免是基于更广泛的、几乎每个人都能参加的优惠税率，因此其所有得失与税收必须从其他税收——如其他商品和服务的更高增值税税率或增加所得税——得到补偿。不过，对于享受增值税优惠待遇的服务提供商而言，这似乎是一项特别宝贵的减免，通常是他们而不是消费者在游说以反对收回此类税收减免。

最后，关于直接资助和税收支出孰优孰劣的辩论，主要集中在政府干预和效率的讨论上。这里要指出的主要观点是，由于美国和欧洲的筹款模式各有利弊，这场辩论远未得出结论。例如，以税收为基础的国家艺术支出可能导致更多样化的决策过程，并有需要捐助者提供“匹配”资助的好处；但这种支出可能完全没有效率，因为它可以用于最不值得的艺术机构。

参见：

非营利性组织；公共支持；福利经济学。

本章参考：

Baneman, D. , J. Rosenberg, E. Toder and R. Williams (2012). *Curbing Tax Expenditures*. Washington D. C. : Urban Institute and Brookings Institution.

Barrios S. , F. Figari, L. Gandullia and S. Riscado (2016). *The Fiscal and Equity Impact of Tax Expenditures in the European Union*. Brussels: European Commission.

Economist (2012). Charities, Tax and Politics, 21 April.

Feld, A. , M. O'Hare and M. Schuster (1983). *Patrons Despite Themselves: Taxpayers and Tax Policy*. New York: New York University Press.

Feld, A. (2008). Revisiting Tax Subsidies for Cultural Institutions. *Journal of Cultural Economics*, 32: 275-279.

Hemels, S. and Goto, K. (2017). *Tax Incentives for the Creative Industries.*

Springer.

Netzer, D. (1978). *The Subsidized Muse: Public Support for the Arts in the United States*. Cambridge: Cambridge University Press.

O'Hagan, J. and C. Duffy (1988). The Arts and Section 32 of the 1984 Finance Act. *Economic and Social Review*, 19: 147-151.

O'Hagan, J. (2012). Tax Expenditures: Pervasive, 'Hidden' and Undesirable Subsidies to the Arts? . *Homo Oeconomicus: Journal of Behavioral and Institutional Economics*, 29 (2): 95-118.

Powell, W. (ed.) (1987). *The Nonprofit Sector*. New Haven: Yale University Press.

Schuster, M. (1986). Tax Incentives as Arts Policy in Western Europe. In P. DiMaggio (ed.) (1986). *Nonprofit Enterprise in the Arts: Studies in Mission and Constraint*. New York: Oxford University Press, 320-360.

Simon, J. (1987). The Tax Treatment of Nonprofit Organizations: A Review of Federal and State Policies. In Powell, W. (ed.) (1987). The Nonprofit Sector. New Haven: Yale University Press, 67-98.

Stephens, P. (2012). Philanthropy is no Alternative to Paying Tax. *Financial Times*, 16 April.

Weil, S. (1991). Tax Policy and Private Giving. In Benedict, S. (ed.). *Public Money and the Muse: Essays on Government Funding for the Arts*. New York: Norton, 153-181.

延伸阅读：

关于这个主题的主要一般读物是，Feld et al.（1978），O'Hagan（2012），Schuster（1986），Simon（1987）。关于遗产和文化产业的税收优惠的一般参考资料，见 Hemels and Goto（2017）。

56 剧 院

玛尔塔·泽巴（Marta Zieba）

“戏剧”作为现场艺术形式的定义因区域而异。在英语国家，如英国或美国，剧院通常指戏剧表演的场所。在很多欧洲大陆国家，剧院包括不同类型的表演，如戏剧、歌剧、古典音乐表演、芭蕾舞、音乐剧和轻歌剧、儿童剧等。此外，“剧院”也可以理解为制作上述不同艺术类型现场表演的机构。欧洲和世界各地的许多剧院都得到了政府的大量资助，或以公共或国有企业形式运营，如德国、奥地利、意大利或法国。而许多规模不等的私人剧院公司则没有资助，或者只从私人或公共部门获得少量资助。

私人剧院或营利性剧院通常专门排演一两部戏，这些戏的演出周期很长，甚至持续整个演出季。这些剧院倾向于创作更流行的类型，如音乐剧或喜剧，而非一般戏剧或歌剧。私人剧院的突出例子是美国的百老汇剧院，对此已有讨论（Moore，1966；Maddison，2005），不过我们这里所讨论的是其他国家类似私人剧院的结构。与此相反，公共剧院或受助剧院则是多类型剧院，因为其演出种类繁多。它们也可能是剧目剧院，这意味着列入剧目的各种作品将在整个演出季演出。公共剧院可能会有更正式的法律结构，通常会由导演或剧院管理人员向适当的执照持有人报告。

虽然已有关于剧院需求的标准决定因素（如门票价格、收入或教育）的经验证据，但还需要更多研究来探索其他因素的影响。很少有研究明确考察剧院的供给方面，而且这方面的分析主要针对非营利剧院或公共剧院。这主要是由于缺乏适当的数据，以及艺术产出的复杂性和剧场制度设置的多样性。此外，由于信息不对称和难以观察剧院产出的“优效品”特性，传统供给对剧院而言并不适用。因此，以往的研究往往侧重于分析戏剧公司的制作或成本。

接下来，我们首先回顾关于需求决定因素的已有经验证据，以及现有文献的主要发现。其次，我们将讨论剧院的制作、成本和生产效率。我们将简单讨论公共剧院或受助剧院的管理行为。我们还将强调剧院管理目标、资助与剧院生产效率之间的关系。

56.1 剧院需求

剧院的需求通常通过剧院的上座率（剧院的观众人数）来衡量。剧院的上座率可以汇总在总体水平上，如国家、地区或城市等层次；或者在更分散的层次上，如一家公司或单个表演/产品。对剧院需求的综合研究主要考察标准需求因素的影响，如票价、收入、其他商品的价格（替代品或补充品）。最早的此类研究可以参见 Throsby（1994），Withers（1980），Gapinski（1984；1986；1988）。这些研究还在不同程度上包括其他变量，如休闲时间的价格、过去和未来的上座率、戏剧的质量或产品特征。

最近的研究越来越多地应用个人层面的数据，考察观看戏剧表演的决定和/或频率（Borgonovi，2004）。这些实证论文通常获取观众特征影响的估计，不仅包括收入，还包括受教育程度、性别、年龄、婚姻状况等个人因素。阿泰卡·阿梅斯托伊（Ateca-Amestoy，2008）研究了那些从未观看过戏剧表演与那些多次观看的人在这些特征上的差异。与使用揭示偏好来检验消费者的实际选择相反，格里索利亚和威利斯（Grisolía and Willis，2011；2012）与威利斯和斯诺鲍尔（Willis and Snowball，2009）则使用陈述偏好方法，通过应用离散选择实验来评估人们对戏剧作品不同属性的效用和支付意愿（WTP）。

56.2 剧院票价

最近对剧院需求的研究大多应用了不同国家公司层面更丰富的面板数据，证实剧院的票价弹性为负，且低于绝对值。泽巴（Zieba，2009）通过对 178 家德国剧院 40 年的数据分析，发现其自身的价格弹性在-0.26 至-0.43 之间。奥哈根和泽巴（O'Hagan and Zieba，2010）将样本公共剧院分为联邦德国和民主德国两个部分，重点考察剧院需求的质量，他们发现它们与票价方面的结果非常相似。他们还应用了动态矩估计（generalised methods of moments，GMM）面板数据估计器来修正价格变量中潜在的内生性偏差，但价格弹性并没有变化。这个结果与早期研究假设一致，即剧院门票价格是由外部因素决定的，因为供给不响应需求（Gapinski，1980；Moore，1966）。此外，泽巴（Zieba，2011a）发现，奥地利非营利剧院的价格弹性系数为-0.5，而瑞士非营利剧院的弹性系数在法语剧院（-0.477）与德语剧院（-0.126）之间存在差异。对于弗拉芒语（flemish，比利时荷兰语旧称）受助剧院，韦尔克和海因德尔（Werck and Heyndels，2007）的研究发现，价格弹性的平均估计值在-0.14 至 0.16 之间。这表明需求非常缺乏弹性。缺乏弹性的需求表明剧院可以收取更高的票价，而并不一定会减少门票销售收入。

卡斯蒂廖内和因方特（Castiglione and Infante，2016）使用意大利剧院 34 年的面板数据，估计包括过去和未来上座率的理性上瘾模型。其结果表明，意大利剧院票价每上涨 1%，剧院的上座率就会下降 0.7%。此外，他们还估计长期价格弹性等于-0.2，同时发现，过去和未来的票价会对剧院需求产生积极影响，这为理性上瘾理论提供了依据。作为同时考察剧院需求和供给的唯一研究，卡斯蒂廖内和因方特（Castiglione and Infante，2017）的研究结果显示，虽然票价在供给方程中不相关，却对需求有负面影响，同时剧院需求对票价不敏感。

其他因素也可以决定票价效应，正如索斯比（Throsby，1994）指出并在其后的研究中得到证明的那样。阿贝·德卡罗（Abbe Decarroux，1994）利用单个产品的数据估计，其结果显示，1982—1989 年对日内瓦剧院的降价座位的需求实际上是有价格弹性的。康宁和列维（Corning and Levy，2002）也利用单场演出的数据发现了剧院需求的价格弹性，并认为这个结果是由于票价与其他演出相关变量之间的相关性（即星期几、晚上或日场）。阿克代德和金（Akdede and King，2006）发现，土耳其剧院的需求在最不发达城市（-3.19）与发达城市（-0.3）之间具有很大的价格弹性。此外，鲍尔丁等人（Baldin et al.，2018）考察了丹麦皇家剧院（Royal Danish Theatre）销售系统从 2010/2011 至 2014/2015 年的预订数据，研究结果显示，年轻顾客是对价格最敏感的受众群体，其价格弹性为-1.84；而普通的购票者对价格就不那么敏感：票价每增加 1%，结果导致需求量下降约 0.49%。

56.3 交叉价格效应

其他文化产品可作为剧场的相关替代产品或补充产品，而这方面的数据也很难获得。加平斯基（Gapinski，1986）的发现表明，其他表演艺术类型也有替代作用。泽巴（Zieba，2009）发现，距离剧院较近的德国公共交响乐团音乐会的平均票价对德国公共剧院的需求有正向影响。另一方面，卡斯蒂廖内和因方特（Castiglione and Infante，2017）发现，电影与其说是剧院的替代品，倒不如说是一种互补品。韦尔克和海因德尔（Werck and Heyndels，2007）使用其他剧院和电影院的平均票价，发现这两个价格系数之间并无显著关联。奥哈根和泽巴（O'Hagan and Zieba，2010）同样使用附近其他剧院的价格，结果也模棱两可。这些发现证实，我们很难确定什么是剧院的替代品（如体育、电影、电视、休闲其他现场表演艺术）。目前还不清楚数字化提供方式如何影响剧院的上座率。在准现场实验方面，巴赫希和索斯比（Bakhshi and Throsby，2014）最近的研究表明，英国皇家国家剧院的现场直播可以吸引更多观众来到电影院，这意味着直播将是剧院的互补性产品。

56.4 主客观素质

索斯比（Throsby，1990）首次尝试解决与剧院需求相关的质量问题。该研究考虑剧目的分类、原材料、制作，以及表演和设计的标准。为了测量这些，“媒体评论的频度”采用1~5级进行归类。康宁和列维（Corning and Levy，2002）也采用评论作为序数变量来测量质量，其结果显示，它们对加州戏剧表演上座率有积极的影响。阿贝·德卡罗（Abbe Decarroux，1994）也使用了与索斯比（Throsby，1990）相似的变量来衡量质量，其分析涵盖了一家剧院公司7年间的64部作品。该文的新颖之处在于将质量因素分为两类：一类是可以提前观察到的质量因素；另一类是提前很难评估的质量因素。乌尔鲁蒂亚盖尔（Urrutiaguer，2002）利用法国有关剧院的数据，讨论了质量判断及其度量问题。

正如作者所论证的那样，数据在得出适当的发现和结论方面的作用相当有限，但他确实研究了若干有趣的新指标，如剧院导演的类型和公共补贴的水平。

韦尔克和海因德尔（Werck and Heyndels，2007）的研究除了包括剧目分类之外，还在兰开斯特式（Lancastrian）消费者理论语境下引入客观产出特征的概念，该理论认为与消费者相关的是特征，而不是商品本身。他们针对佛兰德语剧院的研究发现，规模更大的作品（以演员阵容衡量）和“荷兰戏剧”有积极影响，但创新指数（指新作品所占比例）对上座率有负面影响。泽巴（Zieba，2009），特别是奥哈根和泽巴（O'Hagan and Zieba，2010）的研究通过对民主德国和联邦德国剧院的大量数据分析，发现装饰和服装的费用以及艺术工资是客观质量的重要指标，而以客座嘉宾表演或参与程度衡量的声誉也有很强的积极影响。奥哈根和泽巴（O'Hagan and Zieba，2010）发现，除了上述变量外，演员规模也有正向影响，而创新指数对剧院上座率有负向影响。这些研究已经足够全面，因为它们同时处理了价格、收入和质量问题，并应用了可靠的面板数据模型。此外，格里索利亚和威利斯（Grisolía and Willis，2011；2012）利用英国纽卡斯尔剧院的个人调查数据，分别应用离散选择实验和潜在阶层需求模型，其结果证明，专家评论和观众口碑对地方性剧院的需求有积极的影响，而参加特定类型的戏剧（戏剧、喜剧或音乐剧）的效用将取决于下文所述的消费者特征。斯诺鲍尔和威利斯（Snowball and Willis，2009）进一步证实，无论是专业演员的出演，还是著名导演执导的节目，都增加了南非国家艺术节观众的意愿支付水平。

56.5 收入与时间分配

大量研究证实了收入水平与剧院的需求之间存在正相关关系，这证实参观剧院并非次等选择。我们也期望需求的收入弹性超过 1，但是关于收入效应的确切大小却是复杂的。这可能是因为收入效应与教育变量相关，也可能是因为参观文化景点通常需要大量的休闲时间（Throsby，1994；Moore，1966）。事实上，威瑟斯（Withers，1980）使用美国表演艺术公司时间序列的汇总数据，泽巴（Zieba，2009）则使用德国公共剧院的面板数据，两者均证实收入效应可能是净效应的两个因素：积极的全额收入效应和消极的休闲—价格替代效应。

56.6 教 育

在此前的许多研究中，收入缺乏弹性另一个原因是，在其他社会经济因素中，教育被发现是剧院需求或上座率最重要的决定性因素（Borgonovi，2004；Ateca-Amestoy，2008；Willis et al.，2012）。教育与文化资本概念紧密相关。文化资本是指体验和欣赏艺术的能力，或“激发或被激发的能力”。此外，文化资本也可以被定义为使拥有者欣赏艺术的后天品味。阿泰卡·阿梅斯托伊（Ateca Amestoy，2008）关于戏剧的研究证实，文化资本是由以下因素决定的：个人自身的通识教育、父母传授的教育、早期接触艺术和特定的艺术培训。

56.7 习惯形成与理性上瘾

利维·加尔布阿和蒙马尔凯特（Levy Garboua and Montmarquette，1996）认为，习惯形成理论是研究消费者行为的一种决定性方法，因为任何类型的习惯形成或消费资本的积累都是人类生存条件中不可避免的现实。一些研究将习惯形成的作用简单地包括在跨时间动态需求模型中的过去剧院上座率（Withers，1980；Urrutiaguer，2002；Krebs and Pommerehne，1995；O'Hagan and Zieba，2010）。利维·加尔布阿和蒙马尔凯特（Levy Garboua and Montmarquette，1996）研究了法国人对戏剧的需求，并注意到参加文化活动会带来不确定性或惊喜。他们估计了一个“通过消费来学习”的需求模型，该模型假设消费者会通过非系统的文化消费体验改变他们的品位和行为，这可能会产生积极或消极的随机影响。在最近的研究中，卡斯蒂廖内和因方特（Castiglione and Infante，2016）得出结论，不仅未来和过去的上座率和收入水平会影响剧院的上座率，而且过去和未来的形成的价格水平也会影响意大利观众看戏成瘾的可能性。结果表明，意大利剧院观众不是目光短浅，在这种条件下形成的戏瘾并不如香烟、毒品和酒精等贬义的成瘾，而是完全理性的。

56.8 其他消费者的特征

社会人口学的决定因素，如年龄和性别，在看戏的观众那里仍然很分散。一般来说，女性更有可能去看戏，男性则会频繁前往剧院（Ateca Amestoy，2008）。韦尔克和海因德尔（Werck and Heyndels，2007）的面板数据模型包括了年龄，但是年龄因素并不突出。博尔戈诺维（Borgonovi，2004）、威利斯和斯诺鲍尔（Willis and Snowball，2009）发现，年龄的影响将取决于所提供的节目类型，与年轻观众相比，年长观众选择喜剧或戏剧（与音乐剧相比）的可能性较小。威利斯等人（Willis at al.，2012）还发现，观察对象中年轻人（≤25 岁）和 45～59 岁年龄段的比例越高，去剧院的次数越多。博尔戈诺维（Borgonovi，2004）认为，这一结果与生命周期的影响有关：中年时期出现的家庭责任可能会减少个人的文化参与。事实上，其他与性别有关的变量（家庭中成年人的数量、婚姻状况和 13 岁以下儿童的数量）也会降低前往剧院的可能性和频率。

此外，威利斯等人（Willis at al.，2012）发现，那些经济活动不活跃或从事专业工作的人将更有可能去剧院。最后，格里索利亚和威利斯（Grisolía and Willis，2012）发现，应将不同的定价策略应用于不同的消费阶层。“热门”类型包括最年轻的参与者，他们对喜剧更感兴趣，而且平均工资较低。富裕阶层喜欢所有类型的戏剧。“文化”阶层的成员属于年龄较大的群体，并且拥有较高的支付意愿，热爱戏剧的所有方面，尤其是戏剧表演。总的来说，这些结果证实了受众对不同戏剧作品（戏剧类型）有着不同的品味。

56.9 容量约束与剧场市场

剧场场地容量不仅对供给很重要，而且对需求起着重要的作用。通过使用适当的模型，如 Tobit 回归（例如，Akdede and King，2006），和/或直接将容量（以提供的座位数量衡量）纳入需求方程中（例如，Corning and Levy，2002；Werck and Heyndels，2007；O'Hagan and Zieba，2010），就可以对容量约束进行调整。在所有情况下，其容量如预期那样对剧院的需求产生积极影响。此外，韦尔克和海因德尔（Werck and Heyndels，2007）应用空间权重矩阵的概念来调整佛兰语剧院的市场规模（以人口来衡量）。泽巴等人在德国剧院的研究中也采用类似的方法（Zieba，2009；O'Hagan and Zieba，2010）。所有这些研究都发现，在市场规格方面的结果差异非常小，或者人口变量影响不显著。威利斯等人（Willis et al.，2012）应用旅行成本法考察了英国地方剧院的需求，发现相对于需求模型所包含的其他因素，距离并不影响人们去剧院的决定。事实上，这也适用于许多国家的剧院。例如，德国公共剧院植根于历史上发展起来的结构，其特点是存在多个中心，这些中心有许多省级和城市剧院。即使是像迈宁根、科堡或科特布斯这样的德国小城市也有剧院，其上座率不受人口规模的影响。这与鲍莫尔（Baumol，1971）的观点是一致的，尽管今天的艺术活动主要集中在大城市，但在某些情况下，戏剧可以在较小的城市中蓬勃发展，古雅典就不止一次被引用为例子。此外，文献也指出，戏剧需求的一个重要作用是扩大戏剧市场的旅游。与经常去剧院的人相比，游客可能有不同的偏好和更多的时间可供支配（Gapinski，1988）。泽巴（Zieba，2016）发现，与国内游客相比，外国游客对奥地利大型剧院整体上座率有积极而显著的影响，但游客密度在戏剧表演中并不显著，而只在歌剧表演中更为显著。

56.10 剧院的生产和成本

根据鲍莫尔和鲍温（Baumol and Bowen，1966）的研究，戏剧部门缺乏技术变革，而技术变革可能表现为生产力水平的向上移动。以扮演哈姆雷特的演员人均每小时的产量为例。马尔科·塞拉诺（Marco Serrano，2006）也指出，这种特殊的制作技术需要很高的固定成本，因为组织、导演、排练、布景和服装的成本与观众人数无关，因此平均总成本会更高。技术进步的缺乏加上工资成本的增加，扩大了与其他经济部门的生产率差距。

索斯比（Throsby，1977）是评估戏剧领域生产技术的先驱。他使用剧院上座率作为衡量艺术产出的标准，并对澳大利亚非营利表演艺术的短期和长期柯布—道格拉斯生产函数（Cobb-Douglas production functions）进行了评估。加平斯基（Gapinski，1980；1984）使用了一个超生产函数（transcendental production function)，并根据“文化体验”定义艺术输出，即美国和英国戏剧公司的买票观众的人数。他的研究结果表明，在表演艺术公司经济活动的产出中，主要投入（艺术家和资本）的边际产出为正且递减，次要投入（辅助人员）的边际产出为正但递增。此外，该研究还发现收益在整个投入范围内按比例递减。

其他的实证研究依赖于剧院成本函数的估计，它们的主要重点是寻找规模经济的证据。塔拉斯（Taalas，1997）估计芬兰剧院的成本函数，并使用剧院上座率作为艺术产出。她的发现表明，在管理芬兰剧院时，投入并没有按照现行市场价格以最佳比例组合。投入使用的相对比例也随着产出的扩大而变化，在戏剧表演的生产中存在规模经济。此外，法奇奥里和菲利普尼（Fazioli and Filippini，1997）估计了意大利 28 家公共剧院的跨对数成本函数。他们利用演出数量作为艺术产出，并证实了规模经济的证据，这也意味着大多数意大利戏剧公司的经营规模都过低。

最新的计量经济学技术和更好的数据可用性使研究人员能够通过估算剧院的技术效率（TE）或直接估算全要素生产率（TFP）来更详细地考察鲍莫尔和鲍温的生产率落差。技术效率是全要素生产率的组成部分，对于剧院来说，它被定义为从给定投入向量获得最大产出的能力（Zieba，2011b；Zieba and Newman，2013；Castiglione et al.，2018；Marco-Serrano，2006），或作为使用相同产出水平的最小投入的能力（Last and Wetzel，2010；Fernandez-Blanco et al.，2019）。相关研究主要集中在技术效率而非成本效率的估算。拉斯特和韦策尔（Last and Wetzel，2010）使用德国公共剧院的数据，并从经验上证明，公共剧院不能支持成本最小化行为的假设。随后，拉斯特和韦策尔（Last and Wetzel，2011）采用马姆奎斯特（Malmquist）全要素生产率指数。他们观察到，根据“成本病”假设，生产率的下降是由于劳动力成本增加和没有（或非常有限）机会从技术改进中获益。

除了马尔科·塞拉诺（Marco-Serrano，2006）用非参数线性规划数据包络分析（DEA）之外，其他所有提到的研究均应用参数面板数据随机前沿方法（SFA），该方法不仅识别技术效率低下的因素（偏差低于最优输出水平或高于最低输入水平），而且包括超出艺术总监控制的随机冲击，这也是剧院难以察觉的异质性因素。先前研究所估计的平均技术效率分数都低于 1，这表明剧院在技术上是低效的。卡斯蒂廖内等人（Castiglione et al.，2018）发现，技术效率得分约为 0.66，说明意大利表演艺术公司（包括剧院）可以利用同样水平的投入将艺术产出提高 34%。泽巴（Zieba，2011b）发现，在技术效率得分方面，奥地利剧院为0.87，瑞士剧院为0.73。泽巴和纽曼（Zieba and Newman2013）发现，德国公共剧院得分更高，1972—2004年平均约为0.85。使用输入导向模型的研究得出了更高的平均技术分数，由此发现德国公共剧院1991—2005年的技术效率为0.96（Last and Wetzel，2010）。费尔南德斯·布兰科等（Fernández Blanco et al.，2019）发现，华沙的波兰市立剧院的效率为93%，这表明投入仍可减少7%。然而，马尔科·塞拉诺（Marco Serrano，2006）发现了最低的分数，其范围在24%到54%之间，但这些结果是使用非参数DEA（数据包络分析）获得的，因此它们无法与其他发现直接进行比较。技术效率分数的差异可能不仅是由于所使用的方法不同，也由于在定义和衡量艺术产出方面的差异。证据证实，如果以游客人数（Zieba，2011b；Zieba and Newman，2013）或以门票销售收入（Castiglione et al.，2018）来衡量产出，那么在产出导向的技术效率模型中，由于可能存在的需求效应，效率得分低于预期。因此，当以提供的门票数量（Last and Wetzel，2010）或以制作数量和演出数量（Fernandez-Blanco et al.，2019）来衡量时，技术效率分数更高。

56.11 剧院管理

另外要考虑的要点是剧院管理的作用和目标。根据克雷布斯和波姆雷内（Krebs and Pommerehne，1995）的研究，制度设置可能是理解戏剧机构管理行为和结果的重要组成部分。对于公共剧院，我们可以区分政客和文化官僚（那些涉及剧院行政或管理的人）。尽管官僚们可能会争取非金钱目标（如权力和声望），并控制庞大的预算，但补贴的实际水平是由政治家决定的。例如，对文化不感兴趣的政客会设定某些条件，如剧院容量的最低利用率或门票销售的最低收入。对文化感兴趣的政客们会强调质量或艺术作品。因此，剧院管理或导演的目标将面临预算、上座率和质量之间的权衡，而后者将受到剧目形式（即高雅产品与低俗产品）的影响。

56.12 补 贴

了解剧院剧目、质量和效率如何受到资助水平的影响，在使用大量公共资源来提供服务的情况下尤其重要，因为这些服务可以由私营部门提供（Castiglione et al.，2018）。韦尔克等人（Werck et al.，2008）发现，剧院的预算不仅会影响剧目的数量，还会影响剧目的性质，这是第一个系统的经验证据，表明由于成本压力，剧院的产出将发生性质变化。在一项关于英国剧院的研究中，奥哈根和内利根（O'Hagan and Neligan，2005）发现，补贴占总收入的比例与剧院常规项目之间存在负相关关系。内利根（Neligan，2006）为德国公共剧院提供了类似的证据，证实了财政因素（公共补贴和订阅收入）确实对剧目决策起着重要作用。到目前为止，在这个领域只有少数研究证实了补贴不仅提高了剧院的质量，而且提高了技术效率的假设。泽巴（Zieba，2011b）对奥地利和瑞士非营利剧院的最新研究，以及费尔南德斯·布兰科等人（Fernandez-Blanco et al.，2019）对华沙的波兰市立剧院的研究表明，公共资金提高了戏剧公司的技术效率。因此，公共补贴不仅影响剧目的传统性，还会促使剧院管理者更有效率。

56.13 组织形式

剧院的法律形式或组织形式决定了剧院公司的组织、融资和控制方式，这将影响剧院的经济效益。卡斯蒂廖内等人（Castiglione et al.，2018）发现，法律形式对剧院效率没有影响。泽巴和纽曼（Zieba and Newman，2013）考察了制度设置对德国公共剧院效率的影响。德国的公共剧院由剧院经理或艺术总监经营，他们常常由市议会或其他执照持有者任命。剧院管理的权利和义务将根据剧院的法律形式而改变。在德国，我们通常可以区分公法和私法管辖的公共剧院。泽巴和纽曼（2013）使用 1990 年民主德国和联邦德国统一的自然实验，提供证据支持下面的假说：以公法形式组织的剧院，其管理受到严格的监测和报告要求，技术效率更高，特别是与那些按私法形式组织的剧院相比，后者在监管和报告方面不太严格。此外，研究发现，一方面，由于统一而导致的补贴减少进一步降低了以私法形式组织的德国公共剧院的技术效率。另一方面，统一所带来的竞争冲击，对设于边境的以私法形式组织的公共剧院的效率有正面影响，而对以公法形式组织的公共剧院的效率影响不大或有负面影响。实证结果显示，虽然公法形式是控制剧院经理的更好的工具，但私法形式赋予剧院经理更多的灵活性，这可能被证明是非常有用的，特别是在艺术表演市场的竞争日趋激烈的情况下。

参见：

非营性组织；交响乐团；表演艺术；公共支持。

本章参考：

Abbé-Decarroux, F. (1994). The Perception of Quality and the Demand for Services: Empirical Application to the Performing Arts. *Journal of Economic Behavior and Organization*, 23: 99-107.

Akdede, S. H. and J. T. King (2006). Demand for and Productivity Analysis of Turkish Public Theater. *Journal of Cultural Economics*, 30: 219-321.

Ateca-Amestoy, V. (2008). Determining Heterogeneous Behavior for Theater Attendance. *Journal of Cultural Economics*, 32: 127-151.

Baldin, A., Bille, T., Ellero, A., and D. Favaretto (2018). Revenue and Attendance Simultaneous Optimization in Performing Arts Organizations. *Journal of Cultural Economics*, 42: 677-700.

Baumol, W. (1971). Economics of Athenian Drama—Its Relevance for the Arts in a Small City Today. *Quarterly Journal of Economics*, 85 (3): 365-376.

Baumol, W. J. and W. G. Bowen (1966). *Performing Arts: The Economic Dilemma*. New York: Twentieth Century Fund.

Borgonovi, F. (2004). Performing Arts Attendance: An Economic Approach. *Applied Economics*, 36 (17): 1871-1885.

Castiglione C. and D. Infante (2016). Rational Addiction and Cultural Goods: The Case of the Italian Theatergoer. *Journal of Cultural Economics*, 40 (2): 163-190.

Castiglione, C. and D. Infante (2017). The Evolution of Theatre Attendance in Italy: Patrons and Companies. In V. M. Ateca-Amestoy, V. Ginsburgh, I. Mazza, J. O'Hagan, J. Pietro-Rodriguez (eds.). *Enhancing participation in the arts in the EU. Challenges and methods*. Cham, Switzerland: Springer, 155-169.

Castiglione, C., Infante, D. and M. Zieba (2018). Technical Efficiency in the Italian Performing Arts Companies. *Small Business Economics*, 51 (3): 609-638.

Corning, J. and A. Levy (2002). Demand for Live Theater with Market Segmentation and Seasonality. *Journal of Cultural Economics*, 26: 217-235.

Fazzioli, R. and M. Filippini (1997). Cost Structure and Product Mix of Local Public Theatres. *Journal of Cultural Economics*, 21: 77-86.

Fernández-Blanco, V., Rodríguez-Álvarez, A. and A. Wiśniewska (2019). Measuring Technical Efficiency and Marginal Costs in the Performing Arts: The Case of the Municipal Theatres of Warsaw. *Journal of Cultural Economics*, 43: 97-119.

Gapinski, J. H. (1984). The Economics of Performing Shakespeare. *American Economic Review*, 74: 458-466.

Gapinski, J. H. (1986). The Lively Arts as Substitutes for the Lively Arts. *American Economic Review*, 75: 20-25.

Gapinski, J. H. (1988). Tourism's Contribution for the Demand for London's Lively Arts. *Applied Economics*, 20: 957-968.

Grisolía, J. M., and K. G. Willis (2011). An Evening at the Theatre: Using Choice Experiments to Model Preferences for Theatres and Theatrical Productions. *Applied Economics*, 43: 3987-3998.

Grisolía J. M. and K. G. Willis (2012). A Latent Class Model for Theatre Demand. *Journal of Cultural Economics*, 36: 113-139.

Krebs, S. and W. Pommerehne (1995). Politico-economic Interactions of German Performing Arts Institutions. *Journal of Cultural Economics*, 19: 17-32.

Lévy-Garboua, L. and C. Montmarquette (1996). A Microeconomic Study of Theatre Demand. *Journal of Cultural Economics*, 20: 25-50.

Maddison, D. (2005). Are There Too Many Revivals on Broadway? A Stochastic Dominance Approach. *Journal of Cultural Economics*, 29: 325-334.

Moore, T. (1966). The Demand for Broadway Theatre Tickets. *Review of Economics and Statistics*, 48: 79-87.

Neligan, A. (2006). Public funding and repertoire conventionality in the German public theatre sector: an econometric analysis. *Applied Economics*, 38: 1111–1121.

O' Hagan, J. and A. Neligan (2005). State Subsidies and Repertoire Conventionality in the Non-Profit English Theatre Sector: An Economic Analysis. *Journal of Cultural Economics*, 29: 35–57.

O' Hagan, J. and M. Zieba (2010). Output Characteristics and Other Determinants of Theatre Attendance—An Econometric Analysis of German Data. *Applied Economics Quarterly*, 56: 147–174.

Seaman, B. (2006). Empirical Studies of Demand for the Performing Arts. In V. Ginsburgh and D. Throsby (eds.). *Handbook of the Economics of Art and Culture*, Volume 1, Amsterdam: Elsevier, 416–472.

Taalas, M. (1997). Generalised Cost Functions for Producers of Performing Arts—Allocative Inefficiencies and Scale Economies in Theatres. *Journal of Cultural Economics*, 21: 335–353.

Throsby, David (1977). Production and Cost Relationships in the Supply of the Performing Arts Services. In K. Tucker (ed.). *The Economics of the Australian Service Sector*. London: Groom Helm, 414–432.

Throsby, D. C. (1990). Perception of Quality in Demand for the Theatre. *Journal of Cultural Economics*, 14: 65–82.

Throsby, D. C. (1994). The Production and Consumption of the Arts: A View of Cultural Economics. *Journal of Economic Literature*, 32: 1–29.

Urrutiaguer, D. (2004). Programme Innovations and Networks of French Public Theatres. *The Service Industries Journal*, 24: 37–55.

Urrutiaguer, D. (2002). Quality Judgments and Demand for French Public Theatre. *Journal of Cultural Economics*, 26: 185–202.

Werck, K. and B. Heyndels (2007). Programmatic Choices and the Demand for Theatre: the Case of Flemish Theatres. *Journal of Cultural Economics*, 31: 25–41.

Werck, K., Grinwis Plaat Stultjes, M. and B. Heyndels (2008). Budgetary constraints and programmatic choices by Flemish subsidized theatres. *Applied Economics*, 40: 2369–2379.

Willis, K. G., and J. D. Snowball (2009). Investigating how the Attributes of Live Theatre Production influence Consumption Choices using Conjoint Analysis: The

Example of the National Arts Festival, South Africa. *Journal of Cultural Economics*, 33 (3): 167–183.

Willis, K. G., Snowball, J. D., Wymer, C. and J. M. Grisolía (2012). A Count Data Travel Cost Model of Theatre Demand using Aggregate Theatre Booking Data. *Journal of Cultural Economics*,

Withers, G. (1980). Unbalanced Growth and the Demand for Performing Arts: An Econometric Analysis. *Southern Economic Journal*, 46 (3): 735–742.

Zieba, M. (2009). Full–income and Price Elasticities of Demand for German Public Theatre. *Journal of Cultural Economics*, 33: 85–108.

Zieba, M. (2011a). Determinants of Demand for Theatre Tickets in Austria and Switzerland. *Austrian Journal of Statistics*, 40: 209–219.

Zieba, M. (2011b). An Analysis of Technical Efficiency and Efficiency Factors for Austrian and Swiss Non–Profit Theatres. *Swiss Journal of Economics and Statistics*, 147: 233–274.

Zieba, M., and C. Newman (2013). Organisational Structure and Managerial Efficiency: A Quasi – Experimental Analysis of German Public Theatres. *Homo Oeconomicus*, 29: 497–534.

Zieba, M. (2016). Tourism Flows and the Demand for Regional and City Theatres in Austria. *Journal of Cultural Economics*, 40: 1–31.

延伸阅读：

希曼（2006）概述了关于剧院需求的早期研究。使用更丰富的价格、收入和质量数据对剧院需求的最新研究有：Corning and Levy（2002），Akdede and King（2006），Werck and Heyndels（2007），Zieba（2009；2011a），O'Hagan and Zieba（2010）。此外，关于游客流量对奥地利剧院需求的影响研究，参见 Zieba（2016）。关于剧院的理性上瘾需求模型，参见 Castiglione and Infante（2016）。不少研究使用个人层面的数据，并考虑观众的社会经济和社会人口特征，参见 Lévy – Garboua and Montmarquette（1996），Borgonovi（2004），Ateca – Amestoy（2008），Snowball and Willis（2009），Grisolía and Willis（2011；2012），Willis et al.（2012），Baldin et al.（2018）。关于剧院供给的研究，参见 O'Hagan and Neligan

(2005), Neligan (2006) 。关于剧院资助与剧目选择之间的关系，参见 Werck et al. (2008)。最近若干研究同时考察了剧院的生产技术、效率和/或全要素生产率，包括：Last and Wetzel (2010；2011), Zieba (2011b), Castiglione et al. (2018), Fernández-Blanco et al. (2019)。对公共剧院的制度设置的讨论（重点是德国），参见 Krebs and Pommerehne (2005)。从技术效率角度研究公共剧院的法律形式如何影响剧院的结果，参见 Zieba and Newman (2013)。

57 视频游戏行业

泰勒·奥姆（Tylor Orme）

57.1 行业历史

虽然早期的电脑能够制作偶尔玩的简单游戏，但电子游戏作为艺术形式直到20世纪70年代才流行开来。街机游戏、早期电脑游戏和第一代游戏机1972年才开始商业化，并立即引起人们的兴趣。然而，直到家庭能买得起视频游戏机，这个行业才真正商业化。

大型街机游戏和早期家用游戏机，如Intellivision和Commodore，统治了1973—1982年的市场，被称为街机游戏的黄金时代，它定义了十年巅峰时期，这种投币式街机贡献了高达70亿美元的收入。商业可行的游戏的最初繁荣催生了大量低质量山寨主机，到1983年底，美国和世界其他许多地方的视频游戏市场均已崩溃（Donovan，Replay，2010）。

在这个支离破碎的行业中，一家日本小公司脱颖而出。任天堂的家庭电脑（Famicom）于1983年在日本发布，但直到1985年才进入美国。这个系统为美国发布的版本更名为任天堂娱乐系统（NES），它振兴了美国的游戏产业，为普通家庭提供了买得起的、高质量的游戏。虽然任天堂垄断了美国和日本市场，但世嘉（Sega）、康懋达（Commodore）和其他公司生产的游戏机在欧洲与其他各地也取得了巨大成功。到1989年，家用电子游戏市场总额已超过20亿美元。该系列游戏机通常被称为第三代（在70年代的第一代街机和第二代家庭游戏机之后），它建立了许多至今仍主导市场的规则和游戏系统。

20世纪80年代和90年代初，世嘉和任天堂进一步巩固行业的主导地位，推出了世嘉创世纪和超级任天堂娱乐系统（SNES）。两家公司都升级了上一代游戏机的硬件，从而为技术和艺术的重大改进铺平了道路。同一时期，任天堂发布了Gameboy，这是第一款获得商业成功的掌机。那个时代还出现了在线PC游戏，包括最终成为定义整个行业的大型多人在线角色扮演游戏（mmorpg）——成千上万的玩家可以同时在共享的世界里互动——的最早例子。

20世纪90年代和21世纪初，出现了一种稳定的模式。每隔5~8年就会发布新一代游戏机，这极大地提高了硬件的质量，并为那些要赢得“游戏机大战”的大公司的销售主导地位提供了洗牌机会。索尼和微软加入了任天堂行列，成为占据主导地位的游戏机硬件制造商，而世嘉游戏机产量不断下降，转而主要生产软件。这种相对稳定的硬件生产周期一直持续到今天。

尽管我们一直以游戏机为框架来讨论游戏行业，但PC游戏和手机游戏仍在这个行业中扮演着不可或缺的角色。大型多人在线角色扮演游戏非常受欢迎，尤其是暴雪娱乐的《魔兽世界》，它不仅带来了巨额的游戏销售收入，还带来了订阅费收入。随着2008年应用商店的推出，手机游戏也成为游戏行业收入的主要驱动力。最近的行业数据显示，手机游戏创造的收入超过了PC和主机游戏的总和（Entertainment Software Association，2018）。

新技术也继续塑造着游戏产业。诸如Twitch等网站如今专门为全球观众提供专业和业余玩家玩游戏的流媒体视频。电子竞技已经兴起，并且推出类似传统体育的职业联盟，每年通过门票销售和广告产生近10亿美元的收入。虚拟现实和增强现实游戏也以越来越复杂的方式被融合进来，并可能很快成为行业创新的关键驱动因素。

57.2 产业结构

视频游戏机销售市场是寡头垄断市场结构的完美例证。虽然随着时间的推移，游戏行业参与者也发生了变化，但游戏机生产商数量一直相对稳定，目前主要有索尼、微软和任天堂三家。这些竞争对手之间为争夺市场份额展开了激烈竞争，无论是游戏机销售，还是试图确保针对单机发行的游戏（即独家游戏）的市场份额。

另一方面，软件开发涉及大量不同规模的公司。虽然有一些大型的、横向整合的公司每年制作多个大型游戏，如 Activision Blizzard 和 Electronic Arts，但也有大量的中小型公司从事游戏制作。游戏制作公司处理与游戏制作相关的开发和编码工作，并与大公司签订发行合同。一些最大的公司将同时作为内容的制作人和发行商，但许多中型公司要么依赖大型工作室，要么依赖第三方公司（如苹果）在实体店和数字渠道分发内容。

最常见的产品分类不是按照工作室，而是按照游戏类别。大多数视频游戏都是由相对较小的团队制作，并通过口碑和评论来吸引用户，但有些游戏则利用巨额预算和大型营销活动吸引用户，这些游戏被称为 AAA 级游戏，类似于好莱坞大片。这些游戏的预算可能十分庞大，据报道，有些游戏的预算甚至超过 1 亿美元（Fritz, 2012）。这些游戏需要数百万美元的销售额才能实现盈亏平衡，对于游戏工作室来说，这个风险是巨大的，尽管其回报也很丰厚，因为许多热门游戏的销量都远超 1 000 万张。

大多数非 AAA 级游戏将被归类为独立游戏，规模相对较小的开发团队制作此类游戏，这些游戏通常通过第三方服务商发布。对于主机游戏，这些独立游戏依赖于大型工作室来发布。然而，在 PC 和移动平台上出现了许多第三方服务，其主要工作是发布和提供游戏。Valve 公司开发的 Steam 客户端已经成为最大的 PC 游戏数字发行商，甚至有些 AAA 级游戏也可以通过该服务平台来发布。谷歌和苹果应用程序商店也在移动市场上扮演着类似的角色。

57.3 捆绑与价格歧视

电子游戏产业的关键特征之一就是，其所运行的游戏和设备之间有着几乎完美的互补性。游戏需要游戏机、个人电脑或智能手机才能玩，因此其成败与游戏发布平台是否有大量用户直接相关。游戏和平台之间的这种高度互补性为寻求增加利润的游戏机和游戏制造商提供了大量战略决策机会。

一个主要的策略是将游戏与主机捆绑在一起，价格低于单独购买两种产品时的价格。这些捆绑包通常围绕着提供一个与游戏机捆绑的热门游戏的新的 AAA 版本。这些捆绑包通常只出现在主机生命周期的中后期，这可能是因为硬件制造商相信，客户会以全价购买产品而无须折扣。然而，在主机生命周期的后期，捆绑包很常见，从早期的任天堂开始，每个主机都有许多不同的捆绑包

(VGChartz. com, 2019)。

这种在产品生命周期后期降低成本的意愿也体现在游戏发行商的定价策略中。虽然对于新发行的游戏来说，50~60 美元是主流游戏的普遍价格，但游戏发行后的建议零售价往往会大幅下降。大多数游戏都遵循着典型的模式，即销量一旦下滑，便会降价至 40 美元，而在游戏生命周期即将结束时，价格通常还会进一步下跌至 20~30 美元。虽然这种价格下降的部分原因肯定是由于可用的旧游戏副本越来越多所带来的竞争压力，但也有可能是有些公司有意逐步降低价格，以此作为价格歧视的一种方法。虽然早期采用者必须支付 60 美元的全价，但愿意等待的人也不被排除在外，只是游戏工作室和发行商在其生命周期的后期会提供更低的价格，从而为自身增加总利润（Liu, 2010）。

57.4 网络效应与游戏服务

考虑到需要主机或个人电脑运行大多数大型游戏，决定视频游戏行业状况的关键经济因素就是网络效应。网络效应是指参与者数量的增加会提高产品的价值。就电子游戏而言，其效应源于大量其他玩家使用相同硬件来玩游戏给消费者带来的利益。

这些网络效应可以是直接的，也可以是间接的。使用拥有最多用户的主机的直接网络效益，主要来自多人游戏有更多参与者（Gretz, 2010）。随着多人游戏越来越受欢迎，在线游戏玩法也成为许多 AAA 级游戏的主要关注点，这种效应在最近几代主机和游戏那里发挥到了极致。间接的网络效应是由于拥有大量用户的主机的生产、销售与支持的增加而产生的。随着主机时代的结束，主流的主机往往比尚未建立大量用户基础的主机发行更多的独家版本（Clements and Ohashi, 2005）。

这些网络效应导致了激烈的竞争，以便成为每一代的主流游戏机，因为这种主流游戏机在市场上有着巨大的利益。所谓的“游戏机大战”已经成为该行业的关键部分，因为每一代都消除了上一代所带来的所有网络效应，并允许游戏机制造商在公平的环境中展开竞争。这一代游戏机的收益是巨大的，学者甚至得出结论，客户更喜欢硬件质量较低的游戏机，只要它们能产生巨大的网络效应（Gretz and Basuroy, 2013）。这就产生了一个巨大的刺激，导致投入巨额的营销和多年研发的费用，其目标是在主机初始版本中获得哪怕是微弱的优势，如果能够建立庞大的硬件应用者网络的话，这可能会像滚雪球一样急剧增长（Shankar and Bayus，2003）。

这种对游戏机层面网络效应的关注，也决定了游戏的开发和营销方式，尤其是在过去十年，随着网速的提高，网络游戏越来越可行，网络游戏和多人游戏也越来越受到业界的关注。尽管多人游戏在任天堂时代也是可行的，即将多个控制器连接到同一主机，但只是在在线多人游戏之后，这种类型才出现了爆炸式增长。[①] 无论是竞争性在线游戏，如《使命召唤》或《战地风云》，还是合作性在线游戏，尤其是多人在线角色扮演类游戏，都利用了网络效应，即只有当游戏拥有大量玩家时，个人才能从游戏中获得巨大的价值。这就创造了一个繁荣或萧条的系统，其价值取决于生命周期早期所获得的销售数量，因此，对于任何带有多人模式的游戏来说，AAA 版本都是必要的。

游戏开发者越来越多地试图利用这些效果设计游戏来鼓励玩家长期使用。游戏行业没有设计需在完成一定数量目标之后才能结束的游戏，而是设计在初始发行后就会不断演化与发展的游戏。可下载内容（DLC）现在是许多游戏的重要特征之一，允许玩家支付额外费用来解锁发行时不可用的新内容（Grubb，2018）。甚至在最近，许多工作室都转向所谓的“游戏即服务”模式，即每隔几个月便创造出带有免费或低成本的可下载游戏，而不是仅仅制作单次播放然后终结的游戏。其目标是让玩家多年使用该款游戏，而不是几个月。新内容对公司来说是昂贵的，但要确保随着时间的推移，大量用户的网络效应仍然存在。

可下载内容或称为微交易的新策略，为庞大的用户群长时间使用同款游戏提供了越来越多的资金。微交易是许多现代游戏的特征，在这些游戏中，小型游戏物品（通常是装饰性的）可以用真实的货币购买，为可选物品和装饰品支付 0.25~10 美元不等，这种方式为游戏产业带来了足够的收入，以便能够使用游戏作为服务模式来发行，而不需要玩家对新内容付费。有些游戏，如大受欢迎的 Fortnite，实际上是免费的，其全部收入来自微交易和可购买的装饰品，而这些东西对实际的游戏玩法没有影响（Coldeway，2019）。

① 这种做法现在被称为“沙发合作”（couch co-op）或“沙发竞争”（couch competitive），并受到更多的关注。

57.5 数字化和流媒体

随着在线游戏的增加，新的平台出现了，这使得游戏玩法本身就能独立于游戏销售而盈利。个人在 YouTube 或 Twitch 等网站播放自己玩游戏的视频通常还附有评论，其中 Twitch 专门提供视频游戏流媒体服务。流媒体通过广告或鼓励粉丝按月付费订阅来产生收入。在过去 5~10 年里，流媒体已经成为行业主要收入来源，每年总收入接近 60 亿美元（NewZoo，2019）。其中，近 10 亿美元来自流媒体电子竞技内容（其中职业“玩家”在线开展游戏竞技）。电子竞技已经成为许多大型工作室的主要驱动力，像动视暴雪（Activision Blizzard）这样的公司就围绕着建立竞技性联盟的理念来设计整个游戏。

流媒体的日益流行开拓了许多新兴的经济研究领域，这些领域由于太新而缺乏更多的学术文献。从法律的角度来看，流媒体存在于灰色地带，它们显然是在利用受版权保护的内容作为材料，但她可能属于合理使用的范围。到目前为止，流媒体网络强制执行《数字千年版权法案》（DMCA），执行那些内容持有者反对将其游戏用作流媒体内容的禁止函。因此，在什么情况下流媒体会侵犯游戏创造者的版权并没有正式的判例法来明确。大多数游戏工作室都认为流媒体是其游戏的强大补充，是免费广告的一种形式。只有为数不多的工作室（最著名的是任天堂）认为流媒体是侵犯版权的行为，并向所有流媒体发布禁止函。这些制作工作室担心流媒体实际上可能起到替代作用，因为潜在的玩家不愿意玩他们已经看过的游戏，尤其是叙事性游戏。评估流媒体的相对替代和互补效应对行业的长期发展至关重要。①

然而，除了这些法律和经济问题，业界也越来越意识到游戏的设计应该考虑流媒体。评论人士认为，最近某些游戏类型的崛起，如大逃杀游戏或多人在线竞技场（MOBAs），可能是游戏开发者试图创造特别适合流媒体和电子竞技的结果。

① 截至本文撰写时，关于这个问题的讨论只有初步的工作论文，如 Orme & Orme（2019）。

参见：

创意产业；文化产业的数字化；交响乐团；表演艺术。

本章参考：

Clements, M. T. and Ohashi, H. (2005). Indirect network effects and the product cycle: video games in the U. S., 1994-2002. *Journal of Industrial Economics*, 53: 515-542.

Coldeway, Devin (2019). Free to Play Games Rule the Entertainment World with $ 88 Billion in Revenue. *Tech Crunch*, January.

Donovan, Tristan (2010). *Replay: The History of Video Games*. East Sussex: Yellow Ant.

Entertainment Software Association (2018). Essential Facts about the Computer and Video Game Industry. www. theesa. com/wp-content/uploads/2018/05/EF2018_FINAL. pdf.

Fritz, Ben (2012). Star Wars: The Old Republic — the story behind a galactic gamble. *Los Angeles Times*, January 20.

Gretz, Richard (2010). Hardware Quality vs. Network Size in the Home Video Game Industry. *Journal of Economic Behavior and Organization*, 76: 168-183.

Gretz, Richard and Basuroy, Suman (2013). Why Quality My Not Always Win: The Impact of Product Generation Life Cycles on Quality and Network Effects in High-tech Markets. *Journal of Retailing*, 89 (3): 281-300.

Grubb, Jeff (2018). Microtransactions, DLC make up 62% of Take- Two's First Quarter Revenues. *Venture Beat*.

Liu, Hongju (2010). Dynamics of Pricing in the Video Game Console Market: Skimming or Penetration? . *Journal of Marketing Research*, 47 (3): 428-443.

Orme, Tylor and Orme, Stephanie (2019). *Semi-Legal Semi-Substitutes: The Impact of Twitch and Lets Play on Game Sales*. Working Paper.

Play Meter Staff (1982). State of the Industry Report. *Play Meter Magazine*, December.

Shankar, Venkatesh and Bayus, Barry L. (2003). Network Effects and

Competition: An Empirical Analysis of the Home Video Game Industry. *Strategic Management Journal*, 24 (March): 375-384.

VGChartz. com. Global Hardware Sales Data. www. vgchartz. com/.

NewZoo (2018). Gobal Games Market Report. https: //newzoo. com/solutions/standard/market-forecasts/global-games-market-report/.

延伸阅读:

要了解电子游戏的历史，请参见 Donovan (2010)。关于行为计算机和视频游戏行业的数据，参见 Entertainment Software Association (2018)。

58 福利经济学

马克·布劳格（Mark Blaug）

58.1 区 别

世界各国都不同程度地资助艺术，然而福利经济学的标准工具并不能为艺术的公共资助提供令人信服的论据。通常情况下，经济学家将一个部门或行业获得公共补贴的理由建立在“市场失灵”的基础上，这意味着违反了一个或多个保持竞争效率的条件。市场失灵最常被引用的例子包括：①“外部性”或“溢出效应”，无论是生产的还是消费的；②“规模经济”，即单位成本随着产出的增加而下降；③“公共物品”，是指消费上不具有竞争性、利益上不具有排他性的商品；④消费者对技术复杂产品的普遍无知，如医疗保健的需求。

然而，涉及艺术时，这些观点往往会被一些特殊论点所补充，比如：①“机会均等”，即文化产品必然是“体验产品”，只有无意中体验过的人才会有需求；②世代以来以公共支出维持的文化遗产的“期权价值”；③独立于任何工具价值的，艺术直接的、自证的“价值”。因此，如果我们要谈论艺术公共资助的经济学原理，那么确实需要比标准福利经济学更多的东西。我把这个“更多的东西”标记为庇古福利经济学，以区别于标准的帕累托福利经济学。庇古福利经济学充斥着局部均衡分析，即阿尔弗雷德·马歇尔（Alfred Marshall）留给主要门徒庇古（A. C. Pigou）的思维方式。而帕累托福利经济学则充斥着一般均衡理论，该理论由莱昂·瓦尔拉斯（Leon Walras）传给他的主要门徒维尔弗雷多·帕累托（Vilfredo Pareto）。帕累托福利经济学是每一本现代教科书中都有阐述的正统福利经济学，其最显著的特点是，它主张在不对个人收入分配的平等或不平等提出任何诉求的情况下，对经济福利进行分析。

58.2 帕累托最优

实际上，瓦尔拉斯（Walras）在1871年提出了一般均衡理论（GE）。它的目的是证明资本主义经济同时存在多个市场均衡的可能性，甚至是极大的可能性。当然，瓦尔拉斯希望展示的是，一般均衡理论不仅仅是可能的，而且是具有优势的。但他从未超越这样一个观点：两位交易者之间的自愿交易会改善两人的福利，否则，他们为什么要进行交易？瓦尔拉斯认为，如果个别生产者不能自行定价，那么，双方交易的真实情况也将适用于大量贸易商之间的竞争性交换，这样所有消费者对于同质的商品都会面临相同的价格。这恰恰是完全竞争的情形。因此得出结论：完全竞争使社会福利最大化。

帕累托继续了瓦尔拉斯的研究。他也深信一般均衡理论对每个人都是有益的，但在哲学上，作为恩斯特·马赫（Ernst Mach）的追随者，他讨厌诸如幸福最大化、效用、福利——或随便你怎样称呼——这样的行为假设，并且他强烈反对人际效用比较（interpersonal comparisons of utility，ICU），理由是这种比较无法付诸实施。考虑到这些问题，他意识到，避免人际效用比较的一种情况是在得到一致认可或者至少没有冲突的社会状态下，即一个人只能以牺牲另一个人的利益为代价获得更好的生活。换言之，我们想要这样一种状态：没有剩余、没有浪费、没有懈怠，“没有免费的午餐”，可以在不从其他人手中夺走的情况下传递给另外一个人。但完全竞争不正是这样一种状态吗？是！又不是！当然，这可能会遗漏某些富人和穷人，但这是我们开始于经济中个人的不平等禀赋（有些人天生聪明，有些人有富有的父母）这个事实所造成的结果。考虑到这些禀赋本身并不是一般均衡理论所能解释的（毕竟没有理论可以解释一切），一般均衡理论模型将研究所有土地、劳动力和资本服务的租金价格，以及使用这些服务生产的所有商品的价格。一旦我们以某种方式达到了完全竞争均衡的最终状态，就不可能在不使另一个人变得更糟的情况下使一个人变得更好，除非通过干涉个体的初始禀赋，如给予一些人更多可继承的财富。通过这种方式，帕累托认为他最终找到了一个公认的狭义的竞争有益影响的定义，它完全没有那些固有的令人反感的人际效用比较——人际效用比较是令人反感的，因为似乎并没有客观的方式可以解决关于这种比较的分歧。

这个后来才被称为“帕累托最优”的理论在它被宣布的那一天就被遗忘了，但是在20世纪30年代，随着约翰·希克斯（John Hicks）和尼古拉斯·卡尔多（Nicholas Kaldor）对瓦尔拉斯一般均衡理论的复兴，它又被重新提起。他们扩大了帕累托最优的范围，认为任何经济变化（无论是否处于竞争均衡状态）都是福利改善，如果这种变化的受益者的收益足够大，至少在原则上能够贿赂失败者自愿接受这种变化。这种潜在的帕累托改进（现在称为PPI）的存在仍然不涉及人际效用比较，因为它建立在市场交换自愿性的基础之上；只有获利者和失利者自己的判断才能将其描述为改进。简言之，希克斯和卡尔多［在莱昂内尔·罗宾斯（Lionel Robbins）的推动下］始终忠于帕累托关于经济学家应该如何研究福利经济学的概念。

乍一看，希克斯·卡尔多（Hicks Kaldor）补偿检验似乎真的是做出了惊人之举，但进一步的反思很快表明，这是语义性的，而不是实质性的。为什么它是潜在的而非实际的帕累托改进呢？一旦我们试图通过鼓励获利者和失利者之间去协商赔偿金来实施潜在的帕累托改进，他们将会进行战略谈判，并且即使没有花哨的博弈论，也不难看出，他们可能永远不会达成共识。如果这个变化具有政治意义，那么国家可能会进行干预，迫使各方达成一致——在这种情况下，我们已经告别了人际效用比较的禁忌。无论我们如何分割，最终我们都无法避免：①从潜在的帕累托改进规模的程度进行定性判断——记住，除了自愿交易以外，没有客观的方法来衡量相关方的收益或损失的大小；②对各方的收益和损失进行人际比较。但是所有这些都让我们回到庇古，他的《福利经济学》（1921）没有包含帕累托关于人际效用比较的任何内容，并且完全满足于宣称通过累进所得税从富人身上征收一英镑对其造成的伤害要小于它给政府支出接受者所带来的快乐。

我们还没有讲完这个故事。20世纪50年代肯尼斯·阿罗（Kenneth Arrow）证明了帕累托福利经济学的第一和第二基本定理。第一个定理表明，在分散化的竞争市场中，竞争的均衡必然是帕累托最优的，我们已经讨论过。第二个定理证明了如果“一揽子”税收和转移是可行的，那么帕累托最优总是可以通过完全竞争来实现，因此，无论代理人的原始禀赋是什么，我们仍然可以通过一种完全竞争的经济使每个人都过得更好。每一本微观经济学教科书都煞费苦心地让读者相信这两个定理的正确性。作为数学练习，它们是有效的。“一揽子”税收和转移是一种不影响经济行为的变化，即使是最有创造力的现代福利经济学家，也未能提供令人信服的例子。例如，为使其出乎预料，从而不影响行为，它们必须被随机分配给个人或反映个人的非经济特征，如姓氏中的辅音比元音多。

我认为，我们可以有把握地得出这样的结论：福利经济学的第一和第二基本定理只是一种思维练习，根本不可能具有任何实际意义。这就是罗纳德·科斯（Ronald Coase）所说的“黑板经济学”，这种经济学很容易在教室的黑板上写出来，但与教室外的真实世界完全不同。

58.3 为什么竞争是有益的

我认为，完全竞争是一个非常具有误导性的概念，其唯一的实际价值是给经济学专业的学生提供考试题目。这是一种误导，因为它孕育了一种观点，即经济学是一门像欧几里得几何（Euclidean geometry）那样的学科，其结论可以从个人行为的基本公理和一些有关技术的硬性事实中严格推导出来。当然，这并不意味着竞争是坏事。我和大多数经济学家一样，认为竞争是好事，竞争越多越好。但如果完全竞争具有误导性，帕累托最优几乎不可能，那么这种对竞争可取性的信念基础是什么？它基于动态效率的概念、市场运作的结果，而不是瓦尔拉斯、帕累托和福利经济学第一和第二基本定理的静态效率。

经济从来没有处于一般均衡的状态，并且充斥着以税收、关税、垄断、监管约束等形式出现的次优竞争，是对最优完全竞争的背离。我们称这种背离为“次优”，但实际上，它们也可以被称为十等优或百等优，因为一旦我们不在最优的状态，接近还是远离最优就没有意义。这正是理查德·利普西（Richard Lipsey）和凯文·兰卡斯特（Kevin Lancaster）的“次优理论”（general theory of the second-best）的观点。由于存在有税收和财政收入的政府，我们从未处在最优状态。根据利普西和兰卡斯特的观点，我们无法证明取消一项妨碍某些企业按照边际生产成本对其产品进行定价的税收——正如它们在最优竞争均衡状态中应该做的那样——会改善社会福利。但在帕累托福利经济学的语言中，根据静态效率的准则，用数学方法“证明”了这一点。它并不是指动态效率方面的“证明”：一种特定的税收可能在静态上效率低下，但在动态上效率很高，因为它会随着时间的推移促进经济增长。无论帕累托福利经济学的局限性如何，我们经常面临的问题是评估针对征税或资助特定活动（当然包括视觉与表演艺术）的提案。

58.4 庇古的福利经济学

我把用于这些目的的福利经济学称为“庇古福利经济学”，因为庇古愿意甚至渴望对收入不平等的个人福利进行粗略的比较。这在公众支持艺术的论点方面尤其重要，因为正如已经被充分证明的那样，艺术的典型消费者往往比一般纳税人更有钱、更富足，受教育程度也更高。

如果我们坚持帕累托的观点并且避免任何人际效用比较，如果我们够诚实的话，我们对于艺术资助应该刻意保持沉默。庇古实际上过分强调了四个“市场失灵”中的第一个，即生产与消费的外部经济和外部不经济。在各种生产函数相互依赖而非相互独立的情况下，帕累托最优福利条件必须被庇古的福利最大化黄金法则所取代：使所有资源和所有其他用途的边际私人与边际社会成本和利益均等；当且仅当达到这种平衡时，国民收入才能最大化。庇古处理外部性的许多政策建议的试金石，都是“财富从富人向穷人的转移”。庇古认为，如果这种转移不会降低国民收入的增长，就必然会改善社会福利，这种断言对人际效用比较的依赖显而易见，无须讨论。

对增长而非收入水平的强调让我们想起庇古许多政策建议固有的动态味道。通过回避帕累托福利经济学的名字，以及它对静态通用理论的借鉴，我们更有可能关注跨期的福利论点，如资助学校的艺术教育或支持子孙后代的遗产维护支出。帕累托福利经济学基于消费者主权原则：每个人都是其福利的最佳法官，也是唯一的法官。如果不完全放弃这个原则，就必须强调艺术只能由那些消费过的人来欣赏；换句话说，消费者主权必须是有经验的消费者的主权。如果这是一种价值判断，人际效用比较也是如此，当然，没有价值判断的福利经济学的概念本身就是荒谬的。毫无疑问，标签只是标签，而不是论据，但通过坚持庇古福利经济学的标签，我们宣传了一种独特的非正统方法来评估艺术支出。

58.5 福利经济学的最新发展

然而，即使是庇古的福利经济学，也仍然要归功于杰里米·边沁（Jeremy Bentham）和约翰·斯图尔特·密尔（John Stuart Mill），而不是亚里士多德（Aristotle）和康德（Kant），简言之，就是18世纪被称为功利主义的道德伦理哲学。正如阿玛蒂亚·森（Amartya Sen）（1982）的著名论断，功利主义推理基于三个公理：①福利主义，即每一种社会状态必须仅以“效用”（即个人幸福或愿望的实现）进行评估；②结果主义，即必须根据其对效用的影响而非其责任或义务等道德要求来评估其他社会状态；③效用之和，即不同人的效用必须通过算术相加来评估，而不考虑其分布。在过去十年左右的时间里，这些公理一直主宰着传统的福利经济学。

最近，一种不同的社会评价方法出现在幸福主义的总称之下。幸福主义的名字来源于希腊语中的“daimon”，意思是“自然”，它指的是这样一种信念，即个人的幸福或福利不在于像边沁那样实现个人满足的最大化，而在于满足自己的“本性”。幸福主义最著名的表述出于亚里士多德晦涩难懂的话，幸福主义与其说是对幸福的终极定义，不如说是对一段活跃的、积极的过程的定义，对追求完美、最终实现个人真正潜能的一系列活动的定义。

努斯鲍姆和森（Nussbaum and Sen，1993）在一本关于生活质量的著作中指出，功利主义和幸福主义之间实际上并不存在冲突，因此，我们可以说，鱼和熊掌两者兼得。但在我看来，这两种伦理观念实际上很难调和，并且在补贴艺术的论据方面，幸福主义是对传统的功利主义怀疑论的深刻颠覆，它颠覆了任何国家对艺术的干预并非建立在明确表达的市场需求上这一观点。依据幸福主义，体验艺术的过程就是提升福利，而且你其实不能拥有太多的东西。很难看出这种方法如何为艺术管理人员提供补贴政策的定量指导。

当我们将幸福主义与森的能力方法联系起来时，其开放性优点就显得尤为突出。能力方法最初不是源于亚里士多德，而是源于森对第三世界贫困的忧虑和为贫困者提供日常必需品（如饮食、住房、医疗和教育等）的渴望。但亚里士多德的福利观表明，幸福需要的远不止提供这些基本要素，它还要求个人自治、控制环境、接触社会群体、家庭生活、参与政治活动等。一些人质疑这种能力方法是否实际可行，并坚持需要列出一份国家应该支持的能力清单。然而，森（1993）拒绝详细列出基本功能的精确列表，认为这样的列表会侵犯对所谓能力方法至关重要的个体自由。

一方面，森坚持个人应该自行决定什么对他们是好的；另一方面，他对功利主义持高度批判的态度，功利主义的社会公益理念正是从个人利益出发的。此外，他还强调自己的信念，即能力在本质上是异质的、不可衡量的，因此，幸福感的最大化是一种类似于赫伯特·西蒙（Herbert Simon）的“满足”（satisfying）概念的活动，也就是说，它只有在不断变化的愿望水平下才能实现。换句话说，福利经济学在这种方法中并没有实现对不同可能的社会状态的完整排序，即使实现了部分排序，也是一种模糊排序，与边沁传统上提供的精确定量排序完全不同。

也许我现在已经说得足够多了，我认为，在幸福主义哲学的帮助下，如何回答艺术政策的世俗问题并不容易。可以说，它指出了几乎直接反对标准福利经济学的方法。这一做法的政策影响还有待观察。

参见：

福利经济学的应用；非营利性组织；公共支持。

本章参考：

Baumol, W. J. and C. Wilson (eds.) (2001). *Welfare Economics.* Cheltenham, UK and Northampton, MA, USA: Edward Elgar Publishing, 1, xv-xliv.

Blaug, M. (1997). *Economic Theory in Retrospect*, 5th edn. Cambridge: Cambridge University Press, 570-595.

Bruni, E., Porta, P. L. (eds.) (2005). *Economics and Happiness. Framing and Analysis.* Oxford: Oxford University Press.

Hennipman, P. (1995). Hicks, Robbins and the Demise of Pigovian Welfare Economics. In D. A. Walker, A. Heertje and H. van den Doel (eds). *Welfare Economics and the Theory of Economic Policy.* Aldershot, UK and Brookfield, US: Edward Elgar, 272-290.

Pigou, A. C. (1921). *Economics of Welfare*. London: Macmillan.

Nussbaum, M., Sen, A. (eds.) (1993). *The Quality of Life*. Oxford: Clarendon Press.

Sen, A. K. Williams, A. B. (eds.) (1982). *Utilitarianism and Beyond*. Cambridge: Cambridge University Press.

Sen, A. K. (1985). *Commodities and Capabilities*. Amsterdam: North-Holland.

Sloman, J. (1997). *Economics*. London: Prentice-Hall, 3rd edition, chap. 1, 316-357.

Sugden, R. (1993). Welfare, Resources and Capabilities. A Review of Inequalities Reexamined by Amartya Sen. *Journal of Economic Literature*, 31 (4): 147-163.

延伸阅读：

关于“旧”和“新”福利经济学的全面调查，请参阅 Baumol and Wilson（2001）的导论。如果你想在同一领域有一段要求不那么高的旅程，请参阅 Blaug（1997）。如果你想了解经济学家所认为的福利经济学的教科书导论，请参考 Sloman（1997）。试图清除福利经济学的所有主观方面的努力，请参见 Pieter Hennipman（1995）。无论成功与否，这都向学生们介绍了经典的亚里士多德福利观，这为国家对艺术的支持这个古老问题提供了一个全新的视角。

附　录

译名表

3R (ratings, reviews and recommendations) systems　3R(评级、评论和推荐)系统

A

Abbing, H.　汉斯·阿宾

actors　演员

adaptation rights　改编权

Adler, M. 马克思·阿德勒

admission fees, museums　博物馆入场费

adverse selection　逆向选择

advertising　广告

agglomeration and agglomeration economies　集聚和集聚经济

Alacovska, A.　安娜·阿莱科夫斯卡

anchoring effect　锚定效应

Anderson, C.　克里斯·安德森

Aristotle　亚里士多德

Arrow, Kenneth　肯尼斯·阿罗

Art　艺术

export restrictions　出口限制

international trade　国际贸易

and marginal utility　边际效用

motivations for buying　购买动机

museums　博物馆

Understanding of　理解

art dealers　艺术品经销商

changing infrastructure of art market　艺术市场基础设施的变化

competition among　经销商之间的竞争

demand creation　创造需求

market anomalies　市场异常

segmenting art market　艺术市场细分

art fairs　艺术博览会

art galleries　美术馆

art market　艺术市场

anomalies of　异常

and artificial intelligence (AI)　人工智能 (AI)

and artists' resale right (ARR)　艺术家的转售权(ARR)

global　全球性

government intervention in　政府干预

and non-profit organizations　非营利组织

segmenting　细分

and art market　艺术市场

and audio-visual sector　视听部门

B

C

D

H

I

M

N

O

P

Q

R

S

U

V

译后记

众所周知,2006 年《艺术和文化经济学手册》的出版是文化经济学学科走向成熟的重要标志:这不仅是因为文化经济学作为经济学的分支被列入全球知名出版集团爱思唯尔(Elsevier)出版的《经济学手册》(*Handbooks of Economics*)之中,而且在于该书是文化经济学学术史上最系统、权威的集大成之作。而就在《艺术和文化经济学手册》出版的三年前,陶斯教授就出版了文化经济学学术史上的第一本手册——《文化经济学手册》,其首创之功当彪炳史册。作为文化经济学的第一本参考书,该书较好地履行了参考书的职责,即在作者力所能及的范围内为读者提供权威、通俗的文化经济学知识。就权威性而言,该书所涉及的文化经济学话题多达 61 个,几乎涵盖了文化经济学领域所有重要话题的权威解释:既包含了绝大多数艺术门类、艺术领域的重要现象,也包含了艺术管理的核心环节,甚至涵盖了艺术经济研究的基本方法;涉及 53 位权威作者,囊括了文化经济学领域几乎所有的知名学者,从文化经济学的创始人鲍莫尔,到文化经济学的中生代代表人物布鲁诺·费雷(Bruno Frey),直至文化经济学的后起之秀吉安·道尔(Gillian Doyle)。就通俗性而言,正如崔恩·比尔(Trine Bille)对第一版的书评所述,“应用福利经济学、艺术价格、艺术家劳动力市场、鲍莫尔成本病、艺术的经济影响、遗产、国际贸易、非营利机构、公共选择、公共资助、艺术家资助、趣味养成等章节,不仅对该领域的现有认知有着很好的概括,而且表述方式也通俗易懂,十分值得推荐”。这本手册之后更新了两版,即 2011 版与 2020 版,各版手册均保有这两个核心特征,并保持文化经济学自身的体系性与时效性,能够为“所有创意产业的生产和消费提供通用方法”。2017 年陶斯教授受邀访问中国提及现有的手册缺乏对数字文化产业发展现状的回应,文化经济学需要为此做出改变:“文化经济学作为一门学科已经取得了实证层面的进展,有一些颇具意义的理论应用。但自鲍莫尔的‘成本病’概念以来,并未出现重大的理论突破。文化经济学研究的意义在于打破了现有的模式,并激发了适用于数字时代的一系列新经济学模式的研究,如网络经济学和平台经济学。数字供应商正在使用新的商业模式,这既包括定价,也包括非价格策略,如搭售和产品版本控制。注意这些新的发展会让教师和学生对文化经济学兴趣倍增。”

也正是如此,陶斯教授力促我直接翻译第三版,2020 年 1 年,我终于拿到电子版的手稿,欣喜地发现新版添加不少于 10 章关于数字文化产业的内容,这些内容基本涵盖了数字文化产业几乎所有重要方面的内容:创意经济中的数字化问题,主要是针对数字化给经济所带来的革命性影响及其相关分析理论;创意经济中的技术发展,主要是研究诸如媒介融合等新技术在创意经济中的应用与影响;数字创意经济中的政策问题,主要研究各国应对新的经济形态的政策,特别是版权政策;创意产业研究,主要研究数字化对具体行业的影响,如音乐、电影等。我至今还记得我首次接触《文化经济学手册》第一版时的震撼,如同第一版手册在 15 年前给我的震撼——对于初涉这个领域的研究者,手册就是这门学科的“寻宝图”或“工具箱”,15 年后,这个版本仍然保有手册该有的体系性与时效性,始终能够作为这门学科的“工具箱”,无论是传统的文化产业,还是新兴的数字文化产业,无论是数字技术如何颠覆商业生态,还是商业模式与消费方式发生怎样的变化,手册都能提供通用的解读方法。我们认为,就我国这方面学术成果的积累水平与现实需求而言,手册的引进显然是相关领域学术建设的重要基础,也应该是文化产业专业教学的重要参考书。

差不多从 2015 年开始,《文化经济学手册》就是本人供职学校本科生的参考书,所有同学都要求翻译其中的章节,我也无数次校对他们的译稿,并按图索骥寻找原始的文献,相关内容早已熟稔于心。本次书稿的翻译算是了结一桩心事,给文化产业专业的本科生提供一本权威的参考书,让他们熟悉这门学科的基础问题、方法与经典文献,以便让他们汲取足够的思想资源而不至于输在起跑线上。因此,书稿的翻译要归功于他们,他们对知识的渴求是我翻译手册的巨大动力,而且他们也是手册翻译的重要参与者,2015 届之后的同学都参与了手册的翻译工作,特别是 2014 级王继超和 2018 级的周玉婷,更是作为我的教学助手参与全书的校对工作,我的研究生李馥伊、刘力源、周玉婷也参与了校对工作。谢谢你们,这本手册就是献给你们的礼物。